PORTRAITS
LITTÉRAIRES
II

Paris. — Imprimerie de P.-A. Bourdier et Cie, rue Mazarine, 30.

PORTRAITS
LITTÉRAIRES

PAR

C.-A. SAINTE-BEUVE

DE L'ACADÉMIE FRANÇAISE.

Nouvelle Édition revue et corrigée.

II

MOLIÈRE, DELILLE,
BERNARDIN DE SAINT-PIERRE, LE GÉNÉRAL
LA FAYETTE, FONTANES, JOUBERT, LÉONARD,
ALOÏSIUS BERTRAND, LE COMTE DE SÉGUR,
JOSEPH DE MAISTRE, GABRIEL NAUDÉ.

PARIS
GARNIER FRÈRES, LIBRAIRES-ÉDITEURS
6, RUE DES SAINTS-PÈRES ET PALAIS-ROYAL, 215

1862

MOLIÈRE

Il y a en poésie, en littérature, une classe d'hommes hors de ligne, même entre les premiers, très-peu nombreuse, cinq ou six en tout, peut-être, depuis le commencement, et dont le caractère est l'universalité, l'humanité éternelle intimement mêlée à la peinture des mœurs ou des passions d'une époque. Génies faciles, forts et féconds, leurs principaux traits sont dans ce mélange de fertilité, de fermeté et de franchise; c'est la science et la richesse du fonds, une vraie indifférence sur l'emploi des moyens et des genres convenus, tout cadre, tout point de départ leur étant bon pour entrer en matière; c'est une production active, multipliée à travers les obstacles, et la plénitude de l'art fréquemment obtenue sans les appareils trop lents et les artifices. Dans le passé grec, après la grande figure d'Homère, qui ouvre glorieusement cette famille et qui nous donne le génie primitif de la plus belle portion de l'humanité, on est embarrassé de savoir qui y rattacher encore. Sophocle, tout fécond qu'il semble avoir été, tout humain qu'il se montra dans l'expression harmonieuse des sentiments et des douleurs, Sophocle demeure si parfait de contours, si sacré, pour ainsi dire, de forme et d'attitude, qu'on ne peut guère le déplacer en idée de son piédestal purement grec. Les fameux comiques nous manquent, et l'on n'a que le nom de Ménandre, qui fut peut-être le plus parfait dans la famille des génies dont nous parlons; car chez Aristophane la fantaisie merveilleuse, si athénienne, si charmante, nuit pourtant à l'universalité.

A Rome je ne vois à y ranger que Plaute, Plaute mal apprécié encore (1), peintre profond et divers, directeur de troupe, acteur et auteur, comme Shakspeare et comme Molière, dont il faut le compter pour un des plus légitimes ancêtres. Mais la littérature latine fut trop directement importée, trop artificielle dès l'abord et apprise des Grecs, pour admettre beaucoup de ces libres génies. Les plus féconds des grands écrivains de cette littérature en sont aussi les plus *littérateurs* et rimeurs dans l'âme, Ovide et Cicéron. Au reste, à elle l'honneur d'avoir produit les deux plus admirables poëtes des littératures d'imitation, d'étude et de goût, ces types châtiés et achevés, Virgile, Horace ! C'est aux temps modernes et à la renaissance qu'il faut demander les autres hommes que nous cherchons : Shakspeare, Cervantes, Rabelais, Molière, et deux ou trois depuis, à des rangs inégaux, les voilà tous ; on les peut caractériser par les ressemblances. Ces hommes ont des destinées diverses, traversées ; ils souffrent, ils combattent, ils aiment. Soldats, médecins, comédiens, captifs, ils ont peine à vivre ; ils subissent la misère, les passions, les tracas, la gêne des entreprises. Mais leur génie surmonte les liens, et, sans se ressentir des étroitesses de la lutte, il garde le collier franc, les coudées franches. Vous avez vu de ces beautés vraies et naturelles qui éclatent et se font jour du milieu de la misère, de l'air malsain, de la vie chétive ; vous avez, bien que rarement, rencontré de ces admirables filles du peuple, qui vous apparaissent formées et éclairées on ne sait d'où, avec une haute perfection de l'ensemble, et dont l'ongle même est élégant : elles empêchent de périr l'idée de cette noble race humaine, image des Dieux. Ainsi ces génies rares, de grande et facile beauté, de beauté native et *génuine*, triomphent, d'un air d'aisance, des conditions les plus contraires ; ils se déploient, ils s'établissent invinciblement. Ils ne se dé-

(1) M. Naudet, dans ses travaux sur Plaute, et M. Patin, dans un excellent cours aussi attique de pensée que de diction, remettent à sa place ce grand comique latin.

ploient pas simplement au hasard et tout droit à la merci de la circonstance, parce qu'ils ne sont pas seulement féconds et faciles comme ces génies secondaires, les Ovide, les Dryden, les abbé Prévost. Non; leurs œuvres, aussi promptes, aussi multipliées que celles des esprits principalement faciles, sont encore combinées, fortes, nouées quand il le faut, achevées maintes fois et sublimes. Mais aussi cet achèvement n'est jamais pour eux le souci quelquefois excessif, la prudence constamment châtiée des poëtes de l'école studieuse et polie, des Gray, des Pope, des Despréaux, de ces poëtes que j'admire et que je goûte autant que personne, chez qui la correction scrupuleuse est, je le sais, une qualité indispensable, un charme, et qui paraissent avoir pour devise le mot exquis de Vauvenargues : *La netteté est le vernis des maîtres.* Il y a dans la perfection même des autres poëtes supérieurs quelque chose de plus libre et hardi, de plus irrégulièrement trouvé, d'incomparablement plus fertile et plus dégagé des entraves ingénieuses, quelque chose qui va de soi seul et qui se joue, qui étonne et déconcerte par sa ressource inventive les poëtes distingués d'entre les contemporains, jusque sur les moindres détails du métier. C'est ainsi que, parmi tant de naturels motifs d'étonnement, Boileau ne peut s'empêcher de demander à Molière *où il trouve la rime.* A les bien prendre, les excellents génies dont il est question tiennent le milieu entre la poésie des époques primitives et celle de siècles cultivés, civilisés, entre les époques homériques et les époques alexandrines ; ils sont les représentants glorieux, immenses encore, les continuateurs distincts et individuels des premières époques au sein des secondes. Il est en toutes choses une première fleur, une première et large moisson; ces heureux mortels y portent la main et couchent à terre en une fois des milliers de gerbes ; après eux, autour d'eux, les autres s'évertuent, épient et glanent. Ces génies abondants, qui ne sont pourtant plus les divins vieillards et les aveugles fabuleux, lisent, comparent, imitent, comme tous ceux de leur âge;

cela ne les empêche pas de créer, comme aux âges naissants. Ils font se succéder, en chaque journée de leur vie, des productions, inégales sans doute, mais dont quelques-unes sont le chef-d'œuvre de la combinaison humaine et de l'art; ils savent l'art déjà, ils l'embrassent dans sa maturité et son étendue, et cela sans en raisonner comme on le fait autour d'eux; ils le pratiquent nuit et jour avec une admirable absence de toute préoccupation et fatuité littéraire. Souvent ils meurent, un peu comme aux époques primitives, avant que leurs œuvres soient toutes imprimées ou du moins recueillies et fixées, à la différence de leurs contemporains les poëtes et littérateurs de cabinet, qui vaquent à ce soin de bonne heure ; mais telle est, à eux, leur négligence et leur prodigalité d'eux-mêmes. Ils ont un entier abandon surtout au bon sens général, aux décisions de la multitude, dont ils savent d'ailleurs les hasards autant que quiconque parmi les poëtes dédaigneux du vulgaire. En un mot, ces grands individus me paraissent tenir au génie même de la poétique humanité, et en être la tradition vivante perpétuée, la personnification irrécusable.

Molière est un de ces illustres témoins : bien qu'il n'ait pleinement embrassé que le côté comique, les discordances de l'homme, vices, laideurs ou travers, et que le côté pathétique n'ait été qu'à peine entamé par lui et comme un rapide accessoire, il ne le cède à personne parmi les plus complets, tant il a excellé dans son genre et y est allé en tous sens depuis la plus libre fantaisie jusqu'à l'observation la plus grave, tant il a occupé en roi toutes les régions du monde qu'il s'est choisi, et qui est la moitié de l'homme, la moitié la plus fréquente et la plus activement en jeu dans la société.

Molière est du siècle où il a vécu, par la peinture de certains travers particuliers et dans l'emploi des costumes, mais il est plutôt encore de tous les temps, il est l'homme de la nature humaine. Rien ne vaut mieux, pour se donner dès l'abord la mesure de son génie, que de voir avec quelle facilité il se rattache à son siècle, et comment il s'en détache aussi ; combien il s'y adapte exactement, et combien il en ressort avec grandeur. Les hommes illustres ses contemporains, Despréaux, Racine, Bossuet, Pascal, sont bien plus spécialement les hommes de leur temps, du siècle de Louis XIV, que Molière. Leur génie (je parle même des plus vastes) est marqué à un coin particulier qui tient du moment où ils sont venus, et qui eût été probablement bien autre en d'autres temps. Que serait Bossuet aujourd'hui ? qu'écrirait Pascal ? Racine et Despréaux accompagnent à merveille le règne de Louis XIV dans toute sa partie jeune, brillante, galante, victorieuse ou sensée. Bossuet domine ce règne à l'apogée, avant la bigoterie extrême, et dans la période déjà hautement religieuse. Molière, qu'aurait opprimé, je le crois, cette autorité religieuse de plus en plus dominante, et qui mourut à propos pour y échapper, Molière, qui appartient comme Boileau et Racine (bien que plus âgé qu'eux), à la première époque, en est pourtant beaucoup plus indépendant, en même temps qu'il l'a peinte au naturel plus que personne. Il ajoute à l'éclat de cette forme majestueuse du grand siècle ; il n'en est ni marqué, ni particularisé, ni rétréci ; il s'y proportionne, il ne s'y enferme pas.

Le XVIe siècle avait été dans son ensemble une vaste décomposition de l'ancienne société religieuse, catholique, féodale, l'avénement de la philosophie dans les esprits et de la bourgeoisie dans la société. Mais cet avénement s'était fait à travers tous les désordres, à travers l'orgie des intelligences et l'anarchie matérielle la plus sanglante, principalement en France, moyennant Rabelais et la Ligue. Le XVIIe siècle eut pour mission de réparer ce désordre, de réorganiser la société, la religion, la résistance ; à partir d'Henri IV, il s'annonce ainsi, et dans sa plus haute expression monarchique, dans Louis XIV, il couronne son but avec pompe. Nous n'essayerons pas ici d'énumérer tout ce qui se fit, dès le commencement du XVIIe siècle, de tentatives sévères au sein de la religion, par des communautés, des congrégations fondées, des réformes d'abbayes, et au sein de l'Université, de la Sorbonne, pour rallier la milice de Jésus-Christ, pour reconstituer la doctrine. En littérature cela se voit et se traduit évidemment. A la littérature gauloise, grivoise et irrévérente des Marot, des Bonaventure Des Periers, Rabelais, Regnier, etc.; à la littérature païenne, grecque, épicurienne, de Ronsard, Baïf, Jodelle, etc., philosophique et sceptique de Montaigne et de Charron, en succède une qui offre des caractères bien différents et opposés. Malherbe, homme de forme, de style, esprit caustique, cynique même, comme M. de Buffon l'était dans l'intervalle de ses nobles phrases, Malherbe, esprit fort au fond, n'a de chrétien dans ses odes que les dehors; mais le génie de Corneille, du père de Polyeucte et de Pauline, est déjà profondément chrétien. D'Urfé l'est aussi. Balzac, bel esprit vain et fastueux, savant rhéteur occupé des mots, a les formes et les idées toutes rattachées à l'orthodoxie. L'école de Port-Royal se fonde; l'antagoniste du doute et de Montaigne, Pascal apparaît. La détestable école poétique de Louis XIII, Boisrobert, Ménage, Costar, Conrart, d'Assoucy, Saint-Amant, etc., ne rentre pas sans doute dans cette voie de réforme; elle est peu grave, peu morale, à l'italienne, et comme une répétition affadie de la littérature des Valois. Mais tout ce qui l'étouffe et lui succède sous Louis XIV se range par degrés à la foi, à la régularité : Despréaux, Racine, Bossuet. La Fontaine lui-même, au milieu de sa bonhomie et de ses fragilités, et tout du xvie siècle qu'il est, a des accès de religion lorsqu'il écrit la *Captivité de saint Malc*, l'Épître à madame de La Sablière, et qu'il finit par la pénitence. En un mot, plus on avance dans le siècle dit *de Louis XIV*, et plus la littérature, la poésie, la chaire, le théâtre, toutes les facultés mémorables de la pensée, revêtent un caractère religieux, chrétien, plus elles accusent, même dans les sentiments généraux qu'elles expriment, ce retour de croyance à la révélation, à l'humanité vue *dans* et *par* Jésus-Christ; c'est là un des traits les plus caractéristiques et profonds de cette littérature immortelle.

Le xvıı^e siècle en masse fait digue entre le xvı^e et le xvııı^e qu'il sépare.

Mais Molière, nous le disons sans en porter ici éloge ni blâme moral, et comme simple preuve de la liberté de son génie, Molière ne rentre pas dans ce point de vue. Bien que sa figure et son œuvre apparaissent et ressortent plus qu'aucune dans ce cadre admirable du siècle de Louis le Grand, il s'étend et se prolonge au dehors, en arrière, au delà; il appartient à une pensée plus calme, plus vaste, plus indifférente, plus universelle. L'élève de Gassendi, l'ami de Bernier, de Chapelle et de Hesnault se rattache assez directement au xvı^e siècle philosophique, littéraire; il n'avait aucune antipathie contre ce siècle et ce qui en restait; il n'entrait dans aucune réaction religieuse ou littéraire, ainsi que firent Pascal et Bossuet, Racine et Boileau à leur manière, et les trois quarts du siècle de Louis XIV; il est, lui, de la postérité continue de Rabelais, de Montaigne, Larivey, Regnier, des auteurs de la *Satyre Ménippée*; il n'a ou n'aurait nul effort à faire pour s'entendre avec Lamothe-le-Vayer, Naudé ou Guy Patin même, tout docteur en médecine qu'est ce mordant personnage. Molière est naturellement du monde de Ninon, de madame de La Sablière avant sa conversion; il reçoit à Auteuil Des Barreaux et nombre de jeunes seigneurs un peu libertins. Je ne veux pas dire du tout que Molière, dans son œuvre ou dans sa pensée, fût un esprit fort décidé, qu'il eût un système là-dessus, que, malgré sa traduction de Lucrèce, son gassendisme originel et ses libres liaisons, il n'eût pas un fonds de religion modérée, sensée, d'accord avec la coutume du temps, qui reparaît à sa dernière heure, qui éclate avec tant de solidité dans le morceau de Cléante du *Tartufe*. Non; Molière, le sage, l'Ariste pour les bienséances, l'ennemi de tous les excès de l'esprit et des ridicules, le père de ce *Philinte* qu'eussent reconnu Lélius, Érasme et Atticus, ne devait rien avoir de cette forfanterie libertine et cynique des Saint-Amant, Boisrobert et Des Barreaux. Il était de bonne foi quand il s'indignait des insinuations malignes qu'à partir de *l'École des Femmes* ses ennemis allaient répandant sur sa religion. Mais ce que je veux établir, et ce qui le caractérise entre ses contemporains de génie, c'est qu'habituellement il a vu la nature humaine en elle-même, dans sa généralité de tous les temps, comme Boileau, comme La Bruyère l'ont vue et peinte souvent, je le sais, mais sans mélange, lui, d'épître sur *l'Amour de Dieu,* comme Boileau, ou de discussion sur le quiétisme comme La Bruyère (1). Il peint l'humanité comme s'il n'y avait pas eu de venue, et cela lui était plus possible, il faut le dire, la peignant surtout dans ses vices et ses laideurs; dans le tragique on élude moins aisément le christianisme. Il sépare l'humanité d'avec Jésus-Christ, ou plutôt il nous montre à fond l'une sans trop songer à rien autre; et il se détache par là de son siècle. C'est lui qui, dans la scène du Pauvre, a pu faire dire à don Juan, sans penser à mal, ce mot qu'il lui fallut retirer, tant il souleva d'orages : « Tu passes ta vie à prier Dieu, et tu meurs de faim; prends cet argent, je te le donne pour l'amour de l'humanité. » La bienfaisance et la philanthropie du xviiie siècle, celle de d'Alembert, de Diderot, de d'Holbach, se retrouve tout entière dans ce mot-là. C'est lui qui a pu dire du pauvre qui lui rapportait le louis d'or, cet autre mot si souvent cité, mais si peu compris, ce me semble, dans son acception la plus grave, ce mot échappé à une habitude d'esprit invinciblement philosophique : « Où la vertu va-t-elle se nicher? » Jamais homme de Port-Royal ou du voisinage (qu'on le remarque bien) n'aurait eu pareille pensée, et c'eût été plutôt le contraire qui eût paru naturel, le

---

(1) La Bruyère a dit : « Un homme né chrétien et François se trouve contraint dans la satire : les grands sujets lui sont défendus, il les entame quelquefois et se détourne ensuite sur de petites choses qu'il relève par la beauté de son génie et de son style. » — Molière n'a pas du tout fait ainsi, il ne s'est beaucoup contraint ni devant l'Église ni à l'égard de Versailles, et ne s'est pas épargné les grands sujets. Dix ou quinze ans plus tard seulement, au temps où paraissaient *les Caractères,* cela lui eût été moins facile.

pauvre étant aux yeux du chrétien l'objet de grâces et de vertus singulières. C'est lui aussi qui, causant avec Chapelle de la philosophie de Gassendi, leur maître commun, disait, tout en combattant la partie théorique et la chimère des atomes : « Passe encore pour la morale. » Molière était donc simplement, selon moi, de la religion, je ne veux pas dire de don Juan ou d'Épicure, mais de Chrémès dans Térence : *Homo sum*. On lui a appliqué en un sens sérieux ce mot du *Tartufe : Un homme... un homme enfin!* Cet homme savait les faiblesses et ne s'en étonnait pas ; il pratiquait le bien plus qu'il n'y croyait ; il comptait sur les vices, et sa plus ardente indignation tournait au rire. Il considérait volontiers cette triste humanité comme une vieille enfant et une incurable, qu'il s'agit de redresser un peu, de soulager surtout en l'amusant.

Aujourd'hui que nous jugeons les choses à distance et par les résultats dégagés, Molière nous semble beaucoup plus radicalement agressif contre la société de son temps qu'il ne crut l'être ; c'est un écueil dont nous devons nous garder en le jugeant. Parmi ces illustres contemporains que je citais tout à l'heure, il en est un, un seul, celui qu'on serait le moins tenté de rapprocher de notre poëte, et qui pourtant, comme lui, plus que lui, mit en question les principaux fondements de la société d'alors, et qui envisagea sans préjugé aucun la naissance, la qualité, la propriété ; mais Pascal (car ce fut l'audacieux) ne se servit de ce peu de fondement, ou plutôt de cette ruine qu'il faisait de toutes les choses d'alentour, que pour s'attacher avec plus d'effroi à la colonne du temple, pour embrasser convulsivement la Croix. Tous les deux, Pascal et Molière, nous apparaissent aujourd'hui comme les plus formidables témoins de la société de leur temps ; Molière, dans un espace immense et jusqu'au pied de l'enceinte religieuse, battant, fourrageant de toutes parts avec sa troupe le champ de la vieille société, livrant pêle-mêle au rire la fatuité titrée, l'inégalité conjugale, l'hypocrisie captieuse, et allant souvent effrayer du même coup la grave subordination, la vraie piété et le mariage ; Pascal, lui, à l'intérieur et au cœur de l'orthodoxie, faisant trembler aussi à sa manière la voûte de l'édifice par les cris d'angoisse qu'il pousse et par la force de Samson avec laquelle il en embrasse le sacré pilier. Mais en accueillant ce rapprochement, qui a sa nouveauté et sa justesse (1), il ne faudrait pas prêter à Molière, je le crois, plus de préméditation de renversement qu'à Pascal ; il faut même lui accorder peut-être un moindre calcul de l'ensemble de la question. Plaute avait-il une arrière-pensée systématique quand il se jouait de l'usure, de la prostitution, de l'esclavage, ces vices et ces ressorts de l'ancienne société ?

Le moment où vint Molière servit tout à fait cette liberté qu'il eut et qu'il se donna. Louis XIV, jeune encore, le soutint dans ses tentatives hardies ou familières, et le protégea contre tous. En retraçant le *Tartufe*, et dans la tirade de don Juan sur l'hypocrisie qui s'avance, Molière présageait déjà de son coup d'œil divinateur la triste fin d'un si beau règne, et il se hâtait, quand c'était possible à grand'peine et que ce pouvait être utile, d'en dénoncer du doigt le vice croissant. S'il avait vécu assez pour arriver vers 1685, au règne déclaré de madame de Maintenon, ou même s'il avait seulement vécu de 1673 à 1685, durant cette période glorieuse où domine l'ascendant de Bossuet, il eût été sans doute moins efficacement protégé ; il eût été persécuté à la fin. Quoi qu'il en soit, on doit comprendre à merveille, d'après cet esprit général, libre, naturel, philosophique, indifférent au moins à ce qu'ils essayaient de restaurer, la colère des oracles religieux d'alors contre Molière, la sévérité cruelle d'expression avec laquelle Bossuet se raille et triomphe du comédien mort en riant, et cette indignation même du sage Bourdaloue en chaire après le *Tartufe*, de Bourdaloue, tout ami de Boileau qu'il était. On conçoit

(1) M. Villemain, dans son morceau sur Pascal, avait déjà rapproché celui-ci de Molière, mais seulement comme auteur des *Provinciales*, et pour le talent de la raillerie. — Je ne faisais moi-même qu'esquisser ici ce que j'ai développé au tome III de *Port-Royal*.

jusqu'à cet effroi naïf du janséniste Baillet qui, dans ses *Jugements des Savants*, commence en ces termes l'article sur Molière : « Monsieur de Molière est un des plus dangereux ennemis que le siècle ou le monde ait suscités à l'Église de Jésus-Christ, etc. » Il est vrai que des religieux plus aimables, plus mondains, se montraient pour lui moins sévères. Le père Rapin louait au long Molière dans ses *Réflexions sur la Poétique*, et ne le chicanait que sur la négligence de ses dénoûments ; Bouhours lui fit une épitaphe en vers français agréables et judicieux.

Molière au reste est tellement *homme* dans le libre sens, qu'il obtint plus tard les anathèmes de la philosophie altière et prétendue réformatrice, autant qu'il avait mérité ceux de l'épiscopat dominateur. Sur quatre chefs différents, à propos de *l'Avare*, du *Misanthrope*, de *Georges Dandin* et du *Bourgeois Gentilhomme*, Jean-Jacques n'entend pas raillerie et ne l'épargne guère plus que n'avait fait Bossuet.

Tout ceci est pour dire que, comme Shakspeare et Cervantes, comme trois ou quatre génies supérieurs dans la suite des âges, Molière est peintre de la nature humaine au fond, sans acception ni préoccupation de culte, de dogme fixe, d'interprétation formelle ; qu'en s'attaquant à la société de son temps, il a représenté la vie qui est partout celle du grand nombre, et qu'au sein de mœurs déterminées qu'il châtiait au vif, il s'est trouvé avoir écrit pour tous les hommes.

Jean-Baptiste Poquelin naquit à Paris le 15 janvier 1622, non pas, comme on l'a cru longtemps, sous les piliers des halles, mais, d'après la découverte qu'en a faite M. Beffara, dans une maison de la rue Saint-Honoré, au coin de la rue des Vieilles-Étuves (1). Il était par sa mère et par son père d'une

---

(1) J'ai mis surtout à contribution, dans cette étude sur Molière, l'*Histoire de sa Vie et de ses Ouvrages* par M. Taschereau ; c'est un travail complet et définitif dont il faut conseiller la lecture sans avoir la prétention d'y suppléer. M. Taschereau a bien voulu y joindre envers moi tous les secours de son obligeance amicale pour les rensei-

famille de tapissiers. Son père, qui, outre son état, avait la charge de valet-de-chambre-tapissier du roi, destinait son fils à lui succéder, et le jeune Poquelin, mis de bonne heure en apprentissage dans la boutique, ne savait guère à quatorze ans que lire, écrire, compter, enfin les éléments utiles à sa profession. Son grand-père maternel pourtant, qui aimait fort la comédie, le menait quelquefois à l'hôtel de Bourgogne, où jouait Bellerose dans le haut comique, Gautier-Garguille, Gros-Guillaume et Turlupin dans la farce. Chaque fois qu'il revenait de la comédie, le jeune Poquelin était plus triste, plus distrait du travail de la boutique, plus dégoûté de la perspective de sa profession. Qu'on se figure ces matinées rêveuses d'un lendemain de comédie pour le génie adolescent devant qui, dans la nouveauté de l'apparition, la vie humaine se déroulait déjà comme une scène perpétuelle. Il s'en ouvrit enfin à son père, et, appuyé de son aïeul qui le *gâtait*, il obtint de faire des études. On le mit dans une pension, à ce qu'il paraît, d'où il suivit, comme externe, le collége de Clermont, depuis de Louis-le-Grand, dirigé par les jésuites.

Cinq ans lui suffirent pour achever tout le cours de ses études, y compris la philosophie ; il fit de plus au collége d'utiles connaissances, et qui influèrent sur sa destinée. Le prince de Conti, frère du grand Condé, fut un de ses condisciples et s'en ressouvint toujours dans la suite. Ce prince, bien qu'ecclésiastique d'abord, et tant qu'il resta sous la conduite

---

gnements et sources directes auxquelles je voulais remonter. J'ai beaucoup usé aussi de la Notice et du Commentaire de M. Auger, travail trop peu recommandé ou même déprécié injustement. C'est dans ce Commentaire qu'à propos du vers des *Femmes savantes :*

On voit partout chez vous l'ithos et le pathos,

M. Auger, ne s'apercevant pas que *ithos* n'est autre que *êthos*, plus correctement prononcé, se mit en de faux frais d'étymologie. On en plaisanta dans le temps beaucoup plus qu'il ne fallait, et ce rire facile couvrit les louanges dues à l'ensemble du très-estimable Commentaire. — Il y a eu, depuis, un travail critique de Bazin sur Molière, mais je laisse à ma notice son cachet antérieur.

des jésuites, aimait les spectacles et les défrayait magnifiquement ; en se convertissant plus tard du côté des jansénistes, et en rétractant ses premiers goûts au point d'écrire contre la comédie, il sembla transmettre du moins à son illustre aîné le soin de protéger jusqu'au bout Molière. Chapelle devint aussi l'ami d'études de Poquelin et lui procura la connaissance et les leçons de Gassendi, son précepteur. Ces leçons privées de Gassendi étaient en outre entendues de Bernier, le futur voyageur, et de Hesnault connu par son invocation à Vénus ; elles durent influer sur la façon de voir de Molière, moins par les détails de l'enseignement que par l'esprit qui en émanait, et auquel participèrent tous les jeunes auditeurs. Il est à remarquer en effet combien furent libres d'humeur et indépendants tous ceux qui sortirent de cette école : et Chapelle le franc parleur, l'épicurien pratique et relâché ; et ce poëte Hesnault qui attaquait Colbert puissant, et traduisait à plaisir ce qu'il y a de plus hardi dans les chœurs des tragédies de Sénèque ; et Bernier qui courait le monde et revenait sachant combien sous les costumes divers l'homme est partout le même, répondant à Louis XIV, qui l'interrogeait sur le pays où la vie lui semblerait meilleure, que *c'était la Suisse*, et déduisant sur tout point ses conclusions philosophiques, en petit comité, entre mademoiselle de Lenclos et madame de La Sablière. Il est à remarquer aussi combien ces quatre ou cinq esprits étaient de pure bourgeoisie et du peuple : Chapelle, fils d'un riche magistrat, mais fils bâtard ; Bernier, enfant pauvre, associé par charité à l'éducation de Chapelle ; Hesnault, fils d'un boulanger de Paris ; Poquelin, fils d'un tapissier ; et Gassendi leur maître, non pas un gentilhomme, comme on l'a dit de Descartes, mais fils de simples villageois. Molière prit dans ces conférences de Gassendi l'idée de traduire Lucrèce ; il le fit partie en vers et partie en prose, selon la nature des endroits ; mais le manuscrit s'en est perdu. Un autre compagnon qui s'immisça à ces leçons philosophiques fut Cyrano de Bergerac, devenu suspect à son tour d'impiété par quelques vers d'*Agrippine*, mais surtout convaincu de mauvais goût. Molière prit plus tard au *Pédant joué* de Cyrano deux scènes qui ne déparent certainement pas *les Fourberies de Scapin* : c'était son habitude, disait-il à ce propos, de reprendre son bien partout où il le trouvait ; et puis, comme l'a remarqué spirituellement M. Auger, en agissant de la sorte avec son ancien camarade, il ne semblait guère que prolonger cette coutume de collége par laquelle les écoliers sont *faisants* et mettent leurs gains de jeu en commun. Mais Molière, qui n'y allait jamais petitement, ne s'avisa pas de cette fine excuse.

Au sortir de ses classes, Poquelin dut remplacer son père trop âgé dans la charge de valet-de-chambre-tapissier du roi, qu'on lui assura en survivance. Il suivit, pour son noviciat, Louis XIII dans le voyage de Narbonne en 1641, et fut témoin, au retour, de l'exécution de Cinq-Mars et de De Thou : amère et sanglante dérision de la justice humaine. Il paraît que, dans les années qui suivirent, au lieu de continuer l'exercice de la charge paternelle, il alla étudier le droit à Orléans et s'y fit recevoir avocat. Mais son goût du théâtre l'emporta décidément, et, revenu à Paris, après avoir hanté, dit-on, les tréteaux du Pont-Neuf, suivi de près les Italiens et Scaramouche, il se mit à la tête d'une troupe de comédiens de société, qui devint bientôt une troupe régulière et de profession. Les deux frères Béjart, leur sœur Madeleine, Duparc dit *Gros-René* faisaient partie de cette bande ambulante qui s'intitulait *l'Illustre Théâtre*. Notre poëte rompit dès lors avec sa famille et les Poquelin ; il prit nom Molière. Molière courut avec sa troupe les divers quartiers de Paris, puis la province. On dit qu'il fit jouer à Bordeaux une *Thébaïde*, tentative du genre sérieux, qui échoua. Mais il n'épargnait pas les farces, les canevas à l'italienne, les impromptus, tels que *le Médecin volant* et *la Jalousie du Barbouillé*, premiers crayons du *Médecin malgré lui* et de *Georges Dandin*, et qui ont été conservés, *les Docteurs rivaux*, *le Maître d'École*, dont on n'a que les titres, *le Docteur amoureux*, que Boileau daignait regretter. Il allait ainsi à l'aventure, bien reçu du duc d'Épernon à Bordeaux, du prince de Conti en chaque rencontre, loué de d'Assoucy qu'il recevait et hébergeait en prince à son tour, hospitalier, libéral, bon camarade, amoureux souvent, essayant toutes les passions, parcourant tous les étages, menant à bout ce train de jeunesse, comme une Fronde joyeuse à travers la campagne, avec force provision, dans son esprit, d'originaux et de caractères. C'est dans le cours de cette vie errante qu'en 1653, à Lyon, il fit représenter *l'Étourdi*, sa première pièce régulière ; il avait trente et un ans.

Molière, on le voit, débuta par la pratique de la vie et des passions avant de les peindre. Mais il ne faudrait pas croire qu'il y eût dans son existence intérieure deux parts successives comme dans celle de beaucoup de moralistes et satiriques éminents : une première part active et plus ou moins fervente ; puis, cette chaleur faiblissant par l'excès ou par l'âge, une observation âcre, mordante, désabusée enfin, qui revient sur les motifs, les scrute et les raille. Ce n'est pas là du tout le cas de Molière ni celui des grands hommes doués, à cette mesure, du génie qui crée. Les hommes distingués, qui passent par cette double phase et arrivent promptement à la seconde, n'y acquièrent, en avançant, qu'un talent critique fin et sagace, comme M. de La Rochefoucauld, par exemple, mais pas de mouvement animateur ni de force de création. Le génie dramatique, et celui de Molière en particulier, a cela de merveilleux que le procédé en est tout différent et plus complexe. Au milieu des passions de sa jeunesse, des entraînements emportés et crédules comme ceux du commun des hommes, Molière avait déjà à un haut degré le don d'observer et de reproduire, la faculté de sonder et de saisir des ressorts qu'il faisait jouer ensuite au grand amusement de tous ; et plus tard, au milieu de son entière et triste connaissance du cœur humain et des mobiles divers, du haut de sa mélancolie de contemplateur philosophe, il avait conservé dans son propre cœur, on le verra, la jeunesse des impressions actives, la faculté des passions, de l'amour et de ses jalousies, le foyer véritablement sacré. Contradiction sublime et qu'on aime dans la vie du grand poëte! assemblage indéfinissable qui répond à ce qu'il y a de plus mystérieux aussi dans le talent dramatique et comique, c'est-à-dire la peinture des réalités amères moyennant des personnages animés, faciles, réjouissants, qui ont tous les caractères de la nature; la dissection du cœur la plus profonde se transformant en des êtres actifs et originaux qui la traduisent aux yeux, en étant simplement eux-mêmes!

On rapporte que, pendant son séjour à Lyon, Molière, qui s'était déjà lié assez tendrement avec Madeleine Béjart, s'éprit de mademoiselle Duparc (ou de celle qui devint mademoiselle Duparc en épousant le comédien de ce nom) et de mademoiselle de Brie, qui toutes deux faisaient partie d'une autre troupe que la sienne; il parvint, malgré la Béjart, dit-on, à engager dans sa troupe les deux comédiennes, et l'on ajoute que, rebuté de la superbe Duparc, il trouva dans mademoiselle de Brie des consolations auxquelles il devait revenir encore durant les tribulations de son mariage. On est allé jusqu'à indiquer dans la scène de *Clitandre*, *Armande* et *Henriette*, au premier acte des *Femmes savantes*, une réminiscence de cette situation antérieure de vingt années à la comédie. Nul doute qu'entre Molière fort enclin à l'amour, et les jeunes comédiennes qu'il dirigeait, il ne se soit formé des nœuds mobiles, croisés, parfois interrompus et repris; mais il serait téméraire, je le crois, d'en vouloir retrouver aucune trace précise dans ses œuvres, et ce qui a été mis en avant sur cette allusion, pour laquelle on oublie les vingt années d'intervalle, ne me semble pas justifié.

On conserve à Pézénas un fauteuil dans lequel, dit-on, Molière venait s'installer tous les samedis, chez un barbier fort achalandé, pour y faire la recette et y étudier à ce propos les discours et la physionomie d'un chacun. On se rappelle que Machiavel, grand poëte comique aussi, ne dédaignait pas la conversation des bouchers, boulangers et autres. Mais Molière avait probablement, dans ses longues séances chez le barbier-chirurgien, une intention plus directement applicable à son art que l'ancien secrétaire florentin, lequel cherchait surtout, il le dit, à narguer la fortune et à tromper l'ennui de la disgrâce. Cette disposition de Molière à observer durant des heures et à se tenir en silence s'accrut avec l'âge, avec l'expérience et les chagrins de la vie; elle frappait singulièrement Boileau qui appelait son ami *le Contemplateur*. « Vous connoissez l'homme, dit Élise dans *la Critique de l'École des Femmes*, et sa paresse naturelle à soutenir la conversation. Célimène l'avoit invité à souper comme bel esprit, et jamais il ne parut si sot parmi une demi-douzaine de gens à qui elle avoit fait fête de lui... Il les trompa fort par son silence. » L'un des ennemis de Molière, de Villiers, en sa comédie de *Zélinde*, représente un marchand de dentelles de la rue Saint-Denis, Argimont, qui entretient dans la chambre haute de son magasin une dame de qualité, Oriane. On vient dire qu'*Élomire* (anagramme de Molière) est dans la chambre d'en bas. Oriane désirerait qu'il montât, afin de le voir; et le marchand descend, comptant bien ramener en haut le nouveau chaland sous prétexte de quelque dentelle; mais il revient bientôt seul. « Madame, dit-il à Oriane, je suis au désespoir de n'avoir pu vous satisfaire; depuis que je suis descendu, Élomire n'a pas dit une seule parole; je l'ai trouvé appuyé sur ma boutique dans la posture d'un homme qui rêve. Il avoit les yeux collés sur trois ou quatre personnes de qualité qui marchandoient des dentelles; il paroissoit attentif à leurs discours, et il sembloit, par le mouvement de ses yeux, qu'il regardoit jusqu'au fond de leurs âmes pour y voir ce qu'elles ne disoient pas. Je crois même qu'il avoit des tablettes, et qu'à la faveur de son manteau il a écrit, sans être aperçu, ce qu'elles ont dit de plus remarquable. » Et sur ce que répond Oriane qu'Élomire avait peut-être même un crayon et dessinait leurs grimaces pour les faire représenter

au naturel dans le jeu du théâtre, le marchand reprend :
« S'il ne les a pas dessinées sur ses tablettes, je ne doute
point qu'il ne les ait imprimées dans son imagination. C'est
un dangereux personnage. Il y en a qui ne vont point sans
leurs mains, mais on peut dire de lui qu'il ne va point sans
ses yeux ni sans ses oreilles. » Il est aisé, à travers l'exagération du portrait, d'apercevoir la ressemblance. Molière fut
une fois vu durant plusieurs heures, assis à bord du coche
d'Auxerre, à attendre le départ. Il observait ce qui se passait
autour de lui ; mais son observation était si sérieuse en face
des objets, qu'elle ressemblait à l'abstraction du géomètre, à
la rêverie du fabuliste.

Le prince de Conti, qui n'était pas janséniste encore, avait
fait jouer plusieurs fois Molière et la troupe de *l'Illustre Théâtre*, en son hôtel, à Paris. Étant en Languedoc à tenir les
États, il manda son ancien condisciple, qui vint de Pézénas et
de Narbonne à Béziers ou à Montpellier (1), près du prince. Le
poëte fit œuvre de son répertoire le plus varié, de ses canevas
à l'italienne, de *l'Étourdi*, sa dernière pièce, et il y ajouta la
charmante comédie du *Dépit amoureux*. Le prince, enchanté,
voulut se l'attacher comme secrétaire et le faire succéder au
poëte Sarasin qui venait de mourir ; Molière refusa par attachement pour sa troupe, par amour de son métier et de la
vie indépendante. Après quelques années encore de courses
dans le Midi, où on le voit se lier d'amitié avec le peintre Mignard à Avignon, Molière se rapprocha de la capitale et séjourna à Rouen, d'où il obtint, non pas, comme on l'a conjecturé, par la protection du prince de Conti, devenu pénitent
sous l'évêque d'Alet dès 1655, mais par celle de Monsieur, duc
d'Orléans, de venir jouer à Paris sous les yeux du roi. Ce fut

(1) Tous les biographes, depuis Grimarest, avaient dit *Béziers* ;
M. Taschereau donne de bonnes raisons pour que ce soit Montpellier.
Ce détail a peu d'importance ; mais en général toutes les anecdotes
sur Molière sont mêlées d'incertitude, faute d'un premier biographe
scrupuleux et bien informé.

le 24 octobre 1658, dans la salle des gardes au vieux Louvre, en présence de la cour et aussi des comédiens de l'hôtel de Bourgogne, périlleux auditoire, que Molière et sa troupe se hasardèrent à représenter *Nicomède*. Cette tragi-comédie achevée avec applaudissement, Molière, qui aimait à parler comme orateur de la troupe (*grex*), et qui en cette occasion décisive ne pouvait céder ce rôle à nul autre, s'avança vers la rampe, et, après avoir « remercié Sa Majesté en des termes très-modestes de la bonté qu'elle avait eue d'excuser ses défauts et ceux de sa troupe, qui n'avoit paru qu'en tremblant devant une assemblée si auguste, il lui dit que l'envie qu'ils avoient eue d'avoir l'honneur de divertir le plus grand roi du monde leur avoit fait oublier que Sa Majesté avoit à son service d'excellents originaux, dont ils n'étoient que de très-foibles copies; mais que, puisqu'elle avoit bien voulu souffrir leurs manières de campagne, il la supplioit très-humblement d'avoir agréable qu'il lui donnât un de ces petits divertissements qui lui avoient acquis quelque réputation et dont il régaloit les provinces. » Ce fut *le Docteur amoureux* qu'il choisit. Le roi, satisfait du spectacle, permit à la troupe de Molière de s'établir à Paris sous le titre de *Troupe de Monsieur*, et de jouer alternativement avec les comédiens italiens sur le théâtre du Petit-Bourbon. Lorsqu'on commença de bâtir, en 1660, la colonnade du Louvre à l'emplacement même du Petit-Bourbon, la troupe de Monsieur passa au théâtre du Palais-Royal. Elle devint troupe *du Roi* en 1665; et plus tard, à la mort de Molière, réunie à la troupe du Marais d'abord, et sept ans après (1680) à celle de l'hôtel de Bourgogne, elle forma le *Théâtre-Français*.

Dès l'installation de Molière et de sa troupe, *l'Étourdi* et *le Dépit amoureux* se donnèrent pour la première fois à Paris et n'y réussirent pas moins qu'en province. Bien que la première de ces pièces ne soit encore qu'une comédie d'intrigue tout imitée des imbroglios italiens, quelle verve déjà! quelle chaude pétulance! quelle activité folle et saisissante d'imaginative dans ce Mascarille que le théâtre n'avait pas jusqu'ici entendu nommer! Sans doute Mascarille, tel qu'il apparaît d'abord, n'est guère qu'un fils naturel direct des valets de la farce italienne et de l'antique comédie, de l'esclave de *l'Épidique*, du Chrysale des *Bacchides*, de ces valets *d'or*, comme ils se nomment, du valet de Marot; c'est un fils de Villon, nourri aussi aux repues franches, un des mille de cette lignée antérieure à Figaro : mais, dans *les Précieuses*, il va bientôt se particulariser, il va devenir le Mascarille marquis, un valet tout moderne et qui n'est qu'à la livrée de Molière. *Le Dépit amoureux*, à travers l'invraisemblance et le convenu banal des déguisements et des reconnaissances, offre dans la scène de Lucile et d'Éraste une situation de cœur éternellement renouvelée, éternellement jeune depuis le dialogue d'Horace et de Lydie, situation que Molière a reprise lui-même dans le *Tartufe* et dans *le Bourgeois Gentilhomme*, avec bonheur toujours, mais sans surpasser l'excellence de cette première peinture : celui qui savait le plus fustiger et railler se montrait en même temps celui qui sait comment on aime. *Les Précieuses ridicules*, jouées en 1659, attaquèrent les mœurs modernes au vif. Molière y laissait les canevas italiens et les traditions de théâtre pour y voir les choses avec ses yeux, pour y parler haut et ferme selon sa nature contre le plus irritant ennemi de tout grand poëte dramatique au début, le bégueulisme bel-esprit, et ce petit goût d'alcôve, qui n'est que dégoût. Lui, l'homme au masque ouvert et à l'allure naturelle, il avait à déblayer avant tout la scène de ces mesquins embarras pour s'y déployer à l'aise et y établir son droit de franc-parler. On raconte qu'à la première représentation des *Précieuses*, un vieillard du parterre, transporté de cette franchise nouvelle, un vieillard qui sans doute avait applaudi dix-sept ans auparavant au *Menteur* de Corneille, ne put s'empêcher de s'écrier, en apostrophant Molière qui jouait Mascarille : « Courage, courage, Molière! voilà la bonne comédie! » A ce cri, qu'il devinait bien être celui du vrai public et de la gloire, à cet universel et sonore applaudissement, Molière sentit, comme le dit Segrais, s'enfler son courage, et il laissa échapper ce mot de noble orgueil, qui marque chez lui l'entrée de la grande carrière : « Je n'ai plus que faire d'étudier Plaute et Térence et d'éplucher les fragments de Ménandre ; je n'ai qu'à étudier le monde. » — Oui, Molière ; le monde s'ouvre à vous, vous vous l'avez découvert et il est vôtre ; vous n'avez désormais qu'à y choisir vos peintures. Si vous imitez encore, ce sera que vous le voudrez bien ; ce sera parce que vous prélèverez votre part là où vous la trouverez bonne à prendre ; ce sera en rival qui ne craint pas les rencontres, en roi puissant pour agrandir votre empire. Tout ce qui sera emprunté par vous restera embelli et honoré (1).

Après le sel un peu gros, mais franc, du *Cocu imaginaire*, et l'essai pâle et noble de *Don Garcie*, *l'École des Maris* revient à cette large voie d'observation et de vérité dans la gaieté. Sganarelle, que *le Cocu imaginaire* nous avait montré pour la première fois, reparaît et se développe par *l'École des Maris*; Sganarelle va succéder à Mascarille dans la faveur de Molière. Mascarille était encore assez jeune et garçon, Sganarelle est essentiellement marié. Né probablement du théâtre italien, employé de bonne heure par Molière dans la farce du *Médecin volant*, introduit sur le théâtre régulier en un rôle qui sent un peu son Scarron, il se naturalise comme a fait Mascarille ; il se perfectionne vite et grandit sous la prédilection du maître. Le Sganarelle de Molière, dans toutes ses variétés de valet, de mari, de père de Lucinde, de frère d'Ariste, de tuteur, de fagotier, de médecin, est un personnage qui appartient en propre au poëte, comme Panurge à Rabelais, Falstaff à Shakspeare, Sancho à Cervantes ; c'est le

---

(1) On peut appliquer sans ironie, quand il s'agit de poésie dramatique surtout, à de certains plagiats faits de main souveraine, le mot de la Fable :

. . . . . Vous leur fîtes, Seigneur,
En les croquant, beaucoup d'honneur.

côté du laid humain personnifié, le côté vieux, rechigné, morose, intéressé, bas, peureux, tour à tour piètre ou charlatan, bourru et saugrenu, le vilain côté, et qui fait rire. A certains moments joyeux, comme quand Sganarelle touche le sein de la nourrice, il se rapproche du rond Gorgibus, lequel ramène au bonhomme Chrysale, cet autre comique cordial et à plein ventre. Sganarelle, chétif comme son grand-père Panurge, a pourtant laissé quelque postérité digne de tous deux, dans laquelle il convient de rappeler Pangloss et de ne pas oublier Gringoire (1). Chez Molière, en face de Sganarelle, au plus haut bout de la scène, Alceste apparaît; Alceste, c'est-à-dire ce qu'il y a de plus sérieux, de plus noble, de plus élevé dans le comique, le point où le ridicule confine au courage, à la vertu. Une ligne plus haut et le comique cesse, et on a un personnage purement généreux, presque héroïque et tragique. Même tel qu'il est, avec un peu de mauvaise humeur, on a pu s'y méprendre; Jean-Jacques et Fabre d'Églantine, gens à contradiction, en ont fait leur homme. Sganarelle embrasse les trois quarts de l'échelle comique, le bas tout entier, et le milieu qu'il partage avec Gorgibus et Chrysale; Alceste tient l'autre quart, le plus élevé. Sganarelle et Alceste, voilà tout Molière.

Voltaire a dit que quand Molière n'aurait fait que *l'École des Maris*, il serait encore un excellent comique; Boileau ne put entendre *l'École des Femmes* sans adresser à Molière, attaqué de beaucoup de côtés et qu'il ne connaissait pas encore, des stances faciles, où il célèbre *la charmante naïveté* de cette comédie qu'il égale à celles de Térence, supposées écrites par Scipion. Ces deux amusants chefs-d'œuvre ne furent séparés que par la légère mais ingénieuse comédie-impromptu des *Fâcheux*, faite, apprise et représentée en quinze jours pour les fêtes de Vaux. La Fontaine en a dit, dans un éloge de ces fêtes, les dernières du malheureux *Oronte*:

---

(1) Dans la *Notre-Dame de Paris* de M. Hugo.

> C'est une pièce de Molière :
> Cet écrivain par sa manière
> Charme à présent toute la cour.
> . . . .
> Nous avons changé de méthode ;
> Jodelet n'est plus à la mode,
> Et maintenant il ne faut pas
> Quitter la nature d'un pas.

Jamais le libre et prompt talent de Molière pour les vers n'éclata plus évidemment que dans cette comédie satirique, dans les scènes du piquet ou de la chasse. La scène de la chasse ne se trouvait pas dans la pièce à la première représentation ; mais Louis XIV, montrant du doigt à Molière M. de Soyecourt, grand-veneur, lui dit : « Voilà un original que vous n'avez pas encore copié. » Le lendemain, la scène du chasseur était faite et exécutée. Boileau, dont cette pièce des *Fâcheux* devançait la manière en la surpassant, y songeait sans doute quand il demanda trois ans plus tard à Molière où il trouvait la rime. C'est que Molière ne la cherchait pas ; c'est qu'il ne faisait pas d'habitude son second vers avant le premier, et n'attendait pas un demi-jour et plus pour trouver ensuite au coin d'un bois le mot qui l'avait fui. Il était de la veine rapide, *prime-sautière*, de Regnier, de d'Aubigné ; ne marchandant jamais la phrase ni le mot, au risque même d'un pli dans le vers, d'un tour un peu violent ou de l'hiatus au pire ; un duc de Saint-Simon en poésie ; une façon d'expression toujours en avant, toujours certaine, que chaque flot de pensée emplit et colore. M. Auger s'est attaché à relever comme fautes tous les manques de repos à l'hémistiche chez Molière ; c'est peine puérile, puisque notre poëte ne suit pas là-dessus la loi de Boileau et des autres réguliers. Molière faisait si naturellement les vers que ses pièces en prose sont remplies de vers blancs ; on l'a remarqué pour *le Festin de Pierre*, et l'on a été jusqu'à conjecturer que la petite pièce du *Sicilien* avait été primitivement ébauchée en vers et que

Molière avait ensuite brouillé le tout dans une prose qui en avait gardé trace. Fénelon, lorsqu'à propos de *l'Avare* il déclare préférer (comme aussi le pensait Ménage) les pièces en prose de Molière à celles qui sont en vers, lorsqu'il parle de cette multitude de métaphores qui, suivant lui, approchent du galimatias, Fénelon, poëte élégant en prose, n'entend rien, il faut le dire, à cette riche manière de poésie, qui n'est pas plus celle de Virgile et de Térence qu'en peinture la manière de Rubens n'est celle de Raphaël. Boileau, tout artiste sobre qu'il était et dans un autre procédé que Molière, lui rendait haute justice là-dessus ; il le reprenait sans doute quelquefois et aurait voulu épurer maint détail, comme on le voit par exemple en cette correction qui a été conservée de deux vers des *Femmes savantes*. Molière avait mis d'abord :

> Quand sur une personne on prétend s'ajuster,
> C'est par les beaux côtés qu'il la faut imiter.

« M. Despréaux, dit Cizeron-Rival d'après Brossette, trouva du jargon dans ces deux vers et les rétablit de cette façon :

> Quand sur une personne on prétend se régler,
> C'est par ses beaux endroits qu'il lui faut ressembler. »

Mais, jargon ou non, il était le premier à proclamer Molière maître dans l'art de frapper les bons vers, et il n'aurait pas admis le jugement par trop *dégoûté* de Fénelon. Rien d'étonnant, au reste, que cette fine et mystique nature de Fénelon, dans sa blanche robe de lin, dans sa simple tunique, un peu longue, un peu traînante (en fait de style), n'ait pas entendu ces admirables plis mouvants, étoffés, du manteau du grand comique. Ce qui est ubéreux, surtout la gaieté, répugne singulièrement aux natures délicates et rêveuses. En dépit de ces juges difficiles, comme satire dialoguée en vers, *les Fâcheux* sont un chef-d'œuvre.

Durant les quatorze années qui suivirent son installation à

Paris, et jusqu'à l'heure de sa mort, en 1673, Molière ne cessa de produire. Pour le roi, pour la cour et les fêtes de commande, pour le plaisir du gros public et les intérêts de sa troupe, pour sa propre gloire et la sérieuse postérité, Molière se multiplie et suffit à tout. Rien de méticuleux en lui et qui sente l'auteur de cabinet. Vrai poëte de drame, ses ouvrages sont en scène, en action; il ne les écrit pas, pour ainsi dire, il les joue. Sa vie de comédien de province avait été un peu celle des poëtes primitifs populaires, des rapsodes, jongleurs ou pèlerins de la Passion; ils allaient, comme on sait, se répétant les uns les autres, se prenant leurs canevas et leurs thèmes, y ajoutant à l'occasion, s'oubliant eux et leur œuvre individuelle, et ne gardant guère *copie* de leurs représentations. C'est ainsi que les ébauches et improvisades à l'italienne, que Molière avait multipliées (on a les titres d'une dizaine) durant ses courses en province, furent perdues, hors deux, *le Médecin volant* et *la Jalousie du Barbouillé.* Et encore, telles qu'on a celles-ci, il est douteux que la version en soit de Molière. Suivant le procédé des poëtes primitifs, qui font volontiers entrer un de leurs ouvrages dans un autre, ces ébauches furent plus tard introduites et employées dans des actes de pièces plus régulières. Les poëtes dont nous parlons transposent, *utilisent,* si l'on peut se servir de ce mot, certains morceaux une fois faits; ainsi, *Don Garcie de Navarre* n'ayant pas eu de succès, des tirades entières ont passé de ce prince jaloux au *Misanthrope* et ailleurs. *L'Étourdi* et le *Dépit amoureux,* premières pièces régulières de notre poëte, ne furent imprimés que dix ans après leur apparition à la scène (1653-1663); *les Précieuses* le furent dans les environs du succès, mais malgré l'auteur, comme l'indique la préface; et ce n'est pas ici une simagrée de douce violence comme tant d'autres l'ont jouée depuis : l'embarras de Molière qui se fait imprimer pour la première fois, à son corps défendant, est visible dans cette préface. *Le Cocu imaginaire,* ayant eu près de cinquante représentations, ne devait pas être imprimé, quand un amateur de comédie, nommé Neufvillenaine, s'aperçut qu'il avait retenu par cœur la pièce tout entière ; il en fit une copie et la publia en dédiant l'ouvrage à Molière. Ce M. de Neufvillenaine se connaissait en procédés. L'insouciance de Molière fut telle qu'il ne donna jamais d'autre édition du *Cocu imaginaire,* bien que Neufvillenaine avoue (ce qui serait assez vraisemblable quand il ne l'avouerait pas) qu'il peut s'être glissé dans sa copie, faite de mémoire, quantité de mots les uns pour les autres. O Racine ! Ô Boileau ! qu'eussiez-vous dit si un tiers eût ainsi manié devant le public vos prudentes œuvres où chaque mot a son prix ? On doit maintenant saisir toute la différence native qu'il y a de Molière à cette famille sobre, économe, méticuleuse, et avec raison, des Despréaux et des La Bruyère. Dans l'édition de Neufvillenaine, qu'il faut bien considérer, par suite du silence de Molière, comme l'édition originale, la pièce est d'un seul acte, quoique plus tard les éditeurs de 1734 l'aient donnée en trois ; mais il y a lieu de croire que pour Molière, comme pour les anciens tragiques et comiques, cette division d'actes est imaginée ici après coup et artificielle. Molière dans ses premières pièces ne s'astreint guère plus que Plaute à cette division régulière ; il laisse fréquemment la scène vide, sans qu'on puisse supposer l'acte terminé en ces endroits. Il se rangea bien vite, il est vrai, à la régularité dès lors professée ; mais on voit (et c'est sur quoi j'insiste) combien il avait naturellement les habitudes de l'époque antérieure. Pour obvier à des larcins pareils à celui de Neufvillenaine, Molière dut songer à publier dorénavant lui-même ses pièces au fur et à mesure des succès. *L'École des Maris,* dédiée au duc d'Orléans, son protecteur, est le premier ouvrage qu'il ait publié de son plein gré ; à partir de ce moment (1661), il entra en communication suivie avec les lecteurs. On le retrouve pourtant en défiance continuelle de ce côté ; il craint les boutiques de la galerie du Palais ; il préfère être jugé *aux chandelles,* au point de vue de la scène, sur la décision de la multitude. On a cru, d'après un passage de la préface des *Fâcheux*, qu'il aurait eu dessein de faire imprimer ses remarques et presque sa poétique, à l'occasion de ses pièces ; mais, à mieux entendre le passage, il en ressort que cette promesse, mal d'accord avec sa tournure de génie, n'est pas sérieuse en effet ; ce serait plutôt de sa part une raillerie contre les grands raisonneurs selon Horace et Aristote. Sa poétique, du reste, comme acteur et comme auteur, se trouve tout entière dans *la Critique de l'École des Femmes* et dans *l'Impromptu de Versailles*, et elle y est en action, en comédie encore. A la scène VII de *la Critique*, n'est-ce pas Molière qui nous dit par la bouche de Dorante : « Vous êtes de plaisantes gens avec vos règles dont vous embarrassez les ignorants et nous étourdissez tous les jours ! Il semble, à vous ouïr parler, que ces règles de l'art soient les plus grands mystères du monde, et cependant ce ne sont que quelques observations aisées que le bon sens a faites sur ce qui peut ôter le plaisir que l'on prend à ces sortes de poëmes ; et le même bon sens, qui a fait autrefois ces observations, les fait aisément tous les jours sans le secours d'Horace et d'Aristote.... Laissons-nous aller de bonne foi aux choses qui nous prennent par les entrailles, et ne cherchons point de raisonnements pour nous empêcher d'avoir du plaisir. » Pour en finir avec cette négligence de littérateur que nous démontrons chez Molière, et qui contraste si fort avec son ardente prodigalité comme poëte et son zèle minutieux comme acteur et directeur, ajoutons qu'aucune édition complète de ses œuvres ne parut de son vivant ; ce fut La Grange, son camarade de troupe, qui recueillit et publia le tout en 1682, neuf ans après sa mort.

Molière, le plus créateur et le plus inventif des génies, est celui peut-être qui a le plus imité, et de partout ; c'est encore là un trait qu'ont en commun les poëtes primitifs populaires et les illustres dramatiques qui les continuent. Boileau, Racine, André Chénier, les grands poëtes d'étude et de goût, imitent sans doute aussi ; mais leur procédé d'imitation est beaucoup plus ingénieux, circonspect et déguisé, et porte principalement sur les détails. La façon de Molière en ses imitations est bien plus familière, plus à pleine main et à la merci de la mémoire. Ses ennemis lui reprochaient de voler la moitié de ses œuvres aux *vieux bouquins*. Il vécut d'abord, dans sa première manière, sur la farce traditionnelle italienne et gauloise; à partir des *Précieuses* et de *l'École des Maris*, il devint lui-même; il gouverna et domina dès lors ses imitations, et, sans les modérer pour cela beaucoup, il les mêla constamment à un fonds d'observation originale. Le fleuve continua de charrier du bois de tous bords, mais dans un courant de plus en plus étendu et puissant. Riccoboni a donné une liste assez complète, et parfois même gonflée, des imitations que Molière a faites des Italiens, des Espagnols et des Latins; Cailhava et d'autres y ont ajouté. Riccoboni a eu le bon esprit de sentir que le génie de Molière ne souffrait pas de ces nombreux butins. Au contraire, l'admiration du commentateur pour son poëte va presque en raison du nombre des imitations qu'il découvre en lui, et elle n'a plus de bornes lorsqu'il le voit dans *l'Avare* mener, à ce qu'il dit, jusqu'à cinq imitations de front, et être là-dessous, et à travers cette mêlée de souvenirs, plus original que jamais. Tous les Italiens n'ont pas eu si bonne grâce, et le sieur Angelo, *docteur* de la comédie italienne, allait jusqu'à revendiquer le sujet du *Misanthrope*, qu'il avait, affirmait-il, raconté tout entier à Molière, d'après une certaine pièce de Naples, un jour qu'ils se promenaient ensemble au Palais-Royal. C'est *quinze jours* après cette conversation mémorable que la comédie du *Misanthrope* aurait été achevée et sur l'affiche. A de pareilles prétentions, appuyées de pareils dires, on n'a à opposer que le judicieux dédain de Jean-Baptiste Rousseau qui, dans sa correspondance avec d'Olivet et Brossette, a d'ailleurs le mérite d'avoir fort bien apprécié Molière; la lettre du poëte à M. Chauvelin sur le sujet qui nous occupe vaut mieux, comme pensée, que les trois quarts de ses odes. Ce qu'il faut reconnaître, c'est que les imitations chez Molière sont de toute source et infinies ; elles ont un caractère de loyauté en même temps que de sans-façon, quelque chose de cette première vie où tout était en commun, bien qu'aussi d'ordinaire elles soient parfaitement combinées et descendant quelquefois à de purs détails. Plaute et Térence pour des fables entières, Straparole et Boccace pour des fonds de sujets, Rabelais et Regnier pour des caractères, Boisrobert et Rotrou et Cyrano pour des scènes, Horace et Montaigne et Balzac pour de simples phrases, tout y figure ; mais tout s'y transforme, rien n'y est le même. Là où il imite le plus, qui donc pourrait se plaindre ? à côté de Sosie qu'il copie, ne voilà-t-il pas Cléanthis qu'il invente ? De telles imitations, loin de nous refroidir envers notre poëte, nous sont chères ; nous aimons à les rechercher, à les poursuivre jusqu'au bout, dans un intérêt de parenté. Ces masques fameux de la bonne comédie, depuis Plaute jusqu'à Patelin, ces malicieux conteurs de tous pays, ces philosophes satiriques et ingénieux, nous les convoquons un moment autour de notre auteur dans un groupe qu'il unit et où il préside ; les moins considérables, les Boisrobert, les Sorel, les Cyrano, y sont même introduits à la faveur de ce qu'ils lui ont prêté, de ce qui surtout les recommande et les honore. Ces imitations, en un mot, ne sont le plus souvent pour nous que le résumé heureux de toute une famille d'esprits et de tout un passé comique dans un nouveau type original et supérieur, comme un enfant aimé du ciel qui, sous un air de jeunesse, exprime à la fois tous ses aïeux.

Chacune des pièces de Molière, à les suivre dans l'ordre de leur apparition, fournirait matière à un historique étendu et intéressant ; ce travail a déjà été fait, et trop bien, par d'autres, pour le reprendre ; ce serait presque toujours le copier (1). Autour de *l'École des Femmes*, en 1662, et plus tard autour du *Tartufe*, il se livra des combats comme précédemment il s'en

---

(1) Voir MM. Auger et Taschereau.

était livré autour du *Cid,* comme il s'en renouvela ensuite autour de *Phèdre;* ce furent là d'illustres journées pour l'art dramatique. *La Critique de l'École des Femmes* et *l'Impromptu de Versailles* en apprennent suffisamment sur le premier démêlé, qui fut surtout une querelle de goût et d'art, quoique déjà la religion s'y glissât à propos des commandements du mariage donnés à Agnès. Les *Placets au Roi* et la préface du *Tartufe* marquent assez le caractère tout moral et philosophique de la seconde lutte, si souvent depuis et si ardemment continuée. Ce que je veux rappeler ici, c'est qu'attaqué des dévots, envié des auteurs, recherché des grands, valet-de-chambre du roi et son indispensable ressource pour toutes les fêtes, Molière, avec cela troublé de passions et de tracas domestiques, dévoré de jalousie conjugale, fréquemment malade de sa fluxion de poitrine et de sa toux, directeur de troupe et comédien infatigable bien qu'au régime et au lait, Molière, durant quinze ans, suffit à tous les emplois, qu'à chaque nécessité survenante son génie est présent et répond, gardant de plus ses heures d'inspiration propre et d'initiative. Entre la dette précipitamment payée aux divertissements de Versailles ou de Chambord et ses cordiales avances au bon rire de la bourgeoisie, Molière trouve jour à des œuvres méditées et entre toutes immortelles. Pour Louis XIV, son bienfaiteur et son appui, on le trouve toujours prêt; *l'Amour médecin* est fait, appris et représenté en cinq jours; *la Princesse d'Élide* n'a que le premier acte en vers, le reste suit en prose, et, comme le dit spirituellement un contemporain de Molière, la comédie n'a eu le temps cette fois que de chausser un brodequin; mais elle paraît à l'heure sonnante, quoique l'autre brodequin ne soit pas lacé. *Mélicerte* seule n'est pas finie, mais *les Fâcheux* le furent en quinze jours; mais *le Mariage forcé* et *le Sicilien,* mais *Georges Dandin,* mais *Pourceaugnac,* mais *le Bourgeois Gentilhomme,* ces comédies de verve avec intermèdes et ballets, ne firent jamais faute. Dans les intérêts de sa troupe, il lui fallut souvent dépêcher l'ouvrage, comme quand il fournit son théâtre d'un

Don Juan, parce que les comédiens de l'hôtel de Bourgogne et ceux de Mademoiselle avaient déjà le leur, et que cette statue qui marche ne cessait de faire merveille. — Et ces diversions ne l'empêchaient pas tout aussitôt de songer à Boileau, aux juges difficiles, à lui-même et au genre humain, par *le Misanthrope*, par le *Tartufe* et *les Femmes savantes*. L'année du *Misanthrope* est en ce sens la plus mémorable et la plus significative dans la vie de Molière. A peine hors de ce chef-d'œuvre sérieux, et qui le parut un peu trop au gros du public, il dut pourvoir en hâte à la jovialité bourgeoise par *le Médecin malgré lui*, et de là, de ce parterre de la rue Saint-Denis, raccourir vite à Saint-Germain pour *Mélicerte*, la *Pastorale comique* et cette vallée de Tempé où l'attendait sur le pré M. de Benserade : Molière faisait face à tous les appels.

Dans une épître adressée en 1669 au peintre Mignard, sur le dôme du Val-de-Grâce, Molière a fait une description et un éloge de la fresque qui s'applique merveilleusement à sa propre manière ; il y préconise, en effet,

> Cette belle peinture inconnue en ces lieux,
> La fresque, dont la grâce, à l'autre préférée,
> Se conserve un éclat d'éternelle durée,
> Mais dont la promptitude et les brusques fiertés
> Veulent un grand génie à toucher ses beautés !
> De l'autre qu'on connoît la traitable méthode
> Aux foiblesses d'un peintre aisément s'accommode :
> La paresse de l'huile, allant avec lenteur,
> Du plus tardif génie attend la pesanteur ;
> Elle sait secourir, par le temps qu'elle donne,
> Les faux pas que peut faire un pinceau qui tâtonne ;
> Et sur cette peinture on peut, pour faire mieux,
> Revenir, quand on veut, avec de nouveaux yeux.
> . . . .
> Mais la fresque est pressante et veut sans complaisance
> Qu'un peintre s'accommode à son impatience,
> La traite à sa manière, et d'un travail soudain
> Saisisse le moment qu'elle donne à sa main.

> La sévère rigueur de ce moment qui passe
> Aux erreurs d'un pinceau ne fait aucune grâce ;
> Avec elle il n'est point de retour à tenter,
> Et tout au premier coup se doit exécuter, etc...

A cette belle chaleur de Molière pour la fresque, pour la grande et dramatique peinture, pour celle-là même qui agit sur les masses prosternées dans les chapelles romaines, qui n'aimerait reconnaître la sympathie naturelle au poëte du drame, au poëte de la multitude, à l'exécuteur soudain, véhément, de tant d'œuvres impérieuses aussi et pressantes? Dans les œuvres finies, au contraire, faites pour être vues de près, vingt fois remaniées et repolies, à la Miéris, à la Despréaux, à la La Bruyère, nous retrouvons *la paresse de l'huile*. L'allusion est trop directe pour que Molière n'y ait pas un peu songé. Cizeron-Rival, d'ordinaire exact, a dit d'après Brossette : « Au jugement de Despréaux (et autant que je puis me connoître en poésie, ce n'est pas son meilleur jugement), de tous les ouvrages de Molière, celui dont la versification est la plus régulière et la plus soutenue, c'est le poëme qu'il a fait en faveur du fameux Mignard, son ami. Ce poëme, disoit-il à M. Brossette, peut tenir lieu d'un traité complet de peinture, et l'auteur y a fait entrer toutes les règles de cet art admirable (et Despréaux citait les mêmes vers que nous avons donnés plus haut). Remarquez, monsieur, ajoutoit Despréaux, que Molière a fait, sans y penser, le caractère de ses poésies, en marquant ici la différence de la peinture à l'huile et de la peinture à fresque. Dans ce poëme sur la peinture, il a travaillé comme les peintres à l'huile, qui reprennent plusieurs fois le pinceau pour retoucher et corriger leur ouvrage, au lieu que dans ses comédies, où il falloit beaucoup d'action et de mouvement, il préféroit les *brusques fiertés* de la fresque à *la paresse de l'huile*. » Ce jugement de Boileau a été fort contesté depuis Cizeron-Rival. M. Auger le mentionne comme *singulier*. Vauvenargues, qui est de l'avis de Fénelon sur la poésie de Molière, trouve ce poëme du Val-de-Grâce

peu satisfaisant et préfère en général, comme peintre, La
Bruyère au grand comique : prédilection de critique moraliste pour le modèle du genre. Vous êtes peintre à l'huile,
M. de Vauvenargues ! Boileau, tout aussi intéressé qu'il était
dans la question, se montre plus fermement judicieux. Non
que j'admette que ce poëme du Val-de-Grâce soit bon et satisfaisant d'un bout à l'autre, ou que Molière ait modifié,
ralenti sa manière en le composant. La poésie en est plus
chaude que nette ; elle tombe dans le technique et s'y embarrasse souvent en le voulant animer. Mais Boileau a bien
mis le doigt sur le côté précieux du morceau. Boileau, reconnaissons-le, malgré ce qu'on a pu reprocher à ses réserves
un peu fortes de l'*Art poétique* ou à son étonnement bien
innocent et bien permis sur les rimes de Molière, fut souverainement équitable en tout ce qui concerne le poëte son
ami, celui qu'il appelait *le Contemplateur*. Il le comprenait et
l'admirait dans les parties les plus étrangères à lui-même ; il
se plaisait à être son complice dans le latin macaronique de
ses plus folles comédies ; il lui fournissait les malignes étymologies grecques de *l'Amour médecin* ; il mesurait dans
son entier cette faculté multipliée, immense ; et le jour où
Louis XIV lui demanda quel était le plus rare des grands
écrivains qui auraient honoré la France durant son règne, le
juge rigoureux n'hésita pas et répondit : « Sire, c'est Molière. » — « Je ne le croyais pas, répliqua Louis XIV ; mais
vous vous y connaissez mieux que moi. »

On a loué Molière de tant de façons, comme peintre des
mœurs et de la vie humaine, que je veux indiquer surtout un
côté qu'on a trop peu mis en lumière, ou plutôt qu'on a méconnu. Molière, jusqu'à sa mort, fut en progrès continuel
dans la *poésie* du comique. Qu'il ait été en progrès dans l'observation morale et ce qu'on appelle le haut comique, celui
du *Misanthrope*, du *Tartufe* et des *Femmes savantes*, le fait est
trop évident, et je n'y insiste pas ; mais autour, au travers de
ce développement, où la raison de plus en plus ferme, l'ob-

servation de plus en plus mûre, ont leur part, il faut admirer ce surcroît toujours montant et bouillonnant de verve comique, très-folle, très-riche, très-inépuisable, que je distingue fort, quoique la limite soit malaisée à définir, de la farce un peu bouffonne et de la lie un peu scarronesque où Molière trempa au début. Que dirai-je? c'est la distance qu'il y a entre la prose du *Roman comique* et tel chœur d'Aristophane ou certaines échappées sans fin de Rabelais. Le génie de l'ironique et mordante gaieté a son lyrique aussi, ses purs ébats, son rire étincelant, redoublé, presque sans cause en se prolongeant, désintéressé du réel, comme une flamme folâtre qui voltige de plus belle après que la combustion grossière a cessé, — un rire des dieux, suprême, inextinguible. C'est ce que n'ont pas senti beaucoup d'esprits de goût, Voltaire, Vauvenargues et autres, dans l'appréciation de ce qu'on a appelé les dernières farces de Molière. M. de Schlegel aurait dû le mieux sentir; lui qui célèbre mystiquement les poétiques fusées finales de Calderon, il aurait dû ne pas rester aveugle à ces fusées, pour le moins égales, d'éblouissante gaieté, qui font aurore à l'autre pôle du monde dramatique. Il a bien accordé à Molière d'avoir le génie du burlesque, mais en un sens prosaïque, comme il eût fait à Scarron, et en préférant de beaucoup le *génie* fantastique et poétique du comédien Le Grand. M. de Schlegel gardait-il rancune à Molière pour le trait innocent du pédant Çaritidès sur les Allemands d'alors, *grands inspectateurs d'inscriptions et enseignes?* Quoi qu'on ait dit, *Monsieur de Pourceaugnac, le Bourgeois Gentilhomme, le Malade imaginaire,* attestent au plus haut point ce comique jaillissant et imprévu qui, à sa manière, rivalise en fantaisie avec *le Songe d'une Nuit d'été* et *la Tempête.* Pourceaugnac, M. Jourdain, Argant, c'est le côté de Sganarelle continué, mais plus poétique, plus dégagé de la farce du *Barbouillé*, plus enlevé souvent par delà le réel. Molière, forcé pour les divertissements de cour de combiner ses comédies avec des ballets, en vint à déployer, à déchaîner dans ces danses de commande les chœurs bouffons et pétulants des avocats, des tailleurs, des Turcs, des apothicaires; le génie se fait de chaque nécessité une inspiration. Cette issue une fois trouvée, l'imagination inventive de Molière s'y précipita. Les comédies à ballets dont nous parlons n'étaient pas du tout (qu'on se garde de le croire) des concessions au gros public, des provocations directes au rire du bourgeois, bien que ce rire y trouvât son compte; elles furent imaginées plutôt à l'occasion des fêtes de la cour. Mais Molière s'y complut bien vite et s'y exalta comme éperdument; il fit même des ballets et intermèdes au *Malade imaginaire*, de son propre mouvement, et sans qu'il y eût pour cette pièce destination de cour ni ordre du roi. Il s'y jetait d'ironie à la fois et de gaieté de cœur, le grand homme, au milieu de ses amertumes journalières, comme dans une âcre et étourdissante ivresse. Il y mourut en pleine crise et dans le son le plus aigu de cette saillie montée au délire. Or, maintenant, entre ces deux points extrêmes du *Malade imaginaire* ou de *Pourceaugnac* et du *Barbouillé*, du *Cocu imaginaire*, par exemple, qu'on place successivement *la charmante naïveté* (expression de Boileau) de *l'École des Femmes*, de *l'École des Maris*, l'excellent et profond caractère de *l'Avare*, tant de personnages vrais, réels, ressemblant à beaucoup, et non copiés pourtant, mais trouvés, le sens docte, grave et mordant du *Misanthrope*, le *Tartufe* qui réunit tous les mérites par la gravité du ton encore, par l'importance du vice attaqué et le pressant des situations, *les Femmes savantes* enfin, le plus parfait style de comédie en vers, le troisième et dernier coup porté par Molière aux critiques de *l'École des Femmes*, à cette race des prudes et précieuses; qu'on marque ces divers points, et l'on aura toute l'échelle comique imaginable. De la farce franche et un peu grosse du début, on se sera élevé, en passant par le naïf, le sérieux, le profondément observé, jusqu'à la fantaisie du rire dans toute sa pompe et au gai sabbat le plus délirant.

Les Fourberies de Scapin, jouées entre *le Bourgeois Gentil-*

homme et *l'École des Femmes*, appartiennent-elles à cette adorable folie comique dont j'ai tâché de donner idée, ou retombent-elles par moments dans la farce un peu enfarinée et bouffonne, comme l'a pensé Boileau en son *Art poétique?* Je serais peut-être de ce dernier avis, sauf les conclusions trop générales qu'en tire le poëte régulateur :

> Étudiez la cour et connoissez la ville ;
> L'une et l'autre est toujours en modèles fertile.
> C'est par là que Molière, illustrant ses écrits,
> Peut-être de son art eût remporté le prix,
> Si, moins ami du peuple en ses doctes peintures,
> Il n'eût pas fait souvent grimacer ses figures,
> Quitté pour le bouffon l'agréable et le fin,
> Et sans honte à Térence allié Tabarin :
> Dans ce sac ridicule *où Scapin l'enveloppe*,
> Je ne reconnois plus l'auteur du *Misanthrope*.

Quant aux restrictions reprochées et reprochables à Boileau en cet endroit, son tort est d'avoir trop généralisé un jugement qui, appliqué à *Scapin*, pourrait sembler vrai au pied de la lettre. Cette pièce est effectivement imitée en partie du *Phormion* de Térence, et en partie de la *Francisquine* de Tabarin. De plus, en lisant convenablement le vers

> Dans ce sac ridicule où Scapin *l*'enveloppe (1)

(car Molière en cette pièce jouait le rôle de Géronte, et par conséquent il entrait en personne dans le sac), on conçoit l'impression pénible que causait à Boileau cette vue de l'auteur du *Misanthrope*, malade, âgé de près de cinquante ans et bâtonné sur le théâtre. Si nous eussions vu notre Talma à la scène dans la même situation subalterne, nous en aurions certes souffert. Je lis dans Cizeron-Rival le trait suivant, qui

---

(1) Cette ingénieuse correction, qui, une fois faite, paraît si nécessaire et si simple, est proposée par M. Daunou dans son excellent commentaire de Boileau.

éclaire et précise le passage de l'Art poétique : « Deux mois avant la mort de Molière, M. Despréaux alla le voir et le trouva fort incommodé de sa toux et faisant des efforts de poitrine qui sembloient le menacer d'une fin prochaine. Molière, assez froid naturellement, fit plus d'amitié que jamais à M. Despréaux. Cela l'engagea à lui dire : Mon pauvre monsieur Molière, vous voilà dans un pitoyable état. La contention continuelle de votre esprit, l'agitation continuelle de vos poumons sur votre théâtre, tout enfin devroit vous déterminer à renoncer à la représentation. N'y a-t-il que vous dans la troupe qui puisse exécuter les premiers rôles? Contentez-vous de composer, et laissez l'action théâtrale à quelqu'un de vos camarades : cela vous fera plus d'honneur dans le public qui regardera vos acteurs comme vos gagistes; vos acteurs d'ailleurs, qui ne sont pas des plus souples avec vous, sentiront mieux votre supériorité. — Ah! monsieur, répondit Molière, que me dites-vous là? il y a un honneur pour moi à ne point quitter. — Plaisant point d'honneur, disoit en soi-même le satirique, qui consiste à se noircir tous les jours le visage pour se faire une moustache de Sganarelle, et à dévouer son dos à toutes les bastonnades de la comédie! Quoi? cet homme, le premier de notre temps pour l'esprit et pour les sentiments d'un vrai philosophe, cet ingénieux censeur de toutes les folies humaines, en a une plus extraordinaire que celles dont il se moque tous les jours! Cela montre bien le peu que sont les hommes. » Boileau en effet ne conseillait pas à Molière d'abandonner ses camarades ni d'abdiquer la direction, ce que le chef de troupe aurait pu refuser par humanité, comme on a dit, et par beaucoup d'autres raisons; il le pressait seulement de quitter les planches : c'était le vieux comédien obstiné qui chez Molière ne voulait pas. Boileau dut écrire, ce me semble, le passage de *l'Art poétique* sous l'impression qui lui resta du précédent entretien.

La postérité sent autrement; loin de les blâmer, on aime ces faiblesses et ces contradictions dans le poëte de génie;

elles ajoutent au portrait de Molière et donnent à sa physionomie un air plus proportionné à celui du commun des hommes. On le retrouve tel encore, et l'un de nous tous, dans ses passions de cœur, dans ses tribulations domestiques. Le comique Molière était né tendre et facilement amoureux, de même que le tendre Racine était né assez caustique et enclin à l'épigramme. Sans sortir des œuvres de Molière, on aurait des preuves de cette sensibilité, dans le penchant qu'il eut toujours au genre noble et romanesque, dans beaucoup de vers de *Don Garcie* et de *la Princesse d'Élide*, dans ces trois charmantes scènes de dépit amoureux, tant de la pièce de ce nom que du *Tartufe* et du *Bourgeois Gentilhomme*, enfin dans la scène touchante d'Elvire voilée, au quatrième acte de *Don Juan*. Plaute et Rabelais, ces grands comiques, offrent aussi, malgré leur réputation, des traces d'une faculté sensible, délicate, qu'on surprend en eux avec bonheur, mais Molière surtout; il y a tout un Térence dans Molière. En amitié, on n'aurait que de beaux traits à en dire; son sonnet sur la mort de l'abbé Lamothe-Le-Vayer et la lettre qu'il y a jointe honorent sa douleur; bien mieux que le lyrique Malherbe, il s'entendait à pleurer avec un père. Je veux citer de *Don Garcie* quelques vers de tendresse, desquels Racine eût pu être jaloux pour sa *Bérénice* :

> Un soupir, un regard, une simple rougeur,
> Un silence est assez pour expliquer un cœur.
> Tout parle dans l'amour, et sur cette matière
> Le moindre jour doit être une grande lumière.
> . . . .
> *Oh!* que la différence est connue aisément
> De toutes ces faveurs qu'on fait avec étude,
> A celles où du cœur fait pencher l'habitude!
> Dans les unes toujours on paroît se forcer;
> Mais les autres, hélas! se font sans y penser,
> Semblables à ces eaux si pures et si belles
> Qui coulent sans effort des sources naturelles.

Et dans *les Fâcheux* :

> L'amour aime surtout les secrètes faveurs ;
> Dans l'obstacle qu'on force il trouve des douceurs,
> Et le moindre entretien de la beauté qu'on aime,
> Lorsqu'il est défendu, devient grâce suprême.

Et dans *la Princesse d'Élide*, premier acte, première scène, ces vers qui expriment une observation si vraie sur les amours tardives, développées longtemps seulement après la première rencontre :

> Ah ! qu'il est bien peu vrai que ce qu'on doit aimer,
> Aussitôt qu'on le voit, prend droit de nous charmer,
> Et qu'un premier coup d'œil allume en nous les flammes
> Où le Ciel en naissant a destiné nos âmes !

avec toute la tirade qui suit. — Or Molière, de complexion sensible à ce point et amoureuse, vers le temps où il peignait le plus gaiement du monde Arnolphe dictant les commandements du mariage à Agnès, Molière, âgé de quarante ans lui-même (1662), épousait la jeune Armande Béjart, âgée de dix-sept au plus et sœur cadette de Madeleine (1). Malgré sa pas-

---

(1) On a cru longtemps que cette Béjart, femme de Molière, était fille naturelle et non sœur de l'autre Béjart ; on l'a même cru du vivant de Molière, et depuis sans interruption, jusqu'à ce que M. Beffara découvrît de nos jours l'acte de mariage qui dérange cette parenté. M. Fortia d'Urban a essayé d'infirmer, non pas l'authenticité, mais la valeur de cet acte, et, au milieu de beaucoup de raisons vaines, il a avancé quelques réflexions assez plausibles. Il est bien singulier, en effet, que tous les biographes de Molière, à partir de Grimarest, aient écrit, sans contradiction, qu'il avait épousé la fille naturelle de la Béjart, sa première maîtresse. Montfleury adressa même à Louis XIV une dénonciation contre l'illustre comique, l'accusant d'avoir épousé la fille après avoir vécu avec la mère, et insinuant par là qu'il avait pu épouser sa propre fille : ce qui, dans tous les cas, serait invinciblement réfutable par les dates. Louis XIV ne répondit à ce déchaînement de la haine qu'en devenant parrain du premier enfant qu'eut Molière. Certes, la plus directe justification que Molière pût offrir au roi en cette circonstance fut l'acte de son mariage et la preuve que les deux

sion pour elle et malgré son génie, il n'échappa point au malheur dont il avait donné de si folâtres peintures. Don Garcie était moins jaloux que Molière; Georges Dandin et Sganarelle étaient moins trompés. A partir de *la Princesse d'Élide*, où l'infidélité de sa femme commença de lui apparaître, sa vie domestique ne fut plus qu'un long tourment. Averti des succès qu'on attribuait à M. de Lauzun près d'elle, il en vint à une explication. Mademoiselle Molière, dans cette situation difficile, lui donna le change sur Lauzun en avouant une inclination pour M. de Guiche, et s'en tira, dit la chronique, par des larmes et un évanouissement. Tout meurtri de sa disgrâce, notre poëte se remit à aimer mademoiselle de Brie, ou plutôt il venait s'entretenir près d'elle des injures de l'autre amour; Alceste est ramené à Éliante par les rebuts de Célimène. Lorsqu'il donna *le Misanthrope*, Molière, brouillé avec sa femme, ne la voyait plus qu'au théâtre, et il est difficile qu'entre elle, qui jouait en effet Célimène, et lui, qui représentait Alceste, quelque allusion à leurs sentiments et à leurs situations réelles ne se retrouve pas. Ajoutez, pour compliquer les ennuis de Molière, la présence de l'ancienne Béjart, femme impérieuse, peu débonnaire, à ce qui semble. Le grand homme cheminait entre ces trois femmes, aussi embarrassé parfois, comme le lui disait agréablement Chapelle, que Jupiter au siége d'Ilion entre les trois déesses. Mais laissons parler sur ce chapitre domestique un contemporain du poëte, dans un récit fort peu authentique sans doute, assez

---

Béjart n'étaient que sœurs. Mais comment tous ceux qui ont écrit sur Molière, comment Grimarest, son principal biographe, qui écrivait d'après Baron, comment les autres contemporains, Marcel auteur présumé d'une première Vie abrégée, l'auteur inconnu de *la Fameuse Comédienne*, Bayle, De Visé qui contredit Grimarest sur plusieurs points, ont-ils ignoré cette façon dont Molière dut répondre? Comment une erreur aussi forte, sur une relation aussi rapprochée, a-t-elle fait autorité du temps de Molière, et même auprès des personnes qui l'avaient beaucoup vu et pratiqué?... Et cependant, malgré la difficulté de l'explication, c'est bien à l'acte qu'il faut croire.

vraisemblable pourtant de fond ou même de couleur, et à quoi, comme familiarité de détail, rien ne peut suppléer :

« Cependant ce ne fut pas sans se faire une grande violence
« que Molière résolut de vivre avec sa femme dans cette in-
« différence. La raison la lui faisoit regarder comme une per-
« sonne que sa conduite rendoit indigne des caresses d'un
« honnête homme. Sa tendresse lui faisoit envisager la peine
« qu'il auroit de la voir, sans se servir des priviléges que
« donne le mariage, et il y rêvoit un jour dans son jardin
« d'Auteuil, quand un de ses amis, nommé Chapelle, qui s'y
« venoit promener par hasard, l'aborda, et, le trouvant plus
« inquiet que de coutume, il lui en demanda plusieurs fois
« le sujet. Molière, qui eut quelque honte de se sentir si peu
« de constance pour un malheur si fort à la mode, résista au-
« tant qu'il put ; mais il étoit alors dans une de ces pléni-
« tudes de cœur si connues par les gens qui ont aimé ; il céda
« à l'envie de se soulager et avoua de bonne foi à son ami
« que la manière dont il étoit forcé d'en user avec sa femme
« étoit la cause de cet abattement où il se trouvoit. Chapelle,
« qui croyoit être au-dessus de ces sortes de choses, le railla
« sur ce qu'un homme comme lui, qui savoit si bien peindre
« le foible des autres, tomboit dans celui qu'il blâmait tous
« les jours, et lui fit voir que le plus ridicule de tous étoit
« d'aimer une personne qui ne répond pas à la tendresse
« qu'on a pour elle. Pour moi, lui dit-il, je vous avoue que
« si j'étois assez malheureux pour me trouver en pareil état,
« et que je fusse persuadé que la même personne accordât
« des faveurs à d'autres, j'aurois tant de mépris pour elle,
« qu'il me guériroit infailliblement de ma passion. Encore
« avez-vous une satisfaction que vous n'auriez pas si c'étoit
« une maîtresse, et la vengeance, qui prend ordinairement
« la place de l'amour dans un cœur outragé, vous peut payer
« tous les chagrins que vous cause votre épouse, puisque
« vous n'avez qu'à l'enfermer ; ce sera un moyen assuré de
« vous mettre l'esprit en repos.

« Molière, qui avoit écouté son ami avec assez de tranquil-
« lité, l'interrompit afin de lui demander s'il n'avoit jamais été
« amoureux. Oui, lui répondit Chapelle, je l'ai été comme un
« homme de bon sens doit l'être ; mais je ne me serois jamais
« fait une si grande peine pour une chose que mon honneur
« m'auroit conseillé de faire, et je rougis pour vous de vous
« trouver si incertain. — Je vois bien que vous n'avez encore
« rien aimé, répondit Molière, et vous avez pris la figure de
« l'amour pour l'amour même. Je ne vous rapporterai point
« une infinité d'exemples qui vous feroient connoître la puis-
« sance de cette passion ; je vous ferai seulement un récit
« fidèle de mon embarras, pour vous faire comprendre com-
« bien on est peu maître de soi-même, quand elle a une fois
« pris sur nous un certain ascendant, que le tempérament
« lui donne d'ordinaire. Pour vous répondre donc sur la con-
« noissance parfaite que vous dites que j'ai du cœur de
« l'homme par les portraits que j'en expose tous les jours, je
« demeurerai d'accord que je me suis étudié autant que j'ai
« pu à connoître leur foible ; mais si ma science m'a appris
« qu'on pouvoit fuir le péril, mon expérience ne m'a que
« trop fait voir qu'il est impossible de l'éviter ; j'en juge tous
« les jours par moi-même. Je suis né avec les dernières dis-
« positions à la tendresse, et comme j'ai cru que mes efforts
« pourroient inspirer à ma femme, par l'habitude, des senti-
« ments que le temps ne pourroit détruire, je n'ai rien ou-
« blié pour y parvenir. Comme elle étoit encore fort jeune
« quand je l'épousai, je ne m'aperçus pas de ses méchantes
« inclinations, et je me crus un peu moins malheureux que
« la plupart de ceux qui prennent de pareils engagements.
« Aussi le mariage ne ralentit point mes empressements :
« mais je lui trouvai tant d'indifférence que je commençai
« à m'apercevoir que toute ma précaution avoit été inutile,
« et que ce qu'elle sentoit pour moi étoit bien éloigné de ce
« que j'avois souhaité pour être heureux. Je me fis à moi-
« même ce reproche sur une délicatesse qui me sembloit

« ridicule dans un mari, et j'attribuai à son humeur ce qui
« étoit un effet de son peu de tendresse pour moi. Mais je
« n'eus que trop de moyens de m'apercevoir de mon erreur,
« et la folle passion qu'elle eut, peu de temps après, pour le
« comte de Guiche, fit trop de bruit pour me laisser dans
« cette tranquillité apparente. Je n'épargnai rien, à la pre-
« mière connoissance que j'en eus, pour me vaincre moi-
« même, dans l'impossibilité que je trouvai à la changer. Je
« me servis pour cela de toutes les forces de mon esprit; j'ap-
« pelai à mon secours tout ce qui pouvoit contribuer à ma
« consolation. Je la considérai comme une personne de qui
« tout le mérite étoit dans l'innocence, et qui par cette raison
« n'en conservoit plus depuis son infidélité. Je pris dès lors
« la résolution de vivre avec elle comme un honnête homme
« qui a une femme coquette, et qui est bien persuadé, quoi
« qu'on puisse dire, que sa réputation ne dépend point de la
« mauvaise conduite de son épouse; mais j'eus le chagrin de
« voir qu'une personne sans beauté, qui doit le peu d'esprit
« qu'on lui trouve à l'éducation que je lui ai donnée, détrui-
« soit en un moment toute ma philosophie. Sa présence me fit
« oublier mes résolutions, et les premières paroles qu'elle
« me dit pour sa défense me laissèrent si convaincu que
« mes soupçons étoient mal fondés, que je lui demandai par-
« don d'avoir été si crédule. Cependant mes bontés ne l'ont
« point changée. Je me suis donc déterminé de vivre avec
« elle comme si elle n'étoit pas ma femme; mais si vous sa-
« viez ce que je souffre, vous auriez pitié de moi. Ma passion
« est venue à tel point qu'elle va jusqu'à entrer avec compas-
« sion dans ses intérêts. Et quand je considère combien il
« m'est impossible de vaincre ce que je sens pour elle, je me
« dis en même temps qu'elle a peut-être une même difficulté
« à détruire le penchant qu'elle a d'être coquette, et je me
« trouve plus dans la disposition de la plaindre que de la blâ-
« mer. Vous me direz sans doute qu'il faut être poëte pour
« aimer de cette manière; mais, pour moi, je crois qu'il n'y

« a qu'une sorte d'amour, et que les gens qui n'ont point
« senti de semblables délicatesses n'ont jamais aimé vérita-
« blement. Toutes les choses du monde ont du rapport avec
« elle dans mon cœur. Mon idée en est si fort occupée que
« je ne sais rien en son absence qui m'en puisse divertir.
« Quand je la vois, une émotion et des transports qu'on peut
« sentir, mais qu'on ne sauroit dire, m'ôtent l'usage de la
« réflexion : je n'ai plus d'yeux pour ses défauts, il m'en reste
« seulement pour tout ce qu'elle a d'aimable (1). N'est-ce pas
« là le dernier point de folie, et n'admirez-vous pas que tout
« ce que j'ai de raison ne sert qu'à me faire connoître ma
« foiblesse, sans en pouvoir triompher (2)? — Je vous avoue
« à mon tour, lui dit son ami, que vous êtes plus à plaindre
« que je ne pensois, mais il faut tout espérer du temps. Con-
« tinuez cependant à faire vos efforts; ils feront leur effet
« lorsque vous y penserez le moins; pour moi, je vais faire
« des vœux afin que vous soyez bientôt content. Il se retira et
« laissa Molière, qui rêva encore fort longtemps aux moyens
« d'amuser sa douleur. »

Cette touchante scène se passait à Auteuil, dans ce jardin plus célèbre par une autre aventure que l'imagination classique a brodée à l'infini, qu'Andrieux a fixée avec goût, et dont la gaieté convient mieux à l'idée commune qu'éveille le nom de Molière. Je veux parler du fameux souper où, pen-

---

(1) Les mêmes sentiments se retrouvent exprimés par des termes presque semblables dans la bouche d'Alceste :

> Mais avec tout cela, quoi que je puisse faire,
> Je confesse mon foible, elle a l'art de me plaire;
> J'ai beau voir ses défauts et j'ai beau l'en blâmer,
> En dépit qu'on en ait, elle se fait aimer.

(2) Ainsi encore, au cinquième acte, Alceste dit à Éliante et à Philinte :

> Vous voyez ce que peut une indigne tendresse,
> Et je vous fais tous deux témoins de ma foiblesse, etc.,

et tout ce qui suit.

dant que l'amphitryon malade gardait la chambre, Chapelle fit si bien les honneurs de la cave et du festin, que tous les convives, Despréaux en tête, couraient se noyer à la Seine de gaieté de cœur, si Molière, amené par le bruit, ne les avait persuadés de remettre l'entreprise au lendemain, à la clarté des cieux. Notez que cette joyeuse histoire n'a eu tant de vogue que parce que le nom populaire de notre grand comique s'y mêle et l'anime. Le nom littéraire de Boileau n'aurait pas suffi pour la vulgariser à ce point; on ne va pas remuer de la sorte des anecdotes sur Racine. Ces espèces de légendes n'ont cours qu'à l'occasion de poëtes vraiment populaires. C'est aussi à un retour par eau de la maison d'Auteuil qu'eut lieu entre Molière et Chapelle *l'aventure du minime*. Chapelle, resté pur gassendiste par souvenir de collége, comme quelque ancien barbiste de nos jours qui, buveur et paresseux, est resté fidèle aux vers latins, Chapelle disputait à tue-tête dans le bateau sur la philosophie des atomes, et Molière lui niait vivement cette philosophie, en ajoutant toutefois, dit l'histoire : *Passe pour la morale!* Or un religieux se trouvait là, qui paraissait attentif au différend, et qui, interpellé tour à tour par l'un et par l'autre, lâchait de temps en temps un *hum!* du ton d'un homme qui en dit moins qu'il ne pense; les deux amis attendaient sa décision. Mais, en arrivant devant les *Bons-Hommes*, le religieux demanda à être mis à terre et prit sa besace au fond du bateau; ce n'était qu'un moine mendiant. Son *hum!* discret et lâché à propos l'avait fait juger capable. « Voyez, petit garçon, dit alors Molière à Baron enfant qui était là, voyez ce que fait le silence quand il est observé avec conduite. »

Quant à la scène sérieuse, mélancolique, du jardin, entre Chapelle et Molière, que nous avons donnée, Grimarest la raconte à peu près dans les mêmes termes, mais il y fait figurer le physicien Rohault au lieu de Chapelle. Il est très-possible que Molière ait parlé à Rohault de ses chagrins dans le même sens qu'à son autre ami; mais on est tenté plus volontiers d'accueillir la version précédente, bien qu'elle fasse partie d'un libelle scandaleux (*la Fameuse Comédienne*) publié contre la veuve de Molière, la Guérin, qui, comme tant de veuves de grands hommes, s'était remariée peu dignement. On trouve dans ce même écrit, qui ne semble pas, du reste, dirigé contre Molière lui-même, d'étranges détails racontés en passant sur sa liaison première avec le jeune Baron, — Baron qui jouait alors Myrtil dans *Mélicerte*. La pensée se reporte involontairement à certains sonnets de Shakspeare. Mais ignorons, repoussons pour Molière ce que dément tout d'abord son génie *si franc du collier*, comme la duchesse palatine d'Orléans le disait de Louis XIV, et ce que dans Shakspeare au moins on peut tenter d'expliquer honorablement et d'idéaliser (1).

Si Molière n'a pas laissé de sonnets, à la façon de quelques grands poëtes, sur ses sentiments personnels, ses amours, ses douleurs, en a-t-il transporté indirectement quelque chose dans ses comédies? et en quelle mesure l'a-t-il fait? On trouve dans sa vie, par M. Taschereau, plusieurs rapprochements ingénieux des principales circonstances domestiques avec les endroits des pièces qui peuvent y correspondre. « Molière, disait La Grange, son camarade et le premier éditeur de ses œuvres complètes, Molière faisoit d'admirables applications dans ses comédies, où l'on peut dire qu'il a joué tout le monde, puisqu'il s'y est joué le premier, en plusieurs endroits, sur les affaires de sa famille, et qui regardoient ce qui se passoit dans son domestique; c'est ce que ses plus particuliers amis ont remarqué bien des fois. » Ainsi, au troisième acte du *Bourgeois Gentilhomme*, Molière a donné un portrait ressemblant de sa femme; ainsi, dans la scène première de *l'Impromptu de Versailles*, il place un trait piquant sur la date de son mariage; ainsi, dans la cinquième scène du second acte de *l'Avare*, il

---

(1) Le mot *love* employé par Shakspeare, à l'égard du jeune seigneur dont il est l'ami, n'est sans doute qu'une forme de la politesse de cour, telle qu'elle se pratiquait au xvie siècle. Ainsi, l'on disait chez nous au xviie : Je suis avec *passion*, etc.

se raille lui-même sur sa fluxion et sa toux; ainsi encore, dans *l'Avare*, il accommode au rôle de La Flèche la marche boiteuse de Béjart aîné, comme il avait attribué au Jodelet des *Précieuses* la pâleur de visage du comédien Brécourt. Il est infiniment probable qu'il a songé dans Arnolphe, dans Alceste, à son âge, à sa situation, à sa jalousie, et que sous le travestissement d'Argan il donne cours à son antipathie personnelle contre la Faculté. Mais une *distinction essentielle* est à faire, et l'on ne saurait trop la méditer parce qu'elle touche au fond même du génie dramatique. Les traits précédents ne portent que sur des conformités assez vagues et générales ou sur de très-simples détails, et en réalité aucun des personnages de Molière n'est *lui*. La plupart même de ces traits tout à l'heure indiqués ne doivent être pris que pour des artifices et de menus à-propos de l'acteur excellent, ou pour quelqu'une de ces confusions passagères entre l'acteur et le personnage, familières aux comiques de tous les temps et qui aident au rire. Il n'en faut pas dire moins de ces prétendues copies que Molière aurait faites de certains originaux. Alceste serait le portrait de M. de Montausier, le Bourgeois Gentilhomme celui de Rohault, l'Avare celui du président de Bercy; que sais-je? ici c'est le comte de Grammont, là le duc de La Feuillade, qui fait les frais de la pièce. Les Dangeau, les Tallemant, les Guy Patin, les Cizeron-Rival, ces amateurs d'*ana*, donnent là-dedans avec un zèle ingénu et nous tiennent au courant de leurs découvertes anecdotiques sans nombre; tout cela est futile. Non, Alceste n'est pas plus M. de Montausier qu'il n'est Molière, qu'il n'est Despréaux, dont il reproduit également quelque trait. Non, le chasseur même des *Fâcheux* n'est pas tout uniment M. de Soyecourt, et Trissotin n'est l'abbé Cotin qu'un moment. Les personnages de Molière, en un mot, ne sont pas des copies, mais des créations. Je crois à ce que dit Molière des prétendus portraits dans son *Impromptu de Versailles*, mais par des raisons plus radicales que celles qu'il donne. Il y a des traits à l'infini chez

Molière, mais pas ou peu de portraits. La Bruyère et les peintres critiques font des portraits, patiemment, ingénieusement, ils collationnent les observations, et, en face d'un ou de plusieurs modèles, ils reportent sans cesse sur leur toile un détail à côté d'un autre. C'est la différence d'Onuphre à Tartufe; La Bruyère qui critique Molière ne la sentait pas. Molière, lui, invente, engendre ses personnages, qui ont bien çà et là des airs de ressembler à tels ou tels, mais qui, au total, ne sont qu'eux-mêmes. L'entendre autrement, c'est ignorer ce qu'il y a de multiple et de complexe dans cette mystérieuse physiologie dramatique dont l'auteur seul a le secret. Il peut se rencontrer quelques traits d'emprunts dans un vrai personnage comique; mais entre cette réalité copiée un moment, puis abandonnée, et l'invention, la création, qui la continue, qui la porte, qui la transfigure, la limite est insaisissable. Le grand nombre superficiel salue au passage un trait de sa connaissance et s'écrie : « C'est le portrait de tel homme. » On attache pour plus de commodité une étiquette connue à un personnage nouveau. Mais véritablement l'auteur seul sait jusqu'où va la copie et où l'invention commence; seul il distingue la ligne sinueuse, la jointure plus savante et plus divinement accomplie que celle de l'épaule de Pélops.

Dans cette famille d'esprits qui compte, en divers temps et à divers rangs, Cervantes, Rabelais, Le Sage, Fielding, Beaumarchais et Walter Scott, Molière est, avec Shakspeare, l'exemple le plus complet de la faculté dramatique, et, à proprement parler, créatrice, que je voudrais exactement déterminer. Shakspeare a de plus que Molière les touches pathétiques et les éclats du terrible : Macbeth, le roi Lear, Ophélie; mais Molière rachète à certains égards cette perte par le nombre, la perfection, la contexture profonde et continue de ses principaux caractères. Chez tous ces grands hommes évidemment, chez Molière plus évidemment encore, le génie dramatique n'est pas une extension, un épanouissement au dehors d'une faculté lyrique et personnelle qui, partant de ses propres sentiments intérieurs, travaillerait à les transporter et à les faire revivre le plus possible sous d'autres masques (Byron, dans ses tragédies), pas plus que ce n'est l'application pure et simple d'une faculté d'observation critique, analytique, qui relèverait avec soin dans des personnages de sa composition les traits épars qu'elle aurait rassemblés (Gresset dans *le Méchant*). Il y a toute une classe de dramatiques véritables qui ont quelque chose de lyrique en un sens, ou de presque aveugle dans leur inspiration, un échauffement qui naît d'un vif sentiment actuel et qu'ils communiquent directement à leurs personnages. Molière disait du grand Corneille : « Il a un lutin qui vient de temps en temps lui souffler d'excellents vers, et qui ensuite le laisse là en disant : Voyons comme il s'en tirera quand il sera seul ; et il ne fait rien qui vaille, et le lutin s'en amuse. » N'est-ce pas dans ce même sens, et non dans celui qu'a supposé Voltaire, que Richelieu reprochait à Corneille de n'avoir pas *l'esprit de suite?* Corneille, en effet, Crébillon, Schiller, Ducis, le vieux Marlowe, sont ainsi sujets à des lutins, à des émotions directes et soudaines, dans les accès de leur veine dramatique. Ils ne gouvernent pas leur génie selon la plénitude et la suite de la liberté humaine. Souvent sublimes et superbes, ils obéissent à je ne sais quel cri de l'instinct et à une noble chaleur du sang, comme les animaux généreux, lions ou taureaux ; ils ne savent pas bien ce qu'ils font. Molière, comme Shakspeare, le sait ; comme ce grand devancier, il se meut, on peut le dire, dans une sphère plus librement étendue, et par cela supérieure, se gouvernant lui-même, dominant son feu, ardent à l'œuvre, mais lucide dans son ardeur. Et sa lucidité néanmoins, sa froideur habituelle de caractère au centre de l'œuvre si mouvante, n'aspirait en rien à l'impartialité calculée et glacée, comme on l'a vu de Goëthe, le Talleyrand de l'art : ces raffinements critiques au sein de la poésie n'étaient pas alors inventés. Molière et Shakspeare sont de la race primitive, deux frères, avec cette différence, je me le figure, que dans la vie commune Shakspeare, le poëte des pleurs et de l'effroi, développait volontiers une nature plus riante et plus heureuse, et que Molière, le comique réjouissant, se laissait aller à plus de mélancolie et de silence.

Le génie lyrique, élégiaque, intime, personnel (je voudrais lui donner tous les noms plutôt que celui de *subjectif*, qui sent trop l'école), ce génie qui est l'antagoniste-né du dramatique, se chante, se plaint, se raconte et se décrit sans cesse. S'il s'applique au dehors, il est tenté à chaque pas de se mirer dans les choses, de se sentir dans les personnes, d'intervenir et de se substituer partout en se déguisant à peine ; il est le contraire de la diversité. Molière, en son Épître à Mignard, a dit du dessin des physionomies et des visages :

> Et c'est là qu'un grand peintre, avec pleine largesse,
> D'une féconde idée étale la richesse,
> Faisant briller partout de la diversité
> Et ne tombant jamais dans un air répété ;
> Mais un peintre commun trouve une peine extrême
> A sortir dans ses airs de l'amour de soi-même.
> De redites sans nombre il fatigue les yeux,
> Et, plein de son image, il se peint en tous lieux.

Notre poëte caractérisait, sans y songer, le génie lyrique qui, du reste, n'était pas développé et isolé de son temps comme depuis. La Fontaine, qui en avait de naïves effusions, y associait une remarquable faculté dramatique qu'il mit si bien en jeu dans ses fables. Racine, génie admirablement heureux et proportionné, capable de tout dans une belle mesure, aurait excellé à se chanter, à se soupirer et à se décrire, si ç'avait été la mode alors, de même qu'en se tournant à la réalité du dehors, il aurait excellé au portrait, à l'épigramme fine et à la raillerie, comme cela se voit par la lettre à l'auteur des *Imaginaires*. *Les Plaideurs* trahissent en lui la vocation la plus opposée à celle d'*Esther*. Son principal talent naturel était pourtant, je le crois, vers l'épanchement de l'élégie ; mais on ne peut trop le décider, tant il a su convenablement s'identifier avec ses nobles personnages, dans la région mixte, idéale et modérément dramatique, où il se déploie à ravir.

Une marque souveraine du génie dramatique fortement caractérisé, c'est, selon moi, la fécondité de production, c'est le maniement de tout un monde qu'on évoque autour de soi et qu'on peuple sans relâche. J'ai cherché à soutenir ailleurs que chaque esprit sensible, délicat et attentif, peut faire avec soi-même, et moyennant le souvenir choisi et réfléchi de ses propres situations, un bon roman, mais un seul; j'en dirai presque autant du drame. On peut faire jusqu'à un certain point une bonne comédie, un bon drame, en sa vie; témoin Gresset et Piron. C'est dans la récidive, dans la production facile et infatigable, que se déclare le don dramatique. Tous les grands dramatiques, quelques-uns même fabuleux en cela, ont montré cette fertilité primitive de génie, une fécondité digne des patriarches. Voilà bien la preuve du don, de ce qui n'est pas explicable par la seule observation sagace, par le seul talent de peindre : faculté magique de certains hommes, qui, enfants, leur fait jouer des scènes, imiter, reproduire et inventer des caractères avant presque d'en avoir observé; qui plus tard, quand la connaissance du monde leur est venue, réalise à leur gré des originaux en foule, qu'on reconnaît pour vrais sans les pouvoir confondre avec aucun des êtres déjà existants, l'inventeur s'effaçant et se perdant lui-même dans cette foule bruyante, comme un spectateur obscur. L'ingénieux critique allemand Tieck a essayé de discerner la personne de Shakspeare dans quelques profils secondaires de ses drames, dans les Horatio, les Antonio, aimables et heureuses figures. On a cru voir ainsi la physionomie bienveillante de Scott dans les Mordaunt Morton et autres personnages analogues de ses romans (1). On ne peut même en conjecturer autant pour Molière.

(1) Le jugement qui suit, sur Walter Scott, revient assez naturelle-

Mademoiselle Poisson, femme du comédien de ce nom, a donné de Molière le portrait suivant (1), que ceux qu'a laissés Mignard ne démentent pas pour les traits physiques, et qui satisfait l'esprit par l'image franche qu'il suggère : « Molière, dit-elle, n'était ni trop gras, ni trop maigre ; il avoit la taille plus grande que petite ; le port noble, la jambe belle ; il marchoit gravement, avoit l'air très-sérieux, le nez gros, la bouche grande, les lèvres épaisses, le teint brun, les sourcils noirs et forts, et les divers mouvements qu'il leur donnoit lui rendoient la physionomie extrêmement comique. A l'égard de son caractère, il étoit doux, complaisant, généreux ; il aimoit fort à haranguer, et quand il lisoit ses pièces aux comédiens,

ment ici : « C'était, dans le roman, un de ces génies qu'on est convenu d'appeler impartiaux et désintéressés, parce qu'ils savent réfléchir la vie comme elle est en elle-même, peindre l'homme dans toutes les variétés de la passion ou des circonstances, et qu'ils ne mêlent en apparence à ces peintures et à ces représentations fidèles rien de leur propre impression ni de leur propre personnalité. Ces sortes de génies, qui ont le don de s'oublier eux-mêmes et de se transformer en une infinité de personnages qu'ils font vivre, parler et agir en mille manières pathétiques ou divertissantes, sont souvent capables de passions fort ardentes pour leur propre compte, quoiqu'ils ne les expriment jamais directement. Il est difficile de croire, par exemple, que Shakspeare et Molière, les deux plus hauts types de cette classe d'esprits, n'aient pas senti avec une passion profonde et parfois amère les choses de la vie. Il n'en a pas été ainsi de Scott, qui, pour être de la même famille, ne possédait d'ailleurs ni leur vigueur de combinaison, ni leur portée philosophique, ni leur génie de style. D'un naturel bienveillant, facile, agréablement enjoué ; d'un esprit avide de culture et de connaissances diverses ; s'accommodant aux mœurs dominantes et aux opinions accréditées ; d'une âme assez tempérée, autant qu'il semble ; habituellement heureux et favorisé par les conjonctures, il s'est développé sur une surface brillante et animée, atteignant sans effort à celles de ses créations qui doivent rester les plus immortelles, y assistant pour ainsi dire avec complaisance en même temps qu'elles lui échappaient, et ne gravant nulle part sur aucune d'elles ce je ne sais quoi de trop âcre et de trop intime qui trahit toujours les mystères de l'auteur. S'il s'est peint dans quelque personnage de ses romans, ç'a été dans des caractères comme celui de Morton des *Puritains*, c'est-à-dire dans un type pâle, indécis, honnête et bon. »

(1) *Mercure de France,* mai 1740.

il vouloit qu'ils y amenassent leurs enfants, pour tirer des conjectures de leurs mouvements naturels. » Ce qui apparaît en ce peu de lignes de la mâle beauté du visage de Molière m'a rappelé ce que Tieck raconte de la *face tout humaine* de Shakspeare. Shakspeare, jeune, inconnu encore, attendait dans la chambre d'une auberge l'arrivée de lord Southampton, qui allait devenir son protecteur et son ami. Il écoutait en silence le poëte Marlowe, qui s'abandonnait à sa verve bruyante sans prendre garde au jeune inconnu. Lord Southampton, étant arrivé dans la ville, dépêcha son page à l'hôtellerie : « Tu vas aller, lui dit-il en l'envoyant, dans la chambre commune ; là, regarde attentivement tous les visages : les uns, remarque-le bien, te paraîtront ressembler à des figures d'animaux moins nobles, les autres à des figures d'animaux plus nobles ; cherche toujours jusqu'à ce que tu aies rencontré un visage qui ne te paraisse ressembler à rien autre qu'à un visage humain. C'est là l'homme que je cherche ; salue-le de ma part et amène-le-moi. » Et le jeune page s'empressa d'aller, et, en entrant dans la chambre commune, il se mit à examiner les visages ; et après un lent examen, trouvant le visage du poëte Marlowe le plus beau de tous, il crut que c'était l'homme, et il l'amena à son maître. La physionomie de Marlowe, en effet, ne manquait pas de ressemblance avec le front d'un noble taureau, et le page, comme un enfant qu'il était encore, en avait été frappé plus que de tout autre. Mais lord Southampton lui fit ensuite remarquer son erreur, et lui expliqua comment le visage humain et proportionné de Shakspeare, qui frappait peut-être moins au premier abord, était pourtant le plus beau. Ce que Tieck a dit là si ingénieusement des visages, il le veut dire surtout, on le sent, de l'intérieur des génies (1).

(1) On peut tirer de cette théorie une conclusion immédiatement applicable à un éminent poëte de nos jours. Les grands génies dramatiques créent toujours leurs personnages avec les éléments intérieurs dont ils disposent ; ils les créent *à leur image,* non pas en se peignant

Molière ne séparait pas les œuvres dramatiques de la représentation qu'on en faisait, et il n'était pas moins directeur et acteur excellent qu'admirable poëte. Il aimait, avons-nous dit, le théâtre, les planches, le public; il tenait à ses prérogatives de directeur, à haranguer en certains cas solennels, à intervenir devant le parterre parfois orageux. On raconte qu'un jour il apaisa par sa harangue MM. les mousquetaires furieux de ce qu'on leur avait supprimé leurs entrées. Comme acteur, ses contemporains s'accordent à lui reconnaître une grande perfection dans le jeu comique, mais une perfection acquise à force d'étude et de volonté. « La nature, dit encore Mademoiselle Poisson, lui avoit refusé ces dons extérieurs si nécessaires au théâtre, surtout pour les rôles tragiques. Une

individuellement en eux, mais en les peignant de la même nature humaine qu'ils sont eux-mêmes, sauf les différences de proportions qu'ils combinent à dessein. C'est pour cela que les grands génies dramatiques doivent unir tous les éléments de l'âme humaine *à un plus haut degré, mais dans les mêmes proportions* que le commun des hommes; qu'ils doivent posséder un équilibre moyen entre des doses plus fortes d'imagination, de sensibilité, de raison. Or, supposez une nature très-lyrique, c'est-à-dire un peu singulière, exceptionnelle, chez laquelle les éléments de l'âme humaine fortement combinés ne sont pas dans les mêmes proportions que chez le commun des hommes; chez laquelle, par exemple, l'imagination est double ou triple, la raison moindre, inégale, la logique opiniâtre et subtile, la sensibilité violente, ne se produisant jamais qu'à l'état héroïque de passion sans remplir doucement les intervalles. Qu'une telle nature de poëte lyrique veuille créer des personnages vivants, un monde d'ambitieux, d'amants, de pères, etc.; il arrivera que n'ayant pas en soi la mesure juste, la *moyenne*, en quelque sorte, de l'âme humaine, le poëte se méprendra sur toutes les proportions des caractères, et ne parviendra pas à les poser dans un rapport naturel de terreur et de pitié avec les impressions de tous. C'est ce qui est arrivé à notre célèbre contemporain en ses drames. La base humaine, sur laquelle les passions de ses personnages se relèvent et sont en jeu, ne semble pas la même entre le poëte et les spectateurs. Tant qu'il se tient dans le genre lyrique au contraire, et qu'il ne parle qu'en son nom, ces singularités fortes peuvent n'être que des traits de caractère qu'on admet, ou que même on admire. — Il s'agit, dans ce qui précède, des drames de Victor Hugo, desquels, au lendemain des *Burgraves*, quelqu'un disait : « Ce sont les marionnettes de l'île des Cyclopes. »

voix sourde, des inflexions dures, une volubilité de langue qui précipitoit trop sa déclamation, le rendoient de ce côté fort inférieur aux acteurs de l'hôtel de Bourgogne. Il se rendit justice et se renferma dans un genre où ses défauts étoient plus supportables. Il eut même bien des difficultés pour y réussir et ne se corrigea de cette volubilité, si contraire à la belle articulation, que par des efforts continuels qui lui causèrent un hoquet qu'il a conservé jusqu'à la mort et dont il savoit tirer parti en certaines occasions. Pour varier ses inflexions, il mit le premier en usage certains tons inusités, qui le firent d'abord accuser d'un peu d'affectation, mais auxquels on s'accoutuma. Non-seulement il plaisoit dans les rôles de Mascarille, de Sganarelle, d'Hali, etc., etc.; il excelloit encore dans les rôles de haut comique, tels que ceux d'Arnolphe, d'Orgon, d'Harpagon. C'est alors que par la vérité des sentiments, par l'intelligence des expressions et par toutes les finesses de l'art, il séduisoit les spectateurs au point qu'ils ne distinguoient plus le personnage représenté d'avec le comédien qui le représentoit. Aussi se chargeoit-il toujours des rôles les plus longs et les plus difficiles. » Tous les contemporains, De Visé, Segrais, sont unanimes sur ce succès prodigieux obtenu par Molière dès qu'il consentait à déposer la couronne tragique de laurier pour laquelle il avait un faible (1). Dans ce qu'on appelle les rôles *à manteau* où il jouait, le seul Grandmesnil peut-être l'a égalé depuis. Mais dans le tragique aussi, sa direction, si ce n'est son exécution, était parfaite. La

---

(1) Dans le tome Ier des *Hommes illustres* de Perrault, l'article *Molière* se termine par cet éloge : « Il a ramassé en lui seul tous les talents nécessaires à un comédien. Il a été si excellent acteur pour le comique, quoique très-médiocre pour le sérieux, qu'il n'a pu être imité que très-imparfaitement par ceux qui ont joué son rôle après sa mort. Il a aussi entendu admirablement les habits des acteurs en leur donnant leur véritable caractère, et il a eu encore le don de leur distribuer si bien les personnages et de les instruire ensuite si parfaitement qu'ils semblaient moins des acteurs de comédie que les vraies personnes qu'ils représentaient. »

lutte qu'il soutint avec l'hôtel de Bourgogne, et dont *l'Impromptu de Versailles* constate plus d'un détail piquant, n'est autre que celle du débit vrai contre l'emphase déclamatoire, de la nature contre l'école. Mascarille, dans *les Précieuses*, se moque des comédiens ignorants qui récitent comme l'on parle ; Molière et sa troupe étaient de ceux-ci. On croirait dans *l'Impromptu* entendre les conseils de notre Talma sur *Nicomède*. Comme Talma encore, Molière était grand et somptueux en manière de vivre, riche à trente mille livres de revenu, qu'il dépensait amplement en libéralités, en réceptions, en bienfaits. Son domestique ne se bornait pas à cette bonne Laforest, confidente célèbre de ses vers, et les gens de qualité, à qui il rendait volontiers leurs régals, ne trouvaient nullement chez lui un ménage bourgeois et à la Corneille. Il habitait, dans la dernière partie de sa vie, une maison de la rue de Richelieu, à la hauteur et en face de la rue Traversière, vers le n° 34 d'aujourd'hui.

Molière, arrivé à l'âge de quarante ans, au comble de son art, et, ce semble, de la gloire, affectionné du roi, protégé et recherché des plus grands, mandé fréquemment par M. le Prince, allant chez M. de La Rochefoucauld lire *les Femmes savantes*, et chez le vieux cardinal de Retz lire *le Bourgeois Gentilhomme*, Molière, indépendamment de ses désaccords domestiques, était-il, je ne dis pas heureux dans la vie, mais satisfait de sa position selon le monde ? on peut affirmer que non. Éteignez, atténuez, déguisez le fait sous toutes les réserves imaginables ; malgré l'éclat du talent et de la faveur, il restait dans la condition de Molière quelque chose dont il souffrait. Il souffrait de manquer parfois d'une certaine considération sérieuse, élevée ; le comédien en lui nuisait au poëte. Tout le monde riait de ses pièces, mais tous ne les estimaient pas assez ; trop de gens ne le prenaient, il le sentait bien, que comme le meilleur sujet de divertissement :

Molière avec Tartufe y doit jouer son rôle.

On le faisait venir pour égayer *ce bon vieux cardinal*, pour l'émoustiller un peu ; madame de Sévigné en parle sur ce ton. Chapelle l'appelait *grand homme* ; mais ses amis considérables, et Boileau le premier, regrettaient en lui le mélange du bouffon. On voit, après sa mort, De Visé, dans une lettre à Grimarest, contester le *monsieur* à Molière ; et à son convoi, une femme du peuple à qui l'on demandait quel était ce mort qu'on enterrait : « Eh ! répondit-elle, c'est ce Molière. » Une autre femme qui était à sa fenêtre et qui entendit ce propos, s'écria : « Comment, malheureuse ! il est bien monsieur pour toi. » — Molière, observateur clairvoyant et inexorable comme il était, devait ne rien perdre de mille chétives circonstances qu'il dévorait avec mépris. Certains honneurs même le dédommageaient médiocrement, et parfois le flattaient assez amèrement, je pense, comme, par exemple, l'honneur de faire, en qualité de domestique, le lit de Louis XIV. Lorsque Louis XIV encore, pour fermer la bouche aux calomnies, était parrain avec la duchesse d'Orléans du premier enfant de Molière, et couvrait ainsi le mariage du comédien de son manteau fleurdelisé ; lorsqu'en une autre circonstance il le faisait asseoir à sa table, et disait tout haut, en lui servant une aile de son *en-cas-de-nuit* : « Me voilà occupé de faire manger Molière, que mes officiers ne trouvent pas assez bonne compagnie pour eux, » le fier offensé était-il et demeurait-il aussi touché de la réparation que de l'injure ? Vauvenargues, dans son dialogue de Molière et d'un jeune homme, a fait exprimer au poëte-comédien, d'une manière touchante et grave, ce sentiment d'une position incomplète. Il aura pris l'idée de ce dialogue dans un entretien réel, rapporté par Grimarest, et où le poëte dissuada un jeune homme qui le venait consulter sur sa vocation pour le théâtre.

Dix mois avant sa mort, Molière, par la médiation d'amis communs, s'était rapproché de sa femme qu'il aimait encore, et il était même devenu père d'un enfant qui ne vécut pas. Le changement de régime, causé par cette reprise de vie con-

jugale, avait accru son irritation de poitrine. Deux mois avant sa mort, il reçut cette visite de Boileau dont nous avons parlé. Le jour de la quatrième représentation du *Malade imaginaire*, Molière se sentit plus indisposé que de coutume ; mais je laisse parler Grimarest, qui a dû tenir de Baron les détails de la scène, et dont la naïveté plate me semble préférable sur ce point à la correction plus concise de ceux qui l'ont reproduit. Ce jour-là donc « Molière, se trouvant tourmenté de sa fluxion
« beaucoup plus qu'à l'ordinaire, fit appeler sa femme, à qui
« il dit, en présence de Baron : Tant que ma vie a été mêlée
« également de douleur et de plaisir, je me suis cru heureux ;
« mais aujourd'hui que je suis accablé de peines sans pou-
« voir compter sur aucuns moments de satisfaction et de dou-
« ceur, je vois bien qu'il me faut quitter la partie ; je ne puis
« plus tenir contre les douleurs et les déplaisirs, qui ne me
« donnent pas un instant de relâche. Mais, ajouta-t-il en ré-
« fléchissant, qu'un homme souffre avant que de mourir !
« Cependant je sens bien que je finis. — La Molière et Baron
« furent vivement touchés du discours de M. de Molière, au-
« quel ils ne s'attendoient pas, quelque incommodé qu'il fût.
« Ils le conjurèrent, les larmes aux yeux, de ne point jouer
« ce jour-là et de prendre du repos pour se remettre. — Com-
« ment voulez-vous que je fasse ? leur dit-il ; il y a cinquante
« pauvres ouvriers qui n'ont que leur journée pour vivre ;
« que feront-ils si l'on ne joue pas ? Je me reprocherois d'a-
« voir négligé de leur donner du pain un seul jour, le pou-
« vant faire absolument. — Mais il envoya chercher les co-
« médiens, à qui il dit que, se sentant plus incommodé que
« de coutume, il ne joueroit point ce jour-là s'ils n'étoient
« prêts à quatre heures précises pour jouer la comédie. Sans
« cela, leur dit-il, je ne puis m'y trouver, et vous pourrez
« rendre l'argent. Les comédiens tinrent les lustres allumés
« et la toile levée, précisément à quatre heures. Molière re-
« présenta avec beaucoup de difficulté, et la moitié des spec-
« tateurs s'aperçurent qu'en prononçant *Juro*, dans la céré-

« monie du *Malade imaginaire*, il lui prit une convulsion.
« Ayant remarqué lui-même que l'on s'en étoit aperçu, il se
« fit un effort et cacha par un ris forcé ce qui venoit de lui
« arriver.

« Quand la pièce fut finie, il prit sa robe-de-chambre et
« fut dans la loge de Baron, et lui demanda ce que l'on disoit
« de sa pièce. M. Baron lui répondit que ses ouvrages avoient
« toujours une heureuse réussite à les examiner de près, et
« que plus on les représentoit, plus on les goûtoit. Mais,
« ajouta-t-il, vous me paroissez plus mal que tantôt. — Cela
« est vrai, lui répondit Molière, j'ai un froid qui me tue. —
« Baron, après lui avoir touché les mains qu'il trouva glacées,
« les lui mit dans son manchon pour les réchauffer ; il en-
« voya chercher ses porteurs pour le porter promptement
« chez lui, et il ne quitta point sa chaise, de peur qu'il ne
« lui arrivât quelque accident du Palais-Royal dans la rue
« Richelieu, où il logeoit. Quand il fut dans sa chambre, Ba-
« ron voulut lui faire prendre du bouillon, dont la Molière
« avoit toujours provision pour elle, car on ne pouvoit avoir
« plus de soin de sa personne qu'elle en avoit. — Eh ! non,
« dit-il, les bouillons de ma femme sont de vraie eau-forte
« pour moi ; vous savez tous les ingrédients qu'elle y fait
« mettre. Donnez-moi plutôt un petit morceau de fromage
« de Parmesan. — Laforest lui en apporta ; il en mangea
« avec un peu de pain, et il se fit mettre au lit. Il n'y eut
« pas été un moment qu'il envoya demander à sa femme un
« oreiller rempli d'une drogue qu'elle lui avoit promis pour
« dormir. Tout ce qui n'entre point dans le corps, dit-il, je
« l'éprouve volontiers ; mais les remèdes qu'il faut prendre
« me font peur ; il ne faut rien pour me faire perdre ce qui
« me reste de vie. Un instant après il lui prit une toux extrê-
« mement forte, et après avoir craché il demanda de la lu-
« mière. Voici, dit-il, du changement. Baron, ayant vu le
« sang qu'il venoit de rendre, s'écria avec frayeur. — Ne vous
« épouvantez point, lui dit Molière, vous m'en avez vu rendre

« bien davantage. Cependant, ajouta-t-il, allez dire à ma
« femme qu'elle monte. Il resta assisté de deux sœurs reli-
« gieuses, de celles qui viennent ordinairement à Paris quê-
« ter pendant le carême, et auxquelles il donnoit l'hospita-
« lité. Elles lui donnèrent à ce dernier moment de sa vie
« tout le secours édifiant que l'on pouvoit attendre de leur
« charité, et il leur fit paroître tous les sentiments d'un bon
« chrétien et toute la résignation qu'il devoit à la volonté du
« Seigneur. Enfin il rendit l'esprit entre les bras de ces deux
« bonnes sœurs; le sang qui sortoit par sa bouche en abon-
« dance l'étouffa. Ainsi, quand sa femme et Baron remontè-
« rent, ils le trouvèrent mort. »

C'était le vendredi 17 février 1673, à dix heures du soir, une heure au plus après avoir quitté le théâtre, que Molière rendit ainsi le dernier soupir, âgé de cinquante et un ans, un mois et deux ou trois jours. Le curé de Saint-Eustache, sa paroisse, lui refusa la sépulture ecclésiastique, comme n'ayant pas été réconcilié avec l'Église. La veuve de Molière adressa, le 20 février, une requête à l'archevêque de Paris, Harlay de Champvalon. Accompagnée du curé d'Auteuil, elle courut à Versailles se jeter aux pieds du roi; mais le bon curé saisit l'occasion pour se justifier lui-même du soupçon de jansénisme, et le roi le fit taire. Et puis, il faut tout dire, Molière était mort, il ne pouvait plus désormais amuser Louis XIV; et l'égoïsme immense du monarque, cet égoïsme hideux, incurable, qui nous est mis à nu par Saint-Simon, reprenait le dessus. Louis XIV congédia brusquement le curé et la veuve; en même temps il écrivit à l'archevêque d'aviser à quelque moyen terme. Il fut décidé qu'on accorderait *un peu de terre*, mais que le corps s'en irait directement et sans être présenté à l'église. Le 21 février, au soir, le corps, accompagné de deux ecclésiastiques, fut porté au cimetière de Saint-Joseph, rue Montmartre. Deux cents personnes environ suivaient, tenant chacune un flambeau; il ne se chanta aucun chant funèbre. Dans la journée même des obsèques, la foule, toujours fanatique, s'était assemblée autour de la maison mortuaire avec des apparences hostiles; on la dissipa en lui jetant de l'argent. Il fut moins aisé de la dissiper au convoi de Louis XIV.

A peine mort, de toutes parts on apprécia Molière. On sait les magnifiques vers de Boileau, qui s'y éleva à l'éloquence (1) et qui eut un accent de Bossuet sur une mort où Bossuet eut la violence d'un Le Tellier. La réputation de Molière a brillé croissante et incontestée depuis. Le xviiie siècle a fait plus que la confirmer, il l'a proclamée avec une sorte d'orgueil philosophique. Il ne se fit entendre contre, que les réclamations morales de Jean-Jacques et quelques réserves du bon Thomas, l'ami de madame Necker, en faveur des femmes savantes. Ginguené a publié une brochure pour montrer Rabelais précurseur et instrument de la Révolution française; c'était inutile à prouver sur Molière. Tous les préjugés et tous les abus flagrants avaient évidemment passé par ses mains, et, comme instrument de circonstance, Beaumarchais lui-même n'était pas plus présent que lui; le *Tartufe*, à la veille de 89, parlait aussi net que *Figaro*. Après 94, et jusqu'en 1800 et au delà, il y eut un incomparable moment de triomphe pour Molière, et par les transports d'un public ramené au rire de la scène, et par l'esprit philosophique régnant alors et vivement satisfait, et par l'ensemble, la perfection des comédiens français chargés des rôles comiques, et l'excellence de Grandmesnil en particulier (2). La Révolution close, Na-

---

(1) *Avant qu'un peu de terre*, etc., dans l'Épître à Racine. Je ferai remarquer que, malgré la brouillerie ancienne de Molière et de Racine, c'était par l'éclatant exemple de Molière que Boileau songeait à consoler l'auteur de *Phèdre* des critiques injustes qu'il essuyait. Il n'entrait pas dans la pensée de Boileau que cet éloge de Molière pût déplaire à Racine : il y avait équité et décence jusque dans les brouilleries des grands hommes de ce temps-là.

(2) Cet ensemble n'eut lieu qu'après la réunion du théâtre de l'Odéon avec celui du Palais-Royal ou *de la République;* car les opinions politiques avaient aussi séparé la Comédie en deux camps. Revenue à

poléon, qui restaurait nombre de vieilleries sociales qu'avait ébréchées autrefois Molière, lui rendit un singulier et tacite hommage ; en rétablissant les Princes, Ducs, Comtes et Barons, il désespéra des Marquis, et sa volonté impériale s'arrêta devant Mascarille. Notre jeune siècle, en recevant cette gloire qu'il n'a jamais révoquée en doute, s'en est surtout servi quelque temps comme d'un auxiliaire, comme d'une arme de défense ou de renversement. Mais bientôt, en l'embrassant d'une plus équitable manière, en la comparant, selon la philosophie et l'art, avec d'autres renommées des nations voisines, il l'a mieux comprise encore et respectée. Sans cesse agrandie de la sorte, la réputation de Molière (merveilleux privilége!) n'est parvenue qu'à s'égaler au vrai et n'a pu être surfaite. Le génie de Molière est désormais un des ornements et des titres du génie même de l'humanité. La Rochefoucauld, en son style ingénieux, a dit que l'absence éteint les petites passions et accroît les grandes, comme un vent violent qui souffle les chandelles et allume les incendies : on en peut dire autant de l'absence, de l'éloignement, et de la violence des siècles, par rapport aux gloires. Les petites s'y abîment, les grandes s'y achèvent et s'en augmentent. Mais parmi les grandes gloires elles-mêmes, qui durent et survivent, il en est beaucoup qui ne se maintiennent que de loin, pour ainsi dire, et dont le nom reste mieux que les œuvres dans la mémoire des hommes. Molière, lui, est du petit nombre toujours présent, au profit de qui se font et se feront toutes les conquêtes possibles de la civilisation nouvelle. Plus cette mer d'oubli du passé s'étend derrière et se grossit de tant de débris, et plus aussi elle porte ces mortels

---

son complet par une réconciliation, la Comédie-Française présentait alors, pour les pièces de Molière, Grandmesnil, Molé, Fleury, Dazincourt, Dugazon, Baptiste aîné, mesdemoiselles Contat, Devienne, mademoiselle Mars déjà ; le vieux Préville reparut même deux ou trois fois dans *le Malade imaginaire*. Un pareil moment ne se reproduira plus jamais pour le jeu de ces pièces immortelles.

fortunés et les exhausse ; un flot éternel les ramène tout d'abord au rivage des générations qui recommencent. Les réputations, les génies futurs, les livres, peuvent se multiplier, les civilisations peuvent se transformer dans l'avenir, pourvu qu'elles se continuent ; il y a cinq ou six grandes œuvres qui sont entrées dans le fonds inaliénable de la pensée humaine. Chaque homme de plus qui sait lire est un lecteur de plus pour Molière.

Janvier 1835.

(Voir sur Molière considéré dans ses rapports avec Pascal, *Port-Royal*, liv. III, ch. xv et xvi.)

DELILLE

Rien n'est doux comme, après le triomphe, de revenir sur les entraînements de la lutte, et d'être juste, impartial, pour ceux qu'on a blessés dans l'attaque et malmenés. Ces sortes d'amnisties ont surtout leur charme en affaires littéraires, et l'esprit, dont le propre est de comprendre, jouit du plaisir singulier de se rendre compte, après-coup, de ce qu'il avait d'abord nié, et de ce qu'il a, autant qu'il l'a pu, détruit. Il devra paraître à quelques-uns, je le sens, assez présomptueux d'être indulgent de cette sorte envers Delille, et de se donner à son égard pour des victorieux radoucis. Où donc est la victoire, peut-on dire, et qu'avez-vous produit, vous, École poétique nouvelle, qui soit si supérieur et si à l'abri d'un revers? Sans répondre à ce qu'aurait de trop direct la question, et d'embarrassant pour l'orgueil ou pour la modestie, il est permis d'affirmer, selon l'entière évidence, que la victoire de l'école nouvelle se prouve du moins dans la ruine complète de l'ancienne, et que dès lors on a loisir de juger sans colère et de mesurer en détail celle-ci, dût quelque partisan de l'heureux Pompée de cette poésie nous venir dire :

O soupirs! ô respects! ô qu'il est doux de plaindre
Le sort d'un ennemi quand il n'est plus à craindre (1)!

(1) Notre ami M. Géruzez, dans un article sur Delille, postérieur de date à celui-ci, a bien voulu, au milieu de témoignages indulgents auxquels il nous a accoutumé, s'arrêter à ce début pour le contester

Je viens d'ailleurs ici moins m'apitoyer sur la destinée de l'abbé Delille, et la contempler du haut de notre point de vue actuel, que tâcher de m'y reporter et de la reproduire. Les critiques essentielles, sans qu'on y vise, se trouveront toutes chemin faisant, et plus piquantes dans la bouche même des personnages ses contemporains. On verra qu'il a été de tout temps jugé, et que les bons mots sur son compte ont été dits il y a beau jour. Mais vivant, mais brillant d'esprit et de grâces, on l'aimait, on jouissait de lui jusque dans ses défauts, *dulcibus vitiis*. Sa personne, son agrément de conversation, son débit, ne sauraient se séparer du succès de ses vers. L'à-propos de circonstance, la facilité d'expression et de coloris qu'il possédait, ses sources et ses jets d'inspirations habituelles, allaient aux sentiments et aux modes de son

avec une sorte d'ironie tout aimable, que pourtant nous n'acceptons pas entièrement, et dans laquelle il n'a peut-être pas assez tenu compte de la nôtre. Nous maintenons l'abbé Delille mort et bien mort, dans le sens qu'on va lire. Nous doutons surtout extrêmement que le pronostic du bienveillant critique s'accomplisse, et que Delille soit précisément à la veille de *reprendre faveur;* nous doutons encore plus que M. Villemain, dans sa jolie page d'il y a trente ans, citée par M. Géruzez, et que nous-même mentionnons avec éloge, ait rien prédit du *jugement de l'avenir.* M. Villemain, engagé alors dans un concours académique, n'a fait, en louant Delille, que saisir un de ces à-propos et se tirer d'une de ces difficultés dont il triomphe toujours avec tant de grâce. Le jugement, d'ailleurs, vu hors du cadre, et si l'on y cherchait une conclusion définitive, ne soutiendrait pas l'examen ; il est parfaitement faux que Delille, en vieillissant, ait *enfanté des beautés plus hardies et plus fières;* c'est le contraire plutôt qu'il faudrait dire. — Il est un fait que j'oserai révéler. A l'Académie, dans nos séances intérieures, quand on lit et qu'on discute le *Dictionnaire historique de la Langue,* s'il arrive à M. Patin, le rédacteur, de citer à la rencontre un ou deux vers de l'abbé Delille, il s'élève d'ordinaire, au seul nom du spirituel poëte tombé en disgrâce, une sorte de murmure défavorable ou même de clameur ; on chicane les vers cités, on en conteste la langue ; rarement on leur fait grâce. Et qui, dans l'Académie, prend donc la défense de Delille ? qui ? c'est encore nous, sortis de l'école contraire, qui sommes les premiers et le plus souvent les seuls à demander qu'on le maintienne, à sa date, à titre de témoin et d'autorité.

4.

époque. Sa gloire se composait de toute une partie affectueuse et charmante, qui a dû périr avec lui et avec ceux de son âge. Témoin encore de cette faveur dont il fut l'objet, et lecteur charmé de Delille dans mon enfance, j'ai peu d'efforts à faire pour rentrer dans l'esprit qui le faisait goûter, et pour me souvenir, en parlant de lui, qu'il a régné, et en quel sens on le peut dire.

Delille a régné, ou du moins il a été le prince des poëtes de son temps. Il y a eu à divers moments en France de tels *princes des poëtes*, et il serait curieux d'en noter la dynastie assez irrégulière, assez capricieuse. Sans remonter si haut que le Moyen-Age, que l'époque de Chrestien de Troyes, du *roi* Adenès et autres, qui étaient les rois des trouvères, nous apercevons, sur la pente de ces vieux siècles et de notre côté, Jean de Meun, Villon, surtout Marot, qui méritèrent ce nom. Ronsard l'eut plus qu'aucun :

Tous deux également nous portons des couronnes,

lui disait Charles IX. Malherbe, après lui, régna ; mais ce fut déjà d'une autre espèce d'autorité, où le jugement et la grammaire entraient autant que l'agrément poétique et que la vogue mondaine. Ce nom de *prince des poëtes* implique en effet quelque chose de galant et de mondain, quelque chose comme une rosette de rubans piquée au chapeau de laurier. Voiture, vrai prince des beaux esprits, et galamment chaperonné de la sorte, n'eut qu'un moment. Boileau régna, mais à la façon sérieuse de Malherbe, et on ne peut dire que ce fut un *prince des poëtes*; c'en fut plutôt l'oracle et le conseil. Les grands poëtes du règne de Louis XIV, et leur gloire solide, se prêtaient mal à la gentillesse de rôle que suppose ce titre raffiné. La Fontaine seul y aurait donné, je crois bien, par nonchaloir, par complaisance pour les Iris et les Climènes, si on l'avait laissé faire. Fontenelle eut, comme Voiture, chez les caillettes de bonne maison, un vif et assez long règne de bergerie en tapinois dans les ruelles. Voltaire, qui, dans la dernière moitié de sa vie, régna véritablement, fut monarque comme philosophe, comme historien, non moins que comme poëte. Delille, à quelques égards son successeur, n'hérita que de la partie légère et brillante de son sceptre; il y rattacha des rubans retrouvés, rajeunis, du goût de Fontenelle et de Voiture. Ce fut Voiture cultivant des genres sérieux, un Gresset qui avait tout à fait réussi. Il devint de son temps un vrai *prince des poëtes*, comme on l'était avant Louis XIV, avec tout ce que l'idée de mode et d'engouement ramène sous ce nom. Le monde le choya, les femmes l'adorèrent; ce fut, pour tout ce qui le connut, un jouet charmant et une idole.

Jacques Delille, né près d'Aigue-Perse, en Auvergne, d'une naissance clandestine, au mois de juin 1738, fut baptisé à Clermont et reconnu sur les fonts par M. Montanier, avocat, qui mourut peu après, en lui laissant une petite rente. La mère de Delille, à laquelle ce fruit d'un amour caché dut être enlevé en naissant, était une personne de condition, de la descendance du chancelier L'Hôpital. Il ne paraît pas pourtant que l'enfance du poëte ait été assiégée de trop pénibles images, et quand il eut à chanter plus tard ses premiers souvenirs, il n'en trouvait que de riants :

> O champs de la Limagne, ô fortuné séjour !
> . . . .
> Voici l'arbre témoin de mes amusements;
> C'est ici que Zéphyr, de sa jalouse haleine,
> Effaçait mes palais dessinés sur l'arène;
> C'est là que le caillou, lancé dans le ruisseau,
> Glissait, sautait, glissait et sautait de nouveau :
> Un rien m'intéressait. Mais avec quelle ivresse
> J'embrassais, je baignais de larmes de tendresse
> Le vieillard qui jadis guida mes pas tremblants,
> La femme dont le lait nourrit mes premiers ans,
> Et le sage pasteur qui forma mon enfance !

De cette école du presbytère, le jeune Delille fut envoyé à Paris, et vint faire ses études au collége de Lisieux, où on le reçut comme boursier. Est-ce à la surveillance secrète de sa mère, à la protection de quelque tuteur, ami de son père, qu'il dut cette direction heureuse ? C'est ce qui n'a pas été dit. Il se distingua par les plus brillants succès universitaires, et, dans sa seconde année de rhétorique principalement, il obtint tous les premiers prix. Trois ans après, il remporta encore un prix d'éloquence latine proposé aux élèves de l'Université qui visaient au professorat. Tous les rangs étant occupés pourtant, il dut se rabattre à une simple place de maître de quartier au collége de Beauvais, où se trouvaient également alors, comme simples maîtres, son compatriote Thomas, l'abbé Lagrange, depuis traducteur de Lucrèce, et Selis, depuis traducteur de Perse. Dans un vilain livre de Desforges, qu'on n'ose désigner, on trouve de jolis détails sur la vie de Delille à cette époque ; les sobriquets que lui donnaient les écoliers étaient *écureuil* ou *sapajou, ad libitum* : « Il est certain, dit l'auteur du *Poëte,* que cet aimable jeune homme avait toute la vivacité, toute la gentillesse de l'un et de l'autre, et, disons la vérité, un peu de la malice du dernier ; mais il en avait aussi l'innocence et la grâce. Il était fort bien fait, et aimait assez à voir un beau bas de soie noir dessiner sa jambe fine et bien tournée. Du reste, presque aussi enfant que nous, il se faisait un plaisir et même un mérite de n'être que *primus inter pares,* et tout n'en allait que mieux, grâce à cette presque égalité. » Le soir, au coin du feu, il proposait à ses élèves et mettait au concours entre eux la traduction de vers et de passages des *Géorgiques,* dont il s'occupait déjà.

Nous connaissons la physionomie de Delille, et elle ne fera que se dessiner en ce sens de plus en plus. Le malheur de cette enfance sans mère, cette éducation orpheline et à la charge d'autrui, cette pauvreté du jeune homme, n'ont pas altéré un trait de son amabilité gracieuse. Tout en nous dépend du tour des caractères, quand ils sont donnés par la nature un peu décidément. Voltaire reçoit, jeune, des coups de bâton d'un grand seigneur, et il ne reste pas moins ami de la noblesse, du beau monde, et l'opppsé en cela de Jean-Jacques. Dans un exemple moindre, mais qui me frappe aussi, madame Desbordes-Valmore, jeune fille, va en Amérique, d'où, après des pertes et d'affreux malheurs, elle revient élégiaque éplorée, tandis que Désaugiers revient de là même, après des malheurs pareils, le plus gai des chansonniers du Caveau. Ainsi Delille, enfant naturel, élevé par charité, n'en sera pas moins, dès son premier pas dans le monde, et au rebours de l'aigre La Harpe ou de l'âcre Chamfort, le petit abbé le plus espiègle et le bel esprit le plus charmant.

C'est pendant et peut-être même avant son séjour au collége de Beauvais, et lors de ses premiers essais de la traduction des *Géorgiques*, qu'il fit à Louis Racine cette visite touchante dont il est parlé dans la préface de *l'Homme des Champs*. Au premier mot d'une traduction en vers des *Géorgiques*, Louis Racine se récria : « *Les Géorgiques!* dit-il d'un ton sévère, « c'est la plus téméraire des entreprises. Mon ami M. Le Franc, « dont j'honore le talent, l'a tentée, et je lui ai prédit qu'il « échouerait. » — « Cependant, continue Delille en son récit, « le fils du grand Racine voulut bien me donner un rendez- « vous dans une petite maison où il se mettait en retraite « deux fois par semaine, pour offrir à Dieu les larmes qu'il « versait sur la mort d'un fils unique... Je me rendis dans « cette retraite (*du côté du faubourg Saint-Denis*) ; je le trouvai « dans un cabinet au fond du jardin, seul avec son chien « qu'il paraissait aimer extrêmement. Il me répète plusieurs « fois combien mon entreprise lui paraissait audacieuse. Je « lis avec une grande timidité une trentaine de vers. Il m'ar- « rête, et me dit : Non-seulement je ne vous détourne plus « de votre projet, mais je vous exhorte à le poursuivre. »

Ginguené, parlant de *l'Homme des Champs* dans la *Décade*, relève ce qu'a d'intéressant cette visite qui lie ensemble la chaîne des noms et des souvenirs poétiques, et il ajoute avec un beau sentiment de piété littéraire : « On sait que le poëte Le Brun eut avec Louis Racine les liaisons les plus intimes, et qu'il fut, pour ainsi dire, élevé par lui dans l'art des vers avec son fils, jeune homme de la plus belle espérance, le même dont le père pleurait la mort quand Delille eut de lui la permission de l'aller voir dans sa retraite. Ainsi les deux plus grands poëtes que nous ayons encore sont, avec un seul intermédiaire, de l'école de Racine et de Boileau. Ils sont chefs d'école à leur tour. Les différences qui existent dans leur talent et dans le système de leur style s'apercevront un jour dans leurs élèves, mais tous tiendront plus ou moins à la grande et primitive école. Et voilà comment se perpétue ce bel art qui a besoin de traditions orales, et dont tous les secrets ne s'apprennent pas dans les livres. » Delille, en effet, se rattache, sans interruption ni secousse, à cette école qu'il fit dégénérer en la faisant refleurir. L'auteur du poëme de *la Religion*, à quelques égards le père de la poésie descriptive au xviiie siècle, dut accueillir les vers élégants dont lui-même avait enseigné l'heureux tour dans son morceau sur le nid de l'hirondelle, sur la circulation de la sève et ailleurs. Voltaire dut accueillir aussi un disciple de cette poésie facile, spirituelle et brillante, qu'il ne concevait guère, pour son compte, plus profonde et plus sévère. Delille, arrivant sous leurs auspices, favorisé et comme autorisé des maîtres, fut novateur sans y viser, et en s'efforçant plutôt de ne pas l'être. Comme Ovide, il eut le culte de ses devanciers, dont il allait corrompre si agréablement l'héritage. Au sortir de cette retraite janséniste, où il avait pris oracle du fils du grand Racine inclinant vers la tombe, il pouvait se redire avec le transport d'un *amant des Muses*:

Temporis illius colui fovique poetas,
    Quotque aderant vates, rebar adesse Deos.

Si Delille ne peut être dit le fils bien légitime des célèbres poëtes ses prédécesseurs, il fut du moins pour eux, dès qu'il parut, comme un filleul gâté et caressant.

Ses strophes à Le Franc, insérées dans *l'Année littéraire*

(1758), suivirent probablement cette visite à Louis Racine, de qui il avait appris que Le Franc traduisait Virgile comme lui. Il y fait de Le Franc un grand *chêne*, auquel, simple lierre, il s'attache. Les premiers vers qu'on a de Delille à cette époque, son ode *à la Bienfaisance*, qui concourut pour le prix de l'Académie française, son épître *sur les Voyages*, couronnée par l'Académie de Marseille, ses autres épîtres de collége, ne sont remarquables que par la facilité, l'abondance, une certaine pureté; mais nulle idée neuve, nulle couleur originale. Le goût des arts, des lettres, les sentiments d'un esprit vif et honnête, s'y montrent selon les traditions reçues. Les artistes en vogue y sont nommés et admirés sans aucune gradation, Boucher au niveau de Rembrandt, et Vanloo *aux touches enflammées* à côté de Voltaire. La *plume* de Rollin et la *lyre* de Coffin, le double honneur du collége de Beauvais, y ont leur part. Bien débité, cela devait être infiniment agréable à une thèse ou à une distribution de prix. Dans l'épître à M. Laurent, *à l'occasion d'un bras artificiel qu'il a fait pour un soldat invalide* (1761), on trouve pourtant déjà tout le poëte didactique; les merveilles de l'industrie et de la mécanique moderne y sont décrites en une série de périphrases accompagnées de notes indispensables :

> Là le sable, dissous par les feux dévorants,
> Pour les palais des rois brille en murs transparents!

Ce qui veut dire qu'on fait des *glaces*. Glaces donc, tapisseries, écriture, imprimerie, moulin à vent, moulin à eau, pompes, écluses, ponts portatifs, automates de Vaucanson, machine de Marly, tout est passé en revue à l'occasion de ce bras artificiel. On ne sait plus lequel de M. Laurent ou du poëte est le mécanicien. Cette épître à M. Laurent semble avoir été pour Delille le programme qu'il se posa, ou, si c'est trop dire, l'écheveau qu'il tourna et dévida toute sa vie.

Le bannissement des jésuites laissait vacants beaucoup de colléges de France, et le jeune maître de quartier du collége de Beauvais fut appelé comme professeur à celui d'Amiens (1), dans cette patrie de Voiture, où Gresset vivait alors dévot et retiré. Delille ne manqua pas d'y visiter ce spirituel poëte, de qui il tenait beaucoup plus qu'il ne le soupçonnait. Occupé des *Géorgiques* de Virgile, il se croyait une muse grave : il ne savait pas combien il était proche parent de *Vert-Vert*, et de quel danger mortel les dragées seraient pour son talent. Gresset, qu'on avait essayé dans un temps d'opposer à Voltaire, et dont Jean-Baptiste Rousseau exaltait les débuts, n'avait eu ni assez de force de talent ni assez de pensée pour soutenir la lutte, et il avait été vite jeté de côté. Delille arrivant, comme un autre Gresset, sur les derniers temps de Voltaire, reprit, à quelques égards, le rôle manqué par le premier, et avec du brillant, du mondain à force, rien du collége, mais peu de philosophie et de pensée, il réussit à succéder en poésie au trône, encore imposant, qui devint aussitôt pour lui un tabouret chez la reine.

En attendant, il succédait, au collége d'Amiens, à ces jésuites dont il allait introduire en français les procédés de vers latins et tant de descriptions didactiques ingénieuses. Rapin, Vanière, par les sujets comme par la manière, semblent avoir été ses maîtres ; il y a du Père Sautel dans Delille.

Un discours sur l'*Éducation*, prononcé par Delille, en 1766, à une distribution de prix du collége d'Amiens, marquerait, au besoin, combien peu d'idées la prose fournissait à l'élégant diseur dans un sujet déjà fécondé par l'*Émile*. Les autres rares morceaux de prose qu'on a de l'abbé Delille, depuis son éloge de la Condamine, lors de sa réception à l'Académie, jusqu'à son article La Bruyère dans la *Biographie universelle*, ne démentent pas cette observation ; agréables de tour et de récits anecdotiques, ils sont très-clair-semés d'idées. Son morceau le plus capital, la préface des *Géorgiques*, est même

(1) On est déjà si loin de l'ancienne Université, qu'il n'est pas inutile de rappeler que les colléges de Lisieux et de Beauvais étaient à Paris, tandis que le collége d'Amiens était bien dans cette ville même.

en grande partie traduite de Dryden, que Delille combat en un endroit, sans dire jusqu'à quel point il en profite (1).

Du collége d'Amiens, le jeune professeur fut rappelé comme agrégé à Paris, et nommé pour faire la classe de troisième au collége de La Marche : il y était encore lors de sa réception à l'Académie, en 1774. Mais la disproportion entre cette gloire si littéraire, si mondaine, et ces thèmes qu'il dictait encore, devenait trop criante, et l'amitié de M. Le Beau, professeur d'éloquence latine au Collége de France, l'appela à professer, comme suppléant d'abord, la poésie qui était comprise dans cette chaire.

La traduction des *Géorgiques* parut à la fin de l'année 1769 ; elle était annoncée à l'avance par de nombreuses lectures dans les salons, que fréquentait déjà beaucoup Delille. Le succès alla aux nues. C'était la mode de la nature ; on adorait la campagne du sein des boudoirs. *Les Géorgiques* furent sur les toilettes comme un volume de l'*Encyclopédie* ou comme le livre de *l'Esprit*; on crut lire Virgile. Le grand Frédéric déclara cette traduction une œuvre *originale*. Voltaire s'éprit de *Virgilius-Delille* (il était fort en sobriquets), et écrivit à l'Académie française pour l'y pousser (4 mars 1772) : « Rempli de la lecture des *Géorgiques* de M. Delille, je sens tout le prix de la difficulté si heureusement surmontée, et je pense qu'on ne pouvait faire plus d'honneur à Virgile et à la nation. Le poëme des *Saisons* et la traduction des *Géorgiques* me paraissent les deux meilleurs poëmes qui aient honoré la France après *l'Art poétique*...... » La Harpe, dans *le Mercure*, célébra tout d'abord la traduction ; Fréron, dans *l'Année littéraire*, ne l'attaqua point ; s'il la trouva infidèle souvent, comme reproduction du modèle, il convint qu'il était difficile de mieux tourner un vers, et ne craignit pas d'y reconnaître *le faire de Boileau*. Clément de Dijon seul, Clément *l'inclément*, comme dit Voltaire avec son volume d'*Observations critiques* (1771),

(1) Cette remarque est de M. Joseph-Victor Le Clerc.

que suivit bientôt un second volume de *Nouvelles Observations* (1772), vint troubler le succès du traducteur des *Géorgiques* et du poëte des *Saisons*. Saint-Lambert eut le crédit et le tort d'obtenir un ordre pour faire conduire Clément au For-l'Évêque, et pour faire saisir l'édition (encore sous presse) de sa critique. Le prétexte était que Clément disait sur *Doris* certains mots, lesquels on aurait pu appliquer à madame d'Houdetot. On fit des cartons à ces endroits, le livre parut, et tout le monde lut Clément.

Il disait de bonnes choses, et tout ce qui se peut dire de judicieux de la part d'un homme sérieux, instruit de l'antiquité, amateur du goût solide, mais que le rayon poétique direct n'éclaire pas. Où se trouvait alors, est-il vrai de dire, ce rayon, ce sentiment du style poétique, si l'on excepte Le Brun, qui en avait l'instinct, l'intention, et André Chénier naissant, qui allait le retrouver ? Le Brun, d'ailleurs, n'était pas étranger à la critique de Clément, son ami, à qui il avait confié sa traduction, encore inédite, de l'épisode d'Aristée, pour être opposée à celle qu'en avait donnée Delille. Celui-ci, bon et modeste, profita, dans les éditions suivantes, des critiques de Clément en ce qu'elles lui paraissaient renfermer de juste, et il rendit sa traduction plus fidèle en bien des points. Ce qu'il n'y a pas ajouté, et ce qui était incommunicable, à moins de l'avoir tout d'abord senti, c'est un certain art et style poétique qui fait que, dans la lutte de poëte à poëte, indépendamment de la fidélité littérale, des beautés du même ordre éclatent en regard, et comme un prompt équivalent d'autres beautés forcément négligées. Delille est élégant, facile, spirituel aux endroits difficiles, correct en général, et d'une grâce flatteuse à l'oreille ; mais la belle peinture de Virgile, les grands traits fréquents, cette majesté de la nature romaine :

> ... Magna parens frugum, Saturnia tellus,
> Magna virûm ;

les vieux Sabins, les Umbriens laboureurs menant les bœufs du Clitumne ; cette antiquité sacrée du sujet (*res antiquæ laudis et artis*) ; cette nouveauté et cette invention perpétuelle de l'expression, ce mouvement libre, varié, d'une pensée toujours vive et toujours présente, ont disparu, et ne sont pas même soupçonnés chez le traducteur. On glisse avec lui sur un sable assez fin, peigné d'hier, le long d'une double palissade de verdure, dans de douces ornières toutes tracées. M. de Chateaubriand a mieux rendu notre idée que nous ne pourrions faire, quand il dit : « Son chef-d'œuvre est la traduction des *Géorgiques*. C'est comme si on lisait Racine traduit dans la langue de Louis XV. On a des tableaux de Raphaël merveilleusement copiés par Mignard. » J'ajouterai qu'un grand paysage du Poussin, copié par Watteau, serait encore supérieur (comme style) aux grands paysages de Virgile reproduits par le futur chantre des jardins de Bagatelle, de Belœil et de Trianon. Quelque chose comme Poussin, par Watelet. Une villa des collines d'Évandre, transportée à *Moulin-Joli*.

La question tant agitée de la traduction en vers des poëtes n'en est pas une pour nous. Nul doute que si un vrai et grand poëte se mettait en tête de nous traduire Virgile, Homère ou Dante, ou tel autre maître, il n'y réussît à force de temps et de soins, sinon pour la lettre stricte, du moins pour le sentiment et la couleur. Mais à quoi bon ? Jamais poëte de cette trempe ne s'enchaînera ainsi au char d'un autre. Il pourra s'y essayer par moments ; il pourra dans sa jeunesse, un jour de loisir, détacher et agiter ce bouclier suspendu, bander cet arc impossible, manier ce glaive de Roland. Mais, une fois sa force essayée et reconnue, il l'emploiera pour son compte, et en se rappelant, en nous rappelant par éclairs ses autres grands égaux, il sera lui-même.

Dans André Chénier, dans plusieurs des poëtes du xvie siècle, qui ont imité ou traduit des fragments de poëtes anciens, le sentiment exquis du modèle, ce sentiment que je ne puis définir autrement que celui de l'art même, se révèle à qui est fait pour l'apprécier. Il n'y a pas trace de ce genre de sentiment chez Delille, qui a d'ailleurs, dans sa traduction, le mérite de l'élégance, telle qu'on l'entend vulgairement, le mérite aussi de la continuité et de la longueur de la tâche, et enfin celui d'avoir fait connaître agréablement aux femmes et à une quantité de gens du monde un beau poëme qui n'était pas lu.

En un mot, il a rendu, pour *les Géorgiques*, le même service à peu près que l'abbé Barthélemy allait rendre pour la Grèce. Il a été, par sa traduction, une espèce d'Anacharsis parisien de la campagne et de la poésie romaine.

Le grand succès des *Géorgiques* décida la vocation de Delille, si elle n'était décidée déjà : il tourna au didactique et au descriptif. En entendant dernièrement M. Ampère exposer, à propos des poëmes didactiques du moyen âge, l'histoire piquante de ce genre, je pensais à Delille et me disais combien ce qui avait paru si neuf de son temps était vieux sous le soleil. Le genre d'Hésiode, de Lucrèce, et de Virgile dans *les Géorgiques*, a chez eux sa simplicité, sa grandeur philosophique, sa beauté pittoresque. Le didactique et le descriptif ne sont que l'abus et l'excès de ce genre dans sa décadence, et quand l'esprit poétique s'en est retiré. Déjà, à Alexandrie, on avait fait un poëme des *Pierres précieuses* qu'on osa imputer à Orphée. Dans la littérature latine, les poëmes de la Pêche, de la Chasse, les descriptions sans fin de villes, de fleuves et de poissons, qu'on retrouve si souvent chez Ausone, n'ont plus rien de cette beauté de peinture, de ces hautes vues et pensées, dont Lucrèce et Virgile avaient fait la principale inspiration de leurs poëmes. Au moyen âge, le genre dans son aridité s'étendit et foisonna. Que de poëmes sur les bêtes, oiseaux, pierres, que de *lapidaires*, *bestiaires*, *volucraires*, de poëmes sur l'équitation, sur le jeu d'échecs particulièrement, que Delille remaniait avec gentillesse après des siècles, sans se douter de ses devanciers d'avant Villon !

Au XVIe siècle Du Bartas, au XVIIe le Père Lemoyne et les jésuites, continuèrent, soit dans le didactique, soit dans le descriptif; mais ce qui s'était perpétué assez obscurément, comme dans les coulisses du siècle de Louis XIV, revint sur la scène au XVIIIe. Delille ne fit autre chose, toute sa vie, que travailler, polir, tourner, vernisser, monnayer, mieux qu'aucun de ses contemporains, les matières de ce genre, y tailler, pour ainsi dire, des meubles Louis XV et Louis XVI, des ornements de cheminée et de toilette, bons pour tous les boudoirs, pour Bagatelle, je l'ai dit, pour Gennevilliers et Trianon. Il fabriqua, en quelque sorte, les joujoux d'une époque encyclopédique, et, par lui, Lavoisier, Montgolfier, Buffon, Daubenton, Lalande, Dolomieu, que sais-je? eux et leurs sciences, furent modelés en figurines de cire, et mis pour les salons en airs de serinette. Ainsi il alla sans se douter de tout ce qui l'avait devancé dans cette carrière de poésie technique. Le dernier triomphe, et comme le bouquet du genre, est aussi la dernière grande production de Delille, *les Trois Règnes*, qu'on peut définir la mise en vers de toutes choses, animaux, végétaux, minéraux, physique, chimie, etc.

Tout ce qu'on saurait imaginer de ressources, de grâces, de facilité, de hors-d'œuvre et de main-d'œuvre (non pas d'art véritable) dans ce genre, il le déploya; et le prestige, malgré des protestations nombreuses, dura jusqu'à sa mort. La première moitié florissante de l'existence de Delille, il ne faut pas l'oublier, est de 1770 à 89; il eut là près d'une vingtaine d'années de succès, de faveur, de délices; c'est au goût de ce moment du XVIIIe siècle qu'il se rapporte directement. Si, de 1800 à 1813, il domina de sa renommée et décora de ses œuvres abondantes la poésie dite de *l'Empire*, il ne fut rien moins lui-même qu'un poëte de l'Empire. La plupart des ouvrages publiés par lui à partir de 1800 avaient été composés ou du moins commencés longtemps auparavant; il les avait lus par fragments à l'Académie, au Collége de France, dans les salons; c'était l'esprit de ce monde brillant qui les avait inspirés et caressés à leur naissance ; c'est le même esprit de ce monde recommençant, et enfin rallié après les orages, qui les accueillit, lors de leur publication, avec un enthousiasme auquel les sentiments politiques rendaient, il est vrai, plus de vie et une nouvelle jeunesse. Le pathétique, chez Delille, alla en augmentant à travers le technique, et il y eut sympathie de plus en plus vive de toute une partie de la société pour ce qui semblait n'avoir dû être d'abord qu'un passe-temps de ses loisirs.

Nommé en 1772 à l'Académie, en même temps que Suard, Delille se vit rejeté ainsi que lui par le roi, sous prétexte qu'il était trop jeune (il avait trente-quatre ans), mais en réalité comme suspect d'encyclopédisme (1). L'abbé Delille encyclopédiste ! On lui fit bientôt réparation, et il fut reçu en 1774 à la place de La Condamine. Le comte d'Artois, devenu l'un des protecteurs les plus affectueux du poëte, le fit d'abord nommer chanoine de Moissac, dans le Quercy, puis il lui donna l'abbaye de Saint-Severin, dépendante de la généralité d'Artois, et qui n'astreignait qu'aux Ordres moindres. Aussi heureux qu'on pouvait l'être en ces heureuses années, l'aimable poëte n'eut plus que des douceurs, qu'interrompaient à peine, de loin en loin, quelques critiques épigrammatiques, des plis de rose. Les Mémoires du temps, la Correspondance de Grimm, les *Souvenirs*, récemment publiés, de madame Lebrun, nous le montrent dans toute la vivacité et la naïveté de sa gentillesse. Madame Le Coulteux du Moley, chez qui il passait une partie de sa vie à la Malmaison, a tracé de lui le plus piquant des portraits (2) : «..... Rien ne peut se comparer ni aux grâces de son esprit, ni à son feu, ni à sa gaieté, ni à ses saillies, ni à ses disparates. Ses ouvrages même n'ont ni le caractère ni la physionomie de sa conversation. Quand on

---

(1) On peut voir à ce sujet les agréables Mémoires de Garat sur Suart, t. I, p. 325, 355, 362, etc.
(2) Grimm, Correspondance, mai 1782.

le lit, on le croit livré aux choses les plus sérieuses (1); en le voyant, on jurerait qu'il n'a jamais pu y penser; c'est tour à tour le maître et l'écolier. Il ne s'informe guère de ce qui occupe la société; les petits événements le touchent peu; il ne prend garde à rien, à personne, pas même à lui. Souvent, n'ayant rien vu, rien entendu, il est à propos : souvent aussi il dit de bonnes naïvetés; mais il est toujours agréable.....

« Sa figure,... une petite fille disait qu'elle était tout en zigzag. Les femmes ne remarquent jamais ce qu'elle est, et toujours ce qu'elle exprime; elle est vraiment laide, mais bien plus curieuse, je dirais même intéressante. Il a une grande bouche, mais elle dit de beaux vers. Ses yeux sont un peu gris, un peu enfoncés; il en fait tout ce qu'il veut, et la mobilité de ses traits donne si rapidement à sa physionomie un air de sentiment, de noblesse et de folie, qu'elle ne lui laisse pas le temps de paraître laide. Il s'en occupe, mais seulement comme de tout ce qui est bizarre et peut le faire rire; aussi le soin qu'il en prend est-il toujours en contraste avec les occasions : on l'a vu se présenter en frac chez une duchesse, et courir les bois, à cheval, en manteau court.

« Son âme a quinze ans, aussi est-elle facile à connaître; elle est caressante, elle a vingt mouvements à la fois, et cependant elle n'est point inquiète. Elle ne se perd jamais dans l'avenir et a encore moins besoin du passé. Sensible à l'excès, sensible à tous les instants, il peut être attaqué de toutes les manières; mais il ne peut jamais être vaincu..... Votre conversation l'attache, il est vrai; mais il passe aussi fort bien deux heures à caresser son cheval, que pourtant il oublie aussi quelquefois, ou bien à s'égarer dans les bois où, quand il n'a pas peur, il rêve à la lune, à un brin d'herbe, ou, pour mieux dire, à ses rêveries. » Elle conclut en disant : « C'est le poëte de Platon, un être sacré, léger et volage. »

---

(1) Illusion du goût d'alors. Pour nous, les œuvres, la vie et la personne du poëte sont devenues ressemblantes.

C'était du moins, à coup sûr, le plus aimable des causeurs et des hôtes familiers ; on se l'enviait, on se l'arrachait. On l'enlevait quelquefois pour une semaine, et il se laissait faire. On a dit de l'abbé Galiani que c'était un meuble indispensable à la campagne par un temps de pluie ; à plus forte raison, et en tout temps, l'abbé Delille. Madame Lebrun, qui nous le fait connaître à merveille, raconte qu'à la Malmaison, chez madame du Moley, il était convenu, pour plus de liberté, qu'en se promenant dans les jardins, on tiendrait à la main une branche de verdure, si l'on désirait ne pas se chercher ou s'aborder : « Je ne marchais jamais sans ma branche, dit-elle ; mais je la jetais bien vite, si j'apercevais l'abbé Delille. »

Madame Lebrun elle-même, avec sa facilité, son goût vif à peindre et sa séduction de coloris, me semble avoir été, dans ce même monde, une *chose légère*, assez semblable à l'abbé Delille. Elle peignait tout avec une singulière grâce, les personnes, les cascades, d'après nature ou de souvenir, promptement, fraîchement, comme Delille versifiait : « Nous allâmes d'abord voir, dit-elle, les cascatelles de Tivoli, dont je fus si enchantée que ces messieurs ne pouvaient m'en arracher. Je les crayonnai aussitôt avec du pastel, désirant colorer l'arc-en-ciel qui ornait ces belles chutes d'eau. » Ce mot me fait l'image de son talent, et de celui surtout du poëte son ami. Tous les endroits qui n'étaient qu'au pastel, et qui brillaient comme des fleurs, se sont fanés.

Dans cette société de M. de Vaudreuil, de M. de Choiseul-Gouffier, du prince de Ligne, du duc de Bragance, des Bouflers, des Narbonne, des Ségur, au milieu de ces conversations charmantes où nul plus que lui n'étincelait, Delille croyait aimer la campagne et ne rêvait qu'à la peindre. M. Villemain, en une de ses leçons, a remarqué qu'on se trouvait alors si bien dans le salon, qu'on mettait au plus la tête à la fenêtre pour voir la nature ;... et encore, c'était du côté du jardin. Il y avait pourtant, dans le poëte, un certain fonds naïf sous la coquetterie du dehors, et il était sérieusement crédule dans son prétendu amour des champs, comme La Fontaine par exemple, s'il avait cru aimer la cour (1). Volney tenait de d'Holbach une anecdote qui ne peint pas moins Delille que Diderot, deux figures si diverses (2) : « On venait de vanter le bonheur de la campagne devant Diderot ; sa tête se monte, il veut aller passer du temps à la campagne : où ira-t-il? Le gouverneur du château de Meudon arrive en visite ; il connaît Diderot, il apprend son désir ; il lui assigne une chambre au château. Diderot va la voir, en est enchanté, il ne sera heureux que là : il revient en ville, l'été se passe sans qu'il retourne là-bas. Second été, pas plus de voyage. En septembre, il rencontre le poëte Delille qui l'aborde en disant : « Je vous cherchais, mon ami ; je suis occupé de mon poëme ; je voudrais être solitaire pour y travailler. Madame d'Houdetot m'a dit que vous aviez à Meudon une jolie chambre où vous n'allez point. » — « Mon cher abbé, écoutez-moi : nous avons tous une chimère que nous plaçons loin de nous ; si nous y mettons la main, elle se loge ailleurs. Je ne vais point à Meudon, mais je me dis chaque jour : J'irai demain. Si je ne l'avais plus, je serais malheureux. » — Delille aurait été un peu embarrassé, je pense, si Diderot l'avait pris au mot, et il se serait vite ennuyé de cette chambre solitaire. La campagne fut toujours, si l'on peut dire, le *dada* de l'abbé Delille ; il en parlait, même aveugle, comme d'un charme présent. Ber-

(1) Un homme de goût, qui dans sa jeunesse put étudier de près ce que de loin on confond, me fait remarquer que chez Saint-Lambert, au milieu de la roideur et de la monotonie qui nous choquent aujourd'hui, on saisirait un amour des champs, un sentiment de la nature tout autrement vrai que chez Delille. Saint-Lambert avait été élevé à la campagne ; il y avait vécu. Sa description de l'été, par exemple, et de la Canicule, a bien de l'énergie et de la vérité ; elle se couronne par ces beaux vers :

> Tout est morne, brûlant, tranquille ; et la lumière
> Est seule en mouvement dans la nature entière.

(2) Lettres inédites de Volney, dans Bodin, *Recherches sur l'Anjou*.

nardin de Saint-Pierre, dans une lettre à sa femme, raconte que l'abbé Delille est venu s'asseoir près de lui à l'Institut : « Je l'ai trouvé si aimable et si amoureux de la campagne, dit-il, et il m'a fait des compliments qui m'ont causé tant de plaisir, que je lui ai offert de venir à Éragny... » — Après bien des lectures à l'Académie et dans les soupers, le poëme des *Jardins*, premier fruit raffiné de ce goût champêtre, parut en 1782, et n'eut pas de peine à fixer toute l'attention, alors si prompte.

Nous aurions peu de chose à en dire de nous-même, qui n'eût déjà été mieux dit par des contemporains. La Harpe, après en avoir entendu des extraits, le jugeait par avance *un ouvrage dont les idées sont un peu usées, mais plein de détails charmants* (1). L'auteur de *l'Année littéraire*, qui d'ailleurs allégea toujours sa férule pour Delille, prononçait (2) que le poëme de l'abbé Delille était un véritable jardin anglais : « On pourrait, dit-il, être tenté de croire que le poëme est construit de morceaux détachés et de pièces de rapport réunies sous le même titre. Les idées y semblent jetées au hasard, déchiquetées par petits couplets qu'étrangle à la fin une sentence (3). » Ce reproche est fondamental à l'égard de Delille et tient à la nature même de son procédé. Lorsqu'il débuta dans le monde, on ne songeait qu'à des morceaux, et tout dépendait du succès d'une lecture. Il alla droit à cet

(1) Correspondance.
(2) 1782 ; lettre VIII.
(3) Je citerai encore ce passage judicieux : « On convient assez généralement que la manière de M. l'abbé Delille n'est ni grande ni large ; que souvent même elle est froide et pénible. La grâce paraît être son caractère distinctif, mais c'est la grâce plus ingénieuse que naturelle de Boucher. Souvent il substitue l'esprit au sentiment, plus souvent il émousse et affaiblit le sentiment par l'esprit qu'il y mêle. Il affecte assez fréquemment dans son style ces tours précieux qui ressemblent aux mines des coquettes. Un autre défaut considérable de la manière de M. l'abbé Delille, c'est une vaine apparence de richesse et d'abondance qui ne consiste que dans des mots accumulés ou des énumérations fatigantes..... » (*Année littéraire*, 1782, lettre VIII.)

écueil et s'y complut. Rivarol disait de lui : « Il fait un sort à chaque vers, et il néglige la fortune du poëme ! » Quand Delille avait achevé quelque portion descriptive, quelque morceau, il avait coutume de dire : « Eh bien, où mettrons-nous ça maintenant ? » On le voit, c'était moins un poëme qu'il composait, qu'un appartement, en quelque sorte, qu'il ornait et meublait selon la fantaisie ou l'occurrence.

Le *Mercure,* qui donna sur *les Jardins* un pur article d'ami (1), nous montre quelle était alors dans le monde la vraie situation du poëte, en ces mots : « Voici le moment que la critique attendait pour se venger de ce *dupeur d'oreilles,* dont le débit enchanteur la réduisait au silence. M. l'abbé Delille respecte toutes les réputations, applaudit à tous les talents, ménage l'amour-propre de tout le monde ; n'importe ! on affligera le sien, si l'on peut ; c'est la règle. Pense-t-il être impunément le poëte le plus aimable et le plus aimé ? » Ce caractère inoffensif et bienveillant de l'abbé Delille le rendit, jusque bien avant dans la Révolution, étranger à toutes les querelles. Il n'était pas encyclopédiste, et il voyait Diderot, et il récitait des vers, près de Roucher qu'on lui comparait encore, aux déjeuners de l'abbé Morellet. Il n'était ni gluckiste ni picciniste, au grand déplaisir de Marmontel qui, dans son poëme de *l'Harmonie,* disait :

> L'abbé Delille avec son air enfant
> Sera toujours du parti triomphant :

épigramme que Delille réfuta suffisamment dans la seconde moitié de sa vie, en étant du parti des malheureux (2).

La critique la plus célèbre qui parut contre les *Jardins* est celle de Rivarol, c'est-à-dire le Dialogue du *Chou* et du *Navet,*

---

(1) Juin 1782. L'article n'est pas de La Harpe.
(2) J'emprunte cette pensée à M. Michaud, à qui j'en dois, sur ce sujet, beaucoup d'autres, puisées surtout dans sa spirituelle conversation.

qui se plaignent d'avoir été oubliés par l'abbé-poëte dans ses peintures de luxe :

> Le navet n'a-t-il pas, dans le pays latin,
> Longtemps composé seul ton modeste festin,
> Avant que dans Paris ta muse froide et mince
> Égayât les soupers du commis et du prince ?
> . . . .
> Je permets qu'au boudoir, sur les genoux des belles,
> Quand ses vers pomponnés enchantent les ruelles,
> Un élégant abbé rougisse un peu de nous,
> Et n'y parle jamais de navets et de choux.
> Son style citadin peint en beau les campagnes ;
> Sur un papier chinois il a vu les montagnes,
> La mer à l'Opéra, les forêts à Longchamps,
> Et tous ces grands objets ont ennobli ses chants.
> Ira-t-il, descendu de ces hauteurs sublimes,
> De vingt noms roturiers déshonorer ses rimes,
> Et, pour nous renonçant au musc du parfumeur,
> Des choux qui l'ont nourri lui préférer l'odeur ?
> Papillon en rabat, coiffé d'une auréole,
> Dont le manteau plissé voltige au gré d'Éole,
> C'est assez qu'il effleure, en ses légers propos,
> Les bosquets et la rose, et Vénus et Paphos.
> La mode, au vol changeant, aux mobiles aigrettes,
> Semble avoir pour lui seul fixé ses girouettes ;
> Sur son char fugitif où brillent nos Laïs,
> L'ennemi des navets en vainqueur s'est assis,
> Et ceux qui pour Jeannot abandonnent Préville
> Lui décernent déjà le laurier de Virgile.

Il courut dans le temps une épigramme qui piqua, dit-on, le poëte plus que la pièce même de Rivarol ; on la peut lire dans les *Mémoires secrets* (23 décembre 1782). Piron l'eût écrite s'il eût vécu ; c'est une protestation un peu crue du *Dieu des Jardins* contre les oripeaux du poëte *glacé*. Ducis, vers le même temps, écrivait à Thomas au retour d'une course dans les montagnes du Dauphiné, et plein encore de l'impression magnifique qu'il en avait rapportée : « Le poëme des *Jardins*, dont vous me parlez avec tant de goût, avec le goût de l'âme qui est le bon, ne m'a point donné de ces émotions-là. » Un peu avant la publication et au sortir d'une séance de l'Académie où Delille avait lu des morceaux, le même Ducis écrivait : « Parlons un peu du poëme des *Jardins*; on ne peut pas se tromper sur le charme de la lecture. Quelle perfection de vers! quelles tournures! quelle brillante exécution! C'est véritablement *le petit chien qui secoue des pierreries*. » Ainsi, en y regardant bien, on verrait qu'à chaque époque toutes les opinions sur les talents vivants sont représentées, exprimées. On les oublie ensuite, et on croit les retrouver pour son compte, en supposant chez les contemporains une unanimité d'admiration qui n'a jamais existé.

Notre opinion particulière sur *les Jardins*, si on nous la demande, est que, toutes réserves faites sur l'art et le style en poésie, nous aimons encore cet agréable poëme, un des plus frais ornements de la fin du xviiie siècle. La *sensibilité*, qui y perce par endroits, est bien celle qu'on voulait alors, un peu de mélancolie comme assaisonnement de beaucoup de plaisir. On relit avec une sorte de surprise, toujours flatteuse, l'épisode du jeune Potaveri, l'apostrophe à Vaucluse, et, sous la forme plus complète dans laquelle le poëme fut publié en 1800, la belle invocation aux bois dépouillés de Versailles. Mais, il faut en convenir, jamais on n'y trouve d'accents comme ceux d'André Chénier, par exemple, chantant également Versailles et ses *triples cintres d'ormeaux* :

> Les chars, les royales merveilles,
> Des gardes les nocturnes veilles,
> Tout a fui : des grandeurs tu n'es plus le séjour...

L'épisode du vieillard du Galèse est hors de prix à côté du poëme des *Jardins*; et, dans notre langue, l'*Élysée de la Nouvelle Héloïse*, avec sa peinture, la première si neuve, reste le bosquet sacré d'où Delille n'a fait que tailler des boutures.

La Fontaine lui-même, déjà, dans *le Songe de Vaux*, avait introduit et fait parler Hortésie ou *l'art des jardins*, qui dispute le prix à Palatiane, Appellanire et Calliopée (les arts de l'architecture, de la peinture et de la poésie). Quoique ce morceau soit de sa première et un peu fade manière, on y trouve des traits tels que Delille n'en a pas assez connu, comme, par exemple, quand Hortésie étant introduite devant les juges et ne parlant point encore, ceux-ci eurent beaucoup de peine à ne se pas laisser corrompre *aux charmes même de son silence*. Dans *les Amours de Psyché*, La Fontaine a aussi décrit les merveilles naissantes de Versailles : les vers, le plus souvent techniques, sont parfois éclairés d'un reflet d'âme inattendu, que je ne retrouve pas à travers le bel esprit de Delille :

> L'onde, malgré son poids, dans le plomb renfermée,
> Sort avec un fracas qui marque son dépit,
> Et plaît aux écoutants, plus il les étourdit.
> Mille jets, dont la pluie alentour se partage,
> Mouillent également l'imprudent et le sage.

Malgré les critiques qu'on fit des *Jardins*, Delille ne continua pas moins d'être le plus brillant et le plus enfant gâté des poëtes. Il ne publia rien de nouveau jusqu'après la Révolution ; mais il travailla dès lors, et par fragments toujours, à la plupart des ouvrages qui parurent ensuite coup sur coup à dater de 1800. M. de Choiseul-Gouffier l'emmena ou plutôt l'enleva sur le vaisseau qu'il montait comme ambassadeur à Constantinople (1). Delille visita Athènes, composa des morceaux de son poëme de *l'Imagination* aux rivages de Byzance. Une lettre écrite par lui en France sur son voyage était à l'instant un événement de société ; un bon mot qu'il avait dit sur des pirates fit fortune. Sa vue s'affaiblissait déjà ; ce soleil

---

(1) Voir les articles biographiques de Delille par Amar et par M. Tissot. — Dans l'*Histoire de la vie et des travaux politiques du comte d'Hauterive*, par M. le chevalier Artaud, au chapitre III, on peut lire une agréable anecdote ; *L'abbé Delille et le Janissaire*.

lumineux et cette blancheur des murailles du Levant lui causaient plus de souffrance que de joie. A son retour en France, il reprit sa vie mi-partie studieuse et distraite, et la Révolution seule la vint troubler.

Delille vit la Révolution avec les sentiments qu'on peut aisément supposer, et tout d'abord il s'écarta. Il alla passer l'été de 89 en Auvergne, près de sa mère qui vivait, et dans toutes sortes de triomphes. Quand il revint, il y avait eu le 14 juillet et le 5 octobre. Il écrivait à madame Lebrun, bientôt réfugiée à Rome : « La politique a tout perdu, on ne cause plus à Paris. » Il n'émigra point pourtant; mais inoffensif, généralement aimé, se couvrant du nom de Montanier-Delille, et de plus en plus rapproché de sa gouvernante, qui passa bientôt pour sa nièce (1) et devint plus tard sa femme, il baissait la tête en silence durant les années les plus orageuses. Il quitta sa tonsure et mit des sabots. Cette époque de sa vie est assez obscure, et l'esprit de parti qui s'en est mêlé plus tard n'a pas aidé à l'éclaircir. Les royalistes ont exalté son courage, d'avoir ainsi bravé, par sa présence, les tyrans et les bourreaux : l'honnête M. Amar l'a comparé à Vernet se faisant attacher au mât du navire dans l'orage, pour être jusqu'au bout témoin de ce qu'il aurait à peindre. On a cité son Dithyrambe qui lui avait été demandé pour la fête de l'Être Suprême, et dont plusieurs vers étaient la satire des oppresseurs. M. Tissot a judicieusement, selon moi, discuté ce point, et rabattu des exagérations qu'on en a faites après coup (2). Ce qu'il y a de certain, c'est que Chaumette protégea Delille; ce qui le pro-

---

(1) L'abbé de Tressan, mal reçu d'elle un jour, ne put s'empêcher de dire à Delille : « Quand on choisit ses nièces, on les devrait mieux choisir. » — On trouvera à la fin de cet article une note contradictoire au sujet de madame Delille : une personne respectable qui l'a beaucoup connue a cru que l'opinion était à redresser sur son compte.

(2) On a positivement affirmé que les deux meilleures strophes de son fameux Dithyrambe furent récitées par lui au Collége de France bien avant la Révolution, qu'elles furent même imprimées dès 1776, et ne purent être par conséquent une inspiration de la Terreur.

tégeait surtout, c'était son humeur, sa gloire chère à tous dès le collége, son air enfant, son gentil caractère ; souris qui joue dans l'antre du lion ; épagneul que la griffe terrible épargne. Jamais un poëte capable de porter ombrage et suspect de sonner la trompette d'alarme n'aurait ainsi échappé : André Chénier mérita de mourir. *Les serins chantent dans les cages*, a dit l'autre Chénier de Delille ; du moins ce serin charmant, qu'on trouva dans le palais fumant du sang des maîtres, et qu'on aurait voulu faire chanter, le serin, disons-le à son honneur, fut triste et ne chanta pas (1).

Delille ne quitta Paris qu'après le 9 thermidor, c'est-à-dire au moment où c'était plutôt le cas de rester ; et, une fois parti, il ne parut occupé que de rentrer le plus tard possible et à son corps défendant, comme s'il eût boudé contre son cœur. Cette bizarrerie est restée inexpliquée. On a dit plaisamment qu'une faute de français, un *cuir* d'un membre du Comité de salut public qu'il rencontra, le fit s'écrier : « Décidément on ne peut plus habiter ce pays-ci. » On a raconté non moins plaisamment (2) que l'abbé de Cournand, alors son ami, et qui depuis crut lui jouer un mauvais tour en retraduisant *les Géorgiques*, étant de garde aux Tuileries, reconnut le poëte qui se promenait malgré sa mise en arrestation au logis, qu'il fit mine de le vouloir reconduire chez lui au nom de la loi, et que depuis lors Delille avait peur de la garde nationale et de l'abbé de Cournand. Delille était encore à la rentrée publique du Collége de France, le 1er frimaire an III, et y récitait des vers. Le 15 ventôse, sa présence était accueillie aux Écoles normales avec des applaudissements réitérés. On a pensé que la préférence accordée au poëte Le

_____
(1) Dans les *Souvenirs de la Terreur*, par M. George Duval (t. III, p. 317 et suiv.), on peut lire une anecdote sur l'abbé Delille après le 10 août ; c'est au sujet d'une certaine réclamation qu'il fait de ses meubles confisqués parmi ceux du château de Bellevue, où il avait un logement. Le caractère gentil et peureux de l'abbé, et sa facilité d'oubli, s'y retrouvent assez au naturel.

(2) M. Michaud, en tête du recueil des *Poésies* de Delille, 1801.

Blanc pour les récompenses nationales (17 floréal an III) l'aurait mortifié et décidé au départ. Peut-être sa gouvernante, qui avait pris sur lui un empire absolu, espérait-elle, en le retenant à Paris, se faire dès lors épouser. Peut-être, voyant la Révolution, sinon close, du moins sur le retour, songeait-il, en émigrant (bien qu'un peu tard), à se mettre en règle avec l'avenir. Quoi qu'il en soit, lorsqu'on essayait de sonder ses vrais motifs et qu'on lui parlait de revenir à Paris, il demandait toujours si l'abbé de Cournand y était encore. Dès qu'il y avait quelque chose de sérieux, il s'en tirait volontiers ainsi, par une plaisanterie et une gentillesse (1).

Delille gagna à ce parti pris d'un exil tout volontaire des sentiments plus vifs que d'habitude, et le droit d'exhaler une inspiration plus profonde qu'il n'en avait marqué jusqu'alors. L'inspiration directement religieuse ne fut jamais la sienne ; l'inspiration puisée dans la nature avait été une de ses prétentions et de ses illusions plutôt qu'une source véritable. Il n'avait pas connu l'amour, point de passion de cœur, peu d'ardeur de sens, du moins rien de pareil ne s'entrevoit dans

---

(1) Quand il eut épousé sa gouvernante, il allait lui-même au-devant de ses souvenirs d'abbé, en plaisantant sur ce qu'il aurait été fait clerc, et peut-être sous-diacre, *mais par l'évêque de Noyon*, et l'évêque de Noyon ne faisait rien de sérieux. — L'abbé Delille eut de tout temps son abbé de Cournand attaché à lui comme une puce à l'oreille pour le harceler ; il se vengeait par maint bon mot. Ils passèrent leur vie à se faire des niches. En 89, l'abbé de Cournand, très-avancé dans la Révolution, parlait, écrivait pour le mariage des prêtres, et Delille disait de lui, en parodiant la chanson :

>   Cournand pleure, Cournand crie,
>   Cournand veut qu'on le marie.

Et il ajoutait (ce que je cache au bas de la page) :

>   Et de ses larges flancs voit sortir à *longs flots*
>   Tout un peuple d'abbés, pères d'abbés nouveaux !

It nigrum campis agmen! — Voilà le vrai Delille causant. Il jouait, batifolait perpétuellement avec son esprit, *comme un chat avec un marron* : c'est M. Villemain qui dit cela.

le détail de toutes ses coquetteries et de ses caresses de beau monde (1). Enfin, grâce aux tourmentes publiques et à l'impression qui en resta sur son cœur, une inspiration réelle lui vint; il se fit le poëte du passé, des infortunes royales, le poëte du malheur et de la pitié. Cette veine de larmes, en fécondant la seconde partie de ses œuvres, donna à sa renommée poétique un caractère sérieux et touchant, que salua avec transport la société renaissante, et qui couronna dignement sa vieillesse.

De Saint-Diez dans les Vosges, patrie de madame Delille, où il alla d'abord et où il acheva la traduction de *l'Énéide*, Delille partit pour la Suisse. Presque aveugle, il entrevoyait pourtant, et les beautés de la nature lui arrivaient çà et là gaiement dans un rayon. De près, il ne voyait les objets qu'avec sa grande loupe, grains de sable et cailloux. A Bâle, fut-il en effet témoin du bombardement de Huningue et y apprit-il à décrire le jeu de la bombe :

De son lit embrasé, tantôt l'affreuse bombe, etc.?

Grave question. On a avancé cela dans une note de ses ouvrages, mais qui n'est pas de lui. Lors du bombardement, il était déjà à Glairesse. Habitant ce village, il dut à l'aspect de l'île de Saint-Pierre d'ajouter dans son poëme de *l'Imagination* le morceau sur Jean-Jacques. Ainsi, à chaque pause de son exil, il allait décrivant et ajoutant quelque pièce à ses anciens cadres. Il passa de la Suisse à la petite cour du duc de Brunswick, où il travailla à son poëme de *la Pitié*. A Darmstadt, il avait visité *incognito* les jardins du prince dessinés et calqués dans le temps, livre en main, sur le poëme. A Gœttingue, il avait connu l'illustre Heyne, qui lui en fit les honneurs, et qui même le consulta, dit-on, sur un passage de *l'Énéide*. Vous figurez-vous bien le tête-à-tête de ces deux

---

(1) Il faut tout dire : on a pourtant cité de lui un fils naturel ou adultérin, né d'une relation toute bourgeoise.

hommes? tout le clinquant de l'antiquité et tout son or pur. A Hambourg, il rencontra Rivarol, plus à sa taille, et se réconcilia avec lui. Ils se dirent des choses plaisantes; ils échangèrent leurs tabatières (1); ce fut un assaut de grâce; du coup, un bourgeois, là présent, eut presque de l'esprit. Il s'y dépensa plus de bons mots en un quart d'heure, que durant des siècles de la Ligue hanséatique.

C'est un trait bien honorable et distinctif du talent et du caractère de Delille, d'avoir su, sans y prendre garde, lasser la malice et désarmer l'agression. Le Brun, parlant de Fréron dans *la Métempsycose*, avait dit :

> Mais il prôna l'ingénieux Delille,
> Qui, sous le fard se donnant pour Virgile,
> Si bien lima son vers mince et poli,
> Que le grand homme est devenu joli.
> Ainsi masquant de grâces fantastiques
> Le noble auteur des douces *Géorgiques*,
> Par trop d'esprit il n'eut qu'un faux succès...
> Oh! que Le Franc a bien fui cet excès!

Dans une épigramme de date postérieure, Le Brun semble s'adoucir, et il convient que, nonobstant Marmontel, Saint-Lambert et Lemierre,

> L'adroit et gentil émailleur
> Qui brillanta *les Géorgiques*,
> Des poëtes académiques
> Delille est encor le meilleur.

Enfin dans d'autres épigrammes suivantes, il se montre tout à fait apaisé, et le nom de Delille ne revient plus qu'en éloges. Ainsi Marie-Joseph Chénier, qui, dans une petite épître au poëte émigré rentrant :

> Marchand de vers, jadis poëte,
> Abbé, valet, vieille coquette,
> Vous arrivez, Paris accourt, etc. ;

---

(1) Diomède et Glaucus, *Iliade*, VI.

avait été satirique des plus âpres, n'hésita pas à lui rendre bientôt dans son *Tableau de la Littérature*, des hommages consciencieux et réfléchis.

Pendant que Delille courait l'Allemagne, et de là passait en Angleterre, on se demandait en France de ses nouvelles avec un intérêt qu'attestent toutes les feuilles du temps. Le premier réveil de l'attention littéraire s'occupait à son sujet. Lalande (décembre 96) donnait dans *la Décade* une espèce de petit bulletin de ses voyages et de ses poëmes entamés ou terminés. On traduisait du *Mercure allemand* de Wieland, un article de Bottiger sur le poëte dont la réputation grossissait chaque jour à distance. L'Institut national lui faisait écrire pour le prier de rentrer en son sein, et ce ne fut qu'après trois ans d'un silence par trop boudeur, qu'on le remplaça dans la *section* de poésie. Enfin, de Londres, où il venait de traduire en dix-huit mois *le Paradis perdu*, il laissa échapper une seconde édition, très-augmentée, du poëme des *Jardins*, et *l'Homme des Champs* (1800), dont l'impression était retardée depuis trois ans.

On publia, vers ce temps, un recueil de ses poésies diverses et fragments, auquel M. Michaud ajouta une notice biographique, car on était avide des moindres détails. Les *extraits* de Fontanes au *Mercure* et de Ginguené à *la Décade*, sur *l'Homme des Champs*, étaient insérés dans le volume; on tâchait d'y réfuter les critiques, d'ailleurs fort modérées et respectueuses, de Ginguené (1). Bref, Delille entrait vivant dans la gloire incontestée, et prenait rang parmi ceux qui règnent.

Cette monarchie, bien suffisamment légitime, où il allait s'asseoir, ne se déclarait pas moins par certaines attaques démesurées et désespérées, et qui étaient en petit comme les conspirations républicaines de même date contre Bonaparte.

(1) Je trouve dans l'extrait de Ginguené que l'homme d'esprit réfuté aux premières lignes de la préface de *l'Homme des Champs*, M. de M., est *Sénac de Meilhan*; ce qui me paraît plus vraisemblable que *M. de Mestre*, qu'on lit dans beaucoup d'éditions subséquentes de Delille.

En regard du trophée poétique que lui dressaient ses amis, il parut une brochure intitulée *Observations classiques et littéraires sur les Géorgiques françaises, par un Professeur de belles-lettres* (an ix). Il y était dit : « Comment se flatter de ramener l'opinion sur un ouvrage qui, même avant la publicité, était *dévoué à l'apothéose?* » On y supputait que, dans un ouvrage de 2,642 vers, il se trouvait :

> 643 répétitions,
> 558 antithèses,
> 498 vers symétriques,
> 294 vers surchargés,
> 164 vers léonins.
> ─────
> Total : 2,157.

En tête du volume se voyait une caricature d'après le dessin d'un élève de David. Le poëte, en costume d'abbé, tournait le dos à la Nature et dirigeait ses pas et sa lorgnette vers le Temple du mauvais Goût. Des farfadets lui présentaient des hochets et des guirlandes. Sa chatte Raton était à ses pieds ; il se couvrait la tête d'un parasol, et on lisait au-dessous ces deux vers de *l'Homme des Champs* :

> Majestueux Été, pardonne à mon silence !
> J'admire ton éclat, mais crains ta violence.

M. Émile Deschamps, dans sa spirituelle préface des *Études françaises et étrangères*, et nous tous, railleurs posthumes de Delille, nous sommes venus tard, et n'avons, même là-dessus, rien inventé.

Il ne rentra en France que deux ans après, en 1802, pendant l'impression du poëme de *la Pitié*. L'apparition de ce livre fut un événement politique (1). Absent et plus hardi de

(1) Les circonstances sociales s'en mêlèrent et y mirent le sens. D'ailleurs, à la politique proprement dite, est-il besoin de le dire? Delille n'y avait jamais rien entendu. Un jour (à Londres, je crois),

loin, Delille avait été dans quelques vers jusqu'à invoquer la vengeance des rois de l'Europe contre la France : cela sortait de la pitié. Il avait toutefois insisté pour que les vers restassent. De près, il sentit le péril. Six vers, qu'il ne désavoua pas, furent, sans façon, substitués par un ami plus sage, et qui prit sur lui d'ôter au poëte l'embarras de se rétracter. A cela près, l'inspiration de *la Pitié* ne parut pas moins suffisamment royaliste et bourbonienne. On peut voir dans les notes de M. Fiévée à Bonaparte (avril 1803) le frémissement de colère qu'excitait autour du Consul un succès impossible à réprimer. Il y eut une brochure intitulée *Pas de pitié pour la Pitié!* de Carrion-Nisas ou de quelque autre pareil. On n'y approuvait du poëme que les six vers qui avaient été substitués à ceux de Delille (1). A partir de ce moment, les ouvrages amassés en portefeuille par Delille se succédèrent rapidement et dans un flot de vogue ininterrompu : *l'Énéide*, 1804 ; *le Paradis perdu*, 1805 ; *l'Imagination*, 1806 ; *les Trois Règnes*, 1809 ; *la Conversation*, 1812. C'était le fruit des vingt années précédentes; de plus, Delille aveugle ne sortait guère, et, en tutelle de sa femme, versifiait sans désemparer.

Tous ces ouvrages, excepté le dernier, le poëme de *la Conversation*, eurent un succès de vente et de lecture dont il est piquant de se souvenir. Les livres de Delille se tiraient d'ordinaire à vingt mille exemplaires, pour la première édition.

dans un dîner où était l'abbé Dillon, il avait jasé sur ce chapitre à tort et à travers. Quand il eut fini, l'abbé Dillon lui dit : « Allons, l'abbé, il faudra que vous nous mettiez tout cela en vers, pour nous le faire avaler. »

(1) Mais rien n'égale, comme violence et infamie, un certain pamphlet intitulé *Examen critique du poëme de la Pitié, précédé d'une Notice sur les faits et gestes de l'auteur et de son Antigone* (Paris, 1803). L'anonyme, qui paraît avoir connu depuis longtemps Delille, s'attache, en ennemi intime, à flétrir toute sa vie; il fait d'ailleurs de la publication de *la Pitié* un crime d'État, et le dénonce au Gouvernement consulaire. Quelques anecdotes, toujours suspectes, ne rachètent pas suffisamment, même pour les curieux et indifférents, l'odieux de semblables libelles.

L'Énéide, par exception, se publia à cinquante mille exemplaires. Elle fut achetée à l'auteur quarante mille francs d'abord, bien grande somme pour le temps. En tout, ce n'était pourtant que deux volumes, qu'on gonfla et qu'on doubla de notes. Dans les châteaux, dans les familles, en province, partout, abondaient les poëmes de Delille; on y trouvait, sous une forme facile et jolie, toutes choses qu'on aimait à apprendre ou à se rappeler, des souvenirs classiques, des allusions de collége à la portée de chacun, des épisodes d'un romanesque touchant, des noms historiques, des infortunes ou des gloires aisément populaires, des descriptions de jeux de société ou d'expériences de physique, des notes anecdotiques ou savantes, qui formaient comme une petite encyclopédie autour du poëme, et vous donnaient un vernis d'instruction universelle. Enfant, j'ai connu le manoir où en 1813, pour charmer les vacances d'automne, on avait dans le grand salon un jeu de *solitaire*, un orgue avec des airs nouveaux ; on apportait quelquefois une *optique* pour voir les insectes ou les vues des capitales. Un volume de Delille était sur la cheminée, et, sans aucun décousu, on passait de l'insecte de l'optique à *l'araignée de Pellison* (1). Mais si, le doigt s'égarant, on remontait dans le volume à quelques pages de là, si on lisait à haute voix le portrait de Jean-Jacques :

> Hélas! il le connut ce tourment si bizarre,
> L'écrivain qui nous fit entendre tour à tour
> La voix de la raison et celle de l'amour, etc. ;

oh! alors, comme l'émotion croissante succédait! comme on chérissait le poëte et celui qu'il nous peignait en vers si tendres, et comme ce pauvre et sensible Jean-Jacques devenait l'entretien de toute une heure! — à moins que quelqu'un pourtant, ouvrant *les Trois Règnes* qui étaient à côté, ne tom-

---

(1) *Imagination*, chant vi.

bât sur le *Jeu de raquette*, ce qui en donnait l'idée et faisait diversion.

Aujourd'hui encore, si, à la campagne, un jour de pluie, vers une fin d'automne, reprenant le volume négligé, on retrouvait tout d'abord (sujet de circonstance) *le Coin du feu*, celui de *l'Homme des Champs* ou celui des *Trois Règnes*, diversement spirituels ou touchants, on serait charmé à bon droit, on s'étonnerait d'avoir pu être si sévère pour le gracieux poëte, et l'on s'écrierait en relisant la page : *Son génie est là!*

Je n'aborderai pas en particulier chacun des ouvrages publiés par Delille à dater de 1800; ce serait répéter à chaque examen nouveau les mêmes critiques, les mêmes éloges, et je n'aurais guère rien à en dire d'ailleurs qui n'ait été trouvé par des contemporains mêmes. Ginguené a jugé *l'Homme des Champs* avec un mélange de sévérité et de bienveillance qui fait honneur à son esprit et à la critique de son temps. Geoffroy, quoique du même parti politique que Delille, s'est montré beaucoup plus sévère dans la nouvelle *Année littéraire* qu'il essaya alors, et il ménagea moins l'aimable auteur que l'ancienne *Année littéraire* ne l'avait fait. Fontanes, bien qu'ami du poëte et défenseur du poëme, cacha sous beaucoup d'éloges des critiques moins détaillées, mais au fond à peu près les mêmes que celles de Ginguené, et qui acquièrent sous sa plume favorable une autorité nouvelle. Ginguené encore a jugé dans *la Décade* la traduction de *l'Énéide*, et cette fois sa sévérité plus rigoureuse va chercher les négligences et le faux jusque dans les moindres replis de ce faible ouvrage (1). Les amis de Delille se rejetaient sur quelques mor-

---

(1) « Le traducteur, dit-il, ajoute de son chef à la description de
« la tempête dont les Troyens sont assaillis en quittant la Sicile :

« Son mât seul un instant se montre *à nos regards !*

« Aux regards de qui? A quoi pensait-il donc en faisant ce vers?
« Avait-il imité cette tempête de Virgile pour la placer dans un autre

ceaux où ils admiraient un grand mérite de difficulté vaincue, l'épisode d'Entelle et de Darès, et en général la description des *jeux*. Bientôt *la Décade* cessant, le parti philosophique perdit son organe habituel en littérature et son droit public de contradiction : le champ libre resta aux éloges. Même dans ces éloges des amis triomphants de Delille, nous retrouverions toutes les critiques suffisantes sur l'absence de composition et les hasards de marqueterie de ses divers ouvrages. M. de Feletz a écrit le lendemain de sa mort : « J'oserai dire qu'il a été plus heureusement doué encore comme homme d'esprit que comme grand poëte. » En y mettant moins de *prenez-y-garde*, nous ne dirions guère autrement. Mais il convient d'insister sur une seule objection fondamentale qui embrasse tous les ouvrages et l'ensemble du talent de Delille : nous lui reprocherons de n'avoir eu ni l'art ni le style poétique.

Racine et Boileau l'avaient à un haut degré, bien que cette qualité, chez eux, ne soit pas aisément distincte de la pensée même et se dissimule sous l'élégance d'une expression d'ordinaire assez voisine de l'excellente prose. C'est là ce qui a égaré leurs successeurs, qui, en croyant être de leur école en poésie, n'ont pas vu qu'ils ne leur dérobaient pas le vrai secret, et qu'ils n'étaient ou que correctement prosaïques ou que fadement élégants. Tout ce que Boileau se donnait de peine et d'artifice pour élever son vers, qui souvent ne renfermait qu'une simple idée de bon sens, et pour le tenir au-dessus de la prose, mais dans un degré qui ne choquât pas, est inouï. Un mot bien sonnant, pris en une acception un peu neuve, une inversion bien entendue, une quantité de petits secrets

---

« ouvrage?... Aurait-il ensuite replacé dans sa traduction cette imi-
« tation libre, sans songer à en retirer ce qu'il y avait mis d'étran-
« ger? Il faut bien qu'un si inconcevable *quiproquo* ait une cause.
« Quelle tête anti-virgilienne que celle qui médite pendant plus de
« trente ans une traduction de *l'Énéide*, et qui y laisse subsister dès
« la seconde centaine de vers une telle marque d'oubli! »

qui nous fuient dans ses vers devenus proverbes, mais qui furent nouveaux une fois et frappants, lui servaient à composer son style.

> De Styx et d'Achéron peindre les noirs torrents,

ne lui paraissait pas du tout la même chose que s'il avait mis : *Du Styx, de l'Achéron*; et il sentait juste. En un mot, Boileau suppléait par une quantité de moyens savants, et depuis assez inaperçus, au rare emploi qu'il faisait et qu'on faisait en son temps, de la métaphore et de l'image. Son vers voisin de la prose, et qui en était si distinct pour Racine et pour lui, ressemble, j'oserai dire, à ces digues de Hollande qui paraissent au niveau de la mer et qui pourtant n'en sont pas inondées. Le XVIIIe siècle ne se douta pas de cela. On y reprocha même à Boileau des fautes de grammaire qui souvent, chez lui, n'étaient que des nécessités ou des intentions de poésie. Ce qui est vrai à mon sens, c'est que le genre de style poétique de Boileau et même de Racine avait besoin d'être modifié après eux pour être vraiment continué. Pour rester poétique, la prose montant comme elle fit au siècle de Jean-Jacques et de Buffon, il fallait changer de ton et hausser d'un degré les moyens du vers. Boileau, je n'en doute pas, revenant à la fin du XVIIIe siècle, eût fait ainsi et eût été au fond un novateur en style poétique, comme il le fut de son temps. Delille n'eut rien de tel. Il ne comprit pas de quelle réparation il s'agissait. Les modifications matérielles qu'il apporta à la versification, ses enjambements et ses découpures ne furent que des gentillesses sans conséquence, et qui n'empêchèrent pas chez lui, en somme, le rétrécissement de l'alexandrin. De style neuf et souverainement construit, il n'en eut pas. Sa seule direction fut un vague instinct de mélodie et d'élégance à laquelle sa plume cédait en courant. Du commerce des anciens il ne rapporta jamais ce sentiment de l'expression magnifique et comme religieuse, ce voile de Minerve, où chaque point, touché par l'aiguille des Muses, a sa raison sacrée.

On l'a comparé à Ovide. Le *docte et élégant* auteur des *Métamorphoses*, comme ne craint pas de l'appeler M. de Maistre, est bien supérieur à Delille en invention, en idées. Mais, par beaucoup de côtés et de détails, le rapport existe. Ovide, par exemple, en était venu à ne faire du distique qu'une paire de vers tombant deux à deux, tandis qu'auparavant, et surtout chez les plus anciens, comme Catulle, la phrase poétique se déroulait libre à travers les distiques. Delille et son école en étaient ainsi venus à accoupler deux à deux les alexandrins.

La différence entre Ovide et Catulle est un peu la même qu'entre Delille et André Chénier. Ovide a de l'esprit, de l'abondance, de jolis vers, de jolies idées, mais du prosaïsme, du délayage. Jamais, par exemple, l'inspiration ne lui viendra de terminer une pièce de vers, comme celle de Catulle *à Hortalus*, par cette image et ce vers tout poétique, tournure imprévue, concise et de grâce suprême, comme André Chénier fait souvent; oubli du premier sujet dans une image soudaine et finale qui fait rêver :

> Huic manat tristi conscius ore rubor.

Jamais l'idée ne serait venue à André Chénier d'intituler le premier chant d'un poëme de *l'Imagination* : *L'homme sous le rapport intellectuel*.

Delille est le metteur en vers par excellence. Tout ce qui pouvait passer en vers lui semblait bon à prendre. Les vers même tous faits, il les dérobait sans scrupule à qui lui en lisait, et il les glissait dans ses poëmes. Il en prit un certain nombre à Segrais, à Martin, pour ses *Géorgiques*, et Clément en a fait le relevé. Il en prit à l'abbé Du Resnel de fort beaux pour *l'Homme des Champs* (1), à Racine fils pour *le Paradis*

---

(1) Quels qu'ils soient, aux objets conformez votre ton, etc.

perdu. Il disait quelquefois après une lecture : « Allons, il n'y a rien là de bon à prendre. » Mais la prose surtout, la prose était pour lui de bonne prise. On aurait dit d'un petit abbé féodal qui courait sus aux vilains : rime en arrêt, il courait sus aux prosateurs. Aveugle, non pas comme Homère ni comme Milton, mais comme La Motte, au rebours de celui-ci qui mettait les vers de ses amis en prose, Delille mettait leur prose en vers. Il venait de réciter à Parseval-Grandmaison un morceau dont l'idée était empruntée de Bernardin de Saint-Pierre, ce que Parseval remarqua : « N'importe! s'écria Delille; ce qui a été dit en prose n'a pas été dit. » Les élèves descriptifs de Delille avaient tous, plus ou moins, contracté cette habitude, cette manie de larcin, et M. de Chateaubriand raconte agréablement que Chênedollé lui prenait, pour les rimer, toutes ses forêts et ses tempêtes; l'illustre rêveur lui disait : « Laissez-moi du moins mes nuages! »

Les poésies fugitives de Delille n'ont rien de ce qui donne à tant de petites pièces de l'antiquité le sceau d'une beauté inqualifiable. Ce sont d'agréables madrigaux, de faciles et ingénieuses bagatelles, mais qui n'approchent pas du tour vif et galant des chefs-d'œuvre de Voltaire en ce genre. On aime pourtant à se souvenir des jolis vers à mademoiselle de B., âgée de huit jours, qui remontent à 1769 :

. . . .
Tous les êtres naissants ont un charme secret :
    Telle est la loi de la nature.
Ces ormeaux orgueilleux, leur verte chevelure,
M'intéressent bien moins que ces jeunes boutons
    Dont je vois poindre la verdure,
    Ou que les tendres rejetons
Qui doivent du bocage être un jour la parure.
    Le doux éclat de ce soleil naissant
Flatte bien plus mes yeux que ces flots de lumière
    Qu'au plus haut point de sa carrière
    Verse son char éblouissant.

> L'été si fier de ses richesses,
> L'automne qui nous fait de si riches présents,
> Me plaisent moins que le printemps,
> Qui ne nous fait que des promesses.

Rousseau a dit, par une pensée toute semblable, dans une page souvent citée : « La terre, parée des trésors de l'automne, étale une richesse que l'œil admire, mais cette admiration n'est pas touchante ; elle vient plus de la réflexion que du sentiment. Au printemps, la campagne presque nue n'est encore couverte de rien ; les bois n'offrent point d'ombre, la verdure ne fait que poindre, et le cœur est touché à son aspect. En voyant renaître ainsi la nature, on se sent ranimer soi-même ; l'image du plaisir nous environne ; ces compagnes de la volupté, ces douces larmes, toujours prêtes à se joindre à tout sentiment délicieux, sont déjà sur le bord de nos paupières. Mais l'aspect des vendanges a beau être animé, vivant, agréable, on le voit toujours d'un œil sec. Pourquoi cette différence ? C'est qu'au spectacle du printemps l'imagination joint celui des saisons qui le doivent suivre ; à ces tendres bourgeons que l'œil aperçoit, elle ajoute les fleurs, les fruits, les ombrages, quelquefois les mystères qu'ils peuvent couvrir... » Le poëte versificateur avait encore ici puisé l'inspiration dans la prose, et, bien qu'avec une liberté heureuse, il s'était souvenu de Rousseau (1).

Delille ne rencontra qu'une fois (en 1803) Bonaparte, qui,

---

(1) M. Barbier parle, dans son *Examen critique des Dictionnaires historiques*, d'un ouvrage inédit de Charles Remard, libraire d'abord, puis bibliothécaire à Fontainebleau : « M. Remard, dit-il, m'a communiqué un manuscrit de sa composition, intitulé *Supplément nécessaire aux OEuvres de J. Delille*, etc., dans lequel il met en évidence les emprunts innombrables qu'a faits ce poëte à une foule d'auteurs qui ont traité avant lui les mêmes sujets. » L'inventaire, s'il est complet, serait en effet singulièrement curieux à connaître et guiderait utilement le lecteur dans ce véritable magasin de poésie.

dit-on, lui fit des avances et fut repoussé par un mot piquant. Ses biographes, sous la Restauration, ont assez amplifié ce refus (1). Ce qu'il y a de certain, c'est que Delille, entouré d'un monde plutôt royaliste, resta en dehors de la faveur impériale. Sa femme, jalouse de l'ascendant qu'elle avait sur lui, ne contribuait pas peu à le tenir soigneusement à l'écart de la puissance nouvelle. Delille était faible et avait besoin d'être conduit. Cette influence domestique qui s'exerçait sur lui sans relâche, et qui parfois rabaissait son brillant talent à un usage presque mercenaire, ôtait quelque dignité à sa vieillesse. Il récitait des vers au Lycée pour dix louis : on l'avait pour son ramage, comme on a à la soirée un chanteur. Mais le prestige de la renommée et l'idée de génie rachetaient tout. S'il paraissait à l'Académie pour y réciter quelque morceau ; si, au Collége de France où M. Tissot le remplaçait, il revenait parfois faire une apparition annoncée à l'avance, et débiter quelque épisode harmonieux, les larmes et l'enthousiasme n'avaient plus de mesure : on le remportait dans son fauteuil, au milieu des trépignements universels : c'était Voltaire à la solennité d'*Irène* ; les adieux d'un chanteur idolâtré reçoivent moins de couronnes.

Ainsi il alla gardant et multipliant en quelque sorte ses grâces incorrigibles jusque sous les rides (2). Cette sémillante et spirituelle laideur devenait, à la longue, grandeur et majesté. Les critiques avaient cessé ; du moins elles se faisaient en conversation et ne s'imprimaient plus. La traduction de *l'Énéide* et le poëme de *l'Imagination* étaient désignés pour les prix décennaux par des voix non suspectes. Il n'arrivait

---

(1) M. Méneval, dans ses *Souvenirs* (t. I, p. 156), cite une requête en vers adressée à Bonaparte par le libraire de Delille, et il l'attribue sans hésiter à celui-ci ; mais les vers sont si mauvais qu'on a le droit d'en douter.

(2) Expression de M. Villemain. Voir au Discours sur la Critique, premiers *Mélanges*, une des plus jolies pages qu'on ait écrites sur Delille.

plus que des hommages. Vers 1809, un *Nouvel Art poétique*, par M. Viollet-le-Duc, petit poëme dirigé contre les descriptifs, et qui n'atteignait Delille qu'indirectement et sans le nommer, parut presque un attentat.

Il mourut d'apoplexie dans la nuit du 1ᵉʳ au 2 mai 1813. Son corps resta exposé plusieurs jours au Collége de France, sur un lit de parade, la tête couronnée de laurier et le visage légèrement peint. Tous ceux qui habitaient Paris à cette époque ont mémoire de son convoi, qui balança celui de Bessières.

Les choses ont bien changé, et de grands revers ont suivi ce triomphe alors unanime, d'un nom poétique qui du moins vivra. Quant à nous, de bonne heure adversaire, et qui pourtant le comprenons, sur la tombe de ce talent brillant et spirituel que nous ne croyons pas avoir insulté ni dénigré aujourd'hui, près de l'autel renversé de ce poëte qui régna et que nous venons de juger sans colère, en présence de celui (1) qui règne après lui, et dont la faveur, si l'on veut, a aussi quelques illusions; en face de cet autre (2) qui ne règne ni ne se soumet, mais qui combat toujours, et nous souvenant de plusieurs encore que nous ne nommons pas, il nous semble hardiment que nous pouvons redire : « Non, dans la tentative qui s'est émue depuis lui, non, nous tous, nous n'avons pas tout à fait erré. La poésie était morte en esprit, perdue dans le délayage et les fadeurs : nous l'avons sentie, nous l'avons relevée, les uns beaucoup, les autres moins, et si peu que ce soit dans nos œuvres, mais haut dans nos cœurs; et l'Art véritable, le grand Art, du moins en image et en culte, a été ressaisi et continué! »

1ᵉʳ Août 1837.

(1) M. de Lamartine.
(2) M. Victor Hugo.

(Peu après la première publication de ce morceau dans la *Revue des Deux Mondes*, nous reçûmes de la part d'une personne honorable, qui avait beaucoup connu madame Delille, quelques observations que nous nous faisons un devoir de consigner ici : « Je viens, monsieur, écri-
« vait-on, de lire votre article sur Delille ; je n'appellerai pas de votre
« arrêt, quoique bien rigoureux : mais sur la foi de qui imprimez-
« vous que *pour dix louis il récitait des vers au Lycée?* Ah! mon-
« sieur!... Je n'aurais rien dit de quelques injurieuses allégations
« contre sa veuve. C'est chose convenue d'en faire une seconde Thé-
« rèse Le Vasseur... Je l'ai bien connue, et jusqu'à sa mort, moi qui
« vous parle ici, monsieur, et dans ma vie entière déjà longue, je n'ai
« jamais rencontré son égale, cœur et âme ; ses dernières années se
« sont éteintes dans les plus amères épreuves, sans qu'un seul jour
« elle ait démenti le noble nom confié à son honneur ; mais, je l'a-
« voue, elle avait les inconvénients de ses qualités, une franchise
« indomptable surtout, qui lui a valu la plupart de ses ennemis :
« l'ingratitude a fait les autres. — Je n'ai nul intérêt, monsieur, dans
« cette protestation posthume ; mais vous me paraissez digne de la
« vérité, et je viens de la dire. — Au reste, si vous teniez aux détails
« *réels* de la vie intime de Delille, je vous offre le manuscrit laissé
« par sa veuve... » Ce manuscrit nous a été communiqué, en effet, par la confiance de la personne qui l'a entre les mains, et nous en avons tenu compte dans cette réimpression. Il renferme plus d'une particularité naïve et piquante qui s'en pourrait extraire, notamment d'abondants détails sur l'enfance de Delille, sur sa mère qui se nommait madame Marie-Hiéronyme Bérard de Chazelle. On y lit le très-amusant récit d'un voyage que fit l'abbé Delille, en 1786, à Metz, à Pont-à-Mousson, à Strasbourg, reçu dans chaque ville par les gouverneurs, par les colonels à la tête de leurs régiments, par les maréchaux de Stainville et de Contades au sein de leurs états-majors, et commandant lui-même *les petites guerres*. Dans une bonne édition complète de Delille, on aurait à profiter de ce manuscrit, qui nous apprend aussi quelque chose sur sa veuve. Sans y rien trouver qui réfute directement les traits semés dans cet article, nous avons pu y voir des marques d'une nature franche, dévouée, sincère, et il nous a paru très-concevable en effet que ceux qui ont connu madame Delille l'aient jugée autrement que le monde, les indifférents, ou les simples amis littéraires du poëte. Quant à l'anecdote des dix louis qui aurait paru

presque odieuse, nous la réduirons à sa valeur en dégageant notre pensée. Nous avons voulu dire simplement que, quand Delille donnait une séance au Lycée, cette séance était rétribuée, comme pareille chose se pratique tous les jours pour d'autres artistes estimables, chanteurs, acteurs; il n'y a, en fait, aucun mal moral à cela. On n'en a prétendu tirer qu'une remarque de goût.)

— On peut voir, dans les *Notes et Sonnets* qui font suite aux *Pensées d'août,* un sonnet adressé à M. Molé en remerciement d'un bienfait, d'un secours qu'il accorda, sur notre information, à la sœur de madame Delille qui vivait encore à cette date, et dans un état de gêne voisin de la misère.

BERNARDIN
DE SAINT-PIERRE

Le sentiment qu'on a de la nature physique extérieure et de tout le spectacle de la création appartient sans doute à une certaine organisation particulière et à une sensibilité individuelle ; mais il dépend aussi beaucoup de la manière générale d'envisager la nature et la création elle-même, de l'envisager comme *création* ou *comme* forme variable d'un fonds éternel ; d'apprécier sa condition par rapport au bien et au mal ; si elle est pleine de piéges pour l'homme, ou si elle n'est animée que d'attraits bienfaisants ; si elle est, sous la main d'une Providence vigilante, un voile transparent que l'esprit soulève, ou si elle est un abîme infini d'où nous sortons et où nous rentrerons. Il y a des doctrines philosophiques et religieuses qui favorisent ce sentiment vif qu'on a de la nature ; il y en a qui le compriment et l'étouffent. Le stoïcisme, le calvinisme, un certain catholicisme janséniste, sont contraires et mortels au sentiment de la nature ; l'épicuréisme, qui ne veut que les surfaces et la fleur ; le panthéisme, qui adore le fond ; le déisme, qui ne croit pas à la chute ni à la corruption de la matière, et qui ne voit qu'un magnifique théâtre, éclairé par un bienfaisant soleil ; un catholicisme non triste et farouche, mais confiant, plein d'allégresse, et accordant au bien la plus grande part en toutes choses depuis la Rédemption, le catholicisme des saint Basile, des saint François d'Assise, des saint François de Sales, des Fénelon ; un protestantisme et un luthéranisme modérés, que les idées de malédiction sur le monde ne préoccupent pas trop ; ce sont là des doctrines toutes, à certain degré, favorables au sentiment profond et aimable qu'inspire la nature, et aux tableaux qu'on en peut faire. Comme les peintures qu'on a données de ce genre de beautés naturelles n'ont commencé que tard dans notre littérature ; comme avant Jean-Jacques, Buffon et Bernardin de Saint-Pierre, on n'en trouve que des éclairs et des traits épars, sans ensemble, il faut bien que la tournure générale des idées et des croyances y ait influé. Dans nos vieux poëtes, nos romanciers et nos trouvères, le sentiment du printemps, du *renouveau*, est toujours très-vif, très-frais, très-abondamment et très-joliment exprimé. Un chevalier ou une demoiselle ne traversent jamais une forêt que les oiseaux n'y gazouillent à ravir, et que la verdure n'y brille de toutes les grâces de mai. Les bons trouvères ne tarissent pas là-dessus. Lancelot, selon eux, portait en tout temps, hiver et été, sur la tête, un chapelet de roses fraîches, excepté le vendredi et les vigiles des grandes fêtes. Ceux qui traitent de sujets plus religieux, et des miracles de la Vierge en particulier, redoublent d'images gracieuses et odorantes. Le culte de la Vierge, au Moyen-Age, on l'a remarqué, attendrit singulièrement et fleurit, en quelque sorte, le catholicisme. Toutes les fois qu'on vient à toucher cette tige de Jessé, comme ils l'appellent, il s'en exhale poésie et parfum. Ce catholicisme fleuri, qui a chez nous, au Moyen-Age, un remarquable interprète en Gautier de Coinsi, se retrouve dans toute son efflorescence et son épanouissement chez Calderon. Calderon a de la nature un sentiment mystique, mais enchanteur et enivrant ; c'est chez lui qu'a lieu ce combat merveilleux, cette joute des roses du jardin et de l'écume des flots.

De tableau général, de peinture et de vue d'ensemble, il n'en faut pas demander à nos bons aïeux. Ils ont ces interminables chants de bienvenue au renouveau, des traits çà et là d'observation naïve. Le *Roman de Renart* en est plein, qui sont d'avance du pur La Fontaine. Ils ont regardé la nature, et ils la rendent par instants. Ils vous diront d'un blanc manteau, qu'il est *plus blanc que neige sur gelée*; et d'une châtelaine, qu'*elle eut plus blanc col et poitrine que fleur de lis ni fleur d'épine*; mais ce sont là des traits et non pas un tableau. J'excepterai pourtant la seconde partie du *Roman de la Rose*, fort différente de la première, laquelle est simplement galante et gracieuse. Cette seconde partie, au contraire, renferme tout un système sur la nature qui sent déjà la philosophie alchimique du xive siècle, et qui va, en certains moments de verve, jusqu'à une sorte d'orgie sacrée. M. Ampère, dans son cours, a rapproché le sermon du grand-prêtre Génius, des doctrines panthéistiques avec lesquelles il a plus d'un rapport. Cette manière d'entendre la nature, la bonne nature, *cette chambrière de Dieu*, comme elle se qualifie (véritable *chambrière* en effet *d'un Dieu des bonnes gens*), a eu, depuis Jean de Meun, sa continuation par Rabelais, Regnier, La Fontaine lui-même, Chaulieu. Parny était de cette filiation directe, quand il s'écriait :

Et l'on n'est point coupable en suivant la nature.

Mais cette façon d'envisager la nature, dont le discours du grand-prêtre Génius est demeuré l'expression la plus philosophique en notre littérature, a plutôt abouti à des conclusions relâchées de morale et à une poésie de plaisir ; il n'en est sorti aucune grande peinture naturelle. Au xvie siècle, Marot, et après lui Ronsard, Belleau, etc, ont eu, comme les trouvères, mainte gracieuse description de printemps, d'avril et de mai, maint petit cadre riant à de fugitives pensées ; mais toujours pas de peinture. Ces jolis cadres ont même disparu, pour ainsi dire, avec l'avénement de la poésie de Malherbe. Pour se sauver peut-être de Du Bartas, qui se montrait descriptif à l'excès, Malherbe ne fut pas du tout pittoresque ;

on glanerait chez lui les deux ou trois vers où il y a des traits de la nature : les vers sur la jeune fille comparée à la rose, et le début d'une pièce *Aux Mânes de Damon*, qui exprime admirablement, il est vrai, la verte étendue des prairies de Normandie :

> L'Orne, comme autrefois, nous reverroit encore,
> Ravis de ces pensers que le vulgaire ignore,
> Égarer à l'écart nos pas et nos discours,
> *Et couchés sur les fleurs, comme étoiles semées*,
> Rendre en si doux ébats les heures consumées,
>   Que les soleils nous seroient courts.

On glanerait également chez Boileau le petit nombre de vers qui peuvent passer pour des traits de peinture naturelle; on ne trouverait guère que l'Épître à M. de Lamoignon, dans laquelle s'aperçoivent *ces noyers, souvent du passant insultés*, accompagnés de quelques frais détails, encore plus ingénieux que champêtres. En glanant chez Jean-Baptiste Rousseau, on n'aurait, je le crois bien, que les vers à son *jeune et tendre Arbrisseau*. Corneille et Molière n'offrent nulle part rien de pittoresque en ce genre. La Bruyère a quelques lignes de parfaite esquisse, comme lorsqu'il nous montre la jolie *petite ville* dont il approche, *dans un jour si favorable qu'elle lui paraît peinte sur le penchant de la colline*. Madame de Sévigné sentait la nature à sa manière, et la peignait au passage, en charmantes couleurs, quoique ayant une prédilection décidée pour la conversation et pour la société mondaine. Mais La Fontaine, après Racan, La Fontaine surtout la sentit, l'aima, la peignit, et en fit son bien. Aucun préjugé du monde, aucune habitude factice, aucun dogme restrictif, n'arrêtèrent, dans son essor, sa sensibilité naturelle, et il s'y abandonna. Fénelon, grâce à son optimisme heureux, à son catholicisme indulgent, ne craignit pas non plus de se livrer à cette sensibilité pieuse qui lui faisait adorer la Providence à chaque pas dans la création. Son goût des anciens l'y aidait aussi;

Virgile ou Orphée, tenant le rameau d'or, le guidaient dans les Dodones ou dans les Tempés. Fénelon et La Fontaine, ce sont les deux ancêtres chéris de Bernardin de Saint-Pierre au xviie siècle (1). Racine l'eût été de même s'il avait plus osé s'abandonner à cette admiration rêveuse qu'il ressentait, jeune écolier, en s'égarant dans les prairies et le désert de Port-Royal, et qui lui inspirait au déclin de sa vie cette *aimable peinture* des fleurs d'*Esther*. Mais les idées de goût qu'on se formait alors allaient à faire envisager comme sauvage et barbare tout ce qui, en pittoresque, était l'opposé de la culture savante et régulière de Versailles. Et surtout l'idée religieuse et austère, que fomentait le jansénisme, allait à ne voir partout au dehors qu'occasion d'exercice et de mortification pour l'âme, et à obscurcir, à fausser, pour ainsi dire, le spectacle naturel dans les plus engageantes solitudes. Tandis que Racine enfant, l'esprit tout plein de *Théagène et Chariclée*, ne voyait rien de plus agréable au cœur et aux yeux (comme cela est en effet) que le vallon de Port-Royal-des-Champs, les religieuses et les solitaires s'en faisaient un lieu désert, sauvage, mélancolique, propre à donner de l'horreur aux sens; ils n'avaient pas même la pensée de se promener dans les jardins. Lancelot nous raconte comment plusieurs des solitaires, réfugiés pendant la persécution de 1639 à la Ferté-Milon, se promenaient chaque soir sur les hauteurs environnantes en disant leur chapelet; mais il est bien plus sensible à *la bonne odeur que ces messieurs répandent autour d'eux*, qu'à celle qui s'exhale des buissons du chemin et des arbres de la montagne. Quand Racine fils, plus tard, dans son *Poëme de la Religion*, a fait de si tendres peintures des instincts et de la couvée des oiseaux, il se ressouvenait plus de Fénelon que des pures doctrines de Saint-Cyran.

(1) M. Villemain, dans ses deux excellentes leçons sur Bernardin de Saint-Pierre, a trop bien développé cette ressemblance comme tant d'autres heureuses analogies, pour que nous n'y courions pas rapidement, de peur de trop longue rencontre.

Pour comprendre et pour aimer la nature, il ne faut pas être tendu constamment vers le bien ou le mal du dedans, sans cesse occupé du salut, de la règle, du retranchement. Ceux qui se font de cette terre des espèces de limbes grises et froides, qui n'y voient que redoutable crépuscule et qu'exil, ceux-là peuvent y passer et en sortir sans même s'apercevoir, comme Philoctète au moment du départ, que les fontaines étaient douces dans cette Lemnos si longtemps amère.

Bien qu'aucune doctrine philosophique ou religieuse (excepté celles qui mortifient absolument et retranchent) ne soit contraire au sentiment et à l'amour de la nature; bien qu'on ait dans ce grand temple, d'où Zénon, Calvin et Saint-Cyran s'excluent d'eux-mêmes, beaucoup d'adorateurs de tous bords, Platon, Lucrèce, saint Basile du fond de son ermitage du Pont, Luther du fond de son jardin de Wittemberg ou de Zeilsdorf, Fénelon, le Vicaire Savoyard et Oberman, il est vrai de dire que la première condition de ce culte de la nature paraît être une certaine facilité, un certain abandon confiant vers elle, de la croire bonne ou du moins pacifiée désormais et épurée, de la croire salutaire et divine, ou du moins voisine de Dieu dans les inspirations qu'elle exhale, légitime dans ses amours, sacrée dans ses hymens : chez Homère, le premier de tous les peintres, c'est quand Jupiter et Junon se sont voilés du nuage d'or sur l'Ida, que la terre au-dessous fleurit, et que naissent hyacinthes et roses.

Les jésuites, qui n'avaient pas les mêmes raisons dogmatiques que les jansénistes pour s'interdire le spectacle de la création, ont de bonne heure donné dans le descriptif, sinon dans le pittoresque. Le Père Lemoyne dans ses épîtres, Rapin, Vanière et autres dans leurs poésies latines, ont rempli à cet égard avec talent, et quelques-uns avec goût, l'intervalle qui sépare Du Bartas de Delille. Mais, en véritable peinture, rien de direct ne s'était déclaré avant Rousseau. Les grands effets du ciel, les vastes paysages, la majesté de la nature alpestre, les Élysées des jardins, il trouva des couleurs, des mots, pour exprimer lumineusement tout cela, et il y fit circuler des rayons vivifiants. Buffon eut ses grands tableaux plus calmes, plus froids au premier abord, mais participant aussi de la vie profonde et de la majesté de l'objet. Venu immédiatement après ces deux grands peintres, Bernardin de Saint-Pierre sut être neuf et distinct à côté d'eux. Il introduisit plus particulièrement la nature des tropiques, comme Jean-Jacques avait fait celle des Alpes; et cette nouveauté brillante lui servit d'abord à gagner les regards. Mais la nouveauté était aussi dans sa manière et dans son pinceau; il mêlait aisément aux tableaux qu'il offrait des objets naturels, le charme des plus délicieux reflets; il avait le pathétique, l'onction dans le pittoresque, la magie.

En 1771, lorsqu'il revint définitivement à Paris, après une jeunesse errante, aventureuse et remplie de toutes sortes de tâtonnements et de mécomptes, Bernardin de Saint-Pierre avait trente-quatre ans. Son biographe, M. Aimé-Martin (1), et une partie de la Correspondance publiée en 1826, ont donné sur ces années d'épreuves tous les intéressants détails qu'on peut désirer; et les origines d'aucun écrivain de talent ne sont mieux éclairées que celles de Bernardin de Saint-Pierre. Né au Havre en 1737, son imagination d'enfant s'égara de bonne heure sur les flots. Dès huit ans il cultivait un petit jardin et prenait part à la culture des fleurs, comme il convenait à l'auteur futur du *Fraisier*. A neuf ans, ayant lu quelques volumes des Pères du désert, il quitta la maison un matin avec son déjeuner dans son petit panier, pour se faire ermite aux environs. Il marquait une sympathie presque fraternelle aux divers animaux; il y a l'histoire d'un chat, laquelle plus tard, racontée par lui à Jean-Jacques, faisait fondre en larmes celui qui, d'après Pythagore, s'indignait que l'homme en fût venu à manger la chair des bêtes. Un

(1) Nous emprunterons beaucoup à cette biographie de M. Aimé-Martin, mais sans prétendre du tout dispenser le lecteur d'y recourir, ainsi qu'aux débats qui s'y rattachent.

autre jour, il s'avançait le poing fermé avec menace contre un charretier qui maltraitait un cheval. Ces instincts sont bien de l'ami de la nature qui réalisera parmi nous quelque image d'un sage Indien, de l'écrivain sensible qui nous transmettra l'éloge de son épagneul Favori ; qui, dans *Paul et Virginie*, les louera avec complaisance de leurs repas d'œufs et de laitage, *ne coûtant la vie à aucun animal* ; et qui célébrera avec tant d'effusion la bienfaisance de Virginie plantant les graines de papayer pour les oiseaux. Tout cœur (qu'on le note bien) ému de la nature, et tendrement disposé à la peindre, quelque choix, quelque discrétion qu'il y mette, est un peu brame en ce point.

Ayant été conduit à Rouen par son père, le jeune Bernardin à qui on faisait regarder les tours de la cathédrale : « Mon Dieu ! comme elles volent haut ! » s'écria-t-il ; et tout le monde de rire. — Il n'avait vu que le vol des hirondelles qui y avaient leurs nids. Instinct déclaré encore d'une âme que les seules beautés naturelles raviront, que l'art né des hommes touchera peu ou même choquera, et qui, dans *Paul et Virginie* (seule tache peut-être en ce chef-d'œuvre), ira jusqu'à déclamer en quatre endroits très-rapprochés contre les *monuments des rois* opposés à ceux de la nature !

Après des études fort distraites et fort traversées, qu'entrecoupa un voyage à la Martinique avec un de ses oncles, Bernardin, qui avait poussé assez loin les mathématiques, devint une espèce d'ingénieur sans brevet fort régulier ; et c'est en cette qualité un peu douteuse qu'il fit la campagne de Hesse en 1760, qu'il s'en fut à Malte, et de là successivement en Russie et à l'Ile-de-France. Mais ce rôle d'ingénieur n'était, en quelque sorte, pour lui que le prétexte. Une idée fixe l'occupait et le passionnait au milieu de cette vie aventurière, dans laquelle son caractère ombrageux et sa position mal définie lui donnaient de perpétuels déboires. Cette idée, qu'enfant il avait conçue en lisant *Robinson*, *Télémaque* et les récits des voyageurs, c'était d'avoir quelque part, dans un coin du monde, son île, son Ithaque, sa Salente, où il assoirait par de sages lois le bonheur des hommes. Il portait dans cette utopie bienveillante autant de persévérance qu'en eut jamais son célèbre homonyme l'abbé de Saint-Pierre, celui qu'on a appelé le plus maladroit des bons citoyens. Bernardin, qui devait être un prêcheur aussi séduisant que l'autre était un rebutant apôtre, projetait tout d'abord son arrangement de société imaginaire sur des fonds de tableau et dans des cadres dignes de Fénelon, de Xénophon et de Platon. Montesquieu, Bodin et Aristote n'étaient pas ses maîtres; pour sa manière de concevoir et de régler la société, comme pour sa méthode d'étudier et d'interpréter la nature, il remontait vite par une sorte d'attrait filial dans l'échelle des âmes, jusqu'à la sagesse de Pythagore et de Numa. L'histoire des révolutions civiles et politiques, l'établissement laborieux et compliqué des sociétés modernes, se réduisaient pour lui à peu de chose. Plutarque, qu'il lisait dans Amyot, composait le fonds principal de sa connaissance historique. Entre les anciens que j'ai cités et les modernes les plus récents, entre Aristide, Épaminondas d'une part, et Fénelon ou Jean-Jacques de l'autre, il plaçait encore Bélisaire; le reste de l'histoire des siècles intermédiaires n'existait à ses yeux que comme une agitation inutile et insensée. A l'origine de chaque société, en Gaule comme en Arcadie, il rêvait quelqu'un de ces vieillards de l'école de Sophronyme et de Mentor; il faisait descendre de cet oracle permanent la sagesse et la réforme jusque dans les détails de la vie actuelle. Partout, dans ses voyages, son but secret et cher était de trouver, d'obtenir un coin de terre et quelques paysans pour fonder son règne heureux; comme Colomb, qui mendiait de cour en cour de quoi découvrir son monde, Saint-Pierre allait mendiant de quoi réaliser son Arcadie et son Atlantide.

Mais ces Arcadies, ces îles Fortunées n'existent que dans les nuages de l'espérance ou du souvenir. Elles fuient et reculent quand on les cherche; lors même qu'elles se bornent à des beautés naturelles dans des lieux trop célébrés, il n'est pas bon d'en vouloir de trop près vérifier l'image : cette Arcadie alors se hérisse de broussailles. « Quand j'ai visité les rives du Lignon sur la foi de D'Urfé, disait Jean-Jacques à Bernardin dans une de leurs promenades hors Paris, je n'ai trouvé que des forges et un pays enfumé. » Vaucluse, dit-on, est un pays brûlé du soleil et où il faut gravir longtemps avant de reconnaître quelques-uns des traits immortels. L'église et l'allée des Pamplemousses ne valent pas, assure un récent voyageur, la description qu'en a donnée notre poëte. Ascrée, ce plus antique des séjours consacrés et harmonieux, Ascrée près de l'Hélicon, n'était qu'un pauvre bourg, nous dit Hésiode, d'un mauvais hiver et d'un été pire encore (1).

Bernardin, qui ne cherchait pas seulement des lieux rêvés d'avance et embellis, mais qui voulait des hommes heureux et sages, alla donc de mécomptes en mécomptes. Il est certain que son caractère en souffrit et qu'une aigreur désormais incurable se glissa au revers de cette imagination tendre, à travers cette sensibilité charmante. Bernardin, cet écrivain si aimant, ce bienfaisant initiateur de toutes les jeunes âmes à l'intelligence de la nature, ce père de Virginie et de Paul, si béni dans ses enfants, était-il donc un homme dur, tracassier, comme l'ont dit, non pas seulement des libellistes, mais des témoins honnêtes et graves ; comme le disait Andrieux, par exemple, en forçant sa faible voix : « C'était un homme *dur, méchant?* » Avait-il en effet contracté, dans le cours d'une vie dépendante et gênée, des habitudes de sollicitation peu dignes? Avait-il conçu dans ses querelles avec les savants, et sous prétexte de défendre Dieu contre les athées, des haines violentes qui s'exhalaient en toute circonstance (2)? était-il de

(1) Il faut lire la spirituelle lettre de M. de Guilleragues à Racine sur son désappointement à la vue de cette Grèce si peu faite comme on se le figurait sous Louis XIV.

(2) M. Viollet-le-Duc m'a raconté que, dînant un jour chez Édon avec Bernardin de Saint-Pierre, la conversation s'engagea sur les phi-

peu d'esprit, à part son talent, et, comme il est dit dans d'illustres Mémoires où chaque trait porte, d'un caractère encore au-dessous de son esprit? Cela serait triste à penser; un tel désaccord entre le caractère et le talent, entre la vie pratique et les œuvres, concevable après tout dans des hommes de génie plus ou moins ironiques ou égoïstes, ne se peut admettre aisément chez celui dont le talent a pour inspiration et pour devise principale l'amour des hommes, la miséricorde envers les malheureux, toutes les vertus du cœur et de la famille. M. Hugo, dans sa belle pièce de *la Cloche*, a donné de ces désaccords une explication poétique qui s'étend à beaucoup de cas, mais qui ne satisfait point encore pour Bernardin de Saint-Pierre, dont le talent a d'autres effets que ceux d'un timbre éclatant et sonore. Le talent, je le sais, est bien à l'origine un talent gratuit, une sorte de prédestination non méritée, une *grâce* en un mot dans toute la rigueur du sens augustinien et janséniste, indépendamment de la volonté et des œuvres ordinaires de la vie. C'est, au sein de l'individu doué, un de ces mystères qui marquent combien la seule observation psychologique rencontre en d'autres termes les mêmes problèmes que la théologie. Particularisons le mystère. Bernardin de Saint-Pierre, retiré du monde après tant de re-

losophes révolutionnaires pratiques, les athées en bonnet rouge, les Dorat-Cubières, Sylvain Maréchal, etc., et que le beau vieillard s'indignait au point de s'écrier, tout en rougissant, que s'il les tenait entre ses mains, il les *étranglerait*, tant son exécration contre eux était violente! Mais il ne faudrait pas prendre au mot ces éclats de haine chez les âmes honnêtes. Le premier président de Lamoignon ne faisait sans doute que rire, quand, à force d'être *pompéien*, il applaudissait, dans son beau jardin de Bâville, Guy Patin s'écriant : « Si j'eusse été au sénat quand on y tua Jules César, je lui aurais donné le vingt-quatrième coup de poignard. » Mais M. de Malesherbes (ce qui était plus sérieux) disait à propos de ses anciennes liaisons rompues avec les philosophes : « Si je tenais en mon pouvoir M. de Condorcet, je ne me ferais aucun scrupule de l'assassiner. » Mauvaises manières de dire en ces nobles bouches, qui prouvent la part de l'infirmité humaine et du vieux levain toujours aisé à soulever; pas autre chose.

cherches errantes, tant d'irritations et d'aigreurs, écrivant, au haut de son pauvre logis de la rue Neuve-Saint-Étienne-du-Mont, sous ces mêmes toits autrefois sanctifiés par Rollin, les belles pages de ses *Études* qu'il mouille de larmes, Bernardin est bon, et ne ment assurément ni aux autres ni à lui-même. Les susceptibilités et les souillures se noient dans un quart d'heure de ces larmes qui, comme la prière, abreuvent, purifient, baptisent de nouveau une âme. Il est seul; son chien couché est à ses pieds; sa vue s'étend vers un horizon immense par delà les fumées du soir, jusqu'à la colline qui sera bientôt celle des tombeaux (1); il n'a pu sortir de tout le jour, de toute la semaine, faute de quelque argent qui lui permît de prendre une voiture, et il n'a pas reçu la plus petite lettre de son protecteur, M. Hennin; qu'importe? il tient la plume, la grâce céleste descend, la magie commence, la première beauté de cœur a brillé. Sitôt que ce talent se lève, c'est comme une lune qui idéalise tout, même les monceaux et les terres pelées et les vilainies informes aux faubourgs des villes; au dedans de lui, au dehors, un manteau lumineux et velouté s'étend sur toutes choses.

Mais il me faut pour Bernardin une explication, une apologie plus particulière encore : car il est l'exemple le plus souvent invoqué et le plus désespérant de ce désaccord que je veux amoindrir, si je ne peux le repousser. C'est qu'on doit tenir compte aux natures sensibles de l'irritation plus grande qu'elles reçoivent des contacts et des piqûres. Aux peaux plus fines, l'air mauvais est plus irritant; et si l'on n'y prend garde, il s'ensuit des maladies singulières. Quand la religion précise et pratique n'intervient pas pour tout transformer en épreuve et en sujet de bénédiction, il y a danger que les plus grandes tendresses soient justement celles qui s'infiltrent et s'aigrissent le plus. Racine, qui était aisément caustique autant que tendre, n'échappa peut-être à ce mal

---

(1) *Le Père la Chaise.*

d'aigreur que par la vraie dévotion. Qu'on se figure en effet dans ses rapports avec le monde une sensibilité très-fine, très-exquise, qui pénètre vite les motifs cachés, les racines mauvaises des actions, qui saisit la pensée sous l'accent, la fausseté à travers le sourire, qui *subodore* en quelque sorte les défauts des autres mieux qu'eux-mêmes, et s'en incommode promptement (1). Qu'on se figure ce que c'est qu'un talent, une supériorité comme celle de Bernardin de Saint-Pierre, qu'on porte pendant plus de quarante ans sans pouvoir se la prouver ou à soi-même ou aux autres. Que de chocs dans la foule, qui vous renfoncent douloureusement ce talent ignoré qu'on tient contre son cœur? quel rude cilice qu'un talent pareil tant qu'il est tourné en dedans! et comme il est difficile de ne pas regimber à chaque coudoiement sous ces pointes rentrantes!

Bernardin de Saint-Pierre était donc foncièrement bon, j'aime à le croire; mais il était devenu, par la fâcheuse expérience des hommes, irritable, méfiant et susceptible. Avec les gens simples et sans vanité, comme Mustel, comme le Genevois Duval, Taubenheim et Ducis, il était tel que ses ouvrages le montrent, tel que nous le voyons dans ses promenades au mont Valérien avec Rousseau, quand il reçut de lui, comme on l'a dit heureusement, le manteau d'Élie, tel enfin que l'aimait sa vieille bonne Marie Talbot; mais il ne fallait qu'un certain vent venu du monde pour réveiller ses âcretés et ses humeurs.

Lorsque Bernardin arriva de l'Ile-de-France à Paris en 1771, il n'était pas encore ainsi ulcéré; mais les mécomptes qu'il eut à subir dans la société parisienne achevèrent vite ce qu'avaient commencé ses infortunes au dehors. Il fut adressé par M. de Breteuil à d'Alembert, qui le reçut bien, et qui l'intro-

(1) « Une seule épine me fait plus de mal que l'odeur de cent « roses ne me fait de plaisir..... La meilleure compagnie me semble « mauvaise si j'y rencontre un important, un envieux, un médisant, « un méchant, un perfide... » (Préambule de *l'Arcadie*.)

duisit dans la société de mademoiselle de Lespinasse : il ne pouvait plus mal tomber en fait de pittoresque. Cette personne, si distinguée par l'esprit et par l'âme, a laissé deux volumes de lettres passionnées, dans lesquelles il y a chaleur à la fois et analyse, mais pas une scène peinte, pas un tableau qu'on retienne. Il visitait de temps en temps Jean-Jacques, rue Plâtrière. Le crédit de d'Alembert lui procura un libraire pour la relation de son voyage à l'Ile-de-France. Cette relation, sous forme de lettres, qui parut en 1773, sans qu'il y mît son nom, eut du succès et en méritait. Quoique l'auteur s'excuse presque d'avoir oublié sa langue durant dix années de voyages et d'absence, le style est déjà tout formé, et l'on y retrouve plus d'une esquisse gracieuse et pure de ce qui est devenu plus tard un tableau. Bernardin, dans ses voyages, avait toujours beaucoup écrit ; il composait des mémoires pour les bureaux, il rédigeait des journaux pour lui ; arts, morale, géographie, affaires du temps, il tenait compte de tout. Ses lettres particulières étaient fort soignées ; il citait à M. Hennin Euripide ou Épictète ; Rulhière lui disait dans une réponse : « Votre lettre, mon cher ami, est une véritable églogue. » Bernardin avait fait comme les peintres qui, pendant leurs courses errantes, amassent une quantité d'esquisses et d'*aquarelles* dans leurs cartons. Le *Voyage à l'Ile-de-France* est donc déjà d'un écrivain exercé, et par endroits éloquent. Dès la première page je lis ce mot, qui révèle tout le caractère du peintre : « Un paysage est le fond du tableau de la vie humaine. » La lettre quatrième, écrite au moment du départ, m'apparaît, dans sa sensibilité discrète, comme toute mouillée de pleurs : « Adieu,
« amis plus chers que les trésors de l'Inde !... Adieu, forêts
« du Nord que je ne reverrai plus ! Tendre amitié ! sentiment
« plus cher qui la surpassiez ! temps d'ivresse et de bonheur
« qui s'est écoulé comme un songe ! adieu... adieu... On ne
« vit qu'un jour pour mourir toute la vie. » C'est, on le voit, un touchant et dernier retour vers ces mois de félicité en Pologne, un dernier soupir vers la princesse Marie. Cette

passion, dont on peut lire le récit complaisamment tracé par le biographe de Bernardin de Saint-Pierre, m'offre bien l'idéal des amours romanesques, comme je me les figure : être un grand poëte, et être aimé avant la gloire ! exhaler les prémices d'une âme de génie, en croyant n'être qu'un amant ! se révéler pour la première fois tout entier, dans le mystère !

D'autres pages touchantes du *Voyage*, et qui trahissent bien, dans sa sincérité première, ce talent de cœur tout à fait propre au nouvel écrivain, sont celles où il se reproche comme une faute essentielle de n'avoir pas noté dans son journal les noms des matelots tombés à la mer. Parmi les esquisses déjà neuves et vives, qui plus tard se développeront en tableau, je recommande un coucher de soleil (1), dont on retrouve exactement dans les *Études*, au chapitre *des Couleurs*, les effets et les intentions, mais plus étendues, plus diversifiées : c'est la différence d'un léger pastel improvisé, et d'une peinture fine et attentive. Bien des pages de *Paul et Virginie* ne sont que le composé poétique et coloré de ce dont on a dans le *Voyage* le trait réel et nu. Pour n'en citer qu'un exemple, le pèlerinage de Virginie et de son frère à la Rivière-Noire est fait, dans le *Voyage*, par Bernardin accompagné de son nègre, et lorsqu'au retour, avant d'arriver au morne des Trois-Mamelles, il faut traverser la rivière à gué, le nègre passe son maître sur ses épaules : dans le roman, c'est Paul qui prend Virginie sur son dos. Ainsi l'imagination, d'un toucher facile et puissant, transfigure et divinise tout dans le souvenir.

En maint endroit de sa relation, le voyageur ne se montre que médiocrement enthousiaste de cette nature que bientôt, l'horizon aidant et la distance, il nous peindra si magnifique et si embaumée. Lemontey, dans son *Étude sur Paul et Virginie*, a remarqué que ces mêmes sites, qui deviendront sous la plume du romancier les plus enviables de l'univers et un

---

(1) Pages 47 et 48, tome Ier de l'édition de M. Aimé-Martin.

Éden ravissant, ne sont représentés ici que comme une terre de Cyclopes noircie par le feu. S'il y a quelque exagération à dire cela, il faut convenir que Bernardin parle à chaque instant de cette terre *raboteuse, toute hérissée de roches*, de ces vallons *sauvages*, de ces prairies *sans fleurs*, pierreuses et semées d'*une herbe aussi dure que le chanvre*; mais la tristesse de l'exil rembrunissait tout à ses yeux. Il nous confesse son secret en finissant : « Je préférerais, de toutes les campagnes, « nous dit-il, celle de mon pays, non pas parce qu'elle est « belle, mais parce que j'y ai été élevé... Heureux qui revoit « les lieux où tout fut aimé, où tout parut aimable, et la « prairie où il courut, et le verger qu'il ravagea! » Le voyageur lassé va même jusqu'à préférer Paris à toutes les villes, parce que le peuple y est bon et qu'on y vit en liberté. Que de promptes amertumes de toutes sortes suivirent et corrigèrent ce vif élan de retour, cet embrassement de la patrie! Refoulé de nouveau et contristé dans le présent, le séjour déjà lointain de l'Ile-de-France s'embellit pour lui alors, et sa pensée y revola, comme la colombe au désert, pour y replacer le bonheur.

Un endroit du *Voyage* touche directement à l'innovation pittoresque de l'auteur et à la conquête particulière que méditait son talent : « L'art de rendre la nature, dit-il, est si « nouveau, que les termes même n'en sont pas inventés. Es« sayez de faire la description d'une montagne de manière « à la faire reconnaître : quand vous aurez parlé de la base, « des flancs et du sommet, vous aurez tout dit; mais que de « variété dans ces formes bombées, arrondies, allongées, apla« ties, cavées, etc. ! Vous ne trouvez que des périphrases; « c'est la même difficulté pour les plaines et les vallons. « Qu'on ait à décrire un palais, ce n'est plus le même em« barras... Il n'y a pas une moulure qui n'ait son nom. » Bernardin triompha de cette difficulté et de cette disette en introduisant, en insinuant dans le vocabulaire pittoresque un grand nombre de mots empruntés aux sciences, aux arts, à la navigation, à la botanique, etc., etc.; il particularisa beaucoup plus que Rousseau en fait de nuance. Dans la description du coucher de soleil citée plus haut, il est question des vents alizés qui le soir *calmissent* un peu, et des vapeurs légères propres à *réfranger* les rayons; deux mots que le Dictionnaire de l'Académie n'a pas adoptés encore. Tous ces tons d'origine diverse se fondaient sous son pinceau facile en une simple et belle harmonie. Mais s'il savait toujours être idéal dans l'effet de l'ensemble, il ne reculait pas sur la vérité, même familière, du détail. Les noms bizarres d'oiseaux lointains ne l'effrayaient pas; les couleurs de *fumée de pipe* aux flancs des nuages avaient place sur sa toile à côte des réseaux de safran et d'azur. La lecture du Plutarque d'Amyot l'avait de longue main apprivoisé à la naïveté franche. La merveille, c'est que chez Bernardin l'innovation n'a pas le moins du monde le caractère de l'audace, tant elle est ménagée sous des jours adoucis, tant elle nous arrive dans la mélodie flatteuse. Toujours et partout suavité et charme; toujours le contraire de la crudité et de la discordance (1).

La publication du *Voyage à l'Ile-de-France* fut suivie, pour Bernardin, de longues tracasseries et de désagréments dont il s'exagéra sans doute l'amertume. Une dispute qu'il eut avec son libraire le mit mal, à ce qu'il crut, dans la société de mademoiselle de Lespinasse, et il s'en retira malgré une lettre rassurante de d'Alembert. Il ne se crut pas en meilleure veine plus tard dans la société de madame Necker, qu'il fréquenta quelque temps; et le triste succès, si souvent raconté, de la lecture de *Paul et Virginie* dans ce cercle, était bien fait pour le décourager. Lorsqu'il visitait, en 1771, Jean-Jacques dans son pauvre ménage de la rue Plâtrière, lorsqu'il avait tant de peine à lui faire accepter un petit présent de café, et qu'il s'a-

---

(1) Quelqu'un l'a dit d'une manière assez vive et assez plaisante : « Chateaubriand est le père du *romantisme*, Jean-Jacques le grand-père, Bernardin l'oncle, et un oncle arrivé de l'Inde exprès pour cela. »

vançait avec des alternatives de bon accueil et de bourrasque, dans la familiarité du grand homme méfiant et sauvage, Bernardin ne se doutait pas qu'il allait être pris très-prochainement lui-même d'une maladie misanthropique toute semblable, engendrée par les mêmes causes. Il nous a confessé ce misérable état dans le préambule de *l'Arcadie*; c'est la crise de quarante ans, que bien des organisations sensibles subissent :
« ... Je fus frappé d'un mal étrange; des feux semblables à
« ceux des éclairs sillonnaient ma vue; tous les objets se pré-
« sentaient à moi doubles et mouvants : comme Œdipe, je
« voyais deux soleils... Dans le plus beau jour d'été, je ne
« pouvais traverser la Seine en bateau sans éprouver des
« anxiétés intolérables... Si je passais seulement dans un jar-
« din public, près d'un bassin plein d'eau, j'éprouvais des
« mouvements de spasme et d'horreur... Je ne pouvais tra-
« verser une allée de jardin public où se trouvaient plusieurs
« personnes rassemblées. Dès qu'elles jetaient les yeux sur
« moi, je les croyais occupées à en médire... » Il n'y a de comparable à ces aveux que certains passages de Jean-Jacques dans ses *Dialogues*. On voit combien Bernardin mérite d'être associé à ce dernier, à Pascal, au Tasse, à toute cette famille d'illustres malheureux. C'est pendant cette crise et dans son effort pour en sortir qu'il se mit à rassembler avec feu et à mettre en œuvre les matériaux de l'ouvrage qui lui gagnera la gloire. Tout le temps de son séjour dans la rue de la Madeleine-Saint-Honoré, à l'hôtel Bourbon, et plus tard dans la rue Neuve-Saint-Étienne, *maison de M. Clarisse*, qui répond à ces années d'hypocondrie, de misère, de solitude et d'enfantement, est naïvement retracé dans les lettres à M. Hennin. On peut y relever les traces d'un esprit méfiant, inquiet, d'un homme vieillissant, solliciteur avec instance, ne sachant pas assez contenir la plainte ni ensevelir les petites misères, parlant trop des *ports de lettres*, comme bientôt dans ses préfaces il parlera des *contrefaçons*. J'aime mieux y voir ce qui est fait pour attendrir, la pauvreté et la détresse ôtant

à la dignité du génie, ce génie ne craignant pas de mendier comme une mère pour l'enfant qu'elle sent près de naître, le peintre ne demandant qu'un gîte, le vivre et une toile pour déployer à l'aise ses couleurs et ses pinceaux : « J'ai à mettre « en ordre des matériaux fort intéressants, et ce n'est qu'à « la vue du ciel que je peux recouvrer mes forces. Obtenez- « moi un trou de lapin pour passer l'été à la campagne; » les anciens disaient un *trou de lézard*. Combien il est touchant d'entendre ce voyageur aventureux, qui a tant couru le monde, prier M. Hennin de lui épargner les voyages inutiles à Versailles; car il les fait à pied, il s'en revient de nuit; et quand la lune lui manque et que la pluie le prend, il s'embourbe dans les chemins, il tombe, et n'arrive que trempé et brisé! Puis un peu après, quand il s'est mis *dans ses meubles* rue Neuve-Saint-Étienne; quand, jouissant de quelques rayons de février et de la première satisfaction du *chez-soi*, il écrit gaiement à M. Hennin : « J'irai vous voir à la première violette, » on rajeunit avec lui et l'on espère. — « Enfin j'ai cher- « ché de l'eau dans mon puits, » disait-il en 1778, sous cette forme d'image orientale qui lui est si familière; cela signifiait qu'il travaillait sérieusement à tirer de lui-même sa principale ressource et à se faire jour par ses écrits. Les *Études de la Nature*, fruit mûr de cette longue retraite et de cette élaboration solitaire, parurent en 1784.

Le succès en fut prompt et immense; l'influence croissante de Rousseau et des idées de sensibilité et de religion naturelle avait préparé les esprits à saisir avidement de telles perspectives. Les femmes, les jeunes gens, tout ce public grossissant d'Émile et de Saint-Preux, saluèrent d'un cri de joie ce nouvel apôtre au parler enchanteur. On se faisait innocent à la lecture des *Études*, le lendemain du *Mariage de Figaro*. Grimm, le spirituel chargé d'affaires littéraires de huit souverains du Nord, avait beau écrire à ses patrons que l'ouvrage n'était qu'*un long recueil d'églogues, d'hymnes et de madrigaux en l'honneur de la Providence*, la vogue en cela se retrouvait d'accord avec la morale éternelle. Le clergé lui-même qui avait fait du chemin depuis les dernières années, et qui, en devenant moins difficile en fait d'auxiliaires, ne trouvait pas dans l'ouvrage nouveau les agressions directes dont Jean-Jacques avait embarrassé son spiritualisme, accueillit avec faveur ces hommages éloquents rendus à la Providence; on opposait, dans des thèses en Sorbonne, Saint-Pierre à Buffon, l'auteur des *Études* à l'auteur des *Époques*. L'esprit était très-éveillé aux idées nouvelles de science en 1784; la chimie, la physique, allaient changer de face par les travaux des Laplace et des Lavoisier. Si elles avaient paru dix ans plus tard, en 95 ou 96, les *Études* eussent trouvé la nouvelle science déjà constatée et régnante, l'analyse victorieuse de l'hypothèse; en 84 elles purent obtenir, même par leur côté le plus faux, un succès de surprise et les honneurs d'une vive controverse. Sans parler du poëte Robbé qui se mêlait d'avoir des idées là-dessus, plus d'un chaud partisan se déclara pour le système des marées, la fonte des glaces, l'allongement du pôle. Et ce genre de succès fut peut-être le plus cher à l'auteur, dont il caressait la chimère : Jean-Jacques se glorifiait avant tout d'avoir fait *le Devin du Village*; Girodet consumait ses veilles à devenir poëte; Alfieri se piquait d'être fort en grec, et Byron d'être le premier à la nage dans le Bosphore. Cherubini, dit-on, se pique de peindre.

Comme science, il ne nous appartient pas de juger les *Études*, et nous ne hasarderons qu'un mot. C'était certes une position à prendre, un point de vue heureux à relever vers cette fin du xviiie siècle, que d'assembler et de déduire les accords, les harmonies animées du tableau de la nature, et de faire sentir la chaîne et, s'il se pouvait, l'intention de ces douces lois. Charles Bonnet le tenta à Genève, et Bernardin de Saint-Pierre en France. On avait tant insisté sur les désaccords, les bouleversements, les hasards, qu'il y avait nouveauté à la fois et vérité dans ce parti. Bernardin refit en quelque sorte le livre de Fénelon, en profitant des observations amassées dans l'intervalle, et en s'arrêtant avec plus de complaisance sur la nature, cette œuvre vivante et cette ouvrière de Dieu (1). Son livre, et en général tous ses ouvrages depuis les *Études* jusqu'aux *Harmonies*, sont en ce sens une espèce de compromis entre l'ancien spiritualisme chrétien et l'observation irrécusable, je dirai aussi, le culte croissant de la nature : dans ses croyances à l'immortalité, il essaye, par exemple, de donner au ciel chrétien une réalité naturelle en faisant aller les âmes dans les planètes ou dans le soleil. Mais, scientifiquement parlant, son point de vue n'était qu'un aperçu heureux, instantané, un ensemble mêlé de lueurs vraies et de jours faux, et d'où il ne pouvait sortir autre chose que la peinture même qu'il en offrait, et l'impression enthousiaste, affectueuse, qu'elle ferait naître. Le point de vue des causes finales n'est jamais fécond pour la science, et rentre tout entier dans la poésie, dans la morale, dans la religion; ce ne peut être au plus que le moment de prière du savant, après quoi il faut qu'il se remette à l'examen, à l'analyse. Son premier mot une fois articulé, Bernardin de Saint-Pierre ne fit plus que se répéter en variant plus ou moins ses adorations et ses nuances. Les Jussieu cependant pour la botanique, Haller, Vicq-d'Azyr, Cabanis pour la physiologie animale, Lavoisier, Laplace, Berthollet, pour la physique et la chimie, poussaient dans des voies diverses, en savants, ce

(1) La *Prière à Dieu* qui termine la première *Étude de la Nature* : « Les riches et les puissants croient qu'on est misérable... », n'est autre chose qu'une copie abrégée, intelligente et pleine de goût, une copie, accommodée au xviiie siècle, de la *Prière à Dieu*, plus mystique, qui termine la première partie du traité de *l'Existence de Dieu* par Fénelon. Rien de plus piquant que les deux morceaux mis en regard avec les suppressions et les arrangements de Bernardin ; mais le fond est textuellement le même. L'honneur de cette remarque, qui avait échappé à nos meilleurs critiques, revient à M. Piccolos, Grec érudit (voir page 364 de la seconde édition de sa traduction de *Paul et Virginie* en grec moderne, chez Didot, 1841). Les notes de cette traduction seraient bonnes à consulter pour les éditeurs de Bernardin de Saint-Pierre.

qu'il essayait d'embrasser et de deviner par un composé d'étude ingénieuse, mais partielle, et d'inductions illusoires. M. de Humboldt, de nos jours, pour les grandes observations végétales en divers climats, a donné sur plus d'un point consistance et réalité scientifique à ce qui n'existait chez Bernardin qu'à l'état de vue attrayante et passagère ; Lamartine, de son côté, a repris en pur poëte bien des inspirations de Bernardin, et les a rajeunies, fécondées. Mais cette union, chez Bernardin, du demi-savant, du poëte et du peintre, cette combinaison mixte qui ne pouvait se transmettre ni faire école utilement, soit pour les savants, soit pour les poëtes, fut du moins belle et séduisante en lui. Tant de notions amassées de partout sur les plantes, sur les climats, tant de maximes morales sur la société et sur l'homme, ce mélange de vérités, d'hypothèses et de chimères, venant à se rencontrer sous des inclinaisons favorables vers l'horizon attiédi, peignirent divinement le nuage et firent tout d'abord arc-en-ciel.

L'arc-en-ciel est resté et se voit encore. Les *Études*, si incomplètes qu'elles paraissent à trop d'égards, demeurent comme une révélation de la nature, qui ne se trouve que là. Quiconque est sensible de cœur, quiconque est né voyageur par instinct ou poëte, lit un jour Bernardin et est initié par lui. Si ce peintre harmonieux manquait, on chercherait vainement ailleurs une impression pareille, soit dans Jean-Jacques, soit dans Chateaubriand. Nul autre que lui n'a également chasteté et mollesse. Lamartine, qui nous offre tant de parenté de génie avec l'auteur des *Études*, est moins exclusivement un peintre, et sa poésie suscite des émotions élégiaques plus compliquées. Quelle est donc l'innocente et poétique enfance dans laquelle Bernardin de Saint-Pierre et ses *Études* n'aient pas été une heure mémorable et charmante, comme le premier rayon de lune amoureuse, comme une aube idéale à jamais regrettée (1) ?

(1) Girodet dans *Endymion*, Prudhon surtout en quelques-unes de

On pourrait dire de Bernardin qu'il entend la nature de la même manière qu'il entend Virgile, son poëte favori, admirablement tant qu'il se tient aux couleurs, aux demi-teintes, à la mélodie et au sens moral ; le *lacrymæ rerum* est son triomphe ; mais il devient subtil, superstitieux et systématique quand il descend au menu détail et qu'il cherche, par exemple, dans le *conjugis infusus gremio* une convenance entre cette *fusion* (*infusus*) et le dieu des forges de Lemnos. Le bâton d'olivier, et non de houx ou de tout autre arbrisseau, que porte Damon dans la huitième églogue, lui paraît un symbole bien choisi de ses espérances. De même, en exagérant et subtilisant en mainte occasion au sujet des bienfaits et des prévenances de la nature, il lui arrive d'impatienter à bon droit celui qu'il vient de charmer ; à force d'apologie, il rappelle et provoque les objections. Quand on n'est plus dans la première innocence pastorale de l'enfance, il veut trop vous y ramener. *Candide*, si on a le malheur de l'avoir lu, ou le poëme *sur le Désastre de Lisbonne*, vous apparaît au revers du feuillet en plus d'une page. Bernardin, si intime dans quelques parties du sentiment de la nature, est superficiel à l'article du mal. Il n'en tient pas compte, il ne l'explique en rien. Dans son vague déisme évangélique, il n'est pas plus chrétien que panthéiste en cela. Un contemporain de Bernardin de Saint-Pierre, spiritualiste comme lui, et protestant également contre les fausses sciences et leurs conclusions négatives, Saint-Martin, a bien autrement de profondeur. S'il est insuffisant à remuer et, pour ainsi dire, à faire frémir avec grâce le voile de la nature, s'il lui est refusé de revêtir d'images transparentes, et accessibles à tous, les vérités qu'il médite, et s'il les ensevelit plutôt sous des clauses occultes, il contredit, sinon avec raison en principe (ce que je ne me permets pas de juger), du moins avec une portée bien supé-

ses productions trop rares, ont conçu et disposé la scène naturelle sous un jour assez semblable.

rieure, quelques-unes des douces persuasions propagées par Bernardin ; par exemple, que *la nature, qui varie à chaque instant les formes des êtres, n'a de lois constantes que celles de leur bonheur.* « La nature, dit Saint-Martin, est faite à regret. « Elle semble occupée sans cesse à retirer à elle les êtres « qu'elle a produits. Elle les retire même avec violence, pour « nous apprendre que c'est la violence qui l'a fait naître. » Et ailleurs : « L'univers est sur son lit de douleurs, et c'est à « nous, hommes, à le consoler. » Saint-Martin croyait que l'homme, s'il pouvait *consoler* l'univers, pouvait aussi l'affliger, l'aigrir, et, pour nous servir de sa belle locution, que *la main de l'homme, s'il n'est pas infiniment prudent, gâte tout ce qu'il touche.* Il avait quelquefois de ces manières de dire orientales comme Bernardin en a de si heureuses ; mais il les avait plus profondes, tenant plus à la pensée : « L'intelligence de « l'homme, dit Saint-Martin, doit être traitée comme les grands « personnages de l'Orient qu'on n'aborde jamais sans avoir « des présents à leur offrir. » Ils furent tous les deux, Bernardin et Saint-Martin, un moment associés sur une liste (avec Berquin d'ailleurs, Sieyès et Condorcet), comme pouvant devenir précepteurs du fils de Louis XVI. A l'École normale, fondée en 95, Bernardin et Saint-Martin se retrouvèrent, l'un comme professeur de morale, l'autre comme élève-auditeur. Bernardin ne fit qu'une séance d'ouverture, et ajourna ses leçons pour avoir le temps de les écrire (1). Saint-Martin, dans sa discussion publique avec Garat, se montra bien supérieur en modération et en arguments à Bernardin dans les aigres disputes que celui-ci soutint ou engagea contre Volney, Cabanis, Morellet, Suard et Parny, à l'Institut. Enfin, pour achever ce petit parallèle, indiquons d'admirables pages qui terminent *le Ministère de l'Homme-Esprit* (1803), et

---

(1) Les paroles de début, à cette séance d'ouverture : « Je suis père de famille et j'habite à la campagne, » furent couvertes d'applaudissements subits et provoquèrent un enthousiasme sentimental que le reste de la leçon justifia médiocrement.

dans lesquelles le profond spiritualiste et théosophe développe ses propres jugements critiques sur les illustres littérateurs de son temps ; Bernardin de Saint-Pierre doit en emporter sa part avec La Harpe et l'auteur du *Génie du Christianisme*. Il y est montré dans une essentielle discussion que « Milton a « copié les amours d'Adam et d'Ève sur les amours de la « terre, quoiqu'il en ait magnifiquement embelli les couleurs ; « mais il n'avait trempé tout au plus qu'à moitié son pinceau « dans la vérité. »

Le grand succès de vente des *Études* mit l'auteur à même d'acheter une petite maison rue de la Reine-Blanche, à l'extrémité de son faubourg. C'est dans ce séjour qu'il travailla à perfectionner et à enrichir les éditions successives des *Études*. Le roman de *Paul et Virginie* parut pour la première fois en 1788 comme un simple volume de plus à la suite ; mais on en fit, aussitôt après, des éditions à part, sans nombre. Tous les enfants qui naissaient en ces années se baptisaient Paul et Virginie, comme précédemment on avait fait à l'envi pour les noms de Sophie et d'Émile. Bernardin, du fond de son faubourg Saint-Marceau, devenait le parrain souriant de toute une génération nouvelle. Sa *Chaumière indienne*, publiée en 1791, fut introduite également dans les *Études*, et, à partir de ce moment, son œuvre générale peut être considérée comme achevée ; car les *Harmonies*, qui ont de si belles pages, ne sont que les *Études* encore et toujours. Bernardin de Saint-Pierre n'est pas un de ces génies multiples et vigoureux qui se donnent plusieurs jeunesses et se renouvellent ; il y gagne en calme ; il ne nous parait ni moins doux ni moins beau pour cela. Les *Études* donc, en y comprenant *Paul et Virginie* et *la Chaumière*, nous le présentent tout entier.

Un ouvrage comme *Paul et Virginie* est un tel bonheur dans la vie d'un écrivain, que tous, si grands qu'ils soient, doivent le lui envier, et que, lui, peut se dispenser de rien envier à personne. Jean-Jacques, le maître de Bernardin, et supérieur à son disciple par tant de qualités fécondes et fortes,

n'a jamais eu cette rencontre d'une œuvre si d'accord avec le talent de l'auteur que la volonté de celui-ci y disparaît, et que le génie facile et partout présent s'y fait seulement sentir, comme Dieu dans la nature, par de continuelles et attachantes images. Lemontey, en sa dissertation sur le naufrage du *Saint-Géran*, excellent littérateur, à l'affectation près, a fort bien jugé au fond, bien que d'un ton de sécheresse ingénieuse, ce chef-d'œuvre tout savoureux : « M. de Saint-
« Pierre, dit-il, eut la bonne fortune qu'un auteur doit le
« plus envier : il rencontra un sujet constitué de telle sorte
« qu'il n'y pouvait ni porter ses défauts, ni abuser de ses ta-
« lents. Les parties faibles de cet écrivain, comme la politi-
« que, les sciences exactes et la dialectique, en sont naturel-
« lement exclues ; tandis que la morale, la sensibilité et la
« magnificence des descriptions s'y continuent et s'y fortifient
« l'une par l'autre dans les dimensions d'un cadre étroit d'où
« l'instruction sort sans rêveries, le pathétique sans puérilité,
« et le coloris sans confusion. Le succès devait couronner un
« livre qui est le résultat d'une harmonie si parfaite entre
« l'auteur et l'ouvrage... » M. Villemain, en rapprochant *Paul et Virginie* de *Daphnis et Chloé* (préface des romans grecs), M. de Chateaubriand (*Génie du Christianisme*), en comparant la pastorale moderne avec la *Galatée* de Théocrite, ont insisté sur la supériorité due aux sentiments de pudeur et de morale chrétienne. Ce qui me frappe et me confond au point de vue de l'art dans *Paul et Virginie*, c'est comme tout est court, simple, sans un mot de trop, tournant vite au tableau enchanteur ; c'est cette succession d'aimables et douces pensées, vêtues chacune d'une seule image comme d'un morceau de lin sans suture, hasard heureux qui sied à la beauté. Chaque alinéa est bien coupé, en de justes moments, comme une respiration légèrement inégale qui finit par un son touchant ou dans une tiède haleine. Chaque petit ensemble aboutit, non pas à un trait aiguisé, mais à quelque image, soit naturelle et végétale, soit prise aux souvenirs grecs (la co-

quille des fils de Léda ou une exhalaison de violettes); on se figure une suite de jolies collines dont chacune est terminée au regard par un arbre gracieux ou par un tombeau. Cette nature de bananiers, d'orangers et de jam-roses, est décrite dans son détail et sa splendeur, mais avec sobriété encore, avec nuances distinctes, avec composition toujours : qu'on se rappelle ce soleil couchant qui, en pénétrant sous le percé de la forêt, va éveiller les oiseaux déjà silencieux et leur fait croire à une nouvelle aurore. Dans les descriptions, les odeurs se mêlent à propos aux couleurs, signe de délicatesse et de sensibilité qu'on ne trouve guère, ce me semble, chez un poëte moderne le plus prodigue d'éclat (1). — Des groupes dignes de Virgile peignant son Andromaque dans l'exil d'Épire ; des fonds clairs comme ceux de Raphaël dans ses horizons d'Idumée ; la réminiscence classique, en ce qu'elle a d'immortel, mariée adorablement à la plus vierge nature ; dès le début un entrelacement de conditions nobles et roturières, sans affectation aucune, et faisant berceau au seuil du tableau ; dans le style, bien des noms nouveaux, étranges même, devenus jumeaux des anciens, et, comme il est dit, mille *appellations charmantes;* sur chaque point une mesure, une discrétion, une distribution accomplie, conciliant toutes les touches convenantes et tous les accords ! En accords, en harmonies lointaines qui se répondent, *Paul et Virginie* est comme la nature. Qu'il est bien, par exemple, de nous montrer, à la fin d'une scène joyeuse, Virginie à qui ces jeux de Paul (d'aller au-devant des lames sur les récifs et de se sauver devant leurs grandes volutes écumeuses et mugissantes jusque sur la grève) font pousser des cris de peur ! Présage à peine touché, déjà pressenti ! A partir de ce moment, depuis ce cri perçant de Virginie pour un simple jeu, le calme est troublé ; la langueur amoureuse dont elle est atteinte la première, et à laquelle Paul d'abord ne comprend rien (autre

(1) Victor Hugo. Le sens visuel trop dominant éteint les autres.

délicatesse pudique), va s'augmenter de jour en jour et nous incliner au deuil ; on entre, pour n'en plus sortir, dans le pathétique et dans les larmes.

La manière dont Bernardin de Saint-Pierre envisageait la femme s'accorde à merveille avec sa façon de sentir la nature ; et c'est presque en effet (pour oser parler didactiquement) la même question. Chez lui rien d'ascétique à ce sujet, rien de craintif ; aucun ressentiment d'une antique chute. Saint-Martin, tout en faisant grand cas de la femme, disait que la matière en est *plus dégénérée et plus redoutable encore que celle de l'homme*. Bernardin se contente de dire délicieusement : « Il y a dans la femme une gaieté légère qui dissipe la tris- « tesse de l'homme. »

Quand Bernardin de Saint-Pierre se promenait avec Rousseau, comme il lui demandait un jour si Saint-Preux n'était pas lui-même : « Non, répondit Jean-Jacques, Saint-Preux « n'est pas tout à fait ce que j'ai été, mais ce que j'aurais « voulu être. » Bernardin aurait pu faire la même réponse à qui lui aurait demandé s'il n'était pas le vieux colon de *Paul et Virginie*. Dans tout le discours du colon : « Je passe « donc mes jours loin des hommes, etc., » il a tracé son portrait idéal et son rêve de fin de vie heureuse.

Mais, à part ce portrait un peu complaisant de lui-même, je ne crois pas qu'il y en ait d'autre dans *Paul et Virginie* ; ces êtres si vivants sont sortis tout entiers de la création du peintre. On y remarque quelques rapports lointains avec des personnages qu'il avait rencontrés durant sa vie antérieure, mais c'est seulement dans les noms que la réminiscence, et pour ainsi dire l'écho, se fait sentir. Bernardin avait pu épouser en Russie mademoiselle de La Tour, nièce du général du Bosquet ; il avait pu, à Berlin, épouser mademoiselle Virginie Taubenheim : un ressouvenir aimable lui a fait confondre et entrelacer ces deux noms sur la tête de sa plus chère créature. Trop pauvre, il avait cru ne pas devoir accepter leur main. Munificence aimable ! voilà qu'il leur a payé à elles deux, dans cette seule offrande, la dot du génie. Le nom de Paul se trouve être aussi, non sans dessein, celui d'un bon religieux dont il avait voulu, enfant, imiter la vie, et qu'il avait accompagné dans ses quêtes. Le bon vieux frère capucin est devenu l'adolescent accompli, ayant taille d'homme et simplicité d'enfant : ainsi va cette fée intérieure en ses métamorphoses. On ne saurait croire combien il sert, jusque dans les créations les plus idéales, de se donner ainsi quelques instants d'appui sur des souvenirs aimés, sur des branches légères. La colombe, touchant çà et là, y gagne en essor, et son vol en prend plus d'aisance et de mesure. C'est comme d'avoir devant soi, dans son travail, quelque image souriante, quelque belle page entr'ouverte, qu'on regarde de temps en temps, et sur laquelle on se repose, sans la copier.

S'il n'a plus rencontré de sujet aussi admirablement venu que *Paul et Virginie*, Bernardin de Saint-Pierre a trouvé moyen encore, dans *le Café de Surate*, dans *la Chaumière indienne*, de déployer avec bonheur quelques-unes des qualités distinctives de son talent. Ce sont deux vrais modèles d'une causticité fine et décente, compatible avec l'imagination et avec l'idéal. Voltaire, dans ses petits contes à l'orientale, dans *le Bon Bramin*, dans *Zadig*, a prodigieusement d'esprit, mais rien que de l'esprit, et à tout prix encore. Bernardin, le peintre du coloris fondant et des nuances moelleuses, a su, en ses deux contes indiens, adoucir la raillerie sans l'éteindre, la revêtir d'une magnificence charmante et faire sentir le piquant dans l'onction. Nulle part il n'a montré aussi vivement que dans ces deux ouvrages, et dans *la Chaumière* surtout, qui, après *Paul et Virginie*, approche le plus, comme a dit Chénier, de la perfection continue, ce tour de pensée et d'imagination antique, oriental, allant naturellement à l'apologue, à la similitude, qui enferme volontiers un sens d'Ésope sous une expression de Platon, dans un parfum de Sadi. Je ne fais que rappeler tant de comparaisons, familières à l'auteur et éparses en toutes ses pages, de la solitude avec une

montagne élevée, de la vie avec une petite tour, de la bienveillance avec une fleur, etc., etc.; mais la plus illustre de ces images, et qui qualifie le plus magnifiquement cette partie du talent de Bernardin, est, dans *la Chaumière*, la belle réponse du Paria : « Le malheur ressemble à la Montagne-
« Noire de Bember, aux extrémités du royaume brûlant de
« Lahore : tant que vous la montez, vous ne voyez devant
« vous que de stériles rochers ; mais quand vous êtes au som-
« met, vous apercevez le ciel sur votre tête, et à vos pieds le
« royaume de Cachemire. » Cela est aussi merveilleusement trouvé dans l'ordre des sentences morales, que *Paul et Virginie* dans l'ordre des compositions pastorales et touchantes.

Quand Bernardin de Saint-Pierre publiait *la Chaumière indienne*, en 91, il était au haut de la montagne de la vie et de la gloire; il avait aussi, en quelque sorte, son royaume de Cachemire à ses pieds. Sa réputation étant au comble, sa vie domestique semblait d'ailleurs s'asseoir et s'embellir par un mariage plein de promesses. Louis XVI, qui était bien le roi d'un écrivain comme Bernardin, le nommait intendant du Jardin-des-Plantes. L'auteur d'*Anacharsis* et Bernardin eussent tout à fait convenu, ce semble, à orner ce qu'on appela un moment le trône restauré et paternel. Ce moment, s'il avait pu se prolonger, était particulièrement propice au déisme philosophique, aux vues et aux vœux politiques du solitaire : Louis XVI pour roi, Bailly pour maire, Bernardin de Saint-Pierre pour moraliste du fond de son Jardin-des-Plantes ; et Rabaut-Saint-Étienne pour historien, qui proclamait, comme on sait, la Révolution close et cette constitution de 91 éternelle.

Mais le 10 août renversait d'un coup l'édifice illusoire, et, même avant la Terreur, l'intendance du Jardin-des-Plantes devenait peu tenable, les savants n'ayant pas accueilli le grand écrivain comme aussi compétent qu'il aurait voulu (1). Nous

(1) On lit dans les notes du *Mémorial* de Gouverneur Morris (édi-

ne suivrons pas Bernardin dans les vingt dernières années de sa vie ; il ne mourut qu'en janvier 1814. Il en est un peu de la critique comme de la nature, qui (n'en déplaise à l'optimisme de son interprète), quand elle a obtenu des êtres leur œuvre de jeunesse et de reproduction, les abandonne ensuite à eux-mêmes et les laisse achever comme ils peuvent, tandis que jusque-là elle les soignait avec prédilection, les entourait de caresses et d'attraits. La critique de même, quand elle a obtenu, de l'auteur qu'elle étudie, l'œuvre principale et durable qu'il devait enfanter, peut le négliger sans inconvénient dans le détail du reste de sa vie ; il lui suffit de terminer envers lui par quelques hommages de reconnaissance ; mais les attentions suivies et exactes, indispensables au commencement, sont désormais superflues et deviendraient aisément fastidieuses. Il nous serait doux pourtant, il serait pieux d'accompagner encore Bernardin de Saint-Pierre lentement occupé de ses *Harmonies*, de le suivre un peu à Essonne, à Éragny, dans son ermitage, et de tirer de ses lettres et de ses derniers écrits assez de rayons pour lui composer un soir d'idylle, *le soir d'un beau jour*, si son biographe ne nous avait devancé dans cette tâche heureuse. Nous aurions toujours eu à regretter d'ailleurs quelques traits discordants qu'il eût fallu admettre au tableau, son attitude maussade au sein de l'Institut, son opiniâtreté contentieuse dans d'insoutenables systèmes, et plus de louanges de *notre grand Empereur* que nous n'en aimerions. Dans la correspondance avec Ducis, qui forme un des endroits les plus récréants de ce déclin, le bonhomme tragique nous apparaît bien supérieur à son ami, par un génie franc, cordial, une grande âme débonnaire, et une ima-

---

tion française) que, sous le coup du 10 août, M. Terrier de Montciel, précédemment ministre de l'intérieur, s'était réfugié au Jardin-des-Plantes chez Bernardin de Saint-Pierre, qu'il y avait fait nommer, mais qu'il y resta peu de temps, ayant été assez mal accueilli par son protégé, qui craignait de se compromettre. Il n'y a rien là malheureusement que de trop vraisemblable.

gination quelque peu sauvage, qui prend du pittoresque et des tons plus chauds en vieillissant. On ferait un chapitre, en vérité digne de Salomon ou du fils de Sirach, avec tous les mots sublimes semés dans ces lettres familières. Le chenu vieillard a mille fois raison sur lui-même quand il se déclare à son ami par ce naïf étonnement : « Il y a dans mon clavecin « poétique des jeux de flûte et de tonnerre ; comment cela « va-t-il ensemble ? Je n'en sais trop rien ; mais cela est « ainsi. » Et il justifie ce jugement tout aussitôt, soit qu'il s'écrie dans une joie grondante : « Je ne puis vous dire com- « bien je me trouve heureux depuis que j'ai secoué le monde ; « je suis devenu avare ; mon trésor est ma solitude ; je cou- « che dessus avec un bâton ferré dont je donnerais un grand « coup à quiconque voudrait m'en arracher ; » ou soit qu'il parle tendrement de ces lectures douces auprès de son feu « et des heures paisibles qui vont à petits pas, comme son « pouls et ses affections innocentes et pastorales. » Quand il écrit de son cher ami de Balk en ces termes : « Je ne sais si « M. le comte de Balk sera encore longtemps en France ; nous « sommes tous comme des vaisseaux qui se rencontrent, se « donnent quelques secours, se séparent et disparaissent, » il rentre exactement dans la manière de Bernardin. Pourquoi faut-il que Ducis n'ait eu que de la vieillesse ? Oh ! la vie de Corneille couronnée de cette vieillesse de Ducis ! quel magnifique ensemble, et bien harmonieux en apparence, on se plaît à en composer ! Mais respectons les discernements de la nature ; laissons à chacun sa saison de beauté et sa gloire.

Bernardin n'était nullement poëte en vers ; son amitié avec Ducis ne l'induisit jamais à quelque épître ou pièce légère. L'exemple de Delille, dont *les Jardins* avaient devancé de deux ans ses *Études*, et qu'il avait retrouvé plus tard à l'Institut, vers 1805, *très-amoureux de la campagne*, nous dit-il, ne le tenta pas davantage ; et, tout en l'admirant sans doute, il ne paraît point l'avoir envié. Les seuls vers imprimés, je crois, et peut-être les seuls composés par Bernardin, se trouvent dans la *Décade philosophique* (10 brumaire an III) (1), et ont pour sujet la naissance de sa fille Virginie. Ils sont inférieurs de beaucoup aux vers de Fénelon, et très à l'unisson d'ailleurs de ce qu'ont tenté en ce genre tant de prosateurs illustres, depuis le Consul romain (2). Cette impuissance de la mesure serrée et du chant, en ces organisations si accomplies, marque bien la spécialité du don, et venge les poëtes, même les poëtes moindres, ceux dont il est dit : « Érinne a fait peu de vers, mais ils sont avoués par la Muse. »

Bernardin de Saint-Pierre vécut assez pour assister à toute la grande moitié du développement littéraire et poétique de M. de Chateaubriand. Il avait été dès l'abord salué et célébré par lui. Sut-il l'apprécier en retour et reconnaître en cet écrivain grandissant le plus direct, le plus autorisé en génie, et le plus dévorant en gloire, de ses héritiers? Ce qu'il y a de certain, c'est que les critiques passionnés ne s'y trompaient pas. Marie-Joseph Chénier s'armait volontiers de *la Chaumière indienne*, de *Paul et Virginie*, contre *Atala* et *René*; il opposait cette simplicité élégante (qui dans son temps avait bien été une innovation aussi) à la manière de ceux qui dénaturent la prose, disait-il, en la voulant élever à la poésie. Quels qu'aient été sur ce point les jugements et les présages de Bernardin de Saint-Pierre, il a pu vieillir tranquille en même temps que fier dans sa gloire; car il y avait dans l'illustre sur-

(1) Et aussi dans l'*Almanach des Muses* de 1796.
(2) Je ne prétends point pourtant, dans cette allusion au Consul romain, adopter en tout les plaisanteries de Juvénal et des écrivains du second siècle sur les vers de Cicéron. Je sais que Voltaire (préface de *Rome sauvée*) a pu plaider avec avantage la cause de cet autre talent universel, et citer de fort beaux vers sur le combat de l'aigle et du serpent, qu'il a lui-même à merveille traduits. Toutefois, l'infériorité incomparable du talent poétique de Cicéron en face de sa gloire d'orateur et d'écrivain philosophique demeure une preuve à l'appui du fait général. Et Jean-Jacques lui-même, ce roi des prosateurs, qui a donné quelques jolis vers dans *le Devin*, n'est-il pas convenu nettement qu'il n'entendait rien à cette *mécanique-là?*

venant assez de traits de filiation pour constater le rôle actif du devancier qui allait demeurer en arrière (1). Bernardin n'a pas non plus médiocrement agi sur d'autres écrivains formés vers cette fin du siècle, et moins connus comme peintres qu'ils ne mériteraient, sur Ramond, sur Sénancour. Lamartine, en faisant lire et relire à son Jocelyn le livre de *Paul et Virginie*, a proclamé cette influence première sur les jeunes cœurs qui, depuis l'apparition des *Études*, s'est prolongée en pâlissant jusqu'à nous ; il n'y a pas rendu un moindre hommage dans le titre et dans maint retentissement de ses *Harmonies*, mais nulle part d'un instinct plus filial, selon moi, que par cette pièce du *Soir* des premières *Méditations*,

(1) Nous trouvons, par un hasard singulier, dans un volume imprimé en Suisse (*Mélanges de Littérature*, par Henri Piguet, Lausanne, 1816), une réponse précise à la question que nous nous posions ici. M. Piguet, jeune pasteur vaudois, enthousiaste de la littérature et des écrivains français, avait fait le voyage de Paris vers 1810 ; il désirait passionnément connaître Bernardin de Saint-Pierre, et lui écrivit pour avoir une heure de lui. Dans cette visite tant rêvée, il l'assiégea de questions directes et naïves : — « Je lui demandai quels étaient ses meilleurs amis. » — « Ma famille et ma muse : mes moments de verve me font jouir véritablement. » — « Vous connaissez sans doute M. de Chateaubriand, qui a parlé de vous avec admiration ? » — « Non, je ne le connais pas ; j'ai lu dans le temps quelques extraits du *Génie du Christianisme* : son imagination est trop forte. » — Ceci rentre dans une observation générale sur laquelle je reviendrai plus d'une fois : c'est qu'en littérature, en art, on n'aime pas d'ordinaire son successeur immédiat, son héritier présomptif. Michel-Ange traitait volontiers Raphaël d'efféminé ; Corneille parlait de Racine comme d'un blondin ; Buffon répondait à Hérault de Séchelles qui le questionnait sur le style de Jean-Jacques : — « Beaucoup meilleur que celui de Thomas ; mais Rousseau a tous les défauts de la mauvaise éducation ; il a l'interjection, l'exclamation en avant, l'apostrophe continuelle. » On vient d'entendre Bernardin de Saint-Pierre, visiblement impatienté, prononcer sur l'auteur de *René* : « *Imagination trop forte !* » — Toujours et partout la vieille histoire de Saturne et de Jupiter ; toujours les générations d'autant plus inexorables qu'elles se touchent davantage, et empressées de se nier l'une l'autre quand elles ne peuvent se dévorer ! Avertis du moins, tâchons de ne pas faire ainsi.

qui est comme la poésie même de Bernardin, recueillie et vaporisée en son intime essence. M. Ferdinand Denis, auteur de *Scènes de la Nature sous les Tropiques* et d'*André le Voyageur*, est dans nos générations un représentant très-pur et très-sensible de l'inspiration propre venue de Bernardin de Saint-Pierre : par les deux ouvrages cités, il appartient tout à fait à son école ; mais c'est sa famille qu'il faut dire. Nous tous, nous avons été une fois ses disciples, ses fils ; tous, nous avons été baignés, quelque soir, de ses molles clartés, et nous retrouvons ses fonds de tableaux embellis dans les lointains déjà mystérieux de notre adolescence. Oh ! que son rayon de mélancolique et chaste douceur, s'il faiblit en s'éloignant, ne se perde pas encore, et qu'il continue de luire longtemps, comme la première étoile des belles soirées, au ciel plus ardent de ceux qui nous suivent !

Octobre 1836.

Bernardin de Saint-Pierre, qui est l'un de mes auteurs favoris, s'est retrouvé sous ma plume au tome VI des *Causeries du Lundi*, et en plus d'une page du livre intitulé : *Chateaubriand et son Groupe littéraire*.

MÉMOIRES

DU

GÉNÉRAL LA FAYETTE

(1838.)

I

Nous sommes en retard pour parler de cette publication dont les trois premiers volumes ont paru depuis déjà bien des mois. Mais on est moins en retard que jamais pour venir parler d'un homme avec qui la vogue, la popularité ou l'esprit de parti n'ont plus rien à faire, et qui est entré tout entier dans le domaine historique, ainsi que l'époque qu'il représente et qui est de même accomplie.

La Révolution française, en effet, peut être considérée comme entièrement terminée, sous les formes, du moins, qu'elle a présentées à chaque reprise durant l'espace de quarante ans. Ces formes, qui, depuis la déclaration des droits jusqu'au programme de l'Hôtel de Ville, roulent dans un cercle déterminé d'idées et d'expressions, ne semblent plus avoir chance de vie et de fortune sociale dans ces mêmes termes. On peut s'en réjouir, on peut s'en plaindre et s'en irriter. Mais le résultat semble acquis ; dans ces termes-là, il est obtenu... ou manqué ; et, à mon sens, en partie obtenu, en partie manqué. Ceux même qui continuent de prendre l'humanité par le côté ouvert et généreux, qui embrassent avec chaleur une philosophie de *progrès*, et persistent avec mérite et vertu dans des espérances toujours ajournées et d'autant plus élargies, ceux-là (et je ne cite aucun nom, de peur d'en choquer quelqu'un, tant ils sont divers, en les rapprochant), ceux-là ont des formules auprès desquelles le programme de La Fayette, la déclaration des droits, n'est plus qu'une préface très-générale et très-élémentaire, ou même ils vont à contredire et à *biffer* sur quelques points ce programme.

La Révolution française a eu des moments bien différents, et, quoiqu'on retrouve La Fayette au commencement et à la fin, il y a eu d'autres écoles rivales et au moins égales de celle qu'il y représente. Outre l'école américaine, il y a eu l'école anglaise, et celle d'une dictature plus ou moins démocratique, à laquelle on peut rapporter, à certains égards et toute restriction gardée, la Convention et l'Empire.

L'école américaine prétend tirer tout du peuple et de l'élection directe. L'école anglaise a surtout en vue l'équilibre de certains pouvoirs, émanés de source différente. L'école dictatoriale et impérialiste (je la suppose éclairée) a pour principe de tout prendre sur soi et de se croire suffisamment justifiée à faire administrativement ce qui est de l'intérêt d'État, dans le sens de l'ordre et de la société.

Sans avoir à m'expliquer avec détail sur l'établissement de 1830, ce qui mènerait trop loin et ne serait pas ici en son lieu, il est évident qu'en 1830 aucune de ces trois formes, américaine, anglaise, impérialiste, n'a triomphé, et qu'il s'est fait une sorte de compromis très-mélangé entre toutes les trois. Le principe électif qui a été jusqu'à faire un roi par des députés, n'a pas été alors jusqu'à refaire des députés, des mandataires directs de la nation. La chambre des pairs, bien qu'émondée dans son personnel et atteinte dans sa reproduction aristocratique, a subsisté, au choix du roi. Ainsi l'école américaine n'a pas été satisfaite.

L'école anglaise, communément dite doctrinaire, l'aurait

été plutôt. Mais il y a si peu d'aristocratie politique en France, que tout point d'appui manquait de ce côté : il a fallu asseoir le centre de l'équilibre sur la *classe moyenne*, et faire un peu artificiellement la théorie de celle-ci, qui pouvait à tous moments ne pas s'y prêter. On y a réussi pourtant assez bien, à l'aide de beaucoup d'habileté sans doute, à l'aide surtout de toutes les fautes dont le parti opposé était capable et auxquelles il n'a pas manqué.

L'école doctrinaire paraît avoir réussi plus qu'aucune dans la solution politique actuelle ; mais c'est beaucoup plus peut-être dans l'apparence en effet, et dans la forme, que dans le fond ; elle-même le sait bien et paraît aujourd'hui s'en plaindre, un peu tard. Les habitudes glorieuses de l'Empire ont laissé dans les mœurs et le caractère de la nation un pli qu'elles y avaient trouvé déjà : en temps ordinaire, nulle nation ne se prête autant à être gouvernée, à être administrée que la nôtre, et n'y voit plus de commodités et moins d'inconvénients. Sous les formes parlementaires, à travers l'équilibre assez peu compliqué des pouvoirs et le jeu suffisamment modéré de l'élection, il y a une administration qui fonctionne de mieux en mieux et se perfectionne. Une bonne part des prédilections et de la philosophie de la société actuelle paraît être de ce côté. Sans s'inquiéter, autant que d'ingénieux publicistes, de l'endroit précis où se trouve le ressort actif du mouvement, la majorité de la société actuelle, de cette classe ou riche, ou moyenne et industrielle, sur laquelle on s'est principalement fondé, profite du mouvement lui-même : sans faire de si soudaines différences entre ce qui s'est succédé au pouvoir depuis quelques années, elle semble trouver qu'en général le principe est le même et qu'on la sert à peu près à souhait.

« Et que mettrez-vous en place de la monarchie légitime ? » objectait-on, quelques mois avant août 1830, à l'une des plumes les plus vives et les plus fermes de l'opposition anti-dynastique d'alors. — « Eh bien ! fut-il répondu, nous mettrons la monarchie administrative (1). » Le mot était profond et perçant ; la forme et les moyens parlementaires demeuraient sous-entendus.

Ceci revient à dire que la société paraît se contenter aujourd'hui d'être gouvernée en vue principalement de ses intérêts matériels et de ses jouissances : que, pour peu qu'on ait envie de le croire, on la peut juger provisoirement satisfaite sur ses droits, tant la démonstration de son zèle est ailleurs. Et c'est à ce point de vue essentiel qu'on doit surtout dire que la Révolution française est terminée, que ses résultats sont en partie obtenus, en partie manqués, et que l'esprit, l'*inspiration* qui l'a soutenue dans sa longue et glorieuse carrière, fait défaut. Dans la société civile on est à peu près en possession de tous les résultats voulus par la Révolution ; dans l'association politique, il y a beaucoup plus à désirer ; mais enfin, si l'on s'inquiétait en ce genre de ce qu'on n'a pas pour l'obtenir, si on le *désirait* réellement avec suite et ferveur, si on luttait dans ce but comme sous la Restauration, l'esprit de la Révolution française vivrait encore, et cette grande ère ne serait pas finie. Or, quels que puissent être les regrets amers, silencieux ou exaspérés, de quelques individus fidèles à leurs souvenirs, l'inspiration qui, de 89 à 1830, n'avait pas cessé, sous une forme ou sous une autre, dans les assemblées ou dans les camps, ou dans la presse et ce qu'on appelait l'*opinion publique*, d'agir et de pousser, et de vouloir vaincre, cette inspiration s'est retirée tout d'un coup et a comme expiré au moment où, dans un dernier éclat, elle devenait victorieuse. D'autres inspirations, d'autres penchants plus ou moins nobles, sont venus à l'ensemble de la société, et, favorisés de toutes parts, agréés par les gouvernants comme des garanties, ils se développent avec une rapidité presque effrénée, qui ne permet pas le retour. Sans doute la générosité, l'enthousiasme, le désintéressement dans l'ordre

(1) C'est Armand Carrel en personne qui répondait cela à M. Cousin.

des affections générales et dans celui de l'intelligence, ne manqueront jamais au monde, n'y manqueront pas plus que la corruption, l'égoïsme et l'influence masquée de toutes les roueries. Sans doute chaque génération nouvelle vient verser comme un rafraîchissement de sang vierge et pur dans la masse plus qu'à demi gâtée; les ardeurs s'éteignent et se rallument sans cesse, le flambeau des espérances et des illusions se perpétue :

Et, quasi cursores, vitaï lampada tradunt.

En un mot, tant que le monde va et dure, il ne saurait être destitué de la vie et de l'amour.

Mais aujourd'hui, là même où, en dehors des cadres réguliers et du train régnant de la société, il y a incontestablement système philosophique élevé, et à la fois chaleur de cœur, de conviction, il n'y a plus suite directe et immédiate des idées de la Révolution française. Voyez l'école de ceux qui s'en sont faits les historiens les plus profonds et les plus religieux, l'école de MM. Buchez et Roux; ils comprennent, ils interprètent à leur manière, ils étendent et transforment les théories de leurs plus hardis devanciers. Avec eux, historiens dogmatiques, dès qu'ils prennent la parole en leur propre nom, on se sent entrer dans un cycle tout nouveau. De même, lorsqu'on aborde la philosophie religieuse et sociale de MM. Leroux et Reynaud, les encyclopédistes de nos jours : ils procèdent de la Révolution française et de la philosophie du xviiie siècle, assurément; mais de combien d'autres devanciers ils procèdent également, et avec quels développements particuliers et considérables! C'est autant et plus encore chez eux la noble ambition de fonder, que le filial dessein de poursuivre.

Ainsi, pour revenir à l'occasion et au point de départ de ces considérations, La Fayette, venu en tête de la Révolution française, est mort en même temps qu'elle a fini, et sa vie tout entière la mesure.

Il a cela de particulier et de singulièrement honorable d'y avoir cru toujours, *avant* et *pendant*, et même aux plus désespérés moments; d'y avoir cru avec calme et avec une fermeté sans fougue. Que des hommes de la *Montagne*, les héros plus ou moins sanglants de cette formidable époque, soient demeurés fixes jusqu'au bout dans leur conviction et soient morts la plupart immuables, on le conçoit : la foudre, on peut le dire sans métaphore, les avait frappés : une sorte de coup fatal les avait saisis et comme immobilisés dans l'attitude héroïque ou sauvage qu'avait prise leur âme en cette crise extrême ; ils n'en pouvaient sortir sans que leur caractère moral à l'instant tombât en ruine et en poussière. Il n'y avait désormais de repos, de point d'appui pour eux, que sur ce hardi rocher de leur Caucase. Mais il y a, ce semble, plus de liberté et plus de mérite à rester fixe dans des mesures plus modérées, ou si c'est un simple effet du caractère, c'est un témoignage de force non moins rare et dont la proportion constante a sa beauté.

Parmi les contemporains de La Fayette, parmi ceux qui furent des premiers avec lui sur la brèche à l'assaut de l'ancien régime, combien peu continuèrent de croire à leur cause ! Mirabeau et Sieyès, ces deux intelligences les plus puissantes, tournèrent court bientôt : après un an environ de révolution ouverte, Mirabeau était passé à la conservation, et Sieyès au silence déjà ironique. De M. de Talleyrand, on n'en peut guère parler en aucun temps en matière de croyance quelconque ; il avait commencé, comme Retz, par l'intime raillerie des choses. Dans les rangs secondaires, Rœderer en était probablement déjà, en 91, à ses idées *in petto* de pouvoir absolu éclairé, dont sa vieillesse causeuse et enhardie par l'Empire nous a fait tout haut confidence. Et entre ceux qui restèrent fidèles à leurs convictions, bien peu le furent à leurs espérances. M. de Tracy croyait toujours à l'excellence de certaines idées, mais il avait cessé de croire à leur réalisation et à leur triomphe ; dans les premières années du siècle, et sous les ombrages d'Auteuil, il confiait tristement à des pages retrouvées après lui la démission profonde de son cœur. La Fayette n'a cessé de croire et à l'excellence de certaines idées et à leur triomphe ; il n'a, en aucun moment, pris le deuil de ses principes ; il n'a jamais désespéré. Pendant que le gouvernement impérial s'affermissait, il cultivait sa terre de Lagrange et *attendait la liberté publique.*

Mais avait-il raison d'y croire? est-ce à lui supériorité d'esprit autant que supériorité de caractère, d'y avoir cru en un sens qui s'est trouvé à demi illusoire ? — Certes, je ne prétendrai pas qu'il n'y ait eu chez Mirabeau, chez Sieyès, chez Talleyrand, même chez Rœderer, un grand témoignage d'intelligence dans cette promptitude à entendre les divers aspects de l'humanité, à s'en souvenir, à deviner, à ressaisir sitôt le dessous de cartes et le revers, à se rendre compte du lendemain dès le premier jour, à ne pas s'en tenir au sublime de la passion qu'ils avaient (ou non) partagée un moment ; à discerner, sous la circonstance d'exception, l'inévitable et prochain retour de cette perpétuelle humanité avec ses autres passions, ses infirmités, ses vices et ses duperies sous les emphases. Malgré la défaveur qui s'attache à cet aveu dans un temps d'emphase générale et de flatterie humanitaire, il m'est impossible de n'en pas convenir : tant que nous n'aurons pas une humanité refaite à neuf, tant que ce sera la même précisément que tous les grands moralistes ont pénétrée et décrite, celle que les habiles politiques savent, — mais au rebours des moralistes, sans le dire, — il y aura témoignage, avant tout, d'intelligence à dominer par la pensée les conjonctures, si grandes qu'elles soient, à s'en tirer du moins et à s'en isoler en les appréciant, à démêler sous l'écume diverse les mêmes courants, à sentir jouer sous des apparences nouvelles, et qui semblent uniques, les mêmes vieux ressorts. Pourtant si ç'a été, avant tout, chez La Fayette, une supériorité de caractère et de cœur de croire à l'avénement invincible de certains principes utiles et généreux, ce n'a pas été une si grande infériorité de point de vue; car si ses principes n'ont pas obtenu toute la part de triomphe qu'il augurait, ils ont eu une part de triomphe infiniment supérieure (au moins à l'heure de l'explosion) à ce que les autres esprits réputés surtout sagaces auraient osé leur prédire.

Chez les hommes qui jouent un grand rôle historique, il y a plusieurs aspects successifs et comme plusieurs plans selon lesquels il les faut étudier. Le premier aspect qui s'offre, et auquel trop souvent on s'en tient dans l'histoire, est le côté extérieur, celui du rôle même avec sa parade ou son appareil, avec sa représentation. La Fayette a eu si longtemps un rôle extérieur, et l'a eu si constant, si *en uniforme* j'ose dire, qu'on s'est habitué, pour lui plus que pour aucun autre personnage de la Révolution, à le voir par cet aspect; habit national, langage et accolade patriotique, drapeau, pour beaucoup de gens La Fayette n'a été que cela. Ceux qui l'ont davantage approché et entendu ont connu un autre homme. Esprit fin, poli, conversation souvent piquante, anecdotique ; et, plus au fond encore, pour les plus intimes, peinture vive et déshabillée des personnages célèbres, révélations et propos redits sans façon, qui sentaient leur XVIIIe siècle, quelque chose de ce que les charmantes lettres à sa femme, aujourd'hui publiées, donnent au lecteur à entrevoir, et de ce que le rôle purement officiel ne portait pas à soupçonner. Ce côté intérieur, chez La Fayette, ne déjouait pas l'autre, extérieur, et ne le démentait pas, comme il arrive trop souvent pour les personnages de renom ; il y avait accord au contraire, sur beaucoup de points, dans la continuité des sentiments, dans la tenue et la dignité sérieuse des manières, et par une simplicité de ton qui ne devenait jamais de la familiarité. Pourtant ces fonds de causerie spirituelle, de connaissance du monde et d'expérience en apparence consommée, eussent pu sembler en train d'échapper par un bout à l'uniforme prétention du rôle extérieur, si, plus au fond encore, et sur un troisième plan, pour ainsi dire, ne s'était levée, d'accord avec l'apparence première, la conviction inexpugnable, comme une muraille formée par la nature sur le rocher (*arx animi*). Au pied de cette conviction née pour ainsi dire avec lui et qui dominait tout, les réminiscences railleuses, les désappointements déjà tant de fois éprouvés, les expériences faites par lui-même de la corruption mondaine et humaine, venaient mourir. Il y avait arrêt tout court. C'est bien. Mais à l'abri de la forteresse, et à côté d'une légitime confiance en ce qui ne périt jamais, en ce qui se renouvelle dans le monde de fervent et de généreux, ne se glissait-il pas un coin de crédulité? Cet homme qui savait si bien tant de choses et tant d'hommes, et qui les avait pratiqués avec tact, celui-là même qui racontait si merveilleusement et par le dessous Mirabeau, Sieyès et les autres, qui leur avait tenu tête en mainte occasion, qui avait démêlé le pour et le contre en Bonaparte, et qui l'a jugé en des pages si parfaitement judicieuses (1), ce même La Fayette, ne l'avons-nous pas vu disposé à croire au premier venu soi-disant patriote, qui lui parlait un certain langage? Là est le point faible, tout juste à côté de l'endroit fort. Ce trop de confiance sans cesse renaissante à l'égard de ceux qu'il n'avait pas encore éprouvés, il l'avait en partie parce qu'il croyait en effet, et en partie peut-être parce que c'était dans son rôle, dans sa convenance politique et morale (à son insu), de voir ainsi, de ne pas trop approfondir ce qui faisait groupe autour du drapeau, son idole ; nous y reviendrons. Quoi qu'il en soit (rare éloge et peut-être applicable à lui seul entre les hommes de sa nuance qui ont fourni au long leur carrière), chez La Fayette le rôle extérieur et l'inspiration intérieure se rejoignaient, se confirmaient pleinement, constamment ; l'homme d'esprit, poli et fin, intéressant à entendre, qu'on rencontrait en l'approchant, ne faisait qu'une agréable diversion entre le personnage public toujours prochain et l'intérieur moral toujours présent, et n'allait jamais jusqu'à

---

(1) *Mes Rapports avec le premier Consul*, tome V.

interrompre ni à laisser oublier la communication de l'un à l'autre.

D'ensemble, on peut considérer La Fayette comme le plus précoce, le plus intrépide et le plus honnête assaillant à la prise d'assaut de l'ancien régime, dès les débuts de 89. Toujours pourtant quelque chose du chevalier et du galant adversaire, soit qu'il s'élance à la brèche en 89 l'épée en main, soit qu'il reparaisse comme le porte-étendard général de la Révolution en 1830. Un très-spirituel écrivain, M. Saint-Marc Girardin, en louant La Fayette dans les *Débats* (preuve qu'il est bien mort), a conjecturé que, s'il avait vécu au Moyen Age, il aurait fondé quelque ordre religieux avec la puissance d'une idée morale fixe. Je crois que La Fayette, au Moyen Age, aurait été ce qu'il fut de nos jours, un chevalier, cherchant encore à sa manière le triomphe des droits de l'homme sous prétexte du Saint-Graal, ou bien un croisé en quête du saint tombeau, le bras droit et le premier aide de camp, sous un Pierre-l'Ermite, c'est-à-dire sous la voix de Dieu, d'une des grandes croisades.

Cette sorte de vocation chevaleresque du héros républicain, de l'Américain de Versailles, apparaît tout d'abord dans les volumes de Mémoires et de Correspondance publiés. C'est en rendant compte de ces volumes précieux, recueillis avec la plus scrupuleuse piété d'une famille pour une vénérable mémoire, qu'il nous sera aisé de suivre et de faire sentir les lignes principales, les traits composants d'un caractère toujours divers, si simple qu'il soit et si uniforme qu'il paraisse.

Le premier volume et la moitié du second contiennent tous les faits de la vie de La Fayette antérieure à 89, la guerre d'Amérique, ses voyages en Europe au retour; tantôt ce sont des récits et des chapitres de mémoires de sa main, tantôt ce sont des correspondances qui y suppléent et les continuent. Cette portion du livre est très-intéressante et neuve, d'une lecture plus continue et plus coulante que l'intervalle, d'ailleurs plus connu, de 89 à 92, dans lequel on ne marche qu'à travers les justifications, rectifications. — On saisit tout d'abord le trait essentiel, le grand ressort du caractère de La Fayette, et lui-même il le met à nu ingénument : « Vous me « demandez l'époque de mes premiers soupirs vers la gloire « et la liberté; je ne m'en rappelle aucune dans ma vie qui « soit antérieure à mon enthousiasme pour les anecdotes glo- « rieuses, à mes projets de courir le monde pour chercher « de la réputation. Dès l'âge de huit ans, mon cœur battit « pour cette hyène qui fit quelque mal, et encore plus de « bruit, dans notre voisinage (*en Auvergne*), et l'espoir de la « rencontrer animait mes promenades. Arrivé au collége, je « ne fus distrait de l'étude que par le désir d'étudier sans « contrainte. Je ne méritai guère d'être châtié; mais, malgré « ma tranquillité ordinaire, il eût été dangereux de le tenter, « et j'aime à penser que, faisant en rhétorique le portrait du « cheval parfait, je sacrifiai un succès au plaisir de peindre « celui qui, en apercevant la verge, renversait son cavalier. » Ce ne sont pas seulement les écoliers de rhétorique, ce sont quelquefois les hommes qui sacrifient un succès, c'est-à-dire la chose possible, au plaisir de peindre ou de faire une action d'où résulte le plus grand honneur à leur rôle, la plus grande satisfaction à leurs sentiments.

Dès l'adolescence, les liaisons républicaines charment La Fayette; ce qu'ont écrit et prêché Jean-Jacques, Mably, Raynal, il le fera; lui, le descendant des hautes classes, il sera le premier champion, le paladin le plus avancé des intérêts et des passions nouvelles. Le rôle est beau, étrange, hasardeux; il est fait pour enlever un jeune et noble cœur. Au régiment, dans le monde, à son début, La Fayette est gauche, mal à l'aise, assez taciturne (1); il garde le silence, parce qu'en cette compagnie *il ne pense et n'entend guère de choses qui lui paraissent mériter d'être dites*. Il observe et il médite;

(1) Sur ce La Fayette de 1775, qui essaie du *bon air* et y réussit peu, il faut voir la Notice placée en tête de la *Correspondance entre Mirabeau et le comte de La Marck* (1851), tome I, page 62.

sa pensée franchit les espaces, et va se choisir, par delà les mers, une patrie. « A la première connaissance de cette que-
« relle (anglo-américaine), mon cœur, dit-il, fut enrôlé, et
« je ne songeai plus qu'à joindre mes drapeaux. »

Il n'a pas vingt ans, il s'échappe sur un vaisseau qu'il frète, à travers toutes sortes d'aventures. Après sept semaines de hasards dans la traversée, il aborde l'immense continent, et, en sentant le sol américain, son premier mot est un serment de vaincre ou de périr avec cette cause. Rien de sincère et d'enlevant comme ce départ, cette arrivée; c'est le début héroïque du poëme et de la vie, la candeur qu'on n'a qu'une fois. Plus tard, en avançant, tout cela se complique, se dérange ou s'arrange à dessein, se gâte toujours.

A peine débarqué, il court vers Washington : la majesté de la taille et du front le lui désigne comme chef autant que les qualités profondes. La Fayette s'attache à lui, et devient le disciple du grand homme. Washington paraît bien grand, en effet, au milieu de cette guerre difficile, qui se traîne sur de vastes espaces, pleine de misères, de lenteurs, de revers, entravée par les rivalités et les jalousies soit du Congrès, soit des autres généraux : « Simple soldat, dit excellemment La
« Fayette en le caractérisant, il eût été le plus brave ; citoyen
« obscur, tous ses voisins l'eussent respecté. Avec un cœur
« droit comme son esprit, il se jugea toujours comme les
« circonstances. En le créant exprès pour cette révolution,
« la nature se fit honneur à elle-même, et, pour montrer
« son ouvrage, elle le plaça de manière à faire échouer
« chaque qualité, si elle n'eût été soutenue de toutes les
« autres. » Il y a dans ces Mémoires bien des endroits de cette sorte, qu'on dirait avoir été écrits par une plume historique profonde et familière avec tous les replis.

Blessé presque dès son arrivée à la déroute de la Brandywine, La Fayette écrit, pour la rassurer, à madame de La Fayette ces charmantes lettres qui ont été si remarquées pour la coquetterie gracieuse du ton, *mon cher cœur*, et pour l'agréable assaisonnement que ce fin langage du xviiie siècle apporte à la sincérité républicaine des sentiments. En d'autres endroits, c'est le ton républicain et philosophique qui devient piquant en se mêlant à certaines habitudes légères et en les voulant exprimer. On sourit de lire à propos d'un éloge des mœurs américaines : « Livrées à leur ménage, les femmes en « goûtent, en procurent toutes les douceurs. C'est aux filles « qu'on parle amour ; leur coquetterie est aimable autant « que décente. Dans les mariages de hasard qu'on fait à « Paris, la fidélité des femmes répugne souvent à la nature, « à la raison, on pourrait presque dire aux principes de la « justice. » Ces *principes de la justice* qui viennent là tout d'un coup pour auxiliaires aux mille et une infidèles liaisons du beau monde d'alors, datent le siècle à ce moment autant que ces jolies tendresses conjugales qui traversent l'Atlantique, comme en zéphyrs, d'un air si dégagé.

Le Congrès avait décidé une expédition dans le Canada, et en avait chargé La Fayette. On espérait mener comme on le voudrait ce commandant de vingt-un ans ; l'on désirait surtout le séparer de Washington. La Fayette fut prudent et jugea la situation : comme on n'avait disposé aucun moyen, l'expédition manqua, ne se commença point ; mais La Fayette souffrit de tant de bruit pour rien ; il craignait la risée, écrit-il à Washington : « J'avoue, mon cher général, que je ne puis « maîtriser la vivacité de mes sentiments, dès que ma répu- « tation et ma gloire sont touchées. Il est vraiment bien dur « que cette portion de mon bonheur, *sans laquelle je ne puis* « *vivre*, se trouve dépendre de projets que j'ai connus seule- « ment lorsqu'il n'était plus temps de les exécuter. Je vous « assure, mon ami cher et vénéré, que je suis plus malheu- « reux que je ne l'ai jamais été. » Nous saisissons l'aveu : La Fayette, avant tout, possède à un haut degré l'amour de l'estime, le besoin de l'approbation, le respect de soi-même ; ce qui est bien à lui, c'est, dans cette affaire du Canada et dans plusieurs autres, d'avoir sacrifié son désir de noble

9.

gloire personnelle à un sentiment d'intérêt public. Pourtant on découvre en ce point la raison pour laquelle La Fayette n'était pas un *gouvernant* et n'aurait pas eu cette capacité. Il était une nature trop individuelle, trop chevaleresque pour cela ; occupé sans doute de la chose publique, mais aussi de sa ligne, à lui, à travers cette chose. Nous l'en louons plus que nous ne l'en blâmons. Il n'y a pas trop d'hommes publics qui aient ce défaut-là, de penser constamment à l'unité et à la pureté de leur ligne.

Washington, le sage et le clairvoyant, comprend bien que c'est là l'endroit sensible et faible de son cher élève ; il le rassure, en nous confirmant l'honorable source du mal : « Je m'empresse de dissiper toutes vos inquiétudes ; elles viennent d'une sensibilité peu commune pour tout ce qui touche votre réputation. » Pareil débat se renouvelle en diverses circonstances. Lorsque l'escadre française sous d'Estaing, après avoir brillamment paru à Rhode-Island, fut contrainte, après un combat et un orage, de se retirer sans plus de tentative, il y eut grande colère dans le peuple de Boston et parmi les milices. Le mot de *trahison*, si cher aux masses émues, circulait ; un général américain, Sullivan, cédant à la passion, mit à l'ordre du jour que *les alliés les avaient abandonnés*. La Fayette, dans cette position délicate, se conduisit à merveille ; il exigea de Sullivan que l'ordre du matin fût rétracté dans celui du soir ; il ne souffrit pas qu'on dît devant lui un seul mot contre l'escadre. Le point d'honneur qui d'ordinaire, dans la carrière de La Fayette, se confondit avec le culte de la popularité, ici s'en séparait, et il fut pour le point d'honneur au risque de perdre sa popularité. Tout cela est bien ; mais écoutons Washington, appréciant, sans s'étonner, la nature humaine sous les diverses formes de gouvernement, et n'étant pas idolâtre ni dupe de cette forme plus libre, pour laquelle il combat et qu'il préfère : « Laissez-moi vous conju-
« rer, mon cher marquis, de ne pas attacher trop d'impor-
« tance à d'absurdes propos tenus peut-être sans réflexion et

« dans le premier transport d'une espérance trompée. Tous
« ceux qui raisonnent reconnaîtront les avantages que nous
« devons à la flotte française et au zèle de son commandant ;
« mais, dans un gouvernement libre et républicain, vous ne
« pouvez comprimer la voix de la multitude ; chacun parle
« comme il pense, ou pour mieux dire sans penser, et par
« conséquent juge les résultats sans remonter aux causes...
« C'est la nature de l'homme que de s'irriter de tout ce qui
« déjoue une espérance flatteuse et un projet favori, et
« c'est une folie trop commune que de condamner sans exa-
« men. »

Comme complément et correctif de ce jugement de Washington sur les gouvernements républicains, il convient de rapprocher ce passage d'une lettre de lui à La Fayette, écrite plusieurs années après (25 juillet 1785) : il s'agit de la nécessité qui se faisait généralement sentir à cette époque, parmi les négociants du continent américain, d'accorder au Congrès le pouvoir de statuer sur le commerce de l'Union : « Ils sen-
« tent la nécessité d'un pouvoir régulateur, et l'absurdité du
« système qui donnerait à chacun des États le droit de faire
« des lois sur cette matière, indépendamment les uns des
« autres. Il en sera de même, après un certain temps, sur
« tous les objets d'un commun intérêt. Il est à regretter, je
« l'avoue, qu'il soit toujours nécessaire aux États démocrati-
« ques de *sentir* avant de pouvoir *juger*. C'est ce qui fait que
« ces gouvernements sont lents. Mais à la fin le peuple re-
« vient au vrai. » Oui, au vrai en tout ce qui le touche directement comme intérêt. En ce qui est du reste, il n'y a aucune nécessité, et il y a même très-peu de chances pour que le vrai triomphe parmi le grand nombre et pour qu'on s'en soucie (1).

(1) Ce n'est point par occasion et par accident que Washington exprime cette idée sur les tâtonnements et les *à-peu-près* qui sont la loi du régime démocratique ; il y revient en maint endroit dans ses lettres à La Fayette, et non pas évidemment sans dessein. Ainsi encore à

La Fayette en était à ses illusions. Je sais la part qu'il faut faire au feu de la jeunesse, et lui-même, quand il revient, pour la raconter, sur cette époque, il semble parler de quelque excès que l'âge aurait tempéré et guéri. Mais c'est à la fois bon goût et une autre sorte d'illusion que de faire par endroits bon marché de soi-même dans le passé; quand on a un trait vivement prononcé dans la jeunesse, il est rare qu'il ne dure pas, qu'il ne revienne pas en se creusant, bien qu'on veuille le croire effacé (1). Il en est de même de certaines idées si ancrées qu'elles semblent moins tenir à l'intelligence qu'au caractère. D'ailleurs La Fayette, comme chacun sait et comme Charles X le disait agréablement (qui se connaissait en immuabilité), La Fayette est un des hommes qui jusqu'à la fin ont le moins changé.

Je ne puis m'empêcher, chemin faisant, de relever encore en La Fayette tout ce qui se dénote dans le sens précédent, tout ce que trahit, en chaque occasion, son âme avide d'estime et honorablement chatouilleuse. Dès que la France se déclare pour l'Amérique, il pense à quitter les drapeaux amé-

propos des tiraillements intérieurs qui, après la conclusion de la paix et avant l'établissement de la Constitution fédérale, allaient à déconsidérer l'Amérique aux yeux de l'Europe attentive et surtout des cours méfiantes : « Malheureusement pour nous, écrit Washington (10 mai « 1786), quoique tous les récits soient fort exagérés, notre conduite « leur donne quelque fondement. C'est un des inconvénients des « gouvernements démocratiques, que le peuple, qui ne juge pas tou- « jours et se trompe fréquemment, est souvent obligé de subir une « expérience, avant d'être en état de prendre un bon parti. Mais « rarement les maux manquent de porter avec eux leur remède. « Toutefois, on doit regretter que les remèdes viennent si lentement, « et que ceux qui voudraient les employer à temps ne soient pas « écoutés avant que les hommes aient souffert dans leurs personnes, « dans leurs intérêts, dans leur réputation. » Washington, persuadé de l'avantage du gouvernement démocratique avec ces réserves, me convaincrait plus, je l'avoue, que La Fayette persuadé de l'excellence de la forme sans réserve.

(1) Se rappeler la belle Épître morale de Pope sur le *caractère des hommes*, et le passage si vrai sur la *passion maîtresse et dominante*.

ricains pour rejoindre ceux de son pays : « J'avais fait le pro-
« jet, écrit-il au duc d'Ayen, aussitôt que la guerre se décla-
« rerait, d'aller me ranger sous les étendards français ; j'y
« étais poussé par la crainte que l'ambition de quelque grade,
« ou l'amour de celui dont je jouis ici, ne parussent être les
« raisons qui m'avaient retenu. Des sentiments si peu patrio-
« tiques sont bien loin de mon cœur. » Mais il ne lui suffit
pas que ces sentiments soient loin de son cœur ; il ne saurait
souffrir qu'on les lui pût attribuer. Tel est le La Fayette primitif, avant que les leçons si positives de la Révolution française et l'exemple des égarements de l'opinion soient venus
le modérer à la surface bien plus que le modifier profondément. Les anciens chevaliers, les gentilshommes français
avaient pour culte l'honneur. Chevalier et gentilhomme, La
Fayette eut, autant qu'aucun, cet idéal délicat ; mais il arriva
au moment où il allait y avoir confusion et transformation de
l'idole de l'honneur en cette autre idole de la popularité, et
il devança ce moment. Au lieu de viser, comme les simples
et fidèles gentilshommes, à la bonne opinion de ses pairs, il
visa à la bonne opinion de tout le monde, de ce qu'on appelait le peuple, c'est-à-dire de ses pairs aussi ; il y avait, certes,
de la nouveauté et de la grandeur d'âme dans cette ambition,
dût-il y entrer quelque méprise. Quand il revient pour la première fois d'Amérique, La Fayette, reçu, complimenté à la
cour, exilé pour la forme, est fêté à Paris. Les ministres le
consultent, les femmes l'embrassent (1), la reine lui fait avoir
le régiment de Royal-dragons. Cependant on se lasse, comme
toujours ; les baisers cessent : « Les temps sont un peu chan-
« gés, écrit-il (trois ou quatre ans après), mais il me reste ce

---

(1) Les années en s'écoulant permettent bien des choses. Le duc
de Laval, parlant de M. de La Fayette et de ses bonnes fortunes dans
sa jeunesse, disait en bégayant et de l'air le plus sérieux : « M. de
La Fayette a eu madame de Simiane ; et madame de Simiane ! ce n'é-
tait pas chose facile : ne l'avait pas qui voulait ! » Il paraissait faire
plus de cas de lui pour cette conquête que pour toutes celles de 89.

« que j'aurais choisi, la *faveur populaire* et la tendresse des
« personnes que j'aime. » Cette faveur populaire, qui sonnait
si flatteusement à son oreille, et qui représentait pour lui ce
qu'était l'honneur à un Bayard, fut jusqu'à la fin son idole
favorite. Il la sacrifia dans certains cas à ce qu'il crut de son
devoir et de ses serments (ce qui est très-méritoire); mais, par
une sorte d'illusion propre aux amants, il ne crut jamais la
sacrifier tout entière ni la perdre sans retour; il mourut bien
moins en la regrettant qu'en la croyant posséder encore.

Dans cette même guerre d'Amérique, à son second voyage
(1780), La Fayette arrive à Boston, précédant de peu l'escadre
française qui amène les troupes de M. de Rochambeau ; c'est
un secours qu'il a obtenu de Versailles à l'insu de l'Amérique
et par son crédit personnel. Mais le corps français est peu
considérable ; pendant toute la campagne de 1780, M. de Rochambeau
croit devoir rester à Rhode-Island. La Fayette s'en
impatiente et lui écrit tout naturellement : « Je vous l'avoue-
« rai en confidence, au milieu d'un pays étranger, mon
« amour-propre souffre de voir les Français bloqués à Rhode-
« Island, et le dépit que j'en ressens me porte à désirer qu'on
« opère. » Il y avait mêlé quelque première vivacité envers
M. de Rochambeau, qu'il rétracte. Rochambeau lui répond,
et on remarque cette phrase, qui va juste à l'adresse de ce
même sentiment d'honorable susceptibilité auquel nous avons
vu déjà Washington répondre : « C'est toujours bien fait, mon
« cher marquis, de croire les Français invincibles ; mais je
« vais vous confier un grand secret d'après une expérience
« de quarante ans : Il n'y en a pas de plus aisés à battre,
« quand ils ont perdu la confiance en leur chef ; et ils la
« perdent tout de suite, quand ils ont été compromis à la suite
« de l'ambition particulière et personnelle. » La Fayette alors
se retourne vers Washington, et sollicite de lui une certaine
expédition dont il précise les bases, qui aurait de l'éclat, dit-
il, des avantages probables pour le moment et un immense
pour l'avenir ; qui, enfin, si elle ne réussit pas, n'entraîne

pas de suites fatales. Washington répond : « Il est impossible,
« mon cher marquis, de désirer plus ardemment que je ne
« fais, de terminer cette campagne par un coup heureux ;
« mais nous devons plutôt consulter nos moyens que nos
« désirs, et ne pas essayer d'améliorer l'état de nos affaires
« par des tentatives dont le mauvais succès les ferait empirer.
« Il faut déplorer que l'on ait mal compris notre situation en
« Europe ; mais, pour tâcher de recouvrer notre réputation,
« nous devons prendre garde de la compromettre davantage. »
On voit que chacun reste dans son rôle ; mais ces rôles divers se reproduisent trop fréquemment dans la suite des événements, pour qu'on les puisse attribuer à la seule différence des âges. Or, ce qui est du caractère persiste, se recouvre peut-être, mais se creuse assurément plutôt que de diminuer, avec l'âge. Le premier mobile de La Fayette est l'*opinion* dans le sens honorable, la gloire dans le sens antique, le *lôs* honnête. On peut acquérir plus tard de l'expérience, de l'habileté, de la finesse ; on en acquiert, c'est inévitable ; chacun a la sienne en avançant dans la vie et à force de se mesurer aux épreuves. Mais cette expérience acquise, il est rare qu'on ne l'emploie pas autour de sa qualité première fondamentale, qu'on ne la mette pas préférablement au service de son premier tour de caractère, quand il est décisif et dominant. J'essaie de saisir et d'indiquer dans ses fondements l'idée qui est devenue la vie même de La Fayette et qui est le mot de son rôle : la plus grande faveur populaire entourant et couronnant aussi constamment que possible la plus grande vertu civique. Cette conciliation en soi est assez difficile, et La Fayette l'a assez bien atteinte pour qu'on ne puisse s'étonner que, la première jeunesse passée, il s'y soit mêlé chez lui un peu d'art, un art toujours noble.

Dans cette première partie des Mémoires et de la vie de La Fayette, à côté de la jeune, enthousiaste et pure figure du disciple, est celle du maître, du véritable grand homme d'État républicain, de Washington. A lire les détails de la lutte commençante et les vicissitudes si prolongées, si tiraillées, on comprend, à moins d'avoir un système de philosophie de l'histoire préexistant, combien la destinée de l'Amérique du Nord était liée à lui, et combien, un homme manquant, il pouvait de ce côté ne pas se former d'empire. — On parlait de Washington : « C'est un bien grand homme, disais-je, et les Mémoires du général La Fayette montrent que sans lui la révolution d'Amérique aurait pu de reste ne pas réussir. » — « Oui, répondit un philosophe (1), il était bien nécessaire ; mais quand les choses sont mûres, ces sortes d'hommes nécessaires se rencontrent toujours. » — A la bonne heure ! aurait-on pu répliquer ; mais n'est-ce pas que, lorsqu'ils ne se présentent point, on aime à croire que c'est que les choses et les idées n'étaient pas encore mûres ?

On connaissait déjà quelques-unes des principales lettres de Washington à La Fayette, que ce dernier avait communiquées ; elles ont un genre de beauté simple, sensée, calme, majestueuse, religieuse, qui élève l'âme et mouille par moments l'œil de larmes. « Nous sommes à présent, écrit Was-
« hington à La Fayette (avril 1783), un peuple indépendant,
« et nous devons apprendre la tactique de la politique. Nous
« prenons place parmi les nations de la terre, et nous avons
« un caractère à établir. Le temps montrera comment nous
« aurons su nous en acquitter. Il est probable, du moins je
« le crains, que la politique locale des États interviendra
« trop dans le plan de gouvernement qu'une sagesse et une
« prévoyance dégagées de préjugés auraient dicté plus large,
« plus libéral ; et nous pourrons commettre bien des fautes
« sur ce théâtre immense, avant d'atteindre à la perfection de
« l'art... » Mais la lettre tout à fait monumentale et historique est celle qui a pour date : *Mount-Vernon*, 1er *février* 1784, aussitôt après la résignation du commandement : « Enfin, mon
« cher marquis, je suis à présent un simple citoyen sur les

(1) M. le duc de Broglie.

« bords du Potomac, à l'ombre de ma vigne et de mon
« figuier... » On est dans Plutarque, on est à la fois dans la
réalité moderne. Washington ne fut pas laissé trop longtemps
à l'ombre de son figuier. Appelé en 1789 à la présidence,
il fut le premier à fonder, à pratiquer le gouvernement au
sein du pays qu'il avait déjà sauvé et fondé dans son existence
même. Homme unique dans l'histoire jusqu'à ce jour, homme
de gouvernement, de pouvoir, de direction nationale et sociale, et en même temps homme de liberté, d'une intégrité
morale inaltérable. Depuis et avant César jusqu'à Napoléon,
tout ce qui a brillé et influé en tête des nations, grand roi
ou grand ministre, n'a songé et n'est parvenu à réussir qu'à
l'aide d'une dose de machiavélisme plus ou moins mal dissi-
mulée, tellement qu'on est en droit de se demander si le contraire est possible et si l'entière vertu n'apporte pas son obstacle, son échec avec elle. On n'a pour opposer véritablement
à cette triste vue que le nom de Washington, qui va rejoindre
à travers les siècles ces noms presque fabuleux des Épaminondas et des héros de la Grèce. Il est vrai que Washington,
grand homme qui paraît avoir été de nature à pouvoir suffire à toutes les situations, n'a eu à opérer que chez des nations encore simples, au sein d'une société en quelque sorte
élémentaire. Qu'aurait-il pu, qu'aurait-il refusé de faire dans
un premier rôle, au sein d'une vieille nation brillante et
corrompue? En disant *non* à certains moyens, n'aurait-il pas
abdiqué le pouvoir dès le second jour? Nul n'est en mesure
de démontrer le contraire; l'autorité de ce bel et unique
exemple reste donc en dehors, à part, une exception non
concluante, et je ne puis dire de la vie de Washington ce que
le poëte a dit de la chute d'un grand coupable politique :

   Abstulit hunc tandem Rufini pœna tumultum
   Absolvitque Deos (1).

(1) En repassant pourtant l'histoire, je m'arrête avec méditation

En 1784, La Fayette en est déjà à son troisième voyage d'Amérique : ce voyage de 1784, au commencement de la paix, fut un triomphe touchant et mérité qui ouvre pour lui cette série de marches unanimes et de processions populaires, dont il fut si souvent le héros et le drapeau. De retour en Europe, les années suivantes se passèrent pour lui en succès de toutes sortes, en voyages dans les diverses cours, très-amusants et qu'il raconte à ravir, en projets politiques et en applications sérieuses de son métier de républicain. La Fayette partage et devance le mouvement irrésistible et confiant qui poussait la société d'alors vers une révolution universelle. Ce qui me frappe, ce n'est pas tant qu'il croie, comme les plus habiles engagés dans le premier moment, à l'excellence des moyens nouveaux et à leur efficacité immédiate. Cela pourtant va un peu loin; Washington le sent, et, à propos de ses louables efforts pour la réhabilitation civile des Protestants, il lui écrit, dès 1785, ces paroles d'une intention plus générale :
« Mes vœux les plus ardents accompagneront toujours vos en-
« treprises; mais souvenez-vous, mon cher ami, que c'est une
« partie de l'art militaire que de reconnaître le terrain avant
« de s'y engager trop avant. On a souvent plus fait par les
« approches en règle que par un assaut à force ouverte. Dans
« le premier cas, vous pouvez faire une bonne retraite; dans
« le second, vous le pouvez rarement si vous êtes repoussé. »
Mais, encore une fois, cet entraînement enthousiaste a été trop manifeste chez tous ceux qui ont pris part au premier assaut contre l'ancien régime, pour qu'en le remarquant chez La Fayette on y voie alors autre chose qu'un surcroît d'émulation civique et de zèle, une intrépidité d'avant-garde avec les dehors du sang-froid. Ce qui me frappe donc, c'est la suite, c'est la persistance plus intrépide de sa foi aux mêmes moyens généraux, et sa méconnaissance prolongée de ce

sur ces grands noms consolateurs de Charlemagne et de saint Louis; et s'ils n'emportent pas la balance, ils empêchent le désespoir.

qu'avait de spécial le caractère de la nation française par opposition à l'américaine. Que La Fayette, en 87, à l'époque de l'Assemblée des notables, se trouvant chez le duc d'Harcourt, gouverneur du Dauphin, avec une société qui discutait quels livres d'histoire il fallait mettre dans les mains du jeune prince, ait dit : « Je crois qu'il ferait bien de commencer son histoire de France à l'année 1787, » le mot est juste et piquant dans la situation, et d'accord avec le vœu universel d'alors, dont c'était une rédaction vivement abrégée. Mais en rayant toute une histoire de rois, on ne raye pas aussi aisément un caractère de peuple. Et comment le La Fayette de 89 à 91, le général de la force armée à Paris, le La Fayette des insurrections qu'il contenait à peine, des faubourgs qu'il ne commandait qu'en les conduisant, comment ce La Fayette n'a-t-il pas senti sous lui et au poitrail de son cheval le même peuple orageux et mobile, héroïque et... mille autres choses à la fois, peuple de la Ligue et de la Fronde, peuple de l'entrée de Henri IV et de l'entrée de Louis XVI, peuple des *Trois Jours*, je le sais, mais aussi de bien des jours assez dissemblables, j'ose le croire? Or ce peuple-là de Paris n'était lui-même qu'une des variétés de la grande nation. On oublie trop, en traitant, soit avec les individus, soit avec les nations, ce qui est du fond de leur caractère ; à la faveur de quelques compliments de forme, où résonnent les mots d'*honorable*, de *loyal*, on aime de part et d'autre à se dissimuler cela ; c'est comme quelque chose d'immuable au fond et de fatal ; il semble que ce soit désagréable et humiliant de se l'avouer. Homme et nation, on suppose volontiers qu'on se convertit du tout au tout. Or, le caractère d'une nation, modifiable très-lentement à travers les siècles, toujours très-particulier, est moins changeable encore que celui d'un individu, lequel lui-même ne se change guère. Plus il y a grand nombre, et moins il y a chance à la lutte de la volonté morale contre le penchant, plus il y a fatalité et triomphe de la force naturelle. Le caractère, quelquefois masqué chez les nations, comme chez les individus, par les moments de grande passion, reparaît toujours après (1).

La Fayette, non-seulement d'abord, mais continuellement et jusqu'à la fin, a paru négliger dans la question sociale et politique cet *élément constant,* ou du moins très-peu variable, donné par la nature et l'histoire, à savoir, le caractère de la nation française. Il n'a jamais vu ou voulu voir que l'homme en général, et non pas l'homme des moralistes, celui de La Rochefoucauld et de La Bruyère, mais l'homme des droits, l'homme abstrait. En juillet 1815, entre Waterloo et la seconde rentrée des Bourbons, il prit le plus grand intérêt (2), comme on sait, à la Déclaration de la Chambre des représentants. « Cette pièce admirable, écrit-il avec raison en s'y reconnaissant, présente ce que la France a voulu constamment depuis 89 et ce qu'elle voudra toujours jusqu'à ce qu'elle l'ait obtenu. » Et il ajoute : « Ceux qui accusent les Français de légèreté devraient penser qu'au bout de vingt-six ans de révolution ils se retrouvent dans les mêmes dispositions qu'ils manifestèrent à son commencement. » Mais, en supposant que les Français de 1815 aient été assez unanimes sur cette Déclaration avec la Chambre des représentants (ce que rien ne prouve) pour ne pas être accusés de légèreté, n'était-ce donc pas trop déjà, au point de vue de La Fayette, qu'après avoir été les Français de 89, ils eussent été ceux du Directoire, ceux du 18 brumaire, du couronnement et des pompes idolâtriques de l'Empire? N'en voilà-t-il pas plus qu'il ne fallait pour croire encore au vieux défaut national, à la légèreté? On trouvera peut-être que j'insiste trop sur cette illusion de La Fayette, sur cette vue obstinée et incomplète, selon laquelle il ne cessait de découper dans l'étoffe ondoyante de l'homme

---

(1) Lord Chesterfield en son temps disait à Montesquieu : « Vous autres Français, vous savez élever des barricades, mais pas de barrières. »

(2) Il y aurait pris la plus grande part, s'il n'avait été en ce moment à Haguenau : il y adhéra très-vivement à son retour.

et du Français l'exemplaire uniforme de son citoyen. Mais, dans l'étude du caractère, *j'injecte* de mon mieux, pour la dessiner aux regards, la veine ou l'artère principale. Je veux tout dire, d'ailleurs, de ma pensée : tout n'était pas illusoire dans cette vue persévérante, et, pour mieux aboutir à sa fin, il fallait peut-être ainsi qu'elle se resserrât. La Fayette avait attaché de bonne heure son honneur et son renom au triomphe de certaines idées, de certaines vérités politiques ; cela était devenu sa mission, son rôle spécial, dans les divers actes de notre grand drame révolutionnaire, de reparaître droit et fixe avec ces articles écrits sur le même drapeau. Qu'à défaut de triomphe on ne perdit pas de vue drapeau et articles inscrits, avec lesquels il s'identifiait, c'est ce qu'il voulait du moins. Ce qu'il avait déclaré en 89, il le rappelle donc et le maintient en 1800, il le proclame en 1815, il le déploie encore en 1830 ; et, en définitive, août 1830 en a réalisé assez, dans la lettre sinon dans l'esprit, pour que sa vue persévérante ait été justifiée historiquement. Dans sa longue et ferme attente, tout ce qui pouvait être étranger au triomphe du drapeau, et en amoindrir ou en retarder l'inauguration, La Fayette ne le voyait pas, et peut-être il ne le désirait pas voir. Son langage était fait à son dessein. Un précepte qu'il ne faut jamais perdre de vue en politique, c'est, quelque idée qu'on ait des hommes, d'avoir l'air de les respecter et de faire estime de leur sens, de leur caractère ; on tire par là d'eux tout le bon parti possible ; et si l'on y veut mettre cette louable intention, on les peut mouvoir dans le sens de leurs meilleurs penchants. La Fayette, qui s'était voué, comme à une spécialité, au triomphe de quelques principes généreux, a pu ne dire dans sa longue carrière et ne paraître connaître de la majorité des hommes, même après l'expérience, que ce qui convenait au noble but où il les voulait porter. Ç'a été une des conditions de son rôle, en le définissant comme je viens de le faire ; et si c'en a été un des moyens, il n'a rien eu que de permis.

En m'exprimant de la sorte, en toute liberté, je n'ai pas besoin de faire remarquer combien le point de vue du politique et celui du moraliste sont inverses, l'un songeant avant tout aux résultats et au succès, l'autre remontant sans cesse aux motifs et aux moyens.

Sans prétendre suivre en détail La Fayette dans son personnage politique à dater de 89, j'aurai pourtant à parcourir ses Mémoires pour l'appréciation de quelques-uns de ses actes, pour le relevé de quelques-uns de ses portraits anecdotiques ou de ses jugements. Mais aujourd'hui j'aime mieux tirer par anticipation, des trois derniers volumes non publiés, et qui vont très-prochainement paraître, de belles pages d'un grand ton historique, qui succèdent à de très-intéressants et très-variés récits, le tout composant un chapitre intitulé *Mes rapports avec le premier Consul*. Cet écrit, commencé avant 1805, à la prière du général Van Ryssel, ami de La Fayette, ne fut achevé qu'en 1807 et resta dédié au patriote hollandais, mort dans l'intervalle. Ces pages, datées de Lagrange, méditées et tracées à une époque de retraite, d'oubli et de parfait désintéressement, loin des rumeurs de l'idole populaire, y gagnent en élévation et en étendue. J'en extrais toute la conclusion (1) :

« *Guerre* et *politique*, voilà deux champs de gloire où Bonaparte exerce une grande supériorité de combinaisons et de caractère; non qu'il me convienne comme à ses flatteurs de lui attribuer cette force nationale primitive qui naquit avec la Révolution et qui, indomptable sous les chefs les plus médiocres, valut tant de triomphes aux grands

---

(1) Malgré la longueur, je n'ai pas voulu priver le lecteur de cette reproduction textuelle; les citations découpées par la critique dessinent l'homme mieux que si l'on renvoyait au livre. La bonne critique n'est souvent qu'une bordure. — Et puis, en me livrant tout à l'heure à mon extrême analyse, je comptais bien en corriger à temps l'impression, en recouvrir la minutie un peu sévère, par l'effet de ce large morceau, devenu en tout nécessaire au complément de ma pensée et à la proportion de mon jugement.

généraux, ou que je voulusse oublier quand et par qui furent faites la plupart des conquêtes qui ont fixé les limites de la France ; mais, parmi tant de capitaines qui ont relevé la gloire de nos armes, il n'en est aucun qui puisse présenter un si brillant faisceau de succès militaires. Personne, depuis César, n'a autant montré cette prodigieuse activité de calcul et d'exécution qui, au bout d'un temps donné, doit assurer à Bonaparte l'avantage sur ses rivaux. Permettons-lui, sous ce rapport, d'en vouloir un peu à la philosophie moderne qui tend à désenchanter le monde du prestige des conquêtes, et qui, modifiant l'opinion de l'Europe et le ton de l'histoire, fait demander quelles furent les vertus d'un héros, et de quelle manière la victoire influa sur le bien-être des nations.

« Ce n'est pas non plus dans les nobles régions de l'intérêt général qu'il faut chercher la politique de Bonaparte. Elle n'a d'objet, comme on l'a dit, que *la construction de lui-même* ; mais le feu sombre et dévorant d'une ambition bouillante et néanmoins dirigée par de profonds calculs a dû produire de grandes conceptions, de grandes actions, et augmenter l'éclat et l'influence de la nation dont il a besoin pour commander au monde. Ce monde était d'ailleurs si pitoyablement gouverné, qu'en se trouvant à la tête d'un mouvement révolutionnaire dont les premières impulsions furent libérales et les déviations atroces, Bonaparte, dans sa marche triomphante, a nécessairement amené au dehors des innovations utiles, et en France des mesures réparatrices, au lieu de la démagogie féroce dont on avait craint le retour. Beaucoup de persécutions ont cessé, beaucoup d'autres ont été redressées ; la tranquillité intérieure a été rétablie sur les ruines de l'esprit de parti ; et si l'on suivait les derniers résultats de l'influence française en Europe, on verrait qu'il s'exerce continuellement une force de choses nouvelle qui, en dépit de la tendance personnelle du chef, rapproche les peuples vaincus des moyens d'une liberté future.

« Il est assez remarquable que ce puissant génie, maître de tant d'États, n'ait été pour rien dans les causes premières de leur rénovation. Étranger aux mutations de l'esprit public du dernier siècle, il me disait : « Les adversaires de la Révolution n'ont rien à me re-
« procher ; je suis pour eux un Solon qui a fait fortune. »

« Cette fortune date du siége de Toulon ; le général Carteaux lui écrivait alors en style du temps : « A telle heure, six chevaux de

« poste, ou la mort. » Il me racontait un jour comment des bandes de brigands dégueniIlés arrivaient de Paris dans des voitures dorées, pour former, disait-on, l'esprit public. Dénoncé lui-même avec sa famille, après le 9 thermidor, comme terroriste, il vint se plaindre de sa destitution ; mais Barras l'avait distingué à Toulon et l'employa au 13 vendémiaire : « Ah! disait-il à Junot en voyant passer ceux « qu'il allait combattre, si ces gaillards-là me mettaient à leur tête, « comme je ferais sauter les représentants! » Il épousa ensuite madame de Beauharnais et eut le commandement d'Italie. Son armée devint l'appui des jacobins, en opposition aux troupes d'Allemagne, qu'on appelait *les Messieurs;* les campagnes à jamais célèbres de cette armée couvrirent de lauriers chaque échelon de la puissance du chef. On connaît son influence sur le 18 fructidor, qui porta le dernier coup aux assemblées nationales ; Bonaparte n'en dit pas moins, à son retour, dans un discours d'apparat, que « cette année commençait l'ère des gouvernements représentatifs. » Les partis opprimés espéraient qu'il allait modifier la rigueur des temps ; il ne tenta rien pour eux ni pour lui. Contrarié dans une conférence avec les Directeurs, il offrit sa démission ; La Revellière et Rewbell l'acceptèrent, Barras la lui rendit, et le vainqueur de l'Italie se crut heureux de courir les côtes pour être hors de Paris, et d'être envoyé de France en Égypte, où il emmena la fleur de nos armées. Ses idées se tournèrent alors vers l'Asie, dont l'ignorante servitude, comme il l'a souvent dit depuis, flattait son ambition. Arrêté à Saint-Jean-d'Acre par Philippeaux, son ancien camarade, il regagna l'Égypte où, apprenant les revers de nos armées en Europe, et après avoir reçu une lettre de son frère Joseph portée par un Américain, il s'embarqua secrètement pour retourner en France ; mais il n'y arriva que lorsque nos drapeaux étaient redevenus partout victorieux.

« Cependant sa fortune ne l'abandonnait pas. Un des tristes résultats de tant de violences précédentes avait été la nécessité généralement reconnue d'un coup d'État de plus pour sauver la liberté et l'ordre social. Plusieurs projets analogues au 18 brumaire furent proposés en quelque sorte au rabais, quoique sans fruit, à divers généraux. On y distinguait surtout le besoin de chacun de ne chercher des secours que là où les souvenirs du passé trouveraient une sanction. Au nom de Bonaparte, toute attente se tourna vers lui. Rayonnant de gloire, plus imposant par son caractère que par sa moralité, doué de qualités éminentes, vanté par les jacobins lorsqu'ils croyaient le moins à son retour, il offrait à d'autres le mérite d'avoir préféré la république à la liberté, Mahomet à Jésus-Christ, l'Institut au généralat; on lui savait gré ailleurs de ses égards pour le pape, le clergé et les nobles, d'un certain ton de prince et de ces goûts de cour dont on n'avait pas encore mesuré la portée. Le Directoire, divisé, déconsidéré, le laissa d'autant plus facilement arriver, que Barras le regardait encore comme son protégé, et que Sieyès espérait en faire son instrument. Il n'eut plus, dès lors, qu'à se décider entre les partis, leurs offres, ses promesses, et, parmi ceux qui se mirent en avant, tout bon citoyen eût fait le même choix que lui. On peut s'étonner que, dans la journée de Saint-Cloud, Bonaparte ait paru le plus troublé de tous; qu'il ait fallu pour le ranimer un mot de Sieyès, et, pour enlever ses troupes, un discours de Lucien; mais, depuis ce moment, tous ses avantages ont été combinés, saisis et assurés avec une suite et une habileté incomparables.

« Ce n'est pas, sans doute, cette absolue prévoyance de tous les temps, cette création précise de chaque événement, auxquelles le vulgaire aime à croire comme aux sorciers. Les plus vils usurpateurs, et jusqu'à Robespierre, en ont eu momentanément le renom; mais, en se livrant à l'ambition « d'aller, comme il disait lui-même à Lally, « toujours en avant, et le plus loin possible, » ce qui rappelle le mot de Cromwell, Bonaparte a réuni au plus haut degré quatre facultés essentielles : calculer, préparer, hasarder et attendre. Il a tiré le plus grand parti de circonstances singulièrement convenables pour ses moyens et ses vues, du dégoût général de la popularité, de la terreur des émotions civiles, de la prépondérance rendue à la force militaire, où il porte à la fois le génie qui dirige les troupes et le ton qui leur plaît; enfin, de la situation des esprits et des partis qui laissait craindre aux uns la restauration des Bourbons, aux autres la liberté publique, à plusieurs l'influence des hommes qu'ils ont haïs ou persécutés, à presque tous un mouvement quelconque, et l'obligation de se prononcer. Tout cela ne lui donnait, à la vérité, la préférence de personne, mais lui assurait, suivant l'expression de madame de Staël, « les secondes voix de tout le monde. » Il a plus fait encore : il s'est emparé avec un art prodigieux des circonstances qui lui étaient contraires; il a profité à son gré des anciens vices et des nouvelles passions de toutes les cours, de toutes les factions de l'Europe; il s'est mêlé, par ses émissaires, à toutes les coalitions, à tous les complots dont la France ou lui-même pouvaient être l'objet; au lieu de les divulguer ou de les arrêter, il a su les encourager, les faire aboutir utilement pour lui, hors de propos pour ses ennemis, les déjouant ainsi les uns par les autres, se faisant de toutes personnes et de toutes choses des instruments et des moyens d'agrandissement ou de pouvoir.

« Bonaparte, mieux organisé pour le bonheur public et pour le sien, eût pu, avec moins de frais et plus de gloire, fixer les destinées du monde et se placer à la tête du genre humain. On doit plaindre l'ambition secondaire qu'il a eue, dans de telles circonstances, de régner arbitrairement sur l'Europe; mais, pour satisfaire cette manie géographiquement gigantesque et moralement mesquine, il a fallu gaspiller un immense emploi de forces intellectuelles et physiques, il a fallu appliquer tout le génie du machiavélisme à la dégradation des idées libérales et patriotiques, à l'avilissement des partis, des opinions et des personnes; car celles qui se dévouent à son sort n'en sont que plus exposées à cette double conséquence de son système et de son caractère; il a fallu joindre habilement l'éclat d'une brillante administration aux sottises, aux taxes et aux vexations nécessaires à un plan de despotisme, de corruption et de conquête, se tenir toujours en garde contre l'indépendance et l'industrie, en hostilité contre les lumières, en opposition à la marche naturelle de son siècle; il a fallu chercher dans son propre cœur à se justifier le mépris pour les hommes, et dans la bassesse des autres à s'y maintenir; renoncer ainsi à être aimé, comme par ses variations politiques, philosophiques et religieuses, il a renoncé à être cru; il a fallu encourir la malveillance presque universelle de tous les gens qui ont droit d'être mécontents de lui, de ceux qu'il a rendus mécontents d'eux-mêmes, de ceux qui, pour le maintien et l'honneur des bons sentiments, voient avec peine le triomphe des principes immoraux; il a fallu enfin fonder son existence sur la continuité du succès, et, en exploitant à son profit le mouvement révolutionnaire, ôter aux ennemis de la France et se donner à lui-même tout l'odieux de ces guerres auxquelles on ne voit plus de motifs que l'établissement de sa puissance et de sa famille.

« Quel sera pour lui pendant sa vie, et surtout dans la postérité, le résultat définitif du défaut d'équilibre entre sa tête et son cœur? Je suis porté à n'en pas bien augurer; mais je n'ai voulu, dans cet aperçu de sa conduite, qu'expliquer de plus en plus la mienne; elle ne peut être imputée à aucun sentiment de haine ou d'ingratitude. J'avais de l'attrait pour Bonaparte ; j'avoue même que, dans mon aversion de la tyrannie, je suis plus choqué encore de la soumission de tous que de l'usurpation d'un seul. Il n'a tenu qu'à moi de participer à toutes les faveurs compatibles avec son système. Beaucoup d'hommes ont concouru à ma délivrance : le Directoire qui ordonna de nous réclamer ; les Directeurs et les ministres qui recommandèrent cet ordre ; le collègue plénipotentiaire qui s'en occupa ; certes, autant que lui, tant d'autres qui nous servirent de leur autorité, de leur talent, de leur dévouement ; il n'en est point à qui j'aie témoigné avec autant d'éclat et d'abandon une reconnaissance sans bornes, sans autres bornes du moins que mes devoirs envers la liberté et la patrie. Prêt, en tous temps et en tous lieux, à soutenir cette cause avec qui et contre qui que ce soit, j'eusse mieux aimé son influence et sa magistrature que toute autre au monde : là s'est arrêtée ma préférence. Les vœux qu'il m'est pénible de former à son égard se tourneraient en imprécations contre moi-même, s'il était possible qu'aucun instant de ma vie me surprît dans les intentions anti-libérales auxquelles il a malheureusement prostitué la sienne. »

On ne doit pas séparer de ce morceau l'éloquente dédicace qui le termine :

« J'en atteste vos mânes, ô mon cher Van Ryssel ! à chaque pas de votre honorable carrière, trop courte pour notre affection et nos regrets, mais longue par les années, par les services, par les vertus ; en paix, en guerre, en révolution, puissant, proscrit ou réintégré, vous n'avez jamais cessé d'être le plus noble et le plus fidèle observateur de la justice et de la vérité ! Après avoir partagé, au 18 brumaire, ma joie et mon espoir, vous ne tardâtes pas à reconnaître la funeste direction du nouveau gouvernement, et le droit que j'avais de ne pas m'y associer ; Bonaparte perdit par degrés l'estime et la bienveillance d'un des plus dignes appréciateurs du patriotisme et de la vraie gloire ; et cependant, avant d'ôter à la Hollande jusqu'au nom de république, la fortune semble avoir attendu, par respect, qu'elle eût perdu le plus grand et le meilleur de ses citoyens. C'est donc à votre mémoire que je dédie cette lettre commencée autrefois pour vous. Et pourquoi ne croirais-je pas l'écrire sous vos yeux, lorsque c'est au souvenir religieux de quelques amis, plus qu'à l'opinion de l'univers existant, que j'aime à rapporter mes actions et mes pensées, en harmonie, j'ose le dire, avec une telle consécration? »

J'ai parlé du rôle et de ce qui s'y glisse inévitablement de factice à la longue, même pour les plus vertueux; mais ici la solitude est profonde, la rentrée en scène indéfiniment ajournée; au sein d'une agriculture purifiante, dans le sentiment triste et serein de l'abnégation, en présence des amis morts, tout inspire la conscience et l'affranchit; ces pages du prisonnier d'Olmütz devenu le cultivateur de Lagrange ont un accent fidèle des mâles et simples paroles de Washington; elles feront aisément partager à tout lecteur quelque chose de l'émotion qui les dicta.

II

Ce fut une brillante époque dans la vie de La Fayette que les années qui s'écoulèrent depuis la fin de la guerre d'Amérique jusqu'à l'ouverture des États-généraux. Jeune et célèbre, déjà plein d'actions, chevaleresque parrain de treize républiques, il parcourait et étudiait l'Europe, les cours absolues, assistait aux revues et aux soupers du grand Frédéric, et, de retour en France, par ses liaisons, par ses propos, par son attitude à l'Assemblée des notables, poussait hardiment à des réformes, dont le seul mot, étonnement de la cour, électrisait le public, et que rien ne compromettait encore. Pourtant cet intervalle de jouissance, de repos et de préparation, eut son terme, et La Fayette, à ses risques et périls dut rentrer dans la pratique active des révolutions. Il est âgé de trente-deux ans en 89. Tout ce qui précède n'a été qu'un prélude; le plus sérieux et le plus mûr commence; la gloire, jusque-là si pure et incontestée, du jeune général va subir de terribles épreuves. Il s'agit, en effet, de la France et d'une vieille monarchie, d'une cour à laquelle La Fayette est lié par sa naissance, par des devoirs ou du moins par des égards obligés. De toutes parts il s'agit pour lui de garder une difficile et presque impossible mesure, d'être républicain sans abjurer tout à fait son respect au trône, d'être du peuple sans insulter chez les autres ni en lui le gentilhomme. Or, La Fayette, dans une telle complication que chaque pensée aisément achève, s'engagea sans hésiter, tout en droiture et comme naturellement. Si on le prend à l'entrée et à l'issue, on trouve que, somme toute et sauf l'examen de détail, il s'en est tiré, quant aux principes généraux et quant à la tenue personnelle, à son honneur, à l'honneur de sa cause et de sa morale en politique.

Ce n'est pas à dire qu'en aucun de ces difficiles moments ni lui ni son cheval n'aient bronché.

Je ne discuterai pas les principaux faits de la vie de La Fayette depuis 89 jusqu'à sa sortie de France en août 92 ; de telles discussions, rebattues pour les contemporains, redeviendraient plus fastidieuses à la distance où nous sommes placés ; c'est à chaque lecteur, dans une réflexion impartiale, à se former son impression particulière. Les reproches dont sa conduite a été l'objet portent en double sens. Les uns l'ont accusé de ne s'être pas suffisamment opposé aux excès populaires dans la nuit du 6 octobre, le 22 juillet précédent lors du massacre de Foulon, et en d'autres circonstances ; les autres l'ont, au contraire, accusé, lui et Bailly, de sa résistance aux mouvements populaires dans les derniers temps de l'Assemblée constituante, notamment de la proclamation et de l'exécution de la loi martiale au Champ-de-Mars, le 17 juillet 91. Le fait est qu'après la grande insurrection du 14 juillet, qui fondait l'Assemblée nationale, La Fayette n'en voulut plus d'autres ; mais qu'avant d'en venir à les combattre, à les réprimer, il se prêta quelquefois, pour les mitiger, à les conduire. Il y a bien des années, qu'enfant j'entendais raconter à l'un des gardes nationaux présents aux journées des 5 et 6 octobre, le détail que voici, et qui est à la fois une particularité et une figure. Le tocsin avait sonné dès le matin du 5 octobre, Paris était en insurrection, les faubourgs débouchaient en colonnes pressées, l'on criait : *A Versailles! à Versailles!* La Fayette, qui devait prendre la tête de la marche, ne partait pas. Durant la matinée entière et jusque très-avant dans l'après-midi, sous un prétexte ou sous un autre, il avait tenu bon, faisant la sourde oreille aux menaces comme aux exhortations. Bref, après des heures de fluctuation houleuse, tous les délais expirés et la foule ne se contenant plus, La Fayette à cheval, au quai de la Grève, en tête de ses bataillons, ne bougeait encore, quand un jeune homme, sortant du rang et portant la main à la bride de son cheval, lui dit : « Mon général, jusqu'ici vous nous avez commandés ; mais maintenant c'est à nous de vous conduire...; » et l'ordre : *En avant!* jusqu'alors vainement attendu, s'échappa.

Le témoin véridique, de qui le mot m'est venu, n'en avait entendu que la lettre, et n'en saisissait ni le poétique ni le figuratif. Depuis, j'ai souvent repassé en esprit, comme le revers et l'ombre de bien des ovations, cette humble image du commandant populaire (1). Et celui-ci était le plus probe, le plus inflexible, passé une certaine ligne ; il ne cédait ici qu'en vue surtout de maintenir et de modérer. Si l'on ne

---

(1) Au chant XXI de *l'Iliade,* Achille est représenté s'enfuyant à toutes jambes devant le Scamandre furieux et débordé : « Comme « lorsqu'un irrigateur, remontant sur la colline à une source aux eaux « noires, en veut amener le courant à travers les jeunes plants et les « enclos : tenant la houe en main, il aplanit l'obstacle et ouvre la « rigole où l'eau court à l'instant : tous les cailloux s'entre-choquent « et s'agitent, le flot précipité résonne sur la pente, et *devance celui* « *même qui le veut conduire.* » Tels les chefs du peuple dans les révolutions : qu'on aille au fond de cette comparaison gracieuse, on a là leur image et comme leur devise.

peut dire de lui qu'une fois la Révolution engagée, il ait dominé les événements, s'il les a trop suivis ou (ce qui revient au même) précédés dans le sens de tout à l'heure, il en a été l'instrument et le surveillant le plus actif, le plus intègre, le plus désintéressé ; quand ils ont voulu aller trop loin, à un certain jour, il leur a dit *non*, et les a laissés passer sans lui, au risque d'en être écrasé le premier ; en un mot, il a fait ses preuves de vertu morale. Mais à ce début, il y eut de longs moments d'acheminement, d'embarras, de composition inévitable. L'indulgence qu'on a en révolution pour les moyens est singulière, tant que vos opinions ne sont pas dépassées.

Au 22 juillet 89, La Fayette fit tout ce qui était humainement possible pour sauver Foulon et Berthier ; le lendemain, il déposait à l'hôtel de ville son épée de commandant, fondé sur ce que les exécutions sanglantes et illégales de la veille l'avaient trop convaincu *qu'il n'était pas l'objet d'une confiance universelle* ; il ne consentit à la reprendre que sur les instances les plus flatteuses et après des témoignages unanimes. Mais son impression sur ces attentats et quelques autres pareils qui, ainsi qu'il le dit, ont trompé son zèle et profondément affligé son cœur, son impression d'honnête homme n'atteignit pas alors sa vue politique, et ne détruisit pas du coup le charme qui ne cessa que plus tard, lorsque le 10 août déchira le rideau. Des prisons de Magdebourg, en juin 93, La Fayette écrivait à la princesse d'Hénin : « Le nom de mon « malheureux ami La Rochefoucauld se présente toujours à « moi... Ah ! voilà le crime qui a profondément ulcéré mon « cœur ! La cause du peuple ne m'est pas moins sacrée ; je « donnerais mon sang goutte à goutte pour elle ; je me re- « procherais chaque instant de ma vie qui ne serait pas uni- « quement dévoué à cette cause ; *mais le charme est détruit...* » Et plus loin il parle encore de l'injustice du peuple, qui, sans diminuer son dévouement à cette cause, a détruit pour lui cette *délicieuse sensation du sourire de la multitude.* Ainsi, avant le 10 août, avant la proscription et le massacre de ses amis, et même après que Foulon eut été déchiré devant ses yeux et malgré ses efforts, avec les circonstances qu'on peut lire dans les *Mémoires* de Ferrières, le charme subsistait encore pour La Fayette ; il fallait que La Rochefoucauld fût massacré à Gisors pour que l'attrait de la multitude s'évanouît, et pour qu'elle cessât (au moins dans un temps) de lui sourire. Tous les reproches adressés à La Fayette au sujet de ces journées du 22 juillet, des 5 et 6 octobre, me paraissent aujourd'hui abandonnés ou réfutés, et ils se réduisent à cette remarque morale, laquelle porte sur la nature humaine encore plus que sur lui.

Quant aux reproches en sens opposé, et pour avoir défendu la Constitution et la royauté de 91 contre les émeutes, ils ne s'adressent pas à la moralité de La Fayette, qui ne faisait que suivre entre la cour infidèle et les factions orageuses la ligne étroite de son serment. On peut seulement se demander si, en s'enfermant comme il le fit dans la Constitution de 91 sans issue, il ne dévoua pas sa personne et son influence à une honorable impossibilité. Je crois que La Fayette, dans les excellents exposés qu'il donne de la situation révolutionnaire aux divers moments, de 89 à 92, s'exagère, en général, la pratique possible de la Constitution. Il a beau faire, il a beau en justifier la mesure et les bases, analyser et qualifier à merveille les divers partis qui s'y opposent et les hommes qui figurent pour et contre, toujours l'un des deux éléments essentiels à son ordre de choses lui échappe : toujours, d'un côté, la cour conspire et ne veut pas se rallier ; toujours d'un autre côté, la foule et les factions ne peuvent pas avoir confiance et ne veulent pas s'arrêter. Il s'agissait en 91, pour le gros de la nation active et pour les générations survenantes, de bien autre chose que de la Constitution même. Une cour restait à bon droit suspecte : la fuite du 20 juin et les révélations subséquentes l'ont assez convaincue d'incompatibilité. Le grand mouvement de 89 avait remué toutes les opinions, exalté tous les sentiments ; on se précipitait de toutes parts dans l'amour du bien public, comme sur une proie; les générations qui n'avaient pas donné en 89 étaient avides de mettre la main aussi à quelque chose : on était lancé, et chacun allait renchérissant. La Fayette (dans ses *Souvenirs en sortant de prison* (1)) remarque, il est vrai, qu'on a poussé un peu loin le fatalisme dans les jugements sur la Révolution française, et cette observation, chez lui précoce, antérieure aux systèmes historiques d'aujourd'hui, bien autrement fatalistes, rentre trop dans ce que je crois vrai pour que je ne cite pas ses paroles : « De même, dit-il, qu'autrefois l'histoire rapportait tout à « quelques hommes, la mode aujourd'hui est de tout attri- « buer à la force des choses, à l'enchaînement des faits, à la « marche des idées : on accorde le moins possible aux in- « fluences individuelles. Ce nouvel extrême, indiqué par Fox « dans son ouvrage posthume, a le mérite de fournir à la « philosophie de belles généralités, à la littérature des rap- « prochements brillants, à la médiocrité une merveilleuse « consolation. Personne ne connaît et ne respecte plus que « moi la puissance de l'opinion, de la culture morale et des « connaissances politiques ; je pense même que, dans une so- « ciété bien constituée, l'homme d'État n'a besoin que de « probité et de bon sens; mais il me paraît impossible de « méconnaître, surtout dans les temps de trouble et de réac- « tion, le rapport nécessaire des événements avec les princi- « paux moteurs. Et, par exemple, si le général Lee, qui n'é- « tait qu'un Anglais mécontent, avait obtenu le commande- « ment donné au grand citoyen Washington, il est probable « que la révolution américaine eût fini par se borner à un « traité avantageux avec la mère-patrie... » Il continue de la sorte à éclaircir sa pensée par des exemples. Mais en 91, pour revenir au point en question, où était l'homme de la circonstance, et y avait-il un homme dirigeant? Avec sa méthode et son caractère, La Fayette ne l'eût jamais été; il s'usait hono-

---

(1) Tome IV.

rablement à maintenir l'ordre ou à modérer le désordre, à servir la cour malgré elle, à retenir Louis XVI dans la lettre de la Constitution; il s'est toujours *livré*, nous dit-il lui-même (et, à dater de cette époque, je crois le mot exact), *aux moindres espérances* d'obtenir, dans la recherche et la pratique de la liberté, le concours paisible des autorités existantes. Ainsi faisait-il alors religieusement et sans grande perspective. Autour de lui c'étaient des masses, des clubs, une Assemblée finissante; on retombait dans la force des choses (1).

Après la Constitution jurée et la clôture de l'Assemblée constituante, La Fayette se retire en Auvergne pendant les derniers mois de 91; mais cette retraite à Chavaniac ne saurait ressembler à celle de Washington à Mount-Vernon; car rien n'est achevé et tout recommence. Il est mis à la tête d'une armée dès le commencement de 92. De la frontière où il travaille à organiser la défense, il écrit, le 16 juin, à l'Assemblée législative, et, après le 20 juin, quittant son armée à l'improviste, il paraît à la barre de cette Assemblée pour la rappeler à l'esprit de la Constitution, à la Déclaration des droits violée chaque jour. Il veut faire deux guerres à la fois, contre l'invasion prussienne et contre la Révolution croissante : c'est trop. Il retourne à son camp sans avoir rien obtenu que les honneurs de la séance : le 10 août va lui porter la réponse. A cette nouvelle, il met son armée en insurrection, mais en insurrection passive; il proclame et il attend; mais il attend vainement. L'exemple ne se propage pas, les autres armées

(1) Sur La Fayette et sa conduite en ces années difficiles, il est essentiel de consulter le *Mémorial de Gouverneur Morris* (édition française, tome I, pages 267, 274, 288, 302, 338, en un mot presque à chaque page). Morris, en s'y donnant les avantages de la prévoyance et de la prudence, comme il arrive toujours dans les mémoires, fait pourtant ressortir incontestablement l'impossibilité du rôle tenté par La Fayette. Il se trouve que l'Américain tient mieux compte que le gentilhomme des difficultés et des empêchements de notre vieux monde. — Depuis la publication de la *Correspondance de Mirabeau et du comte de La Marck*, on a toute la conduite de La Fayette éclairée par le revers.

se soumettent, et La Fayette, voyant que le pays ne répond mot, ne songe qu'à s'annuler, dans l'intérêt, non pas de la liberté qui n'existe plus, dit-il, mais de la patrie, qu'il s'agit toujours de sauver ; il passe la frontière avec ses aides de camp, non sans avoir pourvu à la sûreté immédiate de ses troupes.

Que cette conduite toute chevaleresque et civique soit jugée peu politique, je le conçois ; elle est d'un autre ordre. Politiquement, cette manière de faire ne saurait entrer dans l'esprit de ceux qui ne la sentent pas déjà par le cœur. Lord Holland, venu en France pendant la paix d'Amiens, causait de La Fayette avec le ministre Fouché ; celui-ci, au milieu d'expressions bienveillantes, taxait La Fayette d'avoir fait une grande faute, et il se trouva que cette faute était, non, comme lord Holland l'avait d'abord compris, de s'être déclaré contre le 10 août, mais de n'avoir pas, quelques mois plus tôt, renversé l'Assemblée, rétabli le pouvoir royal et saisi le gouvernement. Sans être Fouché, on peut remarquer, au point de vue politique et du succès, que, dans de telles circonstances, la démonstration de La Fayette, ainsi limitée, devait demeurer inefficace ; que proclamer le droit et attendre, l'arme au bras, une manifestation honnête, puis, s'il ne vient rien, se retirer, c'est compter sans doute plus qu'il ne faut sur la force morale des choses ; comme si, à part certains moments uniques et qui, une fois vus, ne se retrouvent pas, rien se faisait tout seul dans les nations ; comme s'il ne fallait pas, dans les crises, qu'un homme y mît la main, et fît et fît faire à tous même les choses justes et bonnes, et *libres*.

Mais La Fayette (et voilà ce qui importe), en allant au delà, n'était plus le même ; il sortait de l'esprit de sa ligne, de sa fidélité à ses serments, de sa religion publique ; il tombait dans la classe des hommes à 18 brumaire. Que cette tâche eût été, ou non, en rapport avec ses forces, c'est ce que je n'examine point. Le premier obstacle était dans la morale même qu'il professait, dans son respect pour la liberté d'autrui, dans l'idée la plus fondamentale et la plus sacrée de sa politique. Au-dessus de l'utilité immédiate et disputée qu'il eût pu apporter au pays par une intervention en armes, il y avait pour lui, homme de conviction, quelque chose de bien plus considérable dans l'avenir. Si l'idée de liberté n'était pas engloutie sans retour, s'il devait y avoir pour elle, comme il ne cessait de l'espérer, réveil, purification et triomphe, ce n'était qu'au prix de cette attente, de cette abnégation, de ce respect témoigné par quelqu'un (ne fût-ce qu'un seul !) envers la liberté de tous, même égarée et enchaînée. Il eut cette idée, et elle est grande ; elle est digne en elle-même de tout ce que l'antiquité peut offrir de stoïque au temps des triumvirs, et elle a de plus l'inspiration sociale, qui est la beauté moderne. En passant la frontière, dans les prisons de Magdebourg, de Neisse et d'Olmütz, plus tard dans son isolement de Lagrange sous l'Empire, il se disait : « Il y a donc quelque utilité dans « ma retraite, puisqu'elle affiche et entretient l'idée que la « liberté n'est pas abandonnée sans exception et sans retour. »

Par sa sortie de France en 92, la vie politique de La Fayette durant notre première Révolution se dessine nettement, et elle devient l'exemplaire-modèle en son espèce. Il a pu dire, après sa délivrance d'Olmütz, ce qu'on redit volontiers avec lui après les passions éteintes : « *Le bien et le mal de la Révolution paraissaient, en général, séparés par la ligne que j'avais suivie.* » Son nom, que j'aime à trouver de bonne heure honoré dans un ïambe d'André Chénier, a passé, depuis quarante ans déjà, en circulation, comme la médaille la mieux frappée et la plus authentique des hommes de 89.

La gloire et le malheur de ces médailles trop courantes est d'être comme les monnaies qui bientôt s'usent ; on n'en veut plus ; mais l'histoire vient, et de temps en temps, par quelque aspect nouveau, les refrappe et les ravive.

Le titre d'homme de 89, dont La Fayette nous offre la personnification équestre et en relief, reste lui-même le plus honorable, non-seulement en politique, mais en tous les genres et dans toutes les carrières. En toutes choses il y a, j'oserai dire, l'homme de 89, le girondin et le jacobin; je ne parle pas de la nature des opinions, mais de leur caractère et de leur allure; ce sont là comme trois familles d'esprits; on les retrouve plus ou moins partout où il y a mouvement d'idées. L'homme de 89, c'est-à-dire d'audace et d'innovation, mais avec limites et garanties, avec circonspection passé son 14 juillet, et avec arrêt devant les 10 août, l'esprit sans préjugés, courageux, qui apporte au monde sa part d'innovation et de découverte, mais qui ne prétend pas le détruire tout entier pour le refaire; qui ouvre sa brèche, mais qui reconnaît bien vite, en avançant, de certaines mesures imposées par le bon sens et par le fait, par l'honnêteté et par le goût; qui n'abjure pas dans les mécomptes, mais se ralentit seulement, se resserre, et attend aux endroits impossibles, sans forcer, sans renoncer... : qu'on achève le portrait, que je craindrais de faire trop vague en le traçant dans cette généralité. Veut-on des noms? en philosophie Locke en est, Descartes lui-même n'en sort pas : j'y mets André Chénier en poésie.

Il y a une classe d'esprits girondins; cela est plus audacieux, plus téméraire; ils sont plus perçants et plus étroits; ils vont d'abord aux extrêmes, mais ils reculent à un certain moment : une certaine honnêteté de goût, de sentiment, les tient, les saisit et les sauve. On trouve, en les considérant dans leur entier, bien des inconséquences et de fausses voies, mais aussi des sillons lumineux, des saillies franches, des traces sincères : moins honorables que les précédents, ils sont plus intéressants et touchants; l'imagination les aime; je les vois surtout romanesques et poétiques. Une limite plus ou moins rapprochée, non douteuse pourtant, les sépare de ce que j'appellerai les esprits *jacobins*; ils ont marché ensemble dans un temps, mais la qualité, la trempe est autre. Ces derniers (et je ne parle point du tout de la politique, mais de la littérature, de la poésie, de la critique) se trouvent nombreux de nos jours; on pourrait croire que c'est une espèce nouvelle qui a pullulé. Rien ne les effraye ni ne les rappelle ; *de plus en plus fort!* de l'audace, puis de l'audace et encore de l'audace, c'est là le secret à la fois et l'affiche. Dans leur hardiesse d'érudition (s'ils sont érudits) et leur intrépidité de système, ils remuent, ils lèvent sans doute çà et là des idées que des chemins plus ordinaires n'atteindraient pas ; mais le plus souvent à quel prix ! dans quel entourage ! tout en éprouvant du respect pour la force éminente de quelques-uns en cette famille d'esprits, j'avoue ne sentir que du dégoût pour les incroyables gageures, les motions à outrance et l'impudeur native de la plupart. Des noms paraîtraient nécessaires peut-être pour préciser, mais le présent est trop riche et le passé trop pauvre en échantillons. Seulement, et comme aperçu, pour un Joseph de Maistre combien de Linguets !

Oh ! même en simple révolution de littérature, heureux qui n'a été que de 89 et qui s'y tient ! c'est la belle cocarde. Girondin, passe encore ; on en revient avec honneur, sauf amendement et judicieuse inconséquence ; mais de 93, jamais !

Pourtant revenons aux grandes choses, au général La Fayette, à ses *Mémoires* et à sa vie. — Indépendamment des récits et de la correspondance qui représente sa vie politique de 89 à 92, on trouve à cet endroit de la publication divers morceaux critiques de la plume du général sur les mémoires ou histoires de la Révolution ; il y contrôle et y rectifie successivement certaines assertions de Sieyès, de Necker, de Ferrières, de Bouillé, de Mounier, de madame Roland, ou même de M. Thiers. Le ton de ces observations, bien moins polémiques qu'apologétiques, se recommande tout d'abord par une modération digne, à laquelle, en des temps de passion et d'injure, c'est la première loi de quiconque se respecte de ne jamais déroger. Sieyès, si haut placé qu'il fût dans sa propre idée et dans celle des autres, n'a pas toujours fait de la sorte. La Notice écrite par lui sur lui-même (1794), et que La Fayette discute, est, ainsi que celui-ci la qualifie avec raison, *plus âcre que vraie* sur bien des points. Sieyès dédie ironiquement sa Notice *à la Calomnie*, mais lui-même n'y épargne pas les imputations calomnieuses ou injurieuses contre son ancien collègue à la Constituante, pour lors prisonnier de la Coalition. La Fayette prend avec réserve et dignité sa revanche de ces aigreurs, et il triomphe légitimement à la fin, lorsque, sans cesser de se contenir, il s'écrie :

« Il n'appartient point à mon sujet d'examiner la troisième époque de la vie politique de Sieyès (1). Je suis encore plus loin de chercher à attaquer ses moyens de justification, et je me suis contenté d'admirer les pages éloquentes où il nous peint le règne de l'anarchie et de la Terreur. A Dieu ne plaise que je cherche à appuyer l'horrible accusation de complicité avec Robespierre, dont il est si justement indigné ! à Dieu ne plaise que je me permette d'y croire ! mais il est une observation que je dois faire, parce qu'elle est commandée par mon amour inaltérable pour la liberté, par le sentiment profond que j'ai des devoirs d'un citoyen, et surtout d'un représentant français. L'accusation dont on a voulu souiller Sieyès est inique ; elle est fausse, et néanmoins il a mérité qu'on la fît. Je ne parle pas de cet ancien propos : « *Ce n'est pas la noblesse qu'il faut détruire, mais les nobles,* » propos que la calomnie peut avoir inventé ; je ne parle pas d'autres inductions, peut-être aussi mensongères, que la haine, la jalousie, et même le malheur peuvent avoir ou controuvées ou exagérées ; je parle de sa *simple assiduité aux séances* qui, bien loin d'être *utile* (2), ne put qu'être funeste à la chose publique, lorsque le silence d'un homme tel que lui semblait autoriser

---

(1) Sieyès avait divisé sa vie politique depuis 89 en trois époques. « Durant toute la tenue de l'Assemblée législative jusqu'à l'ouverture de la Convention, il est resté complètement étranger à toute action politique. C'est le troisième intervalle. » (*Notice de Sieyès sur lui-même.*)

(2) Après un tableau du règne de la Terreur, Sieyès ajoutait : « Que faire, encore une fois, dans une telle nuit ? attendre le jour. Cependant cette sage détermination n'a pas été tout à fait celle de Sieyès. Il a essayé plusieurs fois d'être utile, autrement que par sa simple assiduité aux séances. » (*Notice de Sieyès sur lui-même.*)

les décrets contre lesquels il ne s'élevait pas. Vingt-deux girondins, la plupart ses amis, ont péri sur l'échafaud pour s'être opposés à ces décrets. Plusieurs autres, et nommément Condorcet, ont expié des torts précédents par une proscription cruelle, fruit de leur résistance, et par une mort plus cruelle encore. Il n'y a pas jusqu'à Danton et Desmoulins qui n'aient eu l'honneur de mourir pour s'opposer à Robespierre. Tallien et Bourdon, en parlant contre l'infâme loi du 22 prairial, ont mérité les bénédictions attachées à la journée du 9 thermidor; et Sieyès, le Sieyès de 1789, constamment assis pendant toute la durée de la Convention à deux places de Robespierre, a, par son timide et complaisant silence, mérité... *d'en être oublié* (1) ! »

La Fayette n'a pas de peine à faire ressortir les contradic-

(1) On a beaucoup parlé de Sieyès dans ces derniers temps; sa mort l'a remis en scène. M. Mignet, dans un équitable Éloge, l'a caractérisé. Pourtant la forme même de l'éloge académique interdisait certains jugements et certaines révélations. On trouvera le personnage au complet dans ces Mémoires de La Fayette, surtout dans la lettre à M. de Maubourg (tome V), écrite à la veille du 18 brumaire. Il y a là, sur Sieyès, à la page 103, un admirable portrait. Moi-même je trouve, dans des notes fidèlement recueillies auprès d'un des hommes (M. Daunou) qui ont le mieux connu, pratiqué et pénétré Sieyès, la page suivante, que j'apporte ici comme tribut à cette haute mémoire historique. Le temps des parallèles en règle est passé; mais, sans y faire effort, combien de Sieyès à La Fayette le contraste saute aux yeux frappant !

« Sieyès a vécu plusieurs années dans l'intimité de Diderot et de la plupart des philosophes du xviiie siècle. Envoyé très-souvent de Chartres à Paris pour les affaires du diocèse ou du chapitre, il jouissait de la capitale en amateur spirituel, en dilettante, et il passait à Chartres, dans ses courts retours, pour un grand dévot, parce qu'il était sérieux. Il s'était fait de 28 à 30,000 livres de bénéfices, grosse fortune pour le temps. Il aimait beaucoup et goûtait la musique, la métaphysique aussi, on le sait, et pas du tout le travail, à proprement parler. Quoiqu'il eût le talent et l'art d'écrire, c'était, vers la fin, Des Renaudes qui lui faisait ses rares discours. Il lisait même très-peu, et sa bibliothèque usuelle se composait à peu près en tout d'un Voltaire complet, qu'il recommençait avec lenteur sitôt qu'il l'avait fini, comme M. de Tracy faisait aussi volontiers; et il disait que *tous les résultats*

tions de conduite en sens divers de Mounier et des anglicans, de madame Roland et des girondins; en général, toutes les contradictions et les inconséquences des divers personnages qui n'ont pas suivi sa ligne exacte sont parfaitement démêlées par lui, et rapprochées avec une modération de ton qui n'exclut pas le piquant. La Fayette s'y complaît évidemment; il y revient en chaque occasion; il nous rappelle que, parmi

étaient là. Réduit d'abord à 6,000 livres par l'Assemblée constituante, il en avait pris son parti, et était resté patriote. Plus tard, réduit à 1,000 livres par un décret de la Convention, il dit ce jour-là, en sortant, à un collègue en qui il avait confiance : « 6,000 livres, passe; mais 1,000, céla est trop peu. Qué veut-on qué jé fasse? Jé n'ai rien... » Il avait l'accent méridional de Fréjus, mais point l'accent rude et rauque comme Raynouard; il avait *l'esprit doux.* Il ne s'ouvrait qu'à ceux dont il se savait compris : dès qu'il s'était aperçu qu'on ne le suivait pas, qu'on ne l'entendait pas, il se refermait, et c'en était fait pour la vie. Dans les comités, qu'il méprisait assez, il ne se communiquait pas, se levait après le premier quart d'heure, se promenait de long en large, et si on le pressait de questions : « Qu'en pensez-vous, citoyen Sieyès? » il répondait en gasconnant : « Mais oui, cé n'est pas mal. » A propos de la Constitution de l'an III, on ne put tirer de lui autre chose; et quand l'un des membres du comité, qui avait sa confiance, alla le consulter confidentiellement, pièce en main, pour obtenir un avis plus intime, Sieyès dit : « Hein! hein! il « y a dé l'instinct. » Dans les dîners, quand il le voulait et qu'il n'y avait pas de mauvais visage qui le renfonçât, il était le plus charmant convive, et soigneux même de plaire à tous. Toute la dernière moitié de sa vie se passa dans son fauteuil, dans la paresse, dans la richesse, dans la méditation ironique, dans le mépris des hommes, dans l'égoïsme, dans le népotisme. Il était fait pour être cardinal sous Léon X. Exilé, il vécut à la lettre, comme le rat de la fable, dans son fromage de Hollande. Quand ce fou d'abbé Poulle tenta de l'assassiner chez lui, rue Neuve-Saint-Roch, et lui tira un coup de pistolet qui lui perça la main, plusieurs collègues de la Convention l'allaient voir et lui tenir compagnie dans les soirées; on parlait des affaires publiques, des projets renaissants, des espérances meilleures : « Eh! oui, disait Sieyès, faites; oui, pour qu'on vous tire aussi un coup dé pistolet comme céla. » L'ambassade de Berlin acheva son reste de républicanisme. Avant le 18 brumaire, il comprit tout ce que Bonaparte était et allait faire. Directeur, il retint un jour seul, après un grand dîner, un membre des Cinq-Cents, républicain des plus probes : « Voyez, lui « dit-il, vous et vos amis, si vous voulez vous entendre avec *lui*, car

les républicains du 10 août, Condorcet avait alors oublié sa note fâcheuse sur le mot *Patrie* du *Dictionnaire philosophique* de Voltaire : « Il n'y a que trois manières politiques d'exister, *la monarchie, l'aristocratie et l'anarchie.* » Il se souvient que, parmi ces mêmes républicains, Clavière, deux ans auparavant, avait mis dans la tête de Mirabeau, dont il était le conseil, de soutenir le *veto absolu* du roi comme indispensable; que Sieyès, un an auparavant, publiait encore, par une lettre aux journaux, que, *dans toutes les hypothèses, il y avait plus de liberté dans la monarchie que dans la république.* On trouve, de temps à autre, dans ces Mémoires de La Fayette, de petites collections et de jolis résumés, en une demi-page, de ces inconséquences de tout le monde ; il va en dénicher, des inconséquences, jusque dans de petites Notices littéraires pu-

« s'il né lé fait avec vous, il lé fera avec d'autres ; il lé fera avec les « jacobins, il lé féra avec lé diable. Mais il vaut mieux que cé soit « avec vous qu'il marche, et lui-même l'aimerait mieux ; et puis, « vous pourrez un peu lé rétenir... » Quand Bonaparte lui fit ce fameux cadeau de terre qui l'engloutit, le message arriva à l'assemblée aux mains de Daunou, alors président. Celui-ci, tout effrayé pour Sieyès, en dit un mot à l'oreille aux quelques amis républicains, et il fut convenu de ne pas donner lecture de la pièce sans le consulter. Après la séance, on alla chez lui ; on lui exposa le tort qu'il se ferait en acceptant le don de cette sorte ; que c'était un tour de Bonaparte pour le décrier, pour l'absorber ; qu'il valait mieux, s'il y tenait, faire voter la chose comme récompense publique. Sieyès repartit alors : « Et moi, jé vous dis que, si ça né sé fait pas ainsi, ça né sé fera pas du tout. » On vit alors sa pensée ; le lendemain ses amis patriotes votèrent contre la proposition, mais ils étaient peu nombreux et elle passa. — A l'Institut, Sieyès, dans les premiers temps, prenait assez volontiers la parole sur des sujets de métaphysique et de philosophie, à propos des lectures de Cabanis et de Tracy, jamais en matière de science politique : c'était un point sur lequel ses idées arrêtées, *plus ou moins justes ou bizarres, mais à coup sûr profondes*, ne souffraient pas de discussion. » (Voir sur Sieyès un article essentiel au tome V des *Causeries du Lundi.*)

Je ne crois pas m'être trop éloigné de La Fayette en tout ceci ; il me semble plutôt avoir multiplié les points de vue autour de lui, et il n'y perd pas.

bliées par d'excellents et purs républicains, mais qui ne sont pas tout à fait de 89 : il eût été plus indulgent de les celer. Il se trouve, en définitive, présenté, lui et son parti, comme le seul conséquent (c'est tout simple), et lui-même comme le plus conséquent de son parti. Il s'en applaudit, c'est sa prétention de *Grandisson*, comme on l'a dit, et plus fréquemment manifestée qu'il n'importerait au lecteur. Il vaudrait mieux le moins démontrer de soi et laisser les autres conclure. Je suis un peu effrayé par moments, je l'avoue, de cette unité et de cette perpétuité de raison, cela fait douter; quelques fautes de loin en loin rendraient confiance. On en est un peu impatienté du moins; car chacun est, au fond, s'il n'y prend garde, comme ce paysan d'Aristide.

Tout en profitant avec plaisir, comme lecteur, de ces instructives et continuelles confrontations, j'aime mieux La Fayette insistant sur les inconséquences opérées par corruption. Son livre apprend ou rappelle, sur ce chapitre des fonds secrets, quelques chiffres curieux par leur emploi. J'omets vite Mirabeau, dont on voudrait absoudre la conscience du même mouvement par lequel on salue son génie et sa gloire; mais Danton, mais Dumouriez, mais Barrère, on ose compter avec eux. Sur Dumouriez, du reste, il écrit de belles et judicieuses pages. Quand je dis *belles*, on entend bien qu'il ne peut être question de talent littéraire; mais l'habitude du bon langage se retrouve naturellement sous cette plume simple; les récits, les réflexions abondent en manières de dire heureuses, modérées, et qui portent. L'écrit intitulé *Guerre et Proscription* finit par ces mots : « Dumou« riez, réconcilié avec les girondins, eut le commandement « de l'armée de La Fayette. L'entrée des ennemis le tira d'af« faire; il prit devant eux une très-bonne position. Dumou« riez, qui n'avait joué jusqu'alors que des rôles subalternes, « se montra fort supérieur à ce qu'on devait attendre de lui. « Il déploya beaucoup de talent, des vues étendues, et l'on « jugea pendant quelque temps de son patriotisme par ses

« succès. » — En ce temps de grandes phrases, je me sens de plus en plus touché de ce qui n'est que *bien dit*.

A partir de 92 jusqu'en 1814, la portion de ces Mémoires, qui ne comprend pas moins d'un volume, est d'un intérêt et d'une nouveauté qu'on doit précisément à l'intervalle du rôle politique actif. Les cinq années de prison attachent par tous les caractères de beauté morale, de constance civique, et même d'entrain chevaleresque ; les lettres à madame d'Hénin, écrites avec de la suie et un cure-dent, sont légères comme au bon temps, sémillantes, puis tout d'un coup attendries. Emprisonné, odieusement réduit à toutes les privations, parce que *son existence est déclarée incompatible avec la sûreté des Gouvernements*, La Fayette ne cesse un seul instant d'être à la hauteur de sa cause. Quand on lui fait d'abord demander quelques conseils sur l'état des choses en France, il se contente de répondre que *le roi de Prusse est bien impertinent*. Les mauvais traitements viennent, et le martyre se prolonge, se raffine : « Comme ces mauvais traitements, dit-il, n'effleurent pas ma sensibilité et flattent mon amour-propre, il m'est facile de rester à ma place et de sourire de bien haut à leurs procédés comme à leurs passions. » Il ajoute en plaisantant : « Quoiqu'on m'ait ôté avec une singulière affectation quelques-uns des moyens de me tuer, je ne compte pas profiter de ceux qui me restent, et je défendrai ma propre constitution aussi constamment, mais vraisemblablement avec aussi peu de succès que la constitution nationale. » Il répond encore à ceux qui lui enlèvent couteaux et fourchettes, *qu'il n'est pas assez prévenant pour se tuer*. En arrivant à Olmütz, on lui confisque quelques livres que les Prussiens lui avaient laissés, notamment le livre de *l'Esprit* et celui du *Sens commun* ; sur quoi La Fayette demande poliment *si le Gouvernement les regarde comme de contrebande*. Il exige de ses amis du dehors qu'on ne parle jamais pour lui, dans quelque occasion et pour quelque intérêt que ce soit, que d'une manière conforme à son caractère et à ses principes, et il ne craint pas de pousser jusqu'à l'excès ce que madame de Tessé appelle *la faiblesse d'une grande passion*. L'héroïsme domestique, l'attendrissement de famille, mais un attendrissement toujours contenu par le sentiment d'un grand devoir, pénètre dans la prison avec madame de La Fayette. Cette noble personne écrit, à son tour, à madame d'Hénin : « Je suis charmée que vous soyez contente de ma correspondance avec la cour (de Vienne), et du maintien du prisonnier; il est vrai que le sentiment du mépris a garanti son cœur du malheur de haïr. Quels qu'aient été les raffinements de la vengeance et les choix exprès de la cour, vous savez que sa manière en général est assez imposante.... » Une telle façon d'endurer le martyre politique vaut bien celle de l'excellent Pellico (1).

Dans un écrit intitulé *Souvenirs au sortir de prison* (2), La Fayette récapitule et rassemble ses propres sentiments mûris, ses jugements des hommes au moment de la délivrance, et la situation sociale tout entière : c'est une pièce historique bien ferme et de la plus réelle valeur. On l'y voit, et en général dans tous ses écrits et toutes ses lettres de 97 à 1814 on le voit appréciant les choses sans illusion, les pénétrant, les analysant en tous sens avec sagacité, et ne se préoccupant exclusivement d'aucune forme politique. Il serait prêt volontiers à se rallier à la Constitution de l'an III : « Les malheurs arrivés sous le régime républicain de l'an III, dit-il, ne peuvent rien préjuger contre lui, puisqu'ils tiennent à des causes tout autres que son organisation constitutionnelle. » Pourtant, à

---

(1) Chez celui-ci, en effet, l'humilité chrétienne, au-dessus de laquelle, comme beauté morale, il n'y a rien, a pourtant pris la forme d'une âme plus tendre et douce que vigoureuse, et, plus qu'il n'était nécessaire à l'angélique attitude de la victime, ce que j'appelle *le généreux humain* y a péri. Ce généreux humain éclate dans tout son ressort chez La Fayette captif, et non sans un auguste sentiment de déisme qui y fait ciel. Madame de La Fayette introduit à côté le christianisme pratique, fervent, mais un christianisme qui accepte et qui veut le *généreux*.

(2) Tome IV.

peine délivré par l'intervention du Directoire, il a à s'exprimer sur les mesures de fructidor, et sa première parole est pour les réprouver. Car ce qu'il veut avant tout, c'est l'esprit et la pratique de la liberté, de la justice : « Quel scandale, nous dit-il en propres termes, bien qu'à demi-voix (1), si j'avais avoué que, dans l'organisation sociale, je ne tiens indispensablement qu'à la garantie de certains droits publics et personnels; et que les variations du pouvoir exécutif, compatibles avec ces droits, ne sont pour moi qu'une combinaison secondaire! » De Hambourg, du Holstein, de la Hollande, où successivement il séjourne avant sa rentrée en France, toutes ses lettres si vives, si généreuses, et respirant, pour ainsi dire, une seconde jeunesse, expriment en cent façons, à travers leur sève, les dispositions mûres et les opinions rassises qu'on a droit d'attendre de l'expérience d'une vie de quarante ans. Il se refuse à rentrer par un biais dans les choses publiques :
« Rien, écrit-il (octobre 1797) à un ami qui semblait l'y pous-
« ser, rien n'a été si public que ma vie, ma conduite, mes
« opinions, mes discours, mes écrits. Cet ensemble, soit dit
« entre nous, en vaut bien un autre ; tenons-nous-y, sans ca-
« resser l'opinion quelconque du moment. Ceux qui veulent
« me perfectionner dans un sens ou dans un autre ne peu-
« vent s'en tirer qu'avec des erreurs, des inconséquences et
« des repentirs. J'ai fait beaucoup de fautes sans doute, parce
« que j'ai beaucoup agi, et c'est pour cela que je ne veux pas
« y ajouter ce qui me paraît fautif... Il en résulte qu'à moins
« d'une très-grande occasion de servir à ma manière la liberté
« et mon pays, ma vie politique est finie. Je serai pour mes
« amis plein de vie, et pour le public une espèce de tableau
« de *muséum* ou de livre de bibliothèque. » Jamais, sans doute, son cœur ne se sentit plus jeune ; les excès qui ont dégoûté de la liberté les *demi-amateurs*, étant encore plus opposés à cette sainte liberté que le despotisme, ne l'ont pas

(1) *Souvenirs au sortir de prison.*

guéri, lui, de son idéal amour; mais il apprécie la société, son égoïsme, son peu de ressort généreux. Il est curieux de l'entendre en maint endroit; un moraliste ne dirait pas autrement ni mieux : « Comme l'égoïsme public, écrit-il à ma-
« dame de Tessé (Utrecht, 1799), se manifeste en poltronne-
« rie pour ne pas faire le bien malgré les gouvernants, et en
« amour-propre pour ne le jamais faire avec eux, il en ré-
« sulte que les hommes qui ont le pouvoir ne sont point in-
« téressés à en faire un bon usage, et que tous les autres
« mettent leur prétention civique à ne se mêler de rien... »
Il observe avec beaucoup de finesse qu'on a tellement abusé des mots et perverti les idées, que la nation (à cette date de 1799) se croit anti-républicaine sans l'être; il la compare toujours, dit-il, aux paysans de son département *à qui on avait persuadé, jusqu'à ce qu'ils l'eussent entendu, qu'ils étaient aristocrates.* Les remèdes qu'il proposerait sont modestes, de simples palliatifs, les seuls qu'il croie *proportionnés*, dit-il encore, *à l'état présent de l'estomac national.*

La spirituelle et bonne madame de Tessé a beau, comme d'habitude, le chicaner agréablement sur sa disposition à l'espoir; qui ne le croirait guéri? Il lui répond d'Utrecht, à propos des *imbroglios* d'intrigues croisées qui remplirent l'intervalle du 30 prairial au 18 brumaire : « Je suis persuadé que
« les anciens et les nouveaux jacobins combattent, comme
« dans les tournois, avec des armes ensorcelées; et tout me
« confirme que les insurrections ne sont plus pour un régime
« libre, mais, au contraire, pour le plus bête et le plus absolu
« despotisme. Il ne me reste donc pour espérer qu'un *je ne*
« *sais quoi* dont vous n'aurez pas de peine à faire rien du
« tout. » Pourtant l'aimable *cousine* (comme il appelle sa tante) ne se tient pas pour convaincue, et, du fond de son Holstein, elle le moralise toujours. La Fayette est alors en Hollande; on parle d'une invasion prussienne; il la croit combinée avec la France et ne s'en inquiète; elle, madame de Tessé, un peu peureuse comme madame de Sablé, avec

laquelle, par l'esprit, elle a tant de rapports, lui écrit de ne pas compter sur ce sang-froid qui pourrait bien l'abuser en ses jugements. Dans le plus tendre petit billet, elle lui cite et lui applique cette pensée de Vauvenargues : « Nous prenons quelquefois pour le sang-froid une passion sérieuse et concentrée qui fixe toutes les pensées d'un esprit ardent et le rend insensible aux autres choses. » Madame de Tessé a-t-elle donc tout à fait tort? La Fayette est-il complétement guéri et tempéré, rompu, sinon dans ses convictions, du moins dans ses vues du dehors? L'expérience a-t-elle agi? A lire ce qu'il a écrit de 97 à 1814, on le dirait.

Mais ce qu'on écrit, ce qu'on dit de plus judicieux, de plus fin, dans les intervalles de l'action, ne prouve pas toujours; on ne saurait conclure de toutes les qualités de l'écrivain historien, de l'homme sorti de la scène et qui la juge, à celles de ce même homme en action et en scène. Il y a là une différence essentielle; et c'est ce qui nous doit rendre fort humbles, fort circonspects, nous autres simples écrivains, quand nous jugeons ainsi à notre aise des personnages d'action. On découvre, on analyse le vrai à l'endroit même où l'on agira à côté, si l'on a occasion d'agir. C'est le caractère encore plus que l'intelligence qui décide alors, et qui reprend le dessus; au fait et à l'œuvre, on retombe dans de certains plis. Combien de fois n'ai-je pas entendu tel personnage célèbre nous faire, comme le plus piquant moraliste (complétement à son insu ou pas tout à fait peut-être), l'histoire de son défaut, de ce qui dans l'action l'avait fait échouer toujours! C'est, après tout, le vieux mot du poëte : *Video meliora proboque, deteriora sequor.* Salluste, l'incomparable historien, avait eu, à ce qu'il paraît, une assez méchante conduite politique; de nos jours, Lemontey, un de nos plus excellents historiens philosophes (1), en a eu une pitoyable. La Rochefoucauld, qui analysait si bien toutes les causes et les intentions, avait toujours eu dans

---

(1) Voir son *Histoire de la Régence.*

l'action un *je ne sais quoi*, comme dit Retz, qui lui avait fait échec. L'action est d'un ordre à part.

Ces réserves que je pose, je ne me permets de les appliquer à La Fayette lui-même qu'avec réserve. Je crois avec madame de Tessé que sa faculté d'espérer persista toujours un peu disproportionnée aux circonstances, et que, par instants contenue, elle reprenait les devants au moindre jour qui s'ouvrait. C'est cet homme qui jugeait si nettement l'état de la société en 1799, qui, dans son admirable lettre à M. de Maubourg, désormais acquise à l'histoire (1), après un vigoureux tracé des partis, continuait ainsi : « Voilà, mon cher ami, le *margouillis* national au milieu duquel il faut pêcher la liberté dont personne ne s'embarrasse, parce qu'on n'y croit pas plus qu'à la pierre philosophale....., » et qui ajoutait : « Je suis persuadé que, s'il se fait en France quelque chose d'heureux, nous en serons..... Il y a dans la multitude tant de légèreté et de mobilité, que la vue des honnêtes gens, de ses anciens favoris, la disposerait à reprendre ses sentiments libéraux ; » eh bien ! c'est ce même homme qui, en 1815, à peine rentré dans l'action, s'étonnait qu'on pût accuser les Français de *légèreté* (2), et les en disculpait. J'insiste, parce que c'est ici le nœud du caractère de La Fayette ; mais voici un trait encore. En 1812, le 4 juillet, de Lagrange, il écrit à Jefferson ; c'était le trente-sixième anniversaire de la proclamation de l'indépendance américaine, *de ce grand jour*, dit-il, *où l'acte et l'expression ont été dignes l'un de l'autre :* « Ce
« double souvenir aura été heureusement renouvelé dans
« votre paisible retraite par la nouvelle de l'extension du
« bienfait de l'indépendance à toute l'Amérique (les divers
« États de l'Amérique du Sud venaient de proclamer leur
« indépendance). Nous avons eu le plaisir de prévoir cet évé-
« nement et la bonne fortune de le préparer. » Ainsi, La

---

(1) Tome V, page 99.
(2) Tome V, page 476.

Fayette se félicite de l'émancipation de l'Amérique du Sud, et il ne songe à aucune restriction dans son espoir. Que répond Jefferson? ce que Washington eût répondu ; il modère prudemment la joie de son ami : « Je me joins sincèrement à
« vos vœux pour l'émancipation de l'Amérique du Sud. Je
« doute peu qu'elle ne parvienne à se délivrer du joug étran-
« ger; mais le résultat de mes observations ne m'autorise pas
« à espérer que ces provinces soient capables d'établir et de
« conserver un gouvernement libre... » Et il continue l'exposé vrai du tableau. La Fayette y adhère sans doute, mais il n'y avait pas songé le premier. Nous surprenons là le grand émancipateur *quand même!*

Après cela, cette part faite à un certain pli très-creusé du caractère de La Fayette, je crois que l'expérience pour lui ne fut pas vaine, et qu'il y eut de ce côté un autre pli en sens opposé, non moins creusé peut-être, et dont son rôle officiel a dissimulé la profondeur. Lorsque, apprenant la mort de son ami La Rochefoucauld, il écrivait de sa prison que *le charme* était détruit et que *le sourire* de la multitude n'avait plus pour lui de délices, il allait trop loin, il oubliait l'effet du temps qui cicatrise; le sourire, plus tard, à ses yeux est encore revenu. Pourtant on l'a vu depuis, en chaque circonstance décisive, se méfier après le premier moment, et malgré sa bonne contenance, n'être pas fâché d'abréger. Il n'a pas tout à fait tenu ni dû tenir ce qu'il écrivait à madame de La Fayette (30 octobre 1799) : « Quant à moi, chère
« Adrienne, que vous voyez avec effroi prêt à rentrer dans la
« carrière publique, je vous proteste que je suis peu sensible
« à beaucoup de jouissances dont je fis autrefois trop de cas.
« Les besoins de mon âme sont les mêmes, mais ont pris un
« caractère plus sérieux, plus indépendant des coopérateurs
« et du public dont j'apprécie mieux les suffrages. Terminer la
« Révolution à l'avantage de l'humanité, influer sur des me-
« sures utiles à mes contemporains et à la postérité, rétablir
« la doctrine de la liberté, consacrer mes regrets, fermer des

« blessures, rendre hommage aux martyrs de la bonne cause,
« seraient pour moi des jouissances qui dilateraient encore
« mon cœur; mais je suis plus dégoûté que jamais, je le suis
« invinciblement de prendre racine dans les affaires publi-
« ques; je n'y entrerais que pour un coup de collier, comme
« on dit, et rien, rien au monde, je vous le jure sur mon
« honneur, par ma tendresse pour vous et par les mânes de
« ce que nous pleurons, ne me persuadera de renoncer au
« plan de retraite que je me suis formé et dans lequel nous
« passerons tranquillement le reste de notre vie. » Mais s'il
est loin de les avoir tenues à la lettre, il semble s'être toujours souvenu de ces paroles et ne s'être jamais trop dé-
parti du sentiment qu'il y exprime. Si l'on excepte, en effet, sa
longue campagne politique sous la Restauration, durant laquelle il combattit à son rang d'opposition avancée, comme
c'était le devoir de tous les amis des libertés publiques, il ne
parut jamais en tête et hors de ligne que pour un *coup de collier*. Et alors, comme on l'a vu en 1830, il avait une hâte
extrême de se décharger : Qu'on en finisse, et que les droits
de l'humanité soient saufs ! — C'est ainsi que son expérience
acquise se concilia du mieux qu'elle put avec son inaltérable
faculté d'espérer et avec sa foi morale et sociale persistante.

On trouvera dans la lettre à M. de Maubourg, dont je ne
saurais assez signaler l'intérêt et l'importance, l'*arrière-pensée*
finale de La Fayette (si je l'ose appeler ainsi), et l'explication
de son *prenez-y-garde* dans ces moments décisifs où, plus tard,
il s'est trouvé à portée de tout. Cette lettre démontre de plus,
à mes yeux, que ce qui arriva, à partir du 8 août 1830, ne
déjoua pas l'idée intérieure de La Fayette autant que lui-même
le crut et le ressentit. Il écrivait en 1799 : « Les uns espèrent
« que la persécution m'aura un peu aristocratisé; les autres
« m'identifient à la royauté constitutionnelle, et les répu-
« blicains disent qu'à présent je serai pour la république
« comme j'étais pour elle dans les États-Unis. Mais toutes
« ces idées ne sont que secondaires, parce que réellement

« la masse nationale n'est ni royaliste, ni républicaine, ni
« rien de ce qui demande une réflexion politique ; elle est
« contre les jacobins, contre les conventionnels, contre ceux
« qui règnent depuis que la république a été établie ; elle veut
« être débarrassée de tout cela, fût-ce par la contre-révolu-
« tion, mais préfère s'arrêter à quelque chose de constitu-
« tionnel ; elle sera si contente d'un état de choses suppor-
« table, qu'elle trouverait ensuite mauvais qu'on voulût la
« remuer pour quoi que ce fût. » Il écrivait encore à cette date :
« Tout est bon, excepté la monarchie aristocratico-arbitraire
« et la république despotique. » Il est vrai qu'en 1830 son
cœur devait être redevenu plus exigeant ; les années de lutte,
sous la Restauration, lui avaient fait croire à une forte et
stable reconstitution d'esprit public ; ce n'était plus comme en
ce temps de 1799, où il disait : *nos amis* (les constitutionnels)
qu'il est impossible de faire sortir de leur trou. Ici tout le monde
était en ligne. Cette Restauration, contre les excès de laquelle
on s'entendait si bien, me fait l'effet d'avoir été le plus prolongé et le plus illusoire des rideaux. Quand il se déchira,
tout ce qui n'était uni qu'en face se rompit du coup. La
Fayette, en 1799, écrivait à merveille sur les périls du dehors
qu'on exagérait : « Dans tout ce qui regarde l'opposition aux
« étrangers, il y a toujours un moment où notre nation
« semble rebondir et dérange toutes les espérances de la po-
« litique. » Il avait pu oublier en 1830, au lendemain des
trois jours, cette maxime inverse et qui n'est pas moins
vraie, que, dans tout ce qui concerne la pratique intérieure
et l'organisation sérieuse des garanties, il y a toujours un moment où notre nation, si près qu'elle en soit, échappe et déconcerte toutes les espérances du patriotisme. Pourtant, encore une fois, la lettre à M. de Maubourg et celles qu'il écrivait à cette époque me prouvent que La Fayette se serait résigné, en 1799, à quelque chose de semblable à l'ordre actuel, ou même de moins bien, et qu'entre ce qu'on a et lui
il n'y a, au fond, que de ces nuances qui se perdent et se re-

gagnent constitutionnellement. Cela n'empêche pas qu'on ne l'ait vu, à un certain moment, mécontent de l'œuvre à laquelle il avait aidé; il se crut joué, il se repentit. La conclusion, nullement politique, et toute morale, que j'en veux tirer, c'est que la réalisation d'un ordre rêvé est toujours inférieure à l'idéal, même le plus modéré, qu'on s'en faisait; que les imperfections et les insuffisances, non-seulement des hommes, mais des principes, se font sentir et sortent de toutes parts le jour où le monde est à eux, et que nulle fin humaine, en aboutissant, ne répondra à la promesse des précurseurs. S'ils étaient là, comme La Fayette, pour la juger, ils la jugeraient avortée, ou bien, pour se faire illusion encore, ils la jugeraient ajournée; ils attendraient, pour clore à souhait, je ne sais quel *cinquième acte*, qui, en venant, ne clorait pas davantage. Ainsi l'homme, sur le débris et la pauvreté de son triomphe, meurt mécontent. Je ne veux pas rire : mais La Fayette, désappointé en mourant, me fait exactement l'effet de Boileau. Oui, Boileau, de son vivant, triomphe : il est réputé législateur à satiété; son *Art poétique* a force de loi; la *Déclaration des Droits* n'a pas mieux tué les priviléges que ce programme du Parnasse n'a tué l'ancien mauvais goût. Eh bien ! Boileau mourant croit tout perdu et manqué; il en est à regretter les Pradons du temps de sa jeunesse, qu'il appelle des *soleils* en comparaison des rimeurs nouveaux. En quoi Boileau a tort et raison en cela, je ne le recherche pas pour le moment; je reprendrai cette thèse ailleurs. Comme résultat, mon idée est que le vœu de Boileau, comme celui de La Fayette, n'avait qu'en partie manqué; en gros, et pour d'autres que lui, le but semblait atteint et l'objet obtenu. Mais je m'arrête : je ne voudrais pas avoir l'air badin, ni paraître rien rabaisser dans mes comparaisons. On pardonnera aux habitudes littéraires, si je rapporte ainsi les grandes choses aux petites, et les politiques aux rimeurs, qui ne sont guère dans l'État que des *joueurs de quille*, comme disait Malherbe.

La rentrée de La Fayette en France après le 18 brumaire, son attitude au milieu des partis dès lors simplifiés, ses réponses aux avances du chef comme à celles de la minorité opposante, tout cela est raconté avec un intérêt supérieur et plus qu'anecdotique, dans l'écrit intitulé *Mes Rapports avec le premier Consul*, dont j'ai précédemment cité l'éloquente conclusion. On voit, dans ces récits de conversations, à quel degré La Fayettte a le propos historique, le mot juste de la circonstance et comme la réplique à la scène. Un jour, causant avec Bonaparte, à Morfontaine chez Joseph, il s'aperçut que les questions du Consul tendaient à lui faire étaler ses campagnes d'Amérique : « Ce furent, répondit-il en coupant court, les plus grands intérêts de l'univers décidés par des rencontres de patrouilles. » Il a beaucoup de ces mots-là, soit au balcon populaire et en *plein vent*, comme il dit, soit dans le salon.

Son rôle, ou plutôt l'absence de tout rôle, à cette époque du Consulat et de l'Empire, est dictée par un tact politique et moral des plus parfaits. Quand on demandait à Sieyès ce qu'il avait fait pendant la Terreur, il répondait : *J'ai vécu.* La Fayette pouvait plus à bon droit et plus à haute voix répondre, et il répondait : « Ce que j'ai fait durant ces douze années? *je me suis tenu debout.* » C'était assez, c'était unique, au milieu des prosternations universelles. Il avait beau s'ensevelir à Lagrange, dans une vie de fermier et de patriarche, on le savait là; Bonaparte ne le perdit jamais de l'œil un instant : « Tout le monde en France est corrigé, disait-il un jour dans une sortie au Conseil d'État, il n'y a qu'un seul homme qui ne le soit pas, La Fayette ! il n'a jamais reculé d'une ligne. Vous le voyez tranquille; eh bien ! je vous dis, moi, qu'il est tout prêt à recommencer. » La Fayette (et lui-même le dit presque en propres termes) s'appliqua à se conserver sous l'Empire comme un exemplaire de la vraie doctrine de la liberté, exemplaire précieux et à peu près unique, sans tache et sans *errata*, avec le *Victrix causa Diis* pour épigraphe. Ce sont là de ces volumes qui, comme ceux des

Vies de Plutarque, ne sont jamais dépareillés, même quand on n'en a qu'un.

Les vertus de famille, la bonté morale et l'excellence du cœur pour tout ce qui l'approchait, ont, par endroits, leur expression touchante dans ces Mémoires, et les pieux éditeurs, en y apportant la discrétion et la pudeur qui marquent les affections les plus sacrées, n'ont cependant pu ni dû supprimer, en fait d'intimité, tous les témoignages. Sans craindre d'abonder moi-même, je veux citer en entier la belle lettre de janvier 1808, à M. de Maubourg, sur la mort de madame de La Fayette. Par son dévouement, son héroïsme conjugal et civique durant la prison d'Olmütz, cette noble personne appartient aussi à l'histoire ; on a lu d'ailleurs avec un agrément imprévu les piquantes et gracieuses lettres adressées à *mon cher cœur*, au premier départ pour l'Amérique (1) ; en voici la contre-partie pathétique et funèbre :

« Je ne vous ai pas encore écrit, mon cher ami, du fond de l'abîme de malheur où je suis plongé... j'en étais bien près lorsque je vous ai transmis les derniers témoignages de son amitié pour vous, de sa confiance dans vos sentiments pour elle. On vous aura déjà parlé de la fin angélique de cette incomparable femme. J'ai besoin de vous en parler encore ; ma douleur aime à s'épancher dans le sein du plus constant et cher confident de toutes mes pensées au milieu de toutes ces vicissitudes où souvent je me suis cru malheureux ; mais, jusqu'à présent, vous m'avez trouvé plus fort que mes circonstances ; aujourd'hui, la circonstance est plus forte que moi.

« Pendant les trente-quatre années d'une union où sa tendresse, sa bonté, l'élévation, la délicatesse, la générosité de son âme, charmaient, embellissaient, honoraient ma vie, je me sentais si habitué à tout ce qu'elle était pour moi, que je ne le distinguais pas de ma propre existence. Elle avait quatorze ans et moi seize lorsque son cœur s'amalgama à tout ce qui pouvait m'intéresser. Je croyais bien l'aimer,

(1) Elles avaient été citées de préférence par la plupart des journaux.

avoir besoin d'elle; mais ce n'est qu'en la perdant que j'ai pu démêler ce qui reste de moi pour la suite d'une vie qui avait paru livrée à tant de distractions, et pour laquelle néanmoins il n'y a plus ni bonheur, ni bien-être possible. Le pressentiment de sa perte ne m'avait jamais frappé comme le jour où, quittant Chavaniac, je reçus un billet alarmant de madame de Tessé; je me sentis atteint au cœur. George fut effrayé d'une impression qu'il trouvait plus forte que le danger. En arrivant très-rapidement à Paris, nous vîmes bien qu'elle était fort malade; mais il y eut dès le lendemain un mieux que j'attribuai un peu au plaisir de nous revoir...

« Voilà bien des souvenirs que j'aime à déposer dans votre sein, mon cher ami; mais il ne nous reste que des souvenirs de cette femme adorable à qui j'ai dû un bonheur de tous les instants, sans le moindre nuage. Quoiqu'elle me fût attachée, je puis le dire, par le sentiment le plus passionné, jamais je n'ai aperçu en elle la plus légère nuance d'exigence, de mécontentement, jamais rien qui ne laissât la plus libre carrière à toutes mes entreprises; et si je me reporte au temps de notre jeunesse, je retrouverai en elle des traits d'une délicatesse, d'une générosité sans exemple. Vous l'avez toujours vue associée de cœur et d'esprit à mes sentiments, à mes vœux politiques, jouissant de tout ce qui pouvait être de quelque gloire pour moi, plus encore de ce qui me faisait, comme elle le disait, connaître tout entier; jouissant surtout lorsqu'elle me voyait sacrifier des occasions de gloire à un bon sentiment. — Sa tante, madame de Tessé, me disait hier : « Je « n'aurais jamais cru qu'on pût être aussi fanatique de vos opinions « et aussi exempte de l'esprit de parti. » En effet, jamais son attachement à notre doctrine n'a un instant altéré son indulgence, sa compassion, son obligeance pour les personnes d'un autre parti; jamais elle ne fut aigrie par les haines violentes dont j'étais l'objet, les mauvais procédés et les propos injurieux à mon égard, toutes sottises indifférentes à ses yeux du point où elle les regardait et où sa bonne opinion de moi voulait bien me placer. — Vous savez comme moi tout ce qu'elle a été, tout ce qu'elle a fait pendant la Révolution. Ce n'est pas d'être venue à Olmütz, comme l'a dit Charles Fox, « sur les ailes du devoir et de l'amour, » que je veux la louer ici, mais c'est de n'être partie qu'après avoir pris le temps d'assurer, autant qu'il était en elle, le bien-être de ma tante et les droits de nos créanciers; c'est d'avoir eu le courage d'envoyer George en Amérique. — Quelle noble imprudence de cœur à rester presque la seule femme de France compromise par son nom, qui n'ait jamais voulu en changer (1)! Chacune de ses pétitions ou réclamations a commencé par ces mots : *La femme La Fayette.* Jamais cette femme, si indulgente pour les haines de parti, n'a laissé passer, lorsqu'elle était sous l'échafaud, une réflexion contre moi sans la repousser, jamais une occasion de manifester mes principes sans s'en honorer et dire qu'elle les tenait de moi ; elle s'était préparée à parler dans le même sens au tribunal, et nous avons tous vu combien cette femme si élevée, si courageuse dans les grandes circonstances, était bonne, simple, facile dans le commerce de la vie, trop facile même et trop bonne, si la vénération qu'inspirait sa vertu n'avait pas composé de tout cela une manière d'être tout à fait à part. C'était aussi une dévotion à part que la sienne. Je puis dire que, pendant trente-quatre ans, je n'en ai pas éprouvé un instant l'ombre de gêne ; que toutes ses pratiques étaient sans affectation subordonnées à mes convenances ; que j'ai eu la satisfaction de voir mes amis les plus incrédules aussi constamment accueillis, aussi aimés, aussi estimés, et leur vertu aussi complétement reconnue que s'il n'y avait pas eu de différence d'opinions religieuses ; que jamais elle ne m'a exprimé autre chose que l'espoir qu'en y réfléchissant encore, avec la droiture de cœur qu'elle me connaissait, je finirais par être convaincu. Ce qu'elle m'a laissé de recommandations est dans le même sens, me priant de lire, pour l'amour d'elle, quelques livres, que certes j'examinerai de nouveau avec un véritable recueillement : et appelant sa religion, pour me la faire mieux aimer, *la souveraine liberté*, de même qu'elle me citait avec plaisir ce mot de Fauchet : « Jésus-Christ mon seul maître. » — On a dit qu'elle m'avait beaucoup prêché ; ce n'était pas sa manière. — Elle m'a souvent exprimé, dans le cours de son délire, la pensée qu'elle irait au ciel ; et oserai-je ajouter que cette idée ne suffisait pas pour prendre son parti de me quitter? Elle m'a dit plusieurs fois : « Cette vie est courte, troublée... réunissons-nous en Dieu, passons ensemble l'éternité. » Elle m'a souhaité et à nous tous *la paix du Seigneur.*

« Quelquefois on l'entendait prier dans son lit. Il y eut, une des dernières nuits, quelque chose de céleste à la manière dont elle récita

(1) La plupart des femmes d'émigrés avaient, en 1793, rempli la formalité d'un divorce simulé, pour mettre à l'abri une portion de leur fortune.

deux fois de suite, d'une voix forte, un cantique de Tobie applicable à sa situation, le même qu'elle avait récité à ses filles en apercevant les clochers d'Olmütz (1). Voilà comment cet ange si tendre a parlé dans sa maladie, ainsi que dans les dispositions qu'elle avait faites il y a quelques années, et qui sont un modèle de tendresse, de délicatesse et d'éloquence du cœur.

« Vous parlerai-je du plaisir sans cesse renaissant que me donnait une confiance entière en elle, jamais exigée, reçue au bout de trois mois comme le premier jour, justifiée par une discrétion à toute épreuve, par une intelligence admirable de tous les sentiments, les besoins, les vœux de mon cœur ; et tout cela mêlé à un sentiment si tendre, à une opinion si exaltée, à un culte, si j'ose dire, si doux et si flatteur, surtout de la personne la plus parfaitement naturelle et sincère qui ait jamais existé ?

« C'est lundi que cette angélique femme a été portée, comme elle l'avait demandé, auprès de la fosse où reposent sa grand'mère, sa mère et sa sœur, confondues avec seize cents victimes (2) ; elle a été placée à part, de manière à rendre possibles les projets futurs de notre tendresse. J'ai reconnu moi-même ce lieu lorsque George m'y a conduit jeudi dernier, et que nous avons pu nous agenouiller et pleurer ensemble.

« Adieu, mon cher ami ; vous m'avez aidé à surmonter quelques accidents bien graves et bien pénibles auxquels le nom de malheur

---

(1) Voici le texte du cantique récité par madame de La Fayette à l'aspect d'Olmütz, quand elle vint partager la captivité du général au mois d'octobre 1795 : « Seigneur, vous êtes grand dans l'éternité,
« votre règne s'étend dans tous les siècles, vous châtiez et vous sau-
« vez, vous conduisez les hommes jusqu'au tombeau, et vous les en
« ramenez, et nul ne se peut soustraire à votre puissante main. Rendez
« grâces au Seigneur, enfants d'Israël, et louez-le devant les nations,
« parce qu'il vous a ainsi dispersés parmi les peuples qui ne le con-
« naissent point, afin que vous publiiez ses miracles, et que vous leur
« appreniez qu'il n'y en a point d'autre que lui qui soit le Dieu tout-
« puissant. C'est lui qui nous a châtiés à cause de nos iniquités, et
« c'est lui qui nous sauvera pour signaler sa miséricorde. Considérez
« donc la manière dont il nous a traités, bénissez-le avec crainte et
« avec tremblement, et rendez hommage par vos œuvres au Roi de
« tous les siècles. Pour moi je le bénirai dans cette terre où je suis
« captive, etc. » (Tobie, chap. XIII, v. 2, 3, 4, 5, 6 et 7.)

(2) Dans le cimetière de Picpus.

peut être donné jusqu'à ce qu'on ait été frappé du plus grand des malheurs du cœur : celui-ci est insurmontable ; mais, quoique livré à une douleur profonde, continuelle, dont rien ne me dédommagera ; quoique dévoué à une pensée, un culte hors de ce monde (et j'ai plus que jamais besoin de croire que tout ne meurt pas avec nous), je me sens toujours susceptible des douceurs de l'amitié... Et quelle amitié que la vôtre, mon cher Maubourg !

« Je vous embrasse en son nom, au mien, au nom de tout ce que vous avez été pour moi depuis que nous nous connaissons. »

La Fayette rentre en scène en 1815, et, à part deux ou trois années de retraite encore au commencement de la seconde Restauration, on peut dire qu'il ne quitte plus son rôle actif jusqu'à sa mort. Un écrit assez considérable et inachevé (1) expose la situation publique et sa propre attitude en 1814 et 1815. En la faisant bien comprendre dans son ensemble, il reste un point auquel il réussit difficilement à nous accoutumer : c'est lorsqu'aux Cent-Jours, et Bonaparte arrivant sur Paris, La Fayette, qui s'est rendu à une conférence chez M. Lainé, propose de défendre la capitale contre le grand ennemi ; il se trouve seul de cet avis énergique avec M. de Chateaubriand. Mais M. de Chateaubriand, c'est tout simple, en proposant de mourir en armes, s'il le fallait, autour du trône des Bourbons, voyait pour l'idée monarchique, dans ce sang noblement versé, une semence glorieuse et féconde ; il motivait son opinion dans des termes approchants et avec cet éclat qu'on conçoit de sa bouche en ces heures émues. La Fayette, qui raconte ce détail et qui rappelle les chevaleresques paroles sur ce sang fidèle d'où la monarchie renaîtrait un jour, ne peut s'empêcher d'ajouter : « Constant (*Benjamin Constant qui était de la conférence*) se mit à rire du dédommagement qu'on m'offrait. » Et, en effet, la position de La Fayette en ce moment, au pied du trône des Bourbons, paraît bien fausse, surtout lorsqu'on a lu le jugement qu'il

(1) Tome V.

portait d'eux pendant 1814. Je ne dis pas que sa situation eût été plus vraie en se ralliant à Bonaparte; pourtant je le concevrais mieux : il n'y aurait rien eu du moins qui prêtât à rire.

Carnot, je le sais, n'avait pas les mêmes engagements que La Fayette, ni les mêmes scrupules solennels de liberté ; mais en ces crises de 1814-1815, sa conduite envers Bonaparte répond bien mieux, en fait, et sans marchander, à l'instinct national et révolutionnaire.

Une remarque encore sur le factice, déjà signalé, qui s'introduit dans ces rôles individuels en politique. Si Benjamin Constant n'avait pas été là fort à propos pour éclater de rire (ce qui est bien de lui) sur le point comique au milieu de la circonstance sombre, l'homme d'esprit chez La Layette se serait contenté de sourire tout bas, et on ne l'aurait pas su.

Cet instant d'embarras à part, la conduite de La Fayette rentre bien vite dans sa rectitude incontestée, et elle se rapporte, durant toute la Restauration, à des sympathies générales trop partagées et encore trop récentes pour qu'il ne soit pas superflu de rien développer ici. Rentré à la Chambre élective en 1818, il vit le parti *libéral* se former, et, autant qu'aucun chef d'alors, il y aida. C'était, après tout, cette même masse moyenne et flottante de laquelle il écrivait en 1799 : « La partie plus ou moins pensante de la nation ne fut ja-
« mais contre-révolutionnaire qu'en désespoir de toute autre
« manière de se débarrasser de la tyrannie conventionnelle,
« pour laquelle on a bien plus de dégoût encore. Donnez-lui
« des institutions libérales, un régime conséquent et d'hon-
« nêtes gens, vous la verrez revenir à leurs idées des pre-
« mières années de la Révolution, avec moins d'enthousiasme
« pour la liberté, mais avec une crainte de la tyrannie et un
« amour de la tranquillité qui lui fera détester tout remue-
« ment aristocrate ou jacobin. » L'enthousiasme même semblait revenu, depuis 1815, sous le coup de tant de sentiments et d'intérêts sans cesse froissés; on s'organisait pour la défense ; on espérait et on avait confiance dans l'issue, précisé-

ment en raison des excès contraires. Il y avait, comme en défi de l'oppression, un universel rajeunissement. Nul, en ces années, ne fut plus jeune que le général La Fayette. Ne le fut-il pas trop quelquefois? N'alla-t-il pas bien loin en certaines tentatives prématurées, comme dans l'affaire de Belfort (1)? Nos vieilles ardeurs sont trop d'accord avec les siennes là-dessus pour que notre triste impartialité d'aujourd'hui y veuille regarder de plus près. C'étaient de beaux temps, après tout, si l'on ne se reporte qu'aux sentiments éprouvés, des temps où l'instinct de la lutte ne trompait pas. Quels souvenirs pour ceux qui les ont reçus dans leur fraîcheur, que ce voyage d'Amérique en 1824, et cet hymne de Béranger qui le célébrait!

Jours de triomphe, éclairez l'univers!

Mais les exposer seulement au grand air d'aujourd'hui, c'est presque les flétrir, ces souvenirs, tant le mouvement général est loin, tant les générations survenantes y deviennent de plus en plus étrangères par l'esprit, tant l'ironie des choses a été complète!

De sorte qu'en ce temps bizarre il faut s'arrêter devant le double inconvénient de parler aux uns d'un sujet par trop connu, et aux autres de sentiments parfaitement ignorés.

La seconde moitié du sixième et dernier volume est consacrée à la Révolution de Juillet et aux années qui suivent : indépendamment des actes publics et des discours de La Fayette, on y donne toute une partie de correspondance qui ne laisse aucun doute sur ses dernières pensées politiques ; les suppressions, commandées aux éditeurs par la discrétion et la convenance, n'en affaiblissent que peu sensiblement l'amertume. Cette dernière partie de la vie de La Fayette, s honorable toujours, est pourtant celle qu'il y aurait peut-être le plus lieu d'épiloguer politiquement, à quelque point de vue

(1) Tome VI, page 135 et suiv.

qu'on se place, soit du sein de l'ordre actuel, soit du dehors. C'est celle, à coup sûr, qui a le plus nui dans la vague impression publique, et en double sens contraire, à la mémoire de l'illustre citoyen, et qui a contribué à jeter sur l'ensemble de sa carrière une teinte générale où l'ancien attrait a pâli. Mais, ne voulant pas approfondir, il serait peu juste d'insister. Assez d'autres prendront les Mémoires uniquement par cette queue désagréable. Le plus grand malheur du général a été de survivre (ne fût-ce que de quelques jours) à la grande Révolution qu'il représentait depuis quarante et un ans; en ne tombant pas précisément avec elle, il a fait à son tour l'effet de ceux qui s'obstinent à prolonger ce qui est usé et en arrière. Le public est ingrat; si belle, si soutenue qu'ait été la pièce donnée à son profit, il ne veut pas que la dernière scène soit traînante, et que l'acteur principal demeure, en se croyant encore indispensable, lorsque le gros du drame est fini. Béranger, dans son rôle de poëte politique, l'a senti à point; il a su se dérober pour se renouveler peut-être. La Fayette ne l'a pu; son nom, vers la fin, de plus en plus affiché, tiraillé par les partis, a un peu *déteint*, comme son vieux et noble drapeau. Cela reviendra. Une lecture attentive de ces Mémoires, si on la peut obtenir d'un public passablement indifférent, est faite pour rétablir et rehausser l'idée du personnage historique dans la grandeur et la continuité de sa ligne principale, avec tous les accompagnements non moins certains, et beaucoup plus variés qu'on ne croirait, d'esprit, de jugement ouvert et circonspect, de finesse sérieuse, de bonne grâce et de bon goût. Éclairée par ces excellents Mémoires, l'histoire du moins, c'est-à-dire le public définitif, s'en souviendra.

Août 1838.

M. DE FONTANES

I

On a remarqué dans la suite des familles que souvent le fils ne ressemble pas à son père, mais que le petit-fils rappelle son aïeul, le petit-neveu son grand-oncle, en un mot que la ressemblance parfois saute une ou deux générations, pour se reproduire (on ne saurait dire comment) avec une fidélité et une pureté singulière dans un rejeton éloigné. Il en est de même, en grand, dans la famille humaine et dans la suite inépuisable des esprits. Il y a de ces retours à distance, de ces correspondances imprévues. Un siècle illustre disparaît; le glorieux talent qui le caractérisait le mieux, et dans les nuances les plus accomplies, meurt, en emportant, ce semble, son secret; ceux qui le veulent suivre altèrent sa trace, les autres la brisent en se jetant de propos délibéré dans des voies toutes différentes : on est en plein dans un siècle nouveau qui lui-même décline et va s'achever. Tout d'un coup, après ce long espace et cette interruption qui semble définitive, un talent reparaît, en qui sourit une douce et chaste ressemblance avec l'aïeul littéraire. Il ressemble, sans le vouloir, sans y songer, et par une originalité native : dans le fond des traits, dans le tour des lignes, à travers la couleur pâlie, on reconnaît plus que des vestiges. C'est le rapport de M. de Fontanes à Racine; il est de cette famille, et il s'y présente à nous comme le dernier.

Plus la figure littéraire est simple, douce, pure, élégante, sensible sans grande passion, plus il devient précieux d'en étudier de près l'originalité au sein même de cette ressemblance. Si le poëte n'a pas fait assez, s'il a trop négligé d'élever ou d'achever son monument, cela s'explique encore et doit sembler tout naturel ; c'est qu'un instinct secret lui disait : « La grande place est remplie, l'aïeul la tient. Il suffit que moi, qui viens tard, je ne sois pas indigne de lui, que je l'honore par mon goût dans un siècle bien différent déjà, et que jamais du moins je n'aie faussé son lointain et supérieur accord par mes accents. »

Dans cette sobriété et cette paresse même du poëte, se retrouve donc un sentiment touchant, modeste, et qu'on peut dire pieux. Je n'invente pas : M. de Fontanes le nourrissait en son cœur et l'a exprimé en plus d'un endroit. Dans son ode sur la littérature *de l'Empire*, rappelant les modèles du grand Siècle, beaucoup moins méconnus et moins offensés alors par les doctrines que par les œuvres du jour, il se borne, lui, pour toute ambition, au rôle de Silius, à celui de Stace disant à sa muse :

. . . . . . Nec tu divinam Æneida tenta,
Sed longe sequere, et vestigia semper adora !

De Virgile ainsi, dans Rome,
Quand le goût s'était perdu,
Silius à ce grand homme
Offrait un culte assidu ;
Sans cesse il nommait Virgile ;
Il venait, loin de la ville,
Sur sa tombe le prier ;
Trop faible, hélas ! pour le suivre,
Du moins il faisait revivre
Ses honneurs et son laurier.

Et il avait autrement droit de se rendre ce témoignage, et de se dire ainsi l'adorateur domestique de Racine, que Silius pour Virgile.

Mais rien n'est tout à fait simple dans la nature des choses, et il ne faut pas, en tirant du personnage l'idée essentielle, ne voir en lui que cette idée. Dernier parent de Racine, et adorateur du xviie siècle, M. de Fontanes est pourtant du sien ; il en est par les genres qu'il accepte, par ceux même qu'il veut renouveler ; il en est par certaines teintes philosophiques et sentimentales qui font mélange à l'inspiration religieuse, par certaines faiblesses et langueurs de son style poétique élégant ; mais, hâtons-nous d'ajouter, il en est surtout par le goût rapide, par le ton juste, par l'expression nette et simple, par tout ce que le xviiie siècle avait conservé de plus direct du xviie, et que Voltaire y avait transmis en l'aiguisant. De plus, M. de Fontanes n'était pas étranger au nôtre. Contraire aux nouveautés ambitieuses, il ne résistait pourtant pas à celles qui s'appuyaient de quelque titre légitime, de quelque juste accord dans le passé. Sur quelques-uns de ces points d'innovation, il devient lui-même la transition et la nuance d'intervalle, comme il convient à un esprit si modéré. Par ses pièces élégiaques et religieuses, par *la Chartreuse* et *le Jour des Morts*, il devançait de plus de trente ans et tentait le premier dans les vers français le genre d'harmonieuse rêverie ; il semblait donner la note intermédiaire entre les chœurs d'*Esther* et les premières *Méditations*. Mais surtout, à cette époque critique de 1800, par son amitié, par sa sympathique et active alliance avec M. de Chateaubriand, il entrait dans la meilleure part du nouveau siècle ; il s'y mêlait dans une suffisante et mémorable mesure. Le dernier des classiques donnait le premier les mains avec une joie généreuse à la consécration de la Muse enhardie, et lui-même il s'éclairait du triomphe. Tels, durant les étés du pôle, les derniers rayons d'un soleil finissant s'unissent dans un crépuscule presque insensible à la plus glorieuse des nouvelles aurores !

Pour nous, appelé aujourd'hui à parler de M. de Fontanes, nous ne faisons en cela qu'accomplir un désir déjà bien ancien. Quelle qu'ait été l'apparence bien contraire de nos débuts, nous avons toujours, dans notre liberté d'esprit, distingué, à la limite du genre classique, cette figure de Fontanes comme une de celles qu'il nous plairait de pouvoir approcher, et, dans le voile d'ombre qui la couvrait déjà à demi, elle semblait nous promettre tout bas plus qu'elle ne montrait. Sensible (par pressentiment) à l'outrage de l'oubli pour les poëtes, nous nous demandions si tout avait péri de cette muse discrète dont on ne savait que de rares accents, si tout en devait rester à jamais épars, comme, au vent d'automne, des feuilles d'heure en heure plus égarées. L'idée nous revenait par instants de voir recueillis ces fragments, ces restes, *disjecti membra poetæ*, de savoir où trouver enfin, où montrer l'urne close et décente d'un chantre aimable qui fut à la fois un dernier-venu et un précurseur. C'était donc déjà pour nous un caprice et un choix de goût, une inconstance de plus si l'on veut, mais j'ose dire aussi une piété de poésie, avant d'être, comme aujourd'hui, un honneur (1).

Louis de Fontanes naquit à Niort, le 6 mars 1757, d'une famille ancienne, mais que les malheurs du temps et les persécutions religieuses avaient fait déchoir. L'étoile du berceau de madame de Maintenon semble avoir jeté quelque influence de goût, d'esprit et de destinée sur le sien. La famille Fontanes, autrefois établie dans les Cévennes (comté d'Alais), y avait possédé le fief d'*Apennès* ou *des Apennès*, dont le nom lui était resté (Fontanes des Apennés) : un village y portait aussi le nom de *Fontanes*. Mais, à l'époque où naquit le poëte, ce n'étaient plus là que des souvenirs. Sa famille, comme protestante, ne vivait, depuis la révocation de l'Édit de Nantes, que d'une vie précaire, errante et presque clandestine. Son grand-père, son père même étaient protestants; il ne le fut pas. Sa mère, catholique, avait, en se mariant, exigé que ses fils ou filles entrassent dans la communion dominante.

(1) Cette Notice a été écrite en vue de l'édition des Œuvres.

Les premières années de cet enfant à l'imagination tendre et sensible furent très-pénibles, très-sombres. Son frère aîné avait étudié au collége des Oratoriens de Niort; mais lui, le second, sans doute à cause de la gêne domestique, fut confié d'abord à un simple curé de village, ancien oratorien, le Père Bory, par malheur outré janséniste. Le digne curé, au lieu de tirer parti de cette jeune âme volontiers heureuse, sembla s'attacher à la noircir de terreurs : il envoyait son élève à la nuit close, seul, invoquer le Saint-Esprit dans l'église; il fallait traverser le cimetière, c'étaient des transes mortelles. M. de Fontanes y prit le sentiment terrible du religieux; pourtant l'imagination était peut-être plus frappée que le cœur. Le curé ne se bornait pas aux impressions morales, il y ajoutait souvent les duretés physiques; et le pauvre enfant, poussé à bout, s'échappait, un jour, pour s'aller faire mousse à La Rochelle : on le rattrapa. M. de Fontanes, en sauvant l'esprit religieux, conserva toute sa vie l'aversion des dogmes durs qui avaient contristé son enfance. S'il défendit le calvinisme dans son discours qui eut le prix à l'Académie, c'était au nom de la tolérance, par un sentiment de convenance domestique et d'équité civile ; mais il n'en sépara jamais dans sa pensée les longs malheurs que lui avait dus sa famille, de même qu'il associait l'idée de jansénisme au souvenir de ses propres douleurs. Dans son *Jour des Morts*, il a grand soin de nous dire de son humble pasteur :

> Il ne réveille pas ces combats des écoles,
> Ces tristes questions qu'agitèrent en vain
> Et Thomas, *et Prosper*, et Pélage et Calvin.

Une telle enfance menait naturellement M. de Fontanes à placer son idéal chrétien dans la religion de Fénelon.

Ses études se firent ainsi de neuf ans à treize, en ce village appelé La Foye-Mongeault, entre Niort et La Rochelle. Il ne les termina point pourtant sans suivre ses hautes classes aux Oratoriens de Niort, d'où sortait son frère aîné ; et celui-ci, poëte lui-même, dans leurs promenades aux environs de la ville et le long des bords de la fontaine Du Vivier, l'initiait déjà au jeu de la muse. Il perdit ce frère chéri en 1772. Puis, dans l'intervalle de la mort de son père (1774) à celle de sa mère, qui arriva un an après, il alla séjourner en Normandie, aux Andelys, y apprit l'anglais par occasion, y recueillit, dans ses courses rêveuses, de fraîches impressions poétiques, que sa *Forêt de Navarre* et son *Vieux Château* nous ont rendues. Venu à Paris vers 1777, il y commença des liaisons littéraires. Je ne parle pas de Dorat, singulier patron, qu'il se trouva tout d'abord connaître et cultiver plus qu'il ne semble naturel d'après le peu d'unisson de leurs esprits. Il aimait à raconter qu'à la seconde année de ce séjour, se promenant avec Ducis, ils rencontrèrent Jean-Jacques, bien près alors de sa fin. Ducis, qui le connaissait, l'aborda, et, avec sa franchise cordiale, réussissant à l'apprivoiser, le décida à entrer chez un restaurateur. Après le repas, il lui récita quelques scènes de son *Œdipe chez Admète*, et lorsqu'il en fut à ces vers où l'antique aveugle se rend témoignage :

> . . . . Écoutez-moi, grands Dieux !
> J'ose au moins sans terreur me montrer à vos yeux.
> Hélas ! depuis l'instant où vous m'avez fait naître,
> Ce cœur à vos regards n'a point déplu peut-être.
> Vous frappiez, j'ai gémi. J'entrerai sans effroi
> Dans ce cercueil trompeur qui s'enfuit loin de moi.
> Vous savez si ma voix, toujours discrète et pure,
> S'est permis contre vous le plus léger murmure ;
> C'est un de vos bienfaits que, né pour la douleur,
> Je n'aie au moins jamais profané mon malheur (1) !

Jean-Jacques, qui avait jusque-là gardé le silence, sauta au cou de Ducis, en s'écriant d'une voix caverneuse : « Ducis, je vous aime ! » M. de Fontanes, témoin muet et modeste de

---

(1) Acte III, scène IV.

la scène, en la racontant après des années, croyait encore entendre l'exclamation solennelle.

Il ne vit Voltaire que de loin, couronné à la représentation d'*Irène*; mais il n'eut pas le temps de lui être présenté. Son frère aîné (Marcellin de Fontanes), mort, je l'ai dit, en 1772, à l'âge de vingt ans, et doué lui-même de grandes dispositions poétiques, avait composé une tragédie qu'il avait adressée à Voltaire, aussi bien qu'une épître de jeune homme, et il avait reçu une de ces lettres datées de Ferney, qui équivalaient alors à un brevet ou à une accolade.

Fontanes eut le temps de voir beaucoup d'Alembert : laissons-le dire là-dessus : « Tout homme, écrit-il au *Mercure* à « propos de Beaumarchais (1), tout homme qui a fait du bruit « dans le monde a deux réputations : il faut consulter ceux « qui ont vécu avec lui, pour savoir quelle est la bonne et la « véritable. Linguet, par exemple, représentait d'Alembert « comme un homme diabolique, comme *le Vieux de la Mon-* « *tagne*. J'avais eu le bonheur d'être élevé à l'Oratoire par un « des amis de ce philosophe, et je l'ai beaucoup vu dans ma « première jeunesse. Il était difficile d'avoir plus de bonté et « d'élévation dans le caractère. Il se fâchait, à la vérité, « comme un enfant, mais il s'apaisait de même. Jamais chef « de parti ne fut moins propre à son métier. » Toutes ces relations précoces, ces comparaisons multipliées et contradictoires expliquent bien et préparent la modération de Fontanes dans ses jugements, sa science de la vie, son insouciance de l'opinion, et ne rendent que plus remarquable le maintien de ses affections religieuses. Il écrivait ce mot sur d'Alembert, et il allait tout à l'heure appuyer M. de Bonald.

L'*Almanach des Muses* de 1778 nous donne les premières nouvelles littéraires du poëte. On y lit de lui une pièce composée à seize ans, qui a pour titre *le Cri de mon Cœur*, et un fragment d'un *Poëme sur la Nature et sur l'Homme*, qui sort

---

(1) *Mercure*, fructidor an VIII.

déjà des simples essais juvéniles. Ce *Cri de mon Cœur* ne serait qu'une boutade adolescente sans conséquence, s'il ne nous représentait assez bien toutes les impressions accumulées de l'enfance douloureuse de Fontanes. La mort de son frère aîné, celle de son père et de sa mère, qui l'ont frappé coup sur coup, achèvent d'égarer son âme. Il s'écrie contre l'existence ; il va presque jusqu'à la maudire :

> Monarque universel, que peut-être j'outrage,
> Pardonne à mes soupirs ; je connais mon erreur.
> Pour un jeune arbrisseau que tourmente l'orage,
>   Dois-tu suspendre ta fureur ?
>
> D'un pas toujours égal, la Nature insensible
> Marche, et suit tes décrets avec tranquillité.
> Audacieux enfant contre elle révolté,
> Je me débats en vain sous le bras inflexible
>   De la Nécessité.

Il s'arrête un moment aux projets les plus sinistres et les envisage sans effroi :

> Terre, où va s'engloutir ma dépouille fragile,
> Terre, qui t'entretiens de la cendre des morts,
> O ma mère, à ton fils daigne ouvrir un asile !
> Heureux, si dans ton sein doucement je m'endors !
> Sous la tombe, du moins, l'infortune est tranquille.

Mais à l'instant la terre s'entr'ouvre, l'Ombre de son père en sort et le rappelle à la raison, à la constance, à la vertu, lui montre une sœur chérie qui lui reste, et l'invite aux beaux-arts, à la poésie noblement consolatrice. Ce *Cri de mon Cœur* semble avoir exhalé en une fois toute cette ferveur troublée de la jeune âme de Fontanes, et on n'en retrouvera plus trace désormais dans son talent pur, tendre, mélancolique, et moins ardent que sensible (1).

(1) Je veux être tout à fait exact : outre cette même pièce du *Cri*

L'*Almanach des Muses* de 1780 le fit plus hautement connaître, en publiant *la Forêt de Navarre.* Ce petit poëme descriptif, vu à sa date, avait de la fraîcheur et de la nouveauté. L'auteur, en y développant une peinture déjà touchée dans *la Henriade,* y faisait preuve de son admiration pour Voltaire et de son amour pour Henri IV, deux traits essentiels qui ne le quittèrent jamais. Il y marquait par un vers d'éloge sa déférence à Delille, déjà célèbre depuis 1770; mais, même à cette

---

de mon Cœur, le *Journal des Dames* de 1777 (par conséquent un peu antérieur à l'*Almanach des Muses* de 1778) contenait une lettre de Fontanes à Dorat, toujours dans ce ton exalté qui contraste singulièrement avec les idées désormais attachées en sens divers à ces deux noms de Dorat et de Fontanes. En voici quelques passages :

« Monsieur, je m'étais promis de cacher avec soin les faibles essais de mon enfance, et de ne cultiver les lettres que pour me consoler de mes malheurs. C'était au fond d'un désert, et non dans le sein de la capitale, que j'avais résolu de vivre. La solitude convient mieux à l'infortune qui veut au moins se plaindre en liberté, que ces prisons fastueuses où des esclaves imitent les travers et les vices d'autres esclaves, où le vrai sage ne peut faire un pas sans colère ou sans pitié... Je me suis dit de bonne heure : Tu es malheureux, tu es sans appui, tu es trop fier pour ramper ; végète donc dans une retraite ignorée. Paris n'est pas fait pour toi.

« Si l'amour de la poésie me forçait, malgré moi, de lui sacrifier quelques heures, je ne peignais que mes douleurs ou les tableaux de la campagne que j'avais sous les yeux. Je me contentais de répandre mes plaintes dans des vers toujours dictés par mon cœur..... J'ai eu pour atelier le bord des mers, les forêts, le sommet des montagnes. Je n'ai tracé que des scènes lugubres, analogues à ma situation. Ma poésie doit avoir des traits un peu sauvages et peut-être barbares..... Quand je portais les yeux sur Paris, j'étais effrayé des périls où je m'exposerais en m'y montrant. Un homme de dix-huit ans, ignorant l'art de l'intrigue et de l'adulation, pouvait-il espérer, en effet, d'être accueilli dans la république des lettres?... Ainsi, me disais-je, coulons dans le silence des jours déjà trop agités, et dont (ma faible santé l'annonce) le terme heureusement sera court.

« Tel était le plan que je m'étais formé. Je vous vis alors, et je compris qu'il y avait plusieurs classes dans la littérature, etc. »

Ce titre sentimental de la pièce, *le Cri de mon Cœur,* fut donné par Dorat lui-même; Fontanes, quand il y resongeait depuis, en rougissait toujours.

heure de jeunesse première, il semblait plus sobre, plus modéré en hardiesse que ce maître brillant. On remarquait, à travers les exclamations descriptives d'usage, bien des vers heureux et simples, de ces vers trouvés, qui peignent sans effort :

> Le poëte aime l'ombre, il ressemble au berger....
> L'oiseau se tait, perché sur le rameau qui dort....
> Foulant de hauts gazons respectés du faucheur....
> Ils ne sont plus ces jours où chaque arbre divin
> Enfermait sa Dryade et son jeune Sylvain,
> Qui versaient en silence à la tige altérée
> La séve à longs replis sous l'écorce égarée.

Il n'y avait pas abus de coupes, quelques-unes pourtant assez neuves, quelques jets un peu libres, que plus tard son ciseau, en y revenant, supprima :

> Quel calme universel! je marche : l'ombre immense,
> L'ombre de ces ormeaux dont les bras étendus
> Se courbent sur ma tête en voûtes suspendus,
> S'entasse à chaque pas, s'élargit, se prolonge,
> *Croît toujours;* et mon cœur dans l'extase se plonge.

Enfin, quelque chose de senti inspirait le tout.

Garat, rendant compte de l'*Almanach des Muses* dans le *Mercure* (avril 1780), s'arrêta longuement sur le poëme de Fontanes, et le critiqua avec une sévérité indirecte et masquée, qui put sembler piquante dans les habitudes du temps. Il fait bien ressortir l'absence de plan, les contradictions entre l'appareil didactique et certaines formes convenues d'enthousiasme : *Que de tableaux divers!... A pas lents je m'égare.* Oui, à pas lents. Mais il ne va pas au fond. Quand il en vient au style, il frappe encore plus au hasard et souligne quelques-uns des vers que nous citions précisément à titre de beauté. Fontanes fut très-sensible à l'article de Garat, et faillit en être découragé à cette entrée dans la carrière. La plus sûre preuve de l'impression profonde qu'il en reçut, c'est que trente-sept ans après, lorsqu'il fixa la rédaction dernière de *la Forêt de Navarre*, il tint compte dans sa refonte de presque toutes les critiques de détail, même de celles où Garat avait tort. Voilà de la sensibilité de poëte, mais bien modeste et docile.

Garat, que nous trouvons ainsi au début de Fontanes, et qui, nonobstant son article sévère, d'ailleurs très-convenable, fut et resta lié avec lui dans les années qui précédèrent la Révolution, Garat, plus âgé de plusieurs années, nous offre à certains égards, et en fait de destinée littéraire, le pendant du poëte dans le camp opposé, dans les rangs philosophiques : grand talent de prosateur, s'essayant d'abord aux éloges académiques, se dispersant en tout temps aux journaux, puis intercepté brusquement par la Révolution et désormais lancé à tous les souffles de l'orage ; exemple déplorable et frappant du danger de ne se recueillir sur rien, et, avec des facultés supérieures, de ne laisser qu'une mémoire éparse, bientôt naufragée ! Durant la Révolution, soit sous la Terreur, soit après Fructidor, Fontanes crut avoir beaucoup à se plaindre de lui, et il rompit tout rapport avec un adversaire au moins indiscret, qui se figurait peut-être, dans son sophisme d'imagination, continuer simplement envers le proscrit politique l'ancienne polémique littéraire. Mais, sans faire injure à aucune mémoire, et dans l'éloignement où l'on est de leur tombe, on ne peut s'empêcher de pousser le rapprochement : Garat, avec plus de verve et bien moins de goût, louant Desaix et Kléber, comme Fontanes louait Washington ; Garat se flattant toujours d'élever le monument métaphysique dont on ne sait que la brillante préface, comme Fontanes se flattait de l'achèvement de *la Grèce sauvée* ; mais, avec une imagination trop vive chez un philosophe, Garat n'était pas poëte, et l'avantage incomparable de Fontanes, pour la durée, consiste en ce point précis : il lui suffit de quelques pièces qu'on sait par cœur pour sauver son nom.

A leur date, *la Chartreuse* et *le Jour des Morts*, déjà un peu passés, mais à maintenir dans la suite des tons et des nuances de la poésie française ; sans date, et de tous les instants, les *Stances à une jeune Anglaise*, l'ode à une *jeune Beauté*, ou celle du *Buste de Vénus*; en un mot, le flacon scellé qui contient la goutte d'essence ; voilà ce qui surnage, c'est assez. Les métaphysiciens échoués n'ont pas de ces débris-là.

Dans les premiers temps de son séjour à Paris, Fontanes travailla beaucoup, et il conçut, ébaucha ou même exécuta dès lors presque tous les ouvrages poétiques qu'il n'a publiés que plus tard et successivement. Un vers de la première *Forêt de Navarre* nous apprend qu'il avait déjà traduit à ce moment (1779) l'*Essai sur l'Homme* de Pope, qui ne parut qu'en 1783. Une élégie de Flins, dédiée à Fontanes (1), nous le montre, en 1782, comme ayant terminé déjà son poëme de *l'Astronomie*, qui ne fut publié qu'en 1788 ou 89, et comme poursuivant un poëme en six chants sur *la Nature*, qui ne devait point s'achever. *La Chartreuse* paraissait en 1783, et on citait presque dans le même temps *le Jour des Morts*, encore inédit, d'après les lectures qu'en faisait le poëte. Ainsi, en ces courtes années, les œuvres se pressent. Tous les témoignages d'alors, les articles du *Mercure*, une épître de Parny à Fontanes (2), nous montrent celui-ci dans la situation à part que lui avaient faite ses débuts, c'est-à-dire comme cultivant la grande poésie et aspirant à la gloire sévère. Mais bientôt la vie de Paris et du xviiie siècle, la vie de monde et de plaisir le prit et insensiblement le dissipa. Il voyait beaucoup les gens de lettres à la mode, Barthe, Rivarol ; il dînait chaque semaine chez le chevalier de Langeac, son ami (encore aujourd'hui vivant), qui les réunissait. Et qui ne voyait-il pas, qui n'a-t-il pas connu au temps de cette jeunesse liante, de d'Alembert à Linguet, de Berquin à Mercier, de Florian à Rétif ; tous les étages de la littérature et de la vie ? Par mo-

(1) *Almanach des Muses.*
(2) *Almanach des Muses*, 1782.

ments, soit inquiétude d'âme rêveuse et reprise de poésie, soit blessure de cœur, soit nécessité plus vulgaire, et, comme dit André Chénier,

> Quand ma main imprudente a tari mon trésor,

il sentait le besoin de se dérober. Il se retirait à Poissy en hiver ; il se faisait ermite, et se vouait à l'étude entre son Tibulle et son Virgile. Mais cela durait peu. Les amis heureux le désiraient, le rappelaient. Un voyage en Suisse, vers 1787, auparavant un autre voyage de deux mois en Angleterre, ne tardaient point à le leur rendre. La prospérité pourtant ne venait pas. Si c'était la saison des plaisirs, c'était aussi celle des rudes épreuves :

> Redis-moi du malheur les leçons trop amères,

a-t-il écrit plus tard parlant à sa muse secrète et en songeant à ce temps. Ainsi se passèrent pour lui, trop au hasard sans doute, les années faciles et fécondes. La Révolution le surprit, et dans l'Épître à M. de Boisjolin, en 1792, jetant un regard en arrière, à la veille de plus grands orages, il pouvait dire avec un regret senti :

> Tu m'as trop imité : les plaisirs, la mollesse,
> Dans un piége enchanteur ont surpris ta faiblesse.
> La gloire en vain promet des honneurs éclatants :
> Un souris de l'amour est plus doux à vingt ans ;
> Mais à trente ans la gloire est plus douce peut-être.
> Je l'éprouve aujourd'hui. J'ai trop vu disparaître
> Dans quelques vains plaisirs aussitôt échappés
> Des jours que le travail aurait mieux occupés.
> Oh ! dans ces courts moments consacrés à l'étude,
> Combien je chérissais ma docte solitude !...

C'est en cet intervalle de 1780 à 1792 qu'il convient d'examiner dans son premier jour Fontanes : il prend place alors ; sa vraie date est là. On a pour habitude, dans les jugements vagues et dans les *à-peu-près* courants, de faire de lui, à proprement parler, un poëte de *l'Empire*. Il ne se jugeait pas tel lui-même ; il n'estimait guère, on le verra, la littérature de cette époque ; il n'y faisait qu'une exception éclatante, et s'y effaçait volontiers. Il fut orateur de l'Empire, mais le poëte chez lui était antérieur (1).

La traduction de l'*Essai sur l'Homme*, si perfectionnée depuis, mais déjà fort estimable, et enrichie de son excellent discours préliminaire, parut pour la première fois en 1783, et valut à l'auteur un article de La Harpe, adressé sous forme de lettre au *Mercure* (2). Un article de La Harpe, c'était la con-

---

(1) Je trouve dans l'*Esprit des Journaux*, août 1787, une *Épître* en vers *à M. de Fontanes*, attribuée à un M. de C..., qui n'est autre que Castéra. La pièce est très-médiocre, mais il en ressort évidemment que Fontanes était à cette date un personnage littéraire à qui l'on demandait une sorte de patronage.

<blockquote>
Et le mortel heureux dont l'amitié sacrée,
Cher Fontanes, par vous se verra célébrée,
Est certain que son nom, des muses respecté,
Volera dans vos chants à la postérité.
</blockquote>

(2) Septembre 1783. — La Harpe envoya son article sous forme de *lettre*, parce qu'il s'était retiré de la rédaction du *Mercure* dès 1779. C'avait été une résolution presque solennelle. La guerre qu'il faisait depuis quelques années aux novateurs, aux rimeurs hasardeux, était devenue si vive, qu'elle les ameuta contre lui, et il y eut ligue pour le forcer à quitter le jeu. Injures, calomnies, menaces, tout fut employé, à ce qu'il semble. A la mort de Voltaire, comme aux funérailles d'un monarque absolu, il y eut redoublement de sédition littéraire ; le nom du mort était invoqué contre un disciple trop faible pour son héritage ; on se plaisait à remarquer que le grand homme *ne l'avait pas mis sur son testament*. Bref, la place n'était plus tenable. La Harpe fit pourtant bonne et courageuse contenance ; il prépara en secret sa pièce des *Muses rivales*, qui répondait à certaines inculpations, et la fit jouer sans qu'on sût à l'avance qu'elle était de lui. Le succès fut grand, et, le lendemain de ce triomphe, il déclara se retirer du *Mercure* : il abdiqua, mais en vainqueur. Ce fut un des grands événements de ce temps-là. Puis, comme tous ceux qui abdiquent, il ne tarda pas à se repentir, et revint dans la suite de plus belle à ces querelles de journaux qu'il maudissait et qui étaient sa vie.

sécration officielle d'un talent. Le critique insistait beaucoup, en louant M. de Fontanes, sur la marche imposante et soutenue de sa phrase poétique, et *cet art de couper le vers sans le réduire à la prose, et de varier le rhythme sans le détruire, deux choses,* dit-il, *si différentes, et qu'aujourd'hui l'ignorance et le mauvais goût confondent si souvent.* Il louait avant tout dans le traducteur, et recommandait avec raison aux jeunes écrivains *l'ensemble* et *le tissu* du style, qu'on sacrifiait dès lors à l'effet du détail; il s'élevait à plusieurs reprises contre les métaphores accumulées et les figures nébuleuses : « Ce n'est
« pas, ajoutait-il, à M. de Fontanes que cet avis s'adresse, il
« en a trop rarement besoin ; mais les vérités communes ne
« peuvent pas être perdues aujourd'hui ; il faut bien les
« opposer aux nouvelles extravagances des nouvelles doc-
« trines :

    « Un tronc jadis sauvage adopte sur sa tige
    « Des fruits dont sa vigueur hâte l'heureux prodige (1) ;

« *Hâter le prodige des fruits* est une métaphore très-obscure.
« C'est peut-être la seule fois que l'auteur s'est rapproché du
« style à la mode, et Dieu me préserve de le lui passer ! » On cherche à qui peut avoir trait, en somme, cette véhémence de La Harpe ; ce n'est pas même à Delille, c'est tout au plus à quelques-uns de ses imitateurs, à je ne sais quoi d'énorme aux environs de Roucher ou de Dorat. A la distance où nous sommes, au degré d'hérésie où nous ont poussés le temps et l'usage, cela fuit (2).

Fontanes se tenait sans effort dans les mêmes principes que

---

(1) *Essai sur l'Homme,* dans la première édition.
(2) Dans son assez bonne Épître au comte de Schowaloff qui est destinée à célébrer son abdication du *Mercure* et comme sa retraite à *Salone,* La Harpe, faisant une sortie contre le pittoresque à la mode, disait en des vers dont l'à-propos semble d'hier et nous va au cœur :

    Que dis-je ? en ses excès le délire exalté
    Porta plus loin l'audace et la perversité :

La Harpe : en traduisant Pope, le sage Pope, il ne l'approuvait pas toujours. Il blâme, dès les premiers vers de son auteur, ces métaphores redoublées, selon lesquelles *l'homme est tour à tour un labyrinthe, un jardin, un champ, un désert*, et n'y voit que manque de goût, de précision et de clarté. Quand il rencontre ce vers tout petillant :

In folly's cup still laughs the bubble, joy,

la joie, cette bulle d'eau, rit dans la coupe de la folie, il le supprime. Il est bien plus que l'abbé Delille de l'école directe de Boileau et de Racine.

Il est mieux que de l'école, il est du sentiment tendre et de l'inspiration émue de ce dernier dans *la Chartreuse* et dans *le Jour des Morts*. Racine jeune, Racine déjà revenu d'Uzès et à la veille d'*Andromaque*, Racine né au xviiie siècle, ayant beaucoup lu, au lieu de *Théagène et Chariclée*, l'Épître de Colardeau, et se promenant, non pas à Port-Royal, mais au Luxembourg, aurait pu écrire *la Chartreuse*.

La manière littéraire a beau changer; les formes du style

> Racine et Despréaux ont vu leur gloire *usée*,
> Et par des écoliers leur langue méprisée.
> Voltaire *au seul hasard a dû quelques beaux vers ;*
> Ses succès, soixante ans, ont trompé l'univers.
> Il n'existe en effet qu'une seule science :
> C'est des mots discordants la bizarre alliance,
> Des tropes entassés le chaos monstrueux.
> L'ignoble barbarisme, aujourd'hui fastueux,
> Est le trait de la force et le fruit de l'étude,
> Et sait donner au vers une noble *attitude*.
> Veut-on que notre mètre, en sa marche arrêté,
> De la mesure antique ait la variété ?
> Substituez alors (la ressource est aisée)
> Au rhythme poétique une prose brisée.
> Enfin sachez frapper le dernier coup de l'art :
> Que de tous ses rayons Phébus vous illumine ;
> Et, faute d'égaler la langue de Racine,
> Osez ressusciter le jargon de Ronsard.

Rien n'est donc nouveau, ni l'audace, ni le cri d'alarme, ni l'injure dans un sens et dans l'autre : ne nous attachons qu'au talent.

ont beau se renouveler, se vouloir rajeunir, et, même en n'y réussissant pas toujours, faire pâlir du moins la couleur des styles précédents ; les idées, sinon la pratique, en matière de goût et d'art sévère, ont beau s'élever, s'affermir, s'agrandir, je le crois, par une comparaison plus studieuse et plus étendue : il est des impressions heureuses, faciles, touchantes, qui, dans de courtes productions, tirent leur principal intérêt du cœur, et qui durent sous un crayon un peu effacé. La lecture de *la Chartreuse*, si l'on a l'imagination sensible, et si l'on n'a pas l'esprit barré par un système, cette lecture mélodieuse et plaintive, faite à certaine heure, à demi-voix, produira toujours son effet, émouvra encore et finira par mêler vos pleurs à ceux du poëte :

> Cloître sombre, où l'amour est proscrit par le Ciel,
> Où l'instinct le plus cher est le plus criminel,
> Déjà, déjà ton deuil plaît moins à ma pensée !
> L'imagination, vers tes murs élancée,
> Chercha leur saint repos, leur long recueillement ;
> Mais mon âme a besoin d'un plus doux sentiment.
> Ces devoirs rigoureux font trembler ma faiblesse.
> Toutefois, quand le temps, qui détrompe sans cesse,
> Pour moi des passions détruira les erreurs,
> Et leurs plaisirs trop courts souvent mêlés de pleurs ;
> Quand mon cœur nourrira quelque peine secrète ;
> Dans ces moments plus doux, et si chers au poëte,
> Où, fatigué du monde, il veut, libre du moins,
> Et jouir de lui-même et rêver sans témoins ;
> Alors je reviendrai, Solitude tranquille,
> Oublier dans ton sein les ennuis de la ville,
> Et retrouver encor, sous ces lambris déserts,
> Les mêmes sentiments retracés dans ces vers.

De tels vers, pour la couleur mélancolique à la fois et transparente, étaient dignes contemporains des belles pages des *Études de la Nature*.

Le Jour des Morts offre plus de composition que *la Char-*

treuse; c'est moins une méditation, une rêverie, et davantage un tableau. Il dut plaire plus vivement peut-être aux contemporains; il a plus passé aujourd'hui. Le xviii° siècle y a jeté de ses couleurs de convention. Ce curé de village, *rustique Fénelon,* qu'on n'ose pas appeler *curé,* et qui n'est que *pasteur, mortel respecté, homme sacré,* ce *prêtre ami des lois et zélé sans abus,* qui n'ose faire parler la colère céleste contre le mal, et qui ne sait qu'*adoucir la tristesse* par *l'espérance,* est un de ces chrétiens comme on aimait à se les figurer à la date de la *Chaumière indienne.* On se demande si le poëte partage absolument l'esprit du spectacle qu'il nous retrace avec tant d'émotion. A un endroit de la première version du *Jour des Morts,* il était question de *destin* (1). Plus d'un vers reste en désaccord avec le dogme; ainsi, lorsqu'il s'agit, d'après Gray, de ces morts obscurs, de ces Turenne peut-être et de ces Corneille inconnus :

> Eh bien! si de la foule autrefois séparé,
> Illustre dans les camps ou sublime au théâtre,
> Son nom charmait encor l'univers idolâtre,
> Aujourd'hui son sommeil en serait-il plus doux?

dernier vers charmant, imité de La Fontaine avant sa conversion; mais depuis quand la mort, pour le chrétien, est-elle un doux sommeil et le cercueil un oreiller? En somme, la religion du *Jour des Morts* est une religion toute d'imagination, de sensibilité, d'attendrissement (le mot revient sans cesse); c'est un christianisme affectueux et flatté, à l'usage du xviii° siècle, de ce temps même où l'abbé Poulle, en chaire,

---

(1) Dans une église de Naples, à Sainte-Claire, je crois, se voit un élégant tombeau de jeune fille par Jean de Nola, avec des vers latins; tombeau grec, épitaphe païenne :

> . . . .
> At nos perpetui gemitus, tu, nata, sepulchri
> Esto hæres, ubi sic impia fata volunt.

Cet *impia fata* dans une église catholique ne choque personne.

ne désignait guère Jésus-Christ que comme *le Législateur des chrétiens*. Ici, ce mode d'inspiration, plus acceptable chez un poëte, cette onction sans grande foi, et pourtant sincère, s'exhale à chaque vers, mais elle se déclare surtout admirablement dans le beau morceau de la pièce au moment de l'élévation pendant le sacrifice :

> O moment solennel ! ce peuple prosterné,
> Ce temple dont la mousse a couvert les portiques,
> Ses vieux murs, son jour sombre, et ses vitraux gothiques ;
> Cette lampe d'airain, qui, dans l'antiquité,
> Symbole du soleil et de l'éternité,
> Luit devant le Très-Haut, jour et nuit suspendue ;
> La majesté d'un Dieu parmi nous descendue ;
> Les pleurs, les vœux, l'encens, qui montent vers l'autel,
> Et de jeunes beautés, qui, sous l'œil maternel,
> Adoucissent encor par leur voix innocente
> De la religion la pompe attendrissante ;
> Cet orgue qui se tait, ce silence pieux,
> L'invisible union de la terre et des cieux,
> Tout enflamme, agrandit, émeut l'homme sensible ;
> Il croit avoir franchi ce monde inaccessible,
> Où, sur des harpes d'or, l'immortel séraphin
> Aux pieds de Jéhovah chante l'hymne sans fin.
> C'est alors que sans peine un Dieu se fait entendre :
> Il se cache au savant, se révèle au cœur tendre ;
> Il doit moins se prouver qu'il ne doit se sentir.

Il y avait longtemps à cette date que la poésie française n'avait modulé de tels soupirs religieux. Jusqu'à Racine, je ne vois guère, en remontant, que ce grand élan de Lusignan dans *Zaïre*. M. de Fontanes essayait, avec discrétion et nouveauté, dans la poésie, de faire écho aux accents épurés de Bernardin de Saint-Pierre, ou à ceux de Jean-Jacques aux rares moments où Jean-Jacques s'humilie. Son grand tort est de s'être distrait sitôt, d'avoir récidivé si peu.

Dans *le Jour des Morts*, il s'était souvenu de Gray et de son

Cimetière de Campagne; il se rapproche encore du mélancolique Anglais par un *Chant du Barde* (1) : tous deux rêveurs, tous deux délicats et sobres, leurs noms aisément s'entrelaceraient sous une même couronne. Gray pourtant, dans sa veine non moins avare, a quelque chose de plus curieusement brillant et de plus hardi, je le crois. Les deux ou trois perles qu'on a de lui luisent davantage. Celles de Fontanes, plus radoucies d'aspect, ne sont peut-être pas de qualité moins fine : le chantre plaintif du *Collége d'Éton* n'a rien de mieux que ces simples *Stances à une jeune Anglaise*.

Une affinité naturelle poussait Fontanes vers les poëtes anglais : on doit regretter qu'il n'ait pas suivi plus loin cette veine. Il avait bien plus nettement que Delille le sentiment champêtre et mélancolique, qui distingue la poésie des Gray, des Goldsmith, des Cowper : son imagination, où tout se terminait, en aurait tiré d'heureux points de vue, et aurait importé, au lieu du descriptif diffus d'alors, des scènes bien touchées et choisies. Mais il aurait fallu pour cela un plus vif mouvement d'innovation et de découverte que ne s'en permettait Fontanes. Il côtoya la haie du *cottage*, mais il ne la franchit pas. L'anglomanie qui gagnait le détourna de ce qui, chez lui, n'eût jamais été que juste. De son premier voyage en Angleterre, il rapporta surtout l'aversion de l'opulence lourde, du faste sans délicatesse, de l'art à prix d'or, le dégoût des parcs anglais, de ces ruines factices, et de cet in-

---

(1) *Almanach des Muses*, 1783. — Fontanes, dans son voyage à Londres, d'octobre 1785 à janvier 1786, vit beaucoup le poëte Mason, ami et biographe de Gray. Les filles d'un ministre, chez qui il logeait, lui chantaient d'anciens airs écossais : « Il est très-vrai, écrit-il
« dans une lettre de Londres à son ami Joubert, que plusieurs hymnes
« d'Ossian ont encore gardé leurs premiers airs. On m'a répété son
« apostrophe à la lune. La musique ne ressemble à rien de ce que
« j'ai entendu. Je ne doute pas qu'on ne la trouvât très-monotone à
« Paris : je la trouve, moi, pleine de charme. C'est un son lent et
« doux, qui semble venir du rivage éloigné de la mer et se prolonger
« parmi des tombeaux. »

culte arrangé qu'il a combattu dans son *Verger.* De l'école française en toutes choses, il ne haïssait pas dans le ménagement de la nature les allées de Le Nôtre et les directions de La Quintinie, comme, dans la récitation des vers, il voulait la mélopée de Racine. En se gardant de l'abondance brillante de Delille, il négligea la libre fraîcheur des poëtes anglais paysagistes, desquels il semblait tout voisin. Son descriptif, à lui, est plutôt né de l'Épître de Boileau *à Antoine.*

Son étude de Pope et son projet d'un poëme sur *la Nature* le conduisirent aisément à son Essai didactique *sur l'Astronomie:* M. de Fontanes n'a rien écrit de plus élevé. Je sais les inconvénients du genre : on y est pressé, comme disait en son temps Manilius, entre la gêne des vers et la rigueur du sujet :

. . . . . Duplici circumdatus æstu
Carminis et rerum. . . . .

Il faut exprimer et chanter, sous la loi du rhythme, des lois célestes que la prose, dans sa liberté, n'embrasse déjà qu'avec peine. Comme si ces difficultés ne se marquaient pas assez d'elles-mêmes, le poëte, dans sa marche logique et méthodique, dans sa pénible entrée en matière et jusque dans ce titre d'*Essai,* n'a rien fait pour les dissimuler. Mais combien ce défaut peu évitable est racheté par des beautés de premier ordre ! et, d'abord, par un style grave, ferme, soutenu, un peu difficile, mais par là même pur de toute cette monnaie poétique effacée du xviiie siècle, par un style de bon aloi, que Despréaux eût contre-signé à chaque page, ce qu'il n'eût pas fait toujours, même pour le style de M. de Fontanes. Cette fois, l'auteur, pénétré de la majesté de son sujet, n'a nulle part fléchi ; il est égal par maint détail, et par l'ensemble il est supérieur aux Discours en vers de Voltaire ; il atteint en français, et comme original à son tour, la perfection de Pope en ces matières, concision, énergie :

Vers ces globes lointains qu'observa Cassini,

> Mortel, prends ton essor ; monte par la pensée,
> Et cherche où du grand Tout la borne fut placée.
> Laisse après toi Saturne, approche d'Uranus ;
> Tu l'as quitté ? poursuis : des astres inconnus,
> A l'aurore, au couchant, partout sèment ta route ;
> Qu'à ces immensités l'immensité s'ajoute.
> Vois-tu ces feux lointains ? Ose y voler encor :
> Peut-être ici, fermant ce vaste compas d'or
> Qui mesurait des cieux les campagnes profondes,
> L'éternel Géomètre a terminé les mondes.
> Atteins-les : vaine erreur ! Fais un pas ; à l'instant
> Un nouveau lieu succède, et l'univers s'étend.
> Tu t'avances toujours, toujours il t'environne.
> Quoi ! semblable au mortel que sa force abandonne,
> Dieu, qui ne cesse point d'agir et d'enfanter,
> Eût dit : « Voici la borne où je dois m'arrêter ! »

Cette grave et stricte poésie s'anime heureusement, par places, d'un sentiment humain, qui repose de l'aspect de tant de justes orbites et répand une piété toute *virgilienne* à travers les sphères :

> Tandis que je me perds en ces rêves profonds,
> Peut-être un habitant de Vénus, de Mercure,
> De ce globe voisin qui blanchit l'ombre obscure,
> Se livre à des transports aussi doux que les miens.
> Ah ! si nous rapprochions nos hardis entretiens !
> Cherche-t-il quelquefois ce globe de la terre,
> Qui, dans l'espace immense, en un point se resserre ?
> A-t-il pu soupçonner qu'en ce séjour de pleurs
> Rampe un être immortel qu'ont flétri les douleurs ?

Et tout ce qui suit. — Le style, dans le détail, arrive quelquefois à un parfait éclat de vraie peinture, à une expression entière et qui emporte avec elle l'objet : on compte ces vers-là dans notre poésie classique, même dans Racine, qui en offre peut-être un moins grand nombre que Boileau :

> Quand la lune arrondie en cercle lumineux
> Va, de son frère absent, nous réfléchir les feux,

Il (1) vous dira pourquoi, d'un crêpe enveloppée,
Par l'ombre de la terre elle pâlit frappée.

En terminant cet *Essai* qui est devenu un *chant* ou du moins un *tableau*, le poëte invite de plus hardis que lui à l'étude entière et à la célébration de la nature et des cieux : il se rappelle tout bas ce que Virgile se disait au début du troisième livre des Géorgiques :

> Omnia jam vulgata : quis aut Eurysthea durum,
> Aut illaudati nescit Busiridis aras?
> Cui non dictus Hylas puer? . . . . . .
> . . . .
> . . . Tentanda via est, qua me quoque possim
> Tollere humo, victorque virûm volitare per ora.

> Faut-il offrir toujours, sur la scène épuisée,
> Des tragiques douleurs la pompe trop usée?
> Des sentiers moins battus s'ouvrent devant nos pas (2).

Mais nul poëte depuis n'a tenté ces hauts sentiers, et les descriptifs moins que les autres. Cet *Essai sur l'Astronomie*, qui n'a pas été classé jusqu'ici comme il le mérite, pourrait presque sembler, par sa juste et belle austérité, une critique en exemple, une contre-partie et un contre-poids que Fon-

---

(1) Cassini.
(2) On pourrait aussi croire que le poëte s'est ressouvenu de Manilius, qui exprime la même pensée en maint endroit de son poëme des *Astronomiques,* et s'y complaît particulièrement au début du livre II. Après avoir énuméré les différents genres de poésie, ce successeur, souvent rival, de Lucrèce, ajoute :

> Omne genus rerum doctæ cecinere Sorores :
> Omnis ad accessus Heliconis semita trita est,
> Et jam confusi manant de fontibus amnes,
> Nec capiunt haustum turbamque ad nota ruentem :
> Integra quæramus rorantes prata per herbas.

Pourtant Fontanes semble s'être tenu uniquement à Virgile, à Lucrèce, et n'avoir pas assez pris en considération le poëme de Manilius, duquel il eût pu s'inspirer pour agrandir et féconder son *Essai*. Une fois seu-

tanes aurait voulu opposer aux excès et aux abus de l'école envahissante.

Il a laissé du pur descriptif lui-même ; sa *Maison rustique* (l'ancien *Verger* refondu) n'est pas autre chose. N'oublions pas pourtant que ce *Verger,* qui parut en 1788, fort court et un peu pressé entre notes et préface, était encore une protestation indirecte contre la manie du jour, un *sous-amendement* respectueux au poëme des *Jardins.* Fontanes se sauvait dans le verger pour faire de là opposition, pour jeter en quelque sorte son caillou de derrière les saules. Il s'élevait fort contre ces colifichets soi-disant champêtres, contre cette négligence acquise à grands frais,

> Où la simplicité n'est qu'un luxe de plus.

Ermenonville, avec son *Temple de la Philosophie* et sa *Tour de*

lement il s'est rencontré directement avec lui, mais peut-être par identité d'objet plutôt que par imitation :

> Soleil, ce fut un jour de l'année éternelle,
> Aux portes du Chaos Dieu s'avance et t'appelle !
> Le noir Chaos s'ébranle, et, de ses flancs ouverts,
> Tout écumant de feux, tu jaillis dans les airs.
> De sept rayons premiers ta tête est couronnée :
> L'antique nuit recule, et par toi détrônée,
> Craignant de rencontrer ton œil victorieux,
> Te cède la moitié de l'empire des cieux.

Et Manilius, au livre Ier, passant en revue les différentes origines possibles du monde, soit l'absence d'origine, l'éternité, soit la création du sein du Chaos, dit avec une précision qui certes a aussi sa beauté :

> Seu permixta Chaos rerum primordia quondam
> Discrevit partu, mundumque enixa nitentem
> Fugit in infernas caligo pulsa tenebras.

Ce *recul* de l'ombre primitive, aussitôt le monde et la lumière enfantés, est rendu à merveille. — En feuilletant ces livres de Manilius, où les noms des constellations amènent d'intéressants épisodes, comme celui d'Andromède, et où les rêveries astrologiques n'étouffent pas tant de beaux passages inspirés par le panthéisme, par l'idée de la parenté de l'homme avec le ciel et par la conscience sublime des hauts mystères, on conçoit un grand poëme dont, en effet, celui de Fontanes ne serait que l'*essai*.

Gabrielle, ne trouvait pas grâce absolument devant son goût sans fadaise. L'ouvrage d'un Allemand, Hirschfeld, sur les jardins et les paysages, lui fournissait surtout matière à gaieté. Le professeur d'esthétique avait conseillé au bout du verger un étang, d'où monterait en chœur le cri des grenouilles, effectivement si harmonieux de loin le soir, dans la tranquillité des airs. Mais cette harmonie, qui sentait trop Aristophane, et que Jean-Baptiste Rousseau n'avait pas réhabilitée, ne revenait guère à Fontanes, non plus que l'étang bourbeux. Il prenait de là occasion pour se jeter sur le germanisme en littérature, et il en prévoyait dès lors, il en combattait les conséquences en tout genre, avec une vivacité qui prouve encore moins sa prévention extrême que sa promptitude de coup d'œil et d'avant-goût. Quand vint madame de Staël, elle le trouva tout armé à l'avance et très-averti.

On voit que M. de Fontanes n'était pas un homme de révolution ; aussi la nôtre de 89 ne l'enleva point d'un entier élan. A trente ans passés, sa situation restée si précaire semblait le pousser en avant : sa modération d'esprit le retint. Il partagea pourtant avec presque toute la France le premier mouvement et les espérances de l'aurore de 89 ; l'on a même un chant de lui sur la fête de la Fédération en 90. Mais ce fut sa limite extrême. Dès le commencement de 90, il participait avec son ami Flins à la rédaction d'un journal, *le Modérateur*, qui remplissait son titre. On distingue difficilement les articles de Fontanes dans cette feuille, qui d'ailleurs a peu vécu ; et comme il n'y a que l'esprit général qui en soit remarquable, il importe peu de les distinguer. *Le Modérateur* suit, avec moins de verve et d'audace, la ligne d'André Chénier. J'aime à y voir (1) le chevalier de Pange, cet autre André, loué pour ses *Réflexions sur la Délation et sur le Comité des Recherches*. On y devine, à quelques mots jetés çà et là, combien Fontanes jugeait le moment peu favorable aux vers ; et il n'était

(1) Numéro du 13 février 1790.

pas homme à s'armer de l'ïambe. Des ébauches de tragédies qu'il conçut alors, *Thrasybule, Thamar, Mazaniel*, n'eurent pas de suite et n'aboutirent qu'à quelques scènes. Il quitta Paris peu après, et, retiré à Lyon, il adressait de là cette gracieuse et un peu jeune Épître à Boisjolin (1). Un grand calme, un sourire d'imagination y règne. Il a retrouvé les champs, il a repris l'étude, et le voilà qui ressonge à la belle gloire. Dans les conseils qu'il donne, lui-même il se peint, et, à cette lenteur de poésie qu'il exprime si merveilleusement, on reconnaît son propre talent d'abeille :

> Comme on voit, quand l'hiver a chassé les frimas,
> Revoler sur les fleurs l'abeille ranimée,
> Qui six mois dans sa ruche a langui renfermée,
> Ainsi revole aux champs, Muse, fille du Ciel !
> De poétiques fleurs compose un nouveau miel ;
> Laisse les vils frelons qui te livrent la guerre
> A la hâte et sans art pétrir un miel vulgaire ;
> Pour toi, saisis l'instant : marque d'un œil jaloux
> Le terrain qui produit les parfums les plus doux ;
> Reposant jusqu'au soir sur la tige choisie,
> Exprime avec lenteur une douce ambroisie,
> Épure-la sans cesse, et forme pour les cieux
> Ce breuvage immortel attendu par les Dieux.

Je suis porté à placer alors la première inspiration de *la Grèce sauvée*; je conjecture que l'*Anacharsis* de l'abbé Barthélemy, dont l'impression sur lui fut si vive, et qu'il célébra dans une épître, lui en donna idée par contre-coup. Son poëme de *la Grèce sauvée*, en effet, eût été pour la couleur le contemporain du *Voyage d'Anacharsis*, comme sa *Chartreuse* et son *Jour des Morts* étaient bien des élégies contemporaines

(1) M. de Boisjolin, traducteur de *la Forêt de Windsor* dans sa jeunesse, et rédacteur du *Mercure* avant 89, longtemps sous-préfet à Louviers, mais qui n'a pas cessé d'aimer les lettres. Il est proche parent de nos poëtes Deschamps du *Cénacle*, l'aimable Émile et le grave Antony. (1838.)

des *Études de la Nature*. Arrivé à trente-cinq ans, et songeant à se recueillir enfin dans une œuvre, Fontanes se disait sans doute un peu pour lui-même ce qu'il écrivait à l'abbé Barthélemy :

> Tandis que le troupeau des écrivains vulgaires
> Se fatigue à chercher des succès éphémères,
>   Et, dans sa folle ambition,
> Prête une oreille avide à tous les vents contraires
>   De l'inconstante opinion,
> Le grand homme, puisant aux sources étrangères,
> Trente ans médite en paix ses travaux solitaires ;
> Au pied du monument qu'il fut lent à finir
> Il se repose enfin, sans voir ses adversaires,
>   Et l'œil fixé sur l'avenir.

Mais, au moment où il reportait son regard vers l'idéal avenir, les orages s'amoncelaient et ne laissaient plus d'horizon. Fontanes se maria à Lyon en 92. Cette union, dans laquelle il devait constamment trouver tant de vertu, de dévouement et de mérite, fut presque aussitôt entourée des plus affreuses images. Le siége de Lyon commença. Madame de Fontanes accoucha de son premier enfant dans une grange, au moment où elle fuyait les horreurs de l'incendie. Les bombes des assiégeants tombaient souvent près du berceau, que le père dut plus d'une fois changer de place. Il revint à Paris en novembre-93, pour y vivre oublié, lorsque les députés de Lyon, de *Commune-Affranchie*, chargés de dénoncer à la Convention de Robespierre les horreurs de Collot-d'Herbois et de Fouché, qui avait fait regretter Couthon, lui vinrent demander d'écrire leur discours. Il l'écrivit dans la matinée du 20 décembre ; le brave Changeux le lut le jour même à la barre, d'une voix sonore (1).

L'effet sur la Convention fut grand. On a comparé cet

---

(1) Un premier incident d'*étiquette* signala leur présence au sein de la Convention : dans *le Moniteur* du 2 nivôse an II, qui rend compte

énergique langage à celui du paysan du Danube en plein Sénat romain. L'art pourtant, qui se dérobait, y était d'autant moins étranger. Fontanes avait adroitement emprunté et prodigué les formes sacramentelles du jour : « Une grande Com-
« mune a mérité l'indignation nationale : mais qu'avec l'aveu
« de ses égarements vous parvienne aussi l'expression de ses
« douleurs et de son repentir! Ce repentir est vrai, profond,
« unanime; il a devancé le moment de la chute des traîtres
« qui nous ont égarés. » Mais toute cette phraséologie obligée de *peuple magnanime* et de *traîtres* n'était qu'une précaution oratoire pour amener la Convention à entendre face à face ceci :

« Les premiers députés (*après le siége de Lyon*) avaient pris
« un arrêté, à la fois juste, ferme et humain : ils avaient
« ordonné que les chefs conspirateurs perdissent seuls la
« tête, et qu'à cet effet on instituât deux Commissions qui, en
« observant les formes, sauraient distinguer le conspirateur
« du malheureux qu'avaient entraîné l'aveuglement, l'igno-
« rance et surtout la pauvreté. Quatre cents têtes sont tom-
« bées dans l'espace d'un mois, en exécution des jugements
« de ces deux Commissions. De nouveaux juges ont paru et
« se sont plaints que le sang ne coulât point avec assez d'a-
« bondance et de promptitude. En conséquence, ils ont créé
« une Commission révolutionnaire, composée de sept mem-
« bres, chargée de se transporter dans les prisons et de juger,
« en un moment, le grand nombre de détenus qui les rem-
« plissent. A peine le jugement est-il prononcé, que ceux
« qu'il condamne sont exposés en masse au feu du canon
« chargé à mitraille. Ils tombent les uns sur les autres frappés

de la séance du 30 frimaire, on lit que les pétitionnaires se présentèrent à la barre *le chapeau sur la tête*. Couthon s'en formalisa et, interrompant Changeux, demanda que tout pétitionnaire fût tenu d'ôter son chapeau en paraissant devant les représentants du peuple. Robespierre prit la parole, et, tout en approuvant Couthon, excusa bénignement l'intention des pétitionnaires. Ceux-ci donc ôtèrent leur chapeau, et Changeux commença.

« par la foudre, et, souvent mutilés, ont le malheur de ne
« perdre, à la première décharge, que la moitié de leur vie.
« Les victimes qui respirent encore, après avoir subi ce sup-
« plice, sont achevées à coups de sabres et de mousquets. La
« pitié même d'un sexe faible et sensible a semblé un crime :
« deux femmes ont été traînées au carcan pour avoir imploré
« la grâce de leurs pères, de leurs maris et de leurs enfants.
« On a défendu la commisération et les larmes. La nature est
« forcée de contraindre ses plus justes et ses plus généreux
« mouvements, sous peine de mort. La douleur n'exagère
« point ici l'excès de ses maux ; ils sont attestés par les pro-
« clamations de ceux qui nous frappent. Quatre milles têtes
« sont encore dévouées au même supplice ; elles doivent être
« abattues avant la fin de frimaire. Des suppliants ne devien-
« dront point accusateurs : leur désespoir est au comble, mais
« le respect en retient les éclats ; ils n'apportent dans ce
« sanctuaire que des gémissements et non des murmures. »

Les murmures, les frémissements éclatèrent ; ce furent un moment ceux de la pitié. Il est vrai qu'ils durèrent peu. En vain Camille Desmoulins hasarda dans son *Vieux Cordelier* quelques maximes tardives d'humanité. Collot-d'Herbois accourut de Lyon et se justifia. On mit en arrestation les envoyés lyonnais ; on se demandait qui les avait inspirés, qui avait pu faire à la Convention, par leur bouche, cette étrange et pathétique surprise. Garat eut le bon goût de deviner et la légèreté de nommer Fontanes (1).

Celui-ci ne fut pas arrêté, ou du moins il ne le fut que durant trois fois vingt-quatre heures, et par mégarde, comme s'étant trouvé dans la voiture de M. de Langeac, son ami, à qui on en voulait. Il put obtenir d'être relâché avant qu'on

(1) Il le nomma au sein du Comité de sûreté générale. — On peut voir au tome XXX de l'*Histoire parlementaire de la Révolution française*, pages 381, 382, 392 et suivantes, les détails des deux séances de la Convention, 20 et 21 décembre, et la discussion du chiffre vrai des mitraillés.

insistât sur son nom. Il quitta Paris et passa le reste de la Terreur caché à Sevran, près de Livry, chez madame Dufrenoy, et aussi aux Andelys, qu'il revit alors, comme nous l'attestent les vers touchants, et un peu faibles, de son *Vieux Château*.

Dans ce petit poëme et dans quelques autres pièces qui le suivent en date, comme *les Pyrénées*, le style de M. de Fontanes, il faut le dire, se détend sensiblement, ne se tient plus à cette ferme hauteur qu'avait marquée l'*Essai sur l'Astronomie*. La facilité fâcheuse du xviiie siècle l'emporte. Chaque manière (même la bonne, la meilleure, si l'on veut) est voisine d'un défaut. Quand les poëtes de l'époque classique n'y prennent pas garde, ils deviennent aisément prosaïques et languissants, comme les autres de l'école contraire tendent très-vite, s'ils ne se soignent, au boursouflé, au bigarré, ou à l'obscur. L'*Art poétique* de Boileau, bien autrement *poétique* par l'exécution que par les préceptes; les préceptes et la pratique courante de Voltaire, à force de soumettre la poésie à la même raison que la prose et au pur bon sens, allaient à remplacer l'inspiration et l'expression poétique par ce qui n'en doit être que la garantie et la limite. On s'est jeté aujourd'hui dans un excès tout contraire, et l'*image* tient le dé du style poétique, comme c'était la *raison* précédemment. Mais ni la raison, à proprement parler, ni l'image, en ceci, ne doivent régir. L'expression en poésie doit être incessamment produite par l'idée actuelle, soumise à l'harmonie de l'ensemble, par le sentiment ému, s'animant, au besoin, de l'image, du son, du mouvement, s'aidant de l'abstrait même, de tout ce qui lui va, se créant, en un mot, à tout instant sa forme propre et vive, ce que ne fait pas la pure raison. Mais, cela dit, et même dans ce poëme du *Vieux Château*, où le style de Fontanes est si peu ce que le style poétique devrait être toujours, une création continue; même là, de douces notes se font entendre; ces négligences, ces répétitions d'*aimé*, d'*amour*, d'*amant*, qui reviennent tant de fois à la dernière page, ont leur grâce touchante : le secret de l'âme se trahit mieux en ces temps de langueur du talent. Or, ce qu'on suit dans cette série, aujourd'hui complète, des poésies de Fontanes, soit durant les Terreurs de 93 et de 97, soit plus tard aux années de sa pompe et de ses grandeurs, c'est le courant d'une âme d'honnête homme, d'une âme affectueuse et excellente, qui se conserve jusqu'au bout et ne tarit pas ; les poésies qu'on publie, même les moins vives, en sont la biographie la plus intime, trop longtemps dérobée. Elles me semblent une source couverte, discrète, familière, trop rare seulement, qui bruissait à peine sous le marbre des degrés impériaux, qui cherchait par amour les gazons cachés, et qui, depuis *la Forêt de Navarre* jusqu'à l'ode *sur la Statue de Henri IV*, dans tout son cours voilé ou apparent, ne cessa d'être fidèle à certains échos chéris.

On a donc publié de lui *le Vieux Château*, le poëme des *Pyrénées*, en vue de sa biographie d'âme, sinon de leur mérite même, et quoique ce soit un peu comme si l'on publiait pour la première fois *le Voyageur* de Goldsmith après que Byron est venu.

La Terreur passée, Fontanes put reparaître, et son nom le désigna aussitôt à d'honorables choix dans l'œuvre de reconstruction sociale qui s'essayait. Il se trouva compris sur la liste de l'Institut national dès la première formation (1), et fut nommé, comme professeur de belles-lettres, à l'École centrale des Quatre-Nations. Dans deux discours de lui, prononcés en séance publique au nom des autres professeurs, on trouve déjà l'exemple de cette manière qui lui est propre, comme orateur, de savoir insinuer ses opinions sous le couvert solennel. Dans la séance d'installation, parlant des législateurs de l'antiquité et de l'importance qu'ils attachaient à

(1) Il le dut surtout à la proposition et à l'instance généreuse de Marie-Joseph Chénier, qui, dans un camp politique opposé, sut toujours être juste pour un écrivain qui honorait la même école littéraire.

l'éducation, il s'exprimait ainsi : « Les législateurs anciens regardaient cet art comme le premier de tous, et comme le seul en quelque sorte. Ils ont fait des systèmes de mœurs plus que des systèmes de lois. Quand ils avaient créé des habitudes et des sentiments dans l'esprit et dans l'âme de leurs concitoyens, ils croyaient leur tâche presque achevée. Ils confiaient la garde de leur ouvrage au pouvoir de l'imagination plutôt qu'à celui du raisonnement, aux inspirations du cœur humain plutôt qu'aux ordres des lois, et l'admiration des siècles a consacré le nom de ces grands hommes. Ils avaient tant de respect pour la toute-puissance des habitudes, qu'ils ménagèrent même d'anciens préjugés peu compatibles en apparence avec un nouvel ordre de choses. La Grèce et Rome, en passant de l'empire des rois sous celui des archontes ou des consuls, ne virent changer ni leur culte, ni le fond de leurs usages et de leurs mœurs. Les premiers chefs de ces républiques se persuadèrent, sans doute, qu'un mépris trop évident de l'autorité des siècles et des traditions affaiblirait la morale en avilissant la vieillesse aux yeux de l'enfance; ils craignirent de porter trop d'atteinte à la majesté des temps et à l'intérêt des souvenirs.

« La marche de l'esprit moderne a été plus hardie. Les lumières de la philosophie ont donné plus de confiance aux fondateurs de notre république. Tout fut abattu; tout doit être reconstruit (1). »

Dans un autre discours de *rentrée*, il maintenait, contrairement au préjugé régnant, la prééminence du siècle de Louis XIV, et des grands siècles du goût en général, non-seulement à titre de *goût*, mais aussi à titre de philosophie :

« Chez les Latins, si vous exceptez Tacite, les auteurs qu'on appelle du second âge, inférieurs pour l'art de la composition, les convenances, l'harmonie et les grâces, ont aussi bien

---

(1) Une grande partie de ce paragraphe a été replacée, depuis, dans l'*Éloge de Washington*.

moins de substance et de vigueur, de vraie philosophie et d'originalité, que Virgile, Horace, Cicéron et Tite-Live. La France offre les mêmes résultats. A l'exception de trois ou quatre grands modernes qui appartiennent encore à demi au siècle dernier, vous verrez que Racine, Corneille, La Fontaine, Boileau, Molière, Pascal, Fénelon, La Bruyère et Bossuet, ont répandu plus d'idées justes et véritablement profondes que ces écrivains à qui on a donné l'orgueilleuse dénomination de *penseurs*, comme si on n'avait pas su penser avant eux avec moins de faste et de recherche. »

La théorie littéraire de Fontanes est là; son originalité, comme critique, consiste, sur cette fin du xviiie siècle, à déclarer fausse l'opinion accréditée, « si agréable, disait-il, aux sophistes et aux rhéteurs, par laquelle on voudrait se persuader que les siècles du goût n'ont pas été ceux de la philosophie et de la raison. » C'était proclamer, au nom des Écoles centrales, précisément le contraire de ce que Garat venait de prêcher aux Écoles normales. Il devançait dans sa chaire et préparait honorablement la critique littéraire renouvelée, que le *Génie du Christianisme* devait bientôt illustrer et propager avec gloire. Ainsi, en parlant un jour des mœurs héroïques de *l'Odyssée*, il les comparait aux mœurs des patriarches, et rapprochait Éliézer et Rebecca de Nausicaa. Vite on le dénonça là-dessus dans un journal comme contre-révolutionnaire, et on l'y accusa de recevoir des rois de *grosses sommes* pour professer de telles doctrines.

Fontanes ne se renfermait pas, à cette époque, dans son enseignement; il prenait par sa plume une part plus active et plus hasardeuse au mouvement réactionnaire et, selon lui, réparateur, dont M. Fiévée, l'un des acteurs lui-même, nous a tracé récemment le meilleur tableau (1). Nous le trouvons, avec La Harpe et l'abbé de Vauxcelles, l'un des trois principaux rédacteurs du journal *le Mémorial;* et, dans sa mesure

(1) Dans l'*Introduction* qui précède sa *Correspondance* avec Bonaparte.

toujours polie, il poussait comme eux au ralliement et au triomphe des principes et des sentiments que le 13 vendémiaire n'avait pas intimidés, et qu'allait frapper tout à l'heure le 18 fructidor.

C'était, durant les mois qui précédèrent cette journée, une grande polémique universelle, dans laquelle se signalaient, parmi les *monarchiens*, La Harpe, Fontanes, Fiévée, Lacretelle, Michaud, écrivant soit dans *le Mémorial,* soit dans *la Quotidienne*, dans *la Gazette française*; et, parmi les républicains, Garat, Chénier, Daunou, dans les journaux intitulés *la Clef du Cabinet, le Conservateur*; Rœderer dans le *Journal de Paris*; Benjamin Constant déjà dans des brochures. Le rôle de Fontanes, au milieu de cette presse animée, devient fort remarquable : la modération ne cesse pas d'être son caractère et fait contraste plus d'une fois avec les virulences et les gros mots de ses collaborateurs. Il est pour l'accord des lois et des mœurs, des principes religieux et de la politique, pour le retour des traditions conservatrices, et (ce qui était rare, ce qui l'est encore) il n'en violait pas l'esprit en les prêchant. A part les jacobins, il ne hait ni n'exclut personne : « Des gens « qui ne se sont jamais vus, dit-il (28 août 1797), se battent « pour des opinions et croient se détester ; ils seraient bien « étonnés quelquefois, en se voyant, de ne trouver aucune « raison de se haïr. Tel adversaire conviendrait mieux au « fond que tel allié. » En fait de croyances religieuses, il exprime partout l'idée qu'elles sont nécessaires aux sociétés humaines comme aux individus, qu'elles seules remplissent une place qu'à leur défaut envahissent mille tyrans ou mille fantômes ; et, à propos des superstitions des incrédules, il rappelle de belles paroles que Bonnet lui adressait en sa maison de Genthod, lorsqu'il l'y visitait en 1787 : « Il faut laisser des aliments sains à l'imagination humaine, si on ne veut pas qu'elle se nourrisse de poisons (1). » Je trouve, dans

(1) *Mémorial* du 1er juillet 1797, article sur les francs-maçons et

ce même *Mémorial*, un parfait et incontestable jugement de Fontanes sur Mirabeau (1), et un autre, bien impartial, sur La Fayette, qu'on croyait encore prisonnier à Olmütz (2) : s'il exprime simplement une honorable compassion pour le général, il n'a que des paroles d'admiration pour son héroïque épouse; de même qu'en un autre endroit il sait allier à une expression peu flattée sur l'ancien ministre Roland un hommage rendu à l'esprit supérieur et aux grâces naturelles de madame Roland, avec laquelle il avait eu occasion de passer quelques jours près de Lyon, en 1791. Enfin, nous trouvons Fontanes (sa ligne de parti étant donnée) aussi sage, aussi juste, aussi parfait de goût qu'on le peut souhaiter envers les personnes, envers toutes... excepté une seule : je veux parler de madame de Staël. Car il la toucha malicieusement bien avant les fameux articles du *Mercure* en 1800. A plusieurs reprises, dans *le Mémorial*, elle revient sous sa plume : en s'attaquant à une brochure de Benjamin Constant (3), il n'hésite pas à la reconnaître aux endroits les plus vifs, les plus heureux, et c'est pour l'en louer avec une ironie cavalière que dorénavant, à son égard, il ne désarmera plus. Le piquant des premières escarmouches fut tel, dès ce temps du *Mémorial* (4), que plusieurs lettres de réclamations anonymes lui arrivèrent. En déclarant le tort de M. de Fontanes, on sent le besoin de se l'expliquer.

Fontanes, comme Racine, comme beaucoup d'écrivains d'un talent doux, affectueux, tendre, avait tout à côté l'épigramme facile, acérée. Chez lui la goutte de miel lent et pur était gardée d'un aiguillon très-vigilant. S'il ne montrait

---

les illuminés. — Fontanes, dans son voyage à Genève, avait été introduit naturellement près de Bonnet par M. de Fontanes, pasteur et professeur, qui était d'une branche de sa famille restée calviniste et réfugiée.

(1) 11 et 12 août.
(2) 13 juillet.
(3) 20 juin.
(4) Article du 22 juillet et numéro du 1er septembre.

d'ordinaire que de la sensibilité dans le talent, il portait de la passion dans le goût. Il était, ai-je dit, de l'école française en tout point : et en effet, tout ce qui, à quelque degré, tenait au germanisme, à l'anglomanie, à l'idéologie, à l'économisme, au jansénisme, tout ce qui sentait l'outré, l'obscur, l'emphatique, se liait dans son esprit par une association rapide et invincible; il voyait de très-loin et très-vite : son imagination faisait le reste. En somme, toutes les antipathies qu'on se figure que Voltaire aurait eues si vives durant la Révolution et de nos jours, Fontanes les a eues et nous les représente, et non par routine ni par tradition, mais bien vives, bien senties, bien originales aussi; il était né tel. De la famille de Racine par le cœur et par les vers, il touchait à Voltaire par l'esprit et par le ton courant. Très-aisément son tact fin tressaillait offensé, irrité : son accent se faisait moqueur; et, en même temps, sa veine de poëte sensible, et son imagination plutôt riante, n'en souffraient pas. Qu'on approuve ou non, il faut convenir que tout cela constitue en M. de Fontanes un ensemble bien varié et qui se tient, une nature, un homme enfin.

Or, il n'aimait pas les femmes savantes, les femmes politiques, les femmes philosophes. S'il ne faisait dès lors que prévoir et redouter ce qui s'est émancipé depuis, il doit sembler, comme, au reste, en un bon nombre de ses jugements, beaucoup moins étroit que prompt. En admirateur du xviie siècle, il permettait sans doute à madame de Sévigné ses lettres, à madame de La Fayette ses tendres romans; il aurait passé à madame de Staël ses *Lettres sur Jean-Jacques*, comme probablement il tolérait ses vers d'élégie chez madame Dufrenoy; mais c'était là l'exception et l'extrême limite. Une célébrité plus active, l'influence politique surtout, et l'expression métaphysique, le révoltaient chez une femme, et lui paraissaient tellement sortir du sexe, qu'à lui-même il lui arriva, cette fois, de l'oublier. Madame de Staël ne se vengea qu'en retrouvant à l'instant son rôle de femme, qu'on l'accusait d'abandonner, et en le marquant par la bonne grâce supérieure et inaltérable de ses réponses (1).

Pour revenir au *Mémorial*, l'ensemble de la rédaction de Fontanes dans cette feuille nous montre un esprit dès lors aussi mûr en tout que distingué, qui ne reviendra plus sur ses impressions, et qui, dans la science de la vie, est maître de ses résultats. La connaissance de cette rédaction est précieuse en ce qu'elle nous le révèle, à cette époque d'entière indépendance, essentiellement tel, au fond, qu'il se développera plus tard dans ses rôles publics et officiels ; avec tous ses principes, ses sentiments, ses aversions même ; journaliste louant déjà Washington (2) dans le sens où, orateur, il le célébrera devant le premier Consul ; attaquant déjà madame de Staël, avant qu'on le puisse soupçonner par là de vouloir complaire à quelqu'un.

Mais le pressentiment le plus notable de Fontanes, à cette date, est son goût déclaré pour le général Bonaparte, alors conquérant de l'Italie. Le 15 août 1797, il lui adresse, dans *le Mémorial*, une lettre trop piquante de verve et trop perçante de pronostic, pour qu'on ne la reproduise pas. C'est un de ces petits chefs-d'œuvre de la presse politique, comme il s'en est tant dépensé et perdu en France depuis *la Satire Ménippée* jusqu'à Carrel : sauvons du moins cette page-là. Le bruit venait de se répandre dans Paris qu'une révolution républicaine avait éclaté à Rome et y avait changé la forme du gouvernement.

« A BONAPARTE.

« Brave général,

« *Tout a changé et tout doit changer encore*, a dit un écrivain politique de ce siècle, à la tête d'un ouvrage fameux.

---

(1) Elle prit soin, par exemple, de citer un vers du *Jour des Morts* au liv. IV, chap. III, de *Corinne*.
(2) *Mémorial*, 22 août 1797.

Vous hâtez de plus en plus l'accomplissement de cette prophétie de Raynal. J'ai déjà annoncé que je ne vous craignais pas, quoique vous commandiez quatre-vingt mille hommes et qu'on veuille nous *faire peur* en votre nom. Vous aimez la gloire, et cette passion ne s'accommode pas de petites intrigues, et du rôle d'un conspirateur subalterne auquel on voudrait vous réduire. Il me paraît que vous aimez mieux monter au Capitole, et cette place est plus digne de vous. Je crois bien que votre conduite n'est pas conforme aux règles d'une morale très-sévère ; mais l'héroïsme a ses licences : et Voltaire ne manquerait pas de vous dire que vous faites votre métier d'illustre brigand comme Alexandre et comme Charlemagne. Cela peut suffire à un guerrier de vingt-neuf ans.

« Je me promènerais, je le répète, avec la plus grande sécurité, dans votre camp peuplé de braves comme vous, et je conviens qu'il serait fort agréable de vous voir de près, de suivre votre politique, et même de la deviner quand vous garderiez le silence.

« Savez-vous que, dans mon coin, je m'avise de vous prêter de grands desseins ? Ils doivent, si je ne me trompe, changer les destinées de l'Europe et de l'Asie.

« Toute mon imagination fermente depuis qu'on m'annonce que Rome a changé son gouvernement. Cette nouvelle est prématurée sans doute ; mais elle pourra bien se réaliser tôt ou tard.

« Vous aviez montré pour la vieillesse et le caractère du chef de l'Église des égards qui vous avaient honoré. Mais peut-être espériez-vous alors que la fin de sa carrière amènerait plus vite le dénoûment préparé par vos exploits et votre politique. Les Transtévérins se sont chargés de servir votre impatience, et le Pape, dit-on, vient de perdre toute sa puissance temporelle ; je m'imagine que vous transporterez le siége de la nouvelle république lombarde au milieu de cette Rome pleine d'antiques souvenirs, et qui pourra s'instruire encore sous vous à l'art de conquérir le reste de l'Italie.

« On prétend qu'à ce propos le ministre Acton disait naguère au roi de Naples : — *Sire, les Français ont déjà la moitié du pied dans la botte. Encore un coup, et ils l'y feront entrer tout entier.* — Acton pourrait bien avoir raison : qu'en dites-vous ?

« Mais je soupçonne encore de plus vastes combinaisons. Le théâtre de l'Italie est déjà trop étroit pour la grandeur de vos vues. Je rêve souvent à vos correspondances avec les anciens peuples de la Grèce, et même avec leurs prêtres, avec leurs *papas*; car, en habile homme, vous avez soin de ne pas vous brouiller avec les opinions religieuses.

« Une insurrection des Grecs contre les Turcs qui les oppriment est un événement très-probable, si on vous laisse faire, et si Aubert-Dubayet (1) vous seconde. L'insurrection peut se communiquer facilement aux janissaires, et l'histoire ottomane est déjà pleine des révolutions tragiques dont ils furent les instruments.

« Ainsi, je ne serais point étonné que vous eussiez conçu le projet hardi de planter à la fois l'étendard français sur les murs du Vatican et sur les tours du Sérail, dans la capitale des États chrétiens et dans celle de Mahomet. Ce serait, il faut en convenir, une étrange manière de renouveler l'empire d'Orient et celui d'Occident. Mais vous m'avez accoutumé aux prodiges, et ce qu'il y a de plus invraisemblable est toujours ce qui s'exécute le plus facilement depuis l'origine de la Révolution française.

« Que dire alors du ministre ottoman et de celui de Sa Sainteté, qui sont reçus le même jour au Directoire, qui se visitent fraternellement, et qui s'amusent à l'Opéra français, à nos jardins de Bagatelle et de Tivoli, tandis qu'on s'occupe en secret du sort de Rome et de Constantinople?

« En vérité, brave Général, vous devez bien rire quelquefois, du haut de votre gloire, des cabinets de l'Europe et des dupes que vous faites.

(1) Ambassadeur à Constantinople.

« Vous préparez de mémorables événements à l'histoire. Il faut l'avouer, si les rentes étaient payées, et si on avait de l'argent, rien ne serait plus intéressant au fond que d'assister aux grands spectacles que vous allez donner au monde. L'imagination s'en accommode fort, si l'équité en murmure un peu.

« Une seule chose m'embarrasse dans votre politique. Vous créez partout des constitutions républicaines. Il me semble que Rome, dont vous prétendez ressusciter le génie, avait des maximes toutes contraires. Elle se gardait d'élever autour d'elle des républiques rivales de la sienne. Elle aimait mieux s'entourer de gouvernements dont l'action fût moins énergique, et fléchît plus aisément sous sa volonté. Souvenons-nous de ces vers d'une belle tragédie :

> Ces lions, que leur maître avait rendus plus doux,
> Vont reprendre leur rage et s'élancer sur nous ;
> . . . .
> Si Rome est libre enfin, c'est fait de l'Italie, etc.

« Mais peut-être avez-vous là-dessus, comme sur tout le reste, votre arrière-pensée, et vous ne me la direz pas.

« J'ai cru pouvoir citer des vers dans une lettre qui vous est adressée : vous aimez les lettres et les arts. C'est un nouveau compliment à vous faire. Les guerriers instruits sont humains ; je souhaite que le même goût se communique à tous vos lieutenants qui savent se battre aussi bien que vous. On dit que vous avez toujours *Ossian* dans votre poche, même au milieu des batailles : c'est, en effet, le chantre de la valeur. Vous avez, de plus, consacré un monument à Virgile dans Mantoue, sa patrie. Je vous adresserai donc un vers de Voltaire, en le changeant un peu :

> J'aime fort les héros, s'ils aiment les poëtes.

« Je suis un peu poëte ; vous êtes un grand capitaine. Quand vous serez maître de Constantinople et du Sérail, je vous promets de mauvais vers que vous ne lirez pas, et les éloges de toutes les femmes, qui vaudront mieux que les vers pour un héros de votre âge. Suivez vos grands projets, et ne revenez surtout à Paris que pour y recevoir des fêtes et des applaudissements. F. »

Si Bonaparte lut la lettre (comme c'est très-possible), son goût pour Fontanes doit remonter jusque-là (1).

Le 18 fructidor, en frappant le journaliste, eut pour effet, par contre-coup, de réveiller en Fontanes le poëte, qui se dissipait trop dans cette vie de polémique et de parti. Laissant madame de Fontanes à Paris, il se déroba à la déportation par la fuite, quitta la France, passa par l'Allemagne en Angleterre, et y retrouva M. de Chateaubriand, qu'il avait déjà connu en 89. C'est à l'illustre ami de nous dire en ses *Mémoires* (et il l'a fait) cette liaison étroitement nouée dans l'exil, ces entretiens à voix basse au pied de l'abbaye de Westminster, ces doubles confidences du cœur et de la muse; et puis les longs regards ensemble vers *cette Argos dont on se ressouvient toujours, et qui, après avoir été quelque temps une grande douceur, devient une grande amertume.* Fontanes n'hé-

(1) Les *Mémoires* du savant botaniste de Candolle, récemment publiés (1862), contiennent une anecdote singulière sur Fontanes, laquelle se rapporte à cette époque voisine de fructidor. Sortant du Lycée où il avait entendu une leçon de La Harpe et revenant à pied avec Fontanes, de Candolle ne put s'empêcher de lui exprimer son étonnement du discours violent de La Harpe et de ce qu'il avait l'air d'y applaudir : « Ne vous y trompez pas, lui aurait dit Fontanes ; notre but n'est pas de rétablir la puissance des prêtres, mais il faut frapper l'opinion publique de l'utilité d'une religion, et ensuite *nous avons l'intention* de pousser la France au protestantisme. » De Candolle, qui croit avoir eu à se plaindre plus tard de Fontanes Grand-Maître, triomphe de la contradiction. Mais Fontanes, en 1797, était en effet vaguement et politiquement religieux plutôt que catholique, et, parlant à un protestant, il dit là une de ces choses en l'air qui traversent l'imagination d'un poëte et dont sans doute il ne se souvenait pas le lendemain. Il est possible aussi que de Candolle, en se ressouvenant, ait trop précisé le dire de Fontanes.

sita pas un seul instant à reconnaître l'étoile à ce jeune et large front. Quand d'autres spirituels émigrés, le chevalier de Panat et ce monde léger du xviiie siècle, paraissaient douter un peu de l'astre prochain du jeune officier breton, tout rêveur et sauvage, Fontanes leur disait : « Laissez, messieurs, « patience ! il nous passera tous. » Et à son jeune ami il répétait : « Faites-vous illustre. » M. de Chateaubriand, à son tour, lui rendait en conseils et en encouragements ce qu'il en recevait; et quand Fontanes, après avoir repris vivement à *la Grèce sauvée*, semblait en d'autres moments s'en distraire, son ami l'y ramenait sans cesse : « Vous possédez le plus « beau talent poétique de la France, et il est bien malheu- « reux que votre paresse soit un obstacle qui retarde la « gloire. Songez, mon ami, que les années peuvent vous sur- « prendre, et qu'au lieu des tableaux immortels que la posté- « rité est en droit d'attendre de vous, vous ne laisserez peut- « être que quelques cartons. C'est une vérité indubitable « qu'il n'y a qu'un seul talent dans le monde : vous le possé- « dez cet art qui s'assied sur les ruines des empires, et qui « seul sort tout entier du vaste tombeau qui dévore les peu- « ples et les temps. Est-il possible que vous ne soyez pas tou- « ché de tout ce que le Ciel a fait pour vous, et que vous « songiez à autre chose qu'à *la Grèce sauvée?* » Ainsi au poëte mélancolique, délicat, pur, élevé, noble, mais un peu désabusé, parlait l'ardent poëte avec grandeur.

Ces paroles, tombant dans les heures fécondes du malheur, faisaient une vive et salutaire impression sur Fontanes, et, durant le reste de sa proscription, on le voit tout occupé de son monument. Son imagination se passionnait en ces moments extrêmes; il ressaisissait en idée la gloire. Il quitta l'Angleterre pour Amsterdam, revint à Hambourg, séjourna à Francfort-sur-le-Mein ; ses lettres d'alors peignent plus vivement son âme à nu et ses goûts, du fond de la détresse. Il manquait des livres nécessaires, n'avait pour compagnon qu'un petit Virgile qu'il avait acheté *près de la Bourse*, à

Amsterdam; il lui arrivait de rencontrer chez d'honnêtes fermiers du Holstein les *Contes moraux* de Marmontel, mais il n'avait pu trouver un Plutarque dans toute la ville de Hambourg (que n'allait-il tout droit à Klopstock?); et dans ces pays où son genre d'études était peu goûté, il s'estimait comme Ovide au milieu d'une terre barbare. Tant de souffrance était peu propre à le réconcilier avec l'Allemagne. A travers les mille angoisses, il travaillait à sa *Grèce sauvée*, et, comme il l'écrit, *s'y jetait à corps perdu*. Enviant le sort de Lacretelle et de La Harpe, qui du moins vivaient cachés en France (et La Harpe l'avait été quelque temps chez madame de Fontanes même), il songeait impatiemment à rentrer : « Je viens « de lire une partie du décret; quelque sévère qu'il soit, je « persiste dans mes idées. Je me cacherai, et je travaillerai « au milieu de mes livres. Je n'ai plus qu'un très-petit nombre « d'années à employer pour l'imagination, je veux en user « mieux que des précédentes. Je veux finir mon poëme. « Peut-être me regrettera-t-on quand je ne serai plus, si je « laisse quelque monument après moi... » Son cri perpétuel, en écrivant à madame de Fontanes et à son ami Joubert, était : « Ne me laissez point en Allemagne; un coin et des « livres en France !... Je ne veux que terminer dans une « cave, au milieu des livres nécessaires, mon poëme com- « mencé. Quand il sera fini, ils me fusilleront, si tel est leur « bon plaisir. » Un jour, apprenant qu'au nombre des lieux d'exil pour les *déportés*, on avait désigné l'île de Corfou, ce ciel de la Grèce tout d'un coup lui sourit : « J'ai été vivemen « tenté d'écrire à cet effet au Directoire : je ne vois pas qu'il « pût refuser à un poëte déporté, qui mettrait sous ses yeux « plusieurs chants (*il y avait donc dès lors plusieurs chants*) « d'un poëme sur la Grèce, un exil à Corfou, puisqu'il y veut « envoyer d'autres individus frappés par le même décret. Ceci « vous paraît fou. Mais songez-y bien : qu'est-ce qui n'est « pas mieux que Hambourg ? » Durant toute cette proscription, Fontanes, luttant contre le flot, et cherchant à tirer son épopée du naufrage, me fait l'effet de Camoëns qui soulève ses *Lusiades* d'un bras courageux : par malheur, la *Grèce sauvée* ne s'en est tirée qu'en lambeaux.

Mais, oserai-je le dire? ce furent moins ces rudes années de l'orage qui lui furent contraires, que les longs espaces du calme retrouvé et des grandeurs.

Au plus fort de sa lutte et de sa souffrance, et chantant la Grèce en automne, le long des brouillards de l'Elbe, ou en hiver, *enfermé dans un poêle,* comme dit Descartes, Fontanes écrivait à son ami de Londres qu'il ne serait heureux que lorsque, rentré dans sa patrie, il lui aurait préparé *une ruche et des fleurs à côté des siennes;* et l'ami poëte lui répondait : « Si je suis la seconde personne à laquelle vous ayez trouvé « quelques rapports d'âme avec vous (*l'autre personne était* « *M. Joubert*), vous êtes la première qui ayez rempli toutes les « conditions que je cherchais dans un homme. Tête, cœur, « caractère, j'ai tout trouvé en vous à ma guise, et je sens « désormais que je vous suis attaché pour la vie.... Ne trou- « vez-vous pas qu'il y ait quelque chose qui parle au cœur « dans une liaison commencée par deux Français malheureux « loin de la patrie? Cela ressemble beaucoup à celle de *René* « et d'*Outougami* : nous avons juré dans un *désert* et sur des « *tombeaux*. » Ainsi se croisaient dans un poétique échange les souvenirs de l'Atlantique et ceux de l'Hymette, les antiques et les nouvelles images.

Le 18 brumaire trouva Fontanes déjà rentré en France, et qui s'y tenait d'abord caché. Je conjecture que *la Maison rustique*, transformation heureuse de l'ancien *Verger*, est le fruit aimable de ce premier printemps de la patrie. Il ne tarda pourtant pas à vouloir éclaircir sa situation, et il adressa au Consul la lettre suivante, dont la noblesse, la vivacité et, pour ainsi dire, l'attitude s'accordent bien avec la lettre de 1797, et qui ouvre dignement les relations directes de Fontanes avec le grand personnage.

« A BONAPARTE.

« Je suis opprimé, vous êtes puissant, je demande justice. La loi du 22 fructidor m'a indirectement compris dans la liste des écrivains déportés en masse et sans jugement. Mon nom n'y a pas été rappelé. Cependant j'ai souffert, comme si j'avais été légalement condamné, trente mois de proscription. Vous gouvernez, et je ne suis point encore libre. Plusieurs membres de l'Institut, dont j'étais le confrère avant le 18 fructidor, pourront vous attester que j'ai toujours mis, dans mes opinions et mon style, de la mesure, de la décence et de la sagesse. J'ai lu, dans les séances publiques de ce même Institut, des fragments d'un long poëme qui ne peut déplaire aux héros, puisque j'y célèbre les plus grands exploits de l'antiquité. C'est dans cet ouvrage, dont je m'occupe depuis plusieurs années, qu'il faut chercher mes principes, et non dans les calomnies des délateurs subalternes qui ne seront plus écoutés. Si j'ai gémi quelquefois sur les excès de la Révolution, ce n'est point parce qu'elle m'a enlevé toute ma fortune et celle de ma famille (1), mais parce que j'aime passionnément la gloire de ma patrie. Cette gloire est déjà en sûreté, grâce à vos exploits militaires. Elle s'accroîtra encore par la justice que vous promettez de rendre à tous les opprimés. La voix publique m'apprend que vous n'aimez point les éloges. Les miens auraient l'air trop intéressés dans ce moment pour qu'ils fussent dignes de vous et de moi. D'ailleurs, quand j'étais libre, avant le 18 fructidor, on a pu voir, dans le journal auquel je fournissais des articles, que j'ai constamment parlé de vous comme la renommée et vos soldats. Je n'en dirai pas plus. L'histoire vous a suffisamment appris que les grands capitaines ont toujours défendu contre l'oppression et l'infor-

(1) La fortune de madame de Fontanes fut perdue dans le siége et l'incendie de Lyon : une maison qu'elle possédait fut écrasée par les bombes ; des recouvrements qui lui étaient dus ne vinrent jamais.

tune les amis des arts, et surtout les poëtes, dont le cœur est sensible et la voix reconnaissante.

« 12 nivôse an VIII. »

On ne s'étonne plus, quand on connaît cette lettre, qu'un mois après le premier Consul ait songé à Fontanes pour le charger de prononcer l'éloge funèbre de Washington aux Invalides (20 pluviôse, 9 février 1800).

Fontanes le composa en trente-six heures, dans toute la verve de sa limpide manière. Ce noble discours remplit-il toutes les intentions du Consul? A coup sûr, l'orateur y remplit ses propres intentions les plus chères. Une parole modérée, pacifique, compatissante, pieuse au sens antique, s'y faisait entendre devant les guerriers. C'était, dans ce *Temple de Mars*, quelque chose de ce bienfaisant esprit de Numa, dont parle Plutarque, qui allait s'insinuant comme un doux vent à travers l'Italie, et s'ouvrant les cœurs, le lendemain des jours sauvages de Romulus : « Elles ne sont plus enfin ces
« pompes barbares, aussi contraires à la politique qu'à l'hu-
« manité, où l'on prodiguait l'insulte au malheur, le mépris
« à de grandes ruines et la calomnie à des tombeaux. » Attestant les Ombres du grand Condé, de Turenne et de Catinat, présentes sous ce dôme majestueux, l'orateur les réunissait en idée à celle du héros libérateur : « Si ces guerriers illus-
« tres n'ont pas servi la même cause pendant leur vie, la
« même renommée les réunit quand ils ne sont plus. Les
« opinions, sujettes aux caprices des peuples et des temps,
« les opinions, partie faible et changeante de notre nature,
« disparaissent avec nous dans le tombeau : mais la gloire et
« la vertu restent éternellement. » Il insistait sur Catinat ; il faisait ressortir l'estime plus forte encore que la gloire ; la modération, la simplicité, le désintéressement, toutes les vertus patriarcales, couronnant et appuyant le triomphe des armes en Washington. En face de *ces hommes prodigieux qui apparaissent d'intervalle en intervalle avec le caractère de la*

grandeur et de la domination, il proclamait, comme *non moins utile au gouvernement des États qu'à la conduite de la vie, le bon sens* trop méprisé, cette qualité que nous présente le héros américain dans un degré supérieur, et qui *donne plus de bonheur que de gloire à ceux qui la possèdent comme à ceux qui en ressentent les effets* : « Il me semble que, des hauteurs de « ce magnifique dôme, Washington crie à toute la France : « Peuple magnanime, qui sais si bien honorer la gloire, j'ai « vaincu pour l'indépendance ; mais le bonheur de ma patrie « fut le prix de cette victoire. Ne te contente pas d'imiter « la première moitié de ma vie : c'est la seconde qui me « recommande aux éloges de la postérité. » — Une allusion délicate, rapide, naturellement amenée, allait jusqu'à offrir aux mânes de Marie-Antoinette, devant tous ces témoins qu'il y associait, un commencement d'expiation.

Si, d'ailleurs, on voulait chercher dans ce discours à inspiration généreuse et clémente, qui remplit éloquemment son objet, une étude approfondie de Washington, et le détail creusé de son caractère, on serait moins satisfait ; on ne demandait pas cela alors ; l'orateur, dans sa justesse qui n'excède rien, s'est tenu au premier aspect de la physionomie connue : et puis Washington, dans sa bouche, n'est qu'un beau prétexte. Si l'on voulait même y chercher aujourd'hui de ces traits de forme qui devinent et qui gravent le fond, ce génie d'expression qui crée la pensée, cette nouveauté qui demeure, on courrait risque de n'être plus assez juste pour la rapidité, le goût, la mesure, la netteté, l'élévation sans effort, l'éclat suffisant, le nombre, tout cet ensemble de qualités appropriées, dont la réunion n'appartient qu'aux maîtres.

Cette noble harangue de bienvenue, qui ouvrait, pour ainsi dire, le siècle sous des auspices auxquels il allait sitôt mentir, ouvrait définitivement la seconde moitié de la carrière de M. de Fontanes. S'il avait été contrarié sans cesse et battu par le flot montant de la Révolution, il arriva haut du premier jour avec le reflux. Nous n'avons plus qu'un moment pour le trouver encore simple homme de lettres : il est vrai que ce court moment ne fut pas perdu et va nous le montrer sous un nouveau jour. M. de Fontanes, que nous savons poëte, devient un critique au *Mercure*.

II

Il l'était déjà par le discours qui précède l'*Essai sur l'Homme* : mais, ici, il ne se renfermera plus dans un jugement formé à loisir sur des œuvres passées et déjà classées : c'est à la critique actuelle, polémique, irritable, qu'il met la main. Dans ce rapide détroit de l'entrée du siècle, il se lance avec décision; d'une part il nie, de l'autre il accueille; il va proclamer avec éclat M. de Chateaubriand, il repousse d'abord madame de Staël.

Dans le premier numéro du *Mercure* régénéré parut son premier *extrait* contre le livre de *la Littérature* : on vient de voir sa disposition de longue date envers l'auteur. J'ai moi-même analysé en détail et apprécié, dans un travail sur madame de Staël (1), cette polémique de Fontanes. Ne voulant pas imiter un estimable et du reste excellent biographe, qui, dans la *Vie de Fénelon*, est pour Fénelon contre Bossuet, et qui, dans la *Vie de Bossuet*, passe à celui-ci contre Fénelon, je n'ai rien à redire ni à modifier. Seulement, tout ce qui précède explique mieux, de la part de Fontanes, cette spirituelle et éclatante malice de 1800; en étendant le tort sur un plus grand espace, je l'allége d'autant en ce point-là. Qu'y faire d'ailleurs? On relira toujours, en les blâmant, les deux articles de Fontanes contre madame de Staël, comme on relit les deux petites lettres de Racine contre Port-Royal : et Racine a de plus contre lui ce que M. de Fontanes n'a pas, l'ingratitude.

(1) Voir le volume de *Portraits de Femmes*.

Dès la fin de son premier extrait sur le livre de madame de Staël, Fontanes y opposait et citait quelques fragments du *Génie du Christianisme*, non encore publiés, et que son ami lui avait adressés de Londres. M. de Chateaubriand arrivait lui-même en France au mois de mai 1800, et s'apprêta à publier. Fontanes, dont les conseils retardèrent l'apparition de tout l'ouvrage et déterminèrent le courageux auteur à une entière retouche (1), soutint de son présage heureux l'avant-courrière *Atala* (2); il appuya surtout, par deux extraits (3), le *Génie du Christianisme* qui se lançait enfin : son suffrage frappait juste plutôt que fort, comme il convient à un ami. La critique, en une main habile et puissante, à ce moment décisif de la sortie, est comme ce dieu *Portunus* des anciens, qui poussait le vaisseau hors du port :

> Et pater ipse manu magna Portunus euntem
> Impulit....

On a relu depuis longtemps les articles de Fontanes, recueillis à la suite du *Génie du Christianisme* : pareils encore à ces barques de pilote, qui, après avoir guidé le grand vaisseau à la sortie périlleuse, sont ensuite reprises à son bord et traversent par lui l'Océan.

Je trouve quelques renseignements bien précis sur ce moment littéraire décisif où parut le *Génie du Christianisme*. L'attention publique était grandement éveillée par les fragments donnés au *Mercure*, puis, en dernier lieu, par *Atala*. Le parti philosophique, irrité, se tenait à l'affût; le parti religieux se serrait, s'étendait, s'animait comme à une victoire. M. de Bonald venait au corps de bataille, M. de Cha-

---

(1) Un jour, dans une des discussions vives qui décidèrent de la refonte du *Génie du Christianisme*, Fontanes dit à Chateaubriand une de ces paroles qui sifflent et volent au but comme une flèche : « Vous pouvez vous mettre à la tête du siècle qui se lève, et vous vous traîneriez à la queue du siècle qui s'en va! »

(2) *Mercure*, germinal an IX.

(3) *Mercure*, germinal et fructidor an X.

teaubriand ne se considérait qu'à l'avant-garde; La Harpe, vieilli, était en tête de l'artillerie; mais on craignait tout bas que, pour le cas présent, *ses lingots, d'un trop gros calibre*, ne portassent pas très-loin. Fontanes servit la pièce en sa place; le coup porta. Dans une seule journée le libraire Migneret vendait pour *mille écus*, et il parlait déjà d'une seconde édition; la première était tirée à quatre mille exemplaires. La Harpe ne connut d'abord le livre que par le premier extrait de Fontanes; il envoya aussitôt chercher l'auteur par Migneret. Il était hors de lui : « Voilà de la critique, voilà de la lit-
« térature! Ah! messieurs les philosophes, vous avez affaire
« à forte partie! voici deux hommes : le jeune homme (*c'était*
« *Fontanes*) est mon élève, c'est moi qui l'ai annoncé. » Et il ajoutait que Fontanes finissait l'antique école, et que Chateaubriand en commençait une nouvelle. Il était même de l'avis de celui-ci contre Fontanes en faveur du merveilleux chrétien réprouvé par Boileau. Il passait, sans marchander, sur les hardiesses, sur les incorrections premières : « Bah!
« bah! ces gens-là ne voient pas que cela tient à la nature
« même de votre talent. Oh! laissez-moi faire, je les ferai
« crier, je serre dur! » La passion enlevait ainsi le vieux critique au-dessus de ses propres théories; sa personnalité pourtant, son *moi* revenait à travers tout, et perçait dans sa trompette. Il s'échauffa si fort à son monologue, qu'il tomba à la fin en une espèce d'étourdissement.

Outre les articles de critique active, Fontanes donna au *Mercure* (1) un morceau sur Thomas, dans lequel l'élégance la plus parfaite exprime les plus incontestables jugements. Il n'y a rien de mieux en cette manière; c'est du La Harpe fini et perfectionné, et plus que cela; pour une certaine rapidité de goût, c'est du Voltaire. Ainsi, voulant dire de Thomas qu'il savait rarement saisir dans un sujet les points de vue les plus simples et les plus féconds, le critique ajoute : « Il pensait en

(1) Germinal an X.

« détail, si l'on peut parler ainsi, et ne s'élevait point assez
« haut pour trouver ces idées premières qui font penser toutes
« les autres. »

Mais Fontanes n'était déjà plus un homme privé. Quelque temps employé sous Lucien au ministère de l'intérieur (1), puis nommé député au Corps législatif, il fut bientôt désigné par les suffrages de ses collègues au choix du Consul pour la présidence. Poëte d'avant 89, critique de 1800, il va devenir orateur impérial. La même distinction le suit partout : son nom y gagne et s'étend. Toutefois ces palmes entrecroisées se supplantent un peu et se nuisent. Ce qui augmenta sa considération de son vivant ne saurait servir également sa gloire.

>   J'irais plus haut peut-être au Temple de Mémoire,
>   Si dans un genre seul j'avais usé mes jours,

a dit La Fontaine, lequel pourtant n'était ni Recteur ni président d'aucun Conseil sous Louis XIV.

Un avantage demeure, et il est grand : le caractère historique remplace à distance l'intérêt littéraire pâlissant. Il n'est pas indifférent, devant la postérité, d'avoir figuré au premier rang dans le cortége impérial et d'y avoir compté par sa parole. Ces discours, présentés dans de sobres échantillons, suffisent à marquer l'époque qu'ils ornèrent, et où ils parurent d'accomplis témoignages de contenance toujours digne, de flatterie toujours décente, et de réserve parfois hardie. M. de Fontanes n'avait nullement partagé les idées de la fin du XVIIIe siècle sur la perfectibilité indéfinie de l'humanité, et la Révolution l'avait plus que jamais convaincu de la décadence des choses, du moins en France. Il l'a dit dans une belle ode :

>   Hélas ! plus de bonheur eût suivi l'ignorance !

(1) Voir sur Fontanes à Morfontaine et au Plessis-Chamant, dans la société des frères et des sœurs de Bonaparte, les *Souvenirs historiques* de M. Meneval, tome I, pages 29, 33.

> Le monde a payé cher la douteuse espérance
> D'un meilleur avenir ;
> Tel mourut Pélias, étouffé par tendresse
> Dans les vapeurs du bain dont la magique ivresse
> Le devait rajeunir.

Après le bain de sang, après les triumvirs et leurs proscriptions, que faire? qu'espérer? Le siècle d'Auguste eût été l'idéal; mais, pour la gloire des lettres, ce siècle d'Auguste, en France, était déjà passé avec celui de Louis XIV. Ainsi désormais c'était, au mieux, un siècle d'Auguste sans la gloire des lettres, c'était un siècle des Antonins, qui devenait le meilleur espoir et la plus haute attente de Fontanes. Son imagination, grandement séduite par le glorieux triomphateur, y comptait déjà. L'assassinat du duc d'Enghien lui tua son Trajan. Il continua pourtant de servir, enchaîné par ses antécédents, par ses devoirs de famille, par sa modération même. Il était *monarchiste* par goût, par principe : « Un pouvoir unique et permanent convient seul aux grands États, » disait-il; sa plus grande peur était l'anarchie. Il resta donc attaché au seul pouvoir qui fût possible alors, s'efforçant en toute occasion, et dans la mesure de ses paroles ou même de ses actes, de lui insinuer, à ce pouvoir trop ensanglanté d'une fois, mais non pas désespéré, la paix, l'adoucissement, de l'humaniser par les lettres, de le spiritualiser par l'infusion des doctrines sociales et religieuses :

> Græcia capta ferum victorem cepit...

Quand on lit aujourd'hui cette suite de vers où se décharge et s'exhale son arrière-pensée, l'ode sur *l'Assassinat du Duc d'Enghien*, l'ode sur *l'Enlèvement du Pape*, on est frappé de tout ce qu'il dut par moments souffrir et contenir, pour que la surface officielle ne trahît rien au delà de ce qui était permis. Si l'on ne voyait ses discours publics que de loin, on n'en découvrirait pas l'accord avec ce fond de pensée, on n'y sentirait pas les intentions secrètes et, pour ainsi dire, les nuances d'accent qu'il y glissait, que le maître saisissait toujours, et dont il s'irrita plus d'une fois ; on serait injuste envers Fontanes, comme l'ont été à plaisir plusieurs de ses contemporains, qui, serviteurs aussi de l'Empire, n'ont jamais su l'être aussi décemment que lui (1).

Pour nous, qui n'avons jamais eu affaire aux rois ni aux empereurs de ce monde, mais qui avons eu maintes fois à nous prononcer devant ces autres rois, non moins ombrageux, ou ces *prétendants* de la littérature, nous qui savons combien souvent, sous notre plume, la louange apparente n'a été qu'un conseil assaisonné, nous entrerons de près dans la pensée de M. de Fontanes, et, d'après les renseignements les plus précis, les plus divers et les mieux comparés, nous tâcherons de faire ressortir, à travers les vicissitudes, l'esprit d'une conduite toujours honorable, de marquer, sous l'adresse du langage, les intentions d'un cœur toujours généreux et bon.

M. de Fontanes fut président du Corps législatif depuis le commencement de 1804 jusqu'au commencement de 1810 ; en tout, six fois porté par ses collègues, six fois nommé par Napoléon ; mais, comme tel, il cessa de plaire dès 1808, et son changement fut décidé. Déjà, tout au début, la mort du duc d'Enghien avait amené une première et violente crise. Le 21 mars 1804, de grand matin, Bonaparte le fit appeler, et, le mettant sur le chapitre du duc d'Enghien, lui apprit brusquement l'événement de la nuit. Fontanes ne contint pas son effroi, son indignation. « Il s'agit bien de cela ! lui dit « le Consul : Fourcroy va clore après-demain le Corps législa- « tif ; dans son discours il parlera, comme il doit, du complot « réprimé ; il faut, vous, que, dans le vôtre, vous y répon- « diez ; il le faut. » — « Jamais ! » s'écria Fontanes ; et il

---

(1) Ils ont été odieux sous le couvert d'autrui, et avec tout le fiel de la haine, dans l'histoire dite *de l'abbé de Montgaillard* : on ne craint pas d'indiquer de telles injures, que détruit l'excès même du venin et que leur grossièreté flétrit.

ajouta que, bien loin de répondre par un mot d'adhésion, il saurait marquer par une nuance expresse, au moins de silence, son improbation d'un tel acte. A cette menace, la colère faillit renverser Bonaparte; ses veines se gonflaient, il suffoquait : ce sont les termes de Fontanes, racontant le jour même la scène du matin à M. Molé, de la bienveillance de qui nous tenons le détail dans toute sa précision (1). En effet, deux jours après (3 germinal), Fourcroy, orateur du gouvernement, alla clore la session du Corps législatif, et, dans un incroyable discours, il parla des *membres de cette* FAMILLE DÉNATURÉE « qui auraient voulu noyer la France dans son sang
« pour pouvoir régner sur elle; mais s'ils osaient souiller de
« leur présence notre sol, s'écriait l'orateur, la volonté du
« Peuple français est qu'ils y trouvent la mort! » Fontanes répondit à Fourcroy : dans son discours, il n'est question d'un bout à l'autre que du Code civil qu'on venait d'achever, et de l'influence des bonnes lois : « C'est par là, disait-il
« (et chaque mot, à ce moment, chaque inflexion de voix
« portait), c'est par là que se recommande encore la mémoire
« de Justinien, *quoiqu'il ait mérité de graves reproches.* » Et encore : « L'épreuve de l'expérience va commencer : qu'ils
« (*les législateurs du Code civil*) ne craignent rien pour leur
« gloire : tout ce qu'ils ont fait de juste et de raisonnable
« demeurera éternellement; car la raison et la justice sont
« deux puissances indestructibles qui survivront à toutes les
« autres (2). » Il y a plus : le lendemain (4 germinal), Fontanes, à la tête de la députation du Corps législatif, porta la parole devant le Consul, à qui l'assemblée, en se séparant,

---

(1) Ceci confirme et complète sur un point la Notice de M. Roger, qui nous complète nous-même sur quelques autres points. — Aujourd'hui que M. Roger n'est plus, nous nous permettrons d'ajouter que sa Notice est d'ailleurs tout empreinte d'une couleur royaliste exagérée et rétroactive; elle sent l'homme de parti. M. Roger n'a jamais été que cela.

(2) A la façon dont les auteurs de l'*Histoire parlementaire de la Révolution française* parlent de ce discours (tome XXXIX, page 59), on voit

venait de décerner une statue comme à l'auteur du Code civil (singulière et sanglante coïncidence); il disait : « Citoyen « premier Consul, un empire immense repose depuis quatre « ans sous l'abri de votre puissante administration. La sage « uniformité de vos lois en va réunir de plus en plus tous les « habitants. » Le discours parut dans le *Moniteur*, et, au lieu de *la sage uniformité* DE VOS LOIS, on y lisait DE VOS MESURES. Qu'on n'oublie toujours pas le duc d'Enghien fusillé quatre jours auparavant : le Consul espérait, par cette fraude, confisquer à la *mesure* l'approbation du Corps législatif et de son principal organe. Fontanes, indigné, courut au *Moniteur*, et exigea un *erratum* qui fut inséré le 6 germinal, et qu'on y peut lire imprimé en aussi petit texte que possible. Cela fait, il se crut perdu ; de même qu'il avait de ces premiers mouvements qui sont de l'honnête homme avant tout, il avait de ces crises d'imagination qui sont du poëte. En ne le jugeant que sur sa parole habile, on se méprendrait tout à fait sur le mouvement de son esprit et sur la vivacité de son âme. Quoi qu'il en soit, il avait quelque lieu ici de redouter ce qui n'arriva pas. Mais Bonaparte fut profondément blessé, et, depuis ce jour, la fortune de Fontanes resta toujours un peu barrée par son milieu. Nous sommes si loin de ces temps, que cela aura peine à se comprendre ; mais, en effet, si comblé qu'il nous paraisse d'emplois et de dignités, certaines faveurs impériales, alors très-haut prisées, ne le cherchèrent jamais. Que sais-je ? dotation modique, pas le grand cordon ; ce qu'on appelait *les honneurs du Louvre*, qu'il eut jusqu'à la fin à titre de sénateur, mais que ne conserva pas madame de Fontanes dès qu'il eut cessé d'être président du Corps législatif : l'*errata* du *Moniteur*, au fond, était toujours là.

Un autre *errata* s'ajouta ensuite au premier, nous le verrons ; et, même en plein Empire, à dater d'un certain mo-

qu'au sortir des couleurs fortes et tranchées des époques antérieures, ils n'ont pas pris la peine d'entrer dans les nuances, ni de les vouloir distinguer.

ment, il pouvait dire tout bas à sa muse intime dans ses tristesses de *l'Anniversaire* :

De tant de vœux trompés fais rougir mon orgueil !

Pourtant Fontanes continua, durant quatre années, de tenir sans apparence de disgrâce la présidence du Corps législatif. Proposé à chaque session par les suffrages de ses collègues, il était choisi par l'Empereur. La situation admise, on avait en lui par excellence l'orateur bienséant. Les discours qu'il prononçait à chaque occasion solennelle tendaient à insinuer au conquérant les idées de la paix et de la gloire civile, mais enveloppées dans des redoublements d'éloges qui n'étaient pas de trop pour faire passer les points délicats. Napoléon avait un vrai goût pour lui, pour sa personne et pour son esprit ; et lui-même, à ces époques d'Austerlitz et d'Iéna, avait, malgré tout, et par son imagination de poëte, de très-grands restes d'admiration pour un tel vainqueur. Mais un orage se forma : Napoléon était en Espagne, et de là il eut l'idée d'envoyer douze drapeaux conquis sur l'armée d'Estramadure au Corps législatif, comme *un gage de son estime*. Fontanes, en tête d'une députation, alla remercier l'Impératrice : celle-ci, prenant le *gage d'estime* trop au sérieux, répondit qu'elle avait été très-satisfaite de voir que le premier sentiment de l'Empereur, dans son triomphe, eût été pour *le Corps qui représentait la Nation*. Là-dessus une note, arrivée d'Espagne comme une flèche, et lancée au *Moniteur*, fit une manière d'*errata* à la réponse de l'Impératrice, un *errata* injurieux et sanglant pour le Corps législatif, qu'on remettait à sa place 'de *consultatif* (1). Fontanes sentit le coup, et dans la séance de clôture du 31 décembre 1808, c'est-à-dire quinze

(1) Mais il faut donner le texte même, l'incomparable texte de cette Note insérée au *Moniteur* du 15 décembre 1808, et qui résume, comme une charte, toute la théorie politique de l'Empire :

« Plusieurs de nos journaux ont imprimé que S. M. l'Impératrice, dans sa réponse à la députation au Corps législatif, avait dit qu'elle

jours après l'offense, au nom du Corps blessé, répondant aux orateurs du Gouvernement, et n'épargnant pas les félicitations sur les trophées du vainqueur de l'Èbre, il ajouta : « Mais les paroles dont l'Empereur accompagne l'envoi de « ses trophées méritent une attention particulière : il fait « participer à cet honneur les Colléges électoraux. Il ne veut « point nous séparer d'eux, et nous l'en remercions. Plus le « Corps législatif se confondra dans le peuple, plus il aura « de véritable lustre ; il n'a pas besoin de distinction, mais « d'estime et de confiance... » Et la phrase, en continuant,

était bien aise de voir que le premier sentiment de l'Empereur avait été pour le Corps législatif, qui représente la Nation.

« S. M. l'Impératrice n'a point dit cela : elle connaît trop bien nos Constitutions, elle sait trop bien que le premier représentant de la Nation, c'est l'Empereur ; car tout pouvoir vient de Dieu et de la Nation.

« Dans l'ordre de nos Constitutions, après l'Empereur est le Sénat ; après le Sénat, est le Conseil d'État ; après le Conseil d'État, est le Corps législatif ; après le Corps législatif, viennent chaque tribunal et fonctionnaire public dans l'ordre de ses attributions ; car, s'il y avait dans nos Constitutions un Corps représentant la Nation, ce Corps serait souverain ; les autres ne seraient rien, et ses volontés seraient tout.

« La Convention, même le Corps législatif (*l'Assemblée législative*), ont été représentants. Telles étaient nos Constitutions alors. Aussi le Président disputa-t-il le fauteuil au Roi, se fondant sur ce principe, que le Président de l'Assemblée de la Nation était avant les Autorités de la Nation. Nos malheurs sont venus en partie de cette exagération d'idées. Ce serait une prétention chimérique, et même criminelle, que de vouloir représenter la Nation avant l'Empereur.

« Le Corps législatif, improprement appelé de ce nom, devrait être appelé Conseil législatif, puisqu'il n'a pas la faculté de faire les lois, n'en ayant pas la proposition. Le Conseil législatif est donc la réunion des mandataires des Colléges électoraux. On les appelle députés des départements, parce qu'ils sont nommés par les départements.... »

Le reste de la Note ne fait que ressasser les mêmes idées, la même logique, et dans le même ton. Cet injurieux bulletin arriva à travers le vote de je ne sais quelle loi fort innocente (une portion du Code d'instruction criminelle, je crois), qui essuya du coup plus de quatre-vingts boules noires ; ce qui, de mémoire de Corps législatif, ne s'était guère vu.

retournait vite à l'éloge ; mais le mot était dit, le coup était rendu. Napoléon le sentit avec colère, et dès lors il résolut d'éloigner Fontanes de la présidence. L'établissement de l'Université, qui se faisait, en cette même année, sur de larges bases, lui avait déjà paru une occasion naturelle d'y porter Fontanes comme Grand-Maître, et il songea à l'y confiner ; car, si courroucé qu'il fût à certains moments, il ne se fâchait jamais avec les hommes que dans la mesure de son intérêt et de l'usage qu'il pouvait faire d'eux. Il dut pourtant, faute du candidat qu'il voulait lui substituer (1), le subir encore comme président du Corps législatif durant toute l'année 1809. Fontanes, toujours président et déjà Grand-Maître, semblait cumuler toutes les dignités, et il était pourtant en disgrâce positive.

Il s'y croyait autant et plus que jamais, lorsque, dans l'automne de 1809, une lettre du maréchal Duroc lui notifia que l'Empereur l'avait désigné pour le voyage de Fontainebleau ; c'était, à une certaine politesse près, comme les *Fontainebleau* et les *Marly* de Louis XIV, et le plus précieux signe de la faveur souveraine. Il se rendit à l'ordre, et, dans la galerie du château, après le défilé d'usage, l'Empereur, repassant devant lui, lui dit : *Restez* ; et quand ils furent seuls, il continua : « Il y a longtemps que je vous boude, vous avez dû vous en « apercevoir ; j'avais bien raison. » Et comme Fontanes s'inclinait en silence, et de l'air de ne pas savoir : « Quoi ! vous « m'avez donné un soufflet à la face de l'Europe, et sans que « je pusse m'en fâcher... Mais je ne vous en veux plus ;... « c'est fini. »

Durant cette année 1809, Fontanes, comme Grand-Maître, avait eu à lutter contre toutes sortes de difficultés et de dégoûts : de perpétuels conflits, soit avec le ministre de l'intérieur, duquel il se voulait indépendant, soit avec Fourcroy, resté directeur de l'instruction publique, et qui ne pouvait

(1) M. de Montesquiou, qui ne fut nommé qu'en 1810.

se faire à l'idée d'abdiquer, allaient rendre intotérable une situation dans laquelle la bienveillance impériale ne l'entourait plus. Il offrait vivement sa démission : « D'un côté, « écrivait-il, je vois un ministre qui surveille l'instruction « publique, de l'autre un conseiller d'État qui la dirige; je « cherche la place du Grand-Maître, et je ne la trouve pas. » Il récidiva cette offre pressante de démission jusqu'à trois fois. La troisième (c'était sans doute après le voyage de Fontainebleau), l'Empereur lui dit : « Je n'en veux pas, de votre « démission; s'il y a quelque chose à faire, exposez-le-moi « dans un mémoire; j'en prendrai connaissance moi-même; « j'y répondrai. » La rentrée ouverte de Fontanes dans les bonnes grâces du chef aplanit dès lors beaucoup de choses.

Dès septembre 1808, et aussitôt qu'il avait été nommé Grand-Maître, Fontanes avait songé à faire de l'Université l'asile de bien des hommes honorables et instruits, battus par la Révolution, soit membres du clergé, soit débris des anciens Ordres, des Oratoriens, par exemple, pour lesquels il avait conservé une haute idée et une profonde reconnaissance. Ces noms, suivant lui (et il les présentait de la sorte à l'Empereur), étaient des garanties pour les familles, des indications manifestes de l'esprit social et religieux qu'il s'agissait de restaurer. A cette idée générale se joignait chez lui une inspiration de bonté et d'obligeance infinie pour les personnes, qui faisait dans le détail sa direction la plus ordinaire. Il penchait donc pour un Conseil de l'Université très-nombreux, et il aurait voulu tout d'abord en remplir les places avec des noms que désignaient d'autres services. Ce n'était pas l'avis de l'Empereur, toujours positif et spécial. Nous possédons là-dessus une précieuse Note, qui rend les paroles mêmes prononcées par Napoléon dans une conversation avec M. de Fontanes à Saint-Cloud, le lundi 19 septembre 1808 : nous la reproduisons religieusement. Patience! Le côté particulier de la question va vite s'agrandir en même temps que se creuser sous son coup d'œil. Ce n'est pas seulement de l'administration en grand, c'est de la nature humaine éclairée par un Machiavel ou un La Rochefoucauld empereur.

« Dans une première formation, tous les esprits diffèrent. Mon opinion est qu'il ne faut pas nommer pendant plusieurs années les conseillers ordinaires.

« Il faut attendre que l'Université soit organisée comme elle doit l'être.

« Trente conseillers dans une première formation ne produiraient que désordre et qu'anarchie.

« On a voulu que cette tête opposât une force d'inertie et de résistance aux fausses doctrines et aux systèmes dangereux.

« Il ne faut donc composer successivement cette tête que d'hommes qui aient parcouru toute la carrière et qui soient au fait de beaucoup de choses.

« Les premiers choix sont en quelque sorte faits comme on prend des numéros à la loterie.

« Il ne faut pas s'exposer aux chances du hasard. Dans les premières séances d'un Conseil ainsi nommé, je le répète, tous les esprits diffèrent; chacun apporte sa théorie et non son expérience.

« On ne peut être bon conseiller qu'après une carrière faite.

« C'est pourquoi j'ai fait moi-même voyager mes conseillers d'État avant de les fixer auprès de moi. Je leur ai fait amasser beaucoup d'observations diverses avant d'écouter les leurs.

« Les inspecteurs, dans ce moment, sont donc vos ouvriers les plus essentiels. C'est par eux que vous pouvez voir et toucher toute votre machine. Ils rapporteront au Conseil beaucoup de faits et d'expérience, et c'est là votre grand besoin. Il faut donc les faire courir à franc étrier dans toute la France, et leur recommander de séjourner au moins quinze jours dans les grandes villes. Les bons jugements ne sont que la suite d'examens répétés.

« Souvenez-vous que tous les hommes demandent des places.

« On ne consulte que son besoin, et jamais son talent.

« Peut-être même vingt conseillers ordinaires, c'est beaucoup ; cela compose la tête du Corps d'éléments hétérogènes. Le véritable esprit de l'Université doit être d'abord dans le petit nombre. Il ne peut se propager que peu à peu, que par beaucoup de prudence, de discrétion et d'efforts persévérants.

« ... Fontanes, savez-vous ce que j'admire le plus dans le monde ?... C'est l'impuissance de la force pour organiser quelque chose.

« Il n'y a que deux puissances dans le monde, le sabre et l'esprit.

« J'entends par l'esprit les institutions civiles et religieuses... A la longue, le sabre est toujours battu par l'esprit. »

Est-il besoin de faire ressortir tout ce qu'a de prophétique, dans une telle bouche, cet aveu, ce cri éclatant, soudain, jeté là comme en *post-scriptum*, sans qu'on nous en donne la liaison avec ce qui précède, sans qu'il y ait eu d'autre liaison peut-être ! vraies paroles d'oracle !

O vous tous, Puissants, qui vous croiriez forts sans l'esprit, rappelez-vous toujours qu'en ses heures de miracle, entre Iéna et Wagram, c'est ainsi que le sabre a parlé (1).

M. de Fontanes, en vue des générations survenantes, ten-

(1) Contradiction et illusion ! En même temps qu'il proclamait cette victoire définitive de l'esprit, Napoléon méconnaissait l'esprit dans sa propre essence, et il croyait que, pour le produire, il suffit de le commander. Je trouve dans les papiers de Fontanes la Note suivante, dictée par l'Empereur à Bordeaux le 12 avril 1808, et adressée au ministre de l'intérieur. M. Halma, bibliothécaire de l'Impératrice, avait demandé, par une note à l'Empereur, d'être nommé le continuateur de Velly, Villaret et Garnier ; il s'était proposé, en outre, pour continuer l'*Abrégé chronologique* du président Hénault. L'Empereur avait renvoyé cette proposition au ministre de l'intérieur. M. Cretet avait répondu que la demande de M. Halma ne pouvait être accueillie, par la raison que ce n'était pas au gouvernement à intervenir dans une

dait à faire entrer dans l'Université l'esprit moral, religieux, conservateur, et la plupart de ses choix furent en ce sens. Il proposa ainsi M. de Bonald à l'Empereur comme conseiller à vie, et, durant plus d'un an, il eut à défendre la nomination devant l'Empereur impatient, et presque contre M. de Bonald

semblable entreprise; qu'il fallait la laisser à la disposition des gens de lettres, et qu'il convenait de réserver les encouragements pour des objets d'un plus vaste intérêt. Informé de cette réponse, l'Empereur prend feu, et dicte la Note secrète que voici :

« Je n'approuve pas les principes énoncés dans la note du ministre de l'intérieur. Ils étaient vrais il y a vingt ans, ils le seront dans soixante : mais ils ne le sont pas aujourd'hui. Velly est le seul auteur un peu détaillé qui ait écrit sur l'histoire de France ; l'*Abrégé chronologique* du président Hénault est un bon livre classique : il est très-utile de les continuer l'un et l'autre. Velly finit à Henri IV, et les autres historiens ne vont pas au delà de Louis XIV. *Il est de la plus grande importance* de s'assurer de l'*esprit* dans lequel écriront les continuateurs. La *jeunesse* ne peut bien juger les faits que d'après la manière dont ils lui seront présentés. *La tromper* en lui retraçant des souvenirs, c'est lui préparer des erreurs pour l'avenir. J'ai chargé le ministre de la police de veiller à la continuation de Millot, et je désire que les deux ministres se concertent pour faire continuer Velly et le président Hénault. Il faut que ce travail soit confié non-seulement à des auteurs d'un vrai talent, mais encore à des hommes attachés, qui présentent les faits sous leur véritable point de vue, et qui préparent une instruction saine, en prenant ces historiens au moment où ils s'arrêtent et en conduisant l'histoire jusqu'en l'an VIII.

« *Je suis bien loin de compter la dépense pour quelque chose.* Il est même dans mon intention que le ministre fasse comprendre qu'il n'est *aucun travail* qui puisse *mériter davantage* ma protection.

« Il faut faire sentir à chaque ligne l'influence de la cour de Rome, des billets de confession, de la révocation de l'Édit de Nantes, du ridicule mariage de Louis XIV avec madame de Maintenon, etc. Il faut que la faiblesse qui a précipité les *Valois* du trône, et celle des *Bourbons* qui ont laissé échapper de leurs mains les rênes du gouvernement, excitent les mêmes sentiments.

« On doit être juste envers Henri IV, Louis XIII, Louis XIV et Louis XV, mais sans être adulateur. On doit peindre les massacres de *septembre* et les horreurs de la Révolution du même pinceau que l'Inquisition et les massacres des *Seize*. Il faut avoir soin d'éviter toute réaction en parlant de la Révolution. Aucun homme ne pouvait s'y opposer. Le blâme n'appartient ni à ceux qui ont péri, ni à ceux qui ont survécu. Il n'était pas de force individuelle capable de changer

lui-même qui ne bougeait de Milhaud. Il eut moins de peine à faire agréer l'excellent M. Eymery de Saint-Sulpice. Il fit nommer conseiller encore le Père Ballan, oratorien, son ancien professeur de rhétorique ; M. Desèze, frère du défenseur de Louis XVI, fut recteur d'académie à Bordeaux. Ces noms en

les éléments et de prévenir les événements qui naissaient de la nature des choses et des circonstances.

« Il faut faire remarquer le désordre perpétuel des finances, le chaos des assemblées provinciales, les prétentions des parlements, le défaut de règle et de ressorts dans l'administration ; cette France bigarrée, sans unité de lois et d'administration, étant plutôt une réunion de vingt royaumes qu'un seul État ; de sorte qu'on *respire* en arrivant à l'époque où l'on a joui des bienfaits dus à l'unité des lois, d'administration et de territoire. Il faut que la faiblesse constante du gouvernement sous Louis XIV même, sous Louis XV et sous Louis XVI, inspire *le besoin de soutenir l'ouvrage nouvellement accompli* et la prépondérance acquise. Il faut que le rétablissement du culte et des autels inspire la crainte de l'influence d'un *prêtre* étranger ou d'un confesseur ambitieux, qui pourraient parvenir à détruire le repos de la France.

« *Il n'y a pas de travail plus important.* Chaque passion, chaque parti, peuvent produire de longs écrits pour égarer l'opinion ; mais un ouvrage tel que Velly, tel que l'*Abrégé chronologique* du président Hénault, ne doit avoir qu'un seul continuateur. Lorsque cet ouvrage, bien fait et écrit dans une bonne direction, aura paru, personne n'aura la volonté et la patience d'en faire un autre, surtout quand, loin d'être encouragé par la police, on sera *découragé* par elle. — L'opinion exprimée par le ministre, et qui, si elle était suivie, abandonnerait un tel travail à l'industrie particulière et aux spéculations de quelques libraires, n'est pas bonne et ne pourrait produire que des résultats fâcheux.

« Quant à l'individu qui se présente, la seule question à examiner consiste à savoir s'il a le talent nécessaire, s'il a un bon esprit, et si l'on peut compter sur les sentiments qui guideraient ses recherches et conduiraient sa plume. »

Tout ce qu'il y a de profondément vrai et de radicalement faux dans cette Note mémorable serait matière à longue méditation. Napoléon décrète l'*esprit* de l'histoire ; c'est heureux qu'il ne décrète pas aussi le talent et la capacité de l'historien. Qu'en dirait Tacite ? *Il faut... il faut...* Ce Tacite aurait été *découragé* par la police. On a souvent cité une réponse de Napoléon à Fontanes, quand celui-ci recommandait un jeune homme de haute promesse, en disant : « C'est un beau talent dans un si beau nom ! » — « Eh ! pour Dieu ! monsieur de Fontanes, aurait reparti Napoléon, laissez-nous au moins la république des

disent assez sur l'esprit des choix. Ceux de M. de Fontanes n'étaient pas d'ailleurs exclusifs ; sa bienveillance, par instants quasi naïve, les étendait à plaisir, et lui-même proposa deux fois à la signature de l'Empereur la nomination de M. Arnault, assez peu reconnaissant : « Ah! c'est vous, vous, Fontanes, qui me proposez la nomination d'Arnault, fit l'Empereur à la seconde insistance ; allons, à la bonne heure (1) ! » Quand M. Frayssinous vit interdire ses conférences de Saint-Sulpice, et se trouva momentanément sans ressources, M. de Fontanes, sur la demande d'une personne amie, le nomma aussitôt inspecteur de l'Académie de Paris. Sa générosité n'eut pas même l'idée qu'il pût y avoir inconvénient pour lui-même à venir ainsi en aide à ceux que l'Empereur frappait. La vie de M. de Fontanes est pleine de ces traits, et cela rachète amplement quelques faiblesses publiques d'un langage, lequel encore, si l'on veut bien se reporter au temps, eut toujours ses réserves et sa décence.

Un jour, à propos des choix trop religieux et royalistes de M. de Fontanes dans l'Université, l'Empereur le traita un peu rudement devant témoins, comme c'était sa tactique, puis il le retint seul et lui dit en changeant de ton : « Votre tort, c'est « d'être trop pressé ; vous allez trop vite ; moi, je suis obligé « de parler ainsi pour ces régicides qui m'entourent. Tenez, « ce matin, j'ai vu mon architecte ; il est venu me proposer « le plan du *Temple de la Gloire*. Est-ce que vous croyez que

---

lettres! » Je ne sais si le mot a été dit : il a été mainte fois répété, et avec variantes : ce sont de ces citations commodes. Mais de quel côté donc (cela fait sourire) *la république des lettres* était-elle en danger, je vous prie ?

(1) M. Arnault, conseiller de l'Université et à la fois secrétaire du Conseil, fut à même de desservir de très-près le Grand-Maître et de prêter secours sous main à la résistance de Fourcroy. Il faut dire pourtant que, dans les Cent-Jours, devenu président du Conseil, il se conduisit bien et avec égards pour les amis de M. de Fontanes dans l'Université. Il a parlé de lui, un peu du bout des lèvres, mais avec convenance, dans ses *Souvenirs d'un Sexagénaire*, tome I, pages 291-292.

« je veux faire un *Temple de la Gloire*...? dans Paris?... Non,
« je veux une église, et dans cette église il y aura une cha-
« pelle expiatoire, et l'on y déposera les restes de Louis XVI
« et de Marie-Antoinette. Mais il me faut du temps, à cause
« de ces gens (*il disait un autre mot*) qui m'entourent. » Je
donne les paroles : les prendra-t-on maintenant pour sincères? La politique de Bonaparte était là : tenir en échec les
uns par les autres. Le dos tourné à Berlier et au côté de la
Révolution, il jetait ceci à l'adresse de Fontanes et des *monarchiens.*

En 1811, dans cet intervalle de paix, il s'occupa beaucoup
d'Université. Un jour, dans un conseil présidé par l'Empereur, Fontanes, en présence de conseillers d'État qu'il jugeait
hostiles, eut une prise avec Regnault de Saint-Jean-d'Angély,
et il s'emporta jusqu'à briser une écritoire sur la table du
conseil. L'Empereur le congédia immédiatement : il rentra
chez lui, se jugeant perdu et songeant déjà à Vincennes. La
soirée se passa en famille dans des transes extrêmes, dont on
n'a plus idée sous les gouvernements constitutionnels. Mais,
fort avant dans la soirée, l'Empereur le fit mander et lui dit
en l'accueillant d'un air tout aimable : « Vous êtes un peu
vif, mais vous n'êtes pas un méchant homme. » — Il se plaisait beaucoup à la conversation de Fontanes, et il lui avait
donné les petites entrées. Trois fois par semaine, le soir,
Fontanes allait causer aux Tuileries. Au retour dans sa famille, quand il racontait la soirée de tout à l'heure, sa conversation si nette, si pleine de verve, s'animait encore d'un
plus vif éclat (1). Il ne pouvait s'empêcher pourtant de trou-

(1) L'Empereur, dans ces libres entretiens, aimait fort à parler
littérature, théâtre, et il attaquait volontiers Fontanes sur ces points.
Un jour qu'on vantait Talma dans un rôle : « Qu'en pense Fontanes?
dit l'Empereur; il est pour les anciens, lui! » — « Sire, repartit le
spirituel contradicteur, Alexandre, Annibal et César ont été remplacés,
mais Le Kain ne l'est pas. » Cette sévérité pour Talma est caractéris-
tique chez Fontanes, et tient à l'ensemble de ses jugements; il ne voulait pas qu'on brisât trop le vers tragique, non plus que les allées des

ver, à travers son admiration, que, dans le potentat de génie, perçait toujours au fond le soldat qui trône, et il en revenait par comparaison dans son cœur à ses rêves de Louis XIV et du bon Henri, au souvenir de ces vieux rois qu'il disait formés d'un sang *généreux et doux.*

Ce que nous tâchons là de saisir et d'exprimer dans son mélange en pur esprit de vérité, ce que Napoléon tout le premier sentait et rendait si parfaitement lorsqu'il écrivait de Fontanes à M. de Bassano : « Il veut de la royauté, mais pas la nôtre : il aime Louis XIV et ne fait que consentir à nous, » la suite des vers qu'on possède aujourd'hui le dit et l'achève mieux que nous ne pourrions. Car le haut dignitaire de l'Empire ne cessa jamais d'être poëte, et comme ce berger à la cour, que la fable a chanté, et à qui il se compare, il eut toujours sa musette cachée pour confidente. Eh bien! qu'on lise, qu'on se laisse faire! l'explication, l'excuse naturelle naîtra. Dans ses vers, si les griefs exprimés contre Bonaparte restèrent secrets, les éloges, prodigués tout à côté, ne devinrent pas publics. S'il se garda bien de divulguer l'*Ode au Duc d'Enghien*, il s'abstint aussi de publier l'*Ode sur les Embellissements de Paris*. C'est une consolation pour ceux qui jugent les éloges de ses discours exagérés, de les retrouver dans ses poésies, où ils ont certes deux caractères parfaitement nobles, la conviction et le secret. Fontanes, sous son

---

jardins. Il avait vu Le Kain dans sa première jeunesse, et en avait gardé une impression incomparable. Il convenait pourtant que, dans l'*Oreste* et l'*OEdipe* de Voltaire, Talma était supérieur à Le Kain ; ce qui, de sa part, devenait le suprême aveu. Faut-il ajouter qu'il en voulait à Talma d'être l'objet de je ne sais quelle phrase de madame de Staël, où elle disait qu'il avait dans les yeux *l'apothéose du regard?* Et puis Talma s'est beaucoup varié sur les dernières années, et a grandi dans des rôles modernes. M. de Fontanes, qui s'en tenait aux anciens, s'irritait surtout qu'on en vînt à *causer* comme de la prose le beau vers racinien *un peu chanté.* — Souvent, dans ces conversations du soir, l'Empereur indiquait à Fontanes et développait à plaisir d'étonnants canevas de tragédies historiques; le poëte en sortait tout rempli.

manteau d'orateur impérial, n'était pas une nature de courtisan et de flatteur, comme on l'a tant cru et dit. Un jour, l'Empereur lui demandait de lui réciter des vers, il désirait la pièce sur *les Embellissements de Paris* dont il avait entendu parler : Fontanes lui récita des vers de *la Grèce sauvée* qui étaient plutôt républicains. — Un affidé de l'Empereur vint un jour et lui dit : « Vous ne publiez rien depuis longtemps, publiez donc des vers, des vers où il soit question de l'Empereur : il vous en saurait gré, il vous enverrait 100,000 francs, je gage ! » Ces sortes de gratifications étaient d'usage sous l'Empire, et elles ne venaient jamais hors de propos à cause des frais énormes de représentation qui absorbaient les plus gros appointements. Fontanes raconta l'insinuation à une personne amie, qui lui dit : « Vous pourriez publier les vers sur *les Embellissements de Paris*; ils sont faits, et l'éloge porte juste. » — « Oh! je m'en garderais bien, s'écria-t-il en se frottant les mains comme un enfant ; ils seraient trop heureux dans les journaux de pouvoir tomber sur le Grand-Maître en une occasion qui leur serait permise ! » — Il ne publia donc pas *les Embellissements de Paris*, mais il fit imprimer les Stances *à M. de Chateaubriand*, lequel était peu en agréable odeur (1).

Au milieu des affaires et de tant de soins, Fontanes pensait

(1) Lors du fameux discours de réception que M. de Chateaubriand ne put prononcer à l'Académie, la contenance de Fontanes fut d'un ami ferme et fidèle. On peut lire, au tome II du *Mémorial de Sainte-Hélène*, la scène dont il fut l'objet à cette occasion, car c'est de lui qu'il s'agit, bien qu'on ne le nomme pas. Dans la suite du *Mémorial*, l'auteur a jugé à propos d'en venir à l'injure ; mais, comme preuve, il ne trouve à citer qu'un trait généreux. Esménard, qui avait eu, disait-on, de graves torts envers Fontanes, visait à l'Académie. Un académicien ami court chez celui qu'on croyait offensé pour s'assurer du fait, déclarant qu'en ce cas Esménard n'aurait pas sa voix : « Tout ce que je puis vous dire, c'est que je lui donne la mienne, » répondit Fontanes. Il a plu à l'auteur du *Mémorial* de voir là-dedans une preuve de servilité : « *On peut juger de cet homme*, dit-il, *par le fait suivant.* » A la bonne heure ! — Pour compléter cet ensemble des relations de Fontanes avec l'Empereur, il y aurait encore à relever les divers traits honorables que M. le chevalier Artaud a consignés avec

toujours aux vers; la paresse chez lui, en partie réelle, était aussi, en partie, une réponse commode et un prétexte : il travaillait là-dessous. A diverses reprises, avant ses grandeurs, il avait songé à recueillir et à publier ses œuvres éparses; il s'en était occupé en 89, en 96, et de nouveau en 1800. Les volumes même ont été vus alors tout imprimés entre ses mains; mais un scrupule le saisit : il les retint, puis les fit détruire. Si ce fut par pressentiment de sa fortune politique, bien lui en prit. Il n'eût peut-être jamais été Grand-Maître, s'il eût paru poëte autant qu'il l'était. Son beau nom littéraire le servit mieux, sans trop de pièces à l'appui.

Son poëme de *la Grèce sauvée*, qu'il avait poussé si vivement durant les années de la proscription, ne lui tenait pas moins à cœur dans les embarras de sa vie nouvelle. Forcé de renoncer à une gloire poétique plus prochaine par des publications courantes, il se rejetait en imagination vers la grande gloire, vers la haute palme des Virgile et des Homère, et y fondait son recours. Il parlait sans cesse, dans l'intimité, de ce poëme qu'il avait fait, presque fait, disait-il; — qu'il faisait toujours! Il en hasardait parfois des fragments à l'Institut. Il en expliquait à ses amis le plan, par malheur trop peu fixé dans leur mémoire. Une fois, après avoir passé six semaines presque sans interruption à Courbevoie, il écrivit à une personne amie d'y venir, si elle avait un moment : celle-ci accourut. Fontanes lui lut un chant tout entier terminé. Comme c'était au matin et qu'il n'était ni coiffé ni poudré, sa tête parut plus dépouillée de cheveux, et on le lui dit : « Oh ! répondit Fontanes, j'en ai encore perdu depuis quinze jours; quand je travaille, *ma tête fume!* » Contraste à relever entre

---

un zèle d'admirateur et d'ami dans son *Histoire de Pie VII*, les courageux et persévérants conseils qui poussaient à restaurer civilement la religion, et à honorer ses ministres devant les peuples; ce mot a échappé à Napoléon dans l'affaire du Sacre : « Il n'y a que vous ici qui ayez le sens commun. » Oserons-nous croire pourtant avec M. Artaud (tome II, page 391) que l'ode sur *l'Enlèvement du Pape* ait été lue à l'Empereur? Il ne faut exagérer dans aucun sens.

ce feu poétique ardent et ce que de loin on s'est figuré de la veine pure et un peu froide de Fontanes ! — Fontanes avait l'imagination vive, ardente, *primesautière*, sous son talent poétique élégant, comme, sous son habileté d'orateur et sa dignité de représentation, il avait une inexpérience d'enfant en beaucoup de choses, une vraie bonhomie et candeur et même brusquerie de caractère, le contraire du compassé, comme encore il avait de l'épicurien tout à côté de son respect religieux et de son affection chrétienne ; il était plein de ces contrastes, le tout formant quelque chose de naïf et de bien sincère.

En composant il n'écrivait jamais ; il attendait que l'œuvre poétique fût achevée et parachevée dans sa tête, et encore il la retenait ainsi en perfection sans la confier au papier. Ses brouillons, quand il s'y décidait, restaient informes, et ce qu'on a de manuscrits n'est le plus souvent qu'une dictée faite par lui à des amis, et sur leur instante prière ; plusieurs de ses ouvrages n'ont jamais été écrits de sa main. Je ne connaissais Fontanes que d'après les quelques vers d'ordinaire reproduits, et je me rappelle encore mon impression étonnée lorsque j'entendis, pour la première fois, ses odes inédites et d'éloquentes tirades de *la Grèce sauvée*, récitées de mémoire, après des années, par une bouche amie et admiratrice, comme par un rhapsode passionné. Cette dernière tentative des épopées classiques élégantes et polies m'arrivait oralement et toute vive, un peu comme s'il se fût agi, avant Pisistrate, d'un antique chant d'Homère.

On s'explique pourtant ainsi comment il a dû se perdre bien des portions de *la Grèce sauvée*. Et puis, dans son imagination volontiers riante et prompte, Fontanes se figurait peut-être en avoir achevé plus de chants qu'il n'en tenait en effet. La manière de travailler, dans l'école classique, ressemblait assez, il faut le dire, à la toile de Pénélope : on défaisait, on refaisait sans cesse ; on s'attardait, on s'oubliait aux *variantes*, au lieu de pousser en avant. On a réparé cela depuis : les immenses poëmes humanitaires gagnent aujourd'hui de vitesse les simples odes d'autrefois. Quoique les idées sur l'*épopée* proprement dite et régulière aient fort mûri dans ces derniers temps, et quoique le résultat le plus net de tant de dissertations et d'études soit apparemment qu'il n'en faut plus faire, on a fort à regretter que Fontanes n'ait pas donné son dernier mot dans ce genre épique virgilien. Les beautés mâles et chastes qui marquent son second chant sur Sparte et Léonidas, les beautés mythologiques, mystiques et magnifiquement religieuses du huitième chant, sur l'initiation de Thémistocle aux fêtes d'Éleusis, se seraient reproduites et variées en plus d'un endroit. Mais, telle qu'elle est, cette époque inachevée renouvelle le sort et le naufrage de tant d'autres. Elle est allée rejoindre, dans les limbes littéraires, les poëmes persiques de Simonide de Céos, de Chœrilus de Samos (1). De longue main, Eschyle, dans ses *Perses*, y a pourvu : c'est lui qui a fait là, une fois pour toutes, l'épopée de Salamine.

Properce, s'adressant en son temps au poëte Ponticus, qui faisait une *Thébaïde* et visait au laurier d'Homère, lui disait (liv. I, élég. vii) :

> Cum tibi Cadmeæ dicuntur, Pontice, Thebæ
>   Armaque fraternæ tristia militiæ;
> Atque, ita sim felix, primo contendis Homero,
>   Sint modo fata tuis mollia carminibus....;

ce que je traduis ainsi : « O Ponticus ! qui seras, j'en réponds,

---

(1) Ce Chœrilus de Samos disait, au début de son poëme sur les guerres persiques, se plaignant dès lors de venir trop tard :

> O fortunatus quicumque erat illo tempore peritus cantare
> Musarum famulus, cum intonsum erat adhuc pratum !

Ce contemporain de la guerre du Péloponèse pensait déjà comme La Bruyère à la première ligne de ses *Caractères;* il sentait tout le poids d'un grand siècle, de plusieurs grands siècles, comme Fontanes. Il y a longtemps que la roue tourne et que le cercle toujours recommence.

un autre Homère, *pour peu que les destins te laissent achever tes grands vers!* » Et Properce oppose, non sans malice, ses modestes élégies qui prennent les devants pour plus de sûreté, et gagnent les cœurs.

Par bonheur, ici, Fontanes est à la fois le Properce et le Ponticus. Bien qu'on n'ait pas retrouvé les quatre livres d'odes dont il parlait à un ami un an avant sa mort, il en a laissé une suffisante quantité de belles, de sévères, et surtout de charmantes. Il peut se consoler par ses petits vers, comme Properce, de l'épopée qu'il n'a pas plus achevée que Ponticus. Quatre ou cinq des sonnets de Pétrarque me font parfaitement oublier s'il a terminé ou non son **Afrique**.

Un jour donc que, sur sa terrasse de Courbevoie, Fontanes avait tenté vainement de se remettre au grand poëme, il se rabat à la muse d'Horace; et, comme il n'est pas plus heureux cette seconde fois que la première, il se plaint doucement à un pêcheur qu'il voit revenir de sa pêche, les mains vides aussi :

> Pêcheur, qui des flots de la Seine
> Vers Neuilly remontes le cours,
> A ta poursuite toujours vaine
> Les poissons échappent toujours.
>
> Tu maudis l'espoir infidèle
> Qui sur le fleuve t'a conduit,
> Et l'infatigable nacelle
> Qui t'y promène jour et nuit.
>
> Des deux pêcheurs de Théocrite
> Ton sommeil t'offrit le trésor;
> Hélas! désabusé trop vite,
> Tu vois s'enfuir le songe d'or.
>
> Ici, rêvant sur ma terrasse,
> Je n'ai pas un sort plus heureux :
> J'invoque la muse d'Horace,
> La muse est rebelle à mes vœux.

> Jouet de son humeur bizarre,
> Je dois compatir à tes maux ;
> Tiens, que ce faible don répare
> Le prix qu'attendaient tes travaux.
>
> La nuit vient : vers le toit champêtre
> D'un front gai reprends ton chemin,
> Dors content : tes filets peut-être
> Sous leur poids fléchiront demain.
>
> Demain peut-être, en cet asile,
> Au chant de l'oiseau matinal,
> Mon vers coulera plus facile
> Que les flots purs de ce canal.

Ainsi, au moment où il dit que la muse d'Horace le fuit, il la ressaisit et la fixe dans l'ode la plus gracieuse. Il dit qu'il ne prend rien, et la manière dont il le dit devient à l'instant cette fine perle qu'il a l'air de ne plus chercher. De même, dans une autre petite ode exquise, lorsqu'au lieu de se plaindre, cette fois, de son rien-faire, il s'en console en le savourant :

> Au bout de mon humble domaine,
> Six tilleuls au front arrondi,
> Dominant le cours de la Seine,
> Balancent une ombre incertaine
> Qui me cache aux feux du midi.
>
> Sans affaire et sans esclavage,
> Souvent j'y goûte un doux repos ;
> Désoccupé comme un sauvage
> Qu'amuse auprès d'un beau rivage
> Le flot qui suit toujours les flots.
>
> Ici, la rêveuse Paresse
> S'assied les yeux demi-fermés,
> Et, sous sa main qui me caresse,
> Une langueur enchanteresse
> Tient mes sens vaincus et charmés.

> Des feuillets d'Ovide et d'Horace
> Flottent épars sur ses genoux ;
> Je lis, je dors, tout soin s'efface,
> Je ne fais rien, et le jour passe ;
> Cet emploi du jour est si doux !
>
> Tandis que d'une paix profonde
> Je goûte ainsi la volupté,
> Des rimeurs dont le siècle abonde
> La muse toujours plus féconde
> Insulte à ma stérilité.
>
> Je perds mon temps s'il faut les croire,
> Eux seuls du siècle sont l'honneur,
> J'y consens : qu'ils gardent leur gloire ;
> Je perds bien peu pour ma mémoire,
> Je gagne tout pour mon bonheur.

Mais ne peut-on pas lui dire comme à Titus : Il n'est pas perdu, ô Poëte, le jour où tu as dit si bien que tu le perdais !

Dans l'ode *au Pêcheur*, un trait touchant et délicat sur lequel je reviens, c'est le *faible don* que le poëte déçu donne à son pauvre semblable, plus déçu que lui : cette obole doit leur porter bonheur à tous deux. Cet accent du cœur dénote dans le poëte ce qui était dans tout l'homme chez Fontanes, une inépuisable humanité, une facilité plutôt extrême. Jamais il ne laissa une lettre de pauvre sollicitenr sans y répondre ; et il n'y répondait pas seulement par un *faible don*, comme on fait trop souvent en se croyant quitte : il y répondait de sa main avec une délicatesse, un raffinement de bonté : *haud ignara mali.* — On aime, dans un poëte virgilien, à entremêler ces considérations au talent, à les en croire voisines.

Les petites pièces délicieuses, à la façon d'Horace, nous semblent le plus précieux, le plus sûr de l'héritage poétique de Fontanes. Elles sont la plupart datées de Courbevoie, son

Tibur : moins en faveur (somme toute et malgré le pardon de Fontainebleau) depuis 1809 (1), plus libre par conséquent de ses heures, il y courait souvent et y faisait des séjours de plus en plus goûtés. Les Stances *à une jeune Anglaise*, qui se rapportaient à un bien ancien souvenir, ne lui sont peut-être venues que là, dans cette veine heureuse. Pureté, sentiment, discrétion, tout en fait un petit chef-d'œuvre, à qui il ne manque que de nous être arrivé par l'antiquité. C'est comme une figure grecque, à lignes extrêmement simples, une virginale esquisse de la Vénusté ou de la Pudeur, à peine tracée dans l'agate par la main de Pyrgotèle. Il en faut dire autant de l'ode : *Où vas-tu, jeune Beauté?* Tout y est d'un Anacréon chaste, sobre et attendri. Fontanes aimait à la réciter aux nouvelles mariées, lorsqu'elles se hasardaient à lui demander des vers :

>   Où vas-tu, jeune Beauté?
>   Bientôt Vesper va descendre;
>   Dans cet asile écarté
>   La nuit pourra te surprendre;
>   Du haut d'un tertre lointain,
>   J'ai vu ton pied clandestin
>   Se glisser sous la bruyère :
>   Souvent ton œil incertain
>   Se détournait en arrière.

>   Mais ton pas s'est ralenti,
>   Il s'arrête, et tu chancelles;
>   Un bruit sourd a retenti,
>   Tu sens des craintes nouvelles :
>   Est-ce un faon qui te fait peur?
>   Est-ce la voix de ta sœur
>   Qui t'appelle à la veillée?
>   Est-ce un Faune ravisseur
>   Qui soulève la feuillée?

(1) La défaveur cessant, il resta un refroidissement au moins politique, et ce fut un arrêt définitif de fortune.

Dieux ! un jeune homme paraît,
Dans ces bois il suit la route,
T'appelant d'un doigt discret
Au plus épais de leur voûte :
Il s'approche, et tu souris ;
Diane sous ces abris
Dérobe son front modeste :
Un doux baiser t'est surpris,
Les bois m'ont caché le reste.

Pan, et la Terre, et Sylvain,
En ont pu voir davantage ;
Jamais ne s'égare en vain
Une nymphe de ton âge.
Les Zéphyrs ont murmuré,
Philomèle a soupiré
Sa chanson mélodieuse ;
Le ciel est plus azuré,
Vénus est plus radieuse.

Nymphe aimable, ah ! ne crains pas
Que mon indiscrète lyre
Ose flétrir tes appas
En publiant ton délire ;
J'aimai : j'excuse l'amour.
Pars sans bruit : qu'à ton retour
Nul écho ne te décèle,
Et que jusqu'au dernier jour
Ton amant te soit fidèle !

Si, perfide à ses serments,
Hélas ! il devient volage,
Du cœur je sais les tourments,
Et ma lyre les soulage ;
Je chanterai dans ces lieux :
Des pleurs mouilleront tes yeux
Au souvenir du parjure,
Mais ces pleurs délicieux
D'amour calment la blessure.

Dans cette adorable pièce, comme le rhythme sert bien l'intention, et tout à la fois exprime le malin, le tendre et le mélancolique ! Comme cette strophe de neuf vers déjoue à temps et dérobe vers la fin la majesté de la strophe de dix, et la piquant, l'excitant d'une rime redoublée, la tourne soudain et l'incline d'une chute aimable à la grâce ! Fontanes sentait tout le prix du rhythme ; il le variait curieusement, il l'inventait. Dans la touchante pièce intitulée *Mon Anniversaire* (1), il fait une strophe exprès conforme à la marche attristée, résignée et finalement tombante de sa pensée. Il aimait à employer ce rhythme de cinq vers de dix syllabes, depuis si cher à Lamartine, et qui n'avait qu'à peine été traité encore, soit au xviie siècle (2), soit même au xvie. Sur les rimes, il a les idées les plus justes ; il en aime la richesse, mais sans recherche opiniâtre : « Une affectation continue de rimes trop fortes et trop marquées donnerait, pense-t-il (3), une pesante uniformité à la chute de tous les vers. » On dirait qu'il entend de loin venir cette strophe magnifique et formidable, trop pareille au guerrier du Moyen Age qui marche tout armé et en qui tout sonne. En garde contre le relâchement de Voltaire, il est, lui, pour l'excellent goût de Racine et de Boileau, *qui font naître une harmonie variée d'un adroit mélange de rimes, tantôt riches et tantôt exactes*. André Chénier sur ce point ne pratique pas mieux.

A Courbevoie, dans un petit cabinet au fond du grand, il y avait le boudoir du poëte, le *lectulus* des anciens : tout y était simple et brillant (*simplex munditiis*). Les murs se décoraient d'un lambris en bois des îles, espèce de luxe alors dans sa

---

(1) L'idée en est prise d'une épigramme d'Archias de Mitylène, mais combien embellie !

(2) Je trouve, au xviie siècle, une pièce de vers dans ce rhythme, par un abbé de Villiers, *Stances sur la Vieillesse* (et tout à fait séniles), qu'on lit au tome II de la *Continuation des Mémoires de Sallengre*.

(3) Notes de l'*Essai sur l'Homme*.

nouveauté. Une glace *sans tain* faisait porte au grand cabinet; la fenêtre donnait sur les jardins, et la vue libre allait à l'horizon saisir les flèches élancées de l'abbaye de Saint-Denis. En face d'un canapé, seul meuble du gracieux réduit, se trouvait un buste de Vénus : elle était là, l'antique et jeune déesse, pour sourire au nonchalant lecteur quand il posait son Horace au *Donec gratus eram*, quand il reprenait son Platon entr'ouvert à quelque page du *Banquet*. Or, une fois par semaine, le dimanche, M. de Fontanes avait à dîner l'Université, recteurs, conseillers, professeurs, et il faisait admirer sa vue, il ouvrait sans façon le pudique boudoir. Mais le buste de Vénus! et dans le cabinet d'un Grand-Maître! Quelques-uns, vieux ou jeunes, encore jansénistes ou déjà doctrinaires, se scandalisèrent tout bas, et on le lui redit. De là sa petite ode enchantée :

> Loin de nous, Censeur hypocrite
> Qui blâmes nos ris ingénus!
> En vain le scrupule s'irrite,
> Dans ma retraite favorite,
> J'ai mis le buste de Vénus.
>
> Je sais trop bien que la volage
> M'a sans retour abandonné;
> Il ne sied d'aimer qu'au bel âge;
> Au triste honneur de vivre en sage
> Mes cheveux blancs m'ont condamné.
>
> Je vieillis; mais est-on blâmable
> D'égayer la fuite des ans?
> Vénus, sans toi rien n'est aimable;
> Viens de ta grâce inexprimable
> Embellir même le bon sens.
>
> L'Illusion enchanteresse
> M'égare encor dans tes bosquets;
> Pourquoi rougir de mon ivresse?
> Jadis les Sages de la Grèce
> T'ont fait asseoir à leurs banquets.

Aux graves modes de ma lyre
Mêle des tons moins sérieux ;
Phébus chante, et le Ciel admire ;
Mais, si tu daignes lui sourire,
Il s'attendrit et chante mieux.

Inspire-moi ces vers qu'on aime,
Qui, tels que toi, plaisent toujours ;
Répands-y le charme suprême
Et des plaisirs, et des maux même,
Que je t'ai dus dans mes beaux jours.

Ainsi, quand d'une fleur nouvelle,
Vers le soir, l'éclat s'est flétri,
Les airs parfumés autour d'elle
Indiquent la place fidèle
Où le matin elle a fleuri.

Nous saisissons sur le fait la contradiction naïve chez Fontanes : le lendemain de cette ode toute grecque, il retrouvait les tons chrétiens les plus sérieux, les mieux sentis, en déplorant avec M. de Bonald *la Société sans Religion* (1). Je l'ai dit, l'épicurien dans le poëte était tout à côté du chrétien, et cela si naturellement, si bonnement! il y a en lui du La Fontaine. Ce cabinet favori nous représente bien sa double vue d'imagination : tout près le buste de Vénus, là-bas les clochers de Saint-Denis !

Ce parfum de simplicité grecque, cet extrait de grâce antique, qu'on respire dans quelques petites odes de Fontanes, le rapproche-t-il d'André Chénier ? Ce dernier a, certes, plus de puissance et de hardiesse que Fontanes, plus de nouveauté dans son retour vers l'antique ; il sait mieux la Grèce, et il la pratique plus avant dans ses vallons retirés ou sur ses sauvages sommets. Mais André Chénier, en sa fréquentation

(1) Cette belle ode, dans l'intention du poëte, devait être, en effet, dédiée à l'illustre penseur.

méditée, et jusqu'en sa plus libre et sa plus charmante allure, a du studieux à la fois et de l'étrange; il sait ce qu'il fait, et il le veut; son effort d'artiste se marque même dans son triomphe. Au contraire, dans le petit nombre de pièces par lesquelles il rappelle l'idée de la beauté grecque (les stances *à une jeune Anglaise*, l'ode *à une jeune Beauté, au Buste de Vénus, au Pêcheur*), Fontanes n'a pas trace d'effort ni de ressouvenir; il a, comme dans la Grèce du meilleur temps, l'extrême simplicité de la ligne, l'oubli du tour, quelque chose d'exquis et en même temps d'infiniment léger dans le parfum. Par ces cinq ou six petites fleurs, il est attique comme sous Xénophon, et pas du tout d'Alexandrie. Si, dans la comparaison avec Chénier à l'endroit de la Grèce, Fontanes n'a que cet avantage, on en remarquera du moins la rare qualité. Il y a pourtant des endroits où il s'essaye directement, lui aussi, à l'imitation de la forme antique : il y réussit dans l'ode *au jeune Pâtre*, et dans quelques autres. Mais les habitudes du style poétique du xviiie et même du xviie siècle, familières à Fontanes, vont mal avec cette tournure hardie, avec ce relief heureux et rajeunissant, ici nécessaire, qu'André Chénier possède si bien et qu'atteignit même Ronsard.

Malgré tout, je veux citer comme un bel échantillon du succès de Fontanes dans cette inspiration directe et imprévue de l'antique à travers le plein goût de xviiie siècle, la fin d'une ode *contre l'Inconstance*, qu'une convenance rigoureuse a fait retrancher à sa place dans la série des œuvres: Cette petite pièce est de 89. Le poëte se suppose dans la situation de Jupiter, qui, après maint volage égarement, revient toujours à Junon. En citant, je me place donc avec lui au pied de l'Ida, et le plus que je puis sous le nuage d'Homère :

> Que l'homme est faible et volage !
> Je promets d'être constant,
> Et du nœud qui me rengage
> Je m'échappe au même instant !

Insensé, rougis de honte !
Quels faux plaisirs t'ont flatté !
Les jeux impurs d'Amathonte
Ne sont pas la Volupté.

Cette Nymphe demi-nue
En secret reçut le jour
De la Pudeur ingénue
Qu'un soir atteignit l'Amour...

Ce n'est point une Ménade
Qui va, l'œil étincelant,
Des Faunes en embuscade
Braver l'essaim pétulant.

C'est la vierge aimable et pure
Qui, loin du jour ennemi,
Laisse échapper sa ceinture
Et ne cède qu'à demi.

Si quelquefois on l'offense,
On la calme sans effort,
Et sa facile indulgence
Fait toujours grâce au remord...

Tu sais qu'un jour l'Immortelle
Qu'Amour même seconda
Vers son époux infidèle
Descendit au mont Ida.

Jupiter la voit à peine,
Que les désirs renaissants,
Comme une flamme soudaine,
Ont couru dans tous ses sens :

« Non, dit-il, jamais Europe,
Io, Léda, Sémélé,
Cérès, Latone, Antiope,
D'un tel feu ne m'ont brûlé !

« Viens... » Il se tait, elle hésite,
Il la presse avec ardeur ;

> Au Dieu qui la sollicite
> Elle oppose la pudeur.
>
> Un nuage l'environne
> Et la cache à tous les yeux :
> De fleurs l'Ida se couronne,
> Junon cède au Roi des Dieux !
>
> Leurs caresses s'entendirent,
> L'écho ne fut pas discret ;
> Tous les antres les redirent
> Aux Nymphes de la forêt.
>
> Soudain, pleurant leur outrage,
> Elles vont, d'un air confus,
> S'ensevelir sous l'ombrage
> De leurs bois les plus touffus.

La galanterie spirituelle et vive de Parny, et sa mythologie de Cythère, n'avaient guère accoutumé la muse légère du xviiie siècle à cette plénitude de ton, à cette richesse d'accent. Au sein d'un Zéphyr qui semblait sortir d'une toile de Watteau, on sent tout d'un coup une bouffée d'Homère :

> De fleurs l'Ida se couronne,
> Junon cède au Roi des Dieux !

Fontanes avait aussi ses retours d'Hésiode : il vient de peindre la *Vénus-Junon*; il n'a pas moins rendu, dans un sentiment bien richement antique, la *Vénus-Cérès*, si l'on peut ainsi la nommer; c'est au huitième chant de *la Grèce sauvée* :

> Salut, Cérès, salut ! tu nous donnas des lois ;
> Nos arts sont tes bienfaits : ton céleste génie
> Arracha nos aïeux au gland de Chaonie ;
> Et la Religion, fille des immortels,
> Autour de ta charrue éleva ses autels.
> Par toi changea l'aspect de la nature entière.
> On dit que Jasion, tout couvert de poussière,

> Premier des laboureurs, avec toi fut heureux :
> La hauteur des épis vous déroba tous deux ;
> Et Plutus, qui se plaît dans les cités superbes,
> Naquit de vos amours sur un trône de gerbes.

Ce sont là de ces beautés primitives, abondantes, dignes d'Ascrée, comme Lucrèce les retrouvait dans ses plus beaux vers : l'image demi-nue conserve chasteté et grandeur.

Vers 1812, Fontanes vieillissant, et enfin résigné à vieillir, eut dans le talent un retour de séve verdissante et comme une seconde jeunesse :

> Ce vent qui sur nos âmes passe
> Souffle à l'aurore, ou souffle tard.

Ces années du déclin de la vie lui furent des saisons de progrès poétique et de fertilité dans la production : signe certain d'une nature qui est forte à sa manière. Qu'on lise son ode sur *la Vieillesse* : il y a exprimé le sentiment d'une calme et fructueuse abondance dans une strophe toute pleine et comme toute savoureuse de cette douce maturité :

> Le temps, mieux que la science,
> Nous instruit par ses leçons ;
> Aux champs de l'expérience
> J'ai fait de riches moissons ;
> Comme une plante tardive,
> Le bonheur ne se cultive
> Qu'en la saison du bon sens :
> Et, sous une main discrète,
> Il croîtra dans la retraite
> Que j'ornai pour mes vieux ans.

S'il n'a pas plus laissé, il en faut moins accuser sa facilité, au fond, qui était grande, que sa *main* trop *discrète* et sa vue des choses volontiers découragée. Ce qui met M. de Fontanes au-dessus et à part de cette époque littéraire de l'Empire, c'est moins la puissance que la qualité de son talent, surtout la qualité de son goût, de son esprit ; et par là il était plus aisément retenu, dégoûté, qu'excité. On le voit exprimer en maint endroit le peu de cas qu'il faisait de la littérature qui l'environnait. Sous Napoléon, il regrette qu'il n'y ait eu que des Chérile comme sous Alexandre; sous les descendants de Henri IV, il regrette qu'il n'y ait plus de Malherbe : cette plainte lui échappe une dernière fois dans sa dernière ode. Dans celle qu'il a expressément lancée contre *la littérature de 1812*, il ne trouve rien de mieux pour lui que d'être un Silius, c'est-à-dire un adorateur respectueux, et à distance, du culte virgilien et racinien qui se perd. Les soi-disant classiques et vengeurs du grand Siècle le suffoquent; Geoffroy, dans ses injures contre Voltaire et sa grossièreté foncière de *cuistre*, ne lui paraît, avec raison, qu'un violateur de plus. Cette idée de décadence, si habituelle et si essentielle chez lui, honore plus son goût qu'elle ne condamne sa sagacité; et si elle ne le rapproche pas précisément de la littérature qui a suivi, elle le sépare avec distinction de celle d'alors, dans laquelle il n'excepté hautement que le chantre de Cymodocée.

Je ne puis m'empêcher, en cherchant dans notre histoire littéraire quelque rôle analogue au sien, de nommer d'abord le cardinal Du Perron. En effet, Du Perron aussi, poëte d'une école finissante (de celle de Des Portes), eut le mérite et la générosité d'apprécier le chef naissant d'une école nouvelle, et, le premier, il introduisit Malherbe près de Henri IV. Bayle a appelé Du Perron le *procureur-général* du Parnasse de son temps, comme qui dirait aujourd'hui le maître des cérémonies de la littérature. Fontanes, dont on a dit quelque chose de pareil, lui ressemblait par son vif amour pour ce qu'on appelait encore *les Lettres*, par sa bienveillance active qui le faisait promoteur des jeunes talents. C'est ainsi qu'il distingua avec bonheur et produisit la précocité brillante de M. Villemain. M. Guizot lui-même, qui commençait gravement à percer, lui dut sa première chaire (1). Du Perron, comme

(1). C'est ainsi encore qu'il poussa très-vivement, par un article au

Fontanes, était en son temps un oracle souvent cité, un poëte rare et plus regretté que lu ; après avoir brillé par des essais trop épars, lui aussi il parut à un certain moment quitter la poésie pour les hautes dignités et la représentation officielle du goût à la cour. Il est vrai que Fontanes, Grand-Maître, n'écrivit pas de gros traités sur l'Eucharistie, et qu'il lui manque, pour plus de rapport avec Du Perron, d'avoir été cardinal comme l'abbé Maury. Celui-ci même semble s'être véritablement chargé de certains contrastes beaucoup moins dignes de ressemblance. Pourtant il y a cela encore entre l'hôte de Bagnolet et celui de Courbevoie, que la légèreté profane et connue de quelques-uns de leurs vers ne nuisit point à la chaleur de leurs manifestations chrétiennes et catholiques. Le cardinal Du Perron avait, dans sa jeunesse, écrit de tendres vers, tels que ceux-ci, à une *infidèle* :

. . . .
M'appeler son triomphe et sa gloire mortelle,
Et tant d'autres doux noms choisis pour m'obliger,
Indignes de sortir d'un courage (1) fidèle,
Où, si soudain après, l'oubli s'est vu loger !
. . . .
Tu ne me verras plus baigner mon œil de larmes
Pour avoir éprouvé le feu de tes regards ;
Le temps contre tes traits me donnera des armes,
Et l'absence et l'oubli reboucheront tes dards.
. . . .
Adieu, fertile esprit, source de mes complaintes,
Adieu, charmes coulants dont j'étois enchanté :
Contre le doux venin de ces caresses feintes
Le souverain remède est l'incrédulité.

Et le théologien vieilli, en les relisant avec pleurs, regret-

---

Journal de l'Empire (8 janvier 1806), et par ses éloges en tout lieu, au succès du début tout à fait distingué de M. Molé.
(1) *Courage, cœur.*

tait aussi, je le crains, la Déesse aux douces amertumes :

> . . . . . Non est Dea nescia nostrî
> Quæ dulcem curis miscet amaritiem ;

ce qui revient à l'ode de Fontanes :

> Répands-y le charme suprême
> Et des plaisirs, et des maux même,
> Que je t'ai dus dans mes beaux jours.

Mais c'est bien assez pousser ce parallèle pour ceux qui ont un peu oublié Du Perron. Pour ceux qui s'en souviendraient trop, ne fermons pas sans rompre. Le Courbevoie de Fontanes se décorait de décence, s'ennoblissait par un certain air de voisinage avec le séjour de Rollin, par un certain culte purifiant des hôtes de Bâville, de Vignai et de Fresne.

Plus loin encore que Du Perron, et à l'extrémité de notre horizon littéraire, je ne fais qu'indiquer comme analogue de Fontanes pour cette manière de rôle intermédiaire, Mellin de Saint-Gelais, élégant et sobre poëte, armé de goût, qui, le dernier de l'école de Marot, sut se faire respecter de celle de Ronsard, et se maintint dans un fort grand état de considération à la cour de Henri II.

M. Villemain, d'abord disciple de M. de Fontanes dans la critique qu'il devait bientôt rajeunir et renouveler, l'allait visiter quelquefois dans ces années 1812 et 1813. La chute désormais trop évidente de l'Empire, l'incertitude de ce qui suivrait, redoublaient dans l'âme de M. de Fontanes les tristesses et les rêveries du déclin :

> Majoresque cadunt altis de montibus umbræ.

Sous le lent nuage sombre, l'entretien délicat et vif n'était que plus doux. M. de Fontanes avait souvent passé sa journée à relire quelque beau passage de Lucrèce et de Virgile; à noter sur les pages blanches intercalées dans chacun de ses volumes favoris quelques réflexions plutôt morales que philologiques, quelques essais de traduction fidèle : « J'ai travaillé ce matin, disait-il ; ces vers de Virgile, vous savez :

>   Et varios ponit fœtus autumnus, et alte
>   Mitis in apricis coquitur vindemia saxis ;

« ces vers-là ne me plaisent pas dans Delille : les *côtes vineuses*, les *grappes paresseuses* ; voici qui est mieux, je crois :

>   Et des derniers soleils la chaleur affaiblie
>   Sur les coteaux voisins cuit la grappe amollie. »

Il cherchait par ces sons en *i* (c*ui*t la grappe amoll*ie*) à rendre l'effet mûrissant des désinences en *is* du latin. Sa matinée s'était passée de la sorte sur cette douce note virgilienne, dans cet épicuréisme du goût. Ou bien, la serpe en main, soignant ses arbustes et ses fleurs, il avait peut-être redit, refait en vingt façons ces deux vers de sa *Maison rustique* :

>   L'enclos où la serpette arrondit le pommier,
>   Où la *treil*le en *grim*pant *rit* aux yeux du fermier ;

et ce dernier vers enfin, avec ses *r* si bien redoublés et rapprochés, lui avait, à son gré, paru sourire.

Ou encore, dans ce verger baigné de la Seine, au bruit de la vague expirante, il avait exprimé amoureusement, comme d'un seul soupir, la muse de l'antique idylle,

>   Enflant près de l'Alphée une flûte docile ;

et ce doux souffle divinement trouvé lui avait empli l'âme et l'oreille presque tout un jour, comme tel vers du *Lutrin* à Boileau (1).

---

(1) On peut dire de ces vers, comme de tant de vers bien frappés de Boileau, ce que Fontanes a dit lui-même quelque part dans son *Commentaire* (imprimé) sur J.-B. Rousseau : « Il n'y a pas là ce qu'on « appelle proprement *harmonie imitative* ; mais il existe un rapport « très-sensible entre le choix des expressions et le caractère de l'i- « mage. » On confond un peu tout cela maintenant.

Insensiblement on parlait des choses publiques. M. Villemain avait été chargé d'un Éloge de Duroc qui devait le produire près de l'Empereur. Il s'y trouvait un portrait de l'aide de camp, piquant, rapide, brillamment enlevé; l'autre jour le délicieux causeur, avec une pointe de raillerie, nous le récitait encore; rien que ce portrait-là portait avec lui toute une fortune sous l'Empire; mais y avait-il encore un Empire? Et si M. Villemain, qui déjà, dans sa curiosité éveillée, lisait Pitt, Fox, venait à en parler, et se rejetait à l'espoir d'un gouvernement libre et débattu, comme en Angleterre : « Allons, « allons, lui disait M. de Fontanes, vous vous gâterez le goût « avec toutes ces lectures. Que feriez-vous sous un gouver- « nement représentatif? Bédoch vous passerait! » Mot charmant, dont une moitié au moins reste plus vraie qu'on n'ose le dire! N'est-ce pas surtout dans les gouvernements de majorité, si excellents à la longue pour les garanties et les intérêts, que le goût souffre et que *les délicats sont malheureux?*

La parole vive, spirituelle, brillante, y a son jeu, son succès, je le sais bien; mais, tout à côté, la parole pesante y a son poids. Qu'y faire? On ne peut tout unir. On avance beaucoup sur plusieurs points, on perd sur un autre; l'utile dominant se passe aisément du fin, et le Bédoch (puisque Bédoch il y a) ne se marie que de loin avec le Louis XIV.

Nous en conviendrons d'ailleurs, M. de Fontanes n'aimait point assez sans doute les difficultés des choses; il n'en avait pas la patience : et l'on doit regretter pour son beau talent de prose qu'il ne l'ait jamais appliqué à quelque grand sujet approfondi. L'*Histoire de Louis XI* qu'il avait commencée est restée imparfaite; une *Histoire de France*, dont il parlait beaucoup, n'a guère été qu'un projet. Lui-même cite quelque part Montesquieu, lequel, à propos des lois ripuaires, visigothes et bourguignonnes, dont il débrouille le chaos, se compare à Saturne, *qui dévore des pierres*. L'estomac de son esprit, à lui, n'était pas de cette force-là. Son ami Joubert, en le conviant un peu naïvement à la lecture de *Marculphe,* avait soin toutefois de ne lui conseiller que la *préface.* Son imagination l'avait fait, avant tout, poëte, c'est-à-dire volage.

On est curieux de savoir, dans ce rôle important et prolongé de Fontanes au sein de la littérature, soit avant 89, soit depuis 1800, quelle était sa relation précise avec Delille. Était-il disciple, était-il rival? — Ayant débuté en 1780, c'est-à-dire dix ans après le traducteur des *Géorgiques,* Fontanes le considérait comme maître, et en toute occasion il lui marqua une respectueuse déférence. Mais il est aisé de sentir qu'il le loue plus qu'il ne l'adopte, et que, depuis la traduction des *Géorgiques,* il le juge en relâchement de goût. D'ailleurs, il appuya *l'Homme des Champs* dans *le Mercure* (1); lorsqu'il s'agit de rétablir l'absent boudeur sur la liste de l'Institut, il prit sur lui de faire la démarche, et, sans avoir consulté Delille, il se porta garant de son acceptation. Les choses entre eux en restèrent là, dans une mesure parfaitement décente, plus froide pourtant que ces témoignages ne donneraient à penser. Delille n'avait qu'un médiocre empressement vers Fontanes. En poésie et en art, on est dispensé d'aimer ses héritiers présomptifs, et Fontanes a pu parfois sembler à Delille un héritier collatéral, qui aurait été quelque peu un assassin, si l'indolent avait voulu. Mais sa poésie craignait le public et la vitre des libraires plus encore que celle du brillant descriptif ne les cherchait.

On peut se faire aujourd'hui une autre question dont nul ne s'avisait dans le temps : Quelle fut la relation de Fontanes à Millevoye? — Fontanes est un maître, Millevoye n'est qu'un élève. Venu aux Écoles centrales peu après que la proscription de Fructidor en eut éloigné Fontanes, Millevoye ne put avoir avec lui que des rapports tout à fait rares et inégaux. Mais la considération, qui est tant pour les contemporains, compte bien peu pour la postérité; celle-ci ne voit que les

(1) Fructidor an VIII. On y trouve encore un article de lui sur la nouvelle édition des *Jardins,* fructidor an IX.

restes du talent; en récitant *la Chute des Feuilles*, elle songe au *Jour des Morts*, et elle marie les noms.

Millevoye n'eût jamais été pour personne un héritier présomptif bien vivace et bien dangereux : mais Lamartine naissant !... qu'en pensa Fontanes? Il eut le temps, avant de mourir, de lire les premières *Méditations* : je doute qu'il se soit donné celui de les apprécier. Dénué de tout sentiment jaloux, il avait ses idées très-arrêtées en poésie française et très-négatives sur l'avenir. Il admettait la régénération par la prose de Chateaubriand, point par les vers : « *Tous les vers sont faits*, répétait-il souvent avec une sorte de dépit involontaire, *tous les vers sont faits!* » c'est-à-dire il n'y a plus à en faire après Racine. Il s'était trop redit cela de bonne heure à lui-même dans sa modestie pour ne pas avoir quelque droit, en finissant, de le redire sur d'autres dans son impatience.

Mais nous avons anticipé. Les événements de 1813 remirent politiquement en évidence M. de Fontanes. Au Sénat où il siégeait depuis sa sortie du Corps législatif, il fut chargé, d'après le désir connu de l'Empereur, du rapport sur l'état des négociations entamées avec les puissances coalisées, et sur la rupture de ce qu'on appelle les Conférences de Châtillon. C'était la première fois que Napoléon consultait ou faisait semblant. Le rapport concluait, après examen des pièces, en invoquant la paix, en la déclarant possible et dans les intentions de l'Empereur, mais à la fois en faisant appel à un dernier élan militaire pour l'accélérer. Ceux qui avaient toujours présent le discours de 1808 au Corps législatif, ceux qui, en dernier lieu, partageaient les sentiments de résistance exprimés concurremment par M. Lainé, purent trouver ce langage faible : Bonaparte dut le trouver un peu froid et bien mêlé d'invocations à la paix : dans le temps, en général, il parut digne (1). 1814 arriva avec ses désastres. M. de Fontanes

(1) On a, au reste, sur les circonstances de ce rapport, plus que des

souffrait beaucoup de cet abaissement de nos armes; il n'aimait guère plus voir en France les cocardes que la littérature d'outre-Rhin (1). Sa conduite dans tout ce qui va suivre fut celle d'un homme honnête, modéré, qui cède, mais qui cède au sentiment, jamais au calcul.

Il avait, je l'ai dit, un grand fonds d'idées monarchiques, une horreur invincible de l'anarchie, un amour de l'ordre, de la stabilité presque à tout prix, et de quelque part qu'elle vînt. Le premier article de sa charte était dans Homère :

> . . . . εἷς κοίρανος ἔστω,
> εἷς βασιλεύς. . . . . . .
> Le pire des États, c'est l'État populaire.

Il disait volontiers comme ce sage satrape dans Hérodote : *Puissent les ennemis des Perses user de la démocratie!* Il croyait cela vrai des grands États modernes, même des États anciens et de ces républiques grecques qui n'avaient acquis, selon lui, une grande gloire que dans les moments où elles avaient été gouvernées comme monarchiquement sous un seul chef,

---

conjectures. La *Revue Rétrospective* du 31 octobre 1835 a publié la *dictée* de Napoléon par laquelle il traçait à la commission du Sénat et au rapporteur le sens de leur examen et presque les termes mêmes du rapport. Les derniers mots de l'indication impérieuse sont : « Bien dévoiler la perfidie anglaise avant de faire un appel au peuple. — Cette fin doit être une *philippique*. » Malgré l'ordre précis, la *philippique* manque dans le rapport de M. de Fontanes, et la conclusion prend une toute autre couleur, plutôt pacifique : l'Empereur ne put donc être content. La *Revue Rétrospective*, qui fait elle-même cette remarque, n'en tient pas assez compte. Après tout, le rapporteur, dans le cas présent, ne *manœuvra* pas tout à fait comme le maître le voulait; en obéissant, il éluda.

(1) Le trait est essentiel chez Fontanes : au temps même où il attaquait le plus vivement le Directoire dans *le Mémorial*, il a exprimé en toute occasion son peu de goût pour les armes des étrangers et pour leur politique : on pourrait citer particulièrement un article du 19 août 1797, intitulé : *Quelques vérités au Directoire, à l'Empereur et aux Vénitiens*. Par cette manière d'être Français en tout, il restait encore fidèle au Louis XIV.

Miltiade, Cimon, Thémistocle, Périclès. Mais, ce point essentiel posé, le reste avait moins de suite chez lui et variait au gré d'une imagination aisément enthousiaste ou effarouchée, que, par bonheur, fixait en définitive l'influence de la famille. La réputation officielle ment souvent ; il l'a remarqué lui-même, et cela peut surtout s'appliquer à lui. Ce serait une illusion de perspective que de faire de M. de Fontanes un politique : encore un coup, c'était un poëte au fond. Son *dessous de cartes*, le voulez-vous savoir? comme disait M. de Pomponne de l'amour de madame de Sévigné pour sa fille. En 1805, président du Corps législatif, il ne s'occupe en voyage que du poëme des *Pyrénées* et des Stances à l'ancien manoir de ses pères. En 1815, président du Collége électoral à Niort, il fait les Stances à la fontaine Du Vivier et aux mânes de son frère. Voilà le *dessous de cartes* découvert : peu de politiques en pourraient laisser voir autant.

En 1814, au Sénat, il signa la déchéance, mais ce ne fut qu'avec une vive émotion, et en prenant beaucoup sur lui ; il fallut que M. de Talleyrand le tînt quelque temps à part, et, par les raisons de salut public, le décidât. On l'a accusé, je ne sais sur quel fondement, d'avoir rédigé l'acte même de déchéance, et je n'en crois rien (1). Mais il n'en est peut-être pas ainsi d'autres actes importants et mémorables d'alors, sous lesquels il y aurait lieu à meilleur droit, et sans avoir besoin d'apologie, d'entrevoir la plume de M. de Fontanes. Cela se conçoit : il était connu par sa propriété de plume et sa mesure ; on s'adressait à lui presque nécessairement, et il rendait à la politique, dans cette crise, des services de littérateur, services anonymes, inoffensifs, désintéressés, et auxquels il n'attachait lui-même aucune importance. Mais voici à ce propos une vieille histoire.

On était en 1778 ; deux beaux-esprits qui voulaient percer,

---

(1) On croit savoir, au contraire, que la rédaction de cet acte est de Lambrechts.

M. d'Oigny et M. de Murville, concouraient pour le prix de vers à l'Académie française. Quelques jours avant le terme de clôture fixé pour la réception des pièces, M. d'Oigny va trouver M. de Fontanes et lui dit : « Je concours pour le prix, « mais ma pièce n'est pas encore faite, il y manque une « soixantaine de vers ; je n'ai pas le temps, faites-les-moi. » Et M. de Fontanes les lui fit. M. de Murville, sachant cela, accourt à son tour vers M. de Fontanes : « Ne me refusez « pas, je vous en prie, le même service. » Et le service ne fut pas refusé. On ajoute que les passages des deux pièces, que cita avec éloge l'Académie, tombèrent juste aux vers de Fontanes.

Ce que M. de Fontanes, poëte, était en 1778, il l'était encore en 1814 et 1815 ; l'anecdote, au besoin, peut servir de clef (1). — Les sentiments, en tout temps publiés ou consi-

(1) Fontanes, littérateur, aimait l'anonyme ou même le pseudonyme. Il publia la première fois sa traduction en vers du passage de Juvénal sur Messaline sous le nom de Thomas, et, pour soutenir le jeu, il commenta le morceau avec une part d'éloges. Il essaya d'abord ses vers sur *la Bible* en les attribuant à Le Franc de Pompignan. Je trouve (dans le catalogue imprimé de la bibliothèque de M. de Châteaugiron) une brochure intitulée *Des Assassinats et des Vols politiques, ou des Proscriptions et des Confiscations*, par Th. Raynal (1795), avec l'indication de *Fontanes*, comme en étant l'auteur sous le nom de Raynal ; mais ici il y a erreur : l'ouvrage est de Servan. Dans les *Petites Affiches* ou feuilles d'annonces du 1er thermidor an VI, se trouvent des vers sur une violette donnée dans un bal :

>   Adieu, Violette chérie,
>   Allez préparer mon bonheur....

La pièce est signée *Senatnof*, anagramme de Fontanes. Dans le *Journal littéraire*, où il fut collaborateur de Clément, il signait L, initiale de Louis. Il deviendrait presque piquant de donner le catalogue des journaux de toutes sortes auxquels il a participé, tantôt avec Dorat (*Journal des Dames*), tantôt avec Linguet ou ses successeurs (*Journal de Politique et de Littérature*), tantôt, et je l'ai dit, avec Clément. Avant d'être au *Mémorial* avec La Harpe et Vauxcelles, il fut un moment à *la Clef du Cabinet* avec Garat. On n'en finirait pas, si l'on voulait tout rechercher : il serait presque aussi aisé de savoir le compte des journaux où Charles Nodier a mis des articles, et il y faudrait l'in-

gnés dans ses vers, font foi de la sincérité avec laquelle, au milieu de ses regrets, il dut accueillir le retour de la race de Henri IV. Encore Grand-Maître lors de la distribution des prix de 1814, il put, dans son discours, avec un côté de vérité qui devenait la plus habile transition, expliquer ainsi l'esprit de l'Université sous l'Empire : « Resserrée dans ses fonctions
« modestes, elle n'avait point le droit de juger les actes poli-
« tiques ; mais les vraies notions du juste et de l'injuste
« étaient déposées dans ces ouvrages immortels dont elle in-
« terprétait les maximes. Quand le caractère et les sentiments
« français pouvaient s'altérer de plus en plus par un mélange
« étranger, elle faisait lire les auteurs qui les rappellent avec
« le plus de grâce et d'énergie. L'auteur du *Télémaque* et
« Massillon prêchaient éloquemment ce qu'elle était obligée
« de taire devant le Génie des conquêtes, impatient de tout
« perdre et de se perdre lui-même dans l'excès de sa propre
« ambition. En rétablissant ainsi l'antiquité des doctrines lit-
« téraires, elle a fait assez voir, non sans quelque péril pour
« elle-même, sa prédilection pour l'antiquité des doctrines
« politiques.

« Elle s'honore même des ménagements nécessaires qu'elle
« a dû garder pour l'intérêt de la génération naissante ; et,
« sans insulter ce qui vient de disparaître, elle accueille avec
« enthousiasme ce qui nous est rendu. »

Mais, en parlant ainsi, le Grand-Maître était déjà dans l'apologie et sur la défensive ; les attaques, en effet, pleuvaient de tous côtés. Nous avons sous les yeux des brochures ultraroyalistes publiées à cette date, et dans lesquelles il n'est tenu

vestigation bibliographique d'un Beuchot. On comprend maintenant ce que veut dire cette paresse de Fontanes, laquelle n'était souvent qu'un prêt facile et une dispersion active. Rien d'étonnant, quand il eut cessé d'écrire aux journaux, que son habitude de plume le fasse soupçonner derrière plus d'un acte public, dans un temps où M. de Talleyrand, avec tout son esprit, ne sut jamais rédiger lui-même deux lignes courantes.

aucun compte à M. de Fontanes de ses efforts constamment religieux et même monarchiques au sein de l'Université. Enfin, le 17 février 1815, une ordonnance émanée du ministère Montesquiou détruisit l'Université impériale, et, dans la réorganisation qu'on y substituait, M. de Fontanes était évincé. Il l'était toutefois avec égard et dédommagement ; on y rendait hommage, dans le préambule, aux hommes qui avaient sauvé les bonnes doctrines au sein de l'enseignement impérial, et qui avaient su le diriger souvent contre le but même de son institution.

L'ordonnance fut promulguée le 21 février, et Napoléon débarquait le 5 mars. Il s'occupait de tout à l'île d'Elbe, et n'avait pas perdu de vue M. de Fontanes. En passant à Grenoble, il y reçut les autorités, et le Corps académique qui en faisait partie ; il dit à chacun son mot, et au recteur il parla de l'Université et du Grand-Maître : — « Mais, Sire, répondit « le recteur, on a détruit votre ouvrage, on nous a enlevé « M. de Fontanes ; » et il raconta l'ordonnance récente. — « Eh bien ! dit Napoléon pour le faire parler, et peut-être « aussi n'ayant pas une très-haute idée de son Grand-Maître « comme administrateur, vous ne devez pas le regretter « beaucoup, M. de Fontanes : un poëte, à la tête de l'Uni« versité ! » Mais le recteur se répandit en éloges (1). Napoléon crut volontiers que M. de Fontanes, frappé d'hier et mécontent, viendrait à lui.

Installé aux Tuileries, il songea à son absence ; il en parla. Une personne intimement liée avec M. de Fontanes fut autorisée à l'aller trouver et à lui dire : « Faites une visite aux

(1) Bien que M. de Fontanes ne fût pas précisément un administrateur, l'Université, sous sa direction, ne prospéra pas moins, grâce à l'esprit conciliant, paternel et véritablement ami des lettres, qu'il y inspirait. En face de l'Empereur, et particulièrement dans les Conseils d'Université que celui-ci présida en 1811, et auxquels assistait concurremment le ministre de l'intérieur, M. de Fontanes arrivant à la lutte bien préparé, tout plein des tableaux administratifs qu'on lui avait dressés exprès et représentés le matin même, étonna souvent le brus-

« Tuileries, vous y serez bien reçu, et le lendemain vous
« verrez votre réintégration dans le *Moniteur*. » — « Non, ré-
« pondit-il en se promenant avec agitation : non, je n'irai
« pas. On m'a dit courtisan, je ne le suis pas. A mon âge,...
« toujours aller de César à Pompée, et de Pompée à César,
« c'est impossible ! » — Et, dès qu'il le put, il partit en poste
pour échapper plus sûrement au danger du voisinage. Il
n'alla pas à Gand, c'eût été un parti trop violent, et qu'il n'a-
vait pas pris d'abord : mais il voyagea en Normandie, revit
les Andelys, la forêt de Navarre, regretta sa jeunesse, et ne
revint que lorsque les Cent-Jours étaient trop avancés pour
qu'on fît attention à lui. Toute cette conduite doit sembler
d'autant plus délicate, d'autant plus naturellement noble,
que, sans compter son grief récent contre le Gouvernement
déchu, son imagination avait été de nouveau séduite par le
miracle du retour ; et comme quelqu'un devant lui s'écriait,
en apprenant l'entrée à Grenoble ou à Lyon : « Mais c'est
« effroyable ! c'est abominable ! » — « Eh ! oui, avait-il ri-
« posté, et ce qu'il y a de pis, c'est que c'est admirable ! »

Nous avons franchi les endroits les plus difficiles de la vie
politique de M. de Fontanes, et nous avons cherché surtout à
expliquer l'homme, à retrouver le poëte dans le personnage,
sans altérer ni flatter. La pente qui nous reste n'est plus qu'à
descendre. Il alla voir à Saint-Denis Louis XVIII revenant,
qui l'accueillit bien, comme on le peut croire. Diverses sortes
d'égards et de hauts témoignages, le titre de ministre d'État
et d'autres ne lui manquèrent pas. Il ne fit rien d'ailleurs pour
reconquérir la situation considérable qu'il avait perdue. Il
fut, à la Chambre des pairs, de la minorité indulgente dans
le procès du maréchal Ney. Les ferveurs de la Chambre de

---

que interrogateur par le positif de ses réponses et par l'aisance avec
laquelle il paraissait posséder son affaire. Son esprit facile et brillant,
peu propre au détail de l'administration, saisissait très-vite les masses,
les résultats ; et c'était justement, dans la discussion, ce qui allait à
l'Empereur.

1815 ne le trouvèrent que froid : monarchien décidé en principe, mais modéré en application, il inclina assez vers M. Decazes, tant que M. Decazes ne s'avança pas trop. Quand il vit le libéralisme naître, s'organiser, M. de La Fayette nommé à la Chambre élective, il s'effraya du mouvement nouveau qu'il imputait à la faiblesse du système, et revira légèrement. On le vit, à la Chambre des pairs, parler, dans la motion Barthélemy, pour la modification de la loi des élections qu'il avait votée en février 1817, et bientôt soutenir, comme rapporteur, la nouvelle loi en juin 1820. Tout cela lui fait une ligne politique intermédiaire, qu'on peut se figurer, en laissant à gauche le semi-libéralisme de M. Decazes, et sans aller à droite jusqu'à la couleur pure du pavillon Marsan.

Non pas toutefois qu'il fût sans rapports directs avec le pavillon Marsan même, et sans affection particulière pour les personnes ; mais il n'eût contribué qu'à modérer.

En 1819, une grande douleur le frappa. M. de Saint-Marcellin, jeune officier, plein de qualités aimables et brillantes, mais qui ne portait pas dans ses opinions politiques cette modération de M. de Fontanes, et de qui M. de Chateaubriand a dit que son indignation avait l'éclat de son courage, fut tué dans un duel, à peine âgé de vingt-huit ans. La tendresse de M. de Fontanes en reçut un coup d'autant plus sensible qu'il dut être plus renfermé.

M. de Chateaubriand, à l'époque où il forma, avec le duc de Richelieu, le premier ministère Villèle, avait voulu rétablir la Grande-Maîtrise de l'Université en faveur de M. de Fontanes. Au moment où il partait pour son ambassade de Berlin, il reçut ce billet, le dernier que lui ait écrit son ami :

« Je vous le répète : je n'ai rien espéré ni rien désiré, ainsi je n'éprouve aucun désappointement.

« Mais je n'en suis pas moins sensible aux témoignages de votre amitié : ils me rendent plus heureux que toutes les places du monde. »

Les deux amis s'embrassèrent une dernière fois, et ne se

revirent plus. M. de Fontanes fut atteint, le 10 mars 1821, dans la nuit du samedi au dimanche, d'une attaque de goutte à l'estomac, qu'il jugea aussitôt sérieuse. Il appela son médecin, et fit demander un prêtre. Le lendemain, il semblait mieux; après quelques courtes alternatives, dans l'intervalle desquelles on le retrouva plus vivant d'esprit et de conversation que jamais, l'apoplexie le frappa le mercredi soir. Le prêtre vint dans la nuit : le malade, en l'entendant, se réveilla de son assoupissement, et, en réponse aux questions, s'écria avec ferveur : « *O mon Jésus! mon Jésus!* » Poëte du *Jour des Morts* et de *la Chartreuse*, tout son cœur revenait dans ce cri suprême. Il expira le samedi 17 mars, à sept heures sonnantes du matin.

A deux reprises, dans la première nuit du samedi au dimanche, et dans celle du mardi au mercredi, il avait brûlé, étant seul, des milliers de papiers. Peut-être des vers, des chants inachevés de son poëme, s'y trouvèrent-ils compris. Il était bien disciple de celui qui vouait au feu *l'Énéide*.

On doit regretter que les œuvres de M. de Fontanes n'aient point pu se recueillir et paraître le lendemain de sa mort : il semble que c'eût été un moment opportun. Ce qu'on a depuis appelé le combat romantique n'était qu'à peine engagé, et sans la pointe de critique qui a suivi. Dans la clarté vive, mais pure, des premières *Méditations*, se serait doucement détachée et fondue à demi cette teinte poétique particulière qui distingue le talent de M. de Fontanes, et qui en fait quelque chose de nouveau par le sentiment en même temps que d'ancien par le ton. Sa strophe, accommodée à Rollin, aurait déploré tout haut la ruine du *Château de Colombe*, et noté à sa manière *la Bande noire*, contre laquelle allait tonner Victor Hugo. Les chants de *la Grèce sauvée* auraient pris soudainement un intérêt de circonstance, et trouvé dans le sentiment public éveillé un écho inattendu.

Aujourd'hui, au contraire, il est tard; plusieurs de ces poésies, qui n'ont jamais paru, ont eu le temps de fleurir et de défleurir dans l'ombre : elles arrivent au jour pour la première fois dans une forme déjà passée ; elles ont manqué leur heure. Mais, du moins, il en est quelques-unes pour qui l'heure ne compte pas, simples grâces que l'haleine divine a touchées en naissant, et qui ont la jeunesse immortelle. Celles-ci viennent toujours à temps, et d'autant mieux aujourd'hui que l'ardeur de la querelle littéraire a cessé, et qu'on semble disposé par fatigue à quelque retour. Quoi qu'il en soit, ce recueil s'adresse et se confie particulièrement à ceux qui ont encore de la piété littéraire.

C'est une urne sur un tombeau : qu'y a-t-il d'étonnant que quelques-unes des couronnes de l'autre hier y soient déjà fanées ? J'y vois une harmonie de plus, un avertissement aux jeunes orgueils de ce qu'il y a de sitôt périssable dans chaque gloire.

M. de Fontanes représente exactement le type du goût et du talent poétique français dans leur pureté et leur atticisme, sans mélange de rien d'étranger, goût racinien, fénelonien, grec par instants, toutefois bien plus latin que grec d'habitude, grec par Horace, latin du temps d'Auguste, voltairien du siècle de Louis XIV. Je crois pouvoir le dire : celui qui n'aurait pas en lui de quoi sentir ce qu'il y a de délicat, d'exquis et d'à peine marqué dans les meilleurs morceaux de Fontanes, le petit parfum qui en sort, pourrait avoir mille qualités fortes et brillantes, mais il n'aurait pas une certaine finesse légère, laquelle jusqu'ici n'a manqué pourtant à aucun de ceux qui ont excellé à leur tour dans la littérature française. Le temps peut-être est venu où de telles distinctions doivent cesser, et nous marchons (des voix éloquentes nous l'assurent) à la grande unité, sinon à la confusion, des divers goûts nationaux, à l'alliance, je le veux croire, de tous les atticismes. En attendant, M. de Fontanes nous a semblé intéressant à regarder de très-près. Il était à maintenir dans la série littéraire française comme la dernière des figures pures, calmes et sans un trait d'altération, à la veille de ces invasions redoublées et de ce renouvellement par les conquêtes. Qu'il vive donc à son rang désormais, paisible dans ce demi-jour de l'histoire littéraire qui n'est pas tout à fait un tombeau ! Qu'un reflet prolongé du xviie siècle, un de ces reflets qu'on aime, au commencement du xviiie, à retrouver au front de Daguesseau, de Rollin, de Racine fils et de l'abbé Prévost, se ranime en tombant sur lui, poëte, et le décore d'une douce blancheur !

Décembre 1838.

J'ai reparlé de Fontanes en mainte page de l'ouvrage intitulé : *Chateaubriand et son Groupe littéraire*...; il est une partie considérable du sujet.

M. JOUBERT [1]

Bien que les *Pensées* de l'homme remarquable, dont le nom apparaît dans la critique pour la première fois, ne soient imprimées que pour l'œil de l'amitié, et non publiées ni mises en vente, elles sont destinées, ce me semble, à voir tellement s'élargir le cercle des amis, que le public finira par y entrer. Parlons donc de ce volume que solennise d'abord au frontispice le nom de M. de Chateaubriand *éditeur*, parlons-en comme s'il était déjà public : trop heureux si nous hâtions ce moment et si nous provoquions une seconde édition accessible à la juste curiosité de tous lecteurs !

Et qu'est-ce donc que M. Joubert ? Quel est cet inconnu tout d'un coup ressuscité et dévoilé par l'amitié, quatorze ans après sa mort ? Qu'a-t-il fait ? Quel a été son rôle ? A-t-il eu un rôle ? — La réponse à ces diverses questions tient peut-être à des considérations littéraires plus générales qu'on ne croit.

M. Joubert a été l'ami le plus intime de M. de Fontanes et aussi de M. de Chateaubriand. Il avait de l'un et de l'autre ; nous le trouvons un lien de plus entre eux : il achève le

[1] *Recueil des Pensées* de M. Joubert, 1 vol. in-8, Paris, 1838. Imprimerie de Le Normant, rue de Seine, 8. — M. Paul Raynal, neveu de M. Joubert, a depuis publié (1842), en deux volumes et avec un soin tout à fait pieux, les *Pensées* plus complètes, plus correctes, et un choix de lettres de son oncle. Je laisse subsister mon premier jugement, que chacun désormais peut achever et contrôler.

groupe. L'attention se reporte aujourd'hui sur M. de Fontanes, et M. Joubert en doit prendre sa part. Les écrivains illustres, les grands poëtes, n'existent guère sans qu'il y ait autour d'eux de ces hommes plutôt encore essentiels que secondaires, grands dans leur incomplet, les égaux au dedans par la pensée de ceux qu'ils aiment, qu'ils servent, et qui sont rois par l'art. De loin ou même de près, on les perd aisément de vue; au sein de cette gloire voisine, unique et qu'on dirait isolée, ils s'éclipsent, ils disparaissent à jamais, si cette gloire dans sa piété ne détache un rayon distinct et ne le dirige sur l'ami qu'elle absorbe. C'est ce rayon du génie et de l'amitié qui vient de tomber au front de M. Joubert et qui nous le montre.

M. Joubert de son vivant n'a jamais écrit d'ouvrage, ou du moins rien achevé : « *Pas encore*, disait-il quand on le pressait de produire, *pas encore*, il me faut une longue paix. » La paix était venue, ce semble, et alors il disait : « Le Ciel n'avait donné de la force à mon esprit que pour un temps, et le temps est passé. » Ainsi, pour lui, pas de milieu : il n'était pas temps encore, ou il n'était déjà plus temps. Singulier génie toujours en suspens et en peine, qui se peint en ces mots : « Le Ciel n'a mis dans mon intelligence que des rayons, et ne m'a donné pour éloquence que de beaux mots. Je n'ai de force que pour m'élever, et pour vertu qu'une certaine incorruptibilité. » Il disait encore, en se rendant compte de lui-même et de son incapacité à produire : « Je ne puis faire bien qu'avec lenteur et avec une extrême fatigue. Derrière la force de beaucoup de gens il y a de la faiblesse. Derrière ma faiblesse il y a de la force; la faiblesse est dans l'instrument. » Mais s'il n'écrivait pas de livres, il lisait tous ceux des autres, il causait sans fin de ses jugements, de ses impressions : ce n'était pas un goût simplement délicat et pur que le sien, un goût correctif et négatif de Quintilius et de Patru; c'était une pensée hardie, provocante, un essor. Imaginez un Diderot qui avait de la pureté antique et de la chasteté pythagoricienne, *un Platon à cœur de La Fontaine*, a dit M. de Chateaubriand.

« Inspirez, mais n'écrivez pas, » dit Le Brun aux femmes. — « C'est, ajoute M. Joubert, ce qu'il faudrait dire aux professeurs (*aux professeurs de ce temps-là*); mais ils veulent écrire et ne pas ressembler aux Muses. » Eh bien! lui, il suivait son conseil, il ressemblait aux Muses. Il était le public de ses amis, l'orchestre, le chef du chœur qui écoute et qui frappe la mesure.

Il n'y a plus de public aujourd'hui, il n'y a plus d'orchestre; les vrais M. Joubert sont dispersés, déplacés; ils écrivent. Il n'y a plus de Muses, il n'y a plus de juges, tout le monde est dans l'arène. Aujourd'hui toi, demain moi. Je te siffle ou je t'applaudis, je te loue ou je te raille : à charge de revanche! Vous êtes orfèvre, monsieur Josse. — Tant mieux, dira-t-on, on est jugé par ses pairs. — En littérature, je ne suis pas tout à fait de cet avis constitutionnel, je ne crois pas absolument au jury des seuls confrères, ou soi-disant tels, en matière de goût. L'alliance offensive et défensive de tous les gens de lettres, la société en commandite de tous les talents, idéal que certaines gens poursuivent, ne me paraîtrait pas même un immense progrès, ni précisément le triomphe de la saine critique.

Sérieusement, la plaie littéraire de ce temps, la ruine de l'ancien bon goût (en attendant le nouveau), c'est que tout le monde écrit et a la prétention d'écrire autant et mieux que personne. Au lieu d'avoir affaire à des esprits libres, dégagés, attentifs, qui s'intéressent, qui inspirent, qui contiennent, que rencontre-t-on? des esprits tout envahis d'eux-mêmes, de leurs prétentions rivales, de leurs intérêts d'amour-propre, et, pour le dire d'un mot, des esprits trop souvent perdus de tous ces vices les plus hideux de tous que la littérature seule engendre dans ses régions basses. J'y ai souvent pensé, et j'aime à me poser cette question quand je lis quelque littérateur plus ou moins en renom aujourd'hui : « Qu'eût-il fait sous Louis XIV ? qu'eût-il fait au xviii siècle ? » J'ose avouer que, pour un grand nombre, le résultat de mon plus sérieux examen, c'est que ces hommes-là, en d'autres temps, n'auraient pas écrit du tout. Tel qui nous inonde de publications spécieuses à la longue, de peintures assez en vogue, et qui ne sont pas détestables, ma foi ! aurait été commis à la gabelle sous quelque intendant de Normandie, ou aurait servi de poignet laborieux à Pussort. Tel qui se pose en critique fringant et de grand ton, en juge irréfragable de la fine fleur de poésie, se serait élevé pour toute littérature (car celui-là eût été littérateur, je le crois bien) à raconter dans *le Mercure galant* ce qui se serait dit en voyage au dessert des princes. Un honnête homme, né pour l'*Almanach du Commerce*, qui aura griffonné jusque-là à grand'peine quelques pages de statistique, s'emparera d'emblée du premier poëme épique qui aura paru, et, s'il est en verve, déclarera gravement que l'auteur vient de renouveler la face et d'inventer la forme de la poésie française. Je regrette toujours, en voyant quelques-uns de ces jeunes écrivains à moustache, qui, vers trente ans, à force de se creuser le cerveau, passent du tempérament athlétique au nerveux, les beaux et braves colonels que cela aurait faits hier encore sous l'Empire. En un mot, ce ne sont en littérature aujourd'hui que vocations factices, inquiètes et surexcitées, qui usurpent et font loi. L'élite des connaisseurs n'existe plus, en ce sens que chacun de ceux qui la formeraient est isolé et ne sait où trouver l'oreille de son semblable pour y jeter son mot. Et quand ils sauraient se rencontrer, les délicats, ce qui serait fort agréable pour eux, qu'en résulterait-il pour tous ? car, par le bruit, qui se fait, entendrait-on leur demi-mot ; et, s'ils élevaient la voix, les voudrait-on reconnaître ? Voilà quelques-unes de nos plaies. Au temps de M. Joubert, il n'en était pas encore ainsi. Déjà sans doute les choses se gâtaient : « Des esprits rudes, remarque-t-il, pourvus de robustes organes, sont entrés tout à coup dans la littérature, et ce sont eux qui en pèsent les fleurs. » La controverse, il le remarque aussi, devenait hideuse dans les journaux; mais l'*aménité* n'avait pas fui de partout, et il y avait toujours les *belles-lettres*. Lui qui avait besoin, pour déployer ses ailes, *qu'il fît beau* dans la société autour de lui, il trouvait à sa portée d'heureux espaces; et j'aime à le considérer comme le type le plus élevé de ces connaisseurs encore répandus alors dans un monde qu'ils charmaient, comme le plus original de ces gens de goût finissants, et parmi ces conseillers et ces juges comme le plus inspirateur.

La classe libre d'intelligences actives et vacantes qui se sont succédé dans la société française à côté de la littérature qu'elles soutenaient, qu'elles encadraient, et que, jusqu'à un certain point, elles formaient; cette dynastie flottante d'esprits délicats et vifs aujourd'hui perdus, qui à leur manière ont régné, mais dont le propre est de ne pas laisser de nom, se résume très-bien pour nous dans un homme et peut s'appeler M. Joubert.

Ainsi, de même que M. de Fontanes a été véritablement le dernier des poëtes classiques, M. Joubert aurait été le dernier de ces membres associés, mais non moins essentiels, de l'ancienne littérature, de ces écoutants écoutés, qui, au premier rang du cercle, y donnaient souvent le ton. Ces deux rôles, en effet, se tenaient naturellement, et devaient finir ensemble.

Mais, pour ne pas trop prêter notre idée générale, et, comme on dit aujourd'hui, notre formule, à celui qui a été surtout plein de liberté et de vie, prenons l'homme d'un peu plus près et suivons-le dans ses caprices mêmes; car nul ne fut moins régulier, plus hardi d'élan et plus excentrique de rayons, que cet excellent homme de goût.

La vie de M. Joubert compte moins par les faits que par les idées. Joseph Joubert était né le 6 mai 1754, à Montignac en Périgord. Ses amis le croyaient souvent et le disaient né à Brive, cette patrie du cardinal Dubois : Montignac ou Brive, il aurait dû naître plutôt à Scillonte ou dans quelque bourg voisin de Sunium. Il fit ses études, et très-rapidement, dans sa ville natale. Après avoir, de là, redoublé et professé même quelque temps aux Doctrinaires de Toulouse, il vint jeune et libre à Paris, y connut presque d'abord Fontanes dès les années 1779, 1780 ; une pièce de vers qu'il avait lue, un article de journal qu'il avait écrit, amenèrent entre eux la première rencontre qui fut aussitôt l'intimité : il avait alors vingt-cinq ans, à peu près trois ans de plus que son ami. Sa jeunesse dut être celle d'alors : « Mon âme habite un lieu par où les passions ont passé, et je les ai toutes connues, » nous dit-il plus tard ; et encore : « Le temps que je perdais autrefois dans les plaisirs, je le perds aujourd'hui dans les souffrances. » Les idées philosophiques l'entraînèrent très-loin : à l'âge du retour, il disait : « Mes découvertes (et chacun a les siennes) m'ont ramené aux préjugés. » Ce qu'on appelle aujourd'hui le *panthéisme* était très-familier, on a lieu de le croire, à cette jeunesse de M. Joubert ; il l'embrassait dans toute sa profondeur, et, je dirai, dans sa plus séduisante beauté : sans avoir besoin de le poursuivre sur les nuages de l'Allemagne, son imagination antique le concevait naturellement revêtu de tout ce premier brillant que lui donna la Grèce : « Je n'aime la philosophie et surtout la métaphysique, ni quadrupède, ni bipède : je la veux ailée et chantante. »

En littérature, les enthousiasmes, les passions, les jugements de M. Joubert le marquaient entre les esprits de son siècle et en vont faire un critique à part. Nous en avons une première preuve tout à fait précise par une correspondance de Fontanes avec lui. Fontanes, alors en Angleterre (fin de 1785), et y voyant le grand monde, cherche à ramener son ami à des admirations plus modérées sur les modèles d'outre-Manche : on s'occupait alors en effet de Richardson et même de Shakspeare à Londres beaucoup moins qu'à Paris : « Encore un coup, lui écrit Fontanes, la patrie de l'imagination est celle où vous êtes né. Pour Dieu, ne calomniez point la France à qui vous pouvez faire tant d'honneur. » Et il l'engage à choisir dorénavant dans Shakspeare, mais à relire toute *Athalie*. M. Joubert, à cette époque, suivait avec ardeur ce mouvement aventureux d'innovation que prêchaient Le Tourneur par ses préfaces, Mercier par ses brochures. Il était de cette jeunesse *délirante* contre qui La Harpe fulminait. Il avait chargé Fontanes de prendre je ne sais quelle information sur le nombre d'éditions et de traductions, à Londres, du *Paysan perverti*, et son ami lui répondait : « Assurez hardiment que le conte des quarante éditions du *Paysan perverti* est du même genre que celui des armées innombrables qui sortaient de Thèbes aux cent portes... Les deux romans français dont on me parle sans cesse, c'est *Gil Blas* et *Marianne*, et surtout du premier. » M. Joubert avait peine à accepter cela. Il se débarrassa vite pourtant de ce qui n'était pas digne de lui dans ce premier enthousiasme de la jeunesse; cette boue des Mercier et des Rétif ne lui passa jamais le talon : il réalisa de bonne heure cette haute pensée : « Dans le tempéré, et dans tout ce qui est inférieur, on dépend malgré soi des temps où l'on vit, et, malgré qu'on en ait, on parle comme tous ses contemporains. Mais dans le beau et le sublime, et dans tout ce qui y participe en quelque sorte que ce soit, on sort des temps, on ne dépend d'aucun, et, dans quelque siècle qu'on vive, on peut être parfait, seulement avec plus de peine en certains temps que dans d'autres. » Il devint un admirable juge du style et du goût français, mais avec des hauteurs du côté de l'antique qui dominaient et déroutaient un peu les perspectives les plus rapprochées de son siècle.

Bien avant De Maistre et ses exagérations sublimes, il disait de Voltaire :

« Voltaire a, comme le singe, les mouvements charmants et les traits hideux. »

« Voltaire avait l'âme d'un singe et l'esprit d'un ange. »

« Voltaire est l'esprit le plus débauché, et ce qu'il y a de pire, c'est qu'on se débauche avec lui. »

« Il y a toujours dans Voltaire, au bout d'une habile main, un laid visage. »

« Voltaire connut la clarté, et se joua dans la lumière, mais pour l'éparpiller et en briser tous les rayons comme un méchant. »

Je ne me lasserais pas de citer; et pour le style, pour la poésie de Voltaire, il n'est pas plus dupe que pour le caractère de sa philosophie :

« Voltaire entre souvent dans la poésie, mais il en sort aussitôt; cet esprit impatient et remuant ne peut pas s'y fixer, ni même s'y arrêter un peu de temps. »

« Il y a une sorte de netteté et de franchise de style qui tient à l'humeur et au tempérament, comme la franchise au caractère.

« On peut l'aimer, mais on ne doit pas l'exiger.

« Voltaire l'avait, les anciens ne l'avaient pas. »

Le style de son temps, du XVIIIe siècle, ne lui paraît pas l'unique dans la vraie beauté française :

« Aujourd'hui le style a plus de fermeté, mais il a moins de grâce; on s'exprime plus nettement et moins agréablement; on articule trop distinctement, pour ainsi dire. »

Il se souvient du XVIe, du XVIIe siècle et de la Grèce; il ajoute avec un sentiment attique des idiotismes :

« Il y a, dans la langue française, de petits mots dont presque personne ne sait rien faire. »

Ce *Gil Blas*, que Fontanes lui citait, n'était son fait qu'à demi :

« On peut dire des romans de Le Sage, qu'ils ont l'air d'avoir été écrits dans un café, par un joueur de dominos, en sortant de la comédie. »

Il disait de La Harpe : « La facilité et l'abondance avec lesquelles La Harpe parle le langage de la critique lui donnent l'air habile, mais il l'est peu. »

Il disait d'*Anacharsis* : « Anacharsis donne l'idée d'un beau livre et ne l'est pas. »

Maintenant on voit, ce me semble, apparaître, se dresser dans sa hauteur et son peu d'alignement cette rare et originale nature. Il portait dans la critique non écrite, mais parlée, à cette fin du xviiie siècle, quelque chose de l'école première d'Athènes ; l'abbé Arnaud ne lui suffisait pas et lui semblait malgré tout son esprit et son savoir en contre-sens perpétuel avec les anciens. Que n'a-t-il rencontré André Chénier, ce jeune Grec contemporain ? Comme ils se seraient vite entendus dans un même culte, dans le sentiment de la forme chérie ! Mais M. Joubert était bien autrement platonicien de tendance et idéaliste :

« C'est surtout dans la spiritualité des idées que consiste la poésie. »

« La lyre est en quelque manière un instrument ailé. »

« La poésie à laquelle Socrate disait que les Dieux l'avaient averti de s'appliquer, doit être cultivée dans la captivité, dans les infirmités, dans la vieillesse.

« C'est celle-là qui est les délices des mourants. »

« Dieu, ne pouvant pas départir la vérité aux Grecs, leur donna la poésie. »

« Qu'est-ce donc que la poésie ? Je n'en sais rien en ce moment ; mais je soutiens qu'il se trouve dans tous les mots employés par le vrai poëte, pour les yeux un certain phosphoré, pour le goût un certain nectar, pour l'attention une ambroisie qui n'est point dans les autres mots. »

« Les beaux vers sont ceux qui s'exhalent comme des sons ou des parfums. »

« Il y a des vers qui, par leur caractère, semblent appartenir au règne minéral ; ils ont de la ductilité et de l'éclat.

« D'autres au règne végétal ; ils ont de la sève.

« D'autres enfin appartiennent au règne animal ou animé, et ils ont de la vie.

« Les plus beaux sont ceux qui ont de l'âme ; ils appartiennent aux trois règnes, mais à la Muse encore plus. »

C'est le sentiment de cette *Muse* qui lui inspirait ces jugements d'une *concision ornée*, laquelle fait, selon lui, la beauté unique du style :

« Racine : — son élégance est parfaite ; mais elle n'est pas suprême comme celle de Virgile. »

« Notre véritable Homère, l'Homère des Français, qui le croirait ? c'est La Fontaine. »

« Le talent de J.-B. Rousseau remplit l'intervalle qui se trouve entre La Motte et le vrai poëte. » Quelle place immense, et d'autant plus petite ! ironie charmante !

Et la poésie, la beauté sous toutes les formes, il la sentait :

« Naturellement, l'âme se chante à elle-même tout ce qui est beau ou tout ce qui semble tel.

« Elle ne se le chante pas toujours avec des vers ou des paroles mesurées, mais avec des expressions et des images où il y a un certain sens, un certain sentiment, une certaine forme et une certaine couleur qui ont une certaine harmonie l'une avec l'autre et chacune en soi. »

Par l'attitude de sa pensée, il me fait l'effet d'une colonne antique, solitaire, jetée dans le moderne, et qui n'a jamais eu son temple.

Vieux et blanchissant, il se comparait avec grâce à un peuplier : « Je ressemble à un peuplier ; cet arbre a toujours l'air d'être jeune, même quand il est vieux. » *Albaque populus.*

M. Joubert, jeune encore en 89, vit arriver la Révolution française avec des espérances vastes comme son amour des hommes. Il persista longtemps à ne l'envisager que par son côté profitable à l'avenir, et, à travers tout, régénérateur. Lié avec le conventionnel Lakanal, il eut moyen d'être de bon conseil pour les choses de l'instruction publique le lendemain des jours de terreur et de ruine. Ses idées en philosophie sociale ne se modifièrent que par un contre-coup assez éloigné de ce moment : au sortir du 9 thermidor, il paraît avoir cru encore aux ressources du gouvernement par (ou avec) le grand nombre : il écrivait à Fontanes, qui, caché durant quelques mois, reparaissait au grand jour :

« Je vous vois où vous êtes avec grand plaisir. Le temps permet aux gens de bien de vivre partout où ils veulent. La terre et le ciel sont changés. Heureux ceux qui, toujours les mêmes, sont sortis purs de tant de crimes et sains de tant d'affreux périls ! Vive à jamais la liberté ! » Noble soupir de délivrance qui s'exhale d'une poitrine généreuse longtemps oppressée ! Le chapitre si remarquable de ses *Pensées*, intitulé *Politique*, nous le montre revenu à l'autre pôle, c'est-à-dire à l'école monarchique, à l'école de ceux qu'il appelle les sages : « Liberté ! liberté ! s'écriait-il alors comme pour réprimander son premier cri ; en toutes choses point de liberté ; mais en toutes choses justice, et ce sera assez de liberté. » Il disait : « Un des plus sûrs moyens de tuer un arbre est de le déchausser et d'en faire voir les racines. Il en est de même des institutions ; celles qu'on veut conserver, il ne faut pas trop en désenterrer l'origine. Tout commencement est petit. » Je dirai encore cette magnifique pensée qui, dans son anachronisme, ressemble à quelque *post-scriptum* retrouvé d'un traité de Platon ou à quelque sentence *dorée* de Pythagore : « La multitude aime la multitude ou la pluralité dans le gouvernement. Les sages y aiment l'unité.

« Mais, pour plaire aux sages et pour avoir la perfection, il faut que l'unité ait pour limites celles de sa juste étendue, que ses limites viennent d'elle ; ils la veulent éminente pleine, semblable à un disque et non pas semblable à un point. »

En songeant à ses erreurs, à ce qu'il croyait tel, il ne s'irritait pas ; sa bienveillance pour l'humanité n'avait pas souffert : « Philanthropie et repentir, c'est ma devise. »

Trompé par une ressemblance de nom, nous avons d'abord cru et dit que, comme administrateur du département de la Seine, il contribua à la formation des *Écoles centrales* ; nous avions sous les yeux un discours qu'un M. Joubert prononça à une rentrée solennelle de ces écoles en l'an v : ce n'était pas le nôtre. La seule fonction publique de M. Joubert durant la

Révolution consista à être juge de paix à Montignac où ses compatriotes l'avaient rappelé ; il y resta deux ans, de 90 à 92 ; puis il revint à Paris et se maria. Nous le suivons d'assez près dans les années suivantes par de charmantes lettres à Fontanes, son plus vieil ami, qu'il retrouvait, après la séparation de la Terreur, avec la vivacité d'une reconnaissance :

« Je mêlerai volontiers mes pensées avec les vôtres, lorsque nous pourrons converser ; mais, pour vous rien écrire qui ait le sens commun, c'est à quoi vous ne devez aucunement vous attendre. J'aime le papier blanc plus que jamais, et je ne veux plus me donner la peine d'exprimer avec soin que des choses dignes d'être écrites sur de la soie ou sur l'airain. Je suis ménager de mon encre ; mais je parle tant que l'on veut. Je me suis prescrit cependant deux ou trois petites rêveries dont la continuité m'épuise. Vous verrez que quelque beau jour j'expirerai au milieu d'une belle phrase et plein d'une belle pensée. Cela est d'autant plus probable, que depuis quelque temps je ne travaille à exprimer que des choses inexprimables. »

Comme ceci est tout à fait inédit et pourra s'ajouter heureusement à une réimpression des *Pensées*, je ne crains pas de transcrire : c'est un régal que de telles pages. M. Joubert continue de s'analyser lui-même avec une sorte de délices qui sent son voisin bordelais du XVIe siècle, le discoureur des *Essais* :

« Je m'occupais ces jours derniers à imaginer nettement comment était fait mon cerveau. Voici comment je le conçois : il est sûrement composé de la substance la plus pure et a de hauts enfoncements ; mais ils ne sont pas tous égaux. Il n'est point du tout propre à toutes sortes d'idées ; il ne l'est point aux longs travaux.

« Si la moelle en est exquise, l'enveloppe n'en est pas forte. La quantité en est petite, et ses ligaments l'ont uni aux plus mauvais muscles du monde. Cela me rend le goût très-difficile et la fatigue insupportable. Cela me rend en même temps opiniâtre dans le travail, car je ne puis me reposer que quand j'atteins ce qui m'échappe. Mon âme chasse aux papillons, et cette chasse me tuera. Je ne puis ni rester oisif, ni suffire à mes mouvements. Il en résulte (pour me juger en beau) que je ne suis propre qu'à la perfection. Du moins elle me dédommage lorsque je puis y parvenir, et, d'ailleurs, elle me repose en m'interdisant une foule d'entreprises; car peu d'ouvrages et de matières sont susceptibles de l'admettre. La perfection m'est analogue, car elle exige la lenteur autant que la vivacité. Elle permet qu'on recommence et rend les pauses nécessaires. Je veux, vous dis-je, être parfait. Il n'y a que cela qui me siée et qui puisse me contenter. Je vais donc me faire une sphère un peu céleste et fort paisible, où tout me plaise et me rappelle, et de qui la capacité ainsi que la température se trouve exactement conforme à la nature et l'étendue de mon pauvre petit cerveau. Je prétends ne plus rien écrire que dans l'idiome de ce lieu. J'y veux donner à mes pensées plus de pureté que d'éclat, sans pourtant bannir les couleurs, car mon esprit en est ami. Quant à ce que l'on nomme force, vigueur, nerf, énergie, élan, je prétends ne plus m'en servir que pour monter dans mon étoile. C'est là que je résiderai quand je voudrai prendre mon vol; et lorsque j'en redescendrai, pour converser avec les hommes pied à pied et de gré à gré, je ne prendrai jamais la peine de savoir ce que je dirai; comme je fais en ce moment où je vous souhaite le bonjour. »

Il y a sans doute quelque chose de fantasque, d'un peu bizarre si l'on veut, dans tout cela : M. Joubert est un humoriste en sourire. Mais même lorsqu'il y a quelque *affectation* chez lui (et il n'en est pas exempt), il n'a que celle qui ne déplaît pas parce qu'elle est sincère, que lui-même définit comme tenant plus aux mots, tandis que la *prétention*, au contraire, tient à la vanité de l'écrivain : « Par l'une l'auteur semble dire seulement au lecteur : *Je veux être clair*, ou *je veux être exact*, et alors il ne déplaît pas; mais quelquefois il semble dire aussi : *Je veux briller*, et alors on le siffle. »

Marié depuis juin 93, retiré de temps en temps à Villeneuve-sur-Yonne, il y conviait son ami et la famille de son ami ; il voudrait avoir à leur offrir, dit-il, une cabane au pied d'un arbre, et il ne trouve de disponible qu'une chaumière au pied d'un mur. Il parle là-dessus avec un frais sentiment du paysage, avec un tour et une coupe dans les moindres détails, qui fait ressembler sa phrase familière à quelque billet de Cicéron :

« Cette chaumière au pied d'un mur est une maison de curé au pied d'un pont. Vous y auriez notre rivière sous les yeux, notre plaine devant vos pas, nos vignobles en perspective, et un bon quart de notre ciel sur votre tête. Cela est assez attrayant.

« Une cour, un petit jardin dont la porte ouvre sur la campagne ; des voisins qu'on ne voit jamais, toute une ville à l'autre bord, des bateaux entre les deux rives, et un isolement commode ; tout cela est d'assez grand prix, mais aussi vous le payeriez : le site vaut mieux que le lieu. »

Lorsque, revenu de sa proscription de Fructidor, Fontanes fut réinstallé en France, nous retrouvons M. Joubert en correspondance avec lui. Il le console, en sage tendre, de la mort d'un jeune enfant :

« Ces êtres d'un jour ne doivent pas être pleurés longuement comme des hommes ; mais les larmes qu'ils font couler sont amères. Je le sens, quand je songe surtout que votre malheur peut, à chaque instant, devenir le mien. Je vous remercie d'y avoir songé. Je ne doute pas qu'en cas pareil vous ne fussiez prêt à partager mes sentiments comme je partage les vôtres. Les consolations sont un secours qu'on se prête et dont tôt ou tard chaque homme a besoin à son tour. »

Il revient de là à sa difficulté d'écrire, à ses ennuis, à sa santé, à se peindre lui-même selon ce faible aimable et qu'on lui pardonne ; car, si occupé qu'il soit de lui, il a toujours *un coin à loger les autres* : c'est l'esprit et le cœur le plus *hospita-*

liers. Il se récite donc en détail à son ami ; il se plaint de son esprit qui le maîtrise par accès, qui le surmène : madame Victorine de Chastenay disait, en effet, de lui qu'il avait l'air d'une âme qui a rencontré par hasard un corps, et qui s'en tire comme elle peut. Mais aussi il désarçonne parfois cette âme, cet esprit, ce cavalier intraitable, et alors il vit des mois entiers *en bête* (il nous l'assure), sans penser, couché sur sa litière : « Vous voyez, poursuit-il, que mon existence ne ressemble pas tout à fait à la béatitude et aux ravissements où vous me supposez plongé. J'en ai quelquefois cependant ; et si mes pensées s'inscrivaient toutes seules sur les arbres que je rencontre, à proportion qu'elles se forment et que je passe, vous trouveriez, en venant les déchiffrer dans ce pays-ci après ma mort, que je vécus par-ci par-là plus Platon que Platon lui-même : *Platone platonior*. »

Une de ces pensées, par exemple, qui s'inscrivaient toutes seules sur les arbres, sur quelque vieux tronc bien chenu, tandis qu'il se promenait par les bois un livre à la main, la voulez-vous savoir ? la voici ; elle lui échappe à la fin de cette même lettre :

« Il me reste à vous dire sur les livres et sur les styles une chose que j'ai toujours oubliée : achetez et lisez les livres faits par les vieillards qui ont su y mettre l'originalité de leur caractère et de leur âge. J'en connais quatre ou cinq où cela est fort remarquable. D'abord le vieil Homère, mais je ne parle pas de lui. Je ne dis rien non plus du vieil Eschyle : vous les connaissez amplement en leur qualité de poëtes. Mais procurez-vous un peu Varron, *Maculphi Formulæ* (ce Marculphe était un vieux moine, comme il le dit dans sa préface dont vous pourrez vous contenter) ; Cornaro, *de la Vie sobre*. J'en connais, je crois, encore un ou deux, mais je n'ai pas le temps de m'en souvenir. Feuilletez ceux que je vous nomme, et vous me direz si vous ne découvrez pas visiblement, dans leurs mots et dans leurs pensées, des esprits verts, quoique ridés, des voix sonores et cassées, l'autorité des cheveux blancs, enfin des têtes de vieillards. Les amateurs de tableaux en mettent toujours dans leurs cabinets; il faut qu'un connaisseur en livres en mette dans sa bibliothèque. » — Que vous en semble? Montaigne dirait-il mieux? Vraie pensée de Socrate touchée à la Rembrandt!

M. Joubert est un esprit délicat avec des pointes fréquentes vers le sublime ; car, selon lui, « les esprits délicats sont *tous* des esprits nés sublimes, qui n'ont pas pu prendre l'essor, parce que, ou des organes trop faibles, ou une santé trop variée, ou de trop molles habitudes, ont retenu leurs élans. » Charmante et consolante explication! Quelle délicatesse il met à ennoblir les délicats! Il s'y pique d'honneur. Ainsi la qualité du cavalier est bien la même, ce n'est que le cheval qui a manqué.

L'année 1800 lui amena un de ces cavaliers au complet pour ami. M. de Chateaubriand arriva d'Angleterre; il y avait d'avance connu M. Joubert par les récits passionnés de Fontanes; une grande liaison commença. Les illustres Mémoires ont déjà fixé en traits d'immortelle jeunesse cette petite et admirable société d'alors, soit au village de Savigny, soit dans la rue Neuve-du-Luxembourg, Fontanes, M. Joubert, M. de Bonald, M. Molé, cette brillante et courte union d'un moment à l'entrée du siècle, avant les systèmes produits, les renommées engagées, les emplois publics, tout ce qui sépare; cette conversation d'élite, les soirs, autour de madame de Beaumont, de madame de Vintimille : « Hélas! se disait-on quelquefois en sortant, ces femmes-là sont les dernières; elles emporteront leur secret. »

M. Joubert n'eut d'autres fonctions, sous l'Empire, que dans l'instruction publique, inspecteur, puis conseiller de l'Université par l'amitié de M. de Fontanes. Il continua de lire, de rêver, de causer, de marcher, bâton en main, aimant mieux dans tous les temps faire dix lieues qu'écrire dix lignes; de promener et d'ajourner l'œuvre, étant de ceux qui sèment, et qui ne bâtissent ni ne fondent : « Quand je luis, je me consomme. » — « J'avais besoin de l'âge pour apprendre ce que je voulais savoir, et j'aurais besoin de la jeunesse pour bien dire ce que je sais. » Au milieu de ces plaintes, sa jeunesse d'imagination rayonnait toujours sur de longues perspectives :

> De la paix et de l'espérance
> Il a toujours les yeux sereins,

disait de lui Fontanes en chantant sa bienvenue à Courbevoie. Les idées religieuses prenaient sur cet esprit élevé plus d'empire de jour en jour. Au sein de l'orthodoxie la plus fervente, il portait de singuliers restes de ses anciennes audaces philosophiques. A propos de ce beau chapitre de la *Religion*, qui est de la volée de Pascal, M. de Chateaubriand a remarqué que jamais pensées n'ont excité de plus grands doutes jusqu'au sein de la foi. Je renvoie au livre ; ceux qui en seront avides et dignes sauront bien se le procurer ; ils forceront d'ailleurs par leur clameur à ce qu'on le leur donne : il est impossible que de tels élixirs d'âme restent scellés. Il a dit de ce siècle-ci, bien avant tant de déclamations et de redites, et avec le plus sublime accent de l'humilité pénétrée qui a foi en la miséricorde :

« Dieu a égard aux siècles. Il pardonne aux uns leurs grossièretés, aux autres leurs raffinements. Mal connu par ceux-là, méconnu par ceux-ci, il met à notre décharge, dans ses balances équitables, les superstitions et les incrédulités des époques où nous vivons.

« Nous vivons dans un temps malade ; il le voit. Notre intelligence est blessée ; il nous pardonnera, si nous lui donnons tout entier ce qui peut nous rester de sain. »

Il comprenait la piété, *le plus beau et le plus délié de tous les sentiments*, comme on a vu qu'il entendait la poésie ; il y voyait des harmonies touchantes avec le dernier âge de la vie : « Il n'y a d'heureux par la vieillesse que le vieux prêtre et ceux qui lui ressemblent. » Il s'élevait et cheminait dans ce bonheur en avançant ; la vieillesse lui apparaissait comme purifiée du corps et voisine des Dieux. Il entendait plus distinctement cette voix de la Sagesse, *qui, comme une voix céleste, n'est d'aucun sexe,* cette voix, à lui familière, des Fénelon et des Platon. « La Sagesse, c'est le repos dans la lumière ! »

Mais, comme critique littéraire, il en faut tirer encore certains mots qui s'ajouteraient bien au chapitre des *Ouvrages de l'Esprit* de La Bruyère, et dont quelques-uns vont droit à nos travers d'aujourd'hui :

« Pour bien écrire, il faut une facilité naturelle et une difficulté acquise. »

« Il est des mots *amis de la mémoire ;* ce sont ceux-là qu'il faut employer. La plupart mettent leurs soins à écrire de telle sorte, qu'on les lise sans obstacle et sans difficulté, et qu'on ne puisse en aucune manière se souvenir de ce qu'ils ont dit ; leurs phrases amusent la voix, l'oreille, l'attention même, et ne laissent rien après elles ; elles flattent, elles passent comme un son qui sort d'un papier qu'on a feuilleté. » Ceci s'adresse en arrière à l'école de La Harpe, au Voltaire délayé, et, en général, le péril n'est pas aujourd'hui de tomber dans ce coulant.

Voici qui nous touche de plus près : « Avant d'employer un beau mot, faites-lui une place. » Avec la quantité de beaux mots qu'on empile, sait-on encore le prix de ces places-là ?

« L'ordre littéraire et poétique tient à la succession naturelle et libre des mouvements ; il faut qu'il y ait entre les parties d'un ouvrage de l'harmonie et des rapports, que tout s'y tienne et que rien ne soit cloué. » Maintenant, dans la plupart des ouvrages, les parties ne se tiennent guère ; en revanche (je parle des meilleurs), ce ne sont que clous martelés et rivés, à tête d'or.

A nos poëtes lyriques ou épiques, il semble dire : « On n'aime plus que l'esprit colossal. »

A tel qui violente la langue et qui est pourtant un maître :

« Nous devons reconnaître pour maîtres des mots ceux qui savent *en abuser*, et ceux qui savent en user; mais ceux-ci sont les rois des langues, et ceux-là en sont les *tyrans*. » — Oui, tyrans! nos Phalaris ne font-ils pas mugir les pensées dans les mots façonnés et fondus en taureaux d'airain?

A tel romancier qui réussit une fois sur cent, je dirai avec lui : « Il ne faut pas seulement qu'un ouvrage soit bon, mais qu'il soit fait par un bon auteur. »

A tel critique hérissé et coupe-jarret, à tel autre aisément fatrassier et sans grâce : « Des belles-lettres. Où n'est pas l'agrément et quelque sérénité, là ne sont plus les belles-lettres.

« Quelque aménité doit se trouver même dans la critique; si elle en manque absolument, elle n'est plus littéraire... Où il n'y a aucune délicatesse, il n'y a point de littérature. »

A aucune en particulier, mais à toutes en général, ce qui ne peut, certes, blesser personne, dans ce sexe plus ou moins émancipé : « Il est un besoin d'admirer, ordinaire à certaines femmes dans les siècles lettrés, et qui est une altération du besoin d'aimer. »

Et ces pensées qui semblent dater de ce matin, étaient écrites il y a quinze ans au moins, avant 1824, époque où mourait M. Joubert, âgé d'environ soixante-dix ans (1).

Je n'aurais pas fini de sitôt, si j'extrayais tout ce qui, chez lui, s'attache au souvenir et vous suit. Combien de vues fines et profondes sur les anciens, sur leur genre de beauté, leur modération décente! « On parle de leur imagination : c'est de leur goût qu'il faut parler; lui seul réglait toutes leurs opérations, appliquant leur discernement à ce qui est beau et convenable.

« Leurs philosophes même n'étaient que de beaux écrivains dont le goût était plus austère. »

---

(1) Soixante-dix ans moins trois jours; il mourut le 3 mai. M. de Chateaubriand dans les *Débats* du 8 mai, et M. de Bonald dans *la Quotidienne* du 24, ont consigné leurs publics regrets.

Paul-Louis Courier les jugeait ainsi. Et sur les formes particulières des styles, sur Cicéron qu'on croit circonspect et presque timide, et qui, par l'expression, est le plus téméraire peut-être des écrivains, sur son éloquence claire, mais qui sort *à gros bouillons et cascades quand il le faut;* sur Platon, qui *se perd dans le vide,* mais tellement qu'*on voit le jeu de ses ailes,* qu'*on en entend le bruit;* sur Platon encore et Xénophon, et les autres écrivains de l'école de Socrate, qui ont, dans la phrase, les circuits et *les évolutions du vol des oiseaux,* qui *bâtissent* véritablement *des labyrinthes, mais des labyrinthes en l'air,* M. Joubert est inépuisable de vues et perpétuel d'images. Cicéron surtout lui revient souvent, comme Voltaire ; il le comprend par tous les aspects et le juge, car lui-même est un homme de *par-delà,* plus antique de goût : « La facilité est opposée au sublime. Voyez Cicéron, rien ne lui manque que l'obstacle et le saut. »

« Il y a mille manières d'apprêter et d'assaisonner la parole : Cicéron les aimait toutes. »

« Cicéron est dans la philosophie une espèce de lune ; sa doctrine a une lumière fort douce, mais d'emprunt : cette lumière est toute grecque. Le Romain l'a donc adoucie et affaiblie. »

Mais je m'aperçois que je me rengage. — Nul livre, en résumé, ne couronnerait mieux que celui de M. Joubert cette série française, ouverte aux *Maximes* de La Rochefoucauld, continuée par Pascal, La Bruyère, Vauvenargues, et qui se rejoint, par cent retours, à Montaigne.

Il suffisait, nous disent ceux qui ont eu le bonheur de le connaître, d'avoir rencontré et entendu une fois M. Joubert, pour qu'il demeurât à jamais gravé dans l'esprit : il suffit maintenant pour cela, en ouvrant son volume au hasard, d'avoir lu. Sur quantité de points qui reviennent sans cesse, sur bien des thèmes éternels, on ne saurait dire mieux ni plus singulièrement que lui : « Il n'y a pas, pense-t-il, de musique plus agréable que les *variations* des airs connus. » Or, ses *variations*, à lui, mériteraient bien souvent d'être retenues comme définitives. Sa pensée a la forme comme le fond, elle fait-image et *apophthegme*. Espérons, à tant de titres, qu'elle aura cours désormais, qu'elle entrera en échange habituel chez les meilleurs, et enfin qu'il vérifiera à nos yeux sa propre parole : « Quelques mots dignes de mémoire peuvent suffire pour illustrer un grand esprit (1). »

1er Décembre 1838.

(1) J'ajoutais, en terminant, quelques conseils de détail relatifs à une future réimpression ; ils deviennent inutiles à reproduire, le vœu que j'exprimais ayant été surabondamment rempli. — (Voir encore sur M. Joubert un article de moi au tome 1er des *Causeries du Lundi*, et l'ouvrage intitulé : *Chateaubriand et son Groupe littéraire...*; il revient presque à chaque page.)

LÉONARD [1]

Dans mon goût bien connu pour les poëtes lointains et plus qu'à demi oubliés, pour les étoiles qui ont pâli, j'avais toujours eu l'idée de revenir en quelques pages sur un auteur aimable dont les tableaux riants ont occupé quelques matinées de notre enfance, et dont les vers faciles et sensibles se sont gravés une fois dans nos mémoires encore tendres. Mais, tout en berçant ce petit projet, je le laissais dormir avec tant d'autres plus graves et qui ont toute chance de ne jamais éclore. Je ne m'attendais pas que parler de Léonard pût redevenir une occasion qu'il fallût saisir au passage, un rapide et triste à-propos.

C'est un âge en tout assez fâcheux pour le poëte entré dans la postérité (s'il n'est pas décidément du petit nombre des seuls grands et des immortels) que de devenir assez ancien déjà pour être hors de mode et paraître suranné d'élégance, et de n'être pas assez vieux toutefois pour qu'on l'aille rechercher à titre de curiosité antique ou de rareté refleurie. La plupart de nos poëtes agréables du xvIII^e siècle se trouvent aujourd'hui dans ce cas ; ils ne sont pas encore passés à l'état de poëtes du xvI^e. Il y a là, pour les noms qui survivent,

[1] Cet article a été donné au *Journal des Débats* (21 avril 1843), avec destination aux victimes du tremblement de terre de la Guadeloupe : l'humble obole marquée au nom de Léonard revenait de droit à ses infortunés compatriotes.

un âge intermédiaire, ingrat, qui ne sollicite plus l'intérêt et appelle plutôt une sévérité injuste et extrême, à peu près comme, pour les vivants, cet espace assez maussade qui s'étend entre la première moitié de la vie et la vieillesse. On n'a plus du tout la fleur; on n'est pas encore respecté et consacré. La renommée posthume des poëtes a aussi sa cinquantaine.

Léonard y échappera aujourd'hui. Sa destinée incomplète et touchante, revenant se dessiner, comme sur un fond de tableau funèbre, dans le malheur commun des siens, rappellera l'intérêt qu'elle mérita d'inspirer tout d'abord, et nul ici ne s'avisera de reprocher l'indulgence.

Nicolas-Germain Léonard, né à la Guadeloupe en 1744, vint très-jeune en France, y passa la plus grande partie des années de sa vie, mais il retourna plusieurs fois dans sa patrie première. Absent, il y pensa toujours; elle exerça sur lui, à distance et à travers toutes les vicissitudes de fortune, une attraction puissante et pleine de secrètes alternatives. Il mettait le pied sur le vaisseau qui devait l'y ramener encore, lorsqu'il expira.

Léonard avait dix-huit ans lorsque parut en France (1762) la traduction des Idylles de Gessner par Huber, laquelle obtint un prodigieux succès et enflamma beaucoup d'imaginations naissantes. Les journaux, les recueils du temps, les étrennes et almanachs des Muses furent inondés de traductions et imitations en vers, d'après la version en prose. Gessner, le libraire-imprimeur de Zurich, devint une des idoles de la jeunesse poétique, comme cet autre imprimeur Richardson pour sa *Clarisse*. De tels contrastes flattaient les goûts du xviiie siècle, qui était dans la meilleure condition d'ailleurs pour adorer l'idylle à laquelle ses mœurs se rapportaient si peu. On eut alors en littérature comme la monnaie de Greuze. Parmi la foule des noms, aujourd'hui oubliés, qui se firent remarquer par l'élégance et la douceur des imitations, Léonard fut le premier en date et en talent, Berquin le second.

L'idylle, telle que la donnait Gessner et que la reproduisait Léonard, était simplement la pastorale dans le sens restreint du genre. Le genre idyllique, en effet, peut se concevoir d'une manière plus étendue, plus conforme, même dans son idéal, à la réalité de la vie et de la nature. M. Fauriel, dans les ingénieuses *Réflexions* qui précèdent sa traduction de *la Parthénéide* de Baggesen, établit que ce n'est point la condition des personnages représentés dans la poésie idyllique qui en constitue l'essence, mais que c'est proprement l'accord de leurs actions avec leurs sentiments, la conformité de la situation avec les désirs humains, en un mot la rencontre harmonieuse d'un certain état de calme, d'innocence et de bonheur, que la nature comporte peut-être, bien qu'il soit surtout réservé au rêve. Ainsi, dans les grands poëmes non idylliques, chacun sait d'admirables morceaux qu'on peut, sans impropriété, qualifier d'idylles, et qui sont, même en ce genre, les exemples du ton certes le plus élevé et du plus grand caractère. Qu'on se rappelle dans *l'Odyssée* l'épisode charmant de Nausicaa au sortir de la plus affreuse détresse d'Ulysse; dans Virgile, la seconde vie des hommes vertueux sous les ombrages de l'Élysée; dans le Tasse, la fuite d'Herminie chez les bergers du Jourdain; dans Camoëns, l'arrivée de Gama à l'île des Néréides; dans Milton, les amours de l'Éden. En tous ces morceaux, l'émotion se redouble du contraste de ce qui précède ou de ce qui va suivre, du bruit lointain des combats ou des naufrages, et du cercle environnant de toutes les calamités humaines un moment suspendues. Si idéal, si divin que soit le tableau, il garde encore du réel de la vie.

Le genre idyllique, du moment qu'il se circonscrit, qu'il s'isole et se définit en lui-même, devient à l'instant quelque chose de bien moins élevé et de moins fécond. Il y a lieu pourtant dans les poëmes d'une certaine étendue qui s'y rapportent, dans *Louise*, dans *Hermann et Dorothée*, à des contrastes ménagés qui sauvent la monotonie et éloignent l'idée du factice. Cet écueil est encore évitable dans les pièces plus courtes, dans les simples églogues et idylles proprement dites, qui, d'ailleurs, permettent bien moins de laisser entrevoir le revers de la destinée et de diversifier les couleurs ; mais Théocrite bien souvent, et Goldsmith une fois, y ont réussi. Léonard, s'il ne vient que très-loin après eux pour l'originalité du cadre et de la pensée, pour la vigueur et la nouveauté du pinceau, a su du moins conserver du charme par le naturel.

Né sous le ciel des tropiques, au sein d'une nature à part, dont il ne cessa de se ressouvenir avec amour, il ne semble jamais avoir songé à ce que le hasard heureux de cette condition pouvait lui procurer de traits singuliers et nouveaux dans la peinture de ses paysages, dans la décoration de ses scènes champêtres. Parny lui-même et Bertin, en leurs élégies, n'ont guère songé à retremper aux horizons de l'Ile-de-France les descriptions trop affadies de Paphos et de Cythère. En son poëme des *Saisons*, au chant de l'*Été*, Léonard disait :

> Quels beaux jours j'ai goûtés sur vos rives lointaines,
> Lieux chéris que mon cœur ne saurait oublier !
> Antille merveilleuse, où le baume des plaines
> Va jusqu'au sein des mers saisir le nautonier !
> Ramène-moi, Pomone, à ces douces contrées....

Toujours *Pomone*. Et plus loin, en des vers d'ailleurs bien élégants, le poëte ajoute :

> Mais ces riches climats fleurissent en silence ;
> Jamais un chantre ailé n'y porte sa cadence :
> Ils n'ont point Philomèle et ses accents si doux,
> Qui des plaisirs du soir rendent le jour jaloux.
> Autour de ces rochers où les vents sont en guerre,
> Le terrible Typhon a posé son tonnerre....

Passe pour *Philomèle*. On peut la rappeler pour dire avec regret que ces printemps éternels ne l'ont pas. Mais s'il s'agit de ces ouragans que rien n'égale, pourquoi ne pas laisser le vieux *Typhon* sous son Etna? C'est la gloire propre de Bernardin de Saint-Pierre d'avoir, le premier, reproduit et comme découvert ce nouveau monde éclatant, d'en avoir nommé par leur vrai nom les magnificences, les félicités, les tempêtes, dans sa grande et virginale idylle.

Léonard, d'ailleurs, en même temps qu'il épanchait au sein d'un genre riant son âme honnête et sensible, étudiait beaucoup et recherchait tout ce qui pouvait composer et assortir le bouquet pastoral qu'il voulait faire agréer au public. Il ne se tient pas du tout à Gessner; les anciens, Tibulle, Properce, lui fournissent des motifs à demi élégiaques qu'il s'approprie et paraphrase avec une grâce affaiblie; il en demande d'autres à Sapho, à Bion et à Moschus; il en emprunte surtout aux Anglais, si riches alors en ce genre de tableaux. L'imitation qu'il a donnée du *Village détruit*, de Goldsmith, a de l'agrément, de l'aisance; et offre même une sorte de relief, si on évite de la comparer de trop près avec l'original. En un mot, dans cette carrière ouverte au commencement du siècle par Racine fils et par Voltaire, et suivie si activement en des sens divers par Le Tourneur et Ducis, par Suard et l'abbé Arnaud, Léonard à son tour fait un pas; il est de ceux qui tendent à introduire une veine des littératures étrangères modernes dans la nôtre. Il représente assez bien chez nous un diminutif de Thompson, de Collins, ou mieux un Penrose, quelqu'un de ces doux poëtes vicaires de campagne. Mais puisque ce n'est pas, comme chez André Chénier, l'art des combinaisons (*junctura pollens*), le procédé savant, la fermeté des tons et des couleurs qu'on espère trouver en lui, on doit préférer celles de ses pièces où, à travers les réminiscences de ses modèles, il nous a donné quelques marques directes et attendrissantes, quelques témoignages intimes de lui-même : *l'Ermitage, le Bonheur, les Regrets, les Deux Ruisseaux.*

Un grand événement de cœur remplit sa jeunesse et semble avoir décidé de toute sa destinée. Il aima, il fut aimé; mais, au moment de posséder l'objet promis, une mère cruelle et intéressée préféra un survenant plus riche. La jeune fille mourut de douleur, non sans avoir senti fuir auparavant sa raison égarée ; et lui, il passa de longues années à gémir amèrement en lui-même, à moduler avec douceur ses regrets. On peut lire cette histoire sous un voile très-légèrement transparent dans le roman qu'il a intitulé *la Nouvelle Clémentine*. De plus, ses vers à chaque instant la rappellent et en empruntent une teinte mélancolique, une note plaintive et bien vraie. Il chante Arpajon et les bords de l'Orge, témoins des serments, et les bosquets de Romainville où les lilas lui disaient d'espérer. *Félicité passée pour ne plus revenir!* c'est le refrain de romance qu'il emprunte au vieux Bertaut et qu'il approprie à sa peine. Il ne vit plus désormais, il attend l'heure du soir, la fin de la journée, le moment de la réunion future avec ce qu'il a perdu.

> Un seul être me manque et tout est dépeuplé,

il dit à peu près cela, comme l'a dit le chantre d'Elvire, mais il ne cesse de le répéter, de le croire. Les grands poëtes ont en eux de puissantes et aussi de cruelles ressources de consolation; leur âme, comme une terre fertile, se renouvelle presque à plaisir, et elle retrouve plusieurs printemps. Celui qui fit *Werther* domine sa propre émotion et semble, du haut de son génie, regarder sa sensibilité un moment brisée, comme le rocher qui surplombe regarde à ses pieds l'écume de la cascade insensée. Le poëte plus faible est souvent aussi, le dirai-je? plus sincère, plus vrai. Il prend au sérieux la poésie, l'élégie; il la pratique, il en vit, il en meurt : c'est là une bien grande faiblesse, j'en conviens, mais c'est humain et touchant.

Une des plus jolies idylles de Léonard est celle des *Deux Ruisseaux*, bien connue sans doute, mais qui mérite d'être citée encore, éclairée comme elle l'est ici par la connaissance que nous avons de son secret douloureux :

Daphnis privé de son amante
Conta cette fable touchante
A ceux qui blâmaient ses douleurs :
Deux Ruisseaux confondaient leur onde,
Et sur un pré semé de fleurs
Coulaient dans une paix profonde.
Dès leur source, aux mêmes déserts
La même pente les rassemble,
Et leurs vœux sont d'aller ensemble
S'abîmer dans le sein des mers.
Faut-il que le destin barbare
S'oppose aux plus tendres amours?
Ces Ruisseaux trouvent dans leur cours
Un roc affreux qui les sépare.
L'un d'eux, dans son triste abandon,
Se déchaînait contre sa rive,
Et tous les échos du vallon
Répondaient à sa voix plaintive.
Un passant lui dit brusquement :
Pourquoi sur cette molle arène
Ne pas murmurer doucement?
Ton bruit m'importune et me gêne.
— N'entends-tu pas, dit le Ruisseau,
A l'autre bord de ce coteau,
Gémir la moitié de moi-même?
Poursuis ta route, ô voyageur!
Et demande aux Dieux que ton cœur
Ne perde jamais ce qu'il aime.

La protection du marquis de Chauvelin, homme de beaucoup d'esprit et poëte agréable lui-même, valut à Léonard un emploi diplomatique qui le retint pendant dix années environ (1773-1783), tantôt comme secrétaire de légation, tantôt même comme chargé d'affaires auprès du Prince-Évêque de Liége. Le pays était beau, les fonctions médiocrement assujettissantes; il paraît les avoir remplies avec plus de conscience et d'assiduité que de goût. Je dois aux communications parfaitement obligeantes de M. Mignet, des renseignements plus précis sur cette époque un peu disparate de la vie de Léonard. Il eut l'honneur d'être trois fois chargé d'affaires durant l'absence de son ministre, M. Sabatier de Cabre ; la première depuis le 18 novembre 1775 jusqu'au 21 juin 1777 ; la seconde depuis le 16 mars jusqu'au 9 août 1778 ; la troisième depuis le 9 janvier jusqu'au 8 décembre 1782. C'est à ce moment que, le marquis de Sainte-Croix ayant succédé comme ministre plénipotentiaire à M. Sabatier, Léonard se retira et rentra en France. Grétry, dans le même temps, arrivait à Liége, et y recevait des ovations patriotiques que la correspondance de M. de Sainte-Croix mentionne et que Léonard eût été heureux d'enregistrer.

Les dépêches de celui-ci, adressées à M. de Vergennes et conservées au dépôt des Affaires étrangères, sont au nombre de soixante ; plus de dépêches en tout que d'idylles. On s'aperçoit aisément, en y jetant les yeux, que le poëte diplomate redouble d'efforts, et que, novice en cela peut-être, il s'applique à justifier par son zèle la distinction dont il est honoré. Les affaires de la France avec le Prince et les États de Liége étaient nécessairement très-petites ; affaires surtout de libellistes à poursuivre et de déserteurs à réclamer. Pourtant, par Liége, on avait les communications libres tant avec la Basse-Allemagne, dont cet État faisait partie, qu'avec la Hollande, dont les Pays-Bas autrichiens nous tenaient séparés. L'intérêt des Pays-Bas était de mettre un mur entre la France et Liége pour fermer cette voie d'écoulement à notre commerce. La France, au contraire, cherchait à faciliter le passage. Aussi presque toutes les dépêches de Léonard roulent sur l'exécution de certaines routes et chaussées, de certains canaux qui avaient été stipulés par un traité récent. Il faut voir comme le tendre auteur des *Deux Ruisseaux* s'y évertue. Le Prince-Évêque a l'air d'être bien disposé pour la France ; mais il ne fait pas de ses États ce qu'il veut. Ceux-ci tâchent de tirer de Versailles un secours d'argent pour les routes demandées. Le chancelier ou chef du ministère du prince est au fond moins favorable que son maître. Il s'agit de pénétrer ses vues, de s'assurer que le secours, si on le donne, sera bien affecté à l'emploi promis. Il y a là un autre M. *de Léonard* qui n'est pas le nôtre, mais une espèce d'ingénieur du Prince, et qu'il s'agit de capter en tout honneur : une boîte d'or avec portrait de Sa Majesté paraît produire un effet merveilleux.

A travers cela, et dans les intervalles après tout assez monotones, l'occupation favorite de Léonard était la composition d'un roman sentimental intitulé *Lettres de deux Amants de Lyon* (Thérèse et Faldoni), qu'il ne publia qu'à son retour en France et qui eut dans le temps un succès de larmes. Sous une forme détournée, il y caressait encore le souvenir de ses propres douleurs. L'épigraphe qu'il emprunte à Valère-Maxime déclare tout d'abord sa pensée : « Du moment qu'on s'aime de l'amour à la fois le plus passionné et le plus pur, mieux vaut mille fois se voir unis dans la mort que séparés dans la vie. »

Je crois pouvoir rapporter aussi à ce séjour de Liége la jolie pièce intitulée *le Nouveau Philémon*, où figurent

> Deux ermites voisins des campagnes belgiques.

C'est une variante et un peu une parodie de la métamorphose du *Philémon et Baucis* de La Fontaine. On dirait qu'un grain de gaieté flamande s'y fait sentir. Une versification familière et charmante, tout à fait digne de Gresset, amène, en se jouant, de spirituels détails dans un ton de malice adoucie. On y voit quelle devait être la nuance d'esprit de l'aimable auteur, quand il s'égayait.

Quelques idylles et poésies champêtres, composées en ces mêmes années, s'ajoutèrent à une nouvelle et assez jolie édition que donna Léonard (La Haye, 1782). Cette publication littéraire amena un petit incident diplomatique, un cas d'étiquette que je ne veux pas omettre ; et, puisque je suis aux sources officielles, voici *in extenso* la grave dépêche du ministre plénipotentiaire, Sabatier de Cabre, au comte de Vergennes (2 janvier 1782) :

« M. Léonard avait présenté la nouvelle édition de ses *Pas-*
« *torales* au Prince-Évêque, qui fait autant de cas de sa per-
« sonne que de ses ouvrages. Son Altesse me prévint hier
« qu'elle lui destinait une très-belle tabatière d'or émaillé, et
« me dit qu'elle allait le faire appeler pour la lui offrir devant
« moi. Je représentai au prince que M. Léonard ne pouvait la
« recevoir sans votre aveu. Il me parut peiné du délai qu'en-
« traînerait cette délicatesse qu'il juge outrée, puisque c'est
« seulement à titre de poëte distingué qu'il s'acquitte envers
« lui du plaisir qu'il a dû à la lecture de ses Idylles.

« Comme il insistait vivement, j'imaginai de lui proposer
« de garder moi-même en dépôt la tabatière, jusqu'à ce que
« M. Léonard et moi eussions eu l'honneur de vous écrire et
« de vous demander si vous trouvez bon qu'il l'accepte. Cet
« expédient a satisfait Son Altesse, à qui M. Léonard a exprimé
« toute sa reconnaissance. J'ai ajouté qu'elle devait être bien
« persuadée du regret que j'avais de retarder le bonheur que
« goûterait M. Léonard, en se parant des témoignages flat-
« teurs de ses bontés et de son estime. »

M. de Vergennes répondit qu'il ne voyait aucun inconvénient au cadeau, et la tabatière fut remise. Une tabatière pour des idylles ! Le xviiie siècle ne concevait rien de plus galant que ce prix-là :

. . . . Pocula ponam
Fagina, cœlatum divini opus Alcimedontis (1).

Cependant la chaîne dorée, si légère qu'elle parût, allait

---

(1) La tabatière était alors le meuble indispensable, l'ornement de contenance, la source de l'esprit, *fons leporum.* Quand on réconcilia l'abbé Delille et Rivarol à Hambourg dans l'émigration, ils n'imaginèrent rien de mieux que d'échanger leurs tabatières. Le Prince-Évêque de Liége aurait bien pu dire à Berquin et à Léonard : « *Et vitula tu dignus et hic...* Vous êtes dignes tous les deux de la taba-

peu à l'âme habituellement sensible et rêveuse, et, pour tout dire, à l'âme malade de Léonard; plus d'une fois il y fait allusion en ses vers, et toujours pour témoigner la gêne secrète et pour accuser l'empreinte. Il regrettait cette chère liberté, comme il disait,

> Aux dieux de la faveur si follement vendue.

Son vœu de poëte et de créole se reportait par delà les mers, vers ce berceau natal des Antilles, qui lui semblait recéler pour son existence fatiguée le dernier abri du bonheur. Lui-même, en des vers philosophiques, nous a confessé avec grâce le faible de son inconstance :

> Mais le temps même à qui tout cède
> Dans les plus doux abris n'a pu fixer mes pas!
> Aussi léger que lui, l'homme est toujours, hélas!
> Mécontent de ce qu'il possède
> Et jaloux de ce qu'il n'a pas.
> Dans cette triste inquiétude
> On passe ainsi la vie à chercher le bonheur :
> A quoi sert de changer de lieux et d'habitude,
> Quand on ne peut changer son cœur?

tière. » Léonard, sur la fin de son séjour à Liége, dut connaître le jeune baron de Villenfagne qui aimait la littérature, qui se fit éditeur des *OEuvres choisies* du baron de Walef (1779), et qui a depuis publié deux volumes de *Mélanges* (1788 et 1810) sur l'histoire et la littérature tant liégeoises que françaises. J'y ai cherché vainement le nom de Léonard; mais on y lit ce jugement sur le Prince-Évêque, alors régnant : « La Société d'émulation a pris naissance sous Welbruck; on « le détermina à s'en déclarer le protecteur, mais il fit peu de chose « pour consolider cet établissement. Welbruck était un prince aimable « et léger, qui ne cherchait qu'à s'amuser, et qui n'a paru favoriser « un instant les belles-lettres et les arts que pour imiter ce qu'il voyait « faire à presque tous les souverains de l'Europe. » (*Mélanges*, 1810, page 62.) Nous voilà édifiés, mieux que nous ne pouvions l'espérer, sur le Léon X de l'endroit. La *Biographie universelle* (article *Welbruck*) lui est plus favorable. (Voir dans le *Bulletin du Bibliophile belge*, tome IV, page 241, une Notice sur Léonard par M. Ferd. Hénaux, 1847.)

Revenu de Liége à Paris au commencement de 1783, il partit l'année suivante pour les colonies, où il passa trois années, après lesquelles on le retrouve à Paris en 1787, prêt à repartir de nouveau pour la Guadeloupe, mais cette fois avec le titre de lieutenant général de l'Amirauté et de vice-sénéchal de l'île. Ainsi la sirène des tropiques l'appelait et le repoussait tour à tour. Dès qu'il s'en éloignait, elle reprenait à ses yeux tout son charme : telle l'Ile-de-France pour Bernardin de Saint-Pierre, qui de près l'aima peu, et qui ne nous l'a peinte si belle que de souvenir. Mais pour Léonard, c'était plus. Il semblait en vérité que la patrie fût pour lui la Guadeloupe quand il était en France, et la France quand il était à la Guadeloupe. Celle des deux patries qu'il retrouvait devenait vite son exil ; le mal du pays en lui ne cessait pas. *Romæ Tibur amem ventosus, Tibure Romam.* En ses meilleurs jours, il est pareil encore à ce pasteur de Sicile, dont il emprunte la chanson à Moschus, et auquel il se compare : si la mer est calme, le voilà qui convoite le départ et le voyage aux îles Fortunées ; mais, dès que le vent s'élève, il se reprend au rivage, à aimer les bruits du pin sonore et l'ombre sûre du vallon.

Chacun, plus ou moins, est ainsi ; chacun a son rêve, sa patrie d'au delà, son île du bonheur. Plus heureux peut-être quand on n'y aborde jamais ! on y croit toujours. Pour Léonard, cette île avait un nom ; il y alla, il en revint, il y retourna pour en revenir encore. Dans cette âme imbue des idées philanthropiques de son siècle, les désappointements furent grands, on le conçoit, surtout lorsqu'il eut à exercer des fonctions austères, à maintenir et à distribuer la justice. Ses fonctions diplomatiques elles-mêmes ne l'y avaient guère préparé. Lui dont tout le code semblait se résumer d'un mot : *Et moi aussi, je suis pasteur en Arcadie*, il se trouve brusquement transformé en Minos, siégeant, glaive en main, sur un tribunal. La révolution de 89 ne manqua pas d'avoir là-bas son contre-coup, et de susciter des tentatives d'anarchie. Léonard faillit être assassiné ; il paraît même qu'il n'échappa que blessé. Dégoûté encore une fois et de retour en France au printemps de 1792, il exhalait à l'ombre du bois de Romainville ses tristesses dernières, en des stances qui rappellent les plus doux accents de Chaulieu et de Fontanes ; elles sont peu connues, et la génération nouvelle voudra bien me pardonner de les citer assez au long, car ce qui est du cœur ne vieillit pas.

> Enfin je suis loin des orages !
> Les Dieux ont pitié de mon sort !
> O mer, si jamais tu m'engages
> A fuir les délices du port,
>
> Que les tempêtes conjurées,
> Que les flots et les ouragans
> Me livrent encore aux brigands,
> Désolateurs de nos contrées !
>
> Quel fol espoir trompait mes vœux
> Dans cette course vagabonde !
> Le bonheur ne court pas le monde ;
> Il faut vivre où l'on est heureux.
>
> Je reviens de mes longs voyages
> Chargé d'ennuis et de regrets,
> Fatigué de mes goûts volages,
> Vide des biens que j'espérais.
>
> Dieux des champs ! Dieux de l'innocence !
> Le temps me ramène à vos pieds ;
> J'ai revu le ciel de la France,
> Et tous mes maux sont oubliés.
> . . . .
>
> Ainsi le pigeon voyageur,
> Demi-mort et traînant son aile,
> Revient, blessé par le chasseur,
> Au toit de son ami fidèle.
> . . . .

Devais-je au gré de mes désirs
Quitter ces retraites profondes ?
Avec un luth et des loisirs
Qu'allais-je faire sur les ondes ?

Qu'ai-je vu sous de nouveaux cieux ?
La soif de l'or qui se déplace,
Les crimes souillant la surface
De quelques marais désastreux.

. . . .

Souvent les Nymphes pastorales
Me l'avaient dit dans leur courroux :
« Aux régions des Cannibales
« Que vas-tu chercher loin de nous ?... »

Combien de fois dans ma pensée
J'ai dit, les yeux baignés de pleurs :
Ne verrai-je plus les couleurs
Du dieu qui répand la rosée ?

Les voilà, ces jonquilles d'or,
Ces violettes parfumées !
Jacinthes que j'ai tant aimées,
Enfin je vous respire encor !

Quelle touchante mélodie !
C'est Philomèle que j'entends.
Que ses airs, oubliés longtemps,
Flattent mon oreille attendrie !

. . . .

J'ai vu le monde et ses misères ;
Je suis las de les parcourir.
C'est dans ces ombres tutélaires,
C'est ici que je veux mourir !

Je graverai sur quelque hêtre :
Adieu fortune, adieu projets !

Adieu rocher qui m'as vu naître !
Je renonce à vous pour jamais.

Que je puisse cacher ma vie
Sous les feuilles d'un arbrisseau,
Comme le frêle vermisseau
Qu'enferme une tige fleurie !

. . . .

Amours, Plaisirs, troupe céleste,
Ne pourrai-je vous attirer,
Et le dernier bien qui me reste
Est-il la douceur de pleurer ?

Mais, hélas ! le temps qui m'entraîne
Va tout changer autour de moi :
Déjà mon cœur que rien n'enchaîne
Ne sent que tristesse et qu'effroi...

Ce bois même avec tous ses charmes,
Je dois peut-être l'oublier ;
Et le temps que j'ai beau prier
Me ravira jusqu'à mes larmes.

C'était là le chant de bienvenue qu'il adressait à la France de 92, à cette France du 20 juin, et tout à l'heure du 10 août, du 2 septembre ! il ne tarda pas à se rendre compte de l'anachronisme. On a dit très-spirituellement des bergeries de Florian qu'il y manquait *le loup*. S'il est absent aussi dans les idylles de Léonard, ce n'est pas que le poëte ne l'ait certainement aperçu. Il s'est écrié en finissant :

Aux champs comme aux cités, l'homme est partout le même,
Partout faible, inconstant, ou crédule, ou pervers,
Esclave de son cœur, dupe de ce qu'il aime :
Son bonheur que j'ai peint n'était que dans mes vers.

Chose singulière ! et comme pour mieux vérifier sa maxime, l'agitation de son cœur le reprit. Ces contrées qu'il venait presque de maudire, où la haine l'a poursuivi, où le rossignol ne chante pas, il veut tout d'un coup les revoir. Un mal étrange le commande ; rien ne le retient ; ses amis ont beau s'opposer à un voyage que sa santé délabrée ne permet plus : il part pour Nantes, et y expire le 26 janvier 93, le jour même fixé pour son embarquement. Il avait quarante-huit ans.

Comme Florian, comme Legouvé, comme Millevoye, comme bien des talents de cet ordre et de cette famille, Léonard ne put franchir cet âge critique pour l'homme sensible, pour le poëte aimable, et qui a besoin de la jeunesse. Il ne réussit pas à s'en détacher, à laisser mourir ou s'apaiser en lui ses facultés aimantes et tendres ; il mourut avec elles et par elles. Lorsque tant d'autres assistent et survivent à l'affaiblissement de leur sensibilité, à la déchéance de leur cœur, il resta en proie au sien, et son nom s'ajoute, dans le martyrologe des poëtes, à la liste de ces infortunes fréquentes, mais non pas vulgaires.

Sa réputation modeste, et qui eût demandé pour s'établir un peu de silence, s'est trouvée comme interceptée dans les grands événements qui ont suivi. Au sortir de la Révolution, un homme de goût, un poëte gracieux, M. Campenon, a pieusement recueilli les OEuvres complètes de l'oncle qui fut son premier maître et son ami. Passant à la Guadeloupe quelques années après la mort de Léonard, une jeune muse, qui n'est autre que madame Valmore, semble avoir recueilli dans l'air quelques notes, devenues plus brûlantes, de son souffle mélodieux. Qu'aujourd'hui du moins l'horrible ébranlement qui retentit jusqu'à nous aille réveiller un dernier écho sur sa pierre longtemps muette! que cet incendie lugubre éclaire d'un dernier reflet son tombeau!

Avril 1843.

ALOISIUS BERTRAND [1]

Il doit être démontré maintenant par assez d'exemples que le mouvement poétique de 1824-1828 n'a pas été un simple engouement de coterie, le complot de quatre ou cinq têtes, mais l'expression d'un sentiment précoce, rapide, aisément contagieux, qui sut vite rallier, autour des noms principaux, une grande quantité d'autres, secondaires, mais encore notables et distingués. Si la plupart de ces promesses restèrent en chemin, si les trop confiants essais n'aboutirent en général à rien de complet ni de supérieur, j'aime du moins à y constater, comme cachet, soit dans l'intention, soit dans le faire, quelque chose de *non-médiocre*, et qui même repousse toute idée de ce mot amoindrissant. La province fut bientôt informée du drapeau qui s'arborait à Paris, et, sur une infinité de points à la fois, l'élite de la jeunesse du lieu se hâta de répondre par plus d'un signal et par des accents qui n'étaient pas tous des échos. Il suffisait dans chaque ville de deux ou trois jeunes imaginations un peu vives pour donner l'éveil et sonner le tocsin littéraire. Au XVIe siècle, les choses s'étaient ainsi passées lors de la révolution poétique proclamée par Ronsard et Du Bellay : le Mans, Angers, Poitiers, Dijon, avaient aussitôt levé leurs recrues et fourni leur contingent. Ainsi, de

[1] Ce morceau a été écrit pour servir d'introduction au volume de Bertrand, intitulé *Fantaisies à la manière de Rembrandt et de Callot*, qui s'est publié par les soins de M. Victor Pavie, alors imprimeur-libraire à Angers (1842).

nos jours, l'aiglon romantique (les ennemis disaient l'orfraie) parut voler assez rapidement de clocher en clocher, et, finalement, à voir le résultat en gros après une quinzaine d'années de possession de moins en moins disputée, il semble qu'il y ait conquête.

Louis Bertrand, ou, comme il aimait à se poétiser, *Ludovic*, ou plutôt encore *Aloisius* Bertrand, qui nous vint de Dijon vers 1828, est un de ces Jacques Tahureau, de ces Jacques de La Taille, comme en eut aussi la moderne école, mis hors de combat, en quelque sorte, dès le premier feu de la mêlée. S'attacher à tracer, à deviner l'histoire des poëtes de talent morts avant d'avoir réussi, ce serait vouloir faire, à la guerre, l'histoire de tous les grands généraux tués sous-lieutenants; ou ce serait, en botanique, faire la description des individus plantes dont les beaux germes avortés sont tombés sur le rocher. La nature en tous les ordres n'est pleine que de cela. Mais ici un sort particulier, une fatalité étrange marque et distingue l'infortune du poëte dont nous parlons : il a ses stigmates à lui. Si Bertrand fût mort en 1830, vers le temps où il complétait les essais qu'on publie aujourd'hui pour la première fois, son cercueil aurait trouvé le groupe des amis encore réunis, et sa mémoire n'aurait pas manqué de cortége. Au lieu de cette opportunité du moins dans le malheur, il survécut obscurément, se fit perdre de vue durant plus de dix années sans donner signe de vie au public ni aux amis; il se laissa devancer sur tous les points; la mort même, on peut le dire, la mort dans sa rigueur tardive l'a trompé. Galloix, Farcy, Fontaney, ont comme prélevé cette fraîcheur d'intérêt qui s'attache aux funérailles précoces; et en allant mourir, hélas! sur le lit de Gilbert après Hégésippe Moreau, il a presque l'air d'un plagiaire.

Nous venons, ses œuvres en main, protester enfin contre cette série de méchefs et de contre-temps comblés par une terminaison si funeste. Quand même, en mourant, il ne se serait pas souvenu de nous à cet effet, et ne nous aurait pas expressément nommé pour réparer à son égard et autant qu'il serait en nous, ce qu'il appelait *la félonie du sort*, nous aurions lieu d'y songer tout naturellement. C'est un devoir à chaque groupe littéraire, comme à chaque bataillon en campagne, de retirer et d'enterrer ses morts. Les indifférents, les empressés qui surviennent chaque jour ne demanderaient pas mieux que de les fouler. Patience un moment encore ! et honneur avant tout à ceux qui ont aimé la poésie jusqu'à en mourir !

Louis-Jacques-Napoléon Bertrand naquit le 20 avril 1807, à Ceva en Piémont (alors département de Montenotte), d'un père lorrain, capitaine de gendarmerie, et d'une mère italienne. Il revint en France, à la débâcle de l'Empire, âgé d'environ sept ans, et gardant plus d'un souvenir d'Italie. Sa famille s'établit à Dijon; il y fit ses études, y eut pour condisciple notre ami le gracieux et sensible poëte Antoine de Latour; mais Bertrand, fidèle au gîte, suça le sel même du terroir et se naturalisa tout à fait Bourguignon.

Dijon a produit bien des grands hommes; il en est, comme Bossuet, qui sortent du cadre et qui appartiennent simplement à la France. Ceux qui restent en propre à la capitale de la Bourgogne, ce sont le président de Brosses, La Monnoie, Piron, au XVIe siècle Tabourot; ils ont l'accent. Bertrand, à sa manière, tient d'eux, et jusque dans son romantisme il suit leur veine. Le Dijon qu'il aime sans doute est celui des ducs, celui des chroniques rouvertes par Walter Scott et M. de Barante, le Dijon gothique et chevaleresque, plutôt que celui des bourgeois et des vignerons; pourtant il y mêle à propos la plaisanterie, la *gausserie* du crû, et, sous air de Callot et de Rembrandt, on y retrouve du piquant des vieux *noëls*. Son originalité consiste précisément à avoir voulu relever et enfermer sous forme d'art sévère et de fantaisie exquise ces filets de vin clairet, qui avaient toujours jusque-là coulé au hasard et comme par les fentes du tonneau.

Destinée bizarre, et qui dénote bien l'artiste ! il passa

presque toute sa vie, il usa sa jeunesse à ciseler en riche matière mille petites coupes d'une délicatesse infinie et d'une invention minutieuse, pour y verser ce que nos bons aïeux buvaient à même de la gourde ou dans le creux de la main.

Il achevait ses études en 1827, et déjà la poésie le possédait tout entier. Dijon et ses antiquités héroïques, et cette fraîche nature peuplée de légendes, emplissaient son cœur. Les bords de la Suzon et les prairies de l'Armançon le captivaient. La nuit, aux grottes d'Asnières, bien souvent, lui et quelques amis allaient effrayer les chauves-souris avec des torches et pratiquer un gai sabbat. Un journal distingué paraissait alors à Dijon et y tentait le même rôle honorable que remplissait *le Globe*, à Paris. *Le Provincial*, rédigé par M. Théophile Foisset (l'historien du président de Brosses), surtout par Charles Brugnot, poëte d'une vraie valeur, enlevé bien prématurément lui-même en septembre 1831, ouvrit durant quelques mois ses colonnes aux essais du jeune Bertrand (1). Je retrouve là le premier jet et la première forme de tout ce qu'il n'a fait qu'augmenter, retoucher et repolir depuis. C'est dans ce journal qu'il dédiait à l'auteur des *Deux Archers*, à l'auteur de *Trilby*, les jolies ballades en prose dont la façon lui coûtait autant que des vers. Les vers non plus n'y manquaient pas; je lis, à la date du 10 juillet, *la Chanson du Pèlerin qui heurte, pendant la nuit sombre et pluvieuse, à l'huis d'un châtel;* elle était adressée *au gentil et gracieux trouvère de Lutèce, Victor Hugo*, et pouvait sembler une allusion ou requête poétique ingénieuse :

— Comte, en qui j'espère,
Soient, au nom du Père
Et du Fils,

(1) Le premier numéro, qui parut le 1er mai 1828, contenait, de lui, une petite chronique de l'an 1364, intitulée *Jacques-les-Andelys*, et depuis lors presque dans chaque numéro, jusqu'à la fin de septembre, époque de la suspension du journal, il y inséra quelque chose.

Par tes vaillants reîtres
Les félons et traîtres
  Déconfits ! —

. . . .

J'entends un vieux garde,
Qui de loin regarde
  Fuir l'éclair,
Qui chante et s'abrite,
Seul en sa guérite,
  Contre l'air.

Je vois l'ombre naître,
Près de la fenêtre
  Du manoir,
De dame en cornette
Devant l'épinette
  De bois noir.

Et moi, barbe blanche,
Un pied sur la planche
  Du vieux pont,
J'écoute, et personne
A mon cor qui sonne
  Ne répond.

— Comte, en qui j'espère,
Soient, au nom du Père, etc.

Voilà des rimes et un rhythme qui, ce semble, suffiraient à dater la pièce à défaut d'autre indication. C'était le moment de la ballade du *roi Jean* et de la ballade *à la Lune*, le lendemain de *la Ronde du Sabbat* et la veille des *Djinns*. L'espiègle *Trilby* faisait des siennes, et Hoffmann aussi allait opérer. Bertrand, dans sa fantaisie mélancolique et nocturne, était fort atteint de ces diableries; on peut dire qu'entre tous il était et resta féru du lutin, cette fine muse : *Quem tu Melpomene semel*.....

Son rôle eût été, si ses vers avaient su se rassembler et se publier alors, de reproduire avec un art achevé, et même superstitieux, de jolis ou grotesques sujets du Moyen-Age finissant, de nous rendre quelques-uns de ces joyaux, j'imagine, comme les Suisses en trouvèrent à Morat dans le butin de Charles le Téméraire (1). Bertrand me fait l'effet d'un orfèvre ou d'un bijoutier de la Renaissance ; un peu d'alchimie par surcroît s'y serait mêlé, et, à de certains signes et procédés, Nicolas Flamel aurait reconnu son élève.

En répondant à la précédente ballade du *Pèlerin* et en parlant aussi des autres morceaux insérés dans le *Provincial*, Victor Hugo lui avait écrit qu'il possédait au plus haut point les secrets de la forme et de la facture, et que *notre Émile Deschamps lui-même*, le maître d'alors en ces gentillesses, *s'avouerait égalé*. Par malheur Bertrand ne composa pas à ce moment assez de vers de la même couleur et de la même saison pour les réunir en volume ; mécontent de lui et difficile, il retouchait perpétuellement ceux de la veille ; il se créait plus d'en-

---

(1) Je n'en veux pour témoin que ce chapelet de menus couplets défilés grain à grain en l'honneur de la défunte cité chevaleresque :

DIJON.

BALLADE.

O Dijon, la fille
Des glorieux ducs,
Qui portes béquille
Dans tes ans caducs !

Jeunette et gentille,
Tu bus tour à tour
Au pot du soudrille
Et du troubadour.

A la brusquembille
Tu jouas jadis
Mule, bride, étrille,
Et tu les perdis.

La grise bastille
Aux gris tiercelets
Troua ta mantille
De trente boulets.

Le reître qui pille
Nippes au bahut,
Nonnes sous leur grille,
Te cassa ton luth.

Mais à la cheville
Ta main pend encor
Serpette et faucille,
Rustique trésor.

O Dijon, la fille
Des glorieux ducs,
Qui portes béquille
Dans tes ans caducs,

Çà, vite une aiguille,
Et de ta maison
Qu'un vert pampre habille,
Recouds le blason !

traves peut-être que la poésie rimée n'en peut supporter. Doué de haut caprice plutôt qu'épanché en tendresse, au lieu d'ouvrir sa veine, il distillait de rares stances dont la couleur ensuite l'inquiétait. Voici pourtant une charmante pièce naturelle et simple, où s'exprime avec vague le seul genre de sentiment tendre, et bien fantastique encore, que le discret poëte ait laissé percer dans ses chants :

LA JEUNE FILLE.

> « Est-ce votre amour que vous regrettez ? Ma fille, il faudrait autant pleurer un songe. »
> (ATALA).

Rêveuse et dont la main balance
Un vert et flexible rameau,
D'où vient qu'elle pleure en silence,
La jeune fille du hameau ?

Autour de son front je m'étonne
De ne plus voir ses myrtes frais ;
Sont-ils tombés aux jours d'automne
Avec les feuilles des forêts ?

Tes compagnes sur la colline
T'ont vue hier seule à genoux,
O toi qui n'es point orpheline
Et qui ne priais pas pour nous !

Archange, ô sainte messagère,
Pourquoi tes pleurs silencieux ?
Est-ce que la brise légère
Ne veut pas t'enlever aux cieux ?

Ils coulent avec tant de grâce,
Qu'on ne sait, malgré ta pâleur,
S'ils laissent une amère trace,
Si c'est la joie ou la douleur.

Quand tu reprendras solitaire
Ton doux vol, sœur d'Alaciel,

> Dis-moi, la clef de ce mystère,
> L'emporteras-tu dans le ciel ?
>
> 30 septembre 1828.

Sans prétendre sonder, à mon tour, le secret de cette destinée de poëte et mettre la main sur la clef fuyante de son cœur, il me semble, à voir jusqu'à la fin sa solitaire imagination se dévorer comme une lampe nocturne et la flamme sans aliment s'égarer chaque soir aux lieux déserts, — il me semble presque certain que cette jeune Fille idéale, cet Ange de poésie, celle que M. de Chateaubriand a baptisée *la Sylphide*, fut réellement le seul être à qui appartint jamais tout son amour; et comme il l'a dit dans d'autres stances du même temps :

> C'est l'Ange envolé que je pleure,
> Qui m'éveillait en me baisant,
> Dans des songes éclos à l'heure
> De l'étoile et du ver-luisant.
>
> Toi qui fus un si doux mystère,
> Fantôme triste et gracieux,
> Pourquoi venais-tu sur la terre
> Comme les Anges sont aux cieux ?
>
> Pourquoi dans ces plaisirs sans nombre,
> Oublis du terrestre séjour,
> Ombre rêveuse, aimai-je une Ombre
> Infidèle à l'aube du jour (1) ?

De ces premières saisons de Bertrand, en ce qu'elles avaient de suave, de franc malgré tout et d'heureux, rien ne saurait nous laisser une meilleure idée qu'une page toute naturelle, qu'il a retranchée ensuite de son volume de choix, précisé-

---

(1) Plus tard pourtant, si nous en croyons quelques légers indices, il aurait aimé moins vaguement, ou cru aimer; mais, même alors, le meilleur de son cœur dut être toujours pour *l'Ange* et pour *l'Ombre*.

ment comme trop naturelle et trop prolongée sans doute, car il aimait à réfléchir à l'infini ses impressions et à les concentrer, pour ainsi dire, sous le cristal de l'art. Mais ici nous le prenons sur le fait; ce n'est plus à *l'huis d'un châtel* que frappe mignardement le pèlerin, c'est tout bonnement à la porte d'une ferme, durant une course à travers ces grasses et saines campagnes :

« Je n'ai point oublié, raconte-t-il, quel accueil je reçus
« dans une ferme à quelques lieues de Dijon, un soir d'oc-
« tobre que l'averse m'avait assailli cheminant au hasard vers
« la plaine, après avoir visité les plateaux boisés et les *combes*
« encore vertes de Chambœuf (1). Je heurtai de mon bâton de
« houx à la porte secourable, et une jeune paysanne m'intro-
« duisit dans une cuisine enfumée, toute claire, toute pétil-
« lante d'un feu de sarment et de chènevottes. Le maître du
« logis me souhaita une bienvenue simple et cordiale; sa
« moitié me fit changer de linge et préparer un chaudeau, et
« l'aïeul me força de prendre sa place, au coin du feu, dans
« le gothique fauteuil de bois de chêne que sa culotte (milady
« me le pardonne!) avait poli comme un miroir. De là, tout
« en me séchant, je me mis à regarder le tableau que j'avais
« sous les yeux. Le lendemain était jour de marché à la ville,
« ce que n'annonçait que trop bien l'air affairé des habitants
« de la ferme, qui hâtaient les préparatifs du départ. La cui-
« sine était encombrée de paniers où les servantes rangeaient
« des fromages sur la paille. Ici une courge que la bonne Fée
« aurait choisie pour en faire un carrosse à Cendrillon, là des
« sacs de pommes et de poires qui embaumaient la chambre
« d'une douce odeur de fruits mûrs, ou des poulets montrant
« leur rouge crête par les barreaux de leur prison d'osier. Un
« chasseur arriva, apportant le gibier qu'il avait tué dans la
« journée; de sa carnassière qu'il vida sur la table s'échap-

(1) *Combe*, creux de vallée de toutes parts entourée de montagnes et n'ayant qu'une issue.

« pèrent des lièvres, des pluviers, des halbrans, dont un plomb
« cruel avait ensanglanté la fourrure ou le plumage. Il es-
« suya complaisamment son fusil, l'enferma dans une robe
« d'étamine, et l'accrocha au manteau de la cheminée, entre
« l'épi insigne de blé de Turquie et la branche ordinaire du
« buis saint. Cependant rentraient d'un pas lourd les valets
« de charrue, secouant leurs bottes jaunes de la glèbe et leurs
« guêtres détrempées. Ils grondaient contre le temps qui re-
« tardait le labourage et les semailles. La pluie continuait de
« battre contre les vitres ; les chiens de garde pleuraient pi-
« teusement dans la basse-cour. Sur le feu que soufflait l'aïeul
« avec ce tube de fer creux, ustensile obligé de tout foyer
« rustique, une chaudière se couronnait d'écume et de va-
« peurs au sifflement plaintif des branches d'*étoc* (1) qui se tor-
« daient comme des serpents dans les flammes : c'était le sou-
« per qui cuisait. La nappe mise, chacun s'assit, maîtres et
« domestiques, le couteau et la fourchette en main, moi à la
« place d'honneur, devant un énorme château embastionné
« de choux et de lard, dont il ne resta pas une miette. Le
« berger raconta qu'il avait vu le loup. On rit, on gaussa, on
« goguenarda. Quelles honnêtes figures dans ces bonnets de
« laine bleue ! quelles robustes santés dans ces sayons de toile
« couleur de terreau ! Ah ! la paix et le bonheur ne sont
« qu'aux champs. Le métayer et sa femme m'offrirent un lit
« que j'aurais été bien fâché d'accepter : je voulus passer la
« nuit dans la crèche. Rien de *rembranesque* comme l'aspect
« de ce lieu qui servait aussi de grange et de pressoir : des
« bœufs qui ruminaient leur pitance, des ânes qui secouaient
« l'oreille, des agneaux qui tétaient leur mère, des chèvres
« qui traînaient la mamelle, des pâtres qui retournaient la
« litière à la fourche ; et, quand un trait de lumière enfilait
« l'ombre des piliers et des voûtes, on apercevait confusé-
« ment des fenils bourrés de fourrage, des chariots chargés de

(1) *Étoc*, souche morte.

« gerbes, des cuves regorgeant de raisins, et une lanterne
« éteinte pendant à une corde. Jamais je n'ai reposé plus dé-
« licieusement. Je m'endormis au dernier chant du grillon
« tapi dans ma couche odorante de paille d'orge, et je m'é-
« veillai au premier chant du coq battant de l'aile sur les
« perchoirs lointains de la ferme. » — Et c'est là pourtant ce
que, vous, qui le sentez et le dépeignez si bien, vous quittez
toujours (1) !

La suspension du *Provincial* laissait Bertrand libre, et nous
le vîmes arriver à Paris vers la fin de 1828 ou peut-être au
commencement de 1829. Il ne nous parut pas tout à fait tel
que lui-même s'est plu, dans son *Gaspard de la Nuit*, à se
profiler par manière de caricature : « C'était un pauvre diable,
« nous dit-il de Gaspard, dont l'extérieur n'annonçait que
« misères et souffrances. J'avais déjà remarqué, dans le même
« jardin, sa redingote râpée qui se boutonnait jusqu'au men-
« ton, son feutre déformé que jamais brosse n'avait brossé,
« ses cheveux longs comme un saule, et peignés comme des
« broussailles, ses mains décharnées, pareilles à des ossuaires,
« sa physionomie narquoise, chafouine et maladive, qu'effilait

(1) On peut rapprocher cette page de Bertrand de la pièce célèbre
du poëte Burns : *Le Samedi soir dans la chaumière.* On verrait en
quoi cette dernière, indépendamment de la forme poétique, reste encore très-supérieure. Car, là où Bertrand veut être surtout pittoresque,
Burns se montre en outre cordial, moral, chrétien, patriote. Son épisode
de Jenny introduit et personnifie la chasteté de l'émotion ; la Bible, lue
tout haut, renvoie sur toute la scène une lueur religieuse. Puis viennent
ces hautes pensées sur *la grandeur de la vieille Écosse* qui s'appuie à
de telles images du foyer : *Sic fortis Etruria crevit.* Nul exemple n'est
capable de faire mieux saisir le côté quelque peu défectueux de l'école
et de la manière que Bertrand adopta et poussa de plus en plus. Même
à ses meilleurs moments, il s'est trop retranché des sources vives. —
On ne saurait aussi, à propos de cette page, ne pas se souvenir de
l'admirable tableau qui termine l'idylle de Théocrite, *les Thalysies*.
Ces trois morceaux en regard appellent bien des pensées. Si enfin l'on
y joint le charmant tableau de *l'Euboïque* de Dion Chrysostome et
l'arrivée du naufragé dans la cabane du chasseur, on aura au complet
tous les sujets de comparaison.

« une barbe nazaréenne ; et mes conjectures l'avaient chari-
« tablement rangé parmi ces artistes au petit-pied, joueurs de
« violon et peintres de portraits, qu'une faim irrassasiable et
« une soif inextinguible condamnent à courir le monde sur
« la trace du Juif-errant. » Nous vîmes simplement alors un
grand et maigre jeune homme de vingt et un ans, au teint jaune
et brun, aux petits yeux noirs très-vifs, à la physionomie
narquoise et fine sans doute, un peu chafouine peut-être, au
long rire silencieux. Il semblait timide ou plutôt sauvage.
Nous le connaissions à l'avance, et nous crûmes d'abord l'a-
voir apprivoisé. Il nous récita, sans trop se faire prier, et d'une
voix sautillante, quelques-unes de ses petites ballades en
prose, dont le couplet ou le verset exact simulait assez bien
la cadence d'un rhythme : on en a eu l'application, depuis,
dans le livre traduit des *Pèlerins polonais* et dans les *Paroles
d'un Croyant*. Bertrand nous récita, entre autres, la petite drô-
lerie gothique que voici, laquelle se grava à l'instant dans nos
mémoires, et qui était comme un avant-goût en miniature du
vieux Paris considéré magnifiquement du haut des tours de
Notre-Dame :

LE MAÇON.

> Le Maître Maçon : — « Regardez ces bastions, ces
> contre-forts : on les dirait construits pour l'éter-
> nité. »
>
> (Schiller. — *Guillaume Tell*.)

Le maçon Abraham Knupfer chante, la truelle à la main, dans les airs échafaudé, si haut que, lisant les vers gothiques du bourdon, il nivelle de ses pieds et l'église aux trente arcs-boutants et la ville aux trente églises.

Il voit les tarasques de pierre vomir l'eau des ardoises dans l'abîme confus des galeries, des fenêtres, des pendentifs, des clochetons, des tourelles, des toits et des charpentes, que tache d'un point gris l'aile échancrée et immobile du tiercelet.

Il voit les fortifications qui se découpent en étoile, la citadelle qui se rengorge comme une géline dans un tourteau, les cours des palais où le soleil tarit les fontaines, et les cloîtres des monastères où l'ombre tourne autour des piliers.

Les troupes impériales se sont logées dans le faubourg. Voilà qu'un cavalier tambourine là-bas. Abraham Knupfer distingue son chapeau à trois cornes, ses aiguillettes de laine rouge, sa cocarde traversée d'une ganse, et sa queue nouée d'un ruban.

Ce qu'il voit encore, ce sont des soudards qui, dans le parc empanaché de gigantesques ramées, sur de larges pelouses d'émeraude, criblent de coups d'arquebuse un oiseau de bois fiché à la pointe d'un mai.

Et le soir, quand la nef harmonieuse de la cathédrale s'endormit couchée les bras en croix, il aperçut de l'échelle, à l'horizon, un village incendié par des gens de guerre, qui flamboyait comme une comète dans l'azur.

On aura remarqué la précision presque géométrique des termes et l'exquise curiosité pittoresque du vocabulaire. Tout cela est vu et saisi à la loupe. De telles imagettes sont comme le produit du daguerréotype en littérature, avec la couleur en sus. Vers la fin de sa vie, l'ingénieux Bertrand s'occupait beaucoup, en effet, du daguerréotype et de le perfectionner. Il avait reconnu là un procédé analogue au sien, et il s'était mis à courir après.

Mais alors de telles comparaisons ne venaient pas. Plus d'un de ces jeux gothiques de l'artiste dijonnais pouvait surtout sembler à l'avance une ciselure habilement faite, une moulure enjolivée et savante, destinée à une cathédrale qui était en train de s'élever. Ou encore c'était le peintre en vitraux qui coloriait et peignait ses figures par parcelles, en attendant que la grande rosace fût montée.

Bertrand nourrissait à cette époque d'autres projets plus étendus, et il n'entendait que préluder ou peloter, comme on dit, par ces sortes de *bambochades*. Ses amis de Dijon se flattaient de voir bientôt paraître de lui quelque roman historique qui aurait remué leur chère Bourgogne. Mais ces longs efforts suivis n'allaient pas à son haleine, et, comme tant d'organisations ardentes et fines, c'est dans le prélude et dans l'escarmouche qu'il s'est consumé. Singulière, insaisissable nature, que les gens du monde auraient peine à comprendre et que les artistes reconnaîtront bien ! Rêveur, capricieux, fugitif ou plutôt fugace, un rien lui suffit pour l'attarder ou le dévoyer. Tantôt à l'ombre, le long des rues solitaires, on l'eût rencontré rôdant et filant d'un air de Pierre Gringoire,

> Comme un poëte qui prend des vers à la pipée.

Tantôt, les coudes sur la fenêtre de sa mansarde, on l'eût surpris par le trou de la serrure causant durant de longues heures avec la pâle giroflée du toit. Il avait plus d'un rapport, en ces moments, avec le peintre paysagiste La Berge, mort d'épuisement sur une herbe ou sur une mousse. Mais Bertrand ne s'en tenait pas là, il allait, il errait. *Un rayon l'éblouit, une goutte l'enivre*, et en voilà pour des journées.

Aussi, même en ces mois de courte intimité, nous le perdions souvent de vue ; il disparaissait, il s'évanouissait pour nous, pour tous, pour ses amis de Dijon, auxquels il ne pouvait plus se décider à écrire. Dans une lettre du 2 mai 1829, que nous avons sous les yeux, Charles Brugnot lui en faisait reproche d'une manière touchante, en le rappelant aux champêtres images du pays et en le provoquant à plus de confiance et d'abandon : « Vous avez beau faire, mon cher Bertrand, je
« ne puis m'accoutumer à vous laisser là-bas dans votre im-
« prenable solitude. Quelque obstiné que soit votre silence, je
« l'attribue plutôt à votre souffrance morale qu'à l'oubli de
« ceux qui vous aiment... (Et après quelques conjectures sur
« la vie de Paris :) En revanche, mon cher Bertrand, nous
« avons des promenades à travers champs qui valent peut-être
« les soirées d'Émile Deschamps. Nous avons les pêchers tout
« roses sur la côte, et les pruniers, les cerisiers, les pommiers,

« tout blancs, tout roses, tout embaumés, où le rossignol
« chante; la verdure des premiers blés, qui cache l'alouette
« tombée des nues, et la solitude de nos *Combes* qui verdissent
« et gazouillent. Je voudrais vous apporter ici sur des ailes
« d'hirondelle, vous déposer à Gouville; là se trouveraient
« votre mère, votre jolie sœur, deux ou trois de vos amis.
« Nous déjeunerions sur l'herbe fraîche, nous irions errant
« tout le jour sur la verdure des bois et des champs; et puis,
« le soir, vous auriez vos ailes d'hirondelle qui vous reporte-
« raient à votre case de Paris. Ce serait le réveil après un doux
« songe. — N'est-ce pas que vous donneriez bien huit jours
« de Paris pour une journée comme celle-là?

« A défaut de promenades, ayons donc des lettres. Retrou-
« vons-nous dans nos lettres. Les indifférents découragent;
« les cœurs connus remettent de la chaleur et de la vie dans
« ceux de leurs amis, quand ils se touchent. Un livre qui
« connaissait l'homme a dit : *Væ soli!* Ne vous consumez pas
« ainsi de tristesse et d'amertume, mon cher Bertrand. Pen-
« sez à nous, écrivez-nous, vous serez soulagé ! »

Ces bonnes paroles l'atteignaient, le touchaient sans doute, mais ne le corrigeaient pas. Il souffrait de ce mal vague qui est celui du siècle, et qui se compliquait pour lui des circonstances particulières d'une position gênée. Un moment, la Révolution de Juillet parut couper court à son anxiété, et ouvrir une carrière à ses sentiments moins contraints; il l'avait accueillie avec transport, et nous le retrouvons à Dijon, durant les deux années qui suivent, prenant, à côté de son ami Brugnot et même après sa mort, une part active et, pour tout dire, ardente, au *Patriote de la Côte-d'Or*. Le réveil ne fut que plus rude; ce *coup de collier* en politique l'avait mis tout hors d'haleine; l'artiste en lui sentait le besoin de respirer. Par malheur, la littérature elle-même avait fait tant soit peu naufrage dans la tempête, et si Bertrand avait recherché de ce côté la place du doux nid mélodieux, il ne l'aurait plus trouvée. Mais il ne paraît pas s'être soucié de renouer les anciennes relations; le hasard seul nous le fit rencontrer une ou deux fois en ces dix années; il s'évanouissait de plus en plus.

Que faisait-il? à quoi rêvait-il? Aux mêmes songes sans doute, aux éternels fantômes que, par contraste avec la réalité, il s'attachait à ressaisir de plus près et à embellir. Il avait repris ses bluettes fantastiques; il les caressait, les remaniait en mille sens, et en voulait composer le plus mignon des chefs-d'œuvre. On sait, dans l'antique églogue, le joli tableau de cet enfant qui est tout occupé à cueillir des brins de jonc et à les tresser ensemble, pour en façonner une cage à mettre des cigales. Eh bien! Bertrand était un de ces preneurs de cigales; et pour entière ressemblance, comme ce petit berger de Théocrite, il ne s'aperçut pas que durant ce temps le renard lui mangeait le déjeuner.

« ITEM, *il faut vivre*, » comme le répétait souvent un poëte notaire de campagne que j'ai connu. La vie matérielle revenait chaque jour avec ses exigences, et, si sobres, si modiques que fussent les besoins de Bertrand, il avait à y pourvoir. Je ne suivrai point le pauvre poëte en peine dans la quantité de petits journaux oubliés auxquels, çà et là, il payait et demandait l'obole. Un drame fantastique, ou, comme il l'avait intitulé, un *drame-ballade*, fut présenté par lui à M. Harel, directeur de la Porte-Saint-Martin, qui exprima le regret de ne pouvoir l'adapter à son théâtre. Un moment il sembla que l'existence de Bertrand allait se régler : il devint secrétaire de M. le baron Rœderer, qui connaissait de longue main sa famille, et qui eut pour lui des bontés. Mais Bertrand, à ce métier du rêve, n'avait guère appris à se trouver capable d'un assujettissement régulier. Et puis, lui rendre service n'était pas chose si facile. Content de peu et avide de l'infini, il avait une reconnaissance extrême pour ce qu'on lui faisait ou ce qu'on lui voulait de bien; on aurait dit qu'il avait hâte d'en emporter le souvenir ou d'en respecter l'espérance, et au moindre prétexte commode, au moindre coin propice, saluant sans bruit et la joie dans le cœur, il fuyait :

> J'esquive doucement et m'en vais à grands pas,
> La queue en loup qui fuit, et les yeux contre-bas,
> Le cœur sautant de joie et triste d'apparence (1)....

A travers cela il avait trouvé, chose rare! et par la seule piperie de son talent, un éditeur. Eugène Renduel avait lu le manuscrit des *Fantaisies de Gaspard*, y avait pris goût, et il ne s'agissait plus que de l'imprimer. Mais l'éditeur, comme l'auteur, y désirait un certain luxe, des vignettes, je ne sais quoi de trop complet. Bref on attendit, et le manuscrit payé, modiquement payé, mais enfin ayant trouvé maître, continuait, comme ci-devant, de dormir dans le tiroir. Bertrand, une fois l'affaire conclue et le denier touché, s'en était allé selon sa méthode, se voyant déjà sur vélin et caressant la lueur. Un jour pourtant il revint, et ne trouvant pas l'éditeur au gîte, il lui laissa pour *memento* gracieux la jolie pièce qui suit :

A M. EUGÈNE RENDUEL.

SONNET.

> Quand le raisin est mûr, par un ciel clair et doux,
> Dès l'aube, à mi-coteau rit une foule étrange.
> C'est qu'alors dans la vigne, et non plus dans la grange,
> Maîtres et serviteurs, joyeux, s'assemblent tous.
>
> A votre huis, clos encor, je heurte. Dormez-vous?
> Le matin vous éveille, éveillant sa voix d'ange.
> Mon compère, chacun en ce temps-ci vendange;
> Nous avons une vigne : — eh bien! vendangeons-nous?
>
> Mon livre est cette vigne, où, présent de l'automne,
> La grappe d'or attend, pour couler dans la tonne,
> Que le pressoir noueux crie enfin avec bruit.
>
> J'invite mes voisins, convoqués sans trompettes,

---

(1) Mathurin Regnier, satire VIII.

A s'armer promptement de paniers, de serpettes.
Qu'ils tournent le feuillet : sous le pampre est le fruit.

5 octobre 1840.

Cependant, à trop attendre, sa vie frêle s'était usée, et cette poétique gaieté d'automne et de vendanges ne devait pas tenir. Une première fois, se trouvant pris de la poitrine, il était entré à la Pitié dans les salles de M. Serres, sans en prévenir personne de ses amis; la délicatesse de son cœur le portait à épargner de la sorte à sa modeste famille des soins difficiles et un spectacle attristant. Durant les huit mois qu'il y resta, il put voir souvent passer M. David le statuaire, qui allait visiter un jeune élève malade. M. David avait de bonne heure, dès 1828, conçu pour le talent de Bertrand la plus haute, la plus particulière estime, et il était destiné à lui témoigner l'intérêt suprême. Bertrand lui a, depuis, avoué l'avoir reconnu de son lit; mais il s'était couvert la tête de son drap, en rougissant. Après une espèce de fausse convalescence, il retomba de nouveau très-malade, et dut entrer à l'hospice Necker vers la mi-mars 1841. Mais, cette fois, sa fierté vaincue céda aux sentiments affectueux, et il appela auprès de son lit de mort l'artiste éminent et bon, qui, durant les six semaines finales, lui prodigua d'assidus témoignages, recueillit ses paroles fiévreuses et transmit ses volontés dernières. Bertrand mourut dans l'un des premiers jours de mai. M. David suivit seul son cercueil; c'était la veille de l'Ascension; un orage effroyable grondait; la messe mortuaire était dite, et le corbillard ne venait pas. Le prêtre avait fini par sortir; l'unique ami présent gardait les restes abandonnés. Au fond de la chapelle, une sœur de l'hospice décorait de guirlandes un autel pour la fête du lendemain.

L'humble nom, du moins, subsistera désormais autre part encore que sur la croix de bois du cimetière de Vaugirard, où le même ami l'a fait tracer. C'est le manuscrit exactement préparé par l'auteur pour l'impression, qui, retiré, moyennant accord, des mains du premier éditeur, se publie aujourd'hui à Angers sous des auspices fidèles ; cette résurrection éveillera dans la patrie dijonnaise plus d'un écho. Je n'ai pas à entrer ici dans le détail du volume ; je n'ai fait autre chose que le caractériser par tout ceci, en racontant l'homme même : depuis la pointe des cheveux jusqu'au bout des ongles, Bertrand est tout entier dans son *Gaspard de la Nuit*. Si j'avais à choisir entre les pièces pour achever l'idée du portrait, au lieu des joujoux gothiques déjà indiqués, au lieu des tulipes hollandaises et des miniatures sur émail de Japon qui ne font faute, je tirerais de préférence, du sixième livre intitulé *les Silves*, les trois pages de nature et de sentiment, *Ma Chaumière*, *Sur les Rochers de Chèvremorte*, et *Encore un Printemps*. La première doit être d'avant 1830, lorsqu'avec un peu de complaisance on se permettait encore de rêver un roi suzerain en son Louvre ; les deux autres portent leur date et nous rendent avec une grâce exquise le très-proche reflet d'une réalité douloureuse. Les voici donc, et avec leurs épigraphes, pompon en tête ; quand on cite le minutieux auteur, il y aurait conscience de rien oublier.

MA CHAUMIÈRE.

> En automne, les grives viendraient s'y reposer, attirées par les baies au rouge vif du sorbier des oiseleurs.
>
> (Le baron R. Monthermé.)

> Levant ensuite les yeux, la bonne vieille vit comme la bise tourmentait les arbres et dissipait les traces des corneilles qui sautaient sur la neige autour de la grange.
>
> (Le poëte allemand Voss. — Idylle XIII.)

Ma chaumière aurait, l'été, la feuillée des bois pour parasol, et l'automne, pour jardin, au bord de la fenêtre, quelque mousse qui enchâsse les perles de la pluie, et quelque giroflée qui fleure l'amande.

Mais l'hiver, quel plaisir, quand le matin aurait secoué ses bouquets de givre sur mes vitres gelées, d'apercevoir bien loin, à la lisière de la forêt, un voyageur qui va toujours s'amoindrissant, lui et sa monture, dans la neige et dans la brume !

Quel plaisir, le soir, de feuilleter, sous le manteau de la cheminée flambante et parfumée d'une bourrée de genièvre, les preux et les moines des chroniques, si merveilleusement portraits qu'ils semblent, les uns jouter, les autres prier encore !

Et quel plaisir, la nuit, à l'heure douteuse et pâle qui précède le point du jour, d'entendre mon coq s'égosiller dans le gelinier et le coq d'une ferme lui répondre faiblement, sentinelle lointaine juchée aux avant-postes du village endormi !

Ah ! si le roi nous lisait dans son Louvre, — ô ma Muse inabritée contre les orages de la vie, — le seigneur suzerain de tant de fiefs qu'il ignore le nombre de ses châteaux, ne nous marchanderait pas une pauvre chaumine !

SUR LES ROCHERS DE CHÈVREMORTE (1).

> Et moi aussi j'ai été déchiré par les épines de ce désert, et j'y laisse chaque jour quelque partie de ma dépouille.
>
> (*Les Martyrs,* livre X.)

Ce n'est point ici qu'on respire la mousse des chênes et les bourgeons du peuplier, ce n'est point ici que les brises et les eaux murmurent d'amour ensemble.

Aucun baume, le matin après la pluie, le soir aux heures de la rosée ; et rien, pour charmer l'oreille, que le cri du petit oiseau qui quête un brin d'herbe.

Désert qui n'entends plus la voix de Jean-Baptiste ! Désert que n'habitent plus ni les ermites ni les colombes !

Ainsi mon âme est une solitude où, sur le bord de l'abîme, une main à la vie et l'autre à la mort, je pousse un sanglot désolé.

(1) A une demi-lieue de Dijon.

Le poëte est comme la giroflée qui s'attache frêle et odorante au granit, et demande moins de terre que de soleil.

Mais, hélas! je n'ai plus de soleil, depuis que se sont fermés les yeux si charmants qui réchauffaient mon génie!

22 Juin 1832.

ENCORE UN PRINTEMPS.

> Toutes les pensées, toutes les passions qui agitent le cœur mortel sont les esclaves de l'amour.
> (COLERIDGE.)

Encore un printemps, — encore une goutte de rosée qui se bercera un moment dans mon calice amer, et qui s'en échappera comme une larme.

O ma jeunesse! tes joies ont été glacées par les baisers du temps, mais tes douleurs ont survécu au temps qu'elles ont étouffé sur leur sein.

Et vous qui avez parfilé la soie de ma vie, ô femmes! s'il y a eu dans mon roman d'amour quelqu'un de trompeur, ce n'est pas moi, quelqu'un de trompé, ce n'est pas vous!

O printemps! petit oiseau de passage, notre hôte d'une saison, qui chantes mélancoliquement dans le cœur du poëte et dans la ramée du chêne!

Encore un printemps, — encore un rayon du soleil de mai au front du jeune poëte, parmi le monde, au front du vieux chêne parmi les bois!

Paris, 11 mai 1836.

Que conclure, en finissant, de cette infortune de plus ajoutée à tant d'autres pareilles, et y a-t-il quelque chose à conclure? Faut-il prétendre, par ces tristes exemples, corriger les poëtes, les guérir de la poésie; et pour eux, natures étranges, le charme du malheur raconté n'est-il pas plutôt un appât? Constatons seulement, et pour que les moins entraînés y réfléchissent, constatons la lutte éternelle, inégale, et que la société moderne, avec ses industries de toute sorte, n'a fait que rendre plus dure. La fable antique parle d'un berger ou chevrier, Comatas, qui, pour avoir trop souvent sacrifié de ses chèvres aux Muses, fut puni par son maître et enfermé dans un coffre où il devait mourir de faim; mais les abeilles vinrent et le nourrirent de leur miel. Et quand le maître, quelques temps après, ouvrit le coffre, il le trouva vivant et tout entouré des suaves rayons. De nos jours, trop souvent aussi, pour avoir voulu sacrifier imprudemment aux Muses, on est mis à la gêne et l'on se voit pris comme dans le coffre; mais on y reste brisé, et les abeilles ne viennent plus.

Juillet 1842.

LE COMTE DE SÉGUR.

Les écrivains polygraphes sont quelquefois difficiles à classer; s'ils se sont répandus sur une infinité de genres et de sujets, sur l'histoire, la politique du jour, la poésie légère, les essais de critique et les jeux du théâtre, on cherche leur centre, un point de vue dominant d'où l'on puisse les saisir d'un coup d'œil et les embrasser. Quelquefois ce point de vue manque; le jugement qu'on porte sur eux s'étend alors un peu au hasard et demeure dispersé comme leur vie et les productions mêmes de leur plume. Mais on est heureux lorsqu'à travers cette variété d'emplois et de talents on arrive de tous les côtés, on revient par tous les chemins au moraliste et à l'homme, à une physionomie distincte et vivante qu'on reconnaît d'abord et qui sourit.

C'est ce qui doit nous rassurer aujourd'hui que nous avons à parler de M. de Ségur. Sa longue vie, traversée de tant de vicissitudes, serait intéressante à coup sûr, peu aisée pourtant à dérouler dans son étendue et à rassembler : lui-même, en la racontant, il s'est arrêté après la période brillante de sa jeunesse. Ses ouvrages littéraires sont nombreux, divers, nés au gré des mille circonstances : ses œuvres dites complètes ne les renferment pas tout entiers. Mais à travers tout, ce qui importe le plus, l'homme est là pour nous guider et nous rappeler; il reparaît en chaque ouvrage et dans les intervalles avec sa nature expressive et bienveillante, avec son esprit net, judicieux et fin, son tour affectueux et léger, sa morale perpétuelle, touchée à peine, cette philosophie aimable de tous les instants qui répand sa douce teinte sur des fortunes si différentes, et qui fait comme l'unité de sa vie.

Ses *Mémoires* nous le peignent à ravir durant les quinze dernières années de l'ancienne monarchie jusqu'à l'heure où éclata la Révolution de 89. Né en 1753, il avait vingt ans à l'avénement de Louis XVI au trône. Lui, le vicomte de Ségur son frère, La Fayette, Narbonne, Lauzun, et quelques autres, ils étaient ce que Fontanes appelait les *princes de la jeunesse.* C'est toujours une belle chose d'avoir vingt ans; mais c'est *chose doublement belle et heureuse de les avoir au matin d'un règne,* au commencement d'une époque, de se trouver du même âge que son temps, de grandir avec lui, de sentir harmonie et accord dans ce qui nous entoure. Avoir vingt ans en 1800, à la veille de Marengo, quel idéal pour une âme héroïque! avoir vingt ans en 1774, quand on tenait à Versailles et à la cour, c'était moins grandiose, mais bien flatteur encore : on avait là devant soi quinze années à courir d'une vive, éblouissante et fabuleuse jeunesse.

M. de Ségur nous fait toucher en mainte page de ses *Mémoires* la réunion de circonstances favorables qui rendait comme unique dans l'histoire ce moment d'illusion et d'espérance. La littérature du xviiie siècle avait été presque en entier consacrée à établir dans l'opinion les droits des peuples, à retrouver et à promulguer les titres du genre humain. Les classes privilégiées avaient, les premières, accepté avec ardeur ces doctrines grandissantes qui les atteignaient si directement : c'était générosité à elles, et l'on aime en France à être généreux. La jeune noblesse, en particulier, se piquait de marcher en avant et de sacrifier de plein gré ce que nul, en fait, ne lui contestait à cette heure et ce que cette bonne grâce en elle relevait singulièrement. Elle manifestait son

adoption des idées nouvelles par toutes sortes d'indices plus ou moins frivoles, par l'anglomanie dans les modes, par la simplicité du *frac* et des costumes : « Consacrant tout notre
« temps, dit M. de Ségur, à la société, aux fêtes, aux plaisirs,
« aux devoirs peu assujettissants de la cour et des garnisons,
« nous jouissions à la fois avec incurie, et des avantages que
« nous avaient transmis les anciennes institutions, et de la
« liberté que nous apportaient les nouvelles mœurs : ainsi
« ces deux régimes flattaient également, l'un notre vanité,
« l'autre nos penchants pour les plaisirs.

« Retrouvant dans nos châteaux, avec nos paysans, nos
« gardes et nos baillis, quelques vestiges de notre ancien
« pouvoir féodal, jouissant à la cour et à la ville des distinc-
« tions de la naissance, élevés par notre nom seul aux grades
« supérieurs dans les camps, et libres désormais de nous
« mêler sans faste et sans entraves à tous nos concitoyens
« pour goûter les douceurs de l'égalité plébéienne, nous
« voyions s'écouler ces courtes années de notre printemps
« dans un cercle d'illusions et dans une sorte de bonheur
« qui, je crois, en aucun temps, n'avait été destiné qu'à
« nous. Liberté, royauté, aristocratie, démocratie, préjugés,
« raison, nouveauté, philosophie, tout se réunissait pour ren-
« dre nos jours heureux, et jamais réveil plus terrible ne fut
« précédé par un sommeil plus doux et par des songes plus
« séduisants. »

Ainsi on ne se privait de rien en cet âge d'or rapide ; on était aisément prodigue de ce qu'on n'avait pas perdu encore ; on cumulait légèrement toutes les fleurs. Les gentilshommes faisaient comme ces princes qui se donnent les agréments de *l'incognito*, certains d'être d'autant plus reconnus et honorés. Au sortir d'un duel où l'on avait blessé un ami, on arrivait au déjeuner de l'abbé Raynal pour y guerroyer contre les préjugés ; on était le soir du quadrille de la Reine après avoir joui d'une matinée patriarcale de Franklin ; on courait se battre en Amérique, et l'on en revenait colonel, pour assister au triomphe des montgolfières ou aux baquets de Mesmer, et mettre le tout en vaudeville et en chanson.

Ce qu'il faut se hâter de dire à la louange de ces hommes aimables, de ces courtisans-philosophes si élégants et si accomplis, c'est que, quand vinrent les épreuves sérieuses, ils ne se trouvèrent pas trop au-dessous : la fortune eut beau s'armer de ses foudres et de ses orages, elle échoua le plus souvent contre leur humeur. On sait l'attitude inaltérable de Lauzun au pied de l'échafaud, celle de Narbonne au milieu des rigueurs fameuses de cette retraite glacée. Sans avoir eu à se mesurer à ces conjonctures tout à fait extrêmes, les deux frères Ségur, le comte et le vicomte, avec les nuances particulières qui les distinguaient, surent garder, eux aussi, leur bonne grâce et toutes leurs qualités d'esprit, plume en main, dans l'adversité.

Ce que ne gardèrent pas moins, en général, les personnages de cette époque et de ce rang qui survécurent et dont la vieillesse honorée s'est prolongée jusqu'à nous, c'est une fidélité remarquable, sinon à tous les principes, du moins à l'esprit des doctrines et des mœurs dont s'était imbue leur jeunesse; c'est le don de sociabilité, la pratique affable, tolérante, presque affectueuse, vraiment libérale, sans ombre de misanthropie et d'amertume, une sorte de confiance souriante et deux fois aimable après tant de déceptions, et ce trait qui, dans l'homme excellent dont nous parlons, formait plus qu'une qualité vague et était devenu le fond même du caractère et une vertu, la bienveillance.

Mais ne devançons point les temps; nous sommes à ces années d'avant la Révolution, lesquelles toutefois il ne faudrait pas juger trop frivoles. Pour M. de Ségur, cette époque peut se partager en deux moitiés séparées par la guerre d'Amérique. A son retour, il entre dans la vie déjà sérieuse et dans la seconde jeunesse. Jusqu'alors il n'avait fait qu'entremêler avec agrément les camps et la cour, cultiver la littérature légère, et arborer les goûts de son âge, non sans profiter vivement de toutes les occasions de s'éclairer ou de se mûrir au sein de ces inappréciables sociétés d'alors, qu'il appelle si bien des écoles brillantes de civilisation. C'est ce sérieux dissimulé sous des formes aimables qui en faisait le charme principal, et dont le secret s'est perdu depuis. On en retrouve le regret en même temps que l'expression en plus d'une page des *Mémoires* de M. de Ségur; car combien, sous cette plume facile, d'aperçus historiques profonds et vrais! Le lecteur amusé qui court est tenté de n'en pas saisir toute la réflexion, tant cela est dit aisément.

M. de Ségur, au retour de sa campagne d'Amérique, rapportait en portefeuille une tragédie en cinq actes de *Coriolan*, qu'il avait composée dans la traversée à bord du *Northumberland* et qui fut jouée ensuite par ordre de Catherine sur le théâtre de l'Ermitage. Quelques contes, des fables, de jolies romances, de gais couplets, lui avaient déjà valu les encouragements du duc de Nivernais, du chevalier de Bouflers, et les conseils de Voltaire lui-même, au dernier voyage du grand poëte à Paris. Ce gracieux bagage de famille et de société (1) offrait à la fin son étiquette et comme son cachet dans une spirituelle approbation et un privilége en parodie qui étaient censés émaner de la jeune épouse de l'auteur, petite-fille d'un illustre chancelier:

> D'Aguesseau de Ségur, par la grâce d'amour,
> L'ornement de Paris, l'ornement de la cour,
> A tous les gens à qui nous avons l'art de plaire,
> C'est-à-dire à tous ceux que le bon goût éclaire,
> Salut, honneur, plaisir, richesse et volupté,
> Presque point de raison et beaucoup de santé!
> Notre époux trop enclin à la métromanie, etc., etc.
> . . . .
> A ces causes voulant bien traiter l'exposant,
> . . . .

(1) Une partie se trouve dans les *Mélanges*, et le reste dans le *Recueil de Famille*, volume qui n'a eu qu'une demi-publicité.

Nous défendons à tous confiseurs, pâtissiers,
Marchands de beurre ainsi qu'à tous les épiciers,
De rien envelopper jamais dans cet ouvrage,
Quoiqu'à vrai dire il soit tout propre à cet usage;
Ou bien paieront dix fois ce qu'alors il vaudra,
Modique châtiment qui nul ne ruinera.
Voulons que le précis du présent privilége
Soit écrit à la fin du livre qu'il protége;
Que l'on y fasse foi comme à l'original,
Et que les gens de bien n'en disent point de mal.
Ordonnons à celui de nos gens qui sait lire
De bien exécuter ce que l'on vient d'écrire;
De soutenir partout prose, vers et couplets,
Nonobstant les clameurs, nonobstant les sifflets :
Tel est notre plaisir et telle est notre envie.
Fait dans notre boudoir, bureau digne d'envie,
Le premier jour de l'an sept cent quatre-vingt-un,
Et de nos ans un peu plus que le vingt et un.

Signé D'AGUESSEAU, comtesse de SÉGUR.

Et plus bas, LAURE DE SÉGUR.

(C'était la fille de l'auteur, âgée alors de moins de trois ans.)

Pourtant les dépêches écrites par M. de Ségur durant sa campagne d'Amérique avaient donné de sa prudence et de sa finesse d'observation une assez haute idée, pour qu'au retour M. de Vergennes songeât à le demander au maréchal son père, et à le lancer activement dans la carrière des négociations. Le poste qu'on lui destinait au début était des plus importants : il s'agissait de représenter la France auprès de l'impératrice Catherine. Les études sérieuses et positives auxquelles dut se livrer à l'instant le jeune colonel devenu diplomate, témoignaient des ressources de son esprit et marquèrent pour lui l'entrée des années laborieuses. Ces années furent bien brillantes encore durant tout le cours de cette ambassade, où il sut se concilier la faveur de l'illustre souveraine et servir efficacement les intérêts de la France. Profitant de l'aigreur naissante qu'excitait contre les Anglais la politique toute prussienne et électorale de leur roi, usant avec adresse de l'accès qu'il s'était ouvert dans l'esprit du prince Potemkin, il parvint à signer, vers les premiers jours de l'année 1787, avec les ministres russes, un traité de commerce qui assurait à la France tous les avantages dont jusqu'alors les Anglais avaient exclusivement joui. Ce succès fut, en quelque sorte, personnel à M. de Ségur, qui, dans ses *Mémoires* et dans ses divers écrits, a pu s'en montrer fier à bon droit. Effacé à son arrivée par les ministres d'Angleterre et d'Allemagne, il n'avait dû qu'à lui-même, à cet heureux accord de décision et de bonne grâce qui ne se rencontre qu'aux meilleurs moments, de se conquérir de plain-pied une considération dont l'effet s'étendit par degrés jusque sur ses démarches politiques. Si quelque *intérêt* s'attache aujourd'hui pour nous à cette négociation, il tient tout entier, on le conçoit, à la façon dont le négociateur nous la raconte, et au jeu subtil des mobiles qu'il nous fait toucher. La bizarrerie capricieuse du prince Potemkin ne fut pas le moindre ressort au début de cette petite comédie. Il était grand questionneur, se piquant fort d'érudition, surtout en matière ecclésiastique. Ce faible une fois découvert, M. de Ségur n'avait qu'à le mettre sur son sujet favori, qui était l'origine et les causes du schisme grec, et, l'entendant patiemment discourir durant des heures entières sur les conciles œcuméniques, il faisait chaque jour de nouveaux progrès dans sa confiance. Les autres personnages de la cour ne sont pas moins agréablement dessinés. « En s'étendant un peu longuement sur ce séjour en Russie, écrivions-nous il y a plus de quinze ans déjà, lors de l'apparition des *Mémoires*, l'auteur ou mieux le spirituel causeur a cédé sans doute à plus d'un attrait : là où lui-même a rencontré tant de plaisirs et de faveurs qu'il se plaît à redire, d'autres qui lui sont chers ont recueilli dans les dangers d'assez glorieux sujets à célébrer. Il y a dans ce rapprochement de famille de quoi faire naître plus d'une idée et sur la différence des époques et sur celle des manières littéraires. En se rappelant les éloquents, les généreux récits du fils, on aime à y associer par comparaison les mérites qui recommandent ceux du père, la mesure insensible du ton, ce style d'un choix si épuré, d'une aristocratie si légitime, et toute cette physionomie, si rare de nos jours, qui caractérise dans les lettres la postérité, prête à s'éteindre, des Chesterfield, des Nivernais, des Bouflers (1). »

Prête à s'éteindre! ainsi pouvions-nous écrire il y a quelques années encore. Le temps depuis a fait un pas, et cette postérité dernière est à jamais éteinte aujourd'hui.

Une partie intéressante des *Mémoires* de M. de Ségur est consacrée aux détails du voyage en Crimée où l'ambassadeur de France eut l'honneur d'accompagner Catherine. Ce voyage romanesque et même mensonger, tout rempli d'illusions et de prestiges, eut des résultats positifs et des effets historiques. Potemkin n'avait songé, en le combinant, qu'à ses intérêts de favori ; il voulait, à l'aide de cette marche triomphale, enlever sa souveraine à ses rivaux, la fasciner et l'enorgueillir par le spectacle d'une puissance imaginaire, l'*enguirlander*, c'est bien le mot, je crois. Mais ce motif unique et tout particulier ne fut pas compris de loin ni même de près ; on en supposa d'autres plus graves. Les cabinets étrangers, et même les ambassadeurs qui étaient de la partie, crurent voir des intentions menaçantes sous ces airs de fête, et à force de craindre une agression des Russes contre la Porte, on la fit naître à l'inverse de la part de celle-ci. M. de Ségur sait nous intéresser à ce jeu dont il nous montre au doigt point par point le dessous ; il en ranime à ravir dans son récit le divertissement et les mille circonstances.

Est-ce avant, est-ce après ce voyage, qu'il eut à poser lui-même une limite dans les degrés de cette faveur personnelle qu'il avait ambitionnée auprès de l'illustre souveraine, faveur

---

(1) *Globe*, 16 mai 1826.

précieuse et qu'il ne voulait pourtant pas épuiser? Je crois bien que ce fut avant le voyage et dans l'été qui précéda la signature de son traité de commerce. On sait que la glorieuse impératrice n'avait pas seulement des pensées hautes, et qu'elle conserva jusqu'au bout le don des caprices légers. Aimable, jeune, empressé de plaire, il était naturel que M. de Ségur traversât à un moment l'idée auguste et mille fois conquérante. Lorsqu'on le questionnait en souriant là-dessus, il répondait par un de ces récits qui ne font qu'effleurer. Il avait été invité par l'impératrice à l'une des résidences d'été, Czarskozélo ou toute autre, et divers indices, jusqu'au choix de l'appartement qu'on lui avait assigné, semblaient annoncer ce qu'avec les reines il est toujours un peu plus difficile de comprendre. Or M. de Ségur, chargé d'une mission délicate qui était en bonne voie, tenait apparemment à y réussir sans qu'on pût attribuer son succès à une habileté trop en dehors de la politique. Il avait de plus quelques autres raisons sans doute, comme on peut supposer qu'en suggère aisément la morale ou la jeunesse. Mais comment avertir à temps et avec convenance une fantaisie impérieuse qui d'ordinaire marchait assez droit à son but? Comment conjurer sans offense cette bonne grâce imminente et son charme menaçant? Chaque après-midi, à une certaine heure, dans les jardins, l'impératrice faisait sa promenade régulière : deux allées parallèles étaient séparées par une charmille; elle arrivait d'ordinaire par l'une et revenait par l'autre. Un jour, à cette heure même de la promenade impériale, M. de Ségur imagina de se trouver dans la seconde des allées au moment du détour, et de ne pas s'y trouver seul, mais de se faire apercevoir, comme à l'improviste, prenant ou recevant une légère, une très-légère marque de familiarité d'une des jolies dames de la cour qu'il n'avait sans doute pas mise dans le secret. — Au dîner qui suivit, le front de Sémiramis apparut tout chargé de nuages et silencieux; vers la fin, s'adressant au jeune ambassadeur, elle lui fit entendre que ses goûts brillants le rappelaient dans la capitale, et qu'il devait supporter impatiemment les ennuis de cette retraite monotone. A quelques objections qu'il essaya, elle coupa court d'un mot qui indiquait sa volonté. — M. de Ségur s'inclina et obéit ; mais lorsqu'il revit ensuite l'impératrice, toute bouderie avait disparu : la souveraine et la personne supérieure avaient triomphé de la femme. C'est plus que n'en faisaient aux temps héroïques les déesses elles-mêmes : *Spretæque injuria formæ* (1).

Losque M. de Ségur rentra dans sa patrie après cinq années d'absence, la Révolution de 89 venait d'éclater : un autre ordre d'événements et de conjonctures s'ouvrait au milieu de bien des espérances déjà compromises et de bien des craintes déjà justifiées. Pour la plupart des hommes de la période précédente, les rêves éblouissants allaient s'évanouir ; les rivages d'Utopie et d'Atlantide s'enfuyaient à l'horizon : les voyages en Crimée étaient terminés. Les *Mémoires* de M. de Ségur finissent là aussi, comme s'il avait voulu les clore sur les derniers souvenirs de sa belle et vive jeunesse. Son rôle pourtant en ces années agitées ne fut pas inactif ; il suivit honorablement la ligne constitutionnelle où plusieurs de ses amis le précédaient. Nommé au mois d'avril 91 ambassadeur extraordinaire à Rome en remplacement du cardinal de Bernis, la querelle flagrante avec le Saint-Siége l'empêcha de se rendre à sa destination. Il refusa bientôt le ministère des affaires étrangères qui lui fut offert à la sortie de M. de Montmorin ; mais il accepta de la part de Louis XVI une mission particulière à Berlin auprès du roi Frédéric-Guillaume. Il ne

---

(1) S'il est vrai, comme on l'a dit, que plus tard, les circonstances européennes étant changées, Catherine, pour mieux déjouer la mission de M. de Ségur à Berlin, ait envoyé au roi de Prusse les billets confidentiels dans lesquels l'ambassadeur de France avait autrefois raillé les amours de ce neveu du grand Frédéric, elle ne fit en cela sans doute que suivre les pratiques constantes d'une politique peu scrupuleuse ; mais elle put bien y mêler aussi tout bas le plaisir de se venger d'un ancien dédain. Il y a de ces retours tardifs de l'amour-propre blessé.

s'agissait de rien moins qu'après les conférences de Pilnitz, de détacher doucement le monarque prussien de l'alliance autrichienne, et de le détourner de la guerre. Dans un intéressant ouvrage publié en 1801 sur les dix années de règne de Frédéric-Guillaume, M. de Ségur a touché les circonstances de cette négociation délicate où il crut pouvoir se flatter, un très-court moment, d'avoir réussi. Les *Mémoires d'un Homme d'État* sont venus depuis éclairer d'un jour nouveau et par le côté étranger toute cette portion longtemps voilée de la politique européenne; les mille causes qui déjouèrent la diplomatie de M. de Ségur, et qui auraient fait échouer tout autre en sa place, y sont parfaitement définies (1). Le moment était arrivé où dans ce déchaînement de passions violentes et de préventions aveugles, il n'y avait certes aucun déshonneur pour les hommes sages, pour les esprits modérés, à se sentir inhabiles et impuissants.

Les événements se précipitaient; M. de Ségur et les siens

(1) *Mémoires tirés des papiers d'un Homme d'État*, t. I, p. 180-194. — Un adversaire et sans aucun doute un ennemi personnel du comte de Ségur, Senac de Meilhan, a écrit, à ce sujet, cette page peu connue : « ... La présomption que l'homme est porté à avoir de ses talents et de son esprit faisait croire à plusieurs jeunes gens qu'ils joueraient (en 1789) un rôle éclatant; mais la Révolution, en mettant en quelque sorte l'homme à nu, faisait évanouir promptement cette illusion, qu'il était aisé de se faire à l'homme de cour, à celui du grand monde, qui se flattait d'obtenir dans l'Assemblée les mêmes succès que dans la société. Le ton, les manières, une certaine élégance qui cache le défaut de solidité, l'art des à-propos, tout cela se trouve sans effet au milieu d'hommes étrangers au grand monde et habitués à réfléchir. Le comte de Ségur est un exemple frappant de médiocrité démasquée, de présomption déjouée, d'infidélité punie. Les succès qu'il avait eus dans la société avaient enflé son ambition, il crut avoir dans la Révolution une occasion de s'élever promptement, et se flattant d'être l'oracle de l'Assemblée, il quitta une Cour (la Cour de Russie) où quelques *agréments* dans l'esprit et des connaissances en littérature lui avaient obtenu un accueil flatteur. Il s'empressa de venir à Paris, armé de sa tragédie de *Coriolan*, d'une douzaine de fables et de cinq à six chansons. Madame de Staël alla au-devant du futur premier ministre, *Jeanne Gray* à la main, et tous deux s'électrisèrent en faveur de la

demeurèrent attachés au sol de la la France lorsqu'il n'était déjà plus qu'une arène embrasée. Son père le maréchal fut incarcéré à la Force, et lui détenu avec sa famille dans une maison de campagne à Châtenay, celle même où l'on dit qu'est né Voltaire. Le volume intitulé *Recueil de Famille* nous le montre, en ces années de ruine, plein de sérénité et de philosophie, adonné aux vertus domestiques, égayant, dès que le grand moment de Terreur fut passé, les tristesses et les misères des êtres chéris qui l'entouraient. Son esprit n'avait jamais plus de vivacité que quand il servait son cœur. Chaque événement, chaque anniversaire de cette vie intérieure était célébré par de petites comédies, par des vaudevilles qu'on jouait entre soi, par de gais ou tendres couplets qui parfois circulaient au delà : quelques personnes de cette société renaissante se rappellent encore la chanson qui a pour titre : *les Amours de Laure*. En même temps, dès qu'il le put, M. de Ségur reprit son rôle de témoin attentif aux choses publiques ; de Châtenay il accourait souvent à Paris ; il voyait beaucoup Boissy-d'Anglas et les hommes politiques de cette nuance. S'il ne fut point lui-même à cette époque membre des assemblées instituées sous le régime de la Constitution de l'an III, s'il n'eut point l'honneur de compter parmi ceux qui, comme les Siméon, les Portalis, luttèrent régulièrement pour la cause de l'ordre, de la modération et des lois, et qui, eux aussi, suivant une expression mémorable, faisaient alors

démocratie ; mais bientôt le mérite du comte fut apprécié à sa valeur, et il fut trop heureux d'obtenir d'être ministre à Berlin. Traité avec le plus grand mépris dans cette Cour, et privé de l'espoir de jouer un rôle à Paris, la mort lui parut être sa seule ressource ; mais il porta sur lui une main mal assurée ; le courage manqua à ce nouveau Caton, pour achever... L'amour de la vie prévalut, un chirurgien fut appelé, et le comte prouva qu'il ne savait ni vivre ni mourir. » Quand on a eu affaire dans sa vie à des haines aussi cruelles et aussi envenimées que cette page en fait supposer, on a quelque mérite à n'avoir jamais pratiqué qu'indulgence et bienveillance, comme l'a fait M. de Ségur.

au civil leur *Campagne d'Italie* (1), il la fit au dehors du moins et comme en volontaire dans les journaux. Plus d'une fois, m'assure-t-on, dans les moments d'urgence, il prêta sa plume aux discours de Boissy-d'Anglas et de ses autres amis. En 1801 enfin, il contribua au rétablissement des saines notions historiques et au redressement de l'opinion par deux publications importantes et qui méritent d'être rappelées.

La Politique de tous les Cabinets de l'Europe sous Louis XV et sous Louis XVI, contenant les écrits de Favier et la correspondance secrète du comte de Broglie, avait déjà paru en 93; mais M. de Ségur en donna une édition plus complète, accompagnée de notes et de toutes sortes d'additions qui en font un ouvrage nouveau où il mit ainsi son propre cachet. La politique extérieure de la France avait subi un changement décisif de système lors du traité de Versailles (1756), au début de la guerre de Sept Ans : de la rivalité jusqu'alors constante avec l'Autriche, on avait passé à une étroite alliance en haine du roi de Prusse et de sa grandeur nouvelle. Les principaux chefs et agents de la diplomatie secrète que Louis XV entretenait à l'insu de son ministère étaient très-opposés à cette alliance, selon eux décevante et inféconde, avec le cabinet de Vienne, et ils ne cessaient de conseiller le retour aux anciennes traditions où la France avait puisé si longtemps gloire et influence. Ils n'avaient pour cela qu'à énumérer, comme résultats du système contraire, les pertes de la dernière guerre, le partage honteux de la Pologne, et à constater une sorte d'abaissement manifeste du cabinet de Versailles dans les conseils de l'Europe. D'une autre part, il était incontestable que d'habiles ministres, tels que M. de Choiseul et M. de Vergennes, avaient su tirer de cette situation nouvelle, l'un par le Pacte de famille, l'autre à l'époque de la guerre d'Amérique, des ressources imprévues qui avaient balancé les désavantages et réparé jusqu'à un certain point

---

(1) *Éloge de M. Siméon*, par M. le comte Portalis, p. 24.

l'honneur de notre politique. Élevé à l'école de ces deux ministres, M. de Ségur oppose fréquemment ses vues modérées et judicieuses aux raisonnements un peu exclusifs du comte de Broglie et de Favier, et il en résulte d'heureux éclaircissements. Il nous est toutefois impossible de ne pas admirer la sagacité et presque la prophétie de Favier, quand il insiste sur les inconvénients constants de cette alliance autrichienne qu'on a vue depuis encore si fertile en erreurs et en déceptions : « Il faut, écrivait-il en faisant allusion au mariage du
« Dauphin (Louis XVI) et de Marie-Antoinette, il faut avoir
« peu de connaissance de l'histoire pour croire qu'on puisse
« en politique se reposer sur les assurances amicales qu'on
« se prodigue, ou au moment de la formation d'une alliance,
« ou à celui d'une union faite ou resserrée par des mariages.
« La prudence exige de n'y compter qu'autant que les intérêts
« communs s'y trouvent, et l'expérience de tous les siècles
« apprend que ces liaisons de parenté sont souvent plus em-
« barrassantes qu'utiles quand les intérêts sont naturellement
« opposés. » — Un des soins de M. de Ségur dans ses notes est de rejoindre, autant que possible, la morale et la politique, et de ne plus les vouloir séparer. Vœu honorable, mais qui est plus de mise dans les livres que dans la pratique, même depuis qu'on croit l'avoir renouvelée! De telles maximes, d'ailleurs, qui n'ont pas pour principe unique l'agrandissement, avaient peu le temps de prendre racine au lendemain du grand Frédéric et au début de Napoléon.

Une autre publication de M. de Ségur, qui date de la même année (1801), est sa *Décade historique*, ou son tableau des dix années que comprend le règne du roi de Prusse Frédéric-Guillaume II (1786-1797). Sous ce titre un peu indécis, l'auteur n'avait sans doute cherché qu'un cadre pour retracer l'histoire des préliminaires de notre Révolution, ses diverses phases au dedans et ses contre-coups au dehors jusqu'à l'époque de la paix de Bâle. On peut soupçonner toutefois qu'en y rattachant si expressément en tête le nom assez disparate du roi de Prusse, en serrant de près avec une exactitude sévère le règne de ce champion si empressé de la coalition, qui fut le premier à rengaîner l'épée et à déserter dans l'action ses alliés compromis, M. de Ségur prenait à sa manière, et comme il lui convenait, sa revanche de la non-réussite de Berlin. Si ce roi eut avec lui des torts de procédé, comme on l'a dit et comme vient de le répéter un écrit récent (1), il les paya dans ce tableau fidèle; une plume véridique est une arme aussi. M. de Ségur ne l'a jamais eue si ferme, si franchement historique. Ici d'ailleurs comme toujours (est-il besoin de le dire?), et soit qu'il jugeât les affaires du dehors, soit qu'il déroulât les crises révolutionnaires du dedans, il usait d'une équitable mesure. Marie-Joseph Chénier, en parlant de cet écrit en son *Tableau de la Littérature*, lui a rendu une justice à laquelle ses réserves mêmes donnent plus de prix. Placé à son point de vue modéré et purement constitutionnel de 91, l'auteur eut le mérite d'exposer les faits intérieurs et de faire ressortir ses vues sans trop irriter les passions rivales. Quant au point de vue extérieur et européen, ce livre d'un diplomate instruit et qui avait tenu en main quelques-uns des premiers fils, commençait pour la première fois en France à tirer un coin du voile que les *Mémoires d'un Homme d'État* ont, bien plus tard, soulevé par l'autre côté. M. d'Hauterive, l'année précédente, avait publié son ouvrage de l'*État de la France à la fin de l'an VIII*. Au sein de cette régénération universelle d'alors qui s'opérait simultanément dans les lois, dans la religion, dans les lettres, les publications de MM. de Ségur et d'Hauterive eurent donc leur part; elles contribuèrent à remettre sur un bon pied et à restaurer, en quelque sorte, la connaissance historique et diplomatique contemporaine.

Un Gouvernement glorieux s'inaugurait, avide de tous les services brillants et des beaux noms : la place de M. de Ségur y était à l'avance marquée. Successivement nommé au Corps

(1) *La Russie en* 1839, par M. le marquis de Custine, lettre deuxième.

législatif, à l'Institut, au Conseil d'État et au Sénat, grand maître des cérémonies sous l'Empire, nous le perdons de vue à cette époque au milieu des grandeurs qui le ravissent aux lettres, mais non pas à leur amour ni à leur reconnaissance : une élégie de madame Dufrenoy a consacré le souvenir d'un bienfait, comme il dut en répandre beaucoup et avec une délicatesse de procédés qui n'était qu'à lui. Il aimait, en donnant, à rappeler ces années de détresse, ces journées d'humble et intime jouissance où lui-même il avait dû au travail de sa plume la subsistance de tous les siens. La première Restauration traita bien M. de Ségur : Louis XVIII, étant comte de Provence, avait voulu être pour lui un ami, que dis-je? un *frère d'armes* (1). Dans les Cent-Jours, M. de Ségur n'eut d'autre tort que celui de croire qu'il pourrait revoir en face l'Empereur et se délier. Lorsqu'on veut rompre avec une maîtresse impérieuse et longtemps adorée, il ne faut pas affronter sa présence : sinon, un geste, un coup d'œil suffisent, et l'on a repris ses liens. M. de Ségur, le lendemain du merveilleux retour de l'île d'Elbe, s'était rendu aux Tuileries pour y porter ses hommages et comptant bien y faire agréer ses excuses : il en revint ce qu'il avait été auparavant, c'est-à-dire grand-maître des cérémonies. La seconde Restauration se vengea avec dureté, et durant trois années M. de Ségur, dépouillé de ses dignités, de ses pensions, de son siége à la Chambre des pairs, dut recourir de nouveau à sa plume qui ne lui fit point défaut. C'est alors qu'il composa son *Histoire universelle*, simple, nette, instructive, antérieure à bien des systèmes et à bon droit estimée. Dans une *Lettre à mes enfants et à mes petits-enfants*, placée en tête du manuscrit de cette Histoire tout entier écrit de la main de madame de Ségur, on lit ces paroles touchantes :

« Paris, ce 1er décembre 1817.

« Je n'ai pas de fortune à vous léguer ; celle que je tenais

(1) On peut voir dans les *Mémoires* l'anecdote du bal de l'Opéra.

de mes pères m'a été enlevée par la Révolution, et j'ai été privé par le Gouvernement royal de presque toute celle que je devais à mes travaux et aux services rendus à ma patrie...

« Je vous lègue ce manuscrit : il est tel que je l'ai dicté du premier jet, sans ponctuation, sans corrections ; le public a l'ouvrage tel que je l'ai corrigé ; mais j'ai voulu déposer dans vos mains ce manuscrit comme je l'ai dicté, et je désire que l'aîné de ma famille le conserve toujours religieusement.

« C'est un legs précieux, honorable, sacré... J'avais perdu par une goutte sereine un œil dans la guerre d'Amérique ; de longs travaux avaient affaibli l'autre ; les médecins me menaçaient de le perdre, si je l'exerçais trop. Cependant la ruine de ma fortune me rendait le travail indispensable ; je me décidai à écrire cet ouvrage ; et, pour me conserver la vue, ma femme, votre tendre et vertueuse mère,... élevée dans toutes les délicatesses du grand monde, âgée de soixante ans, presque toujours souffrante,... me servant de secrétaire avec une constance et une patience inimitables, a écrit de sa main, d'abord toutes les notes qui m'ont servi à rédiger, et ensuite tout ce livre : ainsi toute cette *Histoire universelle* a été tracée par sa main... »

Cette *Histoire universelle* qui aboutissait à la fin du Bas-Empire avait pour suite naturelle une *Histoire de France*, et M. de Ségur se décida à l'entreprendre : il l'a poussée jusqu'au règne de Louis XI inclusivement. En louant les qualités saines de jugement, de composition et de diction qui ne cessent de recommander ce long et utile travail, nous n'essayerons pas de le discuter par comparaison avec tant d'autres plus modernes qui ont eu pour but et même pour prétention de renouveler presque tous les aspects d'un si vaste champ. Mais ce nous est un vif regret que l'auteur, eût-il dû courir sur certains intervalles, n'ait pu mener son œuvre jusqu'à travers le xviiie siècle ; nul n'était plus désigné que lui pour retracer la suite et l'ensemble politique de ce temps encore neuf à peindre par cet aspect; il s'y fût montré original en restant lui-même.

M. de Ségur se délassait de ces travaux sévères par des morceaux plus courts, par des Essais d'observation et de causerie qui, insérés d'abord dans plusieurs journaux, ont été recueillis sous le titre de *Galerie morale et politique* (1817-1823) : cet ouvrage, où l'auteur apparaît aussi peu que possible et où l'homme se découvre au naturel, était aussi celui des siens qu'il préférait. Nous partageons de grand cœur cette prédilection. M. de Ségur prend là sa place au rang de nos moralistes les plus fins et les plus aimables; on a comme la monnaie, la petite monnaie blanche de Montaigne, du Saint-Évremond sans afféterie, du Nivernais excellent. Je ne sais qui a dit de Nicole qu'il réussissait particulièrement dans les sujets moyens qui ne fourniraient pas tout à fait la matière d'un sermon. M. de Ségur réussit volontiers de même dans quelques-uns de ces petits sujets qui feraient aussi bien le refrain d'un couplet philosophique et qui lui fournissent un Essai : — *Rien de trop!* — *Arrêtez-vous donc!* — On est embarrassé avec lui de citer, parce que cette causerie plaît surtout par sa grâce courante et qu'elle s'insinue plus qu'elle ne mord. Son frère le vicomte, avec moins de fond, avait plus de trait et de pointe : M. de Ségur est plutôt un esprit uni, orné, nuancé; il ne sort pas des tons adoucis. N'allez rien demander non plus de bien imprévu, de bien surprenant, à la morale qu'il propose; Horace, Voltaire et bien d'autres y ont passé avant lui ; c'est celle d'un Aristippe non égoïste et affectueux. Il ne croit pas pouvoir changer l'homme, il ne se pique même pas de le sonder trop à fond; mais il le sent tel qu'il est, et il tâche d'en tirer parti. Il sait le mal, mais il y glisse plutôt que d'enfoncer, et il vous incline au mieux, au possible. Sa morale est surtout usuelle. A côté des exemples à la Plutarque dont il l'autorise, et qui feraient un peu trop lieu-commun en se prolongeant, arrive un souvenir d'hier, un mot de Catherine, une de ces anecdotes de xviiie siècle que M. de Ségur conte si bien ; on passe avec lui d'Épaminondas à l'abbé de Breteuil, et le tout s'assaisonne, et l'on rentre en souriant dans le réel de la vie. Un des Essais nous le résume surtout et nous le rend dans sa physionomie habituelle et dans l'esprit qui ne cessait de l'animer ; c'est le morceau sur la *Bienveillance* : « Il est une vertu, dit-il, la plus douce et la plus éclairée de toutes, un sentiment généreux plus actif que le devoir, plus universel que la bienfaisance, plus obligeant que la bonté... » Qu'on lise le reste de l'Essai, on l'y trouvera tout entier. La bienveillance, comme il l'entend, n'est autre que la *charité* sécularisée, se souvenant et se rapprochant de son étymologie de *grâce*, telle qu'il l'avait entrevue dans sa jeunesse chez madame Geoffrin, telle qu'il l'eût pu désigner non moins heureusement par un nom plus moderne de femme dont c'est le don accompli et l'immortelle couronne (1).

Ces pages agréables et sensibles de la *Galerie* eurent leur récompense que les livres de morale n'obtiennent pas toujours. Si elles firent alors plaisir à beaucoup, elles firent du bien à quelques-uns. L'indulgence pratique et communicative qu'elles respirent ne fut pas toute stérile. Un jour, en avril 1822, M. de Ségur reçut une lettre timbrée de Montpellier dont voici quelques extraits :

« Monsieur le comte,

« Souffrez qu'un inconnu vous rende un hommage qui
« doit au moins avoir cela de flatteur pour vous, que vous y
« reconnaîtrez, j'en suis sûr, le langage de la vérité. Jouet
« d'une basse et odieuse intrigue... (et ici suivent quelques
« détails particuliers)..., — le temps me vengera, me disais-
« je, c'est inévitable ; et je brûlais du désir de voir ce temps
« s'écouler, et mon âme se livrait à un sentiment haineux,
« à un espoir, à un désir de vengeance qui troublaient toutes
« mes facultés morales, qui minaient, qui consumaient toutes

---

(1) Madame Récamier.

« mes facultés physiques... j'étais malheureux, bien malheu-
« reux. J'eus occasion de lire votre *Galerie morale et poli-*
« *tique* : bientôt un peu de calme entra dans mon sein ; je
« suivais avec intérêt le voyageur que vous guidez dans
« l'orageux passage de la vie ; j'aurais voulu l'être, ce voya-
« geur, je le devins. Je reconnus aisément avec vous que les
« maladies de l'âme, plus cruelles que celles du corps, nous
« ôtent toute tranquillité ; je ne l'éprouvais que trop. Bientôt
« vous m'apprîtes qu'*il était douteux que ma haine fît à mes*
« *ennemis le mal que je leur souhaitais, que ce qui était seule-*
« *ment certain était le mal qu'elle me faisait à moi-même.* Vous
« m'exhortâtes à pardonner, à rendre le bien pour le mal, à
« *montrer à ceux qui me haïssaient leur injustice, en leur prou-*
« *vant mes vertus, à les forcer ainsi à l'admiration, à la recon-*
« *naissance*, et vous m'assurâtes du plus beau triomphe
« qu'une âme généreuse pût souhaiter... J'eus le bonheur de
« pleurer et bientôt le courage de combattre. Ce combat ne
« fut pas long, ni même bien pénible... Je l'ai remporté, ce
« triomphe, il est complet. La sérénité rentrée dans mon âme
« se peignit bientôt dans mes regards, et je vois déjà dans les
« yeux de ceux que j'appelais mes ennemis un étonnement
« et un sentiment de regret, de honte et de compassion bien-
« veillante qui va presque à l'admiration et au respect... je
« suis heureux, bien heureux. Un seul regret eût encore un
« peu altéré ce bonheur ; ma reconnaissance pour mon guide,
« pour mon bienfaiteur, m'eût pesé, si je n'avais pu la lui
« faire connaître... »

Rentré à la Chambre des pairs au moment où M. Decazes
usait de sa faveur pour ramener du moins quelque conciliation entre tant de violences contradictoires, M. de Ségur passa
les onze dernières années de sa vie dans un loisir occupé,
dans les travaux ou les délassements littéraires, entremêlés
aux devoirs politiques que les circonstances d'alors imposaient
à tous les hommes d'un libéralisme éclairé. Le succès de ses

Mémoires fut grand et dut le tenter à une continuation que tous désiraient : ce fut peut-être bon goût à lui de laisser les lecteurs sur ce regret et d'en rester pour son compte aux années brillantes et sans mélange. Ce fut à coup sûr une noble action que de se refuser à quelques instances plus pressantes; le libraire-éditeur ne lui demandait qu'un quatrième volume qu'il aurait intitulé *Empire*. La somme qu'il offrait était telle que le permettaient alors les ressources opulentes de la librairie et le concert merveilleux de l'intérêt public : trente billets de 1,000 fr. le jour de la remise du manuscrit. M. de Ségur n'hésita point un moment : « Je dois tout à l'Empereur, « disait-il dans l'intimité; quoique je n'aie que du bien per- « sonnel à en dire, il y aurait des faits toutefois qui seraient « inévitables; il y en aurait d'autres qui seraient mal inter- « prétés et qui pourraient actuellement servir d'arme à ses « ennemis et tourner contre sa mémoire. — Oh ! plus tard, « je ne dis pas. »

M. de Ségur mourut (1) au lendemain du triomphe de Juillet. Quinze jours auparavant, un matin, sur son canapé, quatre vieillards étaient assis, lui, le général La Fayette, le général Mathieu Dumas et M. de Barbé-Marbois; le plus jeune des quatre était septuagénaire ; ils causaient ensemble de la situation politique et de leurs craintes, des révolutions qu'ils avaient vues et de celles qu'ils présageaient encore. C'était un spectacle touchant et inexprimable pour qui l'a pu surprendre, que cet entretien prudent, fin et doux, que ces vieillesses amies dont l'une allait être bien jeune encore, et dont aucune n'était lassée.

Mais j'aime mieux finir sur un trait plus humble, plus assorti à la morale familière dont M. de Ségur n'était un si fidèle et si persuasif organe que parce qu'il la pratiqua. Sa bonté de cœur attentive et délicate ne se démentit pas un seul jour au milieu des souffrances souvent très-vives qui précé-

(1) Le 27 août 1830.

dèrent sa fin. Un jour qu'il dictait selon sa coutume, son secrétaire distrait peut-être, ou entendant mal la voix déjà altérée, lui fit répéter le même mot deux et trois fois; à la troisième, un mouvement de vivacité et d'humeur échappa. La dictée continuant, M. de Ségur eut soin d'adresser à plusieurs reprises la parole au jeune homme, comme pour couvrir ce mouvement involontaire; mais il put deviner, à l'accent un peu ému des réponses, l'impression pénible qu'il avait causée. La dictée s'achevait et le secrétaire finissait d'écrire, lorsque tout d'un coup il aperçut le vieillard de soixante-dix-huit ans qui s'était levé du canapé où il reposait et qui s'approchait de lui en tâtonnant: « Mon ami, je vous ai fait tout à l'heure de la peine, pardonnez-moi. » Ce furent ses paroles. Le secrétaire, bien digne d'ailleurs d'un tel témoignage, ne put que saisir cette main vénérable qui le cherchait, en la baignant de larmes. Je ne sais si je m'abuse, mais un tel trait bien simple, si on l'omettait quand on en a connaissance, ferait faute au portrait du moraliste, et l'on n'aurait pas tout entier devant les yeux l'auteur de l'Essai sur la *Bienveillance*.

15 mai 1843.

JOSEPH DE MAISTRE.

En tardant si longtemps, depuis la première promesse que nous en avions faite (1), à venir parler de cet homme célèbre, de ce grand théoricien théocratique, il semble que, sans l'avoir cherché, nous ayons aujourd'hui rencontré une occasion de circonstance et presque un à-propos. Les Discussions religieuses, qui font ce qu'elles peuvent pour se réveiller autour de nous, viennent rendre ou prêter à tout ce qui concerne le comte de Maistre une sorte d'intérêt présent que ce nom si à part et orgueilleusement solitaire n'a jamais connu, et dont il peut, certes, se passer. Pour nous, nous n'essayerons par de le mêler plus qu'il ne convient à ces querelles, qu'il surmonte de toute la hauteur de sa venue précoce et de son génie. Nous l'étudierons d'abord en lui-même, nous y reconnaîtrons et nous y suivrons de près l'homme antique, immuable, à certains égards prophétique, le grand homme de bien qui a senti le premier et proclamé avec une incomparable énergie ce qui allait si fort manquer aux sociétés modernes en cette crise de régénération universelle. En le prenant dès

(1) Voir l'étude sur le comte Xavier de Maistre, insérée dans la *Revue des deux Mondes*, numéro du 1er mai 1839; on ne l'a pas mise dans ce volume, d'après la règle qu'on s'est posée de n'y pas faire entrer de vivants. — (Cette étude sur le comte Xavier est entrée depuis dans le tome II des *Portraits contemporains*, 1846.)

le berceau, dans son éducation, dans sa carrière et sa nationalité extérieures et contiguës à la France, nous aurons déjà fait la part de bien des exagérations où il a paru tomber, et sur lesquelles, d'ici, le parti adversaire l'a voulu uniquement saisir. Ces exagérations pourtant, en ce qu'elles ont de trop réel, nous les poursuivrons aussi, nous les dénoncerons dans la tournure même de son talent, dans l'absolu de son caractère ; nous en mettrons, s'il se peut, à nu la racine. Heureux si, dans ce travail respectueux et sincère, nous prouvons aux admirateurs, je dirai presque aux coreligionnaires de l'auguste et vertueux théoricien, que nous ne l'avons pas méconnu, et si en même temps nous maintenons devant le public impartial les droits désormais imprescriptibles du bon sens, de la libre critique et de l'humaine tolérance !

I

L'aîné du comte Xavier et l'un des plus éloquents écrivains de notre littérature, le comte Joseph-Marie de Maistre, naquit à Chambéry le 1er avril 1753. Voltaire, à Ferney, ne se doutait pas, en face du Mont-Blanc, que là grandissait, que de là sortirait un jour son redoutable ennemi, son moqueur le plus acéré. Le père du futur vengeur, magistrat considéré, après des charges actives noblement remplies, était devenu président au sénat de Savoie (1) ; son grand-père maternel, le sénateur de Motz, gentilhomme du Bugey, qui n'avait eu que des filles, s'attacha à ce petit-fils, et toute la sollicitude des deux familles se réunit complaisamment sur la tête du jeune aîné,

---

(1) J'emprunte beaucoup, pour les détails positifs, à l'*Éloge* inséré au tome XXVII des *Mémoires de l'Académie des Sciences de Turin*, et qui fut prononcé en janvier 1822 par M. Raymond, physicien et ingénieur distingué de Savoie : c'est la plus exacte notice qu'on ait écrite sur la vie qui nous occupe.

qui devait porter si haut leur espérance (1). Dès l'âge de cinq ans, l'enfant eut un instituteur particulier, qui, deux fois par jour, après son travail, le conduisait dans le cabinet de son grand-père de Motz. La nourriture d'étude était forte, antique, et tenait des habitudes du xvie siècle, mieux conservées en Savoie que partout ailleurs. L'esprit du grand jurisconsulte Favre n'avait pas cessé de hanter ces vieilles maisons parlementaires. Tout concourait ainsi, dès le début, à faire de M. de Maistre ce qu'il apparaît si impérieusement dans ses écrits, le magistrat-gentilhomme, l'héritier et le représentant du droit patricien et fécial, comme dit Ballanche.

Tout enfant, il eut une impression très-vive et qui ne s'effaça jamais : c'était l'époque où l'on supprimait en France l'ordre des jésuites (1764); cet événement faisait grand bruit, et l'enfant, qui en avait entendu parler *tout autour de lui*, sautait pendant sa récréation en criant : *On a chassé les jésuites!* Sa mère l'entendit et l'arrêta : « Ne parlez jamais ainsi, lui dit-elle; vous comprendrez un jour que c'est un des plus grands malheurs pour la religion. » Cette parole et le ton dont elle fut prononcée lui restèrent toujours présents; il était de ces jeunes âmes où tout se grave.

Les conseils des jésuites de Chambéry, amis de sa famille et très-consultés par elle, entrèrent aussi pour beaucoup dans son instruction; la reconnaissance se mêla naturellement chez lui à ce que par la suite, en écrivant d'eux, la doctrine lui suggéra (2).

Quoique élevé sous une tutelle particulière et domestique, il paraît avoir suivi en même temps les cours du collége de Chambéry; un jour, en effet, me raconte-t-on (3), un écolier

---

(1) Outre le comte Xavier, M. de Maistre eut trois frères, un évêque et deux militaires, gens distingués à tous égards, mais que rien d'ailleurs ne rattache plus particulièrement à lui.

(2) Voir dans le *Principe générateur* les beaux paragraphes XXXV et XXXVI.

(3) Je ne crois pas commettre une indiscrétion et je remplis un de-

l'ayant défié sur sa mémoire, qu'il avait extraordinaire, il releva le gant et tint le pari : il s'agissait de réciter tout un livre de *l'Enéide*, le lendemain, en présence du collége assemblé. M. de Maistre ne fit pas une faute et l'emporta. En 1818, un vieil ecclésiastique rappelait au comte Joseph cet exploit de collège : « Eh bien ! curé, lui répondit-il, croiriez-vous que je serais homme à vous réciter sur l'heure ce même livre de *l'Énéide* aussi couramment qu'alors? » Telle était la force d'empreinte de sa mémoire ; rien de ce qu'il y avait déposé et classé ne s'effaçait plus. Il avait coutume de comparer son cerveau à un vaste casier à tiroirs numérotés qu'il tirait selon le cours de la conversation, pour y puiser les souvenirs d'histoire, de poésie, de philologie et de sciences, qui s'y trouvaient en réserve. Cette puissance, cette capacité de mémoire, quand elle ne fait pas obstruction et qu'elle obéit simplement à la volonté, est le propre de toutes les fortes têtes, de tous les grands esprits.

Et pour suivre l'image : plus le casier est plein, plus les tiroirs nombreux, séparés par de minces et impénétrables cloisons, prêts à se mouvoir chacun indépendamment des autres et à ne s'ouvrir que dans la mesure où on le veut, et mieux aussi la tête peut se dire organisée.

A vingt ans, M. de Maistre avait pris tous ses grades à l'université de Turin. L'année suivante, en 1774, il entra comme substitut-avocat-fiscal-général surnuméraire (c'est le titre exact) au sénat de Savoie, et il suivit les divers degrés de cette carrière du ministère public jusqu'à ce qu'en avril 1788 il fut promu au siége de sénateur, comme qui dirait conseiller au parlement : c'est dans cette position que la Révolution française le saisit. Des renseignements puisés à la meilleure des

voir rigoureux de reconnaissance en déclarant que je dois infiniment, pour toute cette première partie de mon travail, à M. le comte Eugène de Costa, compatriote de M. de Maistre ; mais je crois sentir encore plus qu'envers d'aussi délicates natures la seule manière de reconnaître ce qu'on leur doit est d'en bien user.

sources nous permettent d'assurer qu'il était entré dans cette vie parlementaire et magistrale un peu contre son goût, mais qu'il s'y voua par devoir. Son émotion, toutes les fois qu'il s'agissait d'une condamnation capitale, était vive : il n'hésitait pas dans la sentence quand il la croyait dictée par la conscience et par la vérité ; mais ses scrupules, son anxiété à ce sujet, démentent assez ceux qui, s'emparant de quelque lambeau de page étincelante, auraient voulu faire de l'écrivain entraîné une âme peu humaine. Lors de la restauration de la maison de Savoie, il ne voulut pas rentrer dans cette carrière de judicature ni reprendre la responsabilité du sang à verser.

Il faut qu'on s'accoutume de bonne heure avec nous à ces contrastes, sans lesquels on ne comprendrait rien au vrai comte de Maistre, à celui qui a vécu et qui n'est pas du tout l'ogre de messieurs du *Constitutionnel* d'alors, mais un homme dont tous ceux qui l'ont connu vantent l'amabilité et dont plusieurs ont goûté les vertus intérieures, vertus *résultant* (comme on me le disait très-bien) *de sa soumission parfaite* : intolérant au dehors, tout armé et invincible plume en main, parce qu'il ne sacrifiait rien de ses croyances, il était, ajoute-t-on, aimable et charmant au dedans, parce qu'il sacrifiait sa volonté. Éblouissant, séduisant comme on peut le croire, et même très-souvent gai dans la conversation, il y portait toutefois par moments une vivacité de timbre et de ton, quelque chose de *vibrante*, comme disent les Italiens, et l'accent seul en montant aurait semblé usurper une supériorité « qui ne m'appartient pas plus qu'à tout autre, » s'empressait-il bien vite de confesser avec grâce. Mais revenons.

Voué de bonne heure à des occupations qu'il n'eût pas naturellement préférées, il sut réserver pour les études qui lui étaient chères les moindres parcelles de son temps, avec une économie austère et invariable. Il ne se déplaçait jamais sans but, il ne sortait jamais sans motif : de toute sa vie, nous dit M. Raymond, il ne lui est arrivé d'aller à la promenade. — Hélas ! combien différent de tant d'esprits de nos jours qui n'ont jamais fait autre chose dans leur vie qu'aller à la promenade soir et matin! — Il est vrai qu'il poussait cela un peu loin; l'avouerai-je? il répondait un jour en riant à quelques personnes qui l'engageaient à venir avec elles jouir d'un soleil de printemps : « Le soleil! je puis m'en faire un dans ma chambre avec un châssis huilé et une chandelle derrière! » Il plaisantait sans doute en parlant ainsi; il trahissait pourtant sa vraie pensée. Intelligence platonique, vivant au pur soleil des idées, il ne voyait volontiers dans ce flambeau de notre univers qu'une lanterne de plus, un moment allumée pour la caverne des ombres. On devine aussi à ce mot une nature positive que n'a dû entamer ni attendrir en aucun temps la rêverie. Rêver, nous le savons trop, c'est niaiser délicieusement, c'est vivre à la merci du souffle et du nuage, c'est laisser couler les heures vagues et amusées ou l'ennui plus cher encore. Lui donc, comme Pline l'Ancien, auquel en cela on l'a justement comparé, il n'aurait pas perdu une minute de temps utile, même pendant ses repas. Son régime fut de bonne heure fixé : il travaillait régulièrement quinze heures par jour, et ne se délassait d'un travail que par l'autre, aidé à cet effet par une attention vigoureuse et par une grande force de constitution physique. M. Royer-Collard remarque excellemment que ce qui manque le plus aujourd'hui, c'est dans l'ordre moral le *respect*, et dans l'ordre intellectuel l'*attention*. Certes M. de Maistre n'a pas fait défaut à l'une plus qu'à l'autre de ces deux rares conditions, mais encore moins, s'il est possible, à la dernière. Cette faculté d'attention, comme la mémoire qui en est le résultat, constitue un signe et un don inséparable des natures prédestinées. Durant son séjour à Pétersbourg, moins distrait par d'autres devoirs, M. de Maistre ne quittait plus l'étude. Il avait une table ou un fauteuil tournant : on lui servait à dîner sans que souvent il lâchât le livre, puis, le dîner dépêché, il faisait demi-tour et continuait le travail à peine interrompu. N'oublions pas, comme trait bien essentiel, qu'à quelque heure et dans quelque circonstance qu'une personne de sa famille entrât, elle le trouvait toujours heureux du dérangement, ou plutôt non pas même dérangé, mais bon, affectueux et souriant. Aussi, lorsque j'eus l'honneur d'interroger de ce côté, les termes d'amabilité parfaite et de *bonté tendre* furent ceux par lesquels on me répondit tout d'abord, et ils étaient prononcés avec un accent ému, pénétré, qui déjà m'en confirmait le sens et qui m'apprenait beaucoup : « La plus belle partie de sa vie est la partie cachée et qu'on ne dira pas ! »

Ainsi donc ce jeune magistrat, si opposé par sa nuance religieuse à notre vieille race parlementaire et gallicane des L'Hôpital et des de Thou, si supérieur par la gravité des mœurs à cette autre postérité plus récente et bien docte encore de nos gentilshommes de robe, de Brosses ou Montesquieu, M. de Maistre était autant versé qu'aucun d'eux dans les hautes études; il vaquait tout le jour aux fonctions de sa charge, à l'approfondissement du droit, et il lisait Pindare en grec, les soirs.

Une certaine gaieté, qu'on n'aurait jamais attendue, y ajoutait pourtant par accès sa pointe et le rapprochait des nôtres, de nos excellents personnages d'autrefois. Vers 1820, un très-jeune homme qui était reçu chez M. de Maistre, et qui s'effrayait de lui voir entre les mains quelque tome tout grec de Pindare ou de Platon, fut un jour fort étonné de lui entendre chanter de sa voix la plus joviale et la plus fausse quelques couplets du vieux temps, la Tentation de saint Antoine, par exemple. Et je me rappelle ma propre surprise à moi-même lorsque, interrogeant un poëte illustre sur M. de Maistre qu'il avait fort connu, il m'en parla d'abord comme d'un conteur presque facétieux et de belle humeur.

Comme écrivain de marque, M. de Maistre ne se produisit qu'après l'âge de quarante ans. Quoiqu'il eût donné quelques opuscules auparavant, ses *Considérations* sur la Révolution française, en 96, furent son premier coup d'éclat et de maître. Son talent d'écrivain sortit tout brillant et coloré du milieu de ses fortes études, comme un fleuve déjà grand s'élance du sein d'un lac austère. On aime pourtant à suivre les sources et les lenteurs mystérieuses des eaux aux flancs du rocher. Ces quarante premières années de préparation, d'accumulation et de profondeur, ne nous ont pas encore tout dit.

Quoiqu'on ait peu de renseignements sur la nature des travaux qui remplirent avec le plus de suite ses loisirs de magistrat, on peut conjecturer sans trop d'erreur que les questions de philosophie religieuse l'occupaient dès lors beaucoup. Ayant perdu, par l'effet des événements de 92, un amas énorme de recueils manuscrits, M. de Maistre les regrettait extrêmement plus tard lorsqu'il écrivit ses *Soirées*, et disait que les pages qu'il en aurait tirées auraient porté au double les développements donnés à certaines questions dans ce dernier ouvrage.

Fut-il tout d'abord ce que ses brillants écrits l'ont montré, théoricien intrépide d'une pensée qui contredisait si absolument celle de son siècle? Sa vie et sa doctrine n'eurent-elles qu'une seule et même teneur entière et rigide en toute leur durée? ou bien M. de Maistre eut-il en effet, lui aussi, une époque de tâtonnement et d'apprentissage, une jeunesse? Il serait trop extraordinaire qu'il eût commencé d'emblée par une opposition si brusque à tout ce qui circulait. Les grands esprits apprennent vite, mais ils apprennent; ils reculent, ils ensevelissent leurs sources, mais ils en ont. Le temps des purs prophètes et des jeunes Daniels est passé; c'est à l'école de l'histoire, à celle de l'expérience pratique et présente que se forment les sages et les mieux voyants. Deux discours de M. de Maistre, l'un publié lorsqu'il n'avait que vingt-deux ans, et l'autre prononcé quand il en avait vingt-quatre, vont nous le produire au début, ayant déjà l'instinct du style et du nombre, mais des plus rhétoriciens encore, assez imbu des idées ou du moins de la phraséologie du jour, et tout à fait l'un des jeunes contemporains de Voltaire et de Jean-Jacques finissants:

Le premier opuscule qu'on ait de lui, publié à Chambéry en 1775, a pour sujet et pour titre l'*Éloge de Victor-Amédée III*, duc de Savoie, roi de Sardaigne, de Chypre et de Jérusalem, prince de Piémont, avec cette épigraphe : *Détestables flatteurs, présent le plus funeste*, etc. Le candide panégyriste en effet, s'abandonne avec ivresse, mais il ne flatte pas. Dans cette espèce d'épithalame adressé au père et au roi au moment du mariage de son fils Charles-Emmanuel avec Clotilde de France et pour fêter leur voyage en Savoie, le jeune substitut épanche en prose poétique sa fidélité exaltée envers son souverain. Il vante les vertus patriarcales de l'époux : «... A qui vais-je parler? Quoi? dans le xviiie siècle « je vanterai les douceurs de l'amour conjugal?... Eh bien! « je parlerai... » Et il raconte l'anecdote de l'étranger qu'il conduit à travers les appartements du palais et qui, arrivé dans le cabinet du roi, dit : « Je ne vois point le lit du roi. » — « Monsieur, lui répondis-je, nous ne savons ce que c'est « que le lit du *roi*; mais si vous voulez voir celui du *mari de* « *la reine*, passons dans l'appartement de Ferdinande... » Il loue la religion du roi, il le loue de faire disparaître l'ignorance : l'enthousiasme, alors de rigueur, pour l'agriculture, pour les lumières, circule au milieu de ce culte de la religion conservé. Ce sont des déclamations sur les travaux construits : « Une digue immense arrête le Rhône prêt à engloutir les « coteaux délicieux de Chautagne. Cruelle Isère, tu rendras « ta proie... » On noterait, si l'on voulait, quelques contrastes fortuits et piquants avec ce qu'il écrira plus tard : « J'avoue « cependant qu'il y a dans tous les pays des hommes dont « on ne saurait acheter les services trop cher : ce sont les « *histrions*, les *saltimbanques*, les *délateurs*, les *eunuques*, les « *archers*, les BOURREAUX, les *traitants*.... Car, ces gens-là « n'ayant rien de commun avec l'honneur, on n'a que de « l'argent à leur donner. » Le bourreau placé entre les tratants et les histrions! il le mettra plus à part une autre fois. — Il loue encore le prince d'être l'*évêque extérieur*, comme on disait de Constantin, de se montrer également éloigné du relâchement et de la sévérité ; et parlant des pays où l'accusation d'irréligion se renouvelle sans cesse parce qu'elle est toujours sûre d'être écoutée : « Que dis-je ? n'a-t-on pas poussé « l'extravagance et la cruauté jusqu'à allumer des bûchers, « jusqu'à faire couler le sang au nom du Dieu très-bon ? Sa-« crifices mille fois plus horribles que ceux que nos ancêtres « offraient à l'affreux Teutatès, car cette idole insensible « n'avait jamais dit aux hommes : *Vous ne tuerez point, vous* « *êtes tous frères ; je vous haïrai si vous ne vous aimez pas.* » Le vœu de tolérance cher au xviiie siècle trouve là son écho.

En même temps l'auteur, qui n'a pas encore toute sa cohérence, s'élève contre les incrédules « qui réclament à grands « cris la *liberté de penser...* Qu'est-ce qui les empêche de « penser ? Ce sont les discours, ce sont les écrits que Victor « défend avec raison. »

Tout à côté, La Fayette lui-même n'aurait pas désavoué la ferveur de cet élan sur la guerre d'Amérique : « La liberté, « insultée en Europe, a pris son vol vers un autre hémi-« sphère ; elle plane sur les glaces du Canada, elle arme le « paisible Pensylvanien, et du milieu de Philadelphie elle « crie aux Anglais : *Pourquoi m'avez-vous outragée, vous qui* « *vous vantez de n'être grands que par moi ?* » — Le tout finit et se couronne par un pompeux éloge de la France : « Charles, « Clotilde, augustes époux, vous allez retracer à nos yeux « les vertus de Ferdinande et de Victor !... Confondons les « intérêts des deux États, et que les Français s'accoutument « à se croire nos concitoyens. Toujours ce peuple aimable « aura de nouveaux droits sur nos cœurs ; chez lui, les grâces « s'allient à la grandeur ; la raison n'est jamais triste ; la « valeur n'est jamais féroce, et les roses d'Anacréon se mêlent « aux panaches guerriers des Du Guesclin... » M. de Maistre pensera toujours, plus qu'il n'en voudrait convenir, à la France et à Paris, à cette Athènes absente qu'il saluait si gracieusement au début ; mais il la peindra tout à l'heure moins anacréontique et un peu moins couleur de rose. La *lune de miel* ne dura pas.

Le second opuscule qui se rapporte à ces années est un discours (resté manuscrit) que M. de Maistre prononça, en 1777, devant le sénat de Savoie, à l'une de ces rentrées solennelles où le jeune substitut avait la parole au nom du ministère public; d'après les extraits qu'on veut bien m'en transmettre, je n'y puis voir qu'une amplification de parquet *sur les devoirs du magistrat*. Si l'on cherchait à y surprendre les premières impressions, les premières émotions de l'homme public et de l'écrivain, on devrait y reconnaître surtout l'influence de Rousseau. Les locutions familières au philosophe de Genève, l'*Être des êtres*, l'*Être suprême*, et surtout la *vertu*, y sont prodiguées; le mot de *préjugés* résonne souvent. Certains souvenirs des républiques grecques y figurent et trahissent à la fois l'inexpérience et la générosité du jeune homme. Je ne donnerai ici qu'un passage décisif en ce qu'il prouve que l'auteur, à ce moment, n'était point encore du tout revenu des idées généralement courantes sur le pacte ou contrat social:

« Sans doute, messieurs, tous les *hommes ont des devoirs à remplir*; mais que ces devoirs sont différents par leur importance et leur étendue! Représentez-vous la naissance de la société; voyez ces hommes, las du pouvoir de tout faire, réunis en foule autour des autels sacrés de la patrie qui vient de naître, tous abdiquent volontairement une partie de leur liberté; tous consentent à faire courber les volontés particulières sous le sceptre de la volonté générale; la hiérarchie sociale va se former; chaque place impose des devoirs; mais ne vous semble-t-il pas, messieurs, qu'on demande davantage à ceux qui doivent influer plus particulièrement sur le sort de leurs semblables, qu'on exige d'eux un serment particulier, et qu'on ne leur confie qu'en tremblant le pouvoir de faire de grands maux?

« Voyez le ministre des autels qui s'avance le premier: « Je connais
« dit-il, toute l'autorité que mon caractère va me donner sur les peu-
« ples; mais vous ne gémirez point de m'en avoir revêtu. Ministre de
« paix, de clémence et de *charité*, la douceur respirera sur mon front;

« toutes les vertus paisibles seront dans mon cœur ; chargé de récon-
« cilier le ciel et la terre, jamais je n'avilirai ces fonctions. Auguste
« interprète de Dieu parmi vous, on ne se défiera point des oracles
« qu'il rendra par ma bouche, car je ne le ferai jamais parler pour mes
« intérêts. »

Il est évident qu'il y a, dans ce portrait du ministre de paix, comme une réminiscence peu lointaine du *Vicaire savoyard*. Après le prêtre, l'orateur fait intervenir le guerrier, puis le magistrat, dont les devoirs sont le thème auquel particulièrement il s'attache. Mais jusqu'à présent le de Maistre que nous cherchons et que nous admirons n'est point encore trouvé.

Les années qui s'écoulèrent jusqu'au coup de tocsin de la Révolution française le laissèrent tel sans doute, étudiant et méditant beaucoup, mûrissant lentement, mais ne se révélant pas tout entier aux autres ni probablement à lui-même. Rien ne faisait pressentir l'illustration littéraire et philosophique, à la fois tardive et soudaine, dont il allait se couronner. C'était un magistrat fort distingué, non pas précisément (quoi qu'en ait dit quelqu'un de bien spirituel) un *mélange de courtisan et de militaire* : il n'avait de militaire que son sang de gentilhomme, et du courtisan il n'avait rien du tout. Dans cette espèce même de mercuriale dont nous parlions tout à l'heure, nous pourrions citer, sur l'indépendance et le stoïcisme imposés au magistrat, des paroles significatives qui dénoteraient toute autre chose que le partisan du bon plaisir royal (1).

(1) « ... Qu'on ne dise pas, messieurs, qu'il est maintenant inutile
« de nous élever à ce degré de hauteur que nous admirons chez les
« grands hommes des temps passés, puisque nous ne serons jamais dans
« le cas de faire usage de cette force prodigieuse. Il est vrai que, sous
« le règne de rois sages et éclairés, les circonstances n'exigent pas de
« grands sacrifices, parce qu'on ne voit pas de grandes injustices ;
« mais il en est que les meilleurs souverains ne sauraient prévenir ;
« et si quelqu'un ose assurer qu'en remplissant ses devoirs avec une
« inflexibilité philosophique, on ne court jamais aucun danger, à

L'est-il jamais devenu depuis lors dans le sens positif qu'on lui impute? il y aurait lieu, en avançant, de le contester. Ce qui n'est pas douteux, c'est que M. de Maistre passait, non-seulement dans sa jeunesse, mais beaucoup plus tard, tout près de la Révolution, pour adopter les idées nouvelles, les opinions *libérales*. Dans quel sens et jusqu'à quel point? c'est ce qu'il a été impossible d'éclaircir, et l'on n'a pu recueillir à ce sujet que la particularité que voici :

Trop de latitude accordée au pouvoir militaire en matière civile ayant amené quelques abus dans une petite ville de Savoie, M. de Maistre témoigna assez hautement sa désapprobation pour s'attirer, de la part de l'autorité supérieure à Turin, une vive réprimande. Peu de temps après, lorsque la Savoie fut envahie, il trouva piquant de se disculper, au moyen de cette lettre ministérielle, du reproche de *servilisme* que lui lançait quelque partisan de la nouvelle république, quelque fougueux Allobroge de fraîche date.

L'abbé Raynal étant venu à Aix en Savoie, M. de Maistre, fort jeune encore, alla le voir avec quelques amis; mais une première visite suffit à la connaissance : l'absence de dignité dans l'homme le détrompa vite (s'il en était besoin) des déclamations philanthropiques de l'historien.

Du reste aucun événement proprement dit, ayant trait à la vie extérieure de M. de Maistre en ces années, n'a laissé de souvenir; sa situation était plus que jamais assise, un mariage vertueux avait achevé de la fixer; il aurait pu consumer, enfouir ainsi dans l'étude, dans la méditation, dans ces sortes d'extraits volumineux qu'on fait pour soi-même et auxquels manque toujours la dernière main, cette foule de

---

« coup sûr cet homme-là n'a jamais ouvert les yeux. D'ailleurs,
« messieurs, la vertu est une force constante, un état habituel de
« l'âme, tout à fait indépendant des circonstances. Le sage, au sein
« du calme, fait toutes les dispositions qu'exige la tempête, et quand
« Titus est sur le trône, il est prêt à tout, comme si le sceptre de
« Néron pesait sur sa tête... »

pensées et de trésors dont on n'aurait jamais démêlé le titre ni le poids; il aurait pu, en un mot, ne jamais devenir le grand écrivain que nous savons, quand la Révolution française éclata et vint dégager en lui le talent, en frapper l'effigie, y mettre le casque et le glaive.

L'armée française, sous les ordres de Montesquiou, envahit la Savoie le 22 septembre 1792. Fidèle à son prince, le sénateur de Maistre partit de Chambéry le lendemain 23; désirant néanmoins juger par lui-même de l'*ordre* nouveau, et profitant d'un décret de sommation adressé aux émigrés, il revint au mois de janvier 93 : c'est durant ce séjour hasardeux qu'il eut sans doute à faire usage, pour sa justification, de la lettre ministérielle dont on a parlé. Suffisamment édifié sur le régime de liberté, il quitta de nouveau la Savoie en avril, et se retira à Lausanne, comme dans un vis-à-vis et sur un observatoire commode. Il passa dans cette ville, de tout temps si éclairée et si ornée alors d'étrangers de distinction, trois années entières, et ne rentra en Piémont qu'au commencement de 97. Le roi Victor-Amé lui donna pour mission à Lausanne de correspondre avec le bureau des affaires étrangères; et de transmettre ses observations sur la marche des événements en France et alentour. Les dépêches de M. de Maistre étaient soigneusement recueillies par les ministres étrangers résidant à Turin, et devenaient de la sorte un document européen. Bonaparte, nous apprend M. Raymond, trouva par la suite cette correspondance tout entière dans les archives de Venise. Qu'est-elle devenue? Elle aurait, comme étude de l'homme, bien du prix. Devant rendre compte aux autres de ses impressions successives, M. de Maistre atteignit vite à toute la hauteur de ses pensées.

Plusieurs écrits imprimés viennent, au reste, suppléer à ce qui nous manque et nous mettre entre les mains le fil qui désormais ne cesse plus. M. de Maistre publia successivement vers cette époque :

1° Des *Lettres d'un Royaliste savoisien à ses Compatriotes*.

M. Raymond n'en indique que deux, mais j'ai eu sous les yeux la *quatrième*; elles parurent d'avril à juillet 1793.

2° Un *Discours à madame la marquise de C. (Costa)* sur la vie et la mort de son fils Alexis-Louis-Eugène de Costa, lieutenant au corps des grenadiers royaux de Sa Majesté le roi de Sardaigne, mort, âgé de seize ans, à Turin, le 21 mai 1794, d'une blessure reçue, le 27 avril précédent, à l'attaque du Col-Ardent (Turin, 1794), avec cette épigraphe :

> Frutto senil insu 'l giovenil fiore.
> (Tasse.)

C'est aussi en cette même année 94 que se publiait par les soins du comte Joseph, parrain et tuteur du livre, le charmant *Voyage autour de ma Chambre* de son aimable frère. Ces années de séjour à Lausanne, on le voit, furent fécondes.

3° *Jean-Claude Tétu, maire de Montagnole, district de Chambéry,* à ses chers concitoyens les habitants du Mont-Blanc, salut et bon sens! (Daté de Montagnole, le 10 août 1795).

4° *Mémoire sur les prétendus Émigrés savoisiens*, dédié à la Nation française et à ses législateurs. (Daté du 15 juillet 1796).

Cette année 96 est celle où parurent, à Neufchâtel d'abord, les *Considérations sur la France*, par lesquelles M. de Maistre entrait décidément dans la publicité européenne et devenait l'oracle éloquent d'une doctrine ; mais les écrits que je viens d'énumérer, et très-différents des deux productions de jeunesse précédemment citées, restent la préface naturelle, l'introduction explicative et immédiate des *Considérations*. Il y aura intérêt à parcourir, à connaître par extraits ces pamphlets et brochures devenus très-rares, et qui même, sans une bienveillance toute particulière qui est venue au-devant de mes désirs, me fussent sans doute demeurés introuvables et inconnus.

Je n'ai eu sous les yeux que la *quatrième Lettre d'un Royaliste savoisien à ses Compatriotes*, datée du 3 juillet 1793 ; je ne parlerai donc que de celle-ci, qui avait été précédée nécessairement de trois autres, et qui semblait même réclamer une suite. La révolution est consommée en Savoie depuis l'invasion de septembre 1792; l'auteur dit aux siens : *Voyez et comparez.* L'objet de cette quatrième lettre est énoncé en tête : *Idée des lois et du gouvernement de Sa Majesté le roi de Sardaigne, avec quelques réflexions sur la Savoie en particulier.*

« Heureux, lit-on au début, heureux les peuples dont on ne
« parle pas ! Le bonheur politique, comme le bonheur domes-
« tique, n'est pas dans le bruit ; il est le fils de la paix, de la
« tranquillité, des mœurs, du respect pour les anciennes
« maximes du gouvernement, et de ces coutumes vénérables
« qui tournent les lois en habitudes et l'obéissance en ins-
« tinct. » Et l'auteur montre que tel a été le caractère constant et le régime de la maison de Savoie, en qui il loue surtout le talent de gouverner sans jamais se brouiller avec l'opinion. Il commence par citer quelques-unes des déclamations proférées et publiées à l'occasion de l'*Assemblée générale des Allobroges,* « la raison éternelle et la souveraineté du peuple ayant exercé dans cette Assemblée nationale des Allobroges l'empire suprême que les armes françaises leur avaient reconquis. » Il ne manque pas les invectives burlesques contre ces institutions qui sacrifiaient le sang et les sueurs du peuple à l'entretien des palais et des châteaux (les palais de Savoie !). A ces banales insultes l'auteur oppose le tableau de ce qu'était ce gouvernement modéré et paternel : il montre en Savoie le clergé et la noblesse ne formant pas de corps séparé dans l'État ; les libertés de l'Église gallicane observées par opposition à ce qui avait lieu en Piémont ; le haut clergé sans faste, exemplaire de mœurs ; le *bas* clergé (expression qui était inconnue) jouissant de toute considération, et la noblesse elle-même paraissant assez souvent dans cette classe des simples curés. Quant à cette noblesse proprement dite, elle avait des priviléges sans doute, mais des priviléges très-limités ; la qualité de noble était avant tout un titre honorifique qui obligeait plus étroitement envers l'État. Chaque jour les grands

emplois faisaient entrer dans la noblesse des hommes, qui obtenaient ainsi une illustration marquée, sans devenir pourtant tout d'un coup les égaux des gentilshommes de race :
« La noblesse est une semence précieuse que le souverain
« peut créer, mais son pouvoir ne s'étend pas plus loin ; c'est
« au temps et à l'opinion qu'il appartient de la féconder. »
Suivent des détails de l'ancienne organisation locale. — Le roi de Sardaigne avait publié un célèbre édit du 19 décembre 1771, pour l'affranchissement des terres en Savoie et l'extinction des droits féodaux. Depuis plus de vingt ans, le tribunal supérieur chargé de cette opération délicate n'avait jamais suspendu ses fonctions. — Mais, à chaque instant, des vues lumineuses et de haute politique générale sillonnent le sujet et élargissent les horizons : « Il est bon, dit le publiciste, en
« tout ceci purément judicieux, qu'une quantité considérable
« de nobles se jette dans toutes les carrières en concurrence
« avec le second ordre ; non-seulement la noblesse illustre
« les emplois qu'elle occupe, mais par sa présence elle unit
« tous les états, et par son influence elle empêche tous les
« corps dont elle fait partie de se cantonner... C'est ainsi
« qu'en Angleterre la portion de la noblesse qui entre dans
« la Chambre des communes tempère l'âcreté délétère du
« principe démocratique qui doit essentiellement y résider,
« et qui *brûlerait* infailliblement la Constitution sans cet
« amalgame précieux. »

Et plus loin : « Observez en passant qu'un des grands avan-
« tages de la noblesse, c'est qu'*il y ait dans l'État quelque*
« *chose de plus précieux que l'or* (1). »

Il raille de ce bon rire, qui s'essaye d'abord comme en

(1) Ceci commence à se faire sentir. Je dirai plus : en France, le triomphe de la classe moyenne et d'une certaine élite éclairée, mais pleine de sa propre opinion, nous a appris qu'il était bon aussi pour l'agrément qu'il y eût dans la société quelque chose, non pas de plus précieux que l'esprit, mais de non fondé exclusivement sur l'esprit, — j'entends un certain esprit fier de lui-même et de sa doctrine.

famille, ses compatriotes devenus les *citoyens tricolores*, et se moque des raisonnements sur les assignats : « Lorsque je lis « des raisonnements de cette force, je suis tenté de pardonner « à Juvénal d'avoir dit en parlant d'un sot de son temps : « *Ciceronem Allobroga dixit* (1) ; et à Thomas Corneille d'avoir « dit dans une comédie en parlant d'un autre sot : *Il est pis* « *qu'Allobroge.* » Mais déjà il passe à tout moment la frontière et ne se retient pas sur le compte de la grande nation : « Quand on voit ces prétendus législateurs de la France « prendre des institutions anglaises sur leur sol natal et les « transporter brusquement chez eux, on ne peut s'empêcher « de songer à ce général romain qui fit enlever un cadran « solaire à Syracuse et vint le placer à Rome, sans s'inquiéter « le moins du monde de la latitude. Ce qui rend cependant « la comparaison inexacte, c'est que le bon général ne savait « pas l'astronomie. »

Sur la justice il y a d'assez belles choses, rien qui sente le peintre futur du *bourreau*. Il rappelle toutefois que, lorsqu'on parlait des prisonniers d'État renfermés à Miolans, unique prison de ce genre en Savoie, on était plutôt tenté de s'en prendre au trop de clémence du prince ; que trop souvent les prisons d'État autorisaient les erreurs de cette clémence, qu'elles dérobaient celui qui était plutôt dû au gibet ou aux galères, « et faisaient oublier cette maxime d'un homme « célèbre, la plus belle chose peut-être que les hommes aient « jamais dite : *La justice est la bienfaisance des rois.* » — Plus loin, à propos des prisons de Chambéry, il se plaît à faire ressortir le témoignage favorable de l'envoyé du Ciel, Howard. Ainsi, sur cette théorie de la rigueur, il n'a pas encore de parti pris.

Il appelle de tous ses vœux, en finissant, la restauration de Victor-Amé et s'élève avec passion, avec ironie déjà, contre

---

(1) Satire VII ; il s'agit d'un certain Rufus qui traitait Cicéron d'Allobroge, comme qui dirait de Racine qu'il est un Béotien ou un crétin.

les ambitieux voisins qui tant de fois, et au commencement du xviie siècle et depuis lors, ont troublé cet heureux pays : « Rejetez loin de vous ces théories absurdes qu'on vous « envoie de France comme des vérités éternelles et qui ne « sont que les rêves funestes d'une vanité immorale. Quoi ! « tous les hommes sont faits pour le même gouvernement, et « ce gouvernement est la démocratie pure ! Quoi ! la royauté « est une tyrannie ! Quoi ! tous les politiques se sont trompés « depuis Aristote jusqu'à Montesquieu !... Non, ce n'est point « sur la terre la moins fertile en découvertes qu'on a vu ce « que l'univers n'avait jamais su voir, ce n'est point de la « fange du *Manége* que la Providence a fait germer des vérités « inconnues à tous les siècles :

. . . . Sterilesne elegit arenas
Ut caneret paucis, mersitque hoc *pulvere* verum (1) ? »

Et suit un éloge de la monarchie en une de ces images qui vont devenir familières à l'écrivain et qui saisissent la pensée comme les yeux : « La monarchie est réellement, s'il est per- « mis de s'exprimer ainsi, une *aristocratie tournante* qui élève « successivement toutes les familles de l'État ; tous les hon- « neurs, tous les emplois sont placés au bout d'une espèce « de lice où tout le monde a droit de courir ; c'est assez pour « que personne n'ait droit de se plaindre. Le *Roi* est le juge « des courses. » — Que vous en semble ? A voir s'ouvrir cette lice grandiose et presque olympique dont Montesquieu eût envié avec la justesse le relief éclatant, il devient clair que le lecteur de Pindare n'a point perdu ses veilles, et que M. de Maistre est déjà trouvé.

Le *Discours à madame la marquise de Costa* nous le rend avec des défauts de jeunesse et presque de rhétorique encore, qui tiennent au genre ; mais en même temps on ne perd pas

---

(1) Lucain, livre IX. C'est Caton qui dit admirablement cela de l'oracle d'Ammon au milieu des sables.

longtemps de vue l'écrivain nouveau, le penseur original et hardi qui se décèle, qui se dresse par endroits et va décidément triompher. Les premières pages sont un peu dans l'imitation et le ton de Voltaire faisant l'éloge funèbre des officiers morts pendant la campagne de 1741, dans le ton de Vauvenargues lui-même déplorant la perte de son jeune et si intéressant ami Hippolyte de Seytres. L'auteur ne vient pas pour distraire, il ne veut pas même consoler, il ne veut que s'attrister avec une mère. Il célèbre dès le début *l'éducation* morale par opposition à l'éducation scientifique : — Laisser mûrir le caractère sous le toit paternel, — ne pas répandre l'enfance au dehors. L'homme moral est plus tôt formé qu'on ne croit. Au reste, aucun système d'éducation ne saurait être généralisé : ici on appliqua l'amour; Eugène était son nom, *le Bien-né.* Le panégyriste s'étend un peu sur les anecdotes d'enfance, *puerilia* : un jour, on trouva l'enfant occupé à souffler de toutes ses forces le feu dans une chambre sans lumière : « Je travaille, dit-il, pour faire revenir mon *nègre,* » il appelait ainsi son ombre. — Eugène fut un enfant *préservé.* Il cultive les arts, la peinture. Est-ce à Genève qu'il va suivre ses études? La périphrase l'indiquerait, mais le nom n'y est pas; l'auteur en est encore aux périphrases comme plus élégantes. Des pensées élevées et politiques se font jour à travers cette gracieuse déclamation. Eugène, selon l'usage, entre au sortir de l'enfance dans la carrière militaire : « Il ne dépend
« point de nous de créer les coutumes; elles nous comman-
« dent. Leurs suites morales et politiques sont l'affaire du
« Souverain; la nôtre est de les suivre paisiblement et de ne
« jamais déclamer contre elles. » — Et sur la pureté de mœurs d'Eugène dans sa vie de garnison : « Pour lui le
« mauvais exemple était nul, ou changeait de nature; il
« n'avait d'autre effet que de le porter à la vertu, par un
« mouvement plus rapide, composé de l'attrait du bien et
« de l'action répulsive du mal sur cette âme pure comme la
« lumière. »

Au moment où la Révolution éclate, on dirait que l'auteur lui emprunte son plus mauvais style pour la peindre : « Un « épouvantable volcan s'était ouvert à Paris : bientôt son « cratère eut pour dimension le diamètre de la France, et les « terres voisines commencèrent à trembler. O ma patrie! O « peuple infortuné !... » Et ailleurs : « Aussi vile que féroce, « jamais elle (la Révolution) ne sut ennoblir un crime ni « se faire servir par un grand homme ; c'est dans les pourri- « tures du patriciat, c'est surtout parmi les suppôts détesta- « bles ou les écoliers ridicules du philosophisme, c'est dans « l'antre de la chicane et de l'agiotage qu'elle avait choisi « ses adeptes et ses apôtres. » Ce style-là, loin d'être du bon de Maistre, n'est que du mauvais La Mennais. Voici qui est mieux :

« Mais c'est précisément parce que la Révolution française, dans ses bases, est le comble de l'absurdité et de la corruption morale, qu'elle est éminemment dangereuse pour les peuples. La santé n'est pas *contagieuse* ; c'est la maladie qui l'est trop souvent. Cette Révolution bien définie n'est qu'une expansion de l'orgueil immoral débarrassé de tous ses liens ; de là cet épouvantable prosélytisme qui agite l'Europe entière. L'orgueil est immense de sa nature : il détruit tout ce qui n'est pas assez fort pour le comprimer ; de là encore les succès de ce prosélytisme. Quelle digue opposer à une doctrine qui s'adressa d'abord aux passions les plus chères du cœur humain, et qui, avant les dures leçons de l'expérience, n'avait contre elle que les sages? La souveraineté du peuple, la liberté, l'égalité, le renversement de toute subordination, le droit à toute sorte d'autorité : quelles douces illusions! La foule comprend ces dogmes, donc ils sont faux ; elle les aime, donc ils sont mauvais. N'importe! elle les comprend, elle les aime. Souverains, tremblez sur vos trônes ! »

Le contre-coup retentit en Savoie ; là, ce n'aurait été qu'une querelle de famille ; mais Paris convoite les pauvres montagnes : un petit nombre de *scélérats* (je copie) répond au cri d'appel. Le roi, se croyant menacé, arme. Le 22 septembre 1792, la Savoie est envahie par l'armée française, et le Piémont près de l'être. Après la défense du Saint-Bernard (1793), Eugène, grièvement malade, court des dangers : il semblait « que la Providence voulût tenir ses parents conti-« nuellement en alarmes sur lui et, pour ainsi dire, les *accou-*« *tumer à le perdre.* » Il passe les quartiers d'hiver de 93-94 à Asti. Mais le génie de Bonaparte prélude déjà à ses prochaines destinées d'Italie, et dicte les opérations de la campagne qui va s'ouvrir (1). Dès le 6 avril 94, éclate l'attaque générale des Français sur toute la chaîne du comté de Nice. Le 27, Eugène, se trouvant avec sa compagnie au sommet de la *Saccarella*, qui domine le *Col-Ardent*, marche à l'attaque de ce dernier poste, et y reçoit une balle à la jambe ; ses grenadiers l'emportent ; trois semaines après, à Turin, il succombe des suites de sa blessure. — Au moment de sa mort, « son âme, *natu-*« *rellement chrétienne,* se tourna vers le Ciel... Il pria pour « ses parents, les nomma tous et ne plaignit qu'eux. »

Un passage du récit rend avec beauté ce tableau des morts chrétiennes dont on était désaccoutumé depuis si longtemps en notre littérature, et que le génie de M. de Chateaubriand, quelques années après, devait remettre en si glorieux et si pathétique honneur :

« L'orage de la Révolution avait poussé jusqu'à Turin un solitaire de l'ordre de la Trappe. L'homme de Dieu, présent à ce spectacle, défendait de la part du Ciel la tristesse et les pleurs. Séparé de la terre avant le temps, il ne pouvait plus descendre jusqu'aux faiblesses de la nature ; il accusait nos vœux indiscrets et notre tendresse cruelle ; il n'osait point unir ses prières aux nôtres : il ne savait pas s'il était permis de désirer la guérison de l'ange. Son enthousiasme religieux effraya celle qui vous remplaçait auprès de votre fils (une belle-sœur de Mme de Costa); elle pria l'anachorète exalté de diriger ailleurs ses pensées et de ne former aucun vœu dans son cœur, *de peur que son désir ne fût une prière :* beau mouvement de tendresse, et bien digne d'un cœur parent de celui d'Eugène ! »

---

(1) *Mémoires* de Napoléon, tome I, page 61.

L'auteur adresse et approprie à son héros cette apostrophe célèbre de Tacite à Agricola, reproduite elle-même de celle de Cicéron à l'orateur Crassus : « Heureux Eugène ! le Ciel ne « t'a rien refusé, puisqu'il t'a donné de vivre sans tache et « de mourir à propos. — Il n'a point vu, madame, les der-« niers crimes... Il n'a point vu en Piémont la trahison... Il « n'a point vu l'auguste Clotilde sous l'habit du deuil et de la « pénitence... » Mais voici le *finale* qui s'élève, se détache en pleine originalité, et devient enfin et tout à fait du grand de Maistre :

« Il faut avoir le courage de l'avouer, madame, longtemps nous n'avons point compris la Révolution dont nous sommes les témoins, longtemps nous l'avons prise pour un *événement* ; nous étions dans l'erreur : c'est une *époque*, et malheur aux générations qui assistent aux époques du monde ! Heureux mille fois les hommes qui ne sont appelés à contempler que dans l'histoire les grandes révolutions, les guerres générales, les fièvres de l'opinion, les fureurs des partis, les chocs des empires et les funérailles des nations ! Heureux les hommes qui passent sur la terre dans un de ces moments de repos qui servent d'intervalle aux convulsions d'une nature condamnée et souffrante ! — Fuyons, madame ; *Encelade se tourne*. — Mais où fuir ? Ne sommes-nous pas attachés par tous les liens de l'amour et du devoir ? Souffrons plutôt, souffrons avec une résignation réfléchie : si nous savons unir notre raison à la Raison éternelle, au lieu de n'être que des *patients*, nous serons au moins des *victimes*.

« Certainement, madame, ce chaos finira, et probablement par des moyens tout à fait imprévus. Peut-être même pourrait-on déjà, sans témérité, indiquer quelques traits des plans futurs qui paraissent décrétés (1). Mais par combien de malheurs la génération présente achètera-t-elle le calme pour elle et pour celle qui la suivra ? C'est ce qu'il n'est pas possible de prévoir. En attendant, rien ne nous empêche de contempler déjà un spectacle frappant, celui de la foule des grands coupables immolés les uns par les autres avec une précision vraiment

(1) Toute l'œuvre prochaine, l'œuvre philosophique et théosophique de De Maistre, va sortir de là : c'est le premier instant où on la voit poindre.

surnaturelle. Je sens que la raison humaine frémit à la vue de ces flots de sang innocent qui se mêle à celui des coupables. Les maux de tout genre qui nous accablent sont terribles, surtout pour les aveugles qui disent que *tout est bien*, et qui refusent de voir dans tout cet univers un état violent, absolument *contre nature* dans toute l'énergie du terme. Pour nous, madame, contentons-nous de savoir que tout a sa raison que nous connaîtrons un jour ; ne nous fatiguons point à chercher les *pourquoi*, même lorsqu'il serait possible de les entrevoir. La nature des êtres, les opérations de l'intelligence et les bornes des possibles nous sont inconnues. Au lieu de nous dépiter follement contre un ordre de choses que nous ne comprenons pas, attachons-nous aux vérités pratiques. Songeons que l'épithète de *très-bon* est nécessairement attachée à celle de *très-grand;* et c'est assez pour nous : nous comprendrons que sous l'empire de l'Être qui réunit ces deux qualités, tous les maux dont nous sommes les témoins ou les victimes ne peuvent être que des actes de justice ou des moyens de régénération également nécessaires. N'est-ce pas lui qui a dit, par la bouche de l'un de ses envoyés : *Je vous aime d'un amour éternel?* Cette parole doit nous servir de solution générale pour toutes les énigmes qui pourraient scandaliser notre ignorance. Attachés à un point de l'espace et du temps, nous avons la manie de rapporter tout à ce point; nous sommes tout à la fois ridicules et coupables. »

En terminant, l'auteur s'adresse encore à l'*Ombre chérie* d'Eugène et retombe un peu dans la déclamation, au moins pour la forme; mais les germes de son système de réversibilité et d'ordre providentiel viennent de se montrer et n'ont plus qu'à pousser leur développement. Comme saint Augustin, en présence des épouvantables catastrophes de son siècle, il conçoit sa *Cité de Dieu*.

Cité étrange chez l'un comme chez l'autre, plus belle de titre et de conception que justifiable de détail, dans laquelle le bon sens, la sagesse humaine, trouvent à s'achopper presque à chaque pas, mais où les esprits vraiment religieux se satisferont de quelques hautes clartés!

Le pamphlet publié et distribué à Chambéry en août 95, sous le nom de *Jean-Claude Tétu,* est une Provinciale saroyarde à la portée du peuple, une petite lettre de Paul-Louis en style du cru. Partant le sel en est gros et gris, mais il y en a sous la trivialité. Il s'agit de profiter du nouveau bail réclamé par la France au sujet de la Constitution de l'an III, pour réveiller l'opinion royaliste dans le pays et pour pousser à une Restauration :

« ....., Nous avons tous sur le cœur cette triste comédie de 1792, lorsqu'une poignée de vauriens, qui se faisaient appeler *la nation*, écrivirent à Paris que nous voulions être Français. Vous savez tous devant Dieu qu'il n'en était rien, et comme quoi nous fûmes tous libres de dire *non*, à la charge de dire *oui* (1)?

« Or, voici une belle occasion de donner un démenti à ceux qui nous firent parler mal à propos. Aujourd'hui, nous ne sommes plus si épouvantés que nous l'étions alors ; nous avons un peu repris nos sens. Croyez-moi, disons tout rondement que nous n'en voulons plus.

« Vous croirez peut-être qu'il y a de l'imprudence à parler si clair? Au contraire, vous pourrez par là faire grand plaisir à la C. N. (Convention nationale). Tout le monde sait assez qu'elle a besoin et partant envie de la paix. Or, cette réunion à la France la gêne, et le vœu de la nation, quoiqu'il n'ait jamais existé que dans la boîte à l'encre du citoyen *Gorin* (2), forme cependant un obstacle très-fort aux yeux de

---

(1) Il est bon, en histoire, de contrôler les récits l'un par l'autre, de se placer tour à tour sur chacun des revers des monts. Croirait-on bien, par exemple, à lire ces assertions positives, qu'il s'agit du même fait que l'historien de la Révolution française a résumé si couramment avec son agréable vivacité? « Tandis que ses lieutenants poursuivaient « les troupes sardes, Montesquiou se porta à Chambéry le 28 septembre, « et y fit son entrée triomphale, à la grande satisfaction des habitants, « qui aimaient la liberté en vrais enfants des montagnes, et la France « comme des hommes qui parlent la même langue, ont les mêmes « mœurs et appartiennent au même bassin. Il forma aussitôt une as- « semblée de Savoisiens pour y faire délibérer une question qui ne « pouvait pas être douteuse, celle de la réunion à la France. » (Thiers, tome III). Claude Têtu va essayer de répondre dans ce qui suit à cette dernière opinion si spécieuse. L'historien victorieux nous a dit la journée de l'entrée triomphale ; M. de Maistre, l'un des battus, nous racontera tout à l'heure le lendemain et le *tous-les-jours*.

(2) L'imprimeur du département.

la C. N., qui est retenue par le point d'honneur plus que par la valeur de notre pays.

« En lui disant la vérité, vous la mettrez à l'aise, et elle vous en saura gré : ce raisonnement est clair comme de l'eau de roche.

« Mais supposons qu'elle pense autrement, qu'elle veuille à tout prix garder la Savoie et qu'elle y réussisse, que vous arriverait-il pour avoir dit que vous regrettez votre ancien souverain? Il vous arriverait d'être particulièrement estimés et chéris par la C. N. elle-même. Tout le monde ne sait-il pas qu'on aime les gens fidèles partout où ils se trouvent? Quand il y a de la révolte, de l'impertinence ou de l'insurgerie, à la bonne heure que les maîtres se fâchent; mais quand on parle poliment, chacun est libre de dire sa raison; on peut tirer son chapeau devant le drapeau tricolore et dire qu'on a de l'amitié pour la croix blanche. Par Dieu! chacun a son goût peut-être! — En disant qu'on aime les poires, méprise-t-on les pommes?

« Si la C. N. vous gardait même après cette déclaration, elle vous aimerait comme ses yeux; c'est moi qui vous le dis.

« Mais ce n'est pas tout. Quand même nous demeurerions Français, il ne faut pas croire que ce fût pour longtemps; un peu plus tôt, un peu plus tard, la chose volée revient toujours à son maître. La Savoie est au roi de Sardaigne depuis huit cents ans, personne ne peut lui faire une anicroche là-dessus; pourquoi la lui garderait-on? Parce qu'on la lui a prise, apparemment. Quelle chienne de raison! Demandez au tribunal criminel du district, vous verrez ce qu'il vous en dira.

« La Savoie a bien été prise d'autres fois. On l'a gardée trois ans, cinq ans, sept ans, trente ans, mais toujours elle est revenue. Il en sera de même cette fois.

« Le roi de France qui était avant celui qui était avant le dernier, fut un grand fier-à-bras, à ce que tout le monde dit : c'est une chose sûre qu'il faisait peur à tout le monde, et cependant, quoiqu'il convoitât la Savoie et qu'il s'évertuât beaucoup pour l'avoir, il ne put jamais en passer son envie.

« Dans ma jeunesse, je ne comprenais pas pourquoi notre petite Savoie n'était pas une province de France, et comment cette *drumille* avait pu vivre si longtemps à côté d'un gros brochet sans être croquée ; mais, en y pensant depuis, j'ai vu combien feu ma grand'mère avait raison quand elle me disait : *Jean-Claude, mon ami, quand tu* ne comprends pas quelque chose, fie-toi à celui qui a fait le manche des cerises.

« La Savoie n'est pas à la France parce qu'il ne faut pas qu'elle soit à la France. Si les Français la possédaient, l'Italie serait flambée; ils bâtiraient dans notre pays des forteresses à tout bout de champ; ils feraient des chemins larges comme la grande allée du *Verney* jusque sur nos plus hautes montagnes (1). A la place de l'hospice Saint-Bernard, où l'on donne la soupe aux pèlerins, il y aurait une bonne citadelle avec des canons et de la poudre, et toute la diablerie que vous savez; et puis, au premier moment d'une guerre, ce serait une bénédiction de les voir dégringoler de l'autre côté! Soyez sûrs qu'ils y descendraient les mains dans leurs poches, et, quand une fois on est en Piémont, les gens qui savent un peu comment le monde est fait, disent que ce n'est plus qu'une promenade. Si M. l'empereur était assez grue pour souffrir que ces gaillards gardassent la Savoie, il ferait tout aussi bien de les mettre en garnison à Milan.

« Mais tandis que la Savoie est au roi de Sardaigne, on ne peut pas être surpris en Italie. Diantre! c'est bien différent d'être dans un pays ou d'y aller.

« Et nos bons amis les Suisses, croyez-vous qu'ils soient bien amusés d'entendre les tambours des Français de l'autre côté du lac? Les Génevois, qui ne sont que des marmousets, les fatiguent déjà passablement; jugez comme ils ont envie de toucher de tous côtés la république française! Sûrement les Français ne pourraient pas leur faire un plus grand plaisir que de s'en aller d'où ils sont venus. Les Suisses et les Savoyards sont cousins, ils font leurs fromages en paix et ne se font point d'ombrage. Que les grands seigneurs demeurent chez eux et ne viennent pas casser nos pots!

« Il faudra donc rendre la Savoie parce que tout le monde voudra qu'on la rende, et quand la C. N. aurait les griffes assez fortes pour la retenir dans le moment présent, croyez-vous que ce fût pour longtemps? Bah! les choses forcées ne durent jamais.

« Le courage des Français fait plaisir à voir, mais ne vous laissez pas leurrer par cette lanterne magique. Vous savez que lorsqu'on se rosse un jour de *vogue*, surtout lorsqu'on est un peu gris, on ne sent pas les coups; mais c'est le lendemain qu'on se trouve bleu par-ci et

---

(1) Vérifié par le Simplon.

bleu par-là, qu'on se sent roide comme le manche d'une fourche, et qu'il n'y a pas moyen de mettre un pied devant l'autre.

« Quand la France sera froide, vous l'entendrez crier. »

Ce sont là, il me semble, de ces accents vibrants qui dénotent que, même sous le masque du Jacques Bonhomme et du Sancho de son pays, M. de Maistre ne peut pas se déguiser longtemps. Plus loin, pour exprimer que les Français ne sont pas encore guéris ni près de guérir du mal révolutionnaire : « S'ils étaient véritablement ennuyés d'être malades, dit-il, « est-ce qu'ils ne se donneraient pas tous le mot pour faire « venir de la *thériaque de Venise?* » Louis XVIII, comme on sait, était alors à Venise. Le maire de Montagnole continue de prendre ses compatriotes par tous les bouts, par l'énumération de tous leurs griefs, en réservant pour le dernier coup l'intérêt de la religion catholique si cher aux populations. Je continue de citer tout ce qui me paraît un peu saillant, ce pamphlet curieux étant parfaitement inconnu et introuvable aujourd'hui :

« Il y a plus de deux cents ans qu'il y eut déjà un tapage en France pour les affaires de huguenots. Notre curé en parlait un jour avec M. le châtelain : il appelait cela la *Digue* ou la *Ligue*, ou la *Figue*, enfin quelque chose en *igue*. Mais c'était diabolique. Il disait que cette machine dura je ne sais combien de temps, trente ou quarante ans, je crois. Sainte Vierge Marie! cela ne fait-il pas dresser les cheveux? C'est bien pire aujourd'hui, puisqu'alors il y avait des rois, des princes, des seigneurs, des parlements, en un mot tout ce qu'il fallait pour faire la besogne après la folie passée ; mais à présent que tout le royaume est en loques, ce sera le diable à confesser pour tout refaire. Serait-il possible que nous fussions mêlés là-dedans? *Libera nos, Dominus.*

« Vous croyez peut-être, vous autres petits messieurs qui avez des habits de drap d'Elbeuf et des boutons d'acier, que c'est pour vous que le four chauffe, et que vous serez toujours les maîtres? Ah bien ! oui, fiez-vous-y. On a déjà fait main-basse sur les municipalités de campagne, ainsi adieu aux rois de village! il n'y a plus de districts, ainsi adieu aux rois de petites villes! ne voyez-vous pas comme tout s'achemine à vous rendre des zéros en chiffre? Quand tout sera tranquille, le peuple donnera les places à ceux que vous teniez en prison ; et si, pendant cette tempête, quelques champignons sont sortis de terre, vous n'y gagnerez rien, car les *ci-après* sont bien plus insolents que les *ci-devant*.

« On vous amuse aussi en vous parlant de la suppression des impôts. Sans doute qu'on n'ose pas mettre le peuple de mauvaise humeur dans ce moment, pour raison ; mais seriez-vous assez simples pour croire que, dès qu'on sera maître de lui, on ne vous chargera pas comme des mulets du Mont-Cenis? La C. N. a fait tant d'assignats ! tant d'assignats ! que si on les collait tous par les bords, il y aurait de quoi couvrir la France de papier. Malgré ce qu'on en a brûlé dans toutes les gazettes, il en reste pour 14 milliards : or, savez-vous ce que c'est que 14 milliards? Pour faire cette somme en numéraire, il faudrait autant de louis qu'il y a de grains de blé en 455 sacs, mesure de Chambéry, pesant chacun 140 livres poids de marc. Le citoyen *Ginollet*, ci-devant collecteur de la taille, qui sait l'arithmétique comme son *Pater*, a fait ce compte sur ma table.

« Mais toutes ces débauches de papier ne peuvent durer, et à la fin, pour faire face aux dépenses, on vous demandera l'argent que vous avez, et même celui que vous n'avez pas.

« Enfin, comme il faut toujours garder la meilleure raison pour la dernière, tenez pour certain que, si vous demeurez Français, vous serez privés de votre religion. La C. N., disent certaines personnes, a promis la liberté du culte : oui ; mais vous savez bien qu'on n'a rien tenu de ce qu'on vous avait promis. Souvenez-vous de ce qui se passa lorsqu'on établit l'Église constitutionnelle. Il n'y eut qu'un cri en Savoie contre cette manipulation ecclésiastique ; mais vos électeurs eurent beau protester, on ne les écouta pas, et le jour qu'ils s'assemblèrent pour l'élection de ce drôle d'évêque qui nous a tant fait rire avant de nous faire pleurer, un des représentants du peuple dit expressément que, *si les électeurs raisonnaient, on ferait conduire deux pièces de canon à la porte de la cathédrale :* voilà comment on fut libre.

« Nous avons d'ailleurs un bon témoin de ce qui se passa. Grégoire, l'un des représentants, n'a-t-il pas dit formellement, dans le sermon qu'il a débité à la tribune de la Convention sur la liberté des cultes : *Nous avons promis de votre part la liberté du culte aux habitants du Mont-Blanc, et nous les avons trompés?*

« C'est clair, cela ; mais ce que ce bon apôtre n'a pas dit, c'est qu'il était venu en Savoie tout justement pour y faire ce qu'il a blâmé dans les autres.

« Ce n'est pas seulement le culte de la déesse Raison dont nous ne voulons pas : nous ne voulons rien de nouveau, rien, ce qui s'appelle rien. On nous l'avait promis ; pourquoi nous a-t-on trompés ?

« Je l'entendis, ce curé d'Embremenil, le 16 février 1793, lorsqu'il se donna tant de peine dans la cathédrale de Chambéry pour nous prouver que l'Église constitutionnelle était catholique. Son discours emberlicoqua beaucoup de gens ; mais, quoiqu'il ait de l'esprit comme quatre, il ne me fit pas reculer de l'épaisseur d'un cheveu. Quand je le vis en chaire, sans surplis, avec une cravate noire, ayant à côté de lui un chapeau rond au lieu d'un bonnet à houppe, et nous disant *citoyen* au lieu de *mes frères* ou *mon cher auditeur*, je me dis d'abord en moi-même : *Cet homme est schismatique.*

« En effet, quelle apparence que le bon Dieu n'ait fait la religion que pour les esprits pointus, et qu'il n'y ait pas quelque manière facile de connaître ce qui est faux ? Quand il viendra quelque grivois d'*apôtre* vous prêcher un *Credo* de sa façon, au lieu de s'embarquer dans de grands alibi-forains qui font tourner la tête, vous n'avez qu'à le regarder bien attentivement ; je veux ne moissonner de ma vie si vous ne découvrez pas sur sa personne quelque chose d'hérétique, ne fût-ce qu'un bouton de veste.

« Mais, baste ! la C. N. se moque de l'Église constitutionnelle, ce n'est pas l'embarras ; le mal est qu'elle déteste la nôtre et qu'elle n'en veut point. Ainsi c'est à vous de voir si vous voulez vous trouver sans religion.

« La liberté du culte qu'on vous a promise depuis quelque temps, n'est qu'une farce. Si vous êtes catholiques, essayez un peu de jeter à la poste une lettre adressée *à Sa Sainteté, le Pape, à Rome,* vous verrez si elle arrivera.

« C'est cependant drôle qu'un catholique ne puisse pas écrire au Pape !

« Et vos évêques, où sont-ils ? et vos prêtres, pourquoi ne vous les rend-on pas ? Est-ce agir rondement de promettre une Église catholique, et de bannir les prêtres catholiques ? — Mais, dira-t-on, nous en avons en Savoie. — Oui, ils y sont à leurs périls et risques. On les a calomniés, insultés, emprisonnés, fusillés. On recommencera demain, aujourd'hui, quand on voudra. On n'a point révoqué la loi qui les déporte ni celle qui confisque leurs biens, après une loi solennelle qui leur permettait de les administrer par procureur.

« Ne vous laissez donc pas tromper : la rancune contre notre religion est toujours la même, et, si l'on a fait quelque chose en sa faveur, ce n'est pas par amitié, ce n'est pas par justice, c'est par crainte. Les gens de l'*ouest* (1) n'ont pas voulu démordre, il a bien fallu accorder quelque chose, mais c'est bien à contre-cœur et de mauvaise grâce.

« Boissy-d'Anglas est, à ce qu'on dit, un des bons enfants de l'Assemblée ; je ne crois pas qu'il aime à tourmenter son prochain. Cependant, quand il fit son rapport sur la liberté du culte au nom des trois comités, il dit tout net que les intérêts de la religion étaient *des chimères*. Il ajouta : « Je ne veux point décider s'il faut une religion
« aux hommes..., s'il faut créer pour eux des illusions et laisser des
« opinions erronées devenir la règle de leur conduite. C'est à la
« philosophie à éclairer l'espèce humaine et à bannir de dessus la
« terre les longues erreurs qui l'ont dominée. C'est par l'instruction
« que seront guéries toutes les MALADIES de l'esprit humain. Bientôt
« vous ne les connaîtrez que pour les mépriser, ces dogmes absurdes,
« enfants de l'erreur et de la crainte : bientôt la religion des So-
« crate, des Marc-Aurèle, des Cicéron, sera la seule religion du
« monde.... Ainsi vous préparerez le seul règne de la philosophie....
« Vous couronnerez avec certitude la révolution commencée par la
« philosophie. »

« Il faudrait avoir les yeux pochés pour ne pas voir ici un homme en colère, qui se console du décret dans la préface.

« Je mentirais au reste si j'assurais que je comprends tout ce morceau, et que je connais les trois théologiens dont il parle ; mais je gagerais bien à tout hasard mes deux charrues contre un exemplaire de la nouvelle Constitution, que Socrate, Marc-Aurèle et Cicéron étaient protestants. »

L'objection contre les *trois théologiens* pouvait porter coup en Savoie, à cette date de 1795 ; hors de là elle n'est que gaie.

(1) Les Bretons, les Vendéens.

Et ceci n'est pas, autant qu'on pourrait bien le croire, un accident du genre. Certes M. de Maistre, par le fond habituel de sa pensée, restera toujours un écrivain profondément sérieux; mais pourtant on n'a pas fait en lui la part de ce qui très-souvent dans le détail n'est que gai. On y aurait gagné de le voir beaucoup plus au naturel et moins terrible.

La dernière des brochures préliminaires de M. de Maistre, que j'aie à analyser, est son *Mémoire sur les prétendus Émigrés savoisiens* (1796). Ici, comme il s'adresse à la législature de France, il sait prendre le ton convenable, bien qu'énergique, et non sans quelques-uns encore de ces éclats de parole qui vont devenir le cachet inséparable de son talent. C'est d'abord tout un tableau de la Terreur en sa malheureuse patrie. Puisque les grands historiens s'occupent si peu de ces vérités de détail, de ces bagatelles provinciales et locales, qui gêneraient leurs évolutions, qu'on veuille bien permettre au biographe de ne pas les négliger. Les Français, comme on l'a dit, étant entrés en Savoie le 22 septembre 1792, on ne vit, pendant un mois, que ce qu'on voit dans toutes les conquêtes; mais bientôt, les assemblées primaires ayant été convoquées, elles nommèrent des députés qui se réunirent à Chambéry sous le nom d'Assemblée nationale des Allobroges. L'homme influent dans cette Assemblée qui ne siéga que huit jours, celui qui dirigea tout, et dicta presque tous les décrets, fut le député Simond, de Rumilli dans le Mont-Blanc, ci-devant prêtre, guillotiné en 1794. Une loi de cette Assemblée invita tous les citoyens *qui avaient émigré dès le 1ᵉʳ août* 1792 à reprendre leur domicile dans le terme de deux mois, sous peine de confiscation de tous leurs biens. On antidatait l'émigration, comme on voit, et on la faisait même antérieure à l'entrée des Français dans le pays : c'était pour atteindre certains grands propriétaires.

Les militaires firent leur devoir et restèrent à leur poste, fidèles à leurs serments. Presque tous les autres (et M. de Maistre de ce nombre), les femmes surtout et les enfants, ren-

trèrent en Savoie sur la foi de l'Assemblée. Au cœur de l'hiver, ils arrivèrent en foule et reprirent domicile dans le délai qui s'était prolongé jusqu'au 27 janvier 93 ; mais, au lieu de la tranquillité qu'ils avaient droit d'attendre, ils ne trouvèrent qu'une persécution cruelle. L'auteur du mémoire, témoin oculaire, en signale les hideuses particularités qui ne sont qu'une variante de ce qui se passait alors universellement : on emprisonne les hommes d'une part, les femmes de l'autre ; on sépare les mères et les enfants ; on sépare les époux : « C'était, disait le représentant Albitte, pour satisfaire à la dé-
« cence. » — « La cruauté dans le cours de cette Révolution
« a souvent eu, s'écrie l'auteur, la fantaisie de plaisanter :
« on croit voir rire l'Enfer : il est moins effrayant quand il
« hurle. »

Le règlement des prisons destinées à enfermer les suspects les accuse d'un crime tout nouveau, d'être *coalisés* DE VOLONTÉ *avec les ennemis de la république* ; sur quoi l'auteur ajoute : « Caligula ne punissait que les rêves, il oublia les désirs ! »

Le 1er septembre 1793, tout d'un coup, en vertu d'une détermination soudaine, à minuit, on tire les détenus de prison et on les transporte sur des charrettes de Chambéry à Grenoble, où ils manquent en arrivant d'être massacrés par la populace. Puis un autre caprice les ramène de Grenoble à Chambéry : le 9 thermidor les sauve : « Sans le 9 thermidor,
« dit l'auteur du mémoire, c'est une opinion universelle
« dans le département du Mont-Blanc, tous les prisonniers
« devaient être égorgés. »

Dans un moment si terrible, il arriva ce qui devait arriver : tous ceux qui purent s'échapper le firent et se refugièrent soit en Piémont, soit en pays neutre. Et ici l'auteur invoquant les actes mêmes de la Convention après le 9 thermidor, démontre que ces émigrés par force majeure ne sont pas des émigrés.

Redevenue libre, la Convention, dans sa séance du 9 mars 1795, disait anathème au coup d'État du 31 mai qui avait proscrit les prétendus fédéralistes. — Une nouvelle loi (celle du 22 prairial) vint au secours des malheureux qui n'avaient fui la terre de liberté que pour échapper à la hache de Robespierre : elle rappelait ceux qui s'étaient soustraits depuis le 31 mai 93.

L'auteur discute avec fermeté et éloquence pour réclamer le bénéfice de cette loi en faveur des prétendus émigrés savoisiens. Il s'adresse, en terminant, aux Conseils, il apostrophe le Directoire exécutif et le rappelle à la clémence et à la justice au début d'un régime nouveau. M. de Maistre est ici le Lally-Tolendal de sa contrée, comme dans son pamphlet de *Claude Têtu* il s'en était montré par avance le Paul-Louis Courier.

Ces préliminaires une fois accomplis, cette dette payée, et comme tout échauffé encore de sa guerre de montagnes, il sort enfin de la politique locale et s'élève au rôle de publiciste européen par ses *Considérations sur la France*. L'aspect change : ce n'est plus à un *Vendéen de Savoie* qu'on va avoir affaire, c'est à un contemplateur plutôt stoïque et presque désintéressé. On a souvent admiré comment M. de Maistre, un étranger, avait si bien, je veux dire si fermement jugé du premier coup, et de si haut, la Révolution française ; c'est, on vient de le faire assez comprendre, qu'il n'y était pas étranger, c'est qu'il l'avait subie et soufferte dans le détail ; il ne l'a si bien jugée en grand que parce qu'il en avait pâti *de très-près*, et en même temps *de côté*. La double position (outre le génie) était nécessaire. A un certain moment, il a pu se détacher de la question locale et planer du dehors sur l'ensemble. Nous allons l'y suivre et le considérer dans cette phase nouvelle, définitive. Jusqu'ici il nous a suffi de le faire connaître graduellement et de le produire, non absolu encore, par des extraits, par des analyses, en nous effaçant. Malgré notre désir et notre insuffisance, il nous sera difficile de continuer à faire de même, et de contenir tout jugement contradictoire en face de l'intolérance fréquente des siens.

II

Trois écrivains du plus grand renom débutaient alors à peu près au même moment, chacun de son côté, sous l'impulsion excitante de la Révolution française, et on les peut voir d'ici s'agiter, se lever sous le nuage immense, comme pour y démêler l'oracle : on reconnaît madame de Staël, M. de Maistre, et M. de Chateaubriand.

Le plus jeune des trois, le seul même qui fût à son vrai début, M. de Chateaubriand, en ce fameux *Essai sur les Révolutions*, versant à flots le torrent de son imagination encore vierge et la plénitude de ses lectures, révélait déjà, sous une forme un peu sauvage, la richesse primitive d'une nature qui sut associer plus tard bien des contraires ; d'admirables éclairs sillonnent à tout instant les sentiers qu'il complique à plaisir et qu'il entre-croise ; à travers ces rapprochements perpétuels avec l'antiquité, jaillissent des coups d'œil singulièrement justes sur les hommes du présent : lui-même, après tout, l'auteur de *René* comme des *Études*, l'éclaireur inquiet, éblouissant, le songeur infatigable, il est bien resté, jusque sous la majesté de l'âge, l'homme de ce premier écrit.

Madame de Staël, qui, à la rigueur, avait déjà débuté par ses *Lettres sur Jean-Jacques*, et qui devait accomplir un jour sa course généreuse par ses éloquentes et si sages *Considérations*, laissait échapper alors ses réflexions, ou plutôt ses émotions sur les choses présentes, dans son livre *de l'Influence des Passions sur le Bonheur* ; mais ce titre purement sentimental couvrait une foule de pensées vives et profondes, qui, même en politique, pénétraient bien avant.

M. de Maistre, enfin, dont nous avons surpris les vrais débuts antérieurs, éclatait pour la première fois par un écrit étonnant, que les années n'ont fait, à beaucoup d'égards, que confirmer dans sa prophétique hardiesse, et qui demeure la pierre angulaire de tout ce qu'il a tenté d'édifier depuis. Dès le premier mot, il indique le point de vue où il se place : comme Montesquieu, il commence par l'énoncé des rapports les plus élevés, mais c'est en les éclairant de la Providence : « Nous sommes tous attachés au trône de l'Être suprême par « une chaîne souple, qui nous retient sans nous asservir. » Ce sont les voies de la Providence dans la Révolution française que l'auteur se propose de sonder par ses conjectures et de dévoiler autant qu'il est permis. L'originalité de la tentative se marque d'elle-même. Le xviiie siècle ne nous a pas accoutumés à ces regards d'en haut, perdus en France depuis Bossuet. Pour être juste toutefois, il convient de rappeler qu'un homme que M. de Maistre a beaucoup lu tout en s'en moquant un peu, *le Philosophe inconnu*, Saint-Martin publiait, à la date de l'an iii (1795), sa *Lettre à un Ami, ou Considérations politiques, philosophiques et religieuses sur la Révolution française*, curieux opuscule dans lequel le point de vue providentiel est formellement posé (1). Que M. de Maistre ait lu

(1) Et pour que l'on comprenne mieux dans quel sens analogue à celui de M. de Maistre, voici ce qu'après un préambule sur ses principes spiritualistes et sur la liberté morale, Saint-Martin disait à son ami : « Supposant donc... toutes ces bases établies et toutes ces vé-
« rités reconnues entre nous deux, je reviens, après cette légère ex-
« cursion, me réunir à toi, te parler comme à un croyant, te faire, dans
« ton langage, ma profession de foi sur la Révolution française, et
« t'exposer pourquoi je pense que la Providence s'en mêle, soit direc-
« tement, soit indirectement, et par conséquent pourquoi je ne doute
« pas que cette Révolution n'atteigne à son terme, puisqu'il ne con-
« vient pas que la Providence soit déçue et qu'elle recule.
 « En considérant la Révolution française dès son origine, et au mo-
« ment où a commencé son explosion, je ne trouve rien à quoi je
« puisse mieux la comparer qu'à une image abrégée du Jugement
« dernier, où les trompettes expriment les sons imposants qu'une voix
« supérieure leur fait prononcer, où toutes les puissances de la terre
« et des cieux sont ébranlées, et où les justes et les méchants reçoivent
« dans un instant leur récompense ; car, indépendamment des crises
« par lesquelles la nature physique sembla prophétiser d'avance cette

cette Lettre de Saint-Martin au moment même où elle fut publiée, on n'en saurait guère douter, parce qu'elle dut parvenir très-vite à Lausanne, où se trouvait alors un petit noyau organisé de mystiques, dont le plus connu, Dutoit-Membrini, venait de mourir précisément en ces années. Or, si l'on suppose M. de Maistre recevant, ainsi qu'il est très-probable, la communication de cette brochure dans le temps où il écrivait son pamphlet de *Claude Têtu*, mûr comme il était sur la question et tout échauffé par le prélude, il lui suffit d'un éclair pour l'enflammer; il dut se dire à l'instant, dans sa conception rapide, que c'était le cas de refaire la brochure de Saint-Martin, non plus avec cette mollesse et cette fadeur à demi inintelligible, non dans un esprit particulier de mysticisme et dans une phraséologie béate qui tenait du jargon, mais avec franchise, netteté, autorité, en s'adressant aux hommes du temps dans un langage qui portât coup et avec des aiguillons sanglants qui ne leur donneraient pas envie de rire. Les dates, les circonstances locales, l'analogie du point de vue général et même d'un certain ordre d'idées aux pre-

---

« Révolution, n'avons-nous pas vu, lorsqu'elle a éclaté, toutes les
« grandeurs et tous les ordres de l'État fuir rapidement, pressés par
« la seule terreur, et sans qu'il y eût d'autre force qu'une main invi-
« sible qui les poursuivît? N'avons-nous pas vu, dis-je, les opprimés
« reprendre, comme par un pouvoir surnaturel, tous les droits que
« l'injustice avait usurpés sur eux?

« Quand on la contemple, cette Révolution, dans son ensemble et
« dans la rapidité de son mouvement, et surtout quand on la rap-
« proche de notre caractère national, qui est si éloigné de concevoir,
« et peut-être de pouvoir suivre de pareils plans, on est tenté de la
« comparer à une sorte de féerie et à une opération magique; ce qui
« a fait dire à quelqu'un qu'il n'y aurait que la même main cachée
« qui a dirigé la Révolution qui pût en écrire l'histoire.

« Quand on la contemple dans ses détails, on voit que, quoiqu'elle
« frappe à la fois sur tous les ordres de la France, il est bien clair
« qu'elle frappe encore plus fortement sur le clergé... » Et il poursuit en s'attachant à exposer le mode de vengeance providentielle sur le clergé dans le sens qu'il entend. M. de Maistre, lui, l'entendait un peu différemment; mais peu importent ces variétés : la donnée providentielle est la même.

mières pages, tout concourt à prêter à cette conjecture une vraisemblance que rien d'ailleurs ne dément (1).

Les *Considérations sur la France* peuvent elles-mêmes être considérées sous plus d'un aspect. Celui qui domine, cette idée de gouvernement providentiel dont nous parlons, qui s'y dessine en deux ou trois grands chapitres, et que l'auteur reprendra plus tard avec prédilection et raffinement, ne se produit ici que justifié par la grandeur même de la catastrophe : la voix de Dieu s'élance toute majestueuse du milieu des orages du Sinaï. En quoi la nation française est coupable; en quoi les Ordres immolés ont mérité de l'être ; comment il y a solidarité au sein du même Ordre, comment la peine du coupable est reversible jusque sur l'innocent, et le mérite de celui-ci reversible à son tour sur la tête de l'autre ; quelle mystérieuse vertu fut de tout temps attachée au sacrifice et à l'effusion du sang humain sur la terre ; quelle effrayante dépense il s'en est fait depuis l'origine jusqu'aux derniers temps, à ce point que « le genre humain peut être considéré comme un arbre qu'une main invisible taille sans relâche, et qui va toujours en gagnant sous la faux divine : » — telles sont les hautes questions, tels les dogmes redoutables que remue en passant l'esprit religieux de l'auteur ; et à la façon dont il les soulève, nul, après l'avoir lu, même parmi les incrédules, ne sera tenté de railler. M. de Maistre, en ses *Considérations*

(1) Voir ce qui est dit de Saint-Martin en divers endroits des *Soirées de Saint-Pétersbourg*, particulièrement dans le onzième Entretien. — Il est aussi un beau passage d'une lettre de Bolingbroke à Swift (6 mai 1730), qui se rattache naturellement, et sans tant de mysticisme, au livre des *Considérations* de De Maistre. Bolingbroke parle d'un écrit de Pope et du bien qui peut en résulter pour le genre humain : « J'ai pensé quelquefois, dit-il, que si les prédicateurs, les bourreaux, et les auteurs qui écrivent sur la morale, arrêtent ou même retardent un peu les progrès du vice, ils font tout ce dont la nature humaine est capable ; une réformation réelle ne saurait être produite par des moyens ordinaires : elle en exige qui puissent servir à la fois de châtiments et de leçons ; *c'est par des calamités nationales qu'une corruption nationale doit se guérir.* »

et ailleurs, est, de tous les écrivains religieux, celui peut-être qui nous oblige à nous représenter de la manière la plus concevable, la plus présente et la plus terrible, le *Jugement dernier*; il donne à penser là-dessus, même aux sceptiques blasés de nos jours, parce qu'il fait concevoir l'inévitable fin et le *coup de filet* du réseau universel, d'une manière ordonnée, toute spirituelle, tout appropriée aux intelligences sévères. Il nous met presque dans l'alternative ou de ne croire à aucune loi régulatrice, ou de croire avec lui.

En s'emportant dans ce vigoureux écrit à des assertions extrêmes, intempérantes, en ne voulant voir que le caractère purement *satanique* de la Révolution, il garde pourtant, s'il est permis d'employer à son égard un tel mot sans offense, une certaine *mesure*; ses conjectures du moins observent encore, par rapport à ce qu'elles deviendront plus tard, une sorte de modestie que j'aime à relever : « ... Il n'y a point, « dit-il en un beau passage (1), il n'y a point de châtiment qui « ne purifie, il n'y a point de désordre que l'*Amour éternel* ne « tourne contre le principe du mal. Il est doux, au milieu du « renversement général, de pressentir les plans de la Divi- « nité (2). Jamais nous ne verrons tout pendant notre voyage, et « souvent nous nous tromperons; mais dans toutes les sciences « possibles, excepté les sciences exactes, ne sommes-nous pas « réduits à conjecturer? et si nos conjectures sont plausibles, « si elles ont pour elles l'analogie, si elles s'appuient sur des « idées universelles, si surtout elles sont consolantes et pro- « pres à nous rendre meilleurs, que leur manque-t-il? Si elles « ne sont pas vraies, elles sont bonnes; ou plutôt, puisqu'elles « sont bonnes, ne sont-elles pas vraies? »

Un second aspect des *Considérations*, c'est celui des événements positifs et des jugements historiques que l'auteur y a appliqués; on n'en saurait assez admirer la sagacité et la por-

---

(1) Chap. III.
(2) C'est son *Suave mari magno....*, mais non point ici sans une véritable onction de christianisme.

tée précise. Une foule de vues qui n'ont prévalu et n'ont été vérifiées que par la suite apparaissent là pour la première fois ; l'auteur, en ayant l'air de tirer à bout portant dans la mêlée, a prévenu et indiqué d'avance les visées de l'histoire. Aussi, tous ceux qui ont passé après lui dans l'étude de ces temps l'ont-ils pris, même ses adversaires politiques, en haute et singulière estime. M. de Maistre a très-bien vu le premier que, le mouvement révolutionnaire une fois établi, la France et la *monarchie* (c'est-à-dire l'intégrité des États du *roi futur*) ne pouvaient être sauvées que par le jacobinisme (1). Le discours idéal qu'il prête (chap. ɪɪ) à un guerrier au milieu des camps, pour exhorter ses compagnons d'armes à sauver la France et le royaume *quand même*, est d'une éloquence politique qui parle d'elle-même à toutes les âmes : il conclut par ces paroles si souvent citées, et que M. Mignet inscrivait, il y a près de vingt ans, en tête de son histoire : « Mais nos neveux, qui s'embar-« rasseront très-peu de nos souffrances et qui danseront sur « nos tombeaux, riront de notre ignorance actuelle ; ils se « consoleront aisément des excès que nous avons vus, et « qui auront conservé l'intégrité *du plus beau royaume* « *après celui du Ciel.* » — Le rôle, la *fonction*, la magistrature de la France entre toutes les nations d'Europe n'a été nulle part plus magnifiquement reconnue. Langue universelle, esprit de prosélytisme, il y voit les deux instruments et comme les deux *bras* toujours en action pour remuer le monde.

Un troisième et remarquable aspect qui, dans les *Considérations*, se rattache au précédent, et qui prouve à quel point l'auteur avait bien vu, c'est le nombre de conjectures, de promesses, et même de prédictions qui se sont trouvées justifiées. Sous la question, toute civile et politique en apparence

(1) C'est aussi l'opinion formelle d'un connaisseur très-intéressé dans la question, de celui qui n'est autre que ce premier *roi futur* (j'en demande bien pardon à M. de Maistre). — Voir les *Mémoires* de Napoléon, tome I, page 4.

qu'elle était devenue, il découvre le caractère religieux, le sens théologique si vérifié par ce qui s'est produit à nos yeux depuis quarante ans, et lors de la grande réaction de 1800, et dans ce mouvement actuel, persistant et encore inépuisé des esprits. Il ne craint pas de poser le grand dilemme dans toute sa rigueur : « Si la Providence *efface*, sans « doute c'est pour *écrire*... Je suis si persuadé des vérités que « je défends, que lorsque je considère l'affaiblissement géné-« ral des principes moraux, la divergence des opinions, l'é-« branlement des souverainetés qui manquent de base, l'im-« mensité de nos besoins et l'inanité de nos moyens, il me « semble que tout vrai philosophe doit opter entre ces deux « hypothèses, ou qu'il va se former une nouvelle religion, « ou que le christianisme sera rajeuni de quelque manière « extraordinaire. C'est entre ces deux suppositions qu'il faut « choisir, suivant le parti qu'on a pris sur la vérité du chris-« tianisme. » S'il se prononce dans les pages qui suivent, et avec une incomparable éloquence, pour le triomphe immortel de ce christianisme tant combattu, il a du moins donné jour à la perspective sur le *rajeunissement*. Je sais bien qu'il l'interprétait pour son compte en un sens rigoureux et orthodoxe, mais de plus libres que lui peuvent varier en idée la nuance.

En 1796, M. de Maistre prédisait sans marchander une Restauration et en dictait d'avance le bulletin avec l'ordre et la marche de la cérémonie. Le chapitre intitulé : *Comment se fera la Contre-révolution si elle arrive?* est charmant, vrai, piquant. On a pour conclusion dernière une suite d'extraits de Hume sur la fin du Long-Parlement à l'agonie, la veille de la restauration des Stuarts. Est-il besoin de remarquer que l'auteur oublie de pousser assez loin la citation et l'allusion, qu'il s'arrête avant 1688, avant Guillaume et la *Déclaration des droits?* On pourrait, dès cet écrit, noter chez M. de Maistre une tendance à prédire qui est devenue par la suite une forme extrême de sa pensée, un faible, je dirai presque un *tic* dans un esprit si sérieux. A propos de la ville de Washington, qu'on avait décidé de bâtir exprès pour en faire le siége du Congrès : « On a choisi, dit-il, l'emplacement le plus « avantageux sur le bord d'un grand fleuve ; on a arrêté que « la ville s'appellerait *Washington* ; la place de tous les édi- « fices publics est marquée, et le plan de la *Cité-reine* circule « déjà dans toute l'Europe. Essentiellement il n'y a rien là « qui passe les bornes du pouvoir humain ; on peut bien bâtir « une ville. Néanmoins, il y a trop de délibération, trop « d'*humanité* dans cette affaire, et l'on pourrait gager mille » contre un que la ville ne se bâtira pas, ou qu'elle ne s'ap- « pellera pas *Washington*, ou que le Congrès n'y résidera « pas. » Beaucoup des prédictions de M. de Maistre (ne l'oublions pas) ne sont ainsi que des *gageures*.

De la part d'un esprit vif, hardi, résolu, cet entraînement s'explique à merveille. Qu'on se figure l'effet que durent produire et les événements religieux de 1800-1804, et les événements politiques de 1814, sur celui même qui les avait si pleinement conjecturés. A force d'avoir prédit juste, il se trouve naturellement en veine, et souvent alors il en dit trop. On a relevé les prédictions de lui qui ont réussi ; on ferait une liste piquante des autres. Ainsi, celle de tout à l'heure sur la ville de Washington, ainsi à la fin du *Pape* (1) : « Sou- « vent j'ai entretenu des hommes qui avaient vécu longtemps « en Grèce et qui en avaient particulièrement étudié les habi- « tants. Je les ai trouvés tous d'accord sur ce point, c'est « que jamais il ne sera possible d'établir une souveraineté « grecque... Je ne demande qu'à me tromper ; mais aucun « œil humain ne saurait apercevoir la fin du servage de la « Grèce, et s'il venait à cesser, qui sait ce qui arriverait ? » — Eh ! mon Dieu ! — ni plus ni moins, — le roi Othon.

Cette intrépidité d'assertions au futur amène dans le détail de singulières discordances qui font sourire, et qui, j'en suis

---

(1) Livre IV, chapitre XI.

certain (mais voilà que je fais comme lui), s'il pouvait se relire aujourd'hui de sang-froid, le feraient sourire lui-même. Prédisant dans ses *Considérations* les bienfaits de la future restauration royale, il s'écriait : « Pour rétablir l'ordre, le roi « convoquera toutes les vertus ; il le voudra sans doute, mais, « par la nature même des choses, il y sera forcé.... *Les hommes* « *estimables viendront d'eux-mêmes se placer aux postes où ils* « *peuvent être utiles...* » Voilà un idéal de 1814 et de 1815, une vraie idylle politique que j'aurais crue à l'usage seulement des crédules et des niais du parti. Si l'on osait retourner contre l'illustre auteur ses armes d'ironie, ce serait le cas de se le permettre :

A mon gré le De Maistre est joli quelquefois.

Et dans la préface du *Pape*, datée de mai 1817, lorsqu'il s'écrie : « Le sacerdoce doit être l'objet principal de la pen- « sée souveraine. *Si j'avais sous les yeux le tableau des ordi-* « *nations, je pourrais prédire de grands événements...* » En effet, sur ce tableau des ordinations, il aurait trouvé, parmi les noms de la noblesse française qu'il y cherchait, celui de l'abbé-duc de Rohan. Fertile matière à de grands événements futurs ! — Mais n'anticipons pas.

Rappelé de Lausanne en Piémont au commencement de 1797, M. de Maistre n'y retourna que pour assister aux vicissitudes de sa patrie et à la ruine de son souverain. Lorsqu'il vit Charles-Emmanuel IV, qui venait de succéder à Victor-Amédée III, obligé d'abandonner ses États de terre-ferme, il se réfugia lui-même à Venise. M. Raymond a conservé des détails touchants sur la pauvreté et la sérénité du noble exilé en cette crise extrême. Logé avec sa femme et ses deux enfants dans une seule pièce du rez-de-chaussée à l'hôtel du résident d'Autriche, qui n'avait pu lui faire accepter davantage, il s'y livrait encore à l'étude, à la méditation, et le soir, quand son hôte (le comte de Kevenhüller), le cardinal Maury et d'autres personnages distingués, venaient s'y asseoir auprès

de lui, il les étonnait par l'étendue de son coup d'œil et sa vigueur d'espérance : « Tout ceci, disait-il, n'est qu'un mou-
« vement de la vague; demain peut-être elle nous portera
« trop haut, et c'est alors qu'il sera difficile de gouver-
« ner. »

Après diverses fluctuations résultant des événements, M. de Maistre fut mandé en Sardaigne par son souverain et nommé régent de la Grande-Chancellerie de ce royaume ainsi réduit. Le 12 janvier 1800, il arriva à Cagliari, la capitale, et y remplit les fonctions multipliées que comportait sa charge, jusqu'à ce qu'en septembre 1802 il fut nommé ministre plénipotentiaire à la cour de Saint-Pétersbourg. Durant ce séjour à Cagliari, ses travaux littéraires durent nécessairement s'interrompre; il trouva pourtant moyen, sinon d'écrire, du moins d'étudier encore. Il y avait à Cagliari, raconte M. Raymond, un religieux dominicain, Lithuanien de nation et professeur de langues orientales. Chaque jour M. de Maistre avait à peine achevé son repas que le Père Hintz (c'était le nom du savant) arrivait chargé de vieux livres, et des dissertations s'établissaient à fond entre eux sur le grec, l'hébreu, le copte. M. de Maistre y renouvela et y fortifia ses connaissances philologiques déjà si étendues, attentif à remonter sans cesse aux racines cachées et ne séparant jamais de la lettre l'esprit. La matière des *Soirées de Saint-Pétersbourg* se prépare.

En quittant la Sardaigne, il passa par Rome et y reçut la bénédiction du Saint-Père, lui le plus véritablement *romain* de ses fils. Arrivé à Saint-Pétersbourg le 13 mai 1803, il n'en devait plus repartir que quatorze ans après, le 27 mai 1817. Tout ce qui nous reste à examiner de sa carrière littéraire est là. S'il ne publia en effet, dans cet intervalle, que l'opuscule sur le *Principe générateur des Constitutions politiques*, il y composa tous ses autres ouvrages, le *Pape*, les *Soirées*, (sauf la dernière écrite à Turin), le *Bacon*, etc., etc. Il était parti seul et demeura ainsi plusieurs années sans avoir près de lui sa famille, de sorte que sa vie d'homme d'étude et de savant n'était guère interrompue. Ses fonctions diplomatiques d'ailleurs ne lui prenaient que peu de temps; il représentait son souverain, alors si appauvri, honorifiquement et, autant dire, gratuitement. Je ne veux citer qu'un trait de sa loyauté désintéressée à l'usage des monarchies, même des monarchies représentatives. Un jour, à titre d'indemnité pour des vaisseaux sardes capturés, on vint lui compter cent mille livres de la part de l'empereur; il les envoya à son roi. — « Qu'en avez-vous fait ? » lui demanda quelques temps après le général chargé de les lui remettre. — « Je les ai envoyées à mon souverain. » — « Bah ! ce n'était pas pour les envoyer qu'on vous les avait données. » — Quant à lui, il lui suffisait d'avoir un peu de représentation pour l'honneur de son maître : souvent il dînait seul, avec du pain sec. C'est ainsi que savent vivre ceux qui croient.

Comme diplomate pratique, il n'est pas difficile de se figurer son caractère : « Le comte de Maistre est le seul homme qui dise tout haut ce qu'il pense, et sans qu'il y ait jamais imprudence, « ainsi s'exprimait un collègue qui avait traité avec lui. — Il ne s'inquiétait pas de cacher son âme, mais de l'avoir nette : « Je n'ai que mon mouchoir dans ma poche, disait-il; si on vient à me le toucher, peu m'importe ! Ah ! si j'avais un pistolet, ce serait autre chose, je pourrais craindre l'accident. » Mais c'est à l'écrivain qu'il nous faut revenir et nous attacher.

L'écrivain pourtant ne serait pas assez expliqué dans toutes les circonstances, si nous ne nous occupions encore de l'homme. La plupart des écrits de M. de Maistre, en effet, ont été composés dans la solitude, sans public, comme par un penseur ardent, animé, qui cause avec lui-même. Dans son long séjour en Russie, ce noble esprit, si vif, si continuellement aiguisé par le travail et l'étude, n'a presque jamais été averti, n'a presque jamais rencontré personne en conversation qui lui dît *Holà!* Qu'y a-t-il d'étonnant qu'il se soit mainte fois échappé à trop dire, à trop pousser ses *ultrà-vérités?* On m'a lu, il y a quelques années, une belle lettre de lui, qu'il écrivit à une dame de Vienne en réponse à des représentations et à des conseils qu'elle lui avait adressés sur certains défauts de son caractère; la manière dont il s'exécutait et s'excusait m'a paru à la fois aimable et ferme, d'une vérité tout à fait charmante. Je regrette de n'avoir pas été mis à même de publier cette page qui m'avait été si précieuse à entendre; mais voici ce que j'ai pu recueillir auprès de quelques personnes bien compétentes qui, à cette seconde époque de sa vie, l'ont beaucoup connu, et dont je voudrais combiner les dépositions, sans trop en altérer le mouvement et la vie. Je résume un peu à bâtons rompus: patience! la physionomie, à la fin, ressortira.

Il n'écrit que tard, on le sait, par occasion, pour rédiger ses idées; savant jurisconsulte, tenant par ce côté encore à Rome, la ville du droit, il ne se considère que comme un amateur plume en main, et n'en va que plus ferme, comme ces novices qui, dans le duel, vous enferrent d'emblée avec l'épée. Du XVIe siècle par ses fortes études, il est du XVIIIe par les saillies et par le trait qu'il ne néglige pas, qu'il recherche même. Vu de ce profil, c'est, si vous le voulez, un très-bel esprit, nerveux, brillant et mondain, qui a lu beaucoup d'in-folios et qui les cite : le goût peut trouver à y redire ; les allusions aux choses lues et les citations sont trop fréquentes.

En conversation, il se montrait encore supérieur à ses écrits ; ce qui s'y laisse voir de saillant, de roide, d'un peu mauvais goût parfois, venait mieux à point et comme en jeu dans la parole même, et supporté par sa personne. Il avait, on l'a dit, de la grâce, de l'amabilité, pourtant toujours des duretés très-aisément, dès que s'émouvaient certaines vérités. Il lui échappait de dire à des personnes, capables d'ailleurs de l'entendre, lorsqu'elles tenaient bon et avaient l'air de contester : « Je ne conçois pas qu'on n'entende pas cela *quand on a une tête sur les épaules.* » On a remarqué que dans la conversation, quand il ne discutait pas, ou même quand il discutait, il n'entendait guère les réponses; il était, tour à tour et très-vite, ou très-animé ou très-endormi : très-animé quand il parlait, volontiers endormi quand on lui répondait : puis, sitôt qu'on se taisait, il rouvrait son œil le plus vif et reprenait de plus belle (1). Il ne jouait jamais en conversation que le rôle d'*attaquant*, comme dans ses livres.

Vivant, il n'a pas eu d'école; il n'exerça que des influences individuelles, rares. S'il y gagna d'ignorer la popularité, même la gloire, et d'échapper au disciple, cette proie et cette lèpre du grand homme, c'est un avantage qu'il paya par d'autres inconvénients. Pour explication de ses défauts, de ses excès spirituels, de ce ton roide et tranchant, il faut penser à la solitude où il vivait, à ce manque d'un enseignement, toujours réciproque, où l'esprit enseignant se corrige à son tour et prend mesure sur celui qu'il veut former, à l'absence fréquente de discussion ou même d'intelligence égale autour de lui. Dans ce désert habituel, il ne savait pas combien sa voix était haute et perçante, car rien ne lui renvoyait sa voix. Une de ses expressions favorites, et qui lui revenait bien souvent, était *à brûle-pourpoint*. C'était le secret de sa tactique qui lui échappait, c'était son geste; il faisait ainsi : il s'avançait seul contre toute une armée ennemie, le défi à la bouche, et tirait droit au chef *à brûle-pourpoint*. Il s'attaquait à la gloire, au triomphe, et de là des excès de représailles. Dans la détresse spirituelle de Rome, c'était le Scévola chrétien, et que trois cents autres ne suivaient pas.

(1) Un soir, à Pétersbourg, le prince Viasemski entra chez M. de Maistre, qu'il trouva dormant en famille, et M. de Tourguenef, qui était venu en visite, voyant ce sommeil, avait pris le parti de dormir aussi ; le prince, homme d'esprit et poëte, rendit ce concert d'un trait : « De Maistre dort, lui quatrième (à quatre), et Tourguenef à lui tout seul. » Cela fait une jolie épigramme russe, mais les épigrammes sont intraduisibles; il faut nous en tenir à notre La Fontaine :

Son chien dormait aussi, comme aussi sa musette.

On perdrait soi-même la juste mesure si on le voulait juger sur le pied d'un philosophe impartial. Il y a de la guerre dans son fait, du Voltaire encore. C'est la place reprise d'assaut sur Voltaire à la pointe de l'épée du gentilhomme. L'assaut est brillant, meurtrier; mais j'en suis bien fâché pour la place, le gentilhomme valeureux ne la gardera pas.

« Il y a des jours où l'esprit s'éveille au matin, l'épée hors du fourreau, et voudrait tout saccager. » On est tenté parfois d'appliquer cette pensée à ce pur esprit, si aiguisé, si militant; on se le représente, sentinelle comme perdue en cette lointaine Russie, s'éveillant le matin tout en flamme, en fureur de vérité, dans son cabinet solitaire, ne sachant où frapper d'abord, mais voulant tout saccager de ce qu'il croit l'erreur, tout reconquérir et venger comme avec le glaive de l'Archange.

Dans l'ordre secondaire des vérités historiques, il n'a pas ménagé les coups en tous sens et les paradoxes; on sait trop le plus célèbre sur l'Inquisition espagnole, cette institution *salutaire*; c'étaient des conséquences forcées qu'il tirait en haine du lieu-commun. Il y avait conviction encore chez lui, mais conviction instantanée et moins essentielle : « Dans
« toutes les questions, écrivait-il à une amie, j'ai deux ambi-
« tions : la première, le croirez-vous? ce *n'est pas d'avoir rai-*
« *son*, c'est de forcer l'auditeur bénévole de savoir ce qu'il
« dit. » Quant à l'auditeur *non bénévole*, il n'était pas fâché de le mettre hors d'état de savoir ce qu'il disait. Il faut surtout voir, dans la plupart de ses paradoxes, des chicanes d'érudition, des contre-parties neuves qu'il faisait à la déclamation de ses adversaires, pour les jeter en colère et hors d'eux-mêmes : c'était un démenti bien retentissant qu'il leur lançait jusque sur leur point le plus fort, pour les faire délirer. *A insolent insolent et demi.*

Il y a de ces esprits élevés, hardis, même insolents (je répète ce mot inévitable), qui ne vous enfoncent ainsi la vérité que par leurs pointes. On la trouve aussitôt comme par opposition à eux ; mais, sans eux et sans leur insulte, on ne l'aurait pas trouvée. On pourrait citer nombre de ces vérités dues à de Maistre, auxquelles on ne se serait jamais élevé graduellement et progressivement en partant du point de vue libéral. Il vous fait brusquement sauter, on s'écrie ; on revient un peu en deçà, on y est. C'est sans doute ce qu'il avait voulu.

Il voulait s'égayer aussi ; il avait sa verve. Il disait souvent à l'un de ses amis en le consultant à propos des *Soirées de Saint-Pétersbourg* : « Mettons cela, ajoutons cela encore, ça les fera enrager là-bas. » Il écrivait à un autre : « Laissons-leur cet os à ronger. » — *Là-bas*, c'est-à-dire Paris, Paris et l'esprit qui y régnait ; c'était pour lui à la fois Carthage à détruire, Athènes à narguer, sinon à charmer. Athènes, qui aime avant tout qu'on s'occupe d'elle, quand ce serait pour l'insulter et pour la battre, Athènes s'est montrée reconnaissante..

Au fait, il aimait la France, quoiqu'il ne dût jamais venir à Paris que quelques jours sur la fin. Il se sentait heureux quand il pouvait dire *nous* ; il est vrai que ce bonheur-là lui fut accordé bien rarement.

Sa colère ressemblait tout à fait à celle de l'Écriture : « Mettez-vous en colère et ne péchez pas. » C'était un tonnerre en vue du soleil de vérité et dans les sphères sereines, la colère de l'intelligence pure. Il eût vu Bacon, qu'au premier mot de rencontre et d'accord, au moindre signe commun dans le même symbole, il lui aurait sauté au cou.

On l'a pu trouver bien dur pour les protestants ; il a l'air, en vérité, de ne les admettre à aucun degré comme chrétiens, comme frères. On cite son mot presque affreux à Mme de Staël, qui le voyant à Saint-Pétersbourg, le voulut mettre sur l'Église anglicane et sur ses beautés : « Eh bien, oui, madame, je conviendrai qu'elle est parmi les Églises protestantes ce qu'est l'orang-outang parmi les singes. » Ce qui doit choquer dans ce mot n'est pas ce qui tombe sur l'Église anglicane, laquelle cumule en effet toutes les cupidités et les hypocrisies. Pourtant on peut opposer de M. de Maistre un beau et touchant passage dans le *Principe générateur* (1). Insistant sur la nécessité d'un interprète vivant et d'un pontife de vérité : « Nous seuls, dit-il, croyons à la *parole*, tandis que nos *chers* « *ennemis* s'obstinent à ne croire qu'à l'*écriture*... Si la *parole* « éternellement vivante ne vivifie l'écriture, jamais celle-ci « ne deviendra *parole*, c'est-à-dire *vie*. Que d'autres invo- « quent donc tant qu'il leur plaira la PAROLE MUETTE, nous « rirons en paix de ce *faux Dieu*, attendant toujours avec une « tendre impatience le moment où ses partisans détrompés « se jetteront dans nos bras, ouverts bientôt depuis trois « siècles. » Tout ce passage est d'un bel accent.

Particulièrement lié à Lausanne et à Genève avec beaucoup d'*hérétiques*, il sut cultiver et garder jusqu'à la fin leur amitié. Un jour qu'il avait parlé avec beaucoup de feu contre les premiers fauteurs de la Révolution, Mme Huber (de Genève) lui dit : « Oh ! mon cher comte, promettez-moi qu'avec votre plume si acérée vous n'écrirez jamais contre M. Necker personnellement. » Elle était un peu cousine de M. Necker. Il promit. A quelque temps de là, vers 1819, à l'occasion, je crois, du congrès de Carlsbad ou d'Aix-la-Chapelle, parut une brochure de l'abbé de Pradt où M. Necker était maltraité. On crut un moment que M. de Maistre en était l'auteur. Quelqu'un le dit à Mme Huber : « Eh bien ! votre comte de Maistre, il vous a bien tenu parole... » Elle répondit : « Je n'ai pas lu le livre ni ne le lirai ; mais si M. Necker y est attaqué, il n'est pas du comte de Maistre, car il n'a en tout que sa parole. » Belle certitude morale en amitié, de la part d'un de ces *chers ennemis !*

M. de Maistre, me dit-on encore, était à certains égards un homme inconséquent : il se plaisait à tout, à toute lecture, au trait qui l'attirait. On raconte que Sieyès et M. de Tracy

(1) Paragraphe XXII.

lisaient perpétuellement Voltaire ; quand la lecture était finie, ils recommençaient ; ils disaient l'un et l'autre que tous les principaux résultats étaient là. M. de Maistre, sans le lire sans doute ainsi par édification, l'ouvrait souvent aussi et par divertissement, pour se mettre en humeur. Telle femme de ses amies n'a connu beaucoup de Voltaire que par lui. Mais c'était à son imagination qu'il accordait ce plaisir, sans jamais laisser entamer l'idée ni la *foi*. Excursion faite, la conclusion rigoureuse revenait toujours.

Sous ce dernier aspect, on peut le donner comme le plus conséquent des hommes, celui de tous chez qui la foi, l'idée acceptée et crue, était le plus devenue la substance et faisait le plus véritablement loi. A quelque point de la circonférence qu'on le prît, sur toutes les parties et dans tous les points de son être et de sa vie, sa foi entière était à l'instant présente, s'assimilant tout du vrai, et en chaque doctrine qui se présentait, martinisme ou autre, séparant le faux comme à l'aide d'un centre discernant et d'un foyer épurateur ; *discrimen acre*. Ici point de concessions, de doutes, d'influence vaguement reçue, de limites indécises. L'omniprésence de sa foi y pourvoyait. Si j'en crois de bons témoins, il mérite d'être reconnu celui de tous les hommes peut-être en qui un tel phénomène s'est le plus rencontré et qui s'est le moins permis.

Sa parole semblait aller libre et mordante, sa pensée était sûre, sa vie grave ; vraiment religieux dans la pratique, il n'avait rien de ce qu'on appelle *dévot*.

Sur les choses purement politiques, il avait une conviction qu'on pourrait dire secondaire, un peu de ce mépris ultramontain à l'endroit des puissances par où a commencé *feu* l'abbé de La Mennais. Il pourrait bien m'être arrivé, écrit-il quelque part très-ingénieusement, le même malheur qu'à Diomède, qui, en poursuivant un ennemi devant Troie, se trouva avoir blessé une divinité. — Il est persuadé qu'à choses nouvelles il faut hommes nouveaux, et qu'après la Restauration les vieux et lui-même sont hors de pratique. — On lui parlait un jour de quelque défaut d'un de ses souverains : « Un prince, répondit-il, est ce que le fait la nature ; le meilleur est celui qu'on a. » Il disait encore : « Je voudrais me mettre entre les rois et les peuples, pour dire aux peuples : *Les abus valent mieux que les révolutions ;* et aux rois : *Les abus amènent les révolutions.* »

A l'article de Rome, il n'a nul doute ; il accorde tout, et plus même que certains *Romains* ne voudraient (1). Ce fameux passage des *Soirées* sur un esprit nouveau, sur une inspiration religieuse nouvelle, a été interprété dans le sens le plus contraire au sien, et il s'en serait révolté, affirment ses amis les plus chers, s'il avait vécu : « Ce serait la pensée la plus capable de réveiller sa cendre, si elle pouvait être réveillée par nos bruits. » Il accordait tout à Rome et tellement, qu'il lui accordait cette évolution nouvelle *qu'elle se suggérerait à elle-même;* mais il ne l'admettait pas hors de là (2).

Il eût été attentif, m'assure-t-on, à plusieurs des jeunes tentatives ; il l'était toutes les fois qu'il ne voyait pas hostilité

---

(1) Voir ci-après l'*Appendice*, à la fin du présent volume.

(2) Il faut convenir pourtant que la phrase est telle qu'on a pu s'y méprendre ; la voici un peu construite et condensée, comme l'on fait toujours lorsqu'on tire à soi : « Il faut nous tenir prêts pour un évé-
« nement immense dans l'*ordre divin*, vers lequel nous marchons avec
« une vitesse accélérée qui doit frapper tous les observateurs. *Il n'y*
« *a plus de religion sur la terre, le genre humain ne peut rester en cet*
« *état....* Mais attendez que l'AFFINITÉ NATURELLE DE LA RELIGION ET
« DE LA SCIENCE les réunisse dans la tête d'un seul homme de génie.
« L'apparition de cet homme ne saurait être éloignée, et *peut-être*
« *même existe-t-il déjà.* Celui-là sera fameux et mettra fin au XVIIIe siè-
« cle, qui dure toujours, car les siècles intellectuels ne se règlent pas
« sur le calendrier, comme les siècles proprement dits.... Tout an-
« nonce je ne sais quelle grande unité vers laquelle nous marchons à
« grands pas. » (*Soirées de Saint-Pétersbourg*, tome II, pages 279, 288, 294, édition de 1831, Lyon.) Cette phrase fameuse, un peu *composite*, je le répète, a été citée et commentée dans les *Lettres* d'Eugène Rodrigue, mort très-jeune, et l'un des plus vigoureux penseurs de l'école saint-simonienne.

décidée. Il jugeait par lui-même, et discernait, sans paresse, sans préjugés; l'originalité se retrouvait en chacun de ses jugements. — Au reste, il n'a guère eu rien à voir à aucune de ces tentatives que nous appelons *nôtres*; il était disparu auparavant. Contemporain du xviiie siècle, il l'a toujours en présence. Quand il dit *notre siècle*, c'est de celui-là qu'il s'agit pour lui.

Revenons un peu à ses ouvrages. La Révolution française fut son grand moment, son point de maturité et d'initiation clairvoyante. Tout ce qui était là, même à travers la poussière, même dans le sang, il le vit bien; mais ce qui se prépara ensuite, il n'était plus à côté pour l'observer. De là ses opinions de plus en plus particulières. Son esprit confiné en Russie, dans ce belvédère trop lointain, continua de conclure, de pousser sa pointe et de faire son chemin tout seul. Quand il se trouva à Paris un moment, en 1817, sa montre ne marquait plus du tout la même heure que la France : était-ce à l'horloge des Tuileries qu'était toute l'erreur?

Il est donné au génie de beaucoup prévoir et deviner; rien toutefois n'est tel que de voir et d'observer en même temps. Si M. de Maistre a compris d'emblée, à ce degré de justesse, la Révolution française, c'est, nous l'avons assez montré, qu'il l'avait vue de près et sentie à fond par sa propre expérience douloureuse. Ce fut là sa grande inspiration originale et vraie. A mesure qu'il s'en éloigne, il va s'enfonçant dans la prédiction; il croit sentir en lui *je ne sais qu'elle force indéfinissable*, ce que nous appellerions l'entrain d'une grande nature en verve. L'impulsion est donnée; comme Jeanne d'Arc continua de combattre, il continue de prédire après que le Dieu, c'est-à-dire le rayon juste du moment, s'est retiré de lui. Le voilà (ô infirmité humaine!) qui se monte d'autant plus fort et qui tombe dans l'excentrique, dans le particulier, dans le paradoxe spirituel, étincelant, mystique et hautain, encore semé d'aperçus, de lueurs merveilleuses, mais non plus fécond ni frappant en plein dans le but. A Pétersbourg, il est seul ou n'a affaire qu'à des esprits absolus. La solitude entête ; l'aurore boréale illumine ; il écrit n'étant qu'à un *pôle*. Or, en toute vérité, il faut, pour l'embrasser, tenir à la fois les deux pôles et l'entre-deux. Dans ce palais des glaces qu'il habite, les objets se réfléchissent aisément sous des angles qui prêtent à l'illusion. Ce qui est certain, c'est qu'il ne voit plus la France que de loin, par les grands événements extérieurs : ce qui s'y engendre et s'y prépare de nouveau, ce qui demain y doit vivre et n'a pas de nom encore, il ne le sait pas.

Rien d'étonnant donc, rien d'injurieux à M. de Maistre, que de reconnaître qu'il lui est arrivé, à cet esprit si élevé et si avide des hautes vérités, la même chose qu'on a précisément remarquée de certains empereurs et conquérants : il a eu ses deux phases. Dans la première, s'il ne marche pas *avec*, il marche droit du moins *sur* son temps ; il le contredit, il le croise, en le devançant, en l'expliquant. Dans la seconde, il veut pousser son œuvre individuelle, qu'il croit universelle, son pur paradoxe absolu ; il veut faire rétrograder ou dévier son temps, il le violente ; ce ne sont plus que des éclats.

En mai 1809, il achevait d'écrire son petit traité sur le *Principe générateur des Constitutions politiques*. C'est le premier ouvrage de lui qui s'échappa de son portefeuille après son long silence ; il le publia à Saint-Pétersbourg dans les premiers mois de 1814 (1). Un exemplaire en vint en France aux mains de M. de Bonald, un peu après la Charte : furieux contre la concession royale, le théoricien de la *Législation primitive* n'eut rien de plus pressé que de faire réimprimer le *Principe générateur* par manière de contre-partie et de réfutation *ad hoc*. Louis XVIII, l'auguste auteur, piqué dans sa

---

(1) M. de Saint-Victor (préface des *Soirées*) dit que le *Principe générateur* fut publié à Saint-Pétersbourg dès 1810 ; l'exact Quérard le porte à cette année également ; mais je crois que c'est une méprise qui provient de la date mise à l'ouvrage (mai 1809). L'auteur dit positivement dans la préface qu'il garde son opuscule en portefeuille depuis *cinq ans*.

plus belle page, en voulut à M. de Maistre, auquel autrefois il avait écrit une lettre de compliments à l'époque des *Considérations*. M. de Maistre, apprenant cet imbroglio, s'empressa d'écrire à M. de Blacas pour se justifier de tout dessein de réfutation; il invoqua les deux grandes preuves, *l'alibi* et *l'art de vérifier les dates* : il était à Saint-Pétersbourg, il y écrivait l'ouvrage en 1809, il l'y publiait au commencement de 1814, avant que Louis XVIII fût rentré en France. Comme procédé, il avait parfaitement raison, et il demeurait absous. Mais, au fond, M. de Bonald ne s'était pas trompé sur la portée de l'ouvrage, qu'il avait pris au bond. Le *Principe générateur*, à chaque page, est comme un soufflet donné à la Charte et à nos constitutions écrites.

Déjà dans les *Considérations*, M. de Maistre avait fort insisté sur l'ancienne constitution monarchique écrite *ès-cœurs* des Français; il revient expressément ici sur l'origine *divine* de toute constitution destinée à vivre. Nourri de l'antiquité, abreuvé à ses hautes sources et à ses sacrés réservoirs, il comprend la force et nous révèle le génie inhérent des législateurs primitifs, des Lycurgue, des Pythagore. Il est lui-même, comme esprit, de cette lignée des Pythagore et des Platon ; il en retrouve et en fait puissamment sentir l'inspiration politique et civile, voisine du sanctuaire; en ce sens on a eu raison de dire ce beau mot, qu'il est *le Prophète du passé* (1).

Mais un autre ordre de temps est venu ; de nouvelles conditions générales ont été introduites dans le monde; un Lycurgue s'y briserait. Il faut subir son temps pour agir sur lui. M. de Maistre ne voit que les principes antiques, et les voyant vivants et pratiqués (avec moins de rigueur pourtant qu'il ne le dit) dans le passé, dans un passé récent, il a l'air de croire qu'on pourra les replanter exactement tels ou à peu près dans l'avenir, dans un avenir prochain; il se trompe. Ces principes, autrefois et hier encore vivants, ainsi replantés, deviennent

(1) Ballanche, *Prolégomènes*.

aussi abstraits et aussi morts que ceux des *constitutionnistes* et des faiseurs sur papier dont il se moque. On ne replante pas à volonté les grands et vieux arbres; et des nouveaux, c'est le cas, pour le réfuter, de dire avec lui : Rien de grand n'a de grand commencement, *crescit occulto velut arbor œvo.* En effet, à travers ce qu'il appelle un pur interrègne, un chaos, quelque chose en dessous s'est péniblement formé, ou du moins trituré, pétri, préparé; c'est ce quelque chose de nouveau et de mixte qui doit faire le fond du prochain régime et qui doit vivre. Il manquait à M. de Maistre, absent, de l'avoir vu de près, *encore sans nom* (car le nom de *tiers-état* dont Sieyès l'avait baptisé au début n'était que l'ancien). La Constitution de l'an III, dont l'auteur des *Considérations* se moque, tenait déjà compte à sa manière, autant qu'elle le pouvait dans l'effervescence, de cette *moyenne* encore informe de la nation que les journées de Fructidor et autres coups d'État refoulèrent. Le Consulat surtout en tint compte et s'y fonda; l'Empire à la fin la méconnut tout à fait et se perdit. C'est également pour avoir méconnu ce quelque chose de mixte qu'elle avait tant contribué à créer et à organiser, que la Restauration a péri; c'est parce qu'il le respecte, qu'il l'accommode, et qu'en gros il le contente, que le régime présent est en train de vivre. Il oublie même un peu trop de le diriger, et il y cède trop. — Soit. — C'est le défaut contraire au précédent. — Ce n'est pas un très-noble régime, dira-t-on, qu'un tel régime représentatif et monarchique, avec une seule hérédité, sans aristocratie véritable, sans démocratie entière et franche. — Non : mais c'est un régime sensé, modéré, tolérable assurément, et, qui plus est, assez heureux. — Mais vivra-t-il? s'écriera le théoricien absolu; qu'on ne me parle pas de cet enfant au maillot ! Combien a-t-il d'années ? Qu'on attende! — Oui, on attendra. Je ne répondrai point que cette forme de gouvernement elle-même ne soit une préparation, un intervalle, une transition à de plus souveraines. Mais toutes les formes de gouvernement en sont là. Il suffit qu'elles vivent avec honneur un certain laps d'années, et qu'elles procurent durant ce temps à un certain nombre de générations repos et bonheur, de la manière dont celles-ci l'entendent. Après quoi ces formes passent, elles se brisent, elles se transforment. Les historiens, les théoriciens viennent alors, les dégagent de ce qui les neutralisait souvent et les voilait aux yeux des contemporains, et en font à leur tour des principes et des systèmes qu'ils opposent aux nouvelles formes naissantes et à peine ébauchées. Ainsi va le monde ; et, pour qui a la tournure d'esprit religieuse, il y a moyen encore, dans tout cela, de retrouver Dieu. — Je crois avoir répondu fort terre-à-terre, mais non pas trop indirectement, à la doctrine du *Principe générateur*.

En traduisant et en publiant (1816) avec des additions et des notes le traité de Plutarque *sur les Délais de la Justice divine dans la Punition des Coupables*, M. de Maistre donnait la mesure de la largeur et de la spiritualité de son christianisme ; en se faisant l'introducteur et comme l'hôte généreux du sage païen, il disait à tous que les bras toujours ouverts de son Christ n'étaient pas étroits. Son fameux ouvrage du *Pape*, publié en 1819, semblait au contraire rétrécir et rehausser singulièrement le seuil du temple. Il n'aurait voulu que le rendre à jamais stable et visible, en le fondant sur le rocher.

M. de Maistre fut conduit à son livre du *Pape* par sa force logique. Il était pénétré du gouvernement temporel de la Providence et en avait vu les coups de foudre dans notre Révolution ; mais, au lieu de se borner à reconnaître et à constater, il s'avisa de vouloir compter en quelque sorte ces coups, d'en sonder la loi mystérieuse et de remonter au dessein suprême. Son esprit positif et précis ne pouvait s'accommoder d'une vague idée et d'un à-peu-près de Providence, ne se manifestant que çà et là. Or, pour faire cette Providence complète et vigilante, et sans cesse unie à l'homme, il fallait lui trouver un organe et un oracle permanent. Il n'était pas homme, comme les mystiques, comme Saint-Martin et les autres, à supposer je ne sais quelle petite Église secrète et quelle franc-maçonnerie à voix basse, dont le sacerdoce catholique n'eût été qu'un simulacre sans vertu, une ombre dégradée et épaissie. Quant aux protestants et aux chrétiens libres, disséminés, croyant à la Bible sans interprète, c'est-à-dire, selon lui, à l'*écriture* sans la *parole* et sans la *vie*, il ne s'y arrêtait même pas. Pour lui, le siége et l'instrument de la chose sacrée devait être manifeste et usuel, visible et accessible à toute la terre; ce ne pouvait être que Rome; et comme les objections abondaient, il se fit fort de les lever historiquement, dogmatiquement, et de tout expliquer : tour de force dont il s'est acquitté moyennant quelques exploits incroyables de raisonnement, moyennant surtout quelques entorses çà et là à l'exactitude et à l'impartialité historiques, comme Voltaire, Daunou et les autres détracteurs en ont donné dans l'autre sens; mais les entorses de De Maistre sont magnifiques et à la Michel-Ange. Les autres, les enragés et les malins, n'ont donné que des *crocs-en-jambes*.

Je sais tout ce qu'on peut opposer de front et dans le détail à une pareille théorie et à l'histoire qu'elle suppose et qu'elle impose. De ce qu'une chose, selon qu'il le croit, est *nécessaire* pour le salut moral du genre humain, M. de Maistre en conclut qu'elle *est* et qu'elle est *vraie*. Ce raisonnement est héroïque, il mène loin. Chaque esprit systématique, au nom du même raisonnement, va nous apporter sa promesse ou sa menace. M. de Maistre nous dira que, lui, il ne rêve pas, qu'il y a *possession* pour son idée, qu'il y a le fait subsistant et reconnu; mais ce fait lui-même est une question. Pourtant, jusque dans l'excès de sa théorie pontificale, M. de Maistre ne faisait encore que marquer sa foi vive et à tout prix au gouvernement providentiel. Bien des historiens et des philosophes nous parlent dans leurs discours officiels de la Providence, de laquelle ils ne se préoccupent pas du tout ailleurs, ne la prenant que comme il prennent leur toque ou leur bonnet de cérémonie. Le problème qui consiste à chercher à cette Providence un signe distinct, un fanal terrestre, auquel on puisse la reconnaître pour s'y diriger, demeure tout entier pendant et nous écrase. Les politiques, (je ne les en blâme pas) et tous les intéressés qui font semblant de croire ont beau voiler l'abîme rouvert, l'anxiété douloureuse de bien des âmes le trahit. Entre une Rome à laquelle on ne croit plus qu'assez difficilement, et une Providence philosophique qui n'est guère qu'un mot vague pour les discours d'apparat, bien des esprits inquiets et sincères se réfugient dans une sorte de religion de la nature et de l'ordre absolu, qui a déjà essayé plusieurs costumes en ces derniers temps.

Il n'entre dans mon dessein ni dans mes moyens de discuter historiquement un livre tel que celui du *Pape*; dogmatiquement, ce n'est point aux sceptiques qu'il s'adresse, la *couleuvre* serait trop forte du premier coup. C'est aux chrétiens plus ou moins séparés et pourtant fidèles encore à la hiérarchie, c'est aux catholiques gallicans, aux épiscopaux anglicans, aux Églises grecques photiennes, qu'il va chercher querelle directe et faire la leçon. Le style en est grand, mâle, éclairé d'images, simple d'ordinaire, avec des taches d'affectation; si on peut noter du mauvais goût par points, on n'y rencontre jamais du moins de déclamation ni de phrases. Il y a du *sophiste*, a-t-on dit; soit; mais il n'y a jamais de *rhéteur*. Arrangez cela comme vous voudrez.

Quelles que soient les croyances ou les non-croyances du lecteur, il ne peut qu'admirer historiquement le beau passage (livre II, chapitre v) sur la translation de l'empire à Constantinople et sur la *fable* de la donation, qui est *très-vraie*. De telles vues, dont ce livre offre maint exemple, rachètent bien de petits excès. Un résultat incontestable qu'aura obtenu M. de Maistre, c'est qu'on n'écrira plus sur la papauté après lui, comme on se serait permis de le faire auparavant. On y regardera désormais à deux fois, on s'avancera en vue du brillant et provoquant défenseur, sous l'inspection de sa grande ombre. Tout en le combattant, on l'abordera, on le suivra.

En se faisant attaquer par ceux qui viennent après, il les amène sur son terrain, il les traîne à la remorque. N'est-ce pas une partie de ce qu'il a voulu?

Un fait positif et piquant, c'est que, dans ce terrible ouvrage du *Pape*, beaucoup de choses ont été (qui le croirait?) *adoucies*, plus d'un trait relatif à Bossuet, par exemple. J'ai eu l'honneur de connaître à Lyon le savant respectable et modeste (1) que M. de Maistre n'avait jamais vu, mais à qui il avait accordé entière confiance; ce fut par ses soins que, dans cette ville toute religieuse, foyer de librairie catholique pour le Midi et la Savoie, se prépara l'édition du *Pape* et de plusieurs des écrits qui suivirent. Une correspondance régulière s'était engagée, dans laquelle le consciencieux éditeur ne ménageait pas les objections, les critiques; M. de Maistre s'y montrait bien souvent docile, et avec une remarquable facilité, dénué en effet de toute prétention littéraire proprement dite, comme un homme du monde dont ce n'était pas le métier. Il n'y avait que les cas réservés où l'idée de ces *damnés* Parisiens lui revenait en tête et le faisait insister sur sa phrase : « Laissons cela, ils aimeront cela; » ou bien : « Bah! *laissons-leur cet os à ronger.* » Je prends plaisir à répéter ce mot qui est une clef essentielle dans le De Maistre.

Le livre intitulé *de l'Église gallicane dans son rapport avec le souverain Pontife* n'est qu'un appendice du *Pape*. Écrit en 1817 à la fin du séjour en Russie, il ne parut qu'en 1821, vers le temps de la mort de l'auteur, qui en avait disposé lui-même la publication par une préface d'août 1820. c'est dans ce fameux pamphlet qu'il s'attaque plus expressément à Bossuet et à Pascal, à Port-Royal et au jansénisme. Le chapitre dans lequel j'ai dû examiner et réfuter cette polémique fait partie de l'ouvrage sur Port-Royal que je continue, et il est tout

---

(1) M. Deplace. Voir sur cet homme de bien la très-utile *Notice* de M. Collombet, laquelle confirme et développe pleinement nos assertions. J'en donne un extrait dans l'*Appendice* ci-après, à la fin de ce volume.

entier écrit depuis longtemps. Dans un sujet que j'ai étudié assez à fond et sur un terrain circonscrit où je me sens le pied solide, je ne crains pas d'affronter, de choquer M. de Maistre, qui y arrive avec quelque peu de cette légèreté et de ce bel air superficiel qu'il a reproché à tant d'autres. Mais détacher et donner ici ce chapitre serait chose impossible pour l'étendue, et même peu assortie pour le ton. Quand je fais le portrait d'un personnage, et *tant* que je le fais, je me considère toujours un peu comme chez lui ; je tâche de ne point le flatter, mais parfois je le ménage ; dans tous les cas, je l'entoure de soins et d'une sorte de déférence, pour le faire parler, pour le bien entendre, pour lui rendre cette justice bienveillante qui le plus souvent ne s'éclaire que de près. Lorsqu'une fois cette tâche est remplie, je me retrouve au-dehors, je suis en mesure de m'exprimer plus librement, me souvenant toujours, s'il est possible, de ce que j'ai dit et jugé ; mais je parle plus haut, s'il est besoin, et du ton que m'inspire la rencontre. Telle est ma morale en ce genre de critique et de *portraiture* littéraire ; c'est ainsi que j'observe les *mœurs* de mon sujet.

Les *Soirées de Saint-Pétersbourg* suivirent de près l'*Église gallicane*, et parurent la même année (1821). Il ne leur manque, pour être complètes, que quelques pages du dernier Entretien, et une autre Soirée de conclusion que l'auteur voulait ajouter sur la Russie, par reconnaissance de l'hospitalité qu'il y avait trouvée. Les *Soirées* sont le plus beau livre de M. de Maistre (1), le plus durable, celui qui s'adresse à la classe la plus nombreuse de lecteurs libres et intelligents. On ne lit plus Bonald, on relit comme au premier jour son libre et mordant coopérateur. Chez lui, l'imagination et la couleur au sein d'une haute pensée rendent à jamais présents les

---

(1) « Les *Soirées* sont mon ouvrage chéri. *J'y ai versé ma tête;* ainsi, monsieur, vous y verrez peu de chose peut-être, mais au moins tout ce que je sais. » Lettre du comte de Maistre à M. Deplace, du 11 décembre 1820.

éternels problèmes. L'origine du mal, l'origine des langues, les destinées futures de l'humanité, — pourquoi la guerre? — pourquoi le juste souffre? — qu'est-ce que le sacrifice? — qu'est-ce que la prière? — l'auteur s'attaque à tous ces *pourquoi*, les perce en tous sens et les tourmente : il en fait jaillir de belles visions. La forme d'entretien amène à chaque pas la variété, l'imprévu, met en jeu l'érudition, justifie la boutade et le sarcasme, tout en laissant jour à l'effusion et à l'éloquence. Le *chevalier*, le Français, homme du monde et honnête homme, c'est le bon sens noble, ouvert et loyal; le *sénateur*, le Russe-grec, c'est la science élevée, religieuse, un peu subtile et irrégulière, c'est l'élan philosophique; le *comte* est ou veut être le théosophe prudent et rigoureux : on a, dans ce concert des trois, quelque chose d'un Platon chrétien. Celui qui consent à se laisser emporter dans cette sphère supérieure, et à diriger son regard selon le rayon, sent par degrés, en montant, de grandes difficultés s'aplanir, et bien des notes discordantes d'ici-bas s'apaiser en harmonie.

En lisant les *Soirées*, on se demande involontairement : M. de Maistre était-il donc un pur catholique du passé? Ne se rattachait-il par aucune vue, par aucun éclair, à ce christianisme futur dont M. de Chateaubriand lui-même, en ses derniers écrits, semble ne pas répudier la venue (1), dont M. Ballanche a semblé, dès l'abord, ouïr et répéter avec douceur les vagues échos? M. de Maistre, malgré tout ce qu'on peut dire, en croyant bien n'en pas être, et en protestant contre, n'y conspirait-il point, autant que personne, par mainte pensée hautement échappée? Et s'il n'y a rien de nouveau en lui, comment se fait-il que, sur ses drapeaux, la plus novatrice des sectes religieuses de notre âge ait pu inscrire à son heure tant de paroles prophétiques, à lui empruntées, pour manifeste et pour devise?

(1) Voir les *Études historiques*, chapitre de l'*exposition :* « Le chris-
« tianisme n'est point le cercle inflexible de Bossuet; c'est un cercle
« qui s'étend à mesure que la société se développe.... »

Ce sont là des questions que nous posons à peine, mais qui se lèvent devant nous ; et comme la lecture de De Maistre met, bon gré mal gré, en train de prédire, nous nous risquerons à ajouter : Quoi qu'il puisse arriver dans un avenir quelconque, et même (pour ne reculer devant aucune prévision), même si quelque chose en religion devait définitivement triompher qui ne fût pas le catholicisme pur, que ce fût une convergence de toutes les opinions et croyances chrétiennes, ou toute autre espèce de communion, De Maistre aurait encore assez bien compris l'alternative à l'heure de crise, il aurait assez ouvert les perspectives profondes et assez plongé avant son regard, pour s'honorer à jamais, comme génie, aux yeux des générations futures vivant sous une autre loi ; il ne leur paraîtrait à aucun titre un Julien réfractaire, mais bien plutôt encore une manière de prophète à contre-cœur comme Cassandre, une sibylle merveilleuse.

C'est trop nous hasarder à ces extrémités d'horizon où l'absurde et le possible se touchent ; rentrons vite dans la limite qui nous convient. Qu'on ne vienne pas tant s'étonner, après les *Soirées*, que M. de Maistre, étranger, ait si bien écrit dans notre langue : quand on est de cette taille comme écrivain, on a droit de n'être pas traité avec cette condescendance. Compatriote de saint François de Sales, il écrit dans sa langue, qui se trouve en même temps la nôtre, dans une langue postérieure à celle de Montesquieu, et qui tient de celle-ci pour les beautés comme pour les défauts. Son style, je le répète, est ferme, élevé, simple ; c'est un des grands styles du temps. S'il y a du Sénèque, comme on l'a remarqué ingénieusement, où donc n'y en a-t-il pas aujourd'hui ? Mais chez lui les défauts de goût, notez-le bien, ne sont que passagers, pas beaucoup plus forts, après tout, que ceux de Montesquieu lui-même. Et ce style a l'avantage d'être tout d'une pièce, portant en soi ses défauts, sans rien de plaqué comme chez d'autres talents qu'à bon droit encore on admire.

Sans doute M. de Maistre manque essentiellement d'une qualité qui fait le charme principal des écrits de son frère, — une certaine naïveté gracieuse et négligente, le *molle atque facetum*, l'*aphelia*. Je tiens de bonne source que la première fois qu'il eut entre les mains le *Voyage autour de ma Chambre*, il n'en sentit pas toute la finesse légère. Il y avait même fait des corrections et ajouté des développements qui nuisaient singulièrement à l'atticisme de ce charmant opuscule; mais il eut assez de confiance dans le goût d'une femme, d'une amie, qu'il voyait alors beaucoup à Lausanne, pour sacrifier ses corrections et rétablir le *Voyage*, à peu de chose près, dans sa simplicité primitive. Lorsque plus tard à Saint-Pétersbourg, en 1812, il en donna une nouvelle édition en y joignant *le Lépreux*, il y mit une préface spirituelle assurément, mais un peu roide et prétentieuse dans son persiflage. Montesquieu, encore une fois, a-t-il pu s'empêcher d'être guindé dans *le Temple de Gnide?*

M. Villemain nous a appris que cette gracieuse navigation sur la Néwa, qui fait comme l'entrée en scène et la bordure des *Soirées*, est de la plume du comte Xavier : alliance délicate ! déférence touchante ! Il s'agissait d'un paysage; M. de Maistre ne s'était pas cru capable de le peindre.

Je voile ses *Lettres sur l'Inquisition* (1822); on les passerait à peine à un homme d'esprit, très-nerveux, qui aurait été condamné à subir du *Dulaure* toute sa vie. En insistant outre mesure sur un sujet odieux et pénible que la déclamation avait exploité sans doute, et où peut-être il y avait des amendements historiques à proposer, M. de Maistre a trop oublié que, là où il s'agit de sang versé et de tortures, la discussion extrême, le *summum jus* a tort. Il est des endroits sensibles de l'humanité qu'il ne faut pas retourner rudement, pas plus que, dans un hôpital, certaines plaies du malade, pour se donner le plaisir de faire une démonstration théorique et anatomique exacte.

On trouve, assure-t-on, chez les casuistes de tous les ordres[1] et de toutes les robes, bien de ces subtilités et de ces saletés que Pascal a dénoncées particulièrement chez les Révérends Pères ; on trouverait, je le crois, dans les greffes des anciens Parlements, beaucoup de ces horreurs qu'on est convenu d'imputer surtout à l'Inquisition ; mais qu'importe ? il est un degré de récidive et d'habitude où l'on endosse *très-justement* (pour parler comme de Maistre) les délits du voisin, et où l'on paye pour les autres : Escobar ni l'Inquisition ne s'en relèveront.

Pour le *Bacon*, c'est autre chose, et, si maltraité qu'il ait pu paraître du fait de notre auteur, il est de force à soutenir l'assaut. M. de Maistre n'a pas été amené d'emblée à combattre Bacon, pas plus que Voltaire. Extraordinairement frappé de la Révolution française (il faut toujours en revenir là), l'ayant jugée *satanique* dans son esprit, il en vint à se retourner contre Rousseau d'abord, puis surtout contre Voltaire, comme étant le grand fauteur *satanique* et anti-chrétien. Quant à Bacon, il y mit plus de temps et de détours ; il aimait évidemment à le lire et à le citer. Cette belle parole du moraliste, que *la religion est l'aromate qui empêche la science de se corrompre*, lui revient souvent. Pourtant, il nous l'avoue, à voir les éloges universels et assourdissants décernés à Bacon par tout le xviiie siècle encyclopédique, il entra en véhémente suspicion à son égard, et depuis ce moment le procès du chancelier commença. Il l'avait *pincé* déjà en plus d'un passage des *Soirées* ; mais ce n'était pas incidemment qu'il pouvait avoir raison d'un tel accusé ; passe pour Locke, simple bourgeois en philosophie, dont il avait fait justice en un Entretien (1).

M. de Maistre a comme un sens particulier, excellent, pour

---

(1) Dans le vie. C'est dans le ve qu'il avait commencé à accoster Bacon, à lui porter tant de piquantes atteintes : « Bacon fut un baromètre qui annonça le beau temps, et, parce qu'il l'annonçait, on crut qu'il l'avait fait. » Et lorsque, ne voulant pas de lui pour *soleil*, il essaie de se rabattre à une *aurore* : « Et même, ajoute-t-il, on pour-

pénétrer les ennemis cauteleux du christianisme (Hume, Gibbon), pour les démasquer dans leurs circuits et leurs ruses. Il crut voir en Bacon un tel adversaire tout fourré d'hermine, et dès lors il se fit devoir et plaisir de le montrer nu. On a beaucoup dit que c'était une maladresse de diminuer le nombre des grands partisans prétendus du christianisme et d'en retrancher Bacon, que c'était tirer sur ses troupes. Pure sensiblerie, selon de Maistre, et, pour parler à sa manière, franche simplicité, si ce n'est duplicité. C'est, en effet, traiter le christianisme comme un docteur son malade qui a besoin de ménagements et d'être dorloté. Cet ordre de considérations anodines ne fait rien à l'affaire, à la vérité, qui est de savoir si Bacon a inventé ou non une méthode, et dans quelle vue il la voulait, et où cela menait. Dès qu'une fois De Maistre interroge, il est évident qu'il se ressouvient de son métier de magistrat; il n'a point appris à procéder comme nos bons jurés. La manière si habituelle en ce monde de prendre les choses par la queue est l'opposé de la sienne, qui allait d'abord au chef, à la racine.

Il faudrait, pour examiner la valeur des accusations sans nombre qu'il intente à Bacon, y employer tout un volume. Le fait est que Bacon a été très-peu défendu. Les chefs de l'école éclectique régnante n'ont pas été fâchés de voir tomber sur la joue du précurseur de Locke ce soufflet solennel qu'ils ne se seraient pas chargés eux-mêmes de lui donner (1). Je n'ai pas assez lu ni étudié Bacon pour avoir droit

---

rait y trouver de l'exagération, car lorsque Bacon se *leva*, il était au moins dix heures du matin. » Une telle escarmouche aurait paru à tout autre un combat, mais, pour de Maistre, c'était peloter en attendant partie.

(1) L'attaque de De Maistre a plutôt mis en train contre Bacon. M. F. Huet, dans une thèse ingénieuse (1838), s'est attaché à évincer tout à fait Bacon, comme autorité, du domaine de la philosophie intellectuelle; il lui a refusé toute initiative essentielle en cette partie. Un tel résultat semble bien tranchant, bien absolu. M. Riaux, qui a mis une judicieuse introduction aux *OEuvres* de Bacon (Charpentier,

d'exprimer sur son compte une idée complète ; mais toutes les fois que dans ma jeunesse curieuse, provoqué, harcelé par les éloges en quelque sorte fanatiques que je voyais décerner invariablement à Bacon en tête de chaque préface, dans tout livre de physique, de physiologie et de philosophie, j'essayai de l'aborder, je fus assez surpris d'y trouver un tout autre homme que celui de la méthode expérimentale stricte et simple qu'on préconisait (1) ; j'y trouvai un heureux, abondant et un peu confus écrivain, plein d'idées et de vues dont quelques-unes hasardées et même supertitieuses, mais surtout riche de projets ingénieux, d'aperçus attrayants (*hints, impetus*), d'observations morales revêtues d'une belle forme, dorées d'une belle veine, et capables de faire axiome avec éclat. Une telle gloire, où l'imagination a sa part dans la science pour la féconder, en vaut bien une autre, ce me semble.

M. de Maistre n'était pas homme à y rester insensible, et il se serait maintenu, on peut l'affirmer, plus favorable à Bacon, s'il n'avait aussi été impatienté de tout ce qu'on a débité de lieux-communs à son propos. C'est bien là l'effet, par exemple, que devait produire Garat, le faiseur disert de préfaces et de programmes, à son cours des anciennes Écoles normales : il trouva moyen de mettre hors des gonds l'excellent Saint-Martin, l'un des *élèves*, lequel, tout pacifique qu'il était, l'attaqua sur ses prétentions baconiennes avec chaleur et, qui

1843), s'est tenu dans un milieu plus spécieux, plus vraisemblable. Il faut regretter que l'utile et savant travail de M. Bouillet (*OEuvres* de Bacon, 1834) ait paru avant l'attaque de De Maistre. J'indiquerai encore un sage article de M. Diodati (*Bibliothèque universelle de Genève*, janvier 1837). Dans le journal *l'Européen* (février 1837), M. Buchez a fait aussi de bonnes remarques, entre autres celle-ci, que jusqu'à présent on citait Bacon à tort et à travers, et qu'un résultat de l'ouvrage de M. de Maistre sera du moins qu'on n'osera plus invoquer l'oracle contesté qu'en pleine connaissance de cause.

(1) Quelques-uns des purs de l'extrême XVIIIe siècle, qui y avaient regardé de très-près (comme Daunou), estimaient moins Bacon, mais c'était un secret qu'on se gardait.

plus est, netteté, mais en rendant tout respect à Bacon (1).
— Beaucoup des paradoxes et des sorties de M. de Maistre sont ainsi (faut-il le répéter?) les éclats d'un homme d'esprit impatienté d'avoir entendu durant des heures force sottises, et qui n'y tient plus; les nerfs s'en mêlent : il va lui-même au delà du but, comme pour faire payer l'arriéré de son ennui.

Cet examen de Bacon, publié seulement en 1836, aurait-il été modifié, complété, c'est-à-dire adouci par lui, s'il l'avait lui-même donné au public? On y sent, au ton de la querelle, un *tête-à-tête* de cabinet et toute la liberté du huis clos. On m'assure qu'il le considérait comme un ouvrage terminé, *sauf la préface qu'il avait dans la tête,* disait-il toujours. Pensons du moins qu'il aurait soigneusement vérifié sur place tous les textes, afin d'éviter le reproche d'avoir quelquefois prêté, par aggravation, au sens de celui qu'il inculpait. Dans aucun de ses livres d'ailleurs, M. de Maistre ne se montre plus brillamment et plus profondément lui-même. Les chapitres des *causes finales* et de *l'union de la religion et de la science* renferment sur l'ordre et la proportion de l'univers, sur l'art, sur la peinture chrétienne, sur le beau, quelques-unes, certes, des plus belles pages qui aient jamais été écrites dans une langue humaine. On y lit cette définition qu'il faudrait graver en lettres d'or, et qui explique, hélas! si bien l'absence de son objet en de certains âges : « Le Beau, dans tous les « genres imaginables, *est ce qui plaît à la vertu éclairée.* » —

---

(1) Voir au tome III des Séances des *Écoles normales* (édit. de 1801), page 113; Saint-Martin y marque énergiquement combien personne ne ressemble moins au simple et mince Condillac que l'ample et fertile Bacon : « Quoiqu'il me laisse beaucoup de choses à désirer, il est
« néanmoins pour moi, non-seulement moins repoussant que Con-
« dillac, mais encore cent degrés au-dessus... Je suis bien sûr que
« j'aurais été entendu de lui, et j'ai lieu de croire que je ne l'aurais
« pas été de Condillac.... Aussi l'on voit bien qu'il vous gêne un peu.
« Après vous être établi son disciple, vous n'approchez de son école
« que sobrement et avec précaution. »

Intelligence platonique, M. de Maistre a compris et défini Aristote comme pas un de l'école ne l'eût fait; on sent de quel avantage pour lui ç'a été de pratiquer de près et sans intermédiaire ces hauts modèles (1); ni Bonald, ni La Mennais (2), ni aucun de ce bord catholique, n'a été trempé de forte science comme lui. Et il sent l'antiquité non-seulement dans Aristote, non-seulement dans Platon et Pythagore, mais jusque dans celui qu'il appelle, avec un mélange de respect et de charme, *le docte et élégant Ovide.* Puis, tout en goûtant ces savoureuses douceurs, il ne s'y laisse point *piper* ni amuser; il veut le sens, le but sérieux. Si abeille qu'il soit, c'est à la ruche qu'il revient toujours. Un de ses plus vrais griefs contre Bacon, c'est qu'il le voit comme une *plume de paon* de la philosophie, un bel-esprit amoureux de l'expression et content quand il a dit : *les Géorgiques de l'âme.*

En cela même nous croyons que M. de Maistre se montre infiniment trop sévère. Et nous aussi, simple historien littéraire, il est un côté par lequel nous ne saurions assez vénérer Bacon et le saluer, comme notre premier guide et inventeur. Qu'on lise, au livre II *De Augmentis Scientiarum,* le chapitre IV, dans lequel, distinguant les différentes espèces d'histoire civile, 1° l'ecclésiastique ou sacrée, 2° la civile propre-

---

(1) Il voulut tout lire à la source; il apprit l'allemand pour mieux pénétrer tout Kant. Sur un exemplaire de ce philosophe, il avait écrit en tête : *Plato putrefactus.*

(2) Quand je parle de La Mennais dans cet article, il va sans dire que c'est toujours du La Mennais d'avant *George Sand,* d'un La Mennais antédiluvien; ils furent en correspondance, de Maistre et lui. « M. de Maistre pourtant (et l'éloquent novateur s'en plaignait) ne comprenait pas son second volume de l'*Indifférence,* » ce qui signifie qu'il lui faisait des objections et n'entrait pas volontiers dans cette méthode un peu trop scolastique et logique avec son esprit platonicien. Au reste, il est trop clair aujourd'hui qu'ils n'ont jamais dû s'entendre pleinement. Quant à M. de Bonald, M. de Maistre ne le vit jamais, mais ils s'écrivaient aussi; l'ouvrage du *Pape* lui fut adressé par l'auteur en offrande avec une épigramme de Martial, un *xénion.* Voilà le gentil Martial en bien grave message.

ment dite, 3° la littéraire, il s'attache à dessiner le cadre de celle-ci, comme entièrement absente. « Et pourtant, dit-il avec cet éclat ingénieux qui lui est propre, l'histoire du monde dénuée de cette partie essentielle, c'est la statue de Polyphème à qui on aurait arraché son œil. » Tout le plan qu'il trace dans cette page est admirable d'ordre et de soins, de conseils de détail, et n'a pas cessé d'être le programme de tout historien, de tout biographe littéraire digne de ce nom. Il sait très-bien insister sur ce qu'il ne s'agit pas ici de procéder *à la manière des critiques, de perdre son temps à louer ou à blâmer*, mais qu'il importe de raconter, d'expliquer les choses elles-mêmes *historiquement*, avec *intervention sobre de jugements*. Il insiste encore sur ce qu'il ne s'agit pas seulement de compiler, de prendre chez les historiens et les critiques une matière toute digérée, mais de saisir par ordre les livres essentiels, les monuments principaux, chacun dans son moment, et alors, non pas en les lisant jusqu'au bout et tout entiers, mais en les *dégustant*, en sachant en saisir l'objet, le style, la méthode, d'évoquer par une sorte d'enchantement magique le *génie* littéraire d'un temps. — Et cela, il le conseille, non point pour la pure gloire des lettres, non pour le pur amour ardent qu'il leur porte (bien qu'il en soit dévoré), non par pure curiosité poussée à l'extrême (avis à nous autres, amateurs trop minutieux !), mais dans un but plus sérieux et plus grave, pour suggérer aux doctes dans l'usage et l'administration de leur science un meilleur régime, de meilleures méthodes, une prudence et une sagacité plus éclairées. « Il y a lieu, ajoute-t-il en concluant, de se donner le spectacle des mouvements et des perturbations, des bonnes et des mauvaises veines, dans l'ordre intellectuel comme dans l'ordre civil, et d'en profiter. » — Ainsi s'exprime Bacon en termes formels, et ce n'est que de nos jours, et depuis très-peu d'années, qu'en France une telle histoire est ébauchée à grand'-peine !

Nous donc, son disciple aussi, son disciple libre et respectueux, si notre voix avait la moindre valeur en tel sujet, au milieu de voix si hautes et si imposantes, nous lui dirions :

« Consolez-vous, Ombre illustre ! ils avaient voulu faire de vous un chef de leur école, un précurseur d'eux-mêmes, et vous avaient tiré à eux, ajusté à leur taille, et présenté sous un jour étroit, faux et dans lequel, en vous idolâtrant sans cesse, ils vous avaient diminué. D'autres sont venus qui ont défait tout cela, qui vous ont rejeté de leur philosophie, laquelle (je leur en demande bien pardon), pour être plus savante et moins maigre que la précédente, me semble bien artificielle aussi. Consolez-vous encore une fois d'être hors de toutes ces questions d'école, car qui dit *école* dit une chose officielle, convenue et à demi mensongère, et qui, d'un côté ou d'un autre, croulera. Excommunié par de Maistre qui croyait, peu accueilli par les héritiers de ce Descartes *qui ne doutait de rien*, restez, vous, ce que vous étiez, — un libre et hardi investigateur de toute noble étude, un amateur éclairé de toute connaissance et de toute belle pensée, un écrivain éclatant et perçant, dont les mots honorent tous les sentiers où vous avez passé, et avec qui l'on trouve à s'enrichir chaque jour, dans quelque voie que l'on s'engage. Restez vous-même, ô Bacon ! et, quelle qu'ait été votre vie avec ses torts et ses infortunes, soyez salué à jamais un des auteurs originaux les plus à consulter, un des moralistes les plus relus, un des bienfaiteurs, en un mot, de l'humaine culture ! »

Pendant son séjour en Russie, M. de Maistre entretenait une vaste correspondance. Un grand nombre des lettres qu'il écrivait, par le sérieux des questions et le développement qu'il y donne, seraient dignes de l'impression. On en a pu juger d'après le peu qui s'est échappé çà et là, et qu'on a publié dans divers journaux (1). A tous les trésors de la science et du talent, M. de Maistre joignait une sensibilité exquise,

(1) Voir *le Mémorial catholique*, juin et juillet 1824 ; le journal *la Presse*, 8 novembre 1836 ; *l'Institut catholique*, recueil mensuel qui se publie à Lyon, tome IV, août 1843, etc., etc.

qu'il portait dans les plus simples relations de la vie. Admirateur passionné des femmes, il trouvait dans ce commerce pur une sorte de charme idéal pour sa vie austère ; il recherchait volontiers leur suffrage et se plaisait à cultiver leur amitié. Une bienveillance précieuse nous a permis d'extraire quelques passages d'une de ces correspondances, qui date des années 1812-1814. Je prendrai presque au hasard ; l'homme saisi dans l'intimité achèvera de s'y dessiner.

« ..... Je me tiens très-honoré (écrivait-il donc à une spirituelle jeune dame) de vous avoir appris un mot ; mais ce qui me serait un peu plus agréable, ce serait de jouir avec vous de la chose même dont je n'ai pu vous apprendre que le nom. *Castelliser* avec votre famille serait pour moi un état extrêmement doux, et puisque vous y seriez, il faudrait bien prendre patience ; mais, hélas ! il n'y a plus de château pour moi. La foudre a tout frappé ; il ne me reste que des cœurs ; c'est une grande propriété quand ils sont pétris comme le vôtre. L'estime que vous voulez bien m'accorder est mise par moi au rang de ces possessions précieuses qu'heureusement personne n'a droit de confisquer. Je cultiverai toujours avec empressement un sentiment aussi honorable pour moi. Jadis les chevaliers errants protégeaient les dames ; aujourd'hui c'est aux dames à protéger les chevaliers errants : ainsi, trouvez bon que je me place sous votre *suzeraineté*. »

« .... Je gémis comme vous de cette folle obstination de notre ami ***, qui aime mieux manquer de tout à Paris que d'être ici à sa place, au sein d'une grande et honorable aisance ; mais regardez-y bien, vous y verrez la démonstration de ce que j'ai eu l'honneur de vous dire mille fois : je suis moins sûr de la règle de trois, et même de mon estime pour vous, que je ne le suis d'un profond ulcère dans le fond de ce cœur plié et replié, où personne ne voit goutte. Ce monde n'est qu'une représentation ; partout on met les apparences à la place des motifs, de manière que nous ne connaissons les causes de rien. Ce qui achève de tout embrouiller, c'est que la vérité se mêle parfois au mensonge. Mais où ? mais quand ? mais à quelle dose ? C'est ce qu'on ignore. Rien n'empêche que l'acteur qui joue *Orosmane* sur les planches ne soit réellement amoureux de *Zaïre* ; alors donc lorsqu'il lui dira,

Je veux avec excès vous aimer et vous plaire,

il dit la vérité. Mais s'il avait envie de l'étrangler, son art aurait imité le même accent, *tant les comédiens imitent bien l'homme!* Nous, de notre côté, nous déployons le même talent dans le drame du monde, *tant l'homme imite bien le comédien!* Comment se tirer de là? »

« .... Je me suis occupé sans cesse de vous, je puis vous l'assurer, dès que j'ai eu connaissance de l'incommodité de M. votre père. Je voulais et je ne voulais pas vous écrire, je voulais et je ne voulais pas aller à Czarskozélo... Ah! le vilain monde! souffrances si l'on aime, souffrances si l'on n'aime pas. Quelques gouttes de miel, comme dit Chateaubriand, dans une coupe d'absinthe. — Bois, mon enfant, c'est pour te guérir. — Bien obligé ; cependant, j'aimerais mieux du sucre. — A propos de sucre, j'ai reçu votre lettre du .... »

Je saute par-ci par-là quelques petites phrases un peu bien précieuses et maniérées ; mais ce qui paraît tel au lecteur a souvent été une pure plaisanterie agréable de société :

« .... Que dire de ce que nous voyons? rien. *Et quel temps fut jamais plus fertile en miracles?* Nous en verrons d'autres, tenez cela pour sûr, et ne croyez pas que rien finisse comme on l'imagine. Les Français seront flagellés, tourmentés, massacrés, rien n'est plus juste, mais point du tout humiliés. Sans les autres, et peut-être malgré les autres, ils feront... — Eh! quoi donc? — Ah! madame, tout ce qu'il faut et tout ce qu'on n'attendait pas. Voilà un vers qui est tombé de ma plume, mais n'ayez pas peur de la rime, c'est bien assez de la raison. »

« Que vous aurez de choses à nous dire (1813), et que j'aurai pour mon compte de plaisir à vous entendre! Je vous ai envié celui de parcourir un pays si intéressant (la Prusse probablement) dans un moment d'enthousiasme et d'inspiration. Je ne cesserai de le dire comme de le croire, l'homme ne vaut que parce qu'il croit. Qui ne croit rien ne vaut rien. Ce n'est pas qu'il faille croire des sornettes ; mais toujours vaudrait-il mieux croire trop que ne croire rien. Nous en parlerons plus longuement. Quel immense sujet, madame, que les considérations politiques dans leurs rapports avec de plus hautes considérations! Tout se tient, tout *s'accroche,* tout se marie ; et lors même que l'ensemble échappe à nos faibles yeux, c'est une consolation cependant de savoir que cet ensemble existe, et de lui rendre hommage dans l'auguste brouillard où il se cache (1). — Depuis que vous nous avez quittés, j'ai beaucoup griffonné, mais je ne suis pas tenté de faire une visite à M. Antoine Pluchard (2). Il n'y a point ici un théâtre pour parler un certain langage. Le grand théâtre (3) est maintenant fermé, et qui sait *si* et *quand* et *comment* il se rouvrira? Je travaille, en attendant, tout comme si le monde devait me donner audience, mais sans aucun projet quelconque que celui de laisser tout à Rodolphe (4). Si par hasard, pendant que je me promène encore sur cette pauvre planète, il se présentait un de ces moments d'à-propos sur lesquels le tact ne se trompe guère, je dirais à mes chiffons : *Partez, muscade!* mais, quoique je regarde comme sûr que ce moment arrivera, cependant son importance me persuade qu'il est encore fort éloigné. »

On n'est pas fâché de surprendre son opinion sur Napoléon et les généraux alliés qui le combattent (1814) :

« Au moment où je vous écris, je n'ai point encore de lettres de Rodolphe. Malgré tout ce qu'on me dit, je suis fort en peine, non pas tant pour cette blessure de Troyes que pour tout ce qui a suivi ; car il fait chaud dans cette France. Tout ce qui se passe me rappelle la fameuse réponse faite à Charles-Quint par un gentilhomme français son prisonnier. — *Monsieur un tel, combien y a-t-il d'ici à Paris?* — *Sire, cinq* JOURNÉES, avec une profonde révérence. — Au reste, madame, après le congrès qui a donné à *notre ami* Napoléon les deux choses dont il avait le plus besoin, le temps et l'opinion, on n'a le droit de s'étonner de rien. Il faut avouer aussi que cet aimable homme ne sait pas mal son métier. Je tremble en voyant les manœuvres de cet enragé et son ascendant incroyable sur les esprits. Quand j'entends parler dans les salons de Pétersbourg de ses fautes et de la supériorité

---

(1) Voilà l'expression humble et vraie d'une sorte d'obscurité humaine jusqu'au sein de la foi ; il en a tenu trop peu de compte dans ses écrits. — Se rappeler pourtant le beau passage assez analogue des *Considérations,* que j'ai cité au commencement de cet article.
(2) Le libraire-imprimeur à Pétersbourg.
(3) Toujours la France.
(4) Son fils, qui servait alors dans les armées coalisées.

de nos généraux, je me sens le gosier serré par je ne sais quel rire convulsif aimable comme la cravate d'un pendu. »

On n'aurait jamais su mieux définir le rire *sarcastique* et méprisant, tel qu'il se le passe quelquefois. — Sur la bigarrure de Pétersbourg en ces années de refoulement et de refuge, il a son anecdote piquante :

« ... Voulez-vous que je vous conte à mon tour quelque chose dans le genre du *salmigondis?* Le samedi-saint, un jeune nègre de la côte de Congo a été baptisé dans l'église catholique de Saint-Pétersbourg : le célébrant était un jésuite portugais ; la marraine, la première dame d'honneur de la feue reine de France, madame la princesse de Tarente ; le parrain, le ministre du roi de Sardaigne. Le néophyte a été interrogé et a répondu en anglais. — *Do you believe?* — *I believe.* — En vérité, ceci ne peut se voir que dans ce pays, à cette époque. »

Mais, pour dernière citation, voici une réflexion d'ironique et haute mélancolie que lui inspire la vue d'une pauvre jeune fille qui se meurt :

« La jeunesse disparaissant dans sa fleur a quelque chose de particulièrement terrible ; on dirait que c'est une injustice. Ah ! le vilain monde ! j'ai toujours dit qu'il ne pourrait aller si nous avions le sens commun. Si nous venions à réfléchir bien sérieusement qu'une vie commune de vingt-cinq ans nous a été donnée pour être partagée entre nous, comme il plaît à la loi inconnue qui mène tout, et que, si vous atteignez vingt-six ans, c'est une preuve qu'un autre est mort à vingt-quatre, en vérité chacun se coucherait et daignerait à peine s'habiller. C'est notre folie qui fait tout aller. L'un se marie, l'autre donne une bataille, un troisième bâtit, sans penser le moins du monde qu'il ne verra point ses enfants, qu'il n'entendra pas le *Te Deum*, et qu'il ne logera jamais chez lui. N'importe ! tout marche, et c'est assez. »

En mai 1817, M. de Maistre disait adieu à Saint-Pétersbourg, pour rentrer dans sa patrie. L'empereur Alexandre lui témoigna par mille distinctions flatteuses et charmantes, comme il savait aisément les rendre, tout le cas qu'il faisait de lui. Un des vaisseaux de la flotte, qui partait alors pour la France, fut mis à sa disposition : « Une circonstance aussi inattendue, écrivait-il, m'envoie à Paris, ville très-connue, et que cependant, selon les apparences, je ne devais jamais connaître. » Il y séjourna bien peu de temps : arrivé à Paris le 24 juin, il était rendu à Turin le 22 août. Toutes les dignités et les plus hautes fonctions l'y attendaient. Indépendamment du titre de Premier Président, il eut la charge de ministre d'État et de régent de la Grande-Chancellerie. Mais la face encore si incandescente de l'Europe et le sol qui tremblait sur bien des points n'étaient pas propres à donner du calme à ce noble esprit excité; ses illuminations sombres ne faisaient que gagner en avançant : il avait de ces tristesses de Moïse et de tous les sublimes mortels qui ont trop vu. Dans une lettre du 5 septembre 1818 au chevalier de..., il écrivait :

« Combien l'homme est malheureux! examinez bien; vous verrez que, depuis l'âge de la maturité, il n'y a plus de véritable joie pour lui. Dans l'enfance, dans l'adolescence, on a devant soi l'avenir et les illusions; mais, à mon âge, que reste-t-il? On se demande : Qu'ai-je vu? Des folies et des crimes. On se demande encore : Et que verrai-je? Même réponse, encore plus douloureuse. C'est à cette époque surtout que tout espoir nous est défendu. Nés fort mal à propos, trop tôt ou trop tard, nous avons essuyé toutes les horreurs de la tempête sans pouvoir jouir de ce soleil qui ne se lèvera que sur nos tombes. Sûrement, Dieu n'a pas remué tant de choses pour ne rien faire; mais, franchement, méritons-nous de voir de plus beaux jours, nous que rien n'a pu convertir, je ne dis pas à la religion, mais au bon sens, et qui ne sommes pas meilleurs que si nous n'avions vu aucuns miracles?

« Plusieurs personnes m'ont fait l'honneur de m'adresser la même question que je lis dans votre lettre : *Pourquoi n'écrivez-vous pas sur l'état actuel des choses?* Je fais toujours la même réponse : du temps de la *canaillocratie*, je pouvais, à mes risques et périls, dire leurs vérités à ces inconcevables souverains; mais, aujourd'hui, ceux qui se trompent sont de trop bonne maison pour qu'on puisse se permettre de leur dire la vérité. La Révolution est bien plus terrible que du temps de Robespierre ; en s'élevant, elle s'est raffinée. La différence est du mercure au sublimé corrosif. Je ne vous dis rien de l'horrible corruption des esprits ; vous en touchez vous-même les principaux symptômes. Le mal est tel, qu'il annonce évidemment une explosion divine. *Mais quand? mais comment? Ah! ce n'est pas à nous de connaître le temps,* etc. »

Cette perspective d'une explosion prochaine était devenue son idée fixe. A le voir avec la tête haute toujours découverte, ses beaux cheveux blancs et son verbe ardent, enflammé, il avait l'air d'un prophète : « C'est comme notre Etna, disait un jour un seigneur sicilien qui sortait de causer avec lui, il a la neige sur la tête et le feu dans la bouche : *Pare il nostro Etna : la neve in testa ed il fuoco in bocca.* »

Peu de temps avant sa mort, il écrivait à un de ses amis de France : « Je sens que mon esprit et ma santé s'affaiblissent « tous les jours. *Hic jacet,* voilà ce qui va bientôt me rester « de tous les biens de ce monde. *Je finis avec l'Europe, c'est* « *s'en aller en bonne compagnie.* » — On m'assure pourtant que ce fut six semaines seulement avant sa mort qu'il écrivit ce fameux portrait de Voltaire pour le mettre dans les *Soirées,* au IVe Entretien déjà composé.

Vers la fin de décembre 1820, de graves symptômes se déclarèrent ; sa démarche, ordinairement si ferme et si rapide, devint chancelante, et on n'osait plus le laisser sortir seul : « Nous nous apercevions bien qu'il perdait ses forces, écrivait « un témoin ami, mais nous étions loin de le croire en dan-« ger ; nous supposions plutôt cet affaiblissement dû à l'âge, « dont les effets se hâtaient plus que d'ordinaire et s'accumu-« laient plus rapidement. Mais lui, quoiqu'il n'eût aucune « maladie, il se sentait frappé à mort. Je me rappelle que « j'avais commencé son portrait, et que, voulant le mettre « dans son costume de chancelier, il me promit de venir, je

« crois, le jour de l'an où il devait faire sa cour au roi. Il
« vint en effet; et comme je lui disais qu'il n'aurait pas dû
« venir ce jour-là, car il paraissait très-fatigué d'avoir monté
« notre escalier, il me répondit, en baissant la voix pour que
« sa fille qui l'accompagnait ne l'entendît pas : *J'ai voulu ve-*
« *nir aujourd'hui, car je ne pourrai plus revenir*, et cela avec
« un sourire si calme et si naturel que l'on aurait cru qu'il
« s'agissait d'un petit secret qui aurait pu causer quelque
« contrariété. En effet, il cessa de faire des visites; mais il
« continuait à s'occuper et à travailler comme à son ordi-
« naire; il n'avait ni fièvre ni aucune maladie appréciable,
« seulement un dégoût de la nourriture qui augmentait de
« jour en jour, sans pourtant qu'elle lui fît mal. Il s'affaiblis-
« sait si visiblement, que sa famille s'alarmait, et les méde-
« cins aussi, parce qu'ils ne pouvaient en deviner la cause.
« Je passais chez lui presque toutes les soirées, et je lui ai
« entendu faire plusieurs fois allusion à sa mort prochaine, et
« toujours de la même manière, c'est-à-dire avec une paix
« admirable et le soin de ménager sa famille, pour laquelle
« il n'avait jamais été si tendre et si affectueux. Il s'est fait
« administrer deux fois, pendant le mois qui a précédé sa
« mort » (dont une fois le 29 janvier, jour de la fête de saint
François de Sales). Et ailleurs, dans une lettre de source
encore plus intime, on lit ces détails qui conduisent de plus
en plus près et jusqu'à la fin : « Nous osions cependant nous
« livrer quelquefois à l'espérance, parce que ses facultés
« morales n'avaient jamais été si vives ni si prodigieuses;
« pendant cinquante jours qu'a duré sa maladie, il n'a cessé
« de s'occuper des affaires de sa charge, de ses affaires do-
« mestiques, de la littérature et de la politique; il nous a
« dicté plus de cinquante lettres, et trouvait un grand plaisir
« dans les lectures continuelles que nous lui faisions. Étonné
« lui-même de ce que son esprit ne se ressentait point de la
« faiblesse de son corps, il nous disait en riant : *Vous serez fort*
« *surpris de ne trouver plus un jour dans ce lit qu'un pur esprit.*

« Les bonnes œuvres n'ont jamais cessé de l'occuper, et il
« versa beaucoup de larmes, quelques jours avant sa mort,
« en apprenant qu'une pauvre femme qu'il avait recomman-
« dée au ministre des finances venait de recevoir une somme
« considérable : une joie pure colora pour la dernière fois
« son noble visage, et, regardant le ciel, il remercia Dieu
« avec attendrissement... » Il expira le 26 février 1821, à
l'âge de près de soixante-huit ans.

Les années qui ont suivi, en confirmant quelques-unes de
ses vues et en en contredisant certaines autres, n'ont fait
qu'élever de plus en plus haut son nom et l'autorité de son
esprit parmi les hommes. Il est même arrivé que, lui aussi,
lui si isolé de son vivant et si dédaigneux de la vogue, il a eu
en France une espèce d'école, et qu'on s'est mis à le célébrer,
à le contrefaire par lieu-commun. L'histoire de son influence
posthume serait assez longue, assez compliquée, et, ce me
semble, fastidieuse à faire aujourd'hui. C'est de lui surtout
qu'il serait exact de dire ce qu'il a dit lui-même de tout écrivain, d'après Platon, que la parole écrite ne représente pas
toute la parole vive et vraie de l'homme, *car son père n'est
plus là pour la défendre.* M. de Maistre me paraît, de tous les
écrivains, le moins fait pour le disciple servile et qui le prend
à la lettre : il l'égare. Mais il est fait surtout pour l'adversaire
intelligent et sincère : il le provoque, il le redresse.

Et pour parler à sa manière, on ne craindrait pas de dire,
dût-on faire regarder d'un certain côté, que le disciple qui
s'attache aux termes mêmes de De Maistre et le suit au pied
de la lettre est *bête.* La bête a l'inconvénient de ne venir
jamais seule ; elle introduit le fripon.

Mais coupons vite avec cette queue fâcheuse et parfaitement indigne d'un sujet si noble et si grand ; tenons-nous
jusqu'au bout en présence de la haute, de l'intègre et vénérable figure. Rappelons-nous à son propos ce que Bossuet a
dit de Rancé dont on venait dénoncer les exagérations, et ap-
pliquons-lui surtout en pleine certitude ce beau mot de

Saint-Cyran sur saint Bernard : « Ç'a été *un vrai gentilhomme chrétien.* »

Juillet—Août 1843.

(Comme article essentiel à joindre à celui-ci sur le comte de Maistre, voir ce que j'ai écrit lors de la publication de ses Lettres, au tome IV des *Causeries du Lundi;* et sur sa *Correspondance diplomatique,* un article dans le *Moniteur* du 3 décembre 1860. Voir aussi *Port-Royal,* tome III, livre III, chap. XIV.)

GABRIEL NAUDÉ

Il me semble difficile, lorsqu'on est arrivé en quelque endroit nouveau, en quelque coin du monde, pour s'y établir et y vivre quelque temps, de ne pas s'enquérir tout d'abord de l'histoire du lieu (et, si obscur, si isolé qu'il soit, c'est bien rare qu'il n'en ait point) : quels hommes y ont passé, s'y sont assis à leur tour; quels l'ont fondé, donjon ou clocher, maison d'étude ou de prière; quels y ont gravé leur nom sur le mur, ou seulement y ont laissé un vague écho dans les bois. Ce passé une fois ressaisi, ces hôtes invisibles et silencieux une fois reconnus, on jouit mieux, ce semble, du séjour, on le possède alors véritablement, et le *Genius loci*, que notre hommage a rendu propice, anime doucement chaque objet, y met l'âme secrète, et accompagne désormais tous nos pas. Ainsi surtout doit-on faire s'il s'agit d'un lieu de quelque renom, d'une fondation destinée précisément à perpétuer la mémoire des hommes et des choses. C'est ce que je n'ai eu garde de négliger pour notre bibliothèque Mazarine, depuis qu'un indulgent loisir m'y a fait asseoir, et que le régime du plus aimable des administrateurs (1) nous y rend les douceurs d'Évandre; je me suis senti sollicité du premier jour à rechercher l'histoire des prédécesseurs. Un de ces derniers,

(1) M. de Feletz.

M. Petit-Radel, a écrit fort savamment (je dirais peut-être un autre mot si ce n'était, lui aussi, un ancêtre) l'historique de l'établissement qu'il administrait. Fondation de Mazarin, mais n'ayant été livrée au public dans le local et sous la forme actuelle que bien après lui, desservie durant tout le xviiie siècle par une dynastie purement théologique de docteurs en Sorbonne, cette bibliothèque s'ouvrit, au moment de la Révolution, à des noms de conservateurs un peu mélangés. Là, Sylvain Maréchal siégea ; il fallut purifier la place. Là, Palissot, vieillard souriant, revenu de la satire, se consola dans le voisinage de l'Institut de ne pouvoir pas en être. Boufflers, nommé un instant pour lui succéder en 1814, n'y parut jamais : il se contenta d'envoyer demander le premier jour, par un reste de vieille habitude, où étaient les écuries et remises du logement de Palissot, afin d'y loger sans doute les chevaux qu'il n'avait plus. Montjoie, l'auteur des *Quatre Espagnols*, si oublié, ne prit que le temps d'y entrer, de s'en réjouir et d'y mourir. Mais tous ces hôtes passagers qui ne pourraient qu'égayer d'une anecdote un fond si grave, que sont-ils auprès du fondateur même, je veux dire le bibliothécaire de Mazarin et le grand bibliographe d'alors, ce Gabriel Naudé dont le cachet est là partout sous nos yeux, dont l'esprit se représente à chaque instant dans le choix des livres et s'y peint comme dans son œuvre ? C'est à lui que je m'attacherai aujourd'hui, moins encore au savant qu'à l'homme ; moi, le dernier venu et le plus indigne de sa postérité directe, je veux gagner mon titre d'héritier et lui consacrer, à lui le grand sceptique, cet article tout pieux, au moins en ce sens-là.

Un de nos jeunes et curieux amis a fait, il y a bien des années déjà, une étude de Naudé en cette *Revue* (1); il s'est appliqué à toute sa vie, s'est étendu sur ses divers ouvrages, et a pris plaisir autour de l'érudit. C'est au moraliste, au

---

(1) *Revue des Deux Mondes*, 15 août 1836, article de M. Labitte.

penseur, que je vise plutôt ici ; c'est l'esprit de la personne et le procédé de cet esprit que je vais m'efforcer de dégager, de faire saillir de dessous la croûte d'érudition assez épaisse qui le recouvre. Tout est dans Bayle, a-t-on dit, mais il faut l'en tirer pour l'y voir. Combien ce mot est-il plus vrai de Naudé encore, lequel n'a ni point de vue apparent ni relief saisissable, et qui étouffe son idée comme à dessein sous une masse de citations et de digressions ! Il s'agit, dans ce bloc confus et presque informe, de retrouver et de tailler le buste de l'homme. Au bout d'une des salles de la Mazarine un buste de lui existe en marbre, et fait pendant à celui de Racine ; j'ai souvent admiré le contraste, et je ne sais si c'est ce que l'ordonnateur a voulu marquer : ce sont bien certainement les deux esprits qui se ressemblent le moins, les deux écrivains qui se produisent le plus contrairement ; l'un encore tout farci de gaulois, cousu de grec et de latin, et d'une diction véritablement polyglotte, l'autre le plus élégant et le plus poli ; celui-ci le plus noble de visage et si beau, celui-là si fin. Il y a de quoi passer entre les deux. Mais le point où je voudrais relever et voir placer le buste de Naudé, c'est à son vrai lieu, entre Charron, ou mieux entre Montaigne et Bayle : il fait le nœud de l'un à l'autre, un très-gros nœud, assez dur à délier, mais qui en vaut la peine. Otez encore une fois l'enveloppe et l'écorce, je résume le sens et j'appelle mon auteur par son vrai nom : un sceptique moraliste sous masque d'érudit.

Gabriel Naudé est qualifié *Parisien* en tête de ses livres, selon la vieille mode, Parisien comme Charron, comme Villon. Il naquit en février 1600, sur la paroisse Saint-Méry, de parents bourgeois, qui, voyant ses heureuses dispositions, le mirent de bonne heure aux études. On cite d'ordinaire ses deux maîtres de philosophie, célèbres pour le temps, Frey et Padet ; mais il serait plus essentiel de rappeler ce que Guy Patin, son ami de jeunesse, nous apprend. Celui-ci, ayant à s'expliquer sur les sentiments religieux de Naudé, écrivait à

Spon (1) : « Tant que je l'ai pu connoître, il m'a semblé fort
« indifférent dans le choix de la religion et avoir appris cela
« à Rome, tandis qu'il y a demeuré douze bonnes années ; et
« même je me souviens de lui avoir ouï dire qu'il avoit autre-
« fois eu pour maître un certain professeur de rhétorique au
« collége de Navarre, nommé M. Belurgey, natif de Flavigny
« en Bourgogne, qu'il prisoit fort... » Or, ce professeur de
rhétorique se vantait notoirement d'être de la religion de
Lucrèce, de Pline, et des grands hommes de l'antiquité ; pour
article unique de foi, on l'entendit alléguer souvent certain
chœur de Sénèque dans la *Troade* : « Bref, ajoute Guy Patin,
« M. Naudé avoit été disciple d'un tel maître, » et il conclut
en citant ce vers expressif du Mantouan que tous les biographes devraient méditer :

Qui viret in foliis venit a radicibus humor.

Cherchez bien, cette humeur et cette séve qui verdoie diversement dans le feuillage, elle provient de la racine.

Le XVIe siècle finissait d'hier quand Naudé naquit. On se
figure difficilement ce que devait paraître cette féconde et
forte époque aux yeux de ceux qui en sortaient, qui en héri-
taient, et pour qui elle était véritablement le dernier et grand
siècle. Il faut voir comme Naudé s'en exprime en toute occasion ; les admirateurs du XVIIIe siècle n'en disaient pas plus
à l'issue de leur âge fameux. Tant de découvertes successives et croissantes, canons, imprimeries, horloges, un continent nouveau, tout récemment l'économie des cieux cédant
ses secrets aux observations d'un Tycho-Brahé et aux lu-
nettes d'un Galilée, voilà ce que Naudé, jeune, avide de toute
connaissance, eut d'abord à considérer, et il s'en exalte avec
Bacon. On aime à l'entendre proclamer *la félicité de notre
dernier siècle*, et on sourit en songeant que c'est celui même

(1) *Nouveau Recueil de Lettres choisies de Guy Patin*, tome V,
page 233.

duquel nos littérateurs instruits d'il y a trente ans s'accordaient à parler comme d'une époque presque barbare. La ressource de l'humanité, en avançant, est de se débarrasser du bagage trop pesant et d'oublier : ainsi elle trouve moyen de se redonner par intervalles un peu de fraîcheur et une soif de nouveauté. Cardan, Pic de la Mirandole, Scaliger, ces colosses de science, ou mieux, pour parler comme notre auteur, ces *preux de pédanterie*, aussi merveilleux et plus vrais que ceux de la Table-Ronde, étaient donc les maîtres familiers de Naudé et les rudes jouteurs auxquels avait affaire incessamment son adolescence. Quant à ceux qui avaient écrit en français, tels que Bodin, Charron et Montaigne, il n'y pouvait voir que ses compagnons de plaisir, tant c'était facilité de les aborder au prix des autres. Le xvie siècle (on avait droit de le croire à l'immensité de l'inventaire) avait et possédait tout, — tout, hormis ce seul petit fruit assez capricieux, qui ne vient, on ne sait pourquoi, qu'à de certaines saisons et à de certaines expositions de soleil, je veux dire le bon goût, ce présent des Grâces (1).

Le bon goût dans les choses littéraires, et la méthode, cet autre bon goût qui est particulier aux sciences, le xvie siècle n'en sut point le prix ni l'usage. Galilée seul fit exception comme savant, et offrit l'instrument exact à l'âge qui succéda. Auparavant, la confusion tout le long du chemin compromettait la recherche, et encombrait en fin de compte la découverte. L'astronomie de ces temps continuait de se mêler à l'astrologie, la chimie à l'alchimie, la géométrie aux nombres mystiques; la physique n'avait pas fait divorce avec les charlatans. Ce n'était pas le vulgaire seul qui parlait de magie. Les superstitions de toutes sortes trouvaient place à côté de l'audace de la pensée et jusque dans l'incrédulité philosophique. Les plus grands esprits, Cardan, Bodin, Agrippa,

---

(1) S'il l'eut sur un point, ce fut en architecture et sculpture sous les Valois, pas en une autre branche.

Postel, inclinent par moments au vertige et aux chimères. Le résultat de cette vaste époque effervescente à son lendemain et auprès des esprits rassis, judicieux, critiques, qui l'embrasseraient par la lecture, devait être naturellement le doute, au moins le doute moral, philosophique ; et de toutes parts le xvie siècle finissant l'engendra.

On avait tout dit, tout pensé, tout rêvé ; on avait exprimé les idées et les recherches en toute espèce de style, dans une langue en général forte, mais chargée et bigarrée à l'excès. Qu'y avait-il à faire désormais? Quelques écrivains, médiocrement penseurs, doués seulement d'une vive sagacité littéraire, ouvrirent dès l'abord une ère nouvelle pour l'expression ; le goût, qui implique le choix et l'exclusion, les poussa à se procurer l'élégance à tout prix et à rompre avec les richesses mêmes d'un passé dont ils n'auraient su se rendre maîtres. Ainsi opérèrent Malherbe et Balzac. Quant au fond même des idées, la révolution fut plus lente à se produire ; on continua de vivre sur le xvie siècle et sur ses résultats, jusqu'à ce que Descartes vint décréter à son tour l'oubli du passé, l'abolition de cette science gênante, et recommencer à de nouveaux frais avec la simplicité de son coup d'œil et l'éclair de son génie. Naudé, lui, n'avait aucun de ces caractères qui étaient propres au siècle nouveau ; il ne se souciait en rien de l'expression littéraire, il ne s'en doutait même pas ; et pour ce qui est d'innover et de renchérir en fait de système, s'il avait jamais pensé à le faire, c'eût été dans les lignes mêmes et comme dans la poussée du xvie siècle, en reprenant quelque grande conception de l'antiquité et en greffant la hardiesse sur l'érudition. Mais s'il eut à un moment ces velléités d'enthousiasme, comme semble l'attester son admiration de jeune homme pour Campanella, elles furent courtes chez lui ; il retomba vite à l'état de lecteur contemplatif et critique, notant et tirant la moralité de chaque chose, repassant tout bas les paroles des sages, et, pour vérité favorite, se donnant surtout le divertissement et le mépris de chaque erreur.

Naudé appartient essentiellement à cette race de sceptiques et académiques d'alors, dont on ne sait s'ils sont plus doctes ou plus penseurs, étudiant tout, doutant de tout entre eux, que Descartes est venu ruiner en établissant d'autorité une philosophie spiritualiste, croyante dans une certaine mesure, et capable de supporter le grand jour devant la religion (1). A voir l'anarchie morale qui régnait durant le premier tiers du siècle, et l'impuissance d'en sortir en continuant la tradition, on apprécie l'importance de cette brusque réforme cartésienne à titre d'institution publique de la philosophie. Quant à l'autre espèce de sagesse plus à huis-clos et dans la chambre, qui ne s'enseigne pas, qui ne se professe pas, qui n'est pas une méthode, mais un résultat, pas un début ni une promesse, mais une habitude et une fin, et de laquelle il faut répéter avec Sénèque : *Bona mens non emitur, non commodatur*, c'est-à-dire qu'elle est une maturité toute personnelle de l'esprit, on peut s'en tenir à Gabriel Naudé.

Nul, en son temps, ne l'a pratiquée mieux que lui et dans les vraies conditions du genre, à petit bruit, sans amour-propre, sans montre, à l'abri des gros livres et comme sous le triple retranchement des catalogues; car, avec lui, c'est derrière tout cela qu'il la faut chercher.

Au sortir de sa philosophie, pendant laquelle se noua sa liaison avec Guy Patin, il s'adonna à l'étude de la médecine, d'abord sous M. Moreau. C'était en 1622. Sa réputation de

---

(1) Le dernier des sceptiques érudits de cette race de Naudé et de beaucoup le plus mitigé et le plus élégant, quoiqu'au fond y tenant par les racines, c'est Huet, le très-docte évêque d'Avranches. Il combattit Descartes sur la certitude et reprit en main la thèse de Sanchez : *Quod nihil scitur*. Mais chez Huet on peut dire que le scepticisme a moins l'air encore d'être déguisé qu'enchevêtré dans l'érudition ; on ne sait trop jusqu'où il l'étend et à quel point juste sa religion s'y concilie. Son manteau d'évêque recouvre presque tout. La portée réelle de son esprit est restée douteuse au milieu de cette immensité de savoir et de cette longanimité d'indifférence. Il y aurait un beau travail à faire sur lui.

capacité et de science s'étendait déjà hors des écoles. Il avait publié un petit livre, le *Marfore* ou discours contre les libelles, dont je ne parlerai pas, attendu que je ne sais personne qui l'ait lu ni vu. Le président de Mesmes, de cette famille de Mécènes qui avait nourri Passerat et qui devait adopter Voiture, le prit pour son bibliothécaire. Il paraît que Naudé quitta cette place un peu assujettissante pour aller étudier à Padoue, en 1626; il en fut rappelé par la mort de son père. En 1628, la Faculté de médecine le choisit pour faire le discours latin d'apparat, proprement dit le *paranymphe*, qui était d'usage à la réception des licenciés; c'était une grande solennité scholaire. Avant de leur décerner le bonnet doctoral ou, comme on disait, le laurier, et de les lancer dans le monde, la Faculté, en bonne mère, les faisait louer et préconiser en public. Ils étaient neuf cette fois, parmi lesquels des noms plus tard célèbres, Brayer, Guenaut, Rainssant. Naudé s'acquitta de son office avec splendeur; il prit comme corps de sujet, indépendamment des neuf petits panégyriques, l'antiquité de l'École de médecine de Paris. On fut si content de sa harangue en beau latin fleuri, plus que cicéronien et panaché de vers latins en guise de péroraison, qu'on l'admit tout d'une voix à compter lui-même parmi les candidats à la licence, de laquelle il s'était trouvé exclu par son voyage d'Italie. Peu après, Pierre Du Puy, qui l'estimait fort, parla de lui au cardinal de Bagni, ancien nonce en France, qui avait besoin d'un bibliothécaire et secrétaire. Naudé s'attacha à ce cardinal, et le suivit en Italie à la fin de 1630 ou au commencement de 1631; il y resta onze années pleines, n'étant revenu à Paris qu'en mars 1642, pour y être bibliothécaire de Richelieu, puis de Mazarin. Les cardinaux et les bibliothèques, ce furent là, comme on voit, le constant abri et comme le gîte de Naudé.

Ces onze ou douze années d'Italie et de Rome durent avoir grande influence sur lui et sur ses habitudes d'esprit; mais on peut dire qu'il y était bien préparé par la nature. Il suffira pour cela de parcourir quelques-uns des écrits qu'il publia antérieurement. Avant de les lire et de les citer, une remarque pourtant, une précaution est nécessaire. Pour Naudé qui débute vers 1623, et qui s'en va passer hors de France de longues années, Malherbe ni Balzac ne sont guère jamais venus. Il écrit en français, sauf l'esprit et le sens, comme le Père Garassus ou comme le Père Petau, quand ce dernier s'en mêle. Naudé y ajoutait des traits de plume à la Mlle Gournay, même des fleurettes parfois à la Camus pour le joli des citations. Camus, Mlle Gournay, Garassus et Petau, ce sont ses vrais contemporains en style français (si français il y a). S'il appelle Montaigne *le Sénèque de la France*, il n'en profite guère que pour s'accorder les citations latines à son exemple. Il prise Charron plus qu'il ne l'imite en écrivant. En fait de poëtes modernes, il les ignore. Il parle de la *Pléiade* comme étant venue *depuis peu*, et Du Bartas, le grand encyclopédique, paraît seul lui avoir été très-présent; il le met dans son projet de Bibliothèque en tiers avec le Tasse et l'Arioste auprès d'Homère et de Virgile. Guillaume Colletet, ce rimeur né suranné, est son seul poëte moderne contemporain.

Dans une lettre de Rome, *Janus Erythreus*, c'est-à-dire Rossi, parlant d'un dernier voyage qu'y fit Naudé en 1645, pendant lequel le bibliothécaire infatigable achetait des livres à la toise pour le cardinal Mazarin et vidait tous les magasins de bouquinistes, nous le représente, au sortir de ces coups de main, tout poudreux lui-même de la tête aux pieds, tout rempli de toiles d'araignées à sa barbe, à ses cheveux, à ses habits, tellement que ni brosses ni époussettes semblaient n'y pouvoir suffire. Eh bien! le style de Naudé (il faut d'abord s'y faire) est plein de toiles d'araignées comme sa personne.

Encore une fois, ce n'est pas une raison pour se détourner; il vaut la peine qu'on l'accoste sous ce costume. Rien de moins *scholar* au fond et de moins pédant que lui; il vérifie, aussi bien que Bayle, ce mot de Nicole, que le pédantisme est un vice, non de robe, mais d'esprit; et, se rendant justice à

lui-même au chapitre 1er de ses *Coups d'État*, il a pu dire :
« ..... Car il est vrai que j'ai cultivé les Muses sans les trop
« caresser, et me suis assez plu aux études sans trop m'y en-
« gager. J'ai passé par la philosophie scholastique sans de-
« venir éristique, et par celle des plus vieux et modernes
« sans me partialiser :

Nullius addictus jurare in verba magistri.

« Sénèque m'a plus servi qu'Aristote ; Plutarque que Platon ;
« Juvénal et Horace qu'Homère et Virgile ; Montaigne et
« Charron que tous les précédents... Le pédantisme a bien
« pu gagner quelque chose, pendant sept ou huit ans que
« j'ai demeuré dans les colléges, sur mon corps et façons de
« faire extérieures, mais je me puis vanter assurément qu'il
« n'a rien empiété sur mon esprit. La nature, Dieu merci, ne
« lui a pas été marâtre. »
Son premier écrit français connu (je laisse de côté l'introuvable *Marfore*) est son *Instruction à la France sur la vérité de l'histoire des Frères de la Rose-Croix*, publiée en 1623. Vers cette année-là, en effet, « le roi étant à Fontainebleau, le
« royaume tranquille et Mansfeld (1) trop éloigné pour en
« avoir tous les jours des nouvelles, l'on manquoit de dis-
« cours sur le change, » enfin les sujets de conversations par toutes les compagnies étaient épuisés, lorsqu'un mystificateur ou un fou s'avisa de remuer tout Paris par une affiche placardée aux coins de rue et qui annonçait la venue mystérieuse des frères Rose-Croix pour tirer les hommes *d'erreur de mort*, et révéler le grand secret final. Ces Rose-Croix se rattachaient sans doute à la société de frères que Bacon dit avoir existé à Paris, et dont il raconte une séance (2). C'est cette mystification et cette fourberie des promesses de l'affiche

---

(1) Un des grands généraux de la guerre de Trente Ans, qui guerroyait alors dans les Pays-Bas ou en Westphalie.
(2) Voir de Maistre, *Examen de Bacon*, tome I, page 94.

que Naudé entreprend de réfuter et d'éclaircir. Après s'être raillé, au début, de l'éternelle badauderie des Français, il explique très-bien comment cette chimère, cette crédulité contagieuse des Rose-Croix a pu naître de l'enivrement d'invention qui suivit le XVIe siècle. Après tant de nouveautés que l'âge des derniers parents avait vues sortir, on arrivait aisément à se persuader qu'il n'y avait plus qu'une seule découverte et qu'une seule merveille qui en méritât le nom. *La nature, jouant de son reste*, ramassait toutes ses forces pour produire ce dernier bouquet d'illumination et d'artifice. A lire quelques-uns des arguments de Naudé, on croirait (sauf le style un peu différent) lire certaines boutades de Charles Nodier raillant les sectes novatrices de notre âge, les saint-simoniens ou autres. Sous la plume des deux railleurs, l'exemple de Postel, de ses ineffables rêveries et de sa mère Jeanne, qui devait émanciper, racheter les femmes (car Jésus-Christ, disait Postel, n'avait racheté que les hommes), revient souvent comme limite extrême des folies savantes. Le Postel fut présent de bonne heure à Naudé pour lui prouver que tout se peut dire et croire, pour lui apprendre à se méfier de la sottise humaine, jusqu'en de grands esprits et au sein de la plus haute doctrine. A l'âge de vingt-trois ans, Naudé nous paraît déjà dans ce livre ce qu'il sera toute sa vie, revenu et guéri de l'ambition des nouveautés où il s'était *fantasié* d'abord, se rabattant au passé de préférence et aux opinions des anciens, visant à se réfugier, à pénétrer de plus en plus dans la vérité secrète et entre sages, *sub rosa*, comme il dit (1). Le cha-

---

(1) La rose, dans l'antiquité, était l'emblème à la fois du plaisir et du mystère; c'est pourquoi on la suspendait aux festins :

> Est rosa flos Veneris, cujus quo furta laterent,
> Harpocrati matris dona dicavit Amor.
> Inde rosam mensis hospes suspendit amicis,
> Conviva ut sub ea dicta tacenda sciat.

Naudé, qui cite cette épigramme dans la préface de ses *Rose-Croix*, l'a remise depuis dans son *Mascurat*, et en a fait la plus jolie page de

pitre VII, dans lequel il commente à sa guise le conseil d'Aristote, *que celui qui veut se réjouir sans tristesse n'a qu'à recourir à la philosophie*, nous le montre, au milieu de cette fougue du temps, savourant ce profond plaisir du sceptique qui consiste à voir se jouer à ses pieds l'erreur humaine, et laissant du premier jour échapper ce que, vingt-cinq ans plus tard, il exprimera si énergiquement dans le *Mascurat* : « Car, à te « dire vrai, Saint-Ange, l'une des plus grandes satisfactions « que j'aie en ce monde, est de découvrir, soit par ma lec- « ture, ou par un peu de jugement que Dieu m'a donné, la « fausseté et l'absurdité de toutes ces opinions populaires qui « entraînent de temps en temps les villes et les provinces « entières en des abîmes de folie et d'extravagances. » Aussi

ce gros in-4° : « La fable ancienne ou moderne dit que le Dieu d'A- « mour fit présent au Dieu du Silence, Harpocrate, d'une belle fleur « de rose, lorsque personne n'en avoit encore vu et qu'elle étoit toute « nouvelle, afin qu'il ne découvrît point les secrètes pratiques et con- « versations de Vénus sa mère ; et que l'on a pris de là occasion de « pendre une rose ès chambres où les amis et parents se festinent et « se réjouissent, afin que, sous l'assurance que cette rose leur donne « que leurs discours ne seront point éventés, ils puissent dire tout ce « que bon leur semble. » — Cette dévotion du silence a encore inspiré à Naudé une jolie épigramme, la seule même assez gracieuse qu'on trouve dans le recueil de ses vers. C'est un discours supposé dans la bouche d'un *Faune* pour avertir les promeneurs à l'entrée d'un petit bois qui faisait partie de son domaine de Gentilly :

   Nunc animis linguisque viri, juvenesque favete, etc.

Avec Naudé on a, en fait de sagesse, le *sub rosa* exactement opposé à l'*ex cathedra*. — Un moderne des plus modernes, qui, assurément, ne connaissait pas l'épigramme et l'historiette mythologique de la *Rose*, l'élégant et brillant comte d'Orsay, a dit un mot qui en rend à merveille l'esprit et qui en est pour nous le meilleur commentaire. Ruiné et criblé de dettes, on lui conseillait d'écrire ses *Mémoires* et de raconter tant de choses curieuses qu'il savait sur la haute société, dans laquelle il avait passé sa vie ; un libraire de Londres lui promettait bien des guinées pour cela ; quelques amis même le pressaient : « Non, c'est impossible, répondit le comte ; *je ne trahirai jamais des gens avec qui j'ai dîné.* » — Le comte d'Orsay et Gabriel Naudé ! qu'importe le **costume ? les galantes âmes se rencontrent.**

quelle pitié pour lui que la Fronde, et que toutes les frondes ! Il fut servi à souhait durant sa vie.

Bien qu'en plus d'un passage de ce livre sur les Rose-Croix, la religion chrétienne ne semble pas suffisamment distinguée de ce qui est touché tout à côté, il apparaît assez clairement que l'auteur ne favorise en rien les nouveautés religieuses qui ont troublé le royaume et porté atteinte à la foi des aïeux. Il incline pour l'ordre politique avant tout, pour la raison d'État, et, tout en se conservant sceptique, il se prépare à être très-romain.

L'*Apologie pour tous les grands personnages qui ont été faussement soupçonnés de magie*, publiée en 1625, est un livre très-savant dont le sujet, pour nous des plus bizarres, ne peut s'expliquer que par la grossièreté des préjugés d'alentour. Il s'agit tout simplement de prouver que Zoroastre, Orphée, Pythagore, Numa, Virgile, etc., etc., *e tutti*, n'étaient point des sorciers ni des magiciens au sens vulgaire, et que s'ils peuvent s'appeler *mages*, c'est suivant la signification irréprochable et pure de la plus divine sagesse. On a besoin, pour comprendre que ce livre de Naudé a été utile et presque courageux, de se représenter l'état des opinions en France au moment où il parut. On était alors dans une sorte d'épidémie de sorcellerie entre le procès de la maréchale d'Ancre et celui d'Urbain Grandier. Ce courant de folles idées, ce souffle aveugle dans l'air, attisait plus d'un bûcher. Atrocité ici, mauvais goût là. On mêlait les sorciers à tout, même aux élégies d'amour, et non pas, croyez-le bien, à la façon de l'antiquité. Ogier, à vingt ans, composait une héroïde à l'imitation d'Ovide sur la sotte histoire que voici et qui courait, dit-il, tout Paris : « Un M. de F., après des recherches passionnées, épouse Mlle de P., fille de beaucoup de mérite, mais peu accommodée des biens de la fortune, puis incontinent après son mariage l'abandonne lâchement. Ses parents favorisent son divorce, disent qu'il a été *ensorcelé*, etc. » C'étaient là les sujets à la mode, les gentillesses dans les belles compagnies. Le xvi⁰ siècle, si grand et si fertile qu'il eût été pour les esprits des doctes et pour les penseurs, avait laissé au vulgaire et, pour parler plus simplement, au public, toute sa rouille; il ne l'avait pas civilisé. Le public, à son tour, on peut le dire, n'avait pas civilisé non plus les savants. Scaliger et Cardan, les deux plus grands personnages modernes selon Naudé, les deux seuls qu'on pût opposer aux plus signalés des anciens, avaient poussé le plagiat de l'antiquité jusqu'à parler d'une façon presque sérieuse de leurs *démons* familiers, et jusqu'à se donner l'air d'y croire. Ainsi la moyenne des esprits restait grossière, et la sublimité des élus se montrait sauvage. On n'avait à compter dans chaque ordre qu'avec les initiés et les profès. J'ai dit que le xvi⁰ siècle possédait tout, mais c'était en bloc; la science s'y faisait en gros, en grand, et ne s'y débitait pas. Il fallait pour cet échange mutuel entre tout le monde et quelques-uns et pour ce second travail de la dissémination des lumières la lente action de deux siècles, une langue à l'usage de tous, non plus latine ni pédantesque, l'influence paisible et bienfaisante des chefs-d'œuvre, un frottement prolongé de société, et la coopération gracieuse d'un sexe que les Saumaise de tout temps n'ont apprécié que trop peu; en un mot il fallait, après Scaliger, que vinssent Mme de La Fayette et Voltaire. En 1624, le Père Garassus avait publié le livre de la *Doctrine curieuse des Beaux-Esprits modernes*, dans lequel il cherchait partout des libertins et des athées; Naudé put en prendre l'idée de venger, par contre-partie, les grands esprits de l'antiquité qui avaient, d'ailleurs été compromis, il nous l'apprend positivement, dans les suites de cette querelle. Une brochure publiée au sujet du livre de Garasse avait traité Virgile de *nécromancien* et d'*enchanteur* au sens de l'enchanteur Merlin. Naudé en tira prétexte pour son *Apologie*. Il serait trop fastidieux de le suivre dans les contes à dormir debout qu'il se croit obligé de discuter, et dans la rude guerre qu'il y fait à de stupides démonographes. Nous admettons d'emblée que la nymphe Égérie n'était pas un *dé-*

mon succube, et aussi que le grand chien noir de Corneille Agrippa n'était pas le diable en personne. Ce qui se marque plus volontiers pour nous dans le livre, et peut nous y intéresser encore, c'est un goût de science reculé et recélé du vulgaire, et le tenant à distance lui et ses sottes opinions, c'est le culte secret d'une sagesse qui, comme il le dit, n'aime pas à *se profaner*. Naudé a dédain, par-dessus tout, de la foule moutonnière et du grand nombre : il se plaît à répéter avec Sénèque : *Non tam bene cum rebus humanis geritur ut meliora pluribus placeant*, Les choses humaines ne se trouvent pas si bien partagées que ce soit le mieux qui agrée au plus grand nombre (1). Il paraît très-persuadé « que notre esprit « rampe bien plus facilement qu'il ne s'essore, et que, pour « le délivrer de toutes ces chimères, il le faut émanciper, le « mettre en pleine et entière possession de son bien, et lui « faire exercer son office qui est de croire et respecter l'his- « toire ecclésiastique, raisonner sur la naturelle, et toujours « douter de la civile. » Pour preuve de soumission à l'histoire ecclésiastique, tout aussitôt après ce passage il entame un petit éloge de l'empereur Julien, « de cet empereur, dit-il, « autant décrié pour son apostasie que renommé pour plu- « sieurs vertus et perfections qui lui ont été particulières (2). » L'histoire ecclésiastique ainsi exceptée, il est évident qu'en toute matière, civile du moins et naturelle, Naudé fait vo-

(1) Il réitère et développe cette pensée avec une rare énergie au chapitre IV de ses *Coups d'État* : « .... Ses plus belles parties (de la « populace) sont d'être inconstante et variable, approuver et improu- « ver quelque chose en même temps, courir toujours d'un contraire « à l'autre, croire de léger, se mutiner promptement, toujours gron- « der et murmurer : bref, tout ce qu'elle pense n'est que vanité, tout « ce qu'elle dit est faux et absurde, ce qu'elle improuve est bon, ce « qu'elle approuve mauvais, ce qu'elle loue infâme, et tout ce qu'elle « fait et entreprend n'est que pure folie. » Ce sont de telles manières de voir, avec leur accompagnement politique et religieux, qui faisaient dire plaisamment à Guy Patin que son ami Naudé était un grand *puritain*; il entendait par là fort *épuré* des idées ordinaires.

(2) *Apologie*, chap. VIII.

lontiers une double part, l'une de la sottise et de la crédulité des masses, l'autre de la singulière industrie de quelques habiles. Il croit surtout à la crédulité humaine, et s'en retire en répétant pour son compte :

. . . . . . Credat Judæus Apella,
Non ego. . . . .

La science humaine dans tout son fin et son retors et son *déniaisé*, pour parler comme lui, voilà l'objet propre, le champ unique de Naudé. J'allais ajouter qu'il y a une chose à laquelle il n'a rien compris et dont il ne s'est jamais douté, pour peu qu'elle existe encore, c'est l'autre science, celle du Saint et du Divin ; et qu'il semble tout à fait se ranger à cet axiome volontiers cité par lui et emprunté des jurisconsultes : *Idem judicium de iis quæ non sunt et quæ non apparent*, Ce qu'on ne peut saisir est comme non avenu et mérite d'être jugé comme n'existant pas (1). Mais j'irais trop loin en parlant ainsi ; on ne saurait trop se méfier de ces jugements absolus en telle matière, et l'*Apologie* renferme sur Zoroastre, Orphée et Pythagore, sur toutes ces belles âmes calomniées, ces génies des lettres,

Omnes cœlicolas, omnes supera alta tenentes,

des pages élevées, presque éloquentes, qui indiquent chez lui le sentiment ou du moins l'intelligence du Saint plus que je n'aurais cru. Il pense avec Montaigne trop de bien de Plutarque, il l'estime trop hautement le plus judicieux auteur du monde, pour être entièrement dénué d'une certaine connaissance religieuse dont Plutarque a été comme le dépositaire et le suprême pontife chez les païens. Bien que cette disposition reparaisse très-peu chez Naudé, et que je doive avec

---

(1) « Les eaux de Sainte-Reine ne font point de miracles. Il y a « longtemps que je suis de l'avis de feu notre bon ami M. Naudé, qui « disoit que, pour n'être trompé, il ne falloit admettre ni prédiction, « ni mystère, ni vision, ni miracles. » Guy Patin (*Nouvelles Lettres à Spon*, tome II, page 183).

lui la négliger dans ce qui suit, qu'il me suffise d'en avoir marqué l'éclair et d'avoir entrevu de ce côté comme un horizon.

Deux ans après l'*Apologie*, il donna un petit opuscule qui nous sied mieux et où il se peint directement dans son vrai jour : *Advis pour dresser une Bibliothèque*, présenté à M. le président de Mesmes (1627). Composé, on le voit, en vue d'un patron, comme la plupart de ses autres écrits, celui-ci du moins nous traduit la plus chère des pensées de l'auteur, sa véritable et intime passion. Naudé n'en eut qu'une, mais il l'eut toute sa vie, et avec les caractères de constance, d'enthousiasme et de dévouement qui conviennent aux généreuses entreprises. Sa passion à lui, son idéal, ce fut la bibliothèque, une certaine bibliothèque comme il n'en existait pas alors, du moins en France. Lui si sage, si indifférent sur le reste, si incapable de s'étonner et de s'irriter, nous le verrons un jour malheureux et vulnérable de ce côté, et même éloquent dans sa blessure. Ce qu'il parvint à réaliser à grand'-peine vingt ans plus tard avec le cardinal Mazarin, il le concevait, jeune, auprès du président de Mesmes ; il préludait à cette création (car c'en fut une), à cette espèce d'institution et d'œuvre. Expliquons-nous bien comment Naudé entendait la bibliothèque.

La passion des livres, qui semble devoir être une des plus nobles, est une de celles qui touchent de plus près à la manie ; elle atteint toutes sortes de degrés, elle présente toutes les variétés de forme et se subdivise en mille singularités comme son objet même. On la dirait innée en quelques individus et produite par la nature, tant elle se prononce chez eux de bonne heure ; et, bien qu'elle se mêle dans la jeunesse au désir de savoir et d'apprendre, elle ne s'y confond pas nécessairement. En général, toutefois, le goût des livres est acquis en avançant. Jeune, d'ordinaire, on en sent moins le prix ; on les ouvre, on les lit, on les rejette aisément. On les veut nouveaux et flatteurs à l'œil comme à la fantaisie ; on y cherche un peu la même beauté que dans la nature. Aimer les vieux livres, comme goûter le vieux vin, est un signe de maturité déjà. M. Joubert, dans une lettre à Fontanes, a dit : « Il me reste à vous dire sur les livres et sur les styles une « chose que j'ai toujours oubliée. Achetez et lisez les livres « faits par les vieillards, qui ont su y mettre l'originalité de « leur caractère et de leur âge. J'en connais quatre ou cinq « où cela est fort remarquable : d'abord le vieil Homère ; mais « je ne parle pas de lui. Je ne dis rien non plus du vieil « Eschyle ; vous les connaissez amplement, en leur qualité « de poëtes : mais procurez-vous un peu *Varron*, *Marculphi* « *Formulæ* (ce Marculphe était un vieux moine, comme il le « dit dans sa préface, dont vous pouvez vous contenter) ; *Cor-* « *naro, de la Vie sobre*. J'en connais, je crois, encore un ou « deux ; mais je n'ai pas le temps de m'en souvenir. Feuilletez « ceux que je vous nomme, et vous me direz si vous ne dé- « couvrez pas visiblement, dans leurs mots et dans leurs « pensées, des esprits verts quoique ridés, des voix sonores et « cassées, l'autorité des cheveux blancs, enfin des têtes de « vieillards. Les amateurs de tableaux en mettent toujours « dans leur cabinet ; il faut qu'un connaisseur en livres en « mette dans sa bibliothèque. » Nulle part ce que j'appellerai l'idéal du vieux livre renfrogné, l'idéal du *bouquin*, n'a été mieux exprimé qu'en cette page heureuse ; mais M. Joubert y parle surtout au nom de l'amateur qui veut lire. Il y a celui qui veut posséder. Pour ce dernier, le goût des livres est une des formes les plus attrayantes de la propriété, une des applications les plus chères de cette prévoyance qui s'accroît en vieillissant ; il a ses bizarreries et ses replis à l'infini, comme toutes les avarices. Les tours malicieux, les ruses, les rivalités, les inimitiés même qu'il engendre, ont quelque chose de surprenant et de marqué d'un coin à part. On a observé que les haines entre bibliothécaires ont également quelque chose de sourd, de subtil, de silencieux, comme le ver qui ronge et pique les volumes. Mais nous sommes loin de tous ces vices et de ces raffinements avec Naudé, qui a la passion dans sa noblesse, dans sa vérité première et dans sa franchise.

Naudé n'estime les bibliothèques *dressées qu'en considération du service et de l'utilité que l'on en peut recevoir.* Concevant cette utilité dans le sens le plus large et le plus philosophique, il propose le plan d'une bibliothèque *universelle, encyclopédique,* qui comprenne toutes les branches de la connaissance et de la curiosité humaines, et dans laquelle toutes sortes de livres sans exclusion soient recueillis et classés. De plus, il la veut *publique* moyennant de certaines précautions, et il sait intéresser à cette publicité, par d'adroits chatouillements, la vanité des Pollions et des Mécènes. Il n'y avait à cette époque en Europe que trois bibliothèques véritablement publiques, la Bodléenne à Oxford, l'Ambrosienne à Milan, et celle de la maison des Augustins ou l'Angélique, à Rome, tandis que dans l'ancienne Rome on en avait compté vingt-neuf selon les uns, trente-sept suivant les autres. En France, à Paris, parmi les riches bibliothèques alors renommées, y compris celle du Roi, il n'y en avait aucune qui répondît au vœu de Naudé, c'est-à-dire qui fût *ouverte à chacun et de facile entrée, et fondée dans le but de n'en dénier jamais la communication au moindre des hommes qui en pourra avoir besoin.* Ce fut son innovation à lui, son instigation active. Il y poussait dès lors le président de Mesmes; vingt ans après il y convertissait le cardinal Mazarin et avait la satisfaction, vers 1648, à la veille même de la Fronde, de voir la merveilleuse bibliothèque amassée et ordonnée par ses soins s'ouvrir le jeudi à tous les hommes d'étude qui s'y présenteraient. Par une attention touchante et qui ne pouvait venir que de lui, sachant la sauvagerie de bien des gens de lettres, il avait fait pratiquer une porte particulière afin de leur éviter l'embarras d'avoir affaire aux grands laquais de l'hôtel et de passer même devant eux, ce qui en pouvait effaroucher quelques-uns (1). Notons

---

(1) Voir le *Mascurat*, page 246. Cette porte particulière n'eut pas

bien ce titre d'honneur, ce bienfait essentiel de Naudé, et en même temps son inconséquence. S'il méprise le public dans ses livres et ne daigne pas le distinguer d'avec la *populace*, voilà qu'il le devine et qu'il le sert par la tentative de toute sa vie. Il rêve la bibliothèque publique et universelle avec la même persistance et la même chaleur que Diderot a pu mettre à l'*Encyclopédie* ; il se consume à l'édifier par toutes sortes de travaux et de voyages ; il n'aime la gloire que sous cette forme, mais c'est à ses yeux une belle gloire aussi, et, au moment où il semble l'avoir atteinte, il échoue, ou du moins il peut croire qu'il a échoué. Quoi qu'il en soit, l'honneur lui en reste ; il est le premier à qui la France dut cette sorte de publicité et de conquête, l'idée et l'exemple de l'accès facile vers ces nobles sources de l'esprit. En cela il fut bien le contemporain et le coopérateur des Conrart, des Colbert, des Perrault (de loin on mêle un peu les noms), de tous ceux enfin du nouveau siècle qui, par les académies, par les divers genres de fondations, d'encouragements ou de projets, contribuèrent à mettre en dehors la pensée moderne et à la vulgariser. Lui, le moins promoteur en apparence et le moins en avant, pour les façons, des écrivains de sa date, il eut sa fonction sociale aussi.

Ce petit *Advis* sur les bibliothèques renferme plus d'une fine remarque ; tout en rangeant ses livres, Naudé ne se fait faute de juger les auteurs et les sujets. Il est décidément injuste pour les romans, qu'il estime une pure frivolité, comme si Rabelais et Cervantes n'étaient pas venus. Sur tout le reste, il se montre ouvert, équitable, accueillant. Son esprit se déclare dans les motifs de ses choix ; il veut qu'on ait en chaque

le temps de s'ouvrir, à cause des troubles. L'hôtel du cardinal Mazarin tenait précisément le même local qu'occupe aujourd'hui la Bibliothèque du Roi. Il était dans les destinées que le vœu, le plan de Naudé se réalisât en ce même lieu et sur toute son échelle. Au tome VI des *Manuscrits français de la Bibliothèque du Roi*, M. Paulin Paris fait ressortir ces analogies.

matière controversée le pour et le contre, afin d'entendre toutes les parties (1) : ce sont des couples de lutteurs enchaînés qu'on ne sépare pas. Les hérétiques donc (moyennant quelques précautions de forme) s'avancent à distance respectueuse des orthodoxes. A côté des anciens qu'il vénère, il n'oublie les novateurs qui le font penser, qui lui suggèrent toutes les conceptions imaginables, et surtout lui ôtent *l'admiration, ce vrai signe de notre faiblesse.* Plus loin, il s'élève contre les préventions et les exclusions en fait de livres, « comme si ce n'étoit, dit-il, d'un homme sage et prudent de parler de toutes choses avec indifférence... » Et à la fin il parvient à nous glisser encore sa conclusion favorite, à savoir « le bon droit des Pyrrhoniens fondé sur l'ignorance de tous les hommes. » En étudiant beaucoup un érudit qui, certes, a du rapport avec Naudé, il m'a de plus en plus semblé que M. Daunou était l'héritier direct, le rédacteur accompli (non inventeur), et en quelque sorte le *secrétaire* posthume du xviiie siècle. Eh bien ! Naudé peut être dit non moins exactement le *bibliothécaire* du xvie ; il en recueille et en classe les livres, et, en les rangeant, il se donne le spectacle de cette grande mêlée de l'esprit humain. La reprise moderne des vieux systèmes lui remet en mémoire ces *deux cent quatre-vingts* sectes de l'antiquité toutes fondées sur la recherche et la définition du souverain Bien. Sa philosophie de l'histoire est des plus simples, et n'en est peut-être pas moins vraie pour cela. A propos des trains et des vogues d'idées qui se succèdent depuis deux mille ans, vogue platonicienne, aristotélique, scholastique, hérétique et de Renaissance, Naudé se borne à remarquer que le même train de doctrine dure jusqu'à ce que vienne un individu qui lui *donne puissamment du coude* et en installe un autre à la place. Et c'est l'ordinaire des esprits, dit-il, de suivre ces *fougues* et changements divers, *comme le poisson fait la marée.* Aussi, quand la marée

(1) Bayle aussi avait pour maxime de *garder toujours une oreille pour l'accusé.*

se retire, il en reste quelques-uns sur la grève et des plus beaux : les gens du rivage en font leur profit et les dépècent (1).

Lorsqu'on vendit, en 1657, la bibliothèque de M. Moreau, l'ancien professeur de Naudé et de Guy Patin, ce dernier écrivait à Spon : « Ce qui reste de la bibliothèque de M. Moreau
« se vend à la foire, j'entends les livres de philosophie, d'hu-
« manités et d'histoire. Il avoit fort peu de théologie et haïs-
« soit toute controverse de religion ; même je l'ai mainte fois
« vu se moquer de ceux qui s'en mettoient en peine. Je pense
« qu'il était de l'avis de M. Naudé, qui se moquoit des uns et
« des autres, et qui disoit qu'il falloit faire comme les Ita-

(1) Il s'élève pourtant de ton en revenant sur ce sujet favori des révolutions d'idées, au chapitre VI de son *Addition à l'Histoire de Louis XI*. Ayant recommencé à parler de *cette grande roue des siècles qui fait paraître, mourir et renaître chacun à son tour sur le théâtre du monde*, « si tant est que la terre ne tourne, dit-il (car il n'a garde
« d'en être tout à fait aussi sûr que Copernic et Galilée), au moins
« faut-il avouer que non-seulement les cieux, mais toutes choses, se
« virent et tournent à l'environ d'icelle. » Et citant Velleius Paterculus, lequel est avec Sénèque un vrai penseur moderne entre les anciens, il en vient à admirer la conjonction merveilleuse qui se fait à de certains moments, et la conspiration active de tous les esprits inventeurs et producteurs éclatant à la fois ; mais cela ne dure que peu ; la lumière, si pleine tout à l'heure, ne tarde pas à pâlir, l'éclipse recommence, l'éternel conflit de la civilisation et de la barbarie se perpétue : c'est toujours Castor et Pollux qui reparaissent sur la terre l'un après l'autre, ou plutôt c'est Atrée et Thyeste qui règnent successivement en frères peu amis. Et au nombre des causes de ces mystérieuses vicissitudes, Naudé ne craint pas de mettre « la grande bonté et pro-
« vidence de Dieu, lequel, soigneux de toutes les parties de l'univers,
« départit ainsi le don des arts et des sciences, aussi bien que l'excel-
« lence des armes et établissement des empires, or' en Asie, or' en
« Europe, permettant la vertu et le vice, vaillance et lâcheté, sobriété
« et délices, savoir et ignorance, aller de pays en pays, et honorant
« ou diffamant les peuples en diverses saisons ; afin que chacun ait
« part à son tour au bonheur et malheur, et qu'aucun ne s'enorgueil-
« lisse par une trop longue suite de grandeurs et prospérités. » C'est là une belle page et digne de Montaigne. (Voir aussi le début du chapitre IV des *Coups d'État*.)

« liens, bonne mine sans bruit, et prendre en ce cas-là pour
« devise :

« Intus ut libet, foris ut moris est. »

Je prends acte à regret du fond des sentiments ; mais on n'aurait certainement pas trouvé dans la bibliothèque de Naudé de ces lacunes qui se notaient dans celle de M. Moreau. Il avait le bon esprit d'y mettre même ce qu'il n'aimait guère ; là aussi il savait faire la part de la coutume : « Finalement,
« dit-il, il faut pratiquer en cette occasion l'aphorisme d'Hip-
« pocrate qui nous avertit de donner quelque chose au temps,
« au lieu et à la coutume, c'est-à-dire que certaine sorte de
« livres ayant quelquefois le bruit et la vogue en un pays qui
« ne l'a pas en d'autres, et au siècle présent qui ne l'avoit
« pas au passé, il est bien à propos de faire plus ample pro-
« vision d'iceux que non pas des autres, ou au moins d'en
« avoir une telle quantité qu'elle puisse témoigner que l'on
« s'accommode au temps et que l'on n'est pas ignorant de la
« mode et de l'inclination des hommes. » En cela Naudé préparait directement les matériaux de l'histoire littéraire, telle que l'entendait Bacon.

A un certain endroit où il indique les moyens d'agrandir et d'accroître les bibliothèques, on sourit de voir le bon Naudé conseiller à mots couverts la ruse et le machiavélisme dont certains bibliophiles de tous les temps ont su les secrets. Il ne craint pas d'alléguer l'exemple de la république de Venise qui, pour empêcher qu'on enlevât de Padoue la fameuse bibliothèque de Pinelli, la fit saisir au moment du départ, sous prétexte qu'il y avait dans les manuscrits du défunt des copies de certains papiers d'État. C'est un petit avis que suggère Naudé aux magistrats et personnes en charge ayant bibliothèques, pour en user à l'occasion et faire main basse sur de bons morceaux ; il a toujours eu un faible pour les coups d'État. Que nos bibliophiles, nos chercheurs de vieux livres ou de manuscrits ne fassent pas trop les indignés; car eux-mêmes (je ne parle que de quelques-uns) se jouent encore, m'assure-t-on, tous les tours possibles, réticences, supercheries entre amis, que sais-je ! C'était de bonne guerre alors comme aujourd'hui (1).

Dans son enthousiasme et son culte pour la fondation dont il voudrait doter la France, Naudé n'a garde d'omettre les noms célèbres qui ont honoré de tels établissements chez les anciens. Parmi nos illustres ancêtres les bibliothécaires (car je n'y veux reconnaître ni compter les esclaves et les affranchis), il cite donc en première ligne Démétrius de Phalère, Callimaque, Ératosthène, Apollonius, Zénodote, chez les Ptolémées, pour la bibliothèque d'Alexandrie; Varron et Hygin à Rome, pour la Palatine. Ainsi Varron et Démétrius de Phalère, voilà des ancêtres. Il est vrai que la réalité du fait se peut contester à l'égard de Démétrius de Phalère, qui était un bien grand seigneur pour cet office; mais Callimaque, Apollonius, Varron et Gabriel Naudé, cela suffit bien. — Je tire toutes ces drôleries de son livre même, dussé-je paraître de ceux un peu légers dont il dit, non sans dédain, qu'ils ne recherchent en tout que la fleur :

Decerpunt flores et summa cacumina captant.

Son *Addition à l'Histoire de Louis XI* (1630) est le dernier

(1) Parmi les ruses les plus permises, il faut mettre celle que raconte Rossi dans la lettre où il parle des acquisitions de Naudé à Rome en 1645. Naudé entrait dans une boutique de libraire et demandait le prix, non pas de tel ou tel volume, mais des masses entières et des piles qu'il voyait entassées devant lui. Cette méthode inusitée déjouait un peu le libraire, qui hésitait, qui lâchait un mot : on marchandait. Mais Naudé, en pressant, en poussant, en harcelant, enveloppait si bien son homme, qu'il obtenait de lui un prix dont ensuite l'honnête marchand, à tête reposée, ne manquait pas de se repentir; car il y aurait eu souvent plus de profit pour lui à vendre ses volumes au poids à l'épicier ou à la marchande de beurre. Naudé faisait un peu à sa manière comme ces paysans bas-normands qui, dans les discussions d'intérêt, à force de bégayer, d'ânonner, de faire le niais, vous arrachent d'impatience la concession à laquelle ils visent. Il y a ruse et stratagème à cela, il n'y a pas *dol* qualifié.

ouvrage qu'il publia avant son départ pour l'Italie. Il y prélude d'instinct à ses coups d'État et à son prochain code de la science des princes par la prédilection qu'il marque pour *le plus avisé de nos rois*, pour *l'Euclide et l'Archimède de la politique*, comme il le qualifie. Voulant montrer que Louis XI n'était pas du tout aussi ignorant qu'on l'a prétendu et que l'a dit surtout le léger historien bel-esprit Mathieu, il reprend le côté littéraire de l'histoire de ce règne; c'est un prétexte pour lui d'y rattacher une foule de particularités sur les livres, sur le prix qu'on y mettait dans les vieux temps, de raconter au long la renaissance des lettres et de discuter à fond les origines de l'imprimerie introduite en France précisément sous Louis XI. Au nombre des écrits attribués à ce prince, il omet la part, si gracieuse pourtant et si piquante, qui lui revient dans la composition des *Cent Nouvelles nouvelles*, ce sur quoi nous insisterions de préférence aujourd'hui. Mais Naudé, nous l'avons dit, ne faisait aucun cas des romans et contes en langue vulgaire, et ne daignait s'enquérir de leur plus ou moins d'agrément; s'il s'est montré quelque peu savant en *us*, ç'a été par cet endroit.

Il ne l'est pas du tout d'ailleurs dans le choix de la thèse qu'il entreprend ici de prouver. S'il veut que Louis XI ait été un prince plus lettré qu'on ne l'a dit, ce n'est pas qu'il attribue aux lettres plus d'influence qu'il ne faut sur l'art de gouverner. Loin de là, il pose tout d'abord la différence qu'il y a entre les lettrés d'ordinaires *mélancoliques et songearts*, et les hommes d'action et de gouvernement auxquels sont dévolues des qualités toutes contraires : *Paucis ad bonam mentem opus est litteris*, répétait-il d'après Sénèque, Il ne faut pas tant de lecture dans la pratique à un esprit bien fait; et il insiste sur cette vérité de bon sens en homme d'esprit, tout à fait dégagé du métier.

Son voyage d'Italie et le long séjour qu'il y fit achevèrent vite de l'aiguiser et de lui donner toute sa finesse morale. Ces douze années, depuis l'âge de trente jusqu'à quarante-deux ans, lui mirent le cachet dans toute son empreinte. Devenu l'un des domestiques, comme on disait, du cardinal de Bagni, adopté dans la famille, il se consacra tout entier à ses devoirs envers le noble patron, à l'agrément libéral et studieux de cette société romaine qui savait l'apprécier à sa valeur. On était alors sous le pontificat d'Urbain VIII, de ce poëte latin si élégant et si fleuri, qui se souvenait volontiers de ses distiques mythologiques, et qui continuait de les scander tout en tenant le gouvernail de la barque de saint Pierre. Dans cette Rome des Barberins, Naudé put se croire d'abord transporté au règne de Léon X, d'un Léon X un peu affadi : son goût littéraire ne sentait peut-être pas assez la différence. Tous ses écrits de cette époque ne furent plus composés qu'en vue de quelque circonstance particulière et en quelque sorte domestique; moins que jamais le public apparut à sa pensée, ce grand public prochain qui allait être le seul juge. Pour le cardinal, son maître, homme d'État, il composa son livre des *Coups d'État;* pour son neveu, le comte Fabrice de Guidi, il fit en latin le petit traité *de l'Étude libérale*, à l'usage des jeunes gentilshommes; pour un autre neveu, le comte Louis, le gros traité latin *sur l'Étude militaire*, à l'usage des guerriers instruits. Il dressait en même temps pour leur père, le marquis de Montebello, une généalogie et une histoire de cette famille des Guidi-Bagni. Cœur délicat sans doute et reconnaissant, on le voit empressé de payer sa bienvenue à chacun des membres; lui aussi il se sent riche à sa manière, il veut rendre et donner. On peut soupçonner de plus sans injure qu'étranger et nécessiteux, il n'était pas fâché de recevoir. Je ne fais qu'indiquer d'autres opuscules latins, tous également de circonstance, ses cinq thèses médico-littéraires, agréables réminiscences du doctorat (1), espèces d'étrennes et de cartes de visite qu'il envoyait à des amis anciens ou

(1) Il alla, en 1633, prendre ses degrés à Padoue, à cause de la charge de médecin honoraire de Louis XIII que son cardinal lui avait fait obtenir.

nouveaux ; son traité *de la Bibliographie politique*, adressé au Père Gaffarel, qui l'avait consulté sur ces sortes d'écrits. De toutes ces productions de Naudé composées durant le séjour d'Italie et couvées, pour ainsi dire, sous le manteau et sous la pourpre, on ne lit plus maintenant, on ne cite plus guère à l'occasion que ses *Coups d'État*; et, par leur renom de machiavélisme, ils ont presque entaché sa mémoire.

Nous n'essayerons pas de le justifier plus qu'il ne convient. Naudé n'appartient en rien à cette école de publicistes déjà émancipée au xvi⁰ siècle, et qui deviendra la philosophique et la libérale dans les âges suivants. Sa politique, à lui, garde son arrière-pensée méfiante à travers tous les temps. A son arrivée en Italie, il était déjà foncièrement de l'avis de Louis XI, et il admettait cet article unique du symbole des gouvernants : *Qui nescit dissimulare nescit regnare*. S'il y avait erreur de sa part à cela, comme il est bienséant aujourd'hui de le reconnaître, ce n'était pas à la cour romaine qu'il pouvait s'en guérir; ce n'était point en quittant la France sous Richelieu pour la retrouver bientôt sous Mazarin. Naudé se pique dès l'abord de se bien séparer de ces auteurs qui, traitant de la politique, ne mettent pas de fin à leurs beaux discours de *Religion, Justice, Clémence, Libéralité*; il laisse cette rhétorique à Balzac et consorts. Pour lui, il tient à prouver aux habiles que, bien qu'homme d'étude, il entend aussi le fin du jeu. Il commence par poser avec Charron « que la justice, « vertu et probité du Souverain, chemine un peu autrement « que celle des particuliers. » A-t-il tort de le prétendre ? En exceptant toujours le temps présent, ce qui est d'une politesse rigoureuse, et en ne considérant que l'éternelle histoire, qu'y voyons-nous ? Un moderne penseur l'a répété, et il nous est impossible de le dédire : Ne mesurons pas les hommes publics à l'aune des vertus privées; s'ils sont véritablement grands, ils ont leur point de vue et leur rôle à part : ils font ce que d'autres ne feraient pas, ils maintiennent la société. C'est à l'abri de leurs qualités, de leurs défauts, quelquefois même, hélas! de leurs forfaits que les hommes privés arrivent à exercer en paix toutes leurs vertus. C'est peut-être parce que Richelieu a fait tomber la tête du duc de Montmorency, qu'il a été plus loisible à tel bon bourgeois de vivre honnête homme en sa rue Saint-Denis. Comme fait, et l'histoire en main, si l'on ose réfléchir, on a peine à ne pas tirer l'austère résultat.

Naudé, au premier chapitre de son livre, soutient, en s'appuyant de l'autorité de Cardan et de Campanella, que, pour bien peindre un homme ou pour bien traiter un sujet, il faut se transmuer dedans; et il cite spirituellement l'exemple de Du Bartas, qui, pour faire sa fameuse description du cheval, galopait et gambadait des heures entières dans sa chambre, contrefaisant ainsi son objet. Je ne pousserai pas si loin, en parlant de Naudé, la transfusion et la métamorphose, je serrerai de près mon auteur, sans pour cela m'y confondre ni l'approuver. Mais, puisque l'occasion s'en présente, j'userai du droit de simple moraliste pour énoncer ce que je crois vrai, dussé-je par là sembler contredire l'étalage vertueux et philanthropique des acteurs intéressés, ou la simplicité bienheureuse et perpétuellement adolescente de quelques optimistes de talent.

Telle philosophie, telle politique, ou, pour parler plus exactement, telle morale, telle politique. La politique n'est que l'art de mener les hommes, et cet art dépend de l'idée qu'on se fait d'eux. La Rochefoucauld donne la main à Machiavel. Jeune, d'ordinaire on estime l'humanité en masse, et l'on est plutôt de la politique libérale. Plus tard, on arrive à mieux connaître, à ce qu'on croit, c'est-à-dire trop souvent à moins estimer les hommes; et si l'on est conséquent, on incline alors pour la politique sévère. Mais cette sévérité, fruit amer de l'expérience humaine, n'admet pas nécessairement la fraude et n'exclut pas la justice; et j'aime à penser toujours, malgré la rareté du fait, que la volonté ferme du bien, une sagacité pénétrante jointe à l'absence de toute imposture, une équité inexorable, seraient encore les voies les plus sûres de gouverner, de tenir le pouvoir, — de le tenir, il est vrai, non pas de le gagner ni de l'obtenir.

Naudé n'en demandait pas tant aux souverains de son temps, et, dans cette chambre close du cardinal de Bagni, il n'est plus que de la religion de Louis XI, de Philippe de Macédoine, ou du vieil et perfide Ulysse ; il cite à propos Tibère. Il donne la recette de ce qu'il croit permis au besoin, assassinat, empoisonnement, massacre ; il divise et subdivise le tout avec un sang-froid inimaginable. Les conseils de modération qu'il y mêle ne font que mieux ressortir l'immoral du fond ; on croirait par moments qu'il se joue : c'est comme un chirurgien curieux qui assemble des exemples de tous les jolis cas, ou comme un chimiste amateur qui étiquette avec complaisance tous ses poisons, en inscrivant sur chacun la dose indispensable et suffisante. Ce qui se dirait à peine dans quelque hardi colloque à voix basse et dans quelque débauche de cabinet entre un Borgia et son conclaviste, il le rédige et l'écrit(1). Son apologie de la Saint-Barthélemy (au chap. III) est trop connue et résume le reste. Si, dans la façon dont il la présente, il se trouve historiquement quelques points de vérité incontestables, ils ne rachètent en rien l'horreur de l'action ni l'odieux du récit. Ce n'est point quand le sang coule à flots que l'historien doit faire parade d'essuyer et de braquer si posément sa lunette. Lui aussi, il lui convient d'être entraîné par le sentiment d'humanité et de se faire peuple un jour. Guy Patin ne trouvait, pour excuser son ami sur ce méfait, que l'influence du lieu où il écrivait alors. Lorsqu'on entre au Vatican, qu'aperçoit-on en effet dès la grande salle d'antichambre ? La Saint-Barthélemy peinte et Coligny immolé.

Et en cette opinion extrême, n'admirez-vous pas comme

---

(1) On lit, il est vrai, dans la préface de la première édition, que le livre n'est imprimé qu'à *douze* exemplaires. Passe encore, cela ne sortait pas de la confidence. Mais bientôt il en courut plus de cent. Telle est l'inconséquence toujours : **on n'écrit pas pour le public, et on imprime pour lui.**

Naudé et de Maistre se rencontrent? le grand croyant et le grand sceptique! c'est le cercle ordinaire, le manége de l'esprit humain.

Disons-le bien vite, en ceci Naudé, encore plus que de Maistre, se calomniait : cet apologiste de la Saint-Barthélemy est le même qui, à Rome, se montra si bon, si humain, si chaleureux pour Campanella persécuté. Après vingt-sept ans de prison, ce dominicain philosophe venait d'être rendu à la liberté par la bonté d'Urbain VIII. Naudé avait toujours admiré et vénéré Campanella (*ardentis penitus et portentosi vir ingenii*, comme il l'appelle sans cesse), Campanella novateur et investigateur en toutes choses, en philosophie, en ordre social, conspirateur et chef de parti un moment (1), et qui du fond d'un cachot obscur retraçait et rêvait sa *Cité du Soleil*. Pour célébrer cette délivrance toute récente encore, Naudé adressa, en 1632, au pape Urbain VIII, un panégyrique latin imité de ceux des anciens rhéteurs, Thémiste, Eumène. On sent, à ses frais inaccoutumés d'éloquence, qu'il parle au pontife lettré, au poëte disert, à l'*Urbanité même* (il fait le jeu de mots), à celui qui, suivant son expression, a *moissonné tout le Pinde, butiné tout l'Hymette, et bu toute l'Aganippe*. Ce ne sont que fleurs et qu'encens, ce n'est que sucre, que miel et que rosée. Le style latin de Naudé laissa toujours à désirer pour la vraie élégance. Mais cette assez mauvaise prose poétique, cette flatterie plus que française, cette reconnaissance trop italienne, tous ces défauts du panégyrique composent, dans le cas présent, une très-belle et très-noble action, à savoir la défense et l'apologie, aux pieds du Saint-Siége, de la science et de la philosophie, hier encore persécutées (2).

---

(1) « Et lorsque Campanella eut dessein de se faire roi de la Haute-
« Calabre, il choisit très à propos pour compagnon de son entreprise
« un frère Denys Pontius, qui s'étoit acquis la réputation du plus élo-
« quent et du plus persuasif homme qui fût de son temps... etc. »
(Naudé, *Coups d'État*, chap. IV.)

(2) Voir, dans les lettres latines de Naudé, la 31ᵉ à Campanella, et

Parmi les singularités de ce traité sur les *Coups d'État*, on a remarqué qu'il commence par *Mais*, comme *le Moyen de Parvenir* commence par *Car*. Naudé faisait nargue à la rhétorique dès le premier mot.

Parmi les opinions particulières qui ne font faute, est celle qui range dans les inventions des coups d'État la venue de la Pucelle d'Orléans, « laquelle, ajoute Naudé en passant, ne fut « brûlée qu'en effigie. » Il ne daigne pas s'expliquer davantage. Guy Patin va plus loin et nous dit que, loin d'être brûlée, elle se maria et eut des enfants (1). Naudé se complaisait un peu à ces sortes d'opinions paradoxales, et il admettait très-aisément la mystification du vulgaire en histoire. Il aurait cru volontiers au mariage secret de Bossuet comme

la dédicace reconnaissante que celui-ci fit à Naudé de son petit traité *de Libris propriis et recta Ratione studendi*. — Osons dire toute la vérité. Il existe, au tome X de la Correspondance manuscrite de Peiresc (Bibliothèque du Roi), une lettre de Naudé qui semble donner un bien triste démenti à ces témoignages publics, à cet échange de bons offices et de magnifiques démonstrations entre lui et Campanella. Il paraît que ce dernier, après sa sortie de Rome et son arrivée en France, s'était *licencié* sur le compte de Naudé en je ne sais quelles paroles et imputations qui pouvaient avoir de la gravité. La lettre de Naudé à Peiresc, datée de Riète, 30 juin 1636, nous montre plus que nous ne voudrions l'irritation de l'offensé et son jugement secret sur l'homme qu'il avait tant admiré et célébré publiquement. On y a l'envers complet de tout à l'heure. Campanella y est taxé d'ingratitude, de légèreté, de charlatanisme effronté et d'insupportable orgueil ; ce sont les inconvénients de plus d'un grand esprit, et on en a connu de tout temps qui avaient peu à faire pour tomber dans ces défauts-là. Naudé, qui n'avait admiré qu'une seule fois avec cette ferveur, et qui s'en trouvait dupe, jura sans doute qu'on ne l'y reprendrait plus. Il faut toutefois qu'il soit revenu à des sentiments plus favorables à son ancien ami, puisqu'il ne fit imprimer le Panégyrique dont nous avons parlé qu'en 1644, pour prêter hautement secours à la mémoire de Campanella mort (*beatissimis Thomæ Campanellæ Manibus*, contre de certaines calomnies dont elle venait d'être l'objet. Le Panégyrique imprimé et la lettre manuscrite n'en font pas moins le plus sanglant contraste, et donnent une rude leçon au biographe littéraire qui se fierait avec candeur à ce qu'on imprime. (Voir l'*Appendice* à la fin du présent volume.)

(1) Voir sur cette version *le Mercure galant* de novembre 1683.

il croyait au brûlement postiche de la Pucelle. C'est là un faible dans cet esprit si sain. A force de chercher finesse, on s'abuse aussi.

« Qui peut savoir et dire ce qu'arrive à penser sur toute question fondamentale un homme de quarante ans, prudent, et qui vit dans un siècle et dans une société où tout fait une loi de cette prudence? » Naudé n'oubliait jamais cette pensée en lisant l'histoire; il en faisait surtout l'application aux grands esprits cultivés depuis la renaissance des lettres, et ce qu'il avait en Italie sous les yeux l'y confirmait. Dans cette familiarité du cardinal de Bagni et des Barberins, il dut être de ceux qui trouvent, après tout, que c'eût été un bel idéal que d'être cardinal romain dans le vrai temps. Lui qui n'était pas philosophe ni protestant à demi, il jugeait qu'il y avait plus de place encore pour des opinions quelconques sous la noble pourpre flottante de ses patrons que sous l'habit noir serré du ministre; mais c'était à condition toujours de n'en rien laisser passer (1). Il revint d'Italie avec ce pli romain très-marqué. Ses amis, au retour, s'aperçurent d'un changement en lui. Tout en restant bon et simple d'ailleurs, sa prudence s'était fort raffinée. Dans l'habitude de la vie, il ne se confiait à personne, — « à personne, hormis à M. Moreau et à moi,
« nous dit Guy Patin; et quand il avoit reconnu la moindre
« chose dans quelqu'un, il n'en revenoit jamais : sentiment
« qu'il avoit pris des Italiens. »

La mort trop prompte du cardinal de Bagni, en juillet 1641,

---

(1) Dans une page du *Mascurat* (190), on voit trop bien en quel sens Naudé est catholique et soumis à l'Église; c'est de la même manière et dans le même esprit que Montaigne se déclarait contre les huguenots lorsqu'ils interprétaient les Écritures. La raison qu'allègue Naudé est un petit croc-en-jambe au fond. Mascurat répond à Saint-Ange, qui vient d'exprimer la conviction naïve qu'aucune doctrine pernicieuse ne saurait se fonder sur la Sainte-Écriture : « Si tu ajoutes
« *bien entendue*, dit Mascurat, je suis de ton côté; mais, à faute de
« suivre l'interprétation que la seule Église catholique donne à ces
« Livres sacrés, ils sont bien souvent causés de beaucoup de désor-

laissa Naudé au dépourvu et comme naufragé sur le rivage. Le cardinal Antoine Barberin le prit alors à son service et le recueillit avec un empressement affectueux. L'étoile de Naudé le voua toute sa vie aux Éminentissimes. Rappelé l'année suivante en France pour être bibliothécaire du Cardinal-ministre, il ne quitta Rome que comblé des bienfaits de son dernier patron. Pourtant il semble que cette perte inopinée du cardinal de Bagni ait laissé des traces dans son humeur. Il considéra dès lors sa fortune comme un peu manquée ; il reconnut qu'après avoir tant usé de lui, de sa science et de ses services, on ne lui avait ménagé aucun sort pour l'avenir ; il en devint disposé à se plaindre quelquefois de la destinée plus qu'il n'avait coutume de faire auparavant (1). Nous le rencontrons fréquemment les années suivantes dans les lettres de Guy Patin, et c'est à cette date seulement que la petite société de Gentilly commence. Mais, à travers ses relations resserrées avec ses amis de France, Naudé, tout occupé de former la bibliothèque du cardinal Mazarin, s'absentait encore pour de longs et nombreux voyages en Flandre, en Suisse, en Italie de nouveau, en Allemagne, rapportant de chaque tournée des milliers de volumes et des voitures tout entières. Il nous a donné le bulletin de ses doctes caravanes dans le *Mascurat* (2). Enfin, au commencement de 1647, il n'eut plus qu'à coordonner son immense butin, à organiser en quelque sorte sa

« dres, tant ès mœurs à cause du livre des Rois et autres pièces du
« Vieil Testament, qu'en la doctrine, laquelle est bien embrouillée
« dans le Nouveau et par les Épîtres de saint Paul principalement :
« *Mare enim est Scriptura divina, habens in se sensus profundos et alti-*
« *tudinem propheticorum enigmatum,* comme disoit saint Ambroise... »
Quand j'entends un sceptique citer si respectueusement un grand saint, je me dis qu'il y a anguille sous roche.

(1) Une lettre de lui à Peiresc, du 20 juillet 1634 (*Correspondance de Peiresc*, tome X, manuscrits de la Bibliothèque du Roi), nous trahit le secret de toutes les démarches, sollicitations et supplices trop peu dignes auxquelles la nécessité et la peur de manquer poussaient Naudé en terre étrangère : il subit l'air du pays.

(2) Page 254.

conquête. Ç'allait être un beau jour pour lui, le plus beau jour de sa vie, que celui où la publicité de cet établissement unique eût été complète (1); déjà la porte particulière à l'usage des savants était pratiquée sur la rue; déjà l'inscription latine destinée à figurer au-dessus, et qui devait dire à tous les passants (aux passants qui savaient le latin) d'entrer librement, se gravait sur le marbre noir en lettres d'or; Naudé touchait à l'accomplissement du rêve et du labeur de toute sa vie. C'est à ce moment précis que se rapporte la lettre souvent citée de Guy Patin (27 août 1648) (2) : « M. Naudé, bibliothé-
« caire de M. le cardinal Mazarin, intime ami de M. Gassendi
« comme il est le mien, nous a engagés pour dimanche pro-
« chain à aller souper et coucher nous trois en sa maison de
« Gentilly, à la charge que nous ne serons que nous trois et
« que nous y ferons la débauche : mais Dieu sait quelle dé-
« bauche! M. Naudé ne boit naturellement que de l'eau et n'a
« jamais goûté vin. M. Gassendi est si délicat qu'il n'en oseroit
« boire, et s'imagine que son corps brûleroit s'il en avoit bu.
« C'est pourquoi je puis bien dire de l'un et de l'autre ce vers
« d'Ovide :

« Vina fugit, gaudetque meris abstemius undis (3).

« Pour moi, je ne puis que jeter de la poudre sur l'écriture
« de ces deux grands hommes, j'en bois fort peu; et néan-
« moins ce sera une débauche, mais philosophique, et peut-

(1) Une sorte de publicité existait dès les années précédentes: la bibliothèque s'ouvrait tous les jeudis aux savants qui se présentaient : il y en avait quelquefois de quatre-vingts à cent qui y étudiaient ensemble (*Mascurat*, page 244). — Voir aussi, dans les Lettres latines de Roland Des Marets, la 31ᵉ du livre II ; il y remercie Naudé en souvenir de quelque séance.
(2) *Lettres choisies* de Guy Patin, tome I, page 35.
(3) Autre témoignage : « Naudé étoit d'une vie sobre et chaste; il
« eut aversion de tout temps pour les assaisonnements de viandes et
« les recherches de table; en fait de fruits, il ne mangeoit que des
« châtaignes et des noisettes. Il étoit de taille élevée, de corps allègre
« et dispos. » (Voir l'Éloge latin de Naudé, par Pierre Hallé.)

« être quelque chose davantage, pour être tous trois guéris
« du loup-garou et du mal des scrupules, qui est le tyran des
« consciences. Nous irons peut-être jusque fort près du sanc-
« tuaire... » Naudé célébrait à sa manière, dans cette petite
orgie de Gentilly, *sub rosa*, la prochaine dédicace de ce temple
de Minerve et des Muses dont il tenait les clefs, quand, le
lendemain ou le jour même de la fête, la Fronde éclata (1).
Ainsi vont les projets humains sous l'œil d'en haut ou sous
le je ne sais quoi qui les déjoue. L'inscription en resta là, et
le public aussi. A la seconde Fronde, ce fut bien autre chose,
et, le 29 décembre 1651, le parlement rendit l'arrêt de vanda-
lisme qui ordonnait la vente de la *bibliothèque* et des meubles
du cardinal. Mais n'anticipons pas.

Quand Naudé vit la Fronde, il put être affligé, il n'en fut
point surpris. Il avait de longue main, dans ses *Rose-Croix*,
compté sur la badauderie des Français; dans ses *Coups d'État*,
s'il nous en souvient (chap. IV), il avait peint la populace en
traits énergiques et méprisants, que l'émeute présente semblait faite exprès pour vérifier. Si tout s'était borné à cette
première Fronde, il y aurait eu plutôt encore de quoi s'en
gaudir entre amis.

L'intervalle des deux Frondes fut un assez bon temps pour
Naudé; il y composa (1649) son ouvrage le plus intéressant,
le plus original et le plus durable : *Jugement de tout ce qui
a été imprimé contre le cardinal Mazarin, depuis le sixième
janvier jusques à la Déclaration du premier avril mil six cens
quarante-neuf,* ou plus brièvement le *Mascurat*. C'est un dialogue entre deux imprimeurs et colporteurs de mazarinades,
Mascurat et Saint-Ange. Sous ce couvert, il y défend chaude-
ment et finement le cardinal son maître, et montre la sottise
de tant de propos populaires qui se débitaient à son sujet;
puis, chemin faisant, il y parle de tout. La bonne édition du
Mascurat, la seconde, est un gros in-4º de 718 pages. Le livre

(1) Les barricades sont précisément de la même date que la lettre de
Guy Patin jour pour jour, 27 août.

fait encore aujourd'hui les délices de bien des érudits friands; Charles Nodier, dit-on, le relit ou du moins le refeuillette une fois chaque année. M. Bazin, l'historien de la France sous Mazarin, en a beaucoup profité dans son spirituel récit. Naudé, si enfoui par le reste de ses œuvres, garde du moins, par celle-ci, l'honneur d'avoir apporté une pièce indispensable et du meilleur aloi dans un grand procès historique : son nom a désormais une place assurée en tout tableau fidèle de ce temps-là. Je voudrais pouvoir donner idée du *Mascurat* à des lecteurs gens du monde, et j'en désespère. Dans ce style resté franc gaulois et gorgé de latin, il trouve moyen de tout fourrer, de tout dire; je ne sais vraiment ce qu'on n'y trouverait pas. Il y a des tirades et enfilades de curiosités et de documents à tout propos, des kyrielles à la Rabelais, où le bibliographe se joue et met les séries de son catalogue en branle, ici sur tous les novateurs et faiseurs d'utopies (pages 92 et 697), là sur les femmes savantes (p. 81); plus loin, sur les bibliothèques publiques (p. 242); ailleurs, sur tous les imprimeurs savants qui ont honoré la presse (p. 691); à un autre endroit, sur toutes les académies d'Italie (p. 139, 147), que sais-je (1)? Pour qui aurait un traité à écrire sur l'un quelconque de ces sujets, le *Mascurat* fournirait tout aussitôt la

---

(1) Et encore (page 370) il enfile toutes sortes d'historiettes sur des réponses faites par bévue, et se moque en même temps de la rhétorique; il y trouve son double compte d'enfileur de rogatons érudits et de moqueur des tours oratoires. — Il ne trouve pas moins son double compte de fureteur historique et de défenseur du Mazarin, lorsqu'il se donne (page 266) le malin plaisir d'énumérer tous les profits et pots-de-vin de l'intègre Sully, lequel « tira *trois cens mille livres* pour la « démission de sa charge des Finances et de la Bastille ; *soixante mille* « pour celle de la Compagnie de la Reine-Mère; *cinquante mille* pour « celle de Surintendant des Bâtiments ; *deux cens mille* pour le Gou- « vernement de Poitou ; *cent cinquante mille* pour la charge de Grand- « Voyer, et *deux cens cinquante mille* pour récompense ou plutôt *cour-* « *retage* de beaucoup de bénéfices donnés à sa recommandation. » Et le fin Naudé part de là pour opposer le *désintéressement* du Mazarin ; mais il tenait encore plus, je le crains bien, à ce qu'il avait lâché en passant contre cette renommée populaire de Sully.

matière d'une petite préface des plus érudites; c'est une mine à fouiller; c'est, pour parler le langage du lieu, une marmite immense d'où, en plongeant au hasard, l'on rapporte toujours quelque fin morceau.

La scène se passe au cabaret; on y boit à même des pots, on y mange des harengs *saurets*, tout s'en ressent. On a remarqué que la plaisanterie d'une nation ressemble (règle générale) à son mets ou à sa boisson favorite. On n'a donc ici ni le *pudding* de Swift, ni le champagne ou le moka de Voltaire. Le *Mascurat* de Naudé, c'est une espèce de salmigondis épais et noir, un vrai fricot comme nos aïeux l'aimaient, où il y a bien du fin lard et des petits pois. On y lit (p. 231) une grande discussion sur la poésie macaronique; ce livre est une espèce de macaronée aussi.

Au commencement du *Mascurat* il n'est pas huit heures et demie du matin (page 13) : les deux compagnons entrent au cabaret et s'attablent pour discourir à l'aise *a mane ad vesperam* (p. 38). A la page 322, on les voit qui dînent. Page 349, Saint-Ange frappe pour demander à boire. Page 379, il continue de mâcher et de boire. Page 385, il est question de plat qui se refroidit. Page 386, Mascurat s'absente un bon quart d'heure, ou une *bonne heure*, dit Saint-Ange qui l'attend. C'en est assez pour donner idée de la composition étrange de cet autre *Neveu de Rameau*. A travers ces divers incidents de la journée, le dialogue dure toujours.

Le caractère de Saint-Ange, c'est le gros bon sens, près de Mascurat qui représente l'érudit rusé : « Tu m'emportes, lui dit à certain moment Saint-Ange, comme l'aigle fait la tortue, hors de mon élément; revenons... » Et plus loin, lorsque Mascurat lui énumère complaisamment les grands génies de première classe, les *douze preux de pédanterie* : Archimède, Aristote, Euclide, Scot (Duns), Calculator, etc. (je fais grâce des autres), le matois Saint-Ange répond : « Tu m'endors
« quand tu me parles de tous ces auteurs-là que je ne connois
« point; il y avoit l'autre jour un homme bien sensé, chez

« Blaise, qui n'y faisoit pas tant de finesse ; car il disoit que
« *la Sagesse* de Charron et *la République* de Bodin étoient les
« meilleurs livres du monde, et sa raison étoit que le pre-
« mier enseigne à se bien gouverner soi-même, et le second
« à bien gouverner les autres... Ce discours, à te dire vrai,
« me tient lieu de démonstration et me persuade bien da-
« vantage que ne font tous les mathématiciens et philosophes;
« mais tu as l'esprit si sublime que tu voudrois toujours être
« avec les auteurs de la première classe. Pour moi, je me tiens
« aux médiocres, c'est-à-dire à ceux que tu appelles hon-
« nêtes gens et bons esprits. » Naudé, en écrivant cette charmante page, ne comprenait-il donc pas que le nombre de ces
honnêtes gens et de ces bons esprits vulgaires à la Saint-Ange
allait augmenter assez pour faire un public qui ne serait plus
la populace ? Le tiers état de Sieyès était au bout, notre
classe moyenne.

Si Naudé ne comptait pas assez sur ce prochain monde
des bons esprits, il semble avoir encore moins soupçonné
qu'une autre portion plus délicate s'y introduirait, et que
l'heure approchait où il faudrait écrire en français pour être
lu même des femmes. Chez Naudé, les femmes n'entrent
pas; latin à part, il y a des grossièretés.

La finesse d'ailleurs, la raillerie couverte, la sournoiserie
même de l'auteur entre ces deux bons compères, Saint-Ange
et Mascurat, va aussi loin qu'on peut supposer. Je veux trahir
et prendre sur le fait sa méthode habituelle. A un endroit,
par exemple, il énumère au long les académies d'Italie ; rien
de plus intéressant pour les esprits académiques; on croirait,
à la complaisance du détail, que Naudé admire, qu'il se
prend; pas du tout. Prenez garde : voilà qu'à la fin, citant
Pétrone sur les déclamateurs, il montre que ces façons pom-
peuses d'exercice littéraire ne servent au fond de rien, que
les vrais grands écrivains sont de date antérieure, que *les bons
esprits vont à ces nouvelles Académies comme les belles femmes
au bal, c'est-à-dire sans en chercher autre profit que d'y passer*

le temps agréablement et de s'y faire voir et admirer. — Sur quoi Saint-Ange, un peu surpris du revers, dit à Mascurat : « Tu fais justement comme ces vaches qui attendent que le « pot au lait soit plein pour le renverser (1)... » Voilà, en bon français, la méthode de Gabriel Naudé et des grands sceptiques.

En matière religieuse, il ne procède pas autrement, et c'est ici que le mot de *sournoiserie* s'applique à merveille. Ainsi, à propos de l'*Alcoran*, dont les paroles, dit Mascurat (page 345), sont *très-belles et bonnes*, quoique la doctrine en soit fort mauvaise, Saint-Ange se récrie, et Mascurat répond entre autres choses : «... Joint aussi qu'il est hors le pouvoir d'un « homme, tant habile qu'il soit, de connoître quelle est la « religion des Turcs, soit pour la foi ou les cérémonies, par « la seule lecture de l'*Alcoran*; tout de même, SANS COMPARAI-« SON TOUTEFOIS, qu'un homme qui n'auroit lu que le *Nou-* « *veau Testament*, ne pourroit jamais connoître le détail de « la religion catholique, vu qu'elle consiste en diverses rè-« gles, cérémonies, établissements, institutions, traditions et « autres choses semblables que les papes et les conciles ont « établies de temps en temps, et *pièces après autres*, confor-« mément à la doctrine contenue *implicitè* ou *explicitè* dans « ledit livre. » On a le venin.

J'aime mieux citer une belle page philosophique, et même religieuse à la bien prendre, qui rentre dans une pensée souvent exprimée par lui. Il s'agit de je ne sais quel conseil (page 229) dont Saint-Ange croit que les politiques d'alors pourraient tirer grand profit; Mascurat répond : « Quand ils « le feroient, Saint-Ange, ils ne réussiroient pas mieux au « gouvernement des États et empires que les plus doctes mé-« decins font à celui des malades; car il faut nécessairement « que les uns et les autres prennent fin, tantôt d'une façon et « tantôt de l'autre : *Quotidie aliquid in tam magno orbe muta-*

---

(1) Page 152.

« tur, *nova urbium fundamenta jaciuntur, nova gentium no-*
« *mina, extinctis nominibus prioribus aut in accessionem vali-*
« *dioris conversis, oriuntur* (chaque jour quelque changement
« s'opère en ce vaste univers; on jette les fondations de villes
« nouvelles; de nouvelles nations s'élèvent sur la ruine des
« anciennes dont le nom s'éteint ou va se perdre dans la
« gloire d'un État plus puissant). Je ne dis pas toutefois qu'un
« peu de régime ne fasse grand bien, et que tant de livres
« qu'écrivent tous les jours les médecins *de vita proroganda*
« soient inutiles; mais aussi en faut-il demeurer dans leurs
« termes, et ne pas attendre des remèdes l'éternité que Dieu
« seul s'est réservée. » — Et dans les *Coups d'État* (chap. IV)
il avait dit : « Il ne faut donc pas croupir dans l'erreur de ces
« foibles esprits qui s'imaginent que Rome sera toujours le
« siége des saints Pères, et Paris celui des rois de France. »
Je trouve que, de nos jours, les sages eux-mêmes ne sont pas
assez persudés que de tels changements restent toujours possibles, et l'on met volontiers en avant un axiome de nouvelle
formation, bien plus flatteur, qui est que *les nations ne meurent pas.*

Je ne pousserai pas plus loin ce qui aussi bien n'aurait aucun terme, car il faudrait extraire à satiété, sans pouvoir
jamais analyser. La conclusion du *Mascurat* est spirituelle et
va au-devant des objections d'invraisemblance. — Saint-Ange :
« Tu me dis de si belles choses, que, si elles étoient imprimées,
« on ne s'imagineroit jamais qu'elles vinssent du cabaret ni
« qu'elles eussent été dites par deux libraires ou impri-
« meurs... » Et Mascurat répond en citant des exemples de
l'antiquité : «... Au contraire, je vois dans Plutarque et
« Athénée que les plus doctes de ce temps-là tenoient des propos aussi sérieux entre la poire et le fromage et ayant le
« verre à la main, comme nous l'avons maintenant, que tous
« les Académistes de Cicéron en ses plus délicieuses vignes,
« *in Tusculano, in Cumano, in Arpinati.* » Il continue, selon
son usage, d'épuiser tous les exemples de dialogues anciens

qui se tiennent, tantôt au milieu des rues, comme le *Gorgias*, tantôt dans une maison du Pirée, comme la *République*, ou bien encore sous le portique du temple de Jupiter ou aux bords de l'Ilissus. De là à un cabaret de la Cité évidemment il n'y a qu'un pas. Et sur ce que ce sont deux imprimeurs qui ont dit ces belles choses, Mascurat, qui a voyagé, cite l'exemple des savetiers italiens dont la politique est encore plus raffinée que celle des imprimeurs de ce pays-ci : « Finalement, « ajoute-t-il, pourquoi trouver étrange que nous ayons dit « tant de choses en un jour, puisque nous voyons tant de « tragédies nous représenter en pareil espace de temps des « histoires que l'on ne jugeroit jamais, à cause d'une infinité « de rencontres et d'incidents, avoir été faites dans l'espace « de vingt-quatre heures... Et puis, si le *Timée*, le *Gorgias*, « le *Phédon* et les dialogues *de Republica* et *de Legibus* de « Platon, quoiqu'ils soient bien plus longs que les nôtres, ont « bien été faits en un jour..., pourquoi ne voudra-t-on pas « que nous ayons dit, depuis cinq heures du matin jusques à « sept heures du soir, ce que, s'il étoit imprimé, il ne fau- « droit guère davantage de temps pour lire ?... » Il en faut un peu plus, quoi qu'il en dise ; et, avec notre dose d'attention d'aujourd'hui, ne vient pas à bout qui veut de ce gros in-4° immense. C'est pourquoi nous y avons tant insisté (1).

La seconde Fronde vint renverser encore une fois la fortune de Naudé et lui porter au cœur le coup le plus sensible, celui qu'un père eût éprouvé de la perte d'une fille unique, déjà nubile et passionnément chérie. L'arrêt du parlement de Paris qui ordonnait la vente de la bibliothèque du cardinal

---

(1) M. Artaud, dans son ouvrage sur *Machiavel* (tome II, pages 336-350), cite un ouvrage manuscrit français qui est une apologie remarquable de l'illustre Florentin, et il se dit tenté de l'attribuer à Gabriel Naudé. Mais, sans parler des autres objections, comme cette apologie ne put être composée que vers ou après 1649, Naudé eut bien assez à faire, en ces années, avec son *Mascurat* d'abord, puis avec les tracas et calamités qui vont l'envahir, pour qu'on ne puisse lui imputer un travail dont on ne verrait d'ailleurs pas le but sous sa plume.

lui arracha un cri de douleur et presque d'éloquence. Dans un *Advis* imprimé (1651) à l'adresse de *nos Seigneurs du Parlement*, il exhale les sentiments dont il est plein : « ..... Et
« pour moi qui la chérissois comme l'œuvre de mes mains
« et le miracle de ma vie, je vous avoue ingénuement que,
« depuis ce coup de foudre lancé du ciel de votre justice sur
« une pièce si rare, si belle et si excellente, et que j'avois
« par mes veilles et mes labeurs réduite à une telle perfec-
« tion que l'on ne pouvoit pas moralement en désirer une
« plus grande, j'ai été tellement interdit et étonné, que si la
« même cause qui fit parler autrefois le fils de Crésus, quoique
« muet de sa nature, ne me délioit maintenant la langue
« pour jeter ces derniers accents au trépas de cette mienne
« fille, comme celui-là faisoit au dangereux état où se trou-
« voit son père, je serois demeuré muet éternellement. Et, en
« effet, messieurs, comme ce bon fils sauva la vie à son père
« en le faisant connoître pour ce qu'il étoit, pourquoi ne
« puis-je pas me promettre que votre bienveillance et votre
« justice ordinaire sauveront la vie à cette fille, ou, pour
« mieux dire, à cette fameuse bibliothèque, quand je vous
« aurai dit, pour vous représenter en peu de mots l'abrégé
« de ses perfections, que c'est la plus belle et la mieux four-
« nie de toutes les bibliothèques qui ont jamais été au
« monde et qui pourront, si l'affection ne me trompe bien
« fort, y être à l'avenir. » — Et il finit en répétant les vers attibués à Auguste, lorsque celui-ci décida de casser le testament de Virgile plutôt que d'anéantir l'*Énéide* :

> .... Frangatur potius legum veneranda potestas
> Quam tot congestos noctesque diesque labores
> Hauserit una dies, *supremaque jussa Senatus!*

La vente se fit pourtant, bien qu'avec de certains accommodements peut-être. Naudé en racheta pour sa part tous les livres de médecine, et il paraît qu'il y eut des prête-noms du cardinal qui en sauvèrent d'autres séries tout entières. Du moins M. Petit-Radel a beaucoup insisté sur ces rachats concertés qu'il démontre avec chaleur, comme si son amour-propre d'administrateur et d'héritier y était intéressé. Quoi qu'il en soit, le coup était porté pour l'auteur même ; l'intégrité et l'honneur de l'œuvre unique avaient péri. « On vend « toujours ici la bibliothèque de ce rouge tyran, écrit Guy « Patin (30 janvier 1652) ; seize mille volumes en sont déjà « sortis ; il n'en reste plus que vingt-quatre mille. Tout Paris « y va comme à la procession : j'ai si peu de loisir que je « n'y puis aller, joint que le bibliothécaire qui l'avoit dres- « sée, mon ami de trente-cinq ans, m'est si cher, que je ne « puis voir cette dissolution et destruction..... » Il fallait que Guy Patin aimât bien fort Naudé pour s'attendrir à l'endroit d'une disgrâce arrivée au Mazarin.

Un malheur ne vient jamais seul ; Naudé en eut un autre en ces années. Étant autrefois à Rome, il avait été consulté et avait donné son avis sur des manuscrits de l'*Imitation de Jésus-Christ* que les bénédictins revendiquaient pour un moine de leur Ordre, *Gersen* ; il n'était pas de leur avis, et avait jugé les manuscrits quelque peu falsifiés. Son témoignage en resta là et sommeilla quelque temps. Mais bientôt les chanoines réguliers de Saint-Augustin, qui revendiquaient l'*Imitation* pour *Akempis*, c'est-à-dire pour leur saint, comme les bénédictins pour le leur, introduisirent l'autorité et l'acte de Naudé dans la discussion. Il y intervint lui-même par de nouveaux écrits publics. Courier, avec son fameux pâté sur le manuscrit de Longus, sut ce que c'est que d'avoir affaire à des pédants antiquaires et chambellans ; Naudé, si prudent, si modéré, apprit bientôt à ses dépens ce que c'est que d'avoir affaire à des pédants, de plus théologiens, surtout à un Ordre tout entier et à des moines. Quand on est sage, règle générale, il ne faut jamais se mettre sans nécessité telles gens à robe noire à ses trousses. Si je l'osais, j'en donnerais le conseil même aujourd'hui encore à mes brillants amis. Du temps de Naudé, on en vint d'emblée aux injures. Il y avait dès lors un Dom Robert Quatremaire (n'était-il pas de la famille de M. Étienne Quatremère?) qui en disait. Naudé eut le tort d'y céder et d'y répondre. Tout cela se passait à propos du plus clément et du plus miséricordieux des livres, autour de l'*Imitation*. Ajoutez que, dans cette querelle de Naudé et de Dom Quatremaire, on ne savait pas très-bien le français de part et d'autre, ou du moins on ne savait que le vieux français; les injures en étaient d'autant plus grosses. Il en résulta même des méprises singulières. Naudé, s'en prenant à un bénédictin italien, le Père Cajetan, qui était petit et assez contrefait, l'avait appelé *rabougri*; les bénédictins de Saint-Maur ne se rendirent pas bien compte du terme, et le confondirent avec un bien plus grave qui a quelque rapport de son. Ces vénérables religieux en demandèrent réparation en justice comme d'une appellation infâme. La naïveté prêta à rire. Naudé lui-même porta plainte en diffamation devant le Parlement; on a son factum (*Raisons péremptoires*, etc., 1654); je le voudrais supprimer pour son honneur. Sur ce terrain-là, il n'a pas son esprit habituel : ce n'est plus qu'un savant du xvie siècle en colère. Il prit pourtant occasion de sa défense pour dresser une liste et kyrielle, comme il les aime, de toutes les falsifications, corruptions de pièces, tricheries, qu'on imputait aux bénédictins dans les divers âges. En poussant cette pointe, il a, sous air pédantesque, sa double malice cachée, et il infirme plus de choses ecclésiastiques qu'il ne fait semblant. On assure qu'il eut alors les rieurs de son côté; mais il dut être au fond mécontent de lui-même : le philosophe en lui avait fait une faute (1).

La seconde Fronde lui laissait peu d'espoir de recouvrer sa condition première; il accepta d'honorables propositions de la reine Christine, et partit pour la cour de Stockholm, où il

---

(1) On peut voir, si l'on veut, sur cette sotte et désagréable affaire, la *Bibliothèque critique* de Richard Simon, tome Ier, et aussi le tome Ier, des *Ouvrages posthumes* de Mabillon. Dom Thuillier, bénédictin, y prend une revanche sur Naudé.

fut bibliothécaire durant quelques mois. Cette cour était devenue sur la fin un guêpier de savants qui s'y jouaient des tours; Naudé n'y tint guère. Il était d'ailleurs à l'âge où l'on ne recommence plus. Il revenait de là, dégoûté de sa tentative, rappelé sans doute aussi par le mal du pays et par la perspective de jours meilleurs après les troubles civils apaisés, lorsqu'il fut pris de maladie et mourut en route, à Abbeville, le 29 juillet 1653, avant d'avoir pu revoir et embrasser ses amis. Il fut amèrement regretté de tous, particulièrement de Guy Patin, qui ne parle jamais de son bon et cher ami M. Naudé qu'avec un attendrissement bien rare en cette caustique nature, et qui les honore tous deux : « Je pleure « incessamment jour et nuit M. Naudé. Oh! la grande perte « que j'ai faite en la personne d'un tel ami! Je pense que « j'en mourrai, si Dieu ne m'aide (25 novembre 1653). » — Les érudits composèrent à l'envi des vers latins sur la mort du confrère qui les avait si libéralement servis. On peut trouver cependant qu'il ne lui a pas été fait de funérailles suffisantes : on n'a pas recueilli ses Œuvres complètes; il n'a pas été solennellement enseveli. Mort en 1653, du même âge que le siècle, il n'en représentait que la première moitié, au moment où la seconde, si glorieuse et si contraire, allait éclater. Les *Provinciales* parurent six années seulement après le *Mascurat*, et donnèrent le signal : la face du monde littéraire fut renouvelée. Naudé rentra vite, pour n'en plus sortir, dans l'ombre de ces bibliothèques qu'il avait tant aimées et qui allaient être son tombeau. On imprima de lui un volume de lettres latines criblé de fautes. On rédigea le *Naudæana*, ou extrait de ses conversations, criblé de bévues également. Il n'eut pas d'éditeur pieux. Son article manque au Dictionnaire de Bayle, ce plus direct héritier de son esprit. Lui qui a tant songé à sauver les autres de l'oubli, il est de ceux, et des plus regrettables, qui sont en train de sombrer dans le grand naufrage. Ses livres ont, à mes yeux, déjà la valeur de manuscrits, en ce sens que, selon toute probabilité, ils ne seront jamais réimprimés. Quelques curieux les recherchent ; on les lit peu, on les consulte çà et là. Tel est le lot de presque tous, de quelques-uns même des plus dignes. Qu'y faire? la vie presse, la marche commande, il n'y a plus moyen de tout embrasser ; et nous-même ici, qui avons tâché d'exprimer du moins l'esprit de Naudé, et de redemander, d'arracher sa physionomie vraie à ses œuvres éparses, ce n'est, pour ainsi dire, qu'en courant que nous avons pu lui rendre cet hommage.

1er Décembre 1843.

APPENDICE

A L'ARTICLE SUR JOSEPH DE MAISTRE, Page 446.

Nous extrayons du numéro de la *Revue des Deux Mondes*, 1ᵉʳ octobre 1843, les quelques pages suivantes qui complètent ou appuient notre premier travail.

I. — Notice sur m. guy-marie deplace, suivie de sept lettres inédites du comte joseph de maistre, par M. F.-Z. Collombet.

II. — Soirées de rothaval, ou réflexions sur les intempérances philosophiques du comte joseph de maistre (Lyon, 1843).

Dans l'article sur Joseph de Maistre, inséré le 1ᵉʳ août dernier, il a été parlé d'un savant de Lyon, respectable et modeste, auquel l'illustre auteur du *Pape* avait accordé toute sa confiance sans l'avoir jamais vu, qu'il aimait à consulter sur ses ouvrages, et dont, bien souvent, il suivit docilement les avis. Cet homme de bien et de bon conseil, que nous ne nommions pas, venait précisément de mourir le 16 juillet dernier, et aujourd'hui un écrivain lyonnais, bien connu par ses utiles et honorables travaux, M. Collombet, nous donne une biographie de M. Deplace, c'était le nom du correspondant de M. de Maistre. Les pièces qui y sont produites montrent surabondamment que nous n'avions rien exagéré, et elles ajoutent encore des traits précieux à l'intime connaissance que nous avons essayé de donner du célèbre écrivain.

Disons pourtant d'abord que M. Deplace, né à Roanne en 1772, était de ces hommes qui, pour n'avoir jamais voulu quitter le second ou même le troisième rang, n'en apportent que plus de dévouement et de services à la cause qu'ils ont embrassée. Celle de M. Deplace était la cause même, il faut le dire, des doctrines monarchiques et religieuses, entendues comme le faisaient les Bonald et ces chefs premiers du parti : il y demeura fidèle jusqu'au dernier jour. Il appartenait à cette génération que la Révolution avait saisie dans sa fleur et décimée, mais qui se releva en 1800 pour restaurer la société par l'autel. Il fonda une maison d'éducation, forma beaucoup d'élèves, et écrivit des brochures ou des articles de journaux sous le voile de l'anonyme et seulement pour satisfaire à ce qu'il croyait vrai. Il avait défendu contre la critique d'Hoffman des *Débats* le beau poëme des *Martyrs*, et plus tard, en 1826, il attaqua M. de Chateaubriand pour son discours sur la liberté de la presse. M. Deplace prêtait souvent sa plume aux idées et aux ouvrages de ses amis ; pour lui, il ne chercha jamais les succès d'amour-propre, et je ne saurais mieux le comparer qu'à ces militaires dévoués qui aiment à vieillir *dans les honneurs obscurs de quelque légion* : c'est le major ou le lieutenant-colonel d'autrefois, cheville ouvrière du corps, et qui ne donnait pas son nom au régiment. On lui attribue la rédaction des *Mémoires* du général Canuel, et même celle du *Voyage à Jérusalem* du Père de Géramb. Mais son vrai titre, celui qui l'honorera toujours, est la confiance que lui avait accordée M. de Maistre, et la déférence, aujourd'hui bien constatée, que l'éminent écrivain témoignait pour ses décisions.

L'extrait de correspondance qu'on publie porte sur le livre du *Pape* et sur celui de l'*Église gallicane*, qui en formait primitivement la cinquième partie et que l'auteur avait fini par en détacher. L'avant-propos préliminaire en tête du *Pape* est de M. Deplace : « Mais que
« dites-vous, monsieur, de l'idée qui m'est venue de voir à la tête du
« livre un petit avant-propos de vous ? Il me semble qu'il introdui-
« rait fort bien le livre dans le monde, et qu'il ne ressemblerait point
« du tout à ces fades avis d'éditeur fabriqués par l'auteur même, et
« qui font mal au cœur. Le vôtre serait piquant parce qu'il serait
« vrai. Vous diriez qu'une confiance illimitée a mis entre vos mains
« l'ouvrage d'un auteur que vous ne connaissez pas, ce qui est vrai
« En évitant tout éloge chargé, qui ne conviendrait ni à vous ni à
« moi, vous pourriez seulement recommander ses vues et les peines
« qu'il a prises pour ne pas être trivial dans un sujet usé, etc., etc.
« Enfin, monsieur, voyez si cette idée vous plaît : je n'y tiens qu'au-
« tant qu'elle vous agréera pleinement. »

Et dans cette même lettre datée de Turin, 19 décembre 1819, on lit : « On ne saurait rien ajouter, monsieur, à la sagesse de toutes les
« observations que vous m'avez adressées, et j'y ai fait droit d'une

« manière qui a dû vous satisfaire, car toutes ont obtenu des efforts
« qui ont produit des améliorations sensibles sur chaque point. Quel
« service n'avez-vous pas rendu au feu pape Honorius, en me chica-
« nant un peu sur sa personne? En vérité l'ouvrage est à vous autant
« qu'à moi, et je vous dois tout, puisque sans vous jamais il n'aurait
« vu le jour, du moins à son honneur. » M. de Maistre revient à tout
propos sur cette obligation, et d'une manière trop formelle pour qu'on
n'y voie qu'un remercîment de civilité obligée. Il va, dans une de ses
lettres (18 septembre 1820), après avoir parlé des arrangements pris
avec le libraire, jusqu'à offrir à M. Deplace, avec toute la délicatesse
dont il est capable, *un coupon dans le prix qui lui est dû :* « Si j'y
« voyais le moindre danger, certainement, monsieur, je ne m'avise-
« rais pas de manquer à un mérite aussi distingué que le vôtre, et à
« un caractère dont je fais tant de cas, en vous faisant une proposi-
« tion déplacée; mais, je vous le répète, vous êtes au pied de la lettre
« *co-propriétaire* de l'ouvrage, et en cette qualité vous devez être co-
« partageant du prix.... » M. Deplace refuse, comme on le pense
bien, et d'une manière qui ne permet pas d'insister; mais les termes
mêmes de l'offre peuvent donner la mesure de l'obligation, telle que
l'estimait M. de Maistre.

En supposant qu'il se l'exagérât un peu, qu'il accordât à son judicieux et savant correspondant un peu trop de valeur et d'action, on
aime à voir cette part si largement faite à la critique et au conseil
par un esprit si éminent et qui s'est donné pour impérieux. Tant de
gens, qui passent plutôt pour éclectiques que pour absolus, se font
tous les jours si grosse, sous nos yeux, la part du lion, *quia nominor
leo,* que c'est plaisir de trouver M. de Maistre à ce point libéral et
modeste. M. Deplace avait un sens droit, une instruction ecclésiastique et théologique fort étendue; il savait avec précision l'état des
esprits et des opinions en France sur ces matières ardentes; il pouvait
donner de bons renseignements à l'éloquent étranger, et tempérer sa
fougue là où elle aurait trop choqué, même les amis : *motos componere
fluctus.* Quant à écrire de pareille encre et à colorer avec l'imagination,
il ne l'aurait pas su; mais il y a deux rôles : on a trop supprimé,
dans ces derniers temps, le second.

Il faudrait pourtant y revenir. C'est pour avoir supprimé ce second
rôle, celui du conseiller, du critique sincère et de l'homme de goût à
consulter, c'est pour avoir réformé, comme inutiles, l'Aristarque, le

Quintilius et le Fontanes, que l'école des modernes novateurs n'a évité aucun de ses défauts. Il y a là-dessus d'excellentes et simples vérités à redire ; j'espère en reparler à loisir quelque jour. Qu'est-il arrivé, et que voyons-nous en effet? On a lu ses œuvres nouvellement écloses à ses amis ou soi-disant tels, pour être admiré, pour être applaudi, non pour prendre avis et se corriger ; on a posé en principe commode que c'était assez de se corriger d'un ouvrage dans le suivant. M. de Chateaubriand et M. de Maistre n'ont pas fait ainsi : le premier, dans les jeunes œuvres qui ont d'abord fondé sa gloire, a beaucoup dû (et il l'a proclamé assez souvent) à Fontanes, à Joubert, à un petit cercle d'amis choisis qu'il osait consulter avec ouverture, et qui, plus d'une fois, lui ont fait refaire ce qu'on admire à jamais comme les plus accomplis témoignages d'une telle muse. Mais ceci demanderait toute une étude et une considération à part : l'admirable docilité de l'un, la courageuse franchise des autres, offriraient un tableau déjà antique, et prêteraient une dernière lumière aux préceptes consacrés. Aujourd'hui c'est M. de Maistre qui vient y joindre à l'improviste son autorité d'écrivain auquel, certes, la verve n'a pas manqué. Non-seulement pour le fond et pour les faits, mais pour la forme, il s'inquiétait, il était prêt sans cesse à retoucher, à rendre plus solide et plus vrai ce qui, dans une première version, n'était qu'éblouissant. On sait la phrase finale du *Pape*, dans laquelle il est fait allusion au mot de Michel-Ange parlant du *Panthéon : Je le mettrai en l'air*. « Quinze
« siècles, écrit M. de Maistre, avaient passé sur la Ville sainte lorsque
« le génie chrétien, jusqu'à la fin vainqueur du paganisme, osa porter
« le *Panthéon* dans les airs, pour n'en faire que la couronne de son
« temple fameux, le centre de l'unité catholique, le chef-d'œuvre de
« l'art humain, etc., etc. » Cette phrase pompeuse et spécieuse, symbolique, comme nous les aimons tant, n'avait pas échappé au coup d'œil sérieux de M. Deplace, et on voit qu'elle tourmentait un peu l'auteur, qui craignait bien d'y avoir introduit une lueur de pensée fausse : « Car certainement, disait-il, le Panthéon est bien à sa place, et nullement en l'air. » — Et il propose diverses leçons, mais je n'insiste que sur l'inquiétude.

Nous avions dit que plusieurs passages relatifs à Bossuet avaient été *adoucis* sur le conseil de M. Deplace ; une lettre de M. de Maistre au curé de Saint-Nizier (22 juin 1819) en fait foi : « J'ai toujours prévu
« que votre ami appuierait particulièrement la main sur ce livre V

« (qui est devenu l'ouvrage sur l'*Église gallicane*). Je ferai tous les
« changements possibles, mais probablement moins qu'il ne voudrait.
« A l'égard de Bossuet, en particulier, je ne refuserai pas d'affaiblir
« tout ce qui n'affaiblira pas ma cause. Sur la *Défense de la Déclara-*
« *tion*, je céderai peu, car, ce livre étant un des plus dangereux qu'on
« ait publiés dans ce genre, je doute qu'on l'ait encore attaqué aussi
« vigoureusement que je l'ai fait. Et pourquoi, je vous prie, affaiblir
« ce plaidoyer? Je n'ignore pas l'espèce de monarchie qu'on accorde
« en France à Bossuet, mais c'est une raison de l'attaquer plus for-
« tement. Au reste, monsieur l'abbé, nous verrons. Si M. Deplace
« est longtemps malade ou convalescent, je relirai moi-même ce
« V^e livre, et je ne manquerai pas de faire disparaître tout ce qui
« pourrait choquer. J'excepte de ma *rébellion* l'article du jansénisme.
« Il faut ôter aux jansénistes le plaisir de leur donner Bossuet :
« *Quanquam o...!* »

Ces concessions ne se faisaient pas toujours, comme on voit, sans
quelques escarmouches. On retrouve dans ces petits débats toute la
vivacité et tout le mordant de ce libre esprit ; ainsi dans une lettre à
M. Deplace, du 28 septembre 1818 : « Je reprends quelques-unes de
« vos idées à mesure qu'elles me viennent. Dans une de vos précé-
« dentes lettres, vous m'exhortiez *à ne pas me gêner sur les opinions,*
« *mais à respecter les personnes*. Soyez bien persuadé, monsieur, que
« ceci est une illusion française. Nous en avons tous, et vous m'avez
« trouvé assez docile en général pour n'être pas scandalisé si je vous
« dis qu'*on n'a rien fait contre les opinions, tant qu'on n'a pas attaqué*
« *les personnes* (1). Je ne dis pas cependant que, dans ce genre comme
« dans un autre, il n'y ait beaucoup de vérité dans le proverbe :
« *A tout seigneur tout honneur*, ajoutons seulement *sans esclavage*. Or
« il est très-certain que vous avez fait en France une douzaine d'a-
« pothéoses au moyen desquelles il n'y a plus moyen de raisonner. En
« faisant descendre tous ces dieux de leurs piédestaux pour les dé-
« clarer simplement *grands hommes*, on ne leur fait, je crois, aucun
« tort, et l'on vous rend un grand service... » Et il ajoutait en post-
scriptum : « Je laisse subsister tout exprès quelques phrases imperti-
« nentes sur les *myopes*. Il en faut (j'entends de l'*impertinence*) dans

---

(1) Si c'était une illusion française, de respecter les personnes en attaquant
es choses, il faut reconnaître qu'elle s'est bien évanouie depuis peu.

« certains ouvrages, comme du poivre dans les ragoûts. » Ceci rentre tout à fait dans la manière originale et propre, dans l'entrain de ce grand jouteur, qui disait encore qu'*un peu d'exagération est le mensonge des honnêtes gens.* — A un certain endroit, dans le portrait de quelque hérétique, il avait lâché le mot *polisson ;* prenant lui-même les devants et courant après : « C'est un mot que j'ai mis là unique« ment pour tenter votre goût, écrivait-il. Vous ne m'en avez rien « dit ; cependant des personnes en qui je dois avoir confiance pré« tendent qu'il ne passera pas, et je le crois de même. » Mais, de ces mots-là, quelques-uns ont passé par manière d'essai, pour *tenter notre goût* aussi, à nous lecteurs français, lecteurs de Paris : nous voilà bien prévenus.

Enfin, pour épuiser tout ce que cette curieuse petite publication de M. Collombet nous apporte de nouveau sur M. de Maistre, nous citerons ce passage de lettre sur l'effet que le livre du *Pape* produisit à Rome ; nous avions déjà dit que l'auteur allait plus loin en bien des cas que certains *Romains* n'auraient voulu : « (11 décembre 1820.) « A Rome on n'a point compris cet ouvrage au premier coup d'œil, « écrit M. de Maistre ; mais la seconde lecture m'a été tout à fait fa« vorable. Ils sont fort ébahis de ce nouveau système et ont peine à « comprendre comment on peut proposer à Rome de nouvelles vues « sur le pape : cependant il faut bien en venir là. » *Il faut bien !* Combien de ces vœux impérieux, de ces *desiderata* de M. de Maistre, restent ouverts et encore plus inachevés que ceux de Bacon, qui l'ont tant courroucé !

Les Soirées de Rothaval, nouvellement publiées à Lyon, ne sont pas un pur hommage à M. de Maistre, comme l'écrit de M. Collombet ; ces deux somptueux volumes in-8°, de polémique et de discussion polie, ont pour objet de faire contre-partie et contre-poids aux *Soirées de Saint-Pétersbourg*, à ce beau livre de philosophie élevée et variée duquel l'auteur écrivait : « *Les Soirées* sont mon ouvrage chéri ; « *j'y ai versé ma tête* : ainsi, monsieur, vous y verrez peu de chose « peut-être, mais au moins tout ce que je sais. » — Rothaval est un petit hameau dans le département du Rhône, probablement le séjour de l'auteur en été. Le titre de *Soirées* n'indique point d'ailleurs ici de conversations ni d'entretiens ; l'auteur est seul, il parle seul et ne soutient son tête-à-tête qu'avec l'adversaire qu'il réfute, et avec ses propres notes et remarques qu'il compile. On peut trouver qu'il a mis

du temps à cette réfutation : « Quand le livre de M. Joseph de
« Maistre parut, j'étais, dit-il, occupé d'un grand travail que je ne
« pouvais interrompre : je me bornai à recueillir quelques notes, et
« ce sont ces notes que, devenu plus libre, je me suis décidé à pré-
« senter à mon lecteur en leur donnant plus d'étendue. » *Les Soirées
de Saint-Pétersbourg* ont paru en 1821 ; vingt ans et plus d'intervalle
entre l'ouvrage et sa réfutation, c'est un peu moins de temps que n'en
mit le Père Daniel à réfuter les *Provinciales.* Nous ne saurions rien de
l'auteur anonyme des *Soirées de Rothaval*, sinon qu'il nous semble un
esprit droit, scrupuleux et lent, un homme religieux et instruit ; mais
une petite brochure publiée en 1839, et qui a pour titre : *M. le comte
Joseph de Maistre et le Bourreau*, nous indique M. Nolhac, membre
associé de l'Académie de Lyon, qui avait lu dès lors dans une séance
publique un chapitre détaché de son ouvrage. Il avait choisi un chapitre à effet, et nous préférons, pour notre compte, la couleur du livre
à celle de l'échantillon. Le plus grand reproche qu'on puisse adresser
au réfutateur de M. de Maistre, c'est qu'il n'embrasse nulle part l'é-
tendue de son sujet, et qu'il ne le domine du coup d'œil à aucun moment ; il suit pas à pas son auteur, et distribue à chaque propos les
pièces diverses et notes qu'il a recueillies. Le journaliste Le Clerc,
parlant un jour de Passerat et des commentaires un peu prolixes de ce
savant sur Properce, je crois, ou sur tout autre poëte, dit qu'on voit
bien que Passerat avait ramassé dans ses tiroirs toutes sortes de remarques, et qu'en publiant il n'a pas voulu *perdre ses amas.* On pourrait dire la même chose de l'ermite de Rothaval : il a voulu ne rien
perdre et tout employer. Les auteurs et les autorités les plus disparates
se trouvent comme rangés en bataille et sur la même ligne ; M. An-
celot, par exemple, y figurera pour six vers de *Marie de Brabant*, non
loin de M. Damiron et des Védams. En revanche, on doit au patient
collecteur, en le feuilletant, de voir passer sous ses yeux quantité de
textes dont quelques-uns nouveaux, assez intéressants et qui ont trait
de plus ou moins loin aux doctrines critiquées. Plus d'une fois il a
cherché à rétablir au complet, et dans un sens différent, des citations
que de Maistre tirait à lui ; cette discussion positive a de l'utilité. J'ap-
pliquerai donc volontiers à ces notes ce qu'on a dit du volume d'épigrammes : *Sunt bona, sunt quædam....,* et je pardonne à toutes en
faveur de quelques-unes.

Si l'on demandait à l'auteur des conclusions un peu générales, on

les trouverait singulièrement disproportionnées à l'appareil qu'il déploie : « J'ai montré, dit-il en finissant, M. Joseph de Maistre in-
« juste dans sa critique et dépassant presque toujours le but qu'il
« voulait atteindre, *parce que, pour ne suivre que les inspirations de la*
« *raison, il lui aurait fallu avoir dans l'esprit plus de calme qu'il n'en*
« *avait.* » — Ce sont là des *truisms*, comme disent les Anglais, et il semble que le réfutateur ait voulu infliger cette pénitence à l'impatient et paradoxal de Maistre, de ne pas les lui ménager. A lire les dernières pages des *Soirées de Rothaval*, je crois voir un homme qui a entendu durant plus de deux heures une discussion vive, animée, étincelante de saillies et même d'invectives, soutenue par le plus intrépide des contradicteurs, et qui, prenant son voisin sous le bras, l'emmène dans l'embrasure d'une croisée, pour lui dire à voix basse :
« Vous allez peut-être me juger bien hardi, mais je trouve que cet
« homme va un peu loin. » — L'épigraphe qui devrait se lire en toutes lettres au frontispice des écrits de M. de Maistre est assurément celle-ci : *A bon entendeur salut!* L'honorable écrivain dont nous parlons ne s'en est pas assez pénétré ; il y aurait matière à le narguer làdessus. Pourtant quand je parcours ses judicieuses réserves sur Bacon, sur Locke en particulier, si foulé aux pieds par de Maistre, une remarque en sens contraire me vient plutôt à l'esprit, et si j'ai eu tort de l'omettre dans les articles consacrés à l'illustre écrivain, elle trouvera place ici en correctif essentiel et en *post-scriptum*. De nos jours, les esprits aristocratiques n'ont pas manqué, qui ont cherché à exclure de leur sphère d'intelligence ceux qui n'étaient pas censés capables d'y atteindre : de Maistre, par nature et de race, était ainsi ; les *doctrinaires*, les esprits distingués qu'on a qualifiés de ce nom, ont pris également sur ce ton les choses, et par nature aussi, ou par système et mot d'ordre d'école, ils n'ont pas moins voulu marquer la limite distincte entre eux et le commun des entendements. *Il entend, il comprend*, était le mot de passe, faute de quoi on était exclu à jamais de la sphère supérieure des belles et fines pensées. Eh bien ! non : nul esprit, si élevé qu'il se sente, n'a ce droit de se montrer insolent avec les autres esprits, si bourgeois que ceux-ci puissent paraître, pourvu qu'ils soient bien conformés. Ces humbles allures, un peu pesantes, conduisent pourtant par d'autres chemins ; les objections que le simple bon sens et la réflexion soulèvent, dans ces questions premières, demeurent encore les difficultés définitives et insolubles. Les esprits

de feu, les esprits subtils et rapides, vont plus vite ; ils franchissent les intervalles, ils ne s'arrêtent qu'au rêve et à la chimère, si toutefois ils daignent s'y arrêter ; mais, après tout, il est un moment d'épuisement où il faut revenir ; on retombe toujours, on tourne dans un certain cercle, autour d'un petit nombre de solutions qui se tiennent en présence et en échec depuis le commencement. On a coutume de s'étonner que l'esprit humain soit si infini dans ses combinaisons et ses portées ; j'avouerai bien bas que je m'étonne souvent qu'il le soit si peu.

APPENDICE

A L'ARTICLE SUR GABRIEL NAUDÉ, Page 497.

J'ai pensé qu'il était bon de donner ici tout l'extrait de la lettre de Naudé à Peiresc, où il est question de Campanella. — Naudé commence sa lettre par des compliments et des excuses à Peiresc et parle de diverses commissions ; puis il ajoute :

« Je viens tout maintenant de recevoir lettre de Paris de M. Gaffarel qui me parle entre autres choses de l'affaire de C. (Campanella) ; mais si la lettre que je lui écrivis il y a environ quinze jours ou trois semaines ne lui donne ouverture et occasion de travailler autrement, je ne pense pas qu'il soit bastant pour terminer le différend, car il ne m'écrit rien autre chose, sinon que *le Père proteste de n'avoir rien dit à mon désavantage et qu'il veut mourir mon serviteur et ami,* qui sont les caquets desquels il m'a repu jusqu'à cette heure, et desquels je ne puis en aucune façon demeurer satisfait ; et s'il ne m'écrit de sa propre main de s'être licencié légèrement ou par inadvertance de certaines paroles et imputations contre moi, lesquelles il voudroit n'être point dites, et proteste maintenant qu'elles ne me doivent ni peuvent préjudicier en aucune façon, je suis résolu, sous votre bon consentement néanmoins, de ne pas endurer une telle calomnie sans m'en ressentir. Ceux qui ont le plus de pouvoir à le persuader sont MM. Diodati et Gaffarelli, auxquels je voudrois vous prier d'écrire confidemment que vous avez entendu parler des différends qui se passent entre lui et moi, et, que, sachant assurément que le Père m'a donné juste sujet de me plaindre de lui, vous les priez de le réduire et persuader à me donner quelque satisfaction par lettre de sa propre main, conçue en telle sorte qu'il montre au moins d'avoir regret de m'avoir offensé à tort et légèrement contre tant de services que je lui avois rendus. Je crois que si vous voulez prendre la peine de traiter cet accord de la sorte, il vous réussira. Je me résous d'autant plus volontiers que je ne voudrois pas, par ma rupture avec lui, vous engager à en faire autant de votre côté, comme il semble que vous m'écriviez de vouloir faire. Mais je vous proteste, monsieur, que, telle satisfaction que me donne ledit Père, je ne le tiendrai jamais pour autre que pour un homme plus étourdi qu'une mouche, et moins sensé ès-affaires du monde qu'un enfant ; et si d'aventure il s'obstine de ne vouloir entendre à tant de voies d'accord que je lui fais présenter par mes amis en rongeant mon frein le plus qu'il m'est possible, et qu'il veuille toujours persister en ses menteries ordinaires et en ses impostures, j'en ferai une telle vengeance à l'avenir que, s'il a évité les justes ressentiments du maître du palais de Rome en s'enfuyant à Paris sous prétexte d'être poursuivi des Espagnols qui ne pensoient pas à lui, il n'évitera pas pourtant les miens. Au reste, je fusse toujours demeuré dans la promesse que je vous avois faite de mépriser les médisances qu'il vous avoit faites de moi, si trois ou quatre mois après je n'eusse reçu nouvel avis de Paris et de la part de M. de *La Motte* (1) que je vous nomme confidemment, et depuis encore par la bouche du Père Le Duc, minime, qu'il continuoit tous les jours à vomir son venin contre moi ; après quoi je vous avoue que la patience m'est échappée, mais non pas néanmoins que j'aie encore rien écrit contre ledit Père, sinon en général à ceux que je croyois le pouvoir remettre en bon chemin ; ce qui néanmoins n'a servi de rien jusqu'à cette heure, à cause de son orgueil insupportable : et Dieu veuille que vous ne soyez pas le quatrième de ses bienfaiteurs qui éprouviez son étrange ingratitude ! Je ne saurois mieux le comparer qu'à un charlatan sur un théâtre. Il *chiarle* (2) puissamment, il ment effrontément, il débite des bagatelles à la populace ; mais avec tout cela c'est un fol enragé, un imposteur, un menteur, un superbe, un impatient, un ingrat, un philosophe masqué qui n'a jamais su ce que c'étoit de faire le bien ni de dire la vérité. J'ai regret d'y avoir été attrapé par les persuasions de M. Diodati, mais j'ai encore plus de regrets qu'il vous en soit arrivé de même, et que vous lui ayez fait tant d'honneurs et de caresses ; car je pénètre quasi que, depuis la lettre que vous lui écrivîtes de M. Gassendi, il a commencé de ne vous pas épargner. Mais si ce que

---

(1) La Mothe-Le-Vayer.
(2) *Ciarla*, en italien, d'où *charlatan*.

l'on m'écrit de Paris est véritable, j'espère qu'il en portera bientôt la peine, parce que l'on dit qu'il n'est plus caressé que de M. Diodati, lequel encore beaucoup de ses amis tâchent de désabuser ; et il fait tous les jours tant de sottises que l'on ne l'estime déjà plus bon à rien. Je ne sais si vous avez su que l'on lui avoit retardé le payement de ses gages, à cause qu'il s'étoit couvert impudemment devant le Cardinal et toute la Cour, sans que l'on lui en eût fait signe, et que M. le maréchal d'Estrées dit publiquement à Rome que ce n'est qu'un pédant, et qu'il s'étoit voulu mêler de lui donner une instruction, à laquelle il n'y avoit ne sel ni sauge, ne rime ni raison. Je suis tellement animé contre la méchanceté de cet homme, laquelle je connois mieux que homme du monde, pour l'avoir expérimenté sur moi et vu pratiquer en tant d'autres occasions, que je ne me lasserois jamais d'en médire. C'est pourquoi je vous prie, monsieur, de pardonner si je vous en parle si longtemps : *Ipse est catharma, carcinoma, fex, excrementum,* — de tous les hommes de lettres auxquels il fait honte et déshonneur... »

Le reste de la lettre est sur d'autres sujets ; elle est datée de « Riète, ce 30 juin 1636. » On y peut joindre cette note que Guy Patin écrivait vers le même temps dans son Index ou Journal :

« 1635. — Le 19 mai, un samedi après midi, ai visité aux Jacobins réformés du faubourg Saint-Honoré un Père italien, réputé fort savant homme, nommé Campanella, avec lequel j'ai parlé de disputes plus de deux heures. De quo vere possum affirmare quod Petrarcha quondam de Roma : *Multa suorum debet mendaciis.* Il sait beaucoup de choses, mais superficiellement : *Multa quidem scit, sed non multum.* »

J'ai cru qu'il n'était pas inutile, dans un temps où l'on est en train d'exagérer sur Campanella, de faire connaître cette opinion secrète de Naudé et du monde de Naudé. Puisque leur témoignage extérieur est souvent invoqué en l'honneur du philosophe calabrois, il était juste qu'on eût le témoignage intime et confidentiel.

Je mets de mes pensées où je puis, et à chaque édition nouvelle d'un ouvrage j'en profite comme d'un convoi qui part pour envoyer au public, à mes amis et même à mes ennemis (dussent-ils se servir de cette clé comme d'une arme, selon leur usage) quelques mots qu'il m'importe de dire sur moi-même et sur ce que j'écris. Voici une de ces remarques qui porte sur l'ensemble de mon œuvre critique :

« J'ai beaucoup écrit, on écrira sur moi, on fera ma biographie, et les critiques chercheront à se rendre compte de mes ouvrages fort différents ; je veux leur épargner une partie de la peine et leur abréger la besogne, en expliquant ma vie littéraire telle que je l'ai entendue et pratiquée.

« J'ai mené assez volontiers ma vie littéraire avec ensemble et activité, selon le terrain et l'heure, avec tactique en un mot, comme on fait pour la guerre, et je la divise en campagnes. — Je ne parle ici que de ma critique.

« De 1824 à 1827, au *Globe*; ce ne sont que des essais sans importance : je ne suis pas encore officier supérieur, j'apprends mon métier.

« En 1828, j'entame ma première campagne, toute romantique, par mon *Ronsard* et mon *Tableau du seizième Siècle*.

« En 1829, je fais ma campagne critique à la *Revue de Paris*; toute romantique également.

« En 1831, et pendant près de dix-sept ans, je fais ma critique de *Revue des Deux Mondes*, une longue campagne, avec de la polémique de temps en temps et beaucoup de portraits analytiques et descriptifs; — une guerre savante, manœuvrière, mais un peu neutre, encore plus défensive et conservatrice qu'agressive. (Les *Portraits littéraires*, pour la plupart, et les *Portraits contemporains* en sont sortis.)

« Cette longue suite d'opérations critiques est coupée par

mon expédition de Lausanne en 1837-1838, où je fais *Port-Royal* et le bâtis entièrement, sauf à ne le publier qu'avec lenteur. C'est ma première campagne comme professeur.

« En 1848, je fais ma campagne de Liége (de Sambre-et-Meuse, comme me le disait Quinet assez gaîment), ma seconde comme professeur : de là sortent *Chateaubriand et son Groupe*, publié plus tard.

« En 1849, j'entreprends ma campagne des *lundis* au *Constitutionnel*, trois années, et je la continue un peu moins vivement depuis, au *Moniteur*, pendant huit années.

« Elle est coupée par ma tentative de professorat au *Collége de France*, une triste campagne où je suis empêché, dès le début, par la violence matérielle : il en sort pourtant mon *Étude sur Virgile*.

« Je répare cette campagne manquée, par quatre années de professorat à l'*École normale*; mais ç'a été une entreprise toute à huis clos, quoique très-active. Je n'en ai rien tiré jusqu'ici (ou très-peu) pour le public.

« Je recommence, en septembre 1861, plus activement que jamais, une campagne de *lundis* au *Constitutionnel*, en tâchant de donner à celle-ci un caractère un peu différent de l'ancienne. — *En Avant* : un dernier coup de collier ; *en Avant !*

« Toutes ces campagnes et expéditions littéraires veulent être jugées en elles-mêmes et comme formant des touts différents. »

FIN DU SECOND VOLUME.

TABLE DES MATIÈRES

DU SECOND VOLUME.

	PAGES.
Molière	1
Delille	64
Bernardin de Saint-Pierre	106
Mémoires du général La Fayette	141
M. de Fontanes	207
M. Joubert	306
Léonard	327
Aloïsius Bertrand	343
Le comte de Ségur	365
Joseph de Maistre	387
Gabriel Naudé	467
Appendice sur Joseph de Maistre	513
Appendice sur Gabriel Naudé	522
Un mot sur moi-même	525

FIN DE LA TABLE.

Paris. — Impr. de P.-A. BOURDIER et Cie, rue Mazarine, 30.

MÊME LIBRAIRIE

RÉIMPRESSION DES CLASSIQUES LATINS DE LA COLLECTION PANCKOUCKE
Format grand in-18 jésus — 3 fr. 50 cent. le volume.

ŒUVRES COMPLÈTES D'HORACE. Nouv. édit., précédée d'une *Étude* sur Horace ; par H. Rigault. .... 1 vol.

ŒUVRES COMPLÈTES DE SALLUSTE. Traduction par Durozoir. Nouvelle édition, revue par MM. Charpentier et F. Lemaistre ; précédée d'un nouveau travail sur Salluste, par M. Charpentier. .... 1 vol.

ŒUVRES COMPLÈTES DE SÉNÈQUE LE PHILOSOPHE. Nouvelle édit., revue par MM. Charpentier et F. Lemaistre. .... 4 vol.

ŒUVRES COMPLÈTES DE TITE LIVE, trad. par MM. Liez, Dubois, Verger et Corbet. Nouvelle édit., revue par E. Pessonneaux, Blanchet et Charpentier ; précédée d'une *Étude* par M. Charpentier. .... 6 vol.

ŒUVRES COMPLÈTES DE JUVÉNAL, trad. de Dusaulx, revue par MM. Jules Pierrot et F. Lemaistre. .... 1 vol.

ŒUVRES COMPLÈTES DE SUÉTONE, traduction de la Harpe, refondue avec le plus grand soin par M. Cabaret-Dupaty, professeur de l'Université. .... 1 vol.

CATULLE, TIBULLE ET PROPERCE, traduits par MM. Héguin de Guerle, Valatour et Genouille. Nouvelle édition, revue par M. Valatour. .... 1 vol.

ŒUVRES COMPLÈTES DE LUCRÈCE, avec la traduction de Lagrange ; revue avec le plus grand soin par M. Blanchet, professeur au Lycée de Strasbourg. .... 1 vol.

CÉSAR, traduit par M. Artaud. ..... 1 vol.

ŒUVRES COMPLÈTES DE PÉTRONE, traduit par M. Héguin de Guerle. ..... 1 vol.

ŒUVRES COMPLÈTES DE QUINTE-CURCE, avec la traduction de MM. Aug. et Alph. Trognon, revue avec le plus grand soin par M. Pessonneaux, professeur au Lycée Napoléon. . 1 vol.

ŒUVRES COMPLÈTES D'APULÉE, traduites en français par M. Victor Bétolaud, docteur ès lettres de la Faculté de Paris, ancien professeur de l'Université, membre de la Légion d'honneur. Nouvelle édition, entièrement refondue. . 2 vol.

ŒUVRES CHOISIES D'OVIDE (les Amours, l'Art d'aimer, etc.). Nouvelle édition, revue par M. F. Lemaistre et précédée d'une *Étude* sur Ovide, par M. Jules Janin. .... 1 vol.

— **Les Fastes, les Tristes.** Nouvelle édition, revue par M. E. Pessonneaux. .... 1 vol.

— **Les Métamorphoses,** nouvelle édition, revue par M. Cabaret-Dupaty, avec une préface par M. Charpentier. 1 fort vol. Par exception. 4 fr. 50

ŒUVRES DE VIRGILE, Nouvelle édition, revue par M. F. Lemaistre, et précédée d'une *Étude* sur Virgile, par M. Sainte-Beuve, 1 vol. Par exception. .... 4 fr. 50

LES CONFESSIONS DE SAINT AUGUSTIN, traduction française d'Arnaud d'Andilly, très-soigneusement revue et adaptée pour la première fois au texte latin, avec une introduction par M. Charpentier. 1 vol. Par exception. . 4 fr. 50

SOUS PRESSE POUR PARAITRE PROCHAINEMENT
Aulu-Gelle, 1 vol. — **Martial,** 2 vol. — **Tacite,** etc., etc.

BIBLIOTHÈQUE LATINE-FRANÇAISE
PUBLIÉE PAR M. C. L. F. PANCKOUCKE
Au lieu de 7 fr. ; net, 3 fr. 50 c. le volume in-8
Papier des Vosges, non mécanique, caractères neufs

PREMIÈRE SÉRIE

Œuvres complètes de Cicéron.	36 vol.	Juvénal.	2 vol.
Œuvres complètes de Tacite.	7 vol.	Perse, Turnus, Sulpicia.	1 vol.
Œuvres complètes de Quintilien.	6 vol.	Ovide, Métamorphoses.	3 vol.
Justin.	2 vol.	Lucrèce.	2 vol.
Florus.	1 vol.	Claudien.	1 vol.
Velleius Paterculus.	1 vol.	Valerius Flaccus.	1 vol.
Valère-Maxime.	3 vol.	Stace.	4 vol.
Pline le Jeune.	5 vol.	Phèdre.	1 vol.

SECONDE SÉRIE
Les auteurs désignés par un * sont traduits pour la première fois en français

Poetæ Minores : Arborius*, Calpurnius*, Eucheria, Gratius Faliscus, Lupercus Servastus*, Nemesianus, Pentadius*, Sabinus*, Valerius Cato*, Vestritius Spurinna* et le *Pervigilium Veneris*.	1 vol.	Palladius.	1 vol.
		Histoire Auguste.	3 vol.
		Columelle.	3 vol.
Jornandès.	1 vol.	C. Lucilius, Lucilius Junior, Sallius Bassus, Cornelius Severus, Avianus*, Dionysius Caton.	1 vol.
Censorinus*, Julius Obsequens, Lucius Ampellius.	1 vol.	Priscianus*, Serenus Sammonicus*, Macer*, Marcellus*.	1 vol.
Ausone.	2 vol.	Macrobe.	3 vol.
Pomponius Mela, Vibius Sequester*, Ethicus Ister*, P. Victor*.	1 vol.	Sextus Pompeius Festus*.	2 vol.
		C. J. Solin.	2 vol.
R. Festus Avienus, Cl. Rutilius Numatianus, etc.	1 vol.	Vitruve.	2 vol.
Varron.	1 vol.	Frontin.	1 vol.
Eutrope, Messala Corvinus*, Sextus Rufus.	1 vol.	Sextus Aurelius Victor.	1 vol.

Il existe encore trois ou quatre collections complètes de la Bibliothèque latine, 214 vol., au prix de 1,200 fr.

www.ingramcontent.com/pod-product-compliance
Lightning Source LLC
Chambersburg PA
CBHW071938240426
43669CB00048B/1816